서서번연
채근담

서서번연 채근담

초판 1쇄 발행 2024년 6월 7일

지은이 조희태
펴낸이 장길수
펴낸곳 지식과감성#
출판등록 제2012-000081호

교정 김지원
디자인 강샛별
편집 오정은
검수 이주연, 주경민, 이주희, 김나현, 정윤솔
마케팅 김윤길, 정은혜

주소 서울시 금천구 벚꽃로298 대륭포스트타워6차 1212호
전화 070-4651-3730~4
팩스 070-4325-7006
이메일 ksbookup@naver.com
홈페이지 www.knsbookup.com

ISBN 979-11-392-1910-4(03150)
값 30,000원

- 이 책의 판권은 지은이에게 있습니다.
- 이 책 내용의 전부 또는 일부를 재사용하려면 반드시 지은이의 서면 동의를 받아야 합니다.
- 잘못된 책은 구입하신 곳에서 바꾸어 드립니다.
- 여기에 사용한 성경전서 개역개정의 저작권은 (재)대한성서공회에 있습니다.

지식과감성#
홈페이지 바로가기

서서번연
채근담

조희태 지음

인격 수양·인생 지침서

사서삼경, 구약전서, 신약전서, 채근담, 도덕경, 반야심경 등을 권장하는데, 이 중에서 딱 한 권만 선택하라면 필자는 서슴없이 **채근담**을 권하고 싶다.

지식과감정

시작하는 글

Gold is made from the mine,
금은 광산의 쇳돌로부터 얻어내고,

Jade is made from the stone.
옥은 옥돌을 다듬어서 얻어낸다.

The truth is made from illuision.
진실은 환상을 가다듬어 이룩할 수 있다.

『채근담』 후집 84장

 덜된 사람을 다 되게 하고 다 된 사람을 더 되게 하는 데는 채근담만 한 책이 없다고 생각한다. 인격 수양으로 또는 인생 지침서로 사서삼경, 구약전서, 신약전서, 채근담, 도덕경, 반야심경 등을 권장하는데, 이 중에서 딱 한 권만 선택하라면 필자는 서슴없이 채근담을 권하고 싶다. 채근담은 전집 225장, 후집 134장, 도합 359장으로 구성되어 있어 하루 한 장씩 읽기에 매우 적합한 책이다. 만해 한용운은 딱 한 권의 책으로 채근담을 권하였다. 불교 유신론을 제창하신 스님께서 금강경, 반야신경 등을 제쳐놓고 채근담을 권한 것에 주목하며 필자는 채근담에 혹 빠졌고 급기야 새 번역서를 내게 되었다. 중국 사람 홍자성이 지은 채근담을 우리말로 번역한 번역서가 출판계에 수십 종 나와 있는데 그중 열한 권의 번역서를 만나면서 이해하기 쉬운 번역서가 필요하다는 생각이 절실하여 『서서번연 채근담』이라는 이름으로 새 번역서를 내놓게 되었다.

『서서번연 채근담』 독서 안내

『서서번연 채근담』은 각 장마다 제목, 준비운독, 원문해석, 스스로 해석자료, 조부훈회, 독자 이벤트, 이렇게 6단계로 구성되어 있다.

제목은 그 장의 주제나 중심 어구이므로 제목을 두세 번 읽게 되면 그 장을 읽고 싶은 생각이 꿈틀하게 될 것이라 생각된다.

준비운독은 워밍업 단계로 그 장을 읽기 위한 기본 낱말이 제시되어 있는데, 이 낱말을 이어지는 원문에서 찾아보고 스스로 읽기 어렵다면 준비운독의 설명에서 어휘를 일별해 본다.

원문해석에서는 홍자성 원문을 두세 번 읽어본다.

스스로 해석자료에서는 한자 훈과 한자 부수를 따지면서 스스로 해석을 시도해 볼 수 있다. 채근담을 보다 깊게 만나려면 무엇보다도 한자 실력이 두툼해야 한다. 한자를 익히는 데는 한자의 뜻 못지않게 부수가 중요하다. 부수(部首)란 한자 자전에서 글자를 찾는 길잡이 역할을 해주기도 하며 한자의 의미상의 뜻이 들어있기도 하다. 부수가 왼쪽에 있으면 '변'이라고 하고 오른쪽에 있으면 '방'이라고 하며, 위에 있으면 '머리'라고 하고 아래 있으면 '발'이라고 한다. 이런 점을 살피면서 스스로 해석자료를 보다 깊게 이해하면 사고의 지평이 넓어지게 될 것이다.

조부훈회는 할아버지가 손녀, 손자에게 덕담하는 코너로 세밀하면 잔소리로 짜증이 날 수도 있겠기에 '기승전결'을 갖추지 않고 기나 결을 생략하기도 하였다.

독자 이벤트는 읽기만 하고 생각하지 아니하여 얻는 것이 초라하지 않도록 해당하는 장을 읽고 다음 장으로 들어가기 전 생각을 캐내기 위한 코너이다.

『서서번연 채근담』 해제

'서서번연채근(敍徐蕃衍菜根)' 여섯 자의 한자 훈은 펼 서, 천천히 할 서, 우거질 번, 넓을 연, 나물 채, 뿌리 근인데 이 한자 훈으로 『서서번연 채근담』의 겉모양은 어느 정도 인지가 되리라 생각하며 나머지 부분을 보충해 본다.

  사람이 가꾸는 초목은 어느 것이나 뿌리와 줄기가 있다. 줄기가 무성해지는 데는 뿌리의 에너지에 좌우된다. 줄기가 시들하여 뿌리에 거름이나 수분 등의 에너지를 가하면 주효하게 줄기가 무성해지다가 얼마 후 그 무성함이 시든다. 인위적으로 도와주는 한계성이 재배 식물에만 국한되겠는가! 화단의 꽃과 나무, 화병 속의 꽃은 사람의 간섭으로 그 자태가 금방 화려하고 무성하지만 그 돋보임이 길지 못하나, 산과 들의 꽃과 나무는 두루 붓는 에너지 지원이 없어 스스로 뿌리를 내리고 천천히 싹을 틔워 자라남이 초라하지만 어느덧 자라 무성해져 그 수려함의 정취를 자아내고 그 빼어남이 좀처럼 수그러들지 않는다.

  원작 채근담은 일만 이천 자 정도로 한자 실력이 어느 정도 있는 사람이면 한 시간 사십 분, 즉 100분에 모두 읽어낼 수 있다. 한자 실력이 빼어나 일백 분 정도의 짧은 시간에 그 전부를 읽어내고 그 전부를 다 이해했다 해도 이것은 결코 유익한 독서가 아니다. 음식도 과식하면 체하듯이 책도 과독하면 그 체증을 면할 수 없다. 진한 술, 자양분이 많은 음식일수록 천천히 음미하며 마시고 여러 번 씹어 삼키듯이 양서도 두고두고 천천히 읽어야 한다. 두뇌 운동 하는 차원에서 모르는 한자를 익혀가며 천천히 느리게 읽노라면 한 번 읽는 데 2개월이 걸릴 수도 있겠지만 그 효과는 한 번 읽는 데 백 분 걸린 사람보다 지대하리라 생각된다.

  『서서번연 채근담』은 천천히 쉬엄쉬엄하면서 읽도록 구성되어 있으므로 행간의 뜻을 파악하며 읽노라면 곳곳에서 그 법열을 느낄 수 있을 것이다. 특히 조부훈회에서는 가끔 다른 번역을 소개하여 필자의 미흡함을 보충하였다. 전집 225장은 주제가 거관(직장 생활)이고 후집 134장의 주제는 거향(은퇴 후 고향 생활)인데 이러한 점을 머리에 두고 『서서번연 채근담』과 만나게 되면 사고의 지평이 깊어지고 언어의 지평이 윤택해지리라 생각된다.

목차

시작하는 글 · 5
『서서번연 채근담』 독서 안내 · 6
『서서번연 채근담』 해제 · 7

채근담 전집

전집 제1장 떳떳한 외로움을 누리면서도 처량에 빠진 자도 살펴라. · · · · · · · · · · · · · · · · · · · 22
전집 제2장 경험을 골라서 하며 해로움에 오염되지 않도록 신중하라. · · · · · · · · · · · · · · · · 25
전집 제3장 목적과 의도는 명확히 하되 능력과 지혜는 드러나지 않도록 하라. · · · · · · · · · · 28
전집 제4장 유혹을 견디기 어렵거든 멀리하는 것이 상책이다. · 30
전집 제5장 거슬리는 말을 들을지라도 마음을 감동시키는 말을 해라. · · · · · · · · · · · · · · · · 33
전집 제6장 질풍노우에 대처하는 만큼 날씨가 맑을 때에도 심사숙고해야 한다. · · · · · · · · · 36
전집 제7장 진한 맛은 잠시지만 담백한 맛은 오래간다. · 38
전집 제8장 한가할 때 긴장하고 바쁠 때 여유를 가져라. · 40
전집 제9장 고요히 생각하면서 해결책을 찾는다. · 43
전집 제10장 총애를 받을 때 욕됨을 생각하라. · 46
전집 제11장 호화로운 대접에 자존심을 잃지 않도록 하라. · 48
전집 제12장 살아있을 때나 죽은 후나 좋은 평판을 듣도록 해야 한다. · · · · · · · · · · · · · · · · 50
전집 제13장 맛있는 음식은 남이 먼저 즐기게 하라. · 52
전집 제14장 뜻은 평범할지라도 실천은 빈틈이 없어야 한다. · 54
전집 제15장 친구를 사귈 때는 급히 정을 쏟지 말라. · 57
전집 제16장 은총과 이익에는 남의 앞에 서려 하지 말고 덕을 베푸는 데는 남의 뒤에 서지 말라. · · · · · 59
전집 제17장 남을 이롭게 하는 것이 곧 나를 위하는 길이다. · 62
전집 제18장 자랑만큼 천한 것이 없고 뉘우치는 것만큼 떳떳한 것이 없다. · · · · · · · · · · · · 65
전집 제19장 욕행오명은 내 탓으로 명예는 남의 공으로 돌려라. · 67
전집 제20장 내부의 어려움보다도 외부의 어려움을 경계하라. · 69
전집 제21장 가정에 참부처가 있고 일상생활에 참도가 있다. · 72
전집 제22장 솔개가 날고 물고기가 뛰는 에너지를 지녀야 한다. · 75
전집 제23장 조언을 할 때는 받는 사람의 능력을 감안해야 한다. · 77
전집 제24장 깨끗함의 본디는 더러움이고 밝음의 원조는 어둠이다. · · · · · · · · · · · · · · · · · · 79

전집 제25장 객기를 버리고 정기를 살려라. · 82
전집 제26장 식탐으로 건강을 잃지 말고 색탐으로 몸을 망치지 말라. · 85
전집 제27장 직장 생활을 하면서도 산천초목을 만나는 여유를 가져야 한다. · · · · · · · · · · · · 87
전집 제28장 공을 세우기보다 실수가 없도록 신중하라. · 89
전집 제29장 일에 파묻혀 기쁨과 행복을 빼앗겨서는 안 된다. · 92
전집 제30장 처음보다 마무리가 더 중요하다. · 94
전집 제31장 총명을 들키지 않도록 하며 부유할 때 겸손하라. · 96
전집 제32장 갑자기 밝은 곳으로 갈 때에는 눈을 천천히 떠라. · 98
전집 제33장 도덕과 의리를 앞세우지 말고 공명부귀에 집착하지 말라. · · · · · · · · · · · · · · 101
전집 제34장 자기 의견만 내세우지 말고 '반드시'라는 말에도 얽매이지 말라. · · · · · · · · 103
전집 제35장 험한 길에서도 양보하고 편안한 길에서도 양보한다. · · · · · · · · · · · · · · · · · 106
전집 제36장 덜된 사람을 미워하지 말고 어른을 공경하라. · 108
전집 제37장 순박함을 지키며 경박하지 말라. · 110
전집 제38장 유혹을 극복하고 난폭한 자를 다스려라. · 112
전집 제39장 아름다움을 지킬 능력이 생기기 전에 아름다움을 들키지 마라. · · · · · · · · · 114
전집 제40장 욕심에는 절제가 필요하고 도리에는 에너지가 필요하다. · · · · · · · · · · · · · · 117
전집 제41장 즐기되 깊이 빠지지 말라. · 120
전집 제42장 돈이 없다고 주눅 들지 말고 벼슬이 없다고 기죽지 말라. · · · · · · · · · · · · · · 123
전집 제43장 뜻을 세우고 머뭇거리면 화가 미칠 수 있다. · 125
전집 제44장 책을 읽을 때는 뜻을 세우고 깊게 읽는다. · 128
전집 제45장 자비심이나 해인심은 누구에게나 있다. · 131
전집 제46장 덕을 닦을 때는 무엇보다도 영화의 유혹을 이겨내야 한다. · · · · · · · · · · · · · 134
전집 제47장 길인이 흉인이 되기도 하고 흉인이 길인이 될 수도 있다. · · · · · · · · · · · · · · 136
전집 제48장 침실의 모습으로 거리를 나다니지 말라. · 139
전집 제49장 여러 가지 일을 벌여놓고 걱정하지 말라. · 142
전집 제50장 평화로울 때는 방향을 정해놓고 움직여야 한다. · 145
전집 제51장 나쁜 기억은 흔적도 남기지 말고 좋은 기억은 새겨라. · · · · · · · · · · · · · · · · · 148
전집 제52장 한 말의 곡식이 이천사백 냥보다 클 수도 있다. · 150
전집 제53장 무턱대고 혼자 우뚝 서려 하지 말라. · 153
전집 제54장 책을 읽을 때는 먼저 마음을 편안히 가져야 한다. · 156
전집 제55장 사치가 따로 없다. 충동구매가 바로 사치다. · 158
전집 제56장 배경지식 없이 무턱대고 위인전을 읽지 말라. · 160

전집 제57장 자기 기호를 살리려면 유혹으로부터 벗어나야 한다. · 163

전집 제58장 뜻대로 되었을 때 의기양양하지 마라. · 166

전집 제59장 서서히 느리게 펼쳐지는 가지는 그 번성이 오래간다. · · · · · · · · · · · · · · · · · · · 168

전집 제60장 따뜻한 봄에 삼라만상이 꿈틀한다. · 171

전집 제61장 고전적인 일을 도모하면서도 가끔 낭만적인 마음도 가져야 한다. · · · · · · · · · · · 174

전집 제62장 재주를 부리려다 옹졸함을 들키게 된다. · 177

전집 제63장 벙어리저금통은 비어있어야 그 생명력이 있다. · 179

전집 제64장 객기가 일어날 때 능력 이상으로 행동하지 말라. · 181

전집 제65장 신체가 건강할 때 생각이 초라하지 않도록 하라. · 183

전집 제66장 명예와 지위에 집착하는 것처럼 가련한 것도 없다. · 186

전집 제67장 선을 행할 때 들키지 않도록 하라. · 188

전집 제68장 편안할 때 어려움을 생각한다. · 190

전집 제69장 조급한 마음으로 일을 빨리하려 하지 말라. · 193

전집 제70장 사소한 기쁨이 하나둘씩 모여 행복이 이루어진다. · 196

전집 제71장 노련한 아홉 마디보다 허술한 한 마디에 신경을 써라. · · · · · · · · · · · · · · · · · · 198

전집 제72장 봄에는 섭씨 0도에서 얼음이 녹고, 겨울에는 섭씨 0도에서 물이 언다. · · · · · · · · · 201

전집 제73장 덕은 사람을 윤택하게 하고 부는 집을 윤택하게 한다. · · · · · · · · · · · · · · · · · 203

전집 제74장 겨울 뒤에 봄이 오고 슬픔 뒤에 기쁨이 온다. · 205

전집 제75장 객기를 버리고 호연지기를 기르자. · 207

전집 제76장 깨끗한 흙은 옥토가 될 수 없다. · 209

전집 제77장 뉴턴 같은 과학자는 셰익스피어 같은 작가는 될 수 없다. · · · · · · · · · · · · · · · 211

전집 제78장 탐욕에 빠지면 슬기가 사라지고 멍청해진다. · 214

전집 제79장 영리하다고 생각될 때 혼미하지 않도록 조심하라. · 217

전집 제80장 앞으로만 나아가려 하지 말고 이루어진 일을 다지자. · · · · · · · · · · · · · · · · · · 219

전집 제81장 빈틈없이 따지다가 자질구레함에 빠진다. · 221

전집 제82장 일의 마무리는 뒤끝이 없도록 하라. · 224

전집 제83장 시비를 밝힐 때 마음에 상처를 주어서는 안 된다. · 227

전집 제84장 깨끗하고 흠 없는 사람이 되자. · 229

전집 제85장 한가할 때 어영부영하지 마라. · 231

전집 제86장 사욕에 빠질 때 바로 도리의 길로 나가야 한다. · 233

전집 제87장 거울을 보며 속마음의 모양을 그려보자. · 236

전집 제88장 시계의 초침 소리보다 작은 한숨 소리를 들을 수 있어야 한다. · · · · · · · · · · 239

전집 제89장 가다가 중지하면 아니 감만 못하다. ··· 241
전집 제90장 환난 날에 낙담하면 자기의 미약함만 들킬 뿐이다. ··················· 244
전집 제91장 복이 들어오고 화가 나가도록 매사를 살피자. ··························· 247
전집 제92장 젊어서 초라해도 늙어서는 창대해야 한다. ································· 250
전집 제93장 있으면서도 궁색 떨며 걸인 노릇 하지 마라. ····························· 253
전집 제94장 선조에게 받은 만큼 후손에게 물려준다. ····································· 255
전집 제95장 지식이나 교양으로 착한 일을 하는척하면서 남을 속이지 마라. ······ 258
전집 제96장 잘못을 타이를 때 상대가 쩔쩔매지 않게 하라. ························· 260
전집 제97장 내가 원만하고 관대하면 세상도 그대로 반응한다. ··················· 263
전집 제98장 하는 일마다 살피고 저울질하여 실행한다. ································· 265
전집 제99장 역경을 이겨내고 순경에 넘어지지 마라. ····································· 267
전집 제100장 금수저 장남보다 흙수저 차남이 더 고생이다. ························· 270
전집 제101장 최선을 찾아내어 있는 힘을 다하자. ··· 272
전집 제102장 고상한 체하지 말고 재주를 뽐내지 마라. ································· 275
전집 제103장 공명부귀에만 매달리면 환영에 깊이 빠지게 된다. ··················· 277
전집 제104장 즐기되 몸을 상하지 않도록 하라. ··· 280
전집 제105장 사소한 일로 사이가 멀어지지 않도록 하라. ····························· 282
전집 제106장 색법을 가볍게 하지 말고 심법을 무겁게 하지 마라. ··············· 284
전집 제107장 삼만 육천오백 일은 결코 짧은 시간이 아니다. ························· 286
전집 제108장 은혜를 베풀면서 원망을 듣지 않게 하라. ································· 289
전집 제109장 늘그막에 성인병에 걸리지 않게 젊었을 때 미리 조심한다. ······ 291
전집 제110장 새 친구를 사귈 때 옛 친구를 기억한다. ··································· 293
전집 제111장 작은 지식으로 공평정론을 건드리지 말라. ······························· 295
전집 제112장 칭찬을 듣는 것보다 비난을 받지 않아야 한다. ························· 297
전집 제113장 가정의 변고에는 아주 차분하고 보다 침착해야 한다. ············· 299
전집 제114장 나쁜 것이 스며들지 않게 하며 좋은 것이 새어 나가지 않게 하라. ··· 301
전집 제115장 한 번의 큰 사랑보다 여러 개의 작은 사랑이 힘이 더 세다. ······ 303
전집 제116장 노련함을 어눌함으로 감추어라. ··· 306
전집 제117장 봄에 밭 갈고 씨 뿌리지 아니하면 가을에 후회한다. ··············· 308
전집 제118장 식견이 좁으면 괴이한 것에 속는다. ··· 311
전집 제119장 분노가 일어날 때는 냉수를 천천히 마신다. ····························· 313
전집 제120장 한쪽 말만 믿으면 무릎맞춤에 쩔쩔맨다. ··································· 316

전집 제121장 남의 단점을 홀로 앞질러서 드러내지 마라. ·········· 318
전집 제122장 침울한 사람에게는 활기찬 말을 건넨다. ············ 321
전집 제123장 마음이 긴장될 때는 시냇가를 거닐며 물소리를 듣는다. ·········· 323
전집 제124장 나비 효과는 곳곳에서 문득문득 일어난다. ············ 325
전집 제125장 의지가 곧고 굳어야 지식이 힘을 낼 수 있다. ·········· 328
전집 제126장 학대보다 가련한 것이 멸시이고 멸시보다 불쌍한 것이 무관심이다. ·········· 331
전집 제127장 횡액을 이겨내는 데는 인내보다 슬기가 필요하다. ·········· 333
전집 제128장 적당히 좋아하며 지나치게 싫어하지 말라. ············ 336
전집 제129장 생각을 소홀히 하지 말되 지나치게 살피지 말라. ·········· 339
전집 제130장 하찮은 목소리에 자기 뜻을 굽히지 말라. ············ 342
전집 제131장 악한 사람의 잘못을 혼자서는 발설하지 말라. ·········· 344
전집 제132장 거친 땅에서 자란 나무가 튼튼하다. ················ 346
전집 제133장 가정에서도 give and take는 필요하다. ············ 348
전집 제134장 아름다움을 자랑하면 추함을 들키게 된다. ············ 351
전집 제135장 가까운 사람의 성공을 진심으로 기뻐하라. ············ 353
전집 제136장 원한은 발바닥에 새기고 은혜는 손바닥에 새겨라. ········ 356
전집 제137장 소질에 맞지 않는 직업은 능력보다 한 단계 낮추어라. ········ 358
전집 제138장 악은 숨길 수 없으며 선은 들켜서는 아니 된다. ·········· 361
전집 제139장 덕이 없는 재능은 나에게도 남에게도 유익하지 않다. ········ 363
전집 제140장 참새도 궁하면 쪼고 토끼도 궁지에 몰리면 할퀸다. ········ 366
전집 제141장 편안함과 즐거움 속에서 다툼의 싹이 튼다. ············ 369
전집 제142장 알맞은 말 한마디로 앙금이 융해된다. ················ 371
전집 제143장 배고플 때는 다랍게 알랑대다가도 배부르면 오만을 떤다. ······ 374
전집 제144장 정해진 마음이 흔들리지 않으려면 무엇보다 냉철해야 한다. ······ 376
전집 제145장 고매한 정신도 식견이 좁으면 발현하기 어렵다. ·········· 378
전집 제146장 고즈넉한 밤에 문득 일어나 책을 펼친다. ············ 380
전집 제147장 반기자는 여러 사람을 편안하게 한다. ················ 383
전집 제148장 사업에 얽매일수록 정신을 바짝 차려야 한다. ·········· 386
전집 제149장 생산자 위에 소비자가 있고 소비자 위에 분해자가 있다. ······ 388
전집 제150장 생각 장애인은 장승이 아니면 걸인이다. ·············· 390
전집 제151장 즐거움을 찾기에 앞서 괴로움을 확인하라. ············ 393
전집 제152장 말 한마디로 인류의 질서가 깨질 수도 있다. ············ 396

전집 제153장 맥없이 끼어들어 자발성에 상처를 주지 말라. · 398
전집 제154장 덕이 없는 절의는 결국에는 초라해지게 된다. · · · · · · · · · · · · · · · · · · 401
전집 제155장 그만두고 싶은 일이 있다면 미련을 두지 말라. · · · · · · · · · · · · · · · · · 403
전집 제156장 큰 덕을 펼친다고 작은 덕을 소홀히 하지 말라. · · · · · · · · · · · · · · · · 405
전집 제157장 고관에게 아첨하지 말고 산골 어른과 친밀하게 지내라. · · · · · · · · · · 407
전집 제158장 기초가 튼튼한 집은 질풍노우에도 끄떡없다. · · · · · · · · · · · · · · · · · · 410
전집 제159장 혈액형도 유전되지만 성격도 유전된다. · 412
전집 제160장 있는 척도 하지 말며 없는 척도 하지 말라. · 414
전집 제161장 아무리 나이가 많아도 배워야 하고 또 배울 수 있다. · · · · · · · · · · · · 417
전집 제162장 남이 의심스러울 때는 먼저 자기 자신을 살펴라. · · · · · · · · · · · · · · · 419
전집 제163장 몰입에서 우러난 작품은 만물을 생동시킨다. · · · · · · · · · · · · · · · · · · 421
전집 제164장 하루 착한 일로 당장 열흘의 복이 생기지는 않는다. · · · · · · · · · · · · 423
전집 제165장 받을 때나 베풀 때나 모두 예의를 갖추어야 한다. · · · · · · · · · · · · · · 426
전집 제166장 근면과 검소로 옹졸해져서는 안 된다. · 428
전집 제167장 즉흥적인 일은 곧바로 후회를 부른다. · 431
전집 제168장 남이 아파할 때 함께 아파하자. · 433
전집 제169장 평범한 일에 빈틈없는 사람이 진정한 위인이다. · · · · · · · · · · · · · · · · 435
전집 제170장 사람을 대할 때는 처음은 어렵게 차차 너그럽게 대한다. · · · · · · · · 438
전집 제171장 물속의 달그림자를 보며 자기 마음의 모양을 그려본다. · · · · · · · · · 441
전집 제172장 위치 에너지는 잠깐이고 능력 에너지는 영원하다. · · · · · · · · · · · · · · 444
전집 제173장 나방도 촛불을 좋아한다. · 447
전집 제174장 외로울 때는 하늘의 별을 열하나 정도 세어보라. · · · · · · · · · · · · · · · 450
전집 제175장 일이 여러 개 있을 때는 마음을 저울에 달아보라. · · · · · · · · · · · · · · 453
전집 제176장 겉가량으로 속을 단정하지 말라. · 455
전집 제177장 주는 자가 알고 받는 자가 알고 하늘이 알고 땅이 안다. · · · · · · · · · 457
전집 제178장 절개를 표방하지 말고 의리를 내세우지 말라. · · · · · · · · · · · · · · · · · 460
전집 제179장 사욕으로 마음이 어두워질 때 절개로 일깨우라. · · · · · · · · · · · · · · · 463
전집 제180장 정의보다 위대한 것이 자비이고 자비보다 위대한 것이 포용이다. · · 466
전집 제181장 괴습은 재앙의 씨앗이다. · 468
전집 제182장 노여움은 참아내고 괴로움은 견디어라. · 470
전집 제183장 이룬 것이 초라해도 정정당당하게 살아야 한다. · · · · · · · · · · · · · · · 473
전집 제184장 한가할 때일수록 줏대를 잡고 있어야 한다. · · · · · · · · · · · · · · · · · · · 476

전집 제185장 힘을 쏠 때마다 힘을 충전하라. ·········· 479
전집 제186장 공직에서는 공평이 덕이고 가정에서는 포용이 덕이다. ·········· 481
전집 제187장 젊을 때 노인의 어려움을 알아야 한다. ·········· 484
전집 제188장 무엇이든지 받아들일 때는 소금기가 있어야 한다. ·········· 486
전집 제189장 낮은 자와는 다투지 말며 높은 자에게 아첨하지 말라. ·········· 488
전집 제190장 의리를 중시하되 의리의 노예는 되지 말라. ·········· 490
전집 제191장 마음의 수양은 쉽게 길러지지 않는다. ·········· 493
전집 제192장 소인의 환심을 사려 하지 말며 군자의 포용도 받으려 하지 말라. ·········· 496
전집 제193장 재물욕에 멍들고 명예욕에 무너진다. ·········· 498
전집 제194장 칭찬에 인색하지 말고 나무람을 지나치게 하지 말라. ·········· 500
전집 제195장 참소에는 강인하다가도 아첨에는 나약해진다. ·········· 503
전집 제196장 오미는 항상 촉촉하여 풀이 마르지 않는다. ·········· 505
전집 제197장 대성하는 데는 겸허와 원만이 필수적이다. ·········· 508
전집 제198장 특별하고자 에너지를 지나치게 허비하지 말라. ·········· 510
전집 제199장 재물도 있고 건강해야 석양 노을을 즐길 수 있다. ·········· 512
전집 제200장 강한 자에게 자기 능력을 들키지 말라. ·········· 514
전집 제201장 검소를 빙자하여 수전노가 되지 말라. ·········· 517
전집 제202장 초난에 주눅 들지 말고 초안을 두려워하라. ·········· 520
전집 제203장 술은 여러 사람과 함께 마시는 것, 혼자서는 마시지 말라. ·········· 522
전집 제204장 취미를 즐기되 푹 빠지지 말라. ·········· 525
전집 제205장 가득 차면 반드시 손해가 따른다. ·········· 527
전집 제206장 영음찰리하고 감모변색하라. ·········· 529
전집 제207장 생각이 커지면 규모도 커진다. ·········· 531
전집 제208장 제삼자를 참소하는 말에 추임새를 하지 말라. ·········· 534
전집 제209장 심성이 냄비 물 끓듯 하면 되는 일이 하나도 없다. ·········· 536
전집 제210장 새 친구를 사귈 때는 세 가지 이벤트를 해보아라. ·········· 538
전집 제211장 험한 길은 피하고 풍파에는 다리에 힘을 주어라. ·········· 540
전집 제212장 온화함이 없는 절의는 따돌림을 당할 수 있다. ·········· 542
전집 제213장 편지를 쏠 때는 중의적인 어휘를 쓰지 말아야 한다. ·········· 544
전집 제214장 윗사람을 경외하고 아랫사람을 함부로 대하지 말라. ·········· 547
전집 제215장 괴로울 때는 좌우를 살피고 한가할 때는 위를 쳐다보아라. ·········· 549
전집 제217장 밥을 굶으면 배가 고프고 책을 굶으면 머리가 고프다. ·········· 551

전집 제218장 현인을 경외하고 부자를 미워하지 말라. ·················· 553
전집 제219장 어설픈 지식은 차라리 하나도 모르는 것만 못하다. ········· 556
전집 제220장 별일 없는 비밀도 술자리에서는 말하지 말라. ············· 559
전집 제221장 잘못을 뉘우치고 반성하는 속에서 덕이 자란다. ············ 561
전집 제222장 천재도 노력을 하지 않으면 범재로 끝난다. ··············· 563
전집 제223장 잔칫집에 있을 때는 흥취되지 않아야 한다. ··············· 566
전집 제224장 싹이 나되 꽃이 피지 못하는 것이 있고 꽃이 피되 열매를 맺지 못하는 것이 있다. ····· 568
전집 제225장 움직임도 없고 소리도 없는 적막에 잠시 머뭇하면 마음의 본모습을 그려낼 수 있다. ·· 571

채근담 후집

후집 제1장 지지자불여 호지자 호지자불려 낙지자 ···················· 576
후집 제2장 재미나는 일은 버릇이 되지 않게 하라. ···················· 578
후집 제3장 고요히 떨어지는 오동잎에도 발자취는 있다. ················ 581
후집 제4장 고즈넉한 보름달을 마음껏 보듬어라. ······················ 583
후집 제5장 기분 전환을 길게 하지 말라. ···························· 586
후집 제6장 문득 깬 꿈에서 진정한 자아를 찾을 수 있다. ··············· 588
후집 제7장 꽃잎이 피는 소리는 10데시벨이고 꽃잎이 지는 소리는 20데시벨이다. · 590
후집 제8장 행간의 숨은 뜻이 파악될 때까지 여러 번 읽어라. ············ 593
후집 제9장 학자가 악기를 다룰 줄 알면 금상첨화이다. ················· 595
후집 제10장 술자리는 클라이맥스 꼭짓점을 막 벗어날 때 끊고 나와야 한다. ··· 597
후집 제11장 대리석 안에 다비드상도 들어있고 내 마음도 들어있다. ······· 600
후집 제12장 지식이 꿈틀하면 슬기가 되고 슬기가 꿈틀하면 샛별이 된다. ···· 602
후집 제13장 청산은 만고에 푸르며 유수는 주야로 그치지 않는다. ········· 605
후집 제14장 구두창은 닳아져도 발바닥은 닳지 않는다. ················· 607
후집 제15장 날 저물면 꽃잎에 쉬어 가고 꽃잎이 푸대접하면 풀잎에 쉬어 간다. · 610
후집 제16장 인기가 망월을 막 넘어 기망이 될 때 은퇴하라. ············· 613
후집 제17장 낚시왕이 되더라도 낚시광은 되지 말라. ··················· 615
후집 제18장 내가 깨어있더라도 남의 우둔함을 흉잡지 말라. ············· 617
후집 제19장 사랑 속에 있으면 시간이 잘도 간다. ····················· 620
후집 제20장 재물욕 내려놓고 꽃과 나무 기르니 온 세상이 내 것이네. ····· 622
후집 제21장 시시한 일도 매만지면 고귀한 일이 된다. ·················· 624

후집 제22장 관심은 사랑을 키우고 간섭은 짜증을 부른다. ············ 627
후집 제23장 산천을 조정하며 즐기고 산천에 조종당하지는 말라. ············ 629
후집 제24장 색사가 꿈틀할 때는 서랍을 정리하며 누그러뜨린다. ············ 631
후집 제25장 서투른 선구자보다 능숙한 후속자가 낫다. ············ 634
후집 제26장 한가할 때 줏대를 세워야 바쁠 때 들뜨지 않는다. ············ 637
후집 제27장 겨울 뒤에 봄이 오고 슬픔 뒤에 기쁨이 온다. ············ 639
후집 제28장 가난해도 비굴하지 말며 부유해도 뻐기지 말라. ············ 641
후집 제29장 호랑이가 지칠 때까지 호랑이 등에서 내리지 말라. ············ 643
후집 제30장 금은 소중하고 옥은 귀중하다. ············ 645
후집 제31장 20분은 기분 전환이고 40분은 노동이다. ············ 648
후집 제32장 일에 묻히면 기적 소리도 들리지 않는다. ············ 650
후집 제33장 구름은 골짜기에 머물고 명월은 골짜기에서 돋아난다. ············ 653
후집 제34장 박식함은 몸에도 유익하고 마음에도 유익하다. ············ 655
후집 제35장 배고프면 밥을 먹고 고달프면 잠을 잔다. ············ 658
후집 제36장 깊은 물은 소리 없이 고요히 흐른다. ············ 661
후집 제37장 예술은 길고 인생은 짧다. ············ 663
후집 제38장 재인 능력이 없으면 치매 검사를 받아야 한다. ············ 666
후집 제39장 한 잔의 술로 만장홍진을 잊을 수 있다. ············ 669
후집 제40장 어부나 초동 소년이 돋보일 때가 있다. ············ 672
후집 제41장 몸은 속세에 있으면서도 생각은 고상할 수 있다. ············ 675
후집 제42장 한가함을 피난처로 조용함을 은신처로 삼지 말라. ············ 678
후집 제43장 꿩 소리에 꿈틀하고 매미 소리에 번뜩해야 마음이 넉넉해진다. ············ 681
후집 제44장 달콤한 미끼에 본성을 잃지 말라. ············ 683
후집 제45장 숲 사이를 걷고 시냇물 소리를 들으면 문득 앙금이 사라진다. ············ 685
후집 제46장 종달새는 봄을 좋아하고 귀뚜라미는 가을을 즐긴다. ············ 688
후집 제47장 배우지 않아도 시를 읊을 수 있고 음정을 몰라도 노래를 즐길 수 있다. ············ 691
후집 제48장 마음은 눈의 등대이다. ············ 693
후집 제49장 나이가 들수록 몸과 마음을 다듬어야 한다. ············ 696
후집 제50장 언뜻 보면 시시한 것도 자세히 보면 사랑스럽다. ············ 698
후집 제51장 머리카락이 빠지고 이가 성기어도 꽃이 피고 새가 노래하는 것은 들을 수 있다. ············ 702
후집 제52장 욕심이 잉태한즉 수치를 낳고 수치가 장성한즉 사망을 낳는다. ············ 704
후집 제53장 무릎을 다치는 것이 이마가 상하는 것보다 낫다. ············ 706

후집 제54장 책은 귀로 듣고 눈으로 읽고 손으로 확인한다. ············· 709
후집 제55장 간섭하면 시들시들하던 것도 방임하면 싱싱해지는 것이 있다. ········ 711
후집 제56장 일이 늘어나면 번뇌도 늘어난다. ················ 714
후집 제57장 영화로울 때 검소하면 쇠퇴할 때 초라하지 않다. ·········· 717
후집 제58장 오늘의 내가 내일의 내가 아닐 수도 있다. ············ 719
후집 제59장 실패했을 때 주춤하지 말고 힘차게 일어서라. ··········· 722
후집 제60장 실개천과 들꽃은 돈 없이도 구경할 수 있다. ··········· 724
후집 제61장 창틈으로도 계절의 변화를 얼마든지 엿볼 수 있다. ········· 727
후집 제62장 뻔한 일에 애태우지 말라. ·················· 730
후집 제63장 아무리 좋은 일이라도 생색내지 마라. ·············· 732
후집 제64장 솔바람 소리를 다듬고 샘물 소리를 매만지면 시가 절로 나온다. ····· 735
후집 제65장 골짜기는 채우기 쉬워도 사람의 마음은 채우기 어렵다. ········ 738
후집 제66장 하늘이 부여한 것이 성이요, 그 성을 따르는 것이 도이다. ······· 741
후집 제67장 고관대작이 미관말직을 부러워할 때가 있다. ············ 744
후집 제68장 비늘 있는 물고기는 물에서 살고 날개 있는 새는 하늘을 난다. ····· 747
후집 제69장 전쟁터에도 국화꽃은 피고 아기 울음소리도 들린다. ········· 749
후집 제70장 고운 투정엔 기뻐하고 미운 투정은 웃어넘긴다. ··········· 752
후집 제71장 누린내 나고 비린내 나는 사람을 가까이하지 말라. ········· 756
후집 제72장 선인의 뗏목으로 강을 건넜음을 기억하라. ············· 759
후집 제73장 본성에 자적하려면 물욕을 낮추어야 한다. ············· 761
후집 제74장 한 줄기의 햇빛이 마음을 넉넉하게 한다. ············· 764
후집 제75장 쓸데없는 일이 한 개 두 개 모여 쓸모 있는 일이 된다. ········ 767
후집 제76장 닭은 부화 기간이 21일이고 독수리는 부화 기간이 55일이다. ······ 769
후집 제77장 꽃과 잎으로 아름답던 장미도 겨울에는 앙상한 가지만 남는다. ····· 771
후집 제78장 고상한 것만 찾지 말고 자기 것을 찾아라. ············ 773
후집 제79장 달인은 하는 일마다 고개만 끄덕일 뿐 끼어들지 않는다. ······· 776
후집 제80장 미래를 끌어들여 현재를 상하게 하지 말라. ············ 778
후집 제81장 미운 것도 매만지면 아름다워진다. ··············· 781
후집 제82장 사양하는 마음이 다투는 마음을 가라앉힌다. ············ 784
후집 제83장 덜 먹고 덜 마시면 심신이 담백해진다. ·············· 787
후집 제84장 옥은 다듬지 않으면 그릇이 될 수 없고 사람은 배우지 않으면 도리를 알 수 없다. ······ 790
후집 제85장 차 마시면서 음악을 만나면 마음이 윤택해진다. ·········· 793

후집 제86장 언뜻 보면 다르게 보이는 것도 여러 번 보면 같게 보인다. ·················· 796
후집 제87장 신체가 건강해야 정신도 건강하다. ····································· 799
후집 제88장 마음이 신체를 속박하기도 하고 신체가 마음을 속박하기도 한다. ········· 802
후집 제89장 아무리 술을 좋아해도 석 잔을 넘기지 마라. ···························· 805
후집 제90장 가뭄에는 기우제를 지내고 장마에는 기청제를 지낸다. ··················· 808
후집 제91장 마음은 간섭하면 괴로워하고 내버려두면 외로워한다. ···················· 811
후집 제92장 눈사람을 만드노라면 추위가 오히려 기쁨이 된다. ······················· 814
후집 제93장 서투름이 꿈틀하여 능란이 된다. ······································ 817
후집 제94장 얻었다 해서 너무 기뻐하지 말고 잃었다 해서 너무 근심하지 말라. ········ 820
후집 제95장 도리에 어긋난 일은 이루어졌다 해도 결국은 헛것이 되고 만다. ··········· 823
후집 제96장 격식과 예의만 따지면 서투름이 들어갈 자리가 없다. ···················· 825
후집 제97장 태어나기 전의 나, 현재의 나, 죽은 후의 나, 모두가 나이다. ············· 828
후집 제98장 혈압, 안압 등을 매월 체크하며 미래 건강을 살피자. ···················· 831
후집 제99장 고운 것도 거짓되고 아름다운 것도 헛나 정직한 마음은 영원하다. ········ 834
후집 제100장 바쁜 중에도 틈을 내어 꽃과 나무를 즐길 수 있어야 한다. ·············· 837
후집 제101장 옷매무새나 먹는 음식으로 그 사람을 판단하지 말라. ··················· 839
후집 제102장 마음이 꿈틀하지 아니하면 보이는 것이 하나도 없다. ··················· 842
후집 제103장 준마는 화살처럼 달리면서도 문득 멈출 줄 안다. ······················· 845
후집 제104장 마음이 갈피를 잡지 못할 때는 일단 시끄러운 곳을 떠나라. ············· 848
후집 제105장 어머니는 폭풍의 노호 속에서도 아기 울음소리를 들을 수 있다. ········· 851
후집 제106장 흐르는 물에 발을 담그면 마음의 때도 사라진다. ······················ 854
후집 제107장 기쁨으로 들뜰 때는 맨발로 모래 위를 걷는 것이 좋다. ················· 858
후집 제108장 선이 모이면 복이 되고 악이 모이면 재앙이 된다. ····················· 861
후집 제109장 노끈으로도 톱을 삼아 나무를 자를 수 있다. ·························· 864
후집 제110장 꾸며서 얻은 것은 결과가 초라하다. ·································· 866
후집 제111장 꽃과 잎은 시들어 떨어져도 뿌리는 항상 싱싱하다. ···················· 869
후집 제112장 주룩주룩 내리는 비는 초목을 싱그럽게 산과 들을 산뜻하게 한다. ······· 872
후집 제113장 모자라도 인색하지 말고 풍족해도 낭비하지 말라. ····················· 874
후집 제114장 언덕에 올라 휘파람을 불면 호연지기가 길러진다. ····················· 876
후집 제115장 하고 싶은 마음이 없으면 아무것도 이룰 수 없다. ····················· 879
후집 제116장 사물을 부리려면 먼저 자기 자신을 부릴 수 있어야 한다. ··············· 882
후집 제117장 너무 한가하면 애먼 생각이 나고 너무 바쁘면 본성을 잃게 된다. ········ 884

후집 제118장 마음은 만나는 것에 따라 기뻐하기도 하고 슬퍼하기도 한다. · · · · · · · · · · · · · · 886
후집 제119장 초조와 진통이 없는 탄생은 없다. · 889
후집 제120장 귀가 영리하면 무릎맞춤은 일어나지 않는다. · 892
후집 제121장 명예와 재물에 얽혀있으면 결코 마음이 편안해질 수 없다. · · · · · · · · · · · · · 895
후집 제122장 활짝 핀 꽃보다 꽃봉오리가 더 아름답다. · 898
후집 제123장 들꽃에 맥없이 비료를 주어 시들게 하지 말라. · 901
후집 제124장 만나는 일마다 건성으로 본다면 얻는 것이 하나도 없다. · · · · · · · · · · · · · · · 904
후집 제125장 순진한 사람이 속된 맛을 보면 헤어 나올 수 없는 수렁에 빠지고 만다. · · · · · 907
후집 제126장 까닭 없이 생긴 큰돈은 큰 복이 아니라 결국 재앙이 된다. · · · · · · · · · · · · · · 910
후집 제127장 꼭두각시도 되지 말고 망석중이도 만들지 말라. · 913
후집 제128장 고래 싸움에 새우 등 터진다. · 916
후집 제129장 대속을 빙자하여 몽매한 사람들의 돈을 갈취하는 종교인이 더러 있다. · · · · · · · 919
후집 제130장 풍랑의 마루는 뾰족하고 너울의 마루는 둥그스름하다. · · · · · · · · · · · · · · · · 922
후집 제131장 즐기는 일은 날로 덜어내야 하는데 날로 더한다면 도락의 늪에 빠지게 된다. · · · · · 925
후집 제132장 폭염과 폭설은 견디기 쉬워도 무관심과 멸시는 견디기 어렵다. · · · · · · · · · 928
후집 제133장 차선도 매만지면 최선이 될 수 있다. · 931
후집 제134장 인연을 따르되 본분을 다하여라. · 934

마치는 글 · 937
하준이와 하음이에게 · 938
참고문헌 · 939
『서서번연 채근담』에 조력하신 분 · 940

채근담 전집
1장~225장

채근담 전집 전체의 주제는 한마디로 표현하면 '거관'이다. 거관이라는 말은 현대어로 바꾸면 직업을 갖는다는 말이다. 직업을 갖기 위해서 여러 가지 경력을 쌓아야 하고, 직장을 가진 뒤 너와 나 누구에게나 떳떳한 생활을 해야 한다. 이런 내용이 처음부터 끝까지 흐른다고 볼 수 있다.

전집 제1장
떳떳한 외로움을 누리면서도 처량에 빠진 자도 살펴라.

(1) 준비운독(準備運讀)

　제1장을 읽는 데는 다음과 같은 어휘를 먼저 익혀야 한다. 적막, 처량, 달인. 이 어휘를 홍자성 원문에서 찾아보고 다음의 설명을 참고하면 사고의 지평이 넓어지리라 생각된다.

　적막: 먹고 자고 의지할 곳이 없는 외로운 상태.
　처량: 마음과 육체가 초라하고 구슬픈 상태.
　달인: 학식이 깊고 견문이 넓어 사물의 겉과 속을 잘 아는 사람.

(2) 홍자성 원문

棲守道德者, 寂寞一時.
依阿權勢者, 凄凉萬古.
達人觀物外之物 思身後之身,
寧受一時之寂寞, 毋取萬古之凄凉.
서수도덕자, 적막일시.
의아권세자, 처량만고.
달인관물외지물 사신후지신,
영수일시지적막, 무취만고지처량.

(3) 원문해석

　항상 변함없이 도덕을 지키며 사는 사람은 때로는 외롭고 궁하지만, 한 번이라도 권세에 아부하는 사람은 한때 풍요롭고 넉넉할지라도 두고두고 초라한 외로움에 빠진다. 그래서 식견이 넓은 사람은 사물의 겉모습에 현혹되지 않고 내부까지 살피고 살았을 때의 모습과 죽은 후의 모습을 생각하며 한때 외로움을 당할망정 두고두고 초라한 외로움에 처하지는 않는다.

(4) 스스로 해석자료

棲守道德者
깃들일 서(부수 나무목), 지킬 수(부수 갓머리), 길 도(부수 책받침), 큰 덕(부수 두인변), 놈 자(부수 늙을로엄)

寂寞一時
고요할 적(부수 갓머리), 고요할 막(부수 갓머리), 한 일(부수 한일), 때 시(부수 날일)

依阿權勢者
의지할 의(부수 사람인변), 언덕 아(부수 좌부변), 저울추 권(부수 나무목), 형세 세(부수 힘력), 놈 자(부수 늙을로엄)

凄凉萬古
쓸쓸할 처(부수 이수변), 서늘할 량(부수 이수변), 일만 만(부수 초두머리), 옛 고(부수 입구)

達人 觀物外之物
통달할 달(부수 책받침), 사람 인(부수 사람인), 볼 관(부수 볼견), 물건 물(부수 소우), 바깥 외(부수 저녁석), 갈 지(부수 삐침별), 물건 물(부수 소우)

思身後之身
생각 사(부수 마음심), 몸 신(부수 몸신), 뒤 후(부수 두인변), 갈 지(부수 삐침별), 몸 신(부수 몸신)

寧受一時之寂寞
편안할 녕(부수 갓머리), 받을 수(부수 또우), 한 일(부수 한일), 때 시(부수 날일), 갈 지(부수 삐침별), 고요할 적(부수 갓머리), 고요할 막(부수 갓머리)

毋取萬古之凄凉
말 무(부수 말무), 가질 취(부수 또우), 일만 만(부수 초두머리), 옛 고(부수 입구), 갈 지(부수 삐침별), 쓸쓸할 처(부수 이수변), 서늘할 량(부수 이수변)

(5) 조부훈회(祖父訓誨)

'적막하다'와 '처량하다'는 외롭기는 마찬가지이지만 깊이 생각하면 질적으로 현격한 차이가 있다. 가지고 있는 것을 스스로 버린 외로움은 적막이고, 가지고 있는 것을 빼앗긴 외로움은 처량이다.『도덕경』51장에 "도는 만물을 낳고 덕은 만물을 기른다"라는 말이 있다. 따라서 도덕을 지키는 사람은 나를 비롯하여 누구나 이로워야 한다. 제1장의 주인공은 도덕을 지키는 사람 '서수도덕자'와 세상에 아부·아첨하는 사람 '의아권세자' 두 사람의 이야기이다. 의아권세자란 자기 이익과 명예를 위해서 힘 있는 사람에게 아첨하는 사람이고 서수도덕자는 도리와 덕을 지키는데 일시적이 아닌 항구적으로 도와 덕을 지키는 사람을 말한다. 목숨처럼 귀중한 것이 없는데 서수도덕자를 운운하며 자기를 희생하거나 가정이 어려워져서는 안 된다. 권세에 아부하는 사람은 아부하는 자신과 권력에 해당하는 몇 사람만 이로울 뿐이다. 따라서 의아권세자가 되어서는 절대 안 되지만 서수도덕자가 되고자 너무 고절독행해서도 안 되리라 생각된다. 바른길을 지키면서도 쉬엄쉬엄 꽃을 만나기도 하고 숲속을 헤매는 여유를 가지면서 얻는 것이 있다면 남한테 조금씩이라도 베푸는 덕을 가져야 하리라. 그런데 이렇게 하다 보면 모이는 것이 풍요롭지 못해 세상과 동떨어진 느낌이 있을 것이다. 그래도 굴하지 않고 계속 그 길을 가는 것이 참다운 서수도덕자이다.

(6) 독자 이벤트

준비운독에 제시된 낱말 다섯 개를 새겨본다.

전집 제2장
경험을 골라서 하며 해로움에 오염되지 않도록 신중하라.

(1) 준비운독(準備運讀)

 제2장을 읽는 데는 다음과 같은 어휘를 먼저 익혀야 한다. 섭세, 점염, 박로, 곡근, 소광. 이 어휘를 홍자성 원문에서 찾아보고 다음의 설명을 참고하면 사고의 지평이 넓어지리라 생각된다. 온실 속의 꽃과 온실 밖의 식물은 보통의 기상에는 별 차이가 없지만 질풍노우 등에는 현격한 차이를 보인다.

 섭세: 세상을 건너간다.
 점염: 천천히 물들어 간다.
 박로: 순박하고 꾸밈이 없으며 노련하지 않다.
 곡근: 머리카락이 희니 검으니, 짧니 기니 등 일마다 세세히 꼼꼼히 따지는 것.
 소광: 규칙에 얽매이지 않고 수수하며 까다롭지 않다.

(2) 홍자성 원문

涉世淺, 點染亦淺. 歷事深, 機械亦深.
故君子 與其練達 不若朴魯. 與其曲謹, 不若疎狂.
섭세천, 점염역천. 역사심, 기계역심.
고군자 여기련달 불약박로. 여기곡근, 불약소광.

(3) 원문해석

 세상 경험이 얕은 사람은 그만큼 물드는 것도 얕다. 이에 반하여 경험이 쌓이고 쌓이면 지식과 식견이 넓어진다. 깨달은 사람은 지식과 식견이 넓어질 때 오염되는 것을 예방하고자 경험을 깊이 하기보다 소박함을 택하고 일일이 따지는 것보다도 서글서글 넘어가 주기도 한다.

(4) 스스로 해석자료

涉世淺
건널 섭(부수 삼수변), 인간 세(부수 한일), 얕을 천(부수 삼수변)

點染亦淺
점 점(부수 검을흑), 물들 염(부수 나무목), 또 역(부수 돼지해머리), 얕을 천(부수 삼수변)

歷事深
지날 역(부수 그칠지), 일 사(부수 갈고리궐), 깊을 심(부수 삼수변)

機械亦深
틀 기(부수 나무목), 기계 계(부수 나무목), 또 역(부수 돼지해머리), 깊을 심(부수 삼수변)

故君子
연고 고(부수 등글월문), 임금 군(부수 입구), 아들 자(부수 아들자)

與其練達
더불 여(부수 절구구변), 그 기(부수 여덟팔), 익힐 련(부수 실사), 통달할 달(부수 책받침)

不若朴魯
아닐 불(부수 한일), 같을 약(부수 초두머리), 후박나무 박(부수 나무목), 노둔할 로(부수 물고기어)

與其曲謹
더불 여(부수 절구구), 그 기(부수 여덟팔), 굽을 곡(부수 가로왈), 삼갈 근(부수 말씀언)

不若疎狂
아닐 불(부수 한일), 같을 약(부수 초두머리), 성길 소(부수 짝필), 미칠 광(부수 개사슴록변)

(5) 조부훈회(祖父訓誨)

가마귀 ᄡᅡ호는 골에 白鷺(백로)야 가지 마라
셩낸 가마귀 흰 빗츨 새올셰라
淸江(청강)에 잇것 시슨 몸을 더러일가 ᄒ노라

「백로가」 - 포은 정몽주 어머니 영천 이씨 부인

벼루에 물을 붓고 먹을 갈아 붓글씨를 쓰면서 전혀 근묵자흑(近墨者黑)하지 않으면서 붓글씨를 쓰는 사람이 있는가 하면, 방바닥에 여기저기 검은 물을 튕기며 옷소매나 바지 등이 검정투성이인 사람이 있다. 백로가 까마귀와 놀면서 전혀 물들지 않기는 퍽 어려운 일이다.

가만히 오는 비가 낙수져서 소리하니
오마지 않은 이가 일도 없이 기다려져
열릴 듯 닫힌 문으로 눈이 자주 가더라

「혼자 앉아서」 - 육당 최남선

 1945년 8월 15일 광복을 맞이하면서도 광복의 기쁨을 누리지 못하는 최남선의 한이 서려 있는 시조이다. 문학청년으로 문장의 대가로 손꼽히는 그가 친일의 달콤함에 오염되어 만년에는 두문불출하는 신세가 되었다.

(6) 독자 이벤트

제2장을 읽고 그냥 넘어가지 말고 자기만의 느낌과 각오를 두세 줄 적어본다.

전집 제3장
목적과 의도는 명확히 하되 능력과 지혜는 드러나지 않도록 하라.

(1) 준비운독(準備運讀)

제3장을 읽는 데는 다음과 같은 어휘를 먼저 익혀야 한다. 군자, 재화, 옥온주장. 이 어휘를 홍자성 원문에서 찾아보고 다음의 설명을 참고하면 사고의 지평이 넓어지리라 생각된다.

군자: 학식이 깊고 덕망이 높으며 말과 행동에 품위가 있는 사람.
재화: 뛰어난 재능.
옥온주장: 옥이 박옥 속에 감춰지고 진주가 바닷속에 감춰져 있는 것.

(2) 홍자성 원문

君子之心事, 天靑日白, 不可使人不知.
君子之才華, 玉韞珠藏, 不可使人易知.
군자지심사, 천청일백, 불가사인부지.
군자지재화, 옥온주장, 불가사인이지.

(3) 원문해석

훌륭한 사람은 자기 마음과 자기가 하는 일을 모든 사람에게 감추지 말고 솔직히 알려줘라. 그러나 자기의 재능과 기술은 옥이 박옥과 바닷속에 감추어진 것처럼 모든 사람이 알지 못하게 해야 한다.

(4) 스스로 해석자료

君子之心事

임금 군(부수 입구), 아들 자(부수 아들자), 갈 지(부수 삐침별), 마음 심(부수 마음심), 일 사(부수 갈고리궐)

天青日白

하늘 천(부수 큰대), 푸를 청(부수 푸를청), 해 일(부수 날일), 흰 백(부수 흰백)

不可使人不知

아닐 불(부수 한일), 옳을 가(부수 입구), 하여금 사(부수 사람인), 사람 인(부수 사람인), 아닐 부(부수 한일), 알 지(부수 화살시)

君子之才華

임금 군(부수 입구), 아들 자(부수 아들자), 갈 지(부수 삐침별), 재주 재(부수 손수), 빛날 화(부수 초두머리)

玉韞珠藏

구슬 옥(부수 구슬옥), 감출 온(부수 가죽위), 구슬 주(부수 구슬옥변), 감출 장(부수 초두머리)

不可使人易知

아닐 불(부수 한일), 옳을 가(부수 입구), 하여금 사(부수 사람인), 사람 인(부수 사람인), 쉬울 이(부수 날일), 알 지(부수 화살시)

(5) 조부훈회(祖父訓誨)

자기가 하고자 하는 계획이나 의도는 명확히 알려주면서도 자기의 능력이나 슬기는 드러내지 않도록 조심하여야 한다. 허심탄회(虛心坦懷)하게 대화하면서도 자기의 주제(主題)는 들키지 않도록 신중히 해야 한다.

(6) 독자 이벤트

제3장을 읽고 그냥 넘어가지 말고 자기만의 느낌과 각오를 두세 줄 적어본다.

전집 제4장

유혹을 견디기 어렵거든 멀리하는 것이 상책이다.

(1) 준비운독(準備運讀)

제4장을 읽는 데는 다음과 같은 어휘를 먼저 익혀야 한다. 세리, 분화, 불근자, 불염자, 지계기교. 이 어휘를 홍자성 원문에서 찾아보고 다음의 설명을 참고하면 사고의 지평이 넓어지리라 생각된다.

세리: 권세와 재물.
분화: 화려하고 호화롭다.
불근자: 나쁜 일을 가까이하지 않는 사람.
불염자: 오염에 물들지 않는 사람.
지계기교: 지혜와 재능의 작용.

(2) 홍자성 원문

勢利紛華, 不近者爲潔. 近之而不染者 爲尤潔.
智械機巧, 不知者爲高. 知之而不用者 爲尤高.
세리분화, 불근자위결. 근지이불염자 위우결.
지계기교, 부지자위고. 지지이불용자 위우고.

(3) 원문해석

권세와 이익과 명예를 가까이하지 않는 사람은 순결하다. 권세와 명예와 이익을 가까이하면서도 물들지 않는 사람은 매우 고결한 사람이다. 못된 슬기와 모략을 모르는 사람은 순박하다. 못된 슬기와 모략을 알면서도 그것을 이용하지 않는 사람은 매우 능력 있는 사람이다.

(4) 스스로 해석자료

勢利紛華

기세 세(부수 힘력), 날카로울 리(부수 선칼도방), 어지러울 분(부수 실사변), 빛날 화(부수 초두머리)

不近者爲潔

아닐 불(부수 한일), 가까울 근(부수 책받침), 사람 자(부수 늙을로엄), 할 위(부수 손톱조), 깨끗할 결(부수 삼수변)

近之而不染者 爲尤潔

가까울 근(부수 책받침), 갈 지(부수 삐침별), 말 이을 이(부수 말이을이), 아닐 불(부수 한일), 물들 염(부수 나무목), 사람 자(부수 늙을로엄), 할 위(부수 손톱조), 더욱 우(부수 절름발이왕), 깨끗할 결(부수 삼수변)

智械機巧

슬기 지(부수 날일), 형틀 계(부수 나무목), 틀 기(부수 나무목), 공교할 교(부수 장인공)

不知者爲高

아닐 부(부수 한일), 알 지(부수 화살시), 사람 자(부수 늙을로엄), 할 위(부수 손톱조), 높을 고(부수 높을고)

知之而不用者 爲尤高

알 지(부수 화살시), 갈 지(부수 삐침별), 말 이을 이(부수 말이을이), 아닐 불(부수 한일), 쓸 용(부수 쓸용), 사람 자(부수 늙을로엄), 할 위(부수 손톱조), 더욱 우(부수 절름발이왕), 높을 고(부수 높을고)

(5) 조부훈회(祖父訓誨)

아침에 출근하여 저녁 6시에 퇴근하는 근로소득으로 가계부를 정성 들여 쓰면서 부동산투기나 주식투자나 로또 복권 등에 전혀 유혹되지 않는 사람, 그 사람이 바로 불염자이고 영웅이다. 봄에 밭 갈고 씨 뿌리며 여름에 잡초를 뽑아내고 거름 주며 가을에 추수하는 농부는 순박하기 그지없다. 이런 사람에게 부동산투기나 주식투자 등으로 일확천금의 마음이 생기지 않도록 국가가 제도적으로 살펴주는 정책이 필요하다. 순박한 사람에게 불근자 운운하며 불염자가 되지 말라는 훈회(訓誨)만 해서는 안 된다.

(6) 독자 이벤트

자기의 생각이나 느낌을 쓰기가 애매하면 새롭게 익혀진 어휘라도 손 글씨로 써본다.

전집 제5장
거슬리는 말을 들을지라도 마음을 감동시키는 말을 해라.

(1) 준비운독(準備運讀)

제5장을 읽는 데는 다음과 같은 어휘를 먼저 익혀야 한다. 역이지언, 불심지사, 짐독. 이 어휘를 홍자성 원문에서 찾아보고 다음의 설명을 참고하면 사고의 지평이 넓어지리라 생각된다.

역이지언: 귀에 거슬리는 말.
불심지사: 마음속에 불편한 일.
짐독: 사람의 목숨을 빼앗을 만큼 독한 짐새의 눈물.

(2) 홍자성 원문

耳中常聞 逆耳之言, 心中常有 拂心之事,
纔是進德修行的砥石.
若言言悅耳 事事快心, 便把此生, 埋在鴆毒中矣.
이중상문 역이지언, 심중상유 불심지사,
재시진덕수행적지석.
약언언열이 사사쾌심, 편파차생, 매재짐독중의.

(3) 원문해석

항상 귀에 거슬리는 말을 넣어두고 마음에 불편한 일이 생기게 되면 그것이 자기를 수양하는 시금석이 되지만, 항상 귀를 기쁘게 하고 하는 일마다 마음이 기쁜 일만 생기게 된다면 그것이 자기의 건강을 해치는 독약이 된다.

(4) 스스로 해석자료

耳中常聞

귀 이(부수 귀이), 가운데 중(부수 뚫을곤), 항상 상(부수 수건건), 들을 문(부수 귀이)

逆耳之言

거스를 역(부수 책받침), 귀 이(부수 귀이), 갈 지(부수 삐침별), 말씀 언(부수 말씀언)

心中常有

마음 심(부수 마음심), 가운데 중(부수 뚫을곤), 항상 상(부수 수건건), 있을 유(부수 달월)

拂心之事

떨칠 불(부수 손수), 마음 심(부수 마음심), 갈 지(부수 삐침별), 일 사(부수 갈고리궐)

纔是進德修行的砥石

겨우 재(부수 실사변), 옳을 시(부수 날일), 나아갈 진(부수 책받침), 덕 덕(부수 두인변), 닦을 수(부수 사람인), 다닐 행(부수 다닐행), 과녁 적(부수 흰백), 숫돌 지(부수 돌석), 돌 석(부수 돌석)

若言言悅耳

같을 약(부수 초두머리), 말씀 언(부수 말씀언), 말씀 언(부수 말씀언), 기쁠 열(부수 마음심), 귀 이(부수 귀이)

事事快心

일 사(부수 갈고리궐), 일 사(부수 갈고리궐), 쾌할 쾌(부수 마음심), 마음 심(부수 마음심)

便把此生

편할 편(부수 사람인변), 잡을 파(부수 손수), 이 차(부수 그칠지), 날 생(부수 날생)

埋在鴆毒中矣

묻을 매(부수 흙토), 있을 재(부수 흙토), 짐새 짐(부수 새조), 독 독(부수 말무), 가운데 중(부수 뚫을곤), 어조사 의(부수 화살시)

(5) 조부훈회(祖父訓誨)

짐새는 독사 같은 생물을 먹고 사는 새다. 따라서 짐새에서 나오는 분비물은 사람에게 치명적이다. 이처럼 우리 사람 입에서 나오는 말이 짐새의 독 이상으로 치명적일 때가 있다. 충언역이(忠言逆耳)라는 말처럼 좋은 말은 귀에 거슬린다고 하지만 그것이 짐독이 되는 수가 있으니 조언할 때는 정말로 신중해야 한다.

A word fitly spoken is like apples of gold in a setting of silver.
경우에 합당한 말은 아로새긴 은 쟁반에 금 사과니라

잠언 25장 11절(ESV, 개역개정)

The mouth of the righteous is a fountain of life, but the mouth of the wicked conceals violence.
의인의 입은 생명의 샘이라도 악인의 입은 독을 머금었느니라

잠언 10장 11절(ESV, 개역개정)

(6) 독자 이벤트

제5장을 읽고 난 후 대화할 때 어떻게 해야 할 것인지 본인의 생각을 적어본다.

전집 제6장
질풍노우에 대처하는 만큼 날씨가 맑을 때에도 심사숙고해야 한다.

(1) 준비운독(準備運讀)

제6장을 읽는 데는 다음과 같은 어휘를 먼저 익혀야 한다. 질풍노우, 제일광풍, 흔흔, 가견, 화기. 이 어휘를 스스로 익히고 난 후 다음의 설명을 참고하면 사고의 지평이 넓어지리라 생각된다.

질풍노우: 갑자기 세차게 부는 바람과 함부로 내리는 거센 비.
제일광풍: 날씨가 개고 바람이 순하게 붐.
흔흔: 매우 기뻐하는.
가견: 이와 같이.
화기: 음기와 양기를 모두 보듬을 수 있는 따뜻한 기운.

(2) 홍자성 원문

疾風怒雨, 禽鳥戚戚. 霽日光風, 草木欣欣.
可見天地, 不可一日無和氣 人心不可一日無喜神.
질풍노우, 금조척척. 제일광풍, 초목흔흔.
가견천지, 불가일일무화기 인심불가일일무희신.

(3) 원문해석

거친 바람과 함부로 부는 비에는 토끼와 참새도 걱정하지만 날씨가 개고 하늘이 맑으면 풀과 나무도 기뻐한다. 이와 마찬가지로 하늘에는 하루라도 화기가 없으면 안 되고 사람에게도 하루라도 기쁜 날이 없어서는 안 된다.

(4) 스스로 해석자료

疾風怒雨
병 질(부수 병질엄), 바람 풍(부수 바람풍), 성낼 노(부수 마음심), 비 우(부수 비우)

禽鳥戚戚
새 금(부수 짐승발자국유), 새 조(부수 새조), 겨레 척(부수 창과), 겨레 척(부수 창과)

霽日光風
비 갤 제(부수 비우), 해 일(부수 날일), 빛 광(부수 어진사람인발), 바람 풍(부수 바람풍)

草木欣欣
풀 초(부수 초두머리), 나무 목(부수 나무목), 기뻐할 흔(부수 하품흠), 기뻐할 흔(부수 하품흠)

可見天地
옳을 가(부수 입구), 볼 견(부수 볼견), 하늘 천(부수 큰대), 땅 지(부수 흙토)

不可一日無和氣
아닐 불(부수 한일), 옳을 가(부수 입구), 한 일(부수 한일), 해 일(부수 날일), 없을 무(부수 연화발), 화할 화(부수 입구), 기운 기(부수 기운기엄)

人心 不可一日無喜神
사람 인(부수 사람인), 마음 심(부수 마음심), 아닐 불(부수 한일), 옳을 가(부수 입구), 한 일(부수 한일), 해 일(부수 날일), 없을 무(부수 연화발), 기쁠 희(부수 입구), 귀신 신(부수 보일시)

(5) 조부훈회(祖父訓誨)

지구의 자전과 공전으로 봄, 여름, 가을, 겨울이 있듯이 사람의 마음에도 봄, 여름, 가을, 겨울이 있다. 사람들은 대개 봄과 가을을 좋아하지만, 일 년 내내 여름과 겨울 없이 봄과 가을만 있다면 초목은 열매를 맺지 않는다고 한다. 따라서 사람에게도 항상 봄, 가을처럼 편안함만 있으면 권태에 빠지고 무력증에 잠긴다고 한다. 그래서 하늘은 질풍노우를 가끔 보내주는지도 모른다.

(6) 독자 이벤트

제6장을 읽고 깨닫는 바를 반드시 종이에 옮겨 적어본다.

전집 제7장

진한 맛은 잠시지만 담백한 맛은 오래간다.

(1) 준비운독(準備運讀)

제7장을 읽는 데는 다음과 같은 어휘를 먼저 익혀야 한다. 농비신감, 비진미, 지인. 이 어휘를 스스로 익히고 난 후 다음의 설명을 참고하면 언어의 지평이 넓어지리라 생각된다.

농비신감: 진한 술과 살찐 고기, 매운맛과 단맛. 곧 사치스러운 음식을 가리킴.
비진미: 참맛이 아니다.
지인: 학문적, 도덕적으로 부족함이 없는 사람.

(2) 홍자성 원문

醲肥辛甘 非眞味. 眞味只是淡.
神奇卓異 非至人. 至人只是常.
농비신감 비진미. 진미지시담.
신기탁이 비지인. 지인지시상.

(3) 원문해석

술과 살찐 고기와 신맛과 단맛이 참맛이 아니다. 참맛은 다만 담백할 뿐이다. 신기하고 특별하게 기이한 행동을 하는 사람이 지인이 아니다. 지인은 평범을 중시하는 사람이다.

(4) 스스로 해석자료

醲肥辛甘
진한 술 농(부수 닭유), 살찔 비(부수 육달월), 매울 신(부수 매울신), 달 감(부수 달감)

非眞味

아닐 비(부수 아닐비), 참 진(부수 눈목), 맛 미(부수 입구)

眞味只是淡

참 진(부수 눈목), 맛 미(부수 입구), 다만 지(부수 입구), 옳을 시(부수 날일), 맑을 담(부수 삼수변)

神奇卓異

귀신 신(부수 보일시), 기특할 기(부수 큰대), 높을 탁(부수 열십), 다를 이(부수 밭전)

非至人

아닐 비(부수 아닐비), 이를 지(부수 이를지), 사람 인(부수 사람인)

至人只是常

이를 지(부수 이를지), 사람 인(부수 사람인), 다만 지(부수 입구), 옳을 시(부수 날일), 항상 상(부수 수건건)

(5) 조부훈회(祖父訓誨)

담백하다는 말이 쉬우면서도 참 어려운 말이다. 예를 들어 담백을 설명해 본다. 밀가루 음식 중 수제비, 국수, 라면 이 세 가지 중에서 가장 담백한 것이 수제비이다. 담백한 것일수록 부작용이 적고 신체 건강에 좋다. 일상생활에서도 담백함을 도모하게 되면 대인관계가 오래 지속된다. 진한 술이나 비싼 요리로 친구를 사귀게 되면 지속된 우정을 보장할 수 없다.

(6) 독자 이벤트

담백에 대한 구체적 사례를 적어보면서 담백한 마음을 다져본다.

전집 제8장
한가할 때 긴장하고
바쁠 때 여유를 가져라.

(1) 준비운독(準備運讀)

제8장을 읽는 데는 다음과 같은 어휘를 먼저 익혀야 한다. 적연, 기기, 끽긴, 유한. 이 어휘를 홍자성 원문에서 찾아보고 다음의 설명을 참고하면 사고의 지평이 넓어지리라 생각된다.

적연: 마음이 고요하고 맑은 상태. 즉 다른 것이 조금도 끼어들지 않는 고요함.
기기: 사물이 시작하는 시기.
끽긴: 반드시 먹어야 할 상태.
유한: 한적한 모양.

(2) 홍자성 원문

天地 寂然不動, 而氣機 無息少停.
日月 晝夜奔馳, 而貞明 萬古不易.
故 君子 閒時 要有喫緊的心事, 忙處 要有悠閒的趣味.
천지 적연부동, 이기기 무식소정.
일월 주야분치, 이정명 만고불역.
고 군자 한시 요유끽긴적심사, 망처 요유유한적취미.

(3) 원문해석

하늘과 땅은 고요하여 움직이지 않은 것처럼 보이나 그 작용은 조금도 쉬지 않으며 해와 달은 밤과 낮으로 분주하게 움직이나 그 밝음은 옛날이나 지금이나 변함이 없다. 그러므로 군자는 한가할 때에 다급한 일에 대비하는 마음을 가져야 하며 바쁠 때는 한가로운 일에 대비하는 마음을 가져야 한다.

(4) 스스로 해석자료

天地寂然不動

하늘 천(부수 큰대), 땅 지(부수 흙토), 고요할 적(부수 갓머리), 그러할 연(부수 연화발), 아닐 부(부수 한일), 움직일 동(부수 힘력)

而氣機無息少停

말 이을 이(부수 말이을이), 기운 기(부수 기운기엄), 들 기(부수 나무목), 없을 무(부수 연화발), 쉴 식(부수 마음심), 작을 소(부수 작을소), 머무를 정(부수 사람인)

日月晝夜奔馳

날 일(부수 날일), 달 월(부수 달월), 낮 주(부수 날일), 밤 야(부수 저녁석), 달릴 분(부수 큰대), 달릴 치(부수 말마)

而貞明

말 이을 이(부수 말이을이), 곧을 정(부수 조개패), 밝을 명(부수 날일)

萬古不易

일만 만(부수 초두머리), 옛 고(부수 입구), 아닐 불(부수 한일), 바꿀 역(부수 날일)

故 君子

연고 고(부수 등글월문), 임금 군(부수 입구), 아들 자(부수 아들자)

閒時

한가할 한(부수 문문), 때 시(부수 날일)

要有喫緊的心事

요긴할 요(부수 덮을아), 있을 유(부수 달월), 먹을 끽(부수 입구), 긴할 긴(부수 실사), 과녁 적(부수 흰백), 마음 심(부수 마음심), 일 사(부수 갈고리궐)

忙處

바쁠 망(부수 심방변), 곳 처(부수 범호엄)

要有悠閒的趣味

요긴할 요(부수 덮을아), 있을 유(부수 달월), 멀 유(부수 마음심), 한가할 한(부수 문문), 과녁 적(부수 흰백), 뜻 취(부수 달릴주), 맛 미(부수 입구)

(5) 조부훈회(祖父訓誨)

　바쁠 때는 마음과 생각이 들락날락하기 쉬우니 평정심을 가져야 하고 한가할 때는 손과 발이 엉뚱한 곳으로 움직이기 쉬우니 방향감각을 찾아야 한다.

(6) 독자 이벤트

　바쁠 때 어떻게 해야 하는지를 글로 적어본다.

전집 제9장
고요히 생각하면서 해결책을 찾는다.

(1) 준비운독(準備運讀)

제9장을 읽는 데는 다음과 같은 어휘를 먼저 익혀야 한다. 관심, 망궁, 대기취, 대참뉵. 이 어휘를 스스로 익히고 난 후 다음의 설명을 참고하면 사고의 지평이 넓어지리라 생각된다.

관심: 마음을 깊이 매만지다.
망궁: 헛된 생각이 모두 사라지다.
대기취: 대오각성.
대참뉵: 큰 부끄러움.

(2) 홍자성 원문

夜深人靜, 獨坐觀心,
始覺妄窮而眞獨露, 每於此中, 得大機趣.
旣覺眞現而妄難逃, 又於此中, 得大慙忸.
야심인정, 독좌관심,
시각망궁이진독로, 매어차중, 득대기취.
기각진현이망난도, 우어차중, 득대참뉵.

(3) 원문해석

깊은 밤 모든 사람이 잠든 사이에 홀로 앉아 마음을 살피면 망령된 마음이 사라지고 참다운 것이 무엇인가 떠오르게 된다. 이러한 중에 큰 기쁨과 이치를 알게 되고 그러는 중에 참을 깨닫는다. 그러나 허망을 버릴 수 없게 되어 그러한 중에 큰 부끄러움이 몸에 쌓여서 결국 부끄러움마저 느끼지 못하는 상태에 이르게 된다.

(4) 스스로 해석자료

夜深人靜
밤 야(부수 저녁석), 깊을 심(부수 삼수변), 사람 인(부수 사람인), 고요할 정(부수 푸를청)

獨坐觀心
홀로 독(부수 개사슴록변), 앉을 좌(부수 흙토), 볼 관(부수 볼견), 마음 심(부수 마음심)

始覺
비로소 시(부수 여자녀), 깨달을 각(부수 볼견)

妄窮
망령될 망(부수 여자녀), 다할 궁(부수 구멍혈)

而眞獨露
말 이을 이(부수 말이을이), 참 진(부수 눈목), 홀로 독(부수 개사슴록변), 이슬 로(부수 비우)

每於此中
매양 매(부수 말무), 어조사 어(부수 모방), 이 차(부수 그칠지), 가운데 중(부수 뚫을곤)

得大機趣
얻을 득(부수 두인변), 큰 대(부수 큰대), 틀 기(부수 나무목), 뜻 취(부수 달릴주)

既覺眞現而妄難逃
이미 기(부수 이미기방), 깨달을 각(부수 볼견), 참 진(부수 눈목), 나타날 현(부수 구슬옥변), 말 이을 이(부수 말이을이), 망령될 망(부수 여자녀), 어려울 난(부수 새추), 도망할 도(부수 책받침)

又於此中
또 우(부수 또우), 어조사 어(부수 모방), 이 차(부수 그칠지), 가운데 중(부수 뚫을곤)

得大慚忸
얻을 득(부수 두인변), 큰 대(부수 큰대), 부끄러워할 참(부수 심방변), 부끄러워할 뉵(부수 심방변)

(5) 조부훈회(祖父訓誨)

피곤할 때는 아무런 생각이 떠오르지 않는다. 자정 이전의 한 시간 수면과 자정 이후의 세 시간의 수면의 가치가 있다고 한다. 따라서 초저녁에 드라마 시청 등으로 피곤을 달래지 말고 일찍 잠들어 새벽 두 시쯤 깨어나 온 세상이 조용할 때 마음의 평온을 스스로 찾는다. 이때 지난 일의 과오를 살피면 망년된 마음이 말끔히 사라지고 참다운 생각이 떠오른다. 이것을 마음에 넣어두지 말고 종이에 손 글씨로 꼭 적어놓으며 과오가 재발생되지 않도록 굳게 다짐해 본다.

(6) 독자 이벤트

제9장을 읽고 특별한 생각이 떠오르지 않으면 새롭게 익힌 낱말을 몇 번 적어본다.

전집 제10장
총애를 받을 때 욕됨을 생각하라.

(1) 준비운독(準備運讀)

제10장을 읽는 데는 다음과 같은 어휘를 먼저 익혀야 한다. 은리, 쾌의, 불심, 방수. 이 어휘를 스스로 익히고 난 후 다음의 설명을 참고하면 언어의 지평이 넓어지리라 생각된다.

은리: 총애를 받고 있을 때.
쾌의: 득의하여 만족하는 경우.
불심: 마음대로 안 된다.
방수: 손을 떼다, 포기하다.

(2) 홍자성 원문

恩裡, 由來生害. 故快意時, 須早回頭.
敗後, 或反成功. 故拂心處, 莫便放手.
은리, 유래생해. 고쾌의시, 수조회두.
패후, 혹반성공. 고불심처, 막편방수.

(3) 원문해석

사랑을 독차지할 때 불행이 싹튼다. 그리고 뜻이 이루어졌다고 생각되면 얼른 방향을 바꾸라. 실패 후에도 혹시 성공할 수 있으니 뜻이 이루어져 있지 않다고 해서 얼른 손을 떼지 말라.

(4) 스스로 해석자료

恩裡
은혜 은(부수 마음심), 속 리(부수 옷의변)
由來生害
말미암을 유(부수 밭전), 올 래(부수 사람인), 날 생(부수 날생), 해할 해(부수 갓머리)
故快意時
연고 고(부수 등글월문), 쾌할 쾌(부수 심방변), 뜻 의(부수 마음심), 때 시(부수 날일)
須早回頭
모름지기 수(부수 머리혈), 이를 조(부수 날일), 돌아올 회(부수 큰입구몸), 머리 두(부수 머리혈)
敗後
패할 패(부수 등글월문), 뒤 후(부수 두인변)
或反成功
혹 혹(부수 창과), 돌이킬 반(부수 또우), 이룰 성(부수 창과), 공 공(부수 힘력)
故拂心處
연고 고(부수 등글월문), 떨칠 불(부수 재방변), 마음 심(부수 마음심), 곳 처(부수 범호엄)
莫便放手
없을 막(부수 초두머리), 편할 편(부수 사람인변), 놓을 방(부수 등글월문), 손 수(부수 손수)

(5) 조부훈회(祖父訓誨)

Mistakes are part of the dues one pays for a full life.
실패는 풍요로운 삶을 위해 반드시 치러야 하는 비용이다.
소피아 로렌

소피아 로렌의 말을 빌리지 않더라도 실패했을 때 그냥 물러서지 말아야 할 것이다.

(6) 독자 이벤트

　10장을 읽고 난 후 아무런 느낌이 없다면 그냥 넘기지 말고 원문해석을 여러 번 읽어보고 스스로 해석자료를 살펴본다.

전집 제11장
호화로운 대접에 자존심을 잃지 않도록 하라.

(1) 준비운독(準備運讀)

제11장을 읽는 데는 다음과 같은 어휘를 먼저 익혀야 한다. 여구현장, 곤, 비슬노안, 담박, 절도. 이 어휘를 홍자성 원문에서 찾아보고 다음의 설명을 참고하면 사고의 지평이 넓어지리라 생각된다.

여구현장: 명아주국과 비름나물처럼 값싼 음식.
곤: 임금님이 입는 의상.
비슬노안: 여종의 무릎과 남종의 안색.
담박: 치레가 끼어들지 아니하여 느끼하지 않고 산뜻하다.
절도: 말이나 행동이 규범에서 조금도 어긋나지 아니하다.

(2) 홍자성 원문

藜口莧腸者, 多氷淸玉潔. 袞衣玉食者, 甘婢膝奴顔.
蓋志以澹泊明, 而節徒肥甘喪也.
여구현장자, 다빙청옥결. 곤의옥식자, 감비슬노안.
개지이담박명, 이절도비감상야.

(3) 원문해석

마음이 얼음처럼 맑은 사람은 명아주국도 달게 먹는다. 그러나 호의호식하려는 사람은 종노릇도 마다하지 않는다. 의지란 욕심을 내려놓음으로 뚜렷해지나 곧은 정신은 살찐 고기와 단맛으로 잃을 수도 있다.

(4) 스스로 해석자료

藜口莧腸者

명아주 여(부수 초두머리), 입 구(부수 입구), 비름 현(부수 초두머리), 창자 장(부수 육달월), 놈 자(부수 늙을로엄)

多氷淸玉潔

많을 다(부수 저녁석), 얼음 빙(부수 물수), 맑을 청(부수 삼수변), 구슬 옥(부수 구슬옥), 깨끗할 결(부수 삼수변)

袞衣玉食者

곤룡포 곤(부수 옷의), 옷 의(부수 옷의), 구슬 옥(부수 구슬옥), 밥 식(부수 밥식), 놈 자(부수 늙을로엄)

甘婢膝奴顔

달 감(부수 달감), 계집종 비(부수 여자녀), 무릎 슬(부수 고기육), 종 노(부수 여자녀), 낯 안(부수 머리혈)

蓋志以澹泊明

덮을 개(부수 초두머리), 뜻 지(부수 마음심), 써 이(부수 사람인), 맑을 담(부수 삼수변), 머무를 박(부수 삼수변), 밝을 명(부수 날일)

而節徒肥甘喪也

말 이을 이(부수 말이을이), 마디 절(부수 대죽), 무리 도(부수 두인변), 살찔 비(부수 육달월), 달 감(부수 달감), 잃을 상(부수 입구), 어조사 야(부수 새을)

(5) 조부훈회(祖父訓誨)

고상한 욕망을 성취하는 데는 반드시 질서 있는 에너지가 필요하다. 이때 질서 있는 에너지를 갖지 않으면 자기도 모르는 사이에 비천한 늪에 빠지고 만다.

(6) 독자 이벤트

호화로운 대접에 마음에도 없는 말을 할 수 있으니 나는 절대 그렇지 않겠다는 각오를 손 글씨로 써본다.

전집 제12장

살아있을 때나 죽은 후나 좋은 평판을 듣도록 해야 한다.

(1) 준비운독(準備運讀)

제12장을 읽는 데는 다음과 같은 어휘를 먼저 익혀야 한다. 면전, 신후, 유득, 불궤. 이 어휘를 홍자성 원문에서 찾아보고 다음의 설명을 참고하면 사고의 지평이 넓어지리라 생각된다.

면전: 살아있을 동안.
신후: 죽은 후에.
유득: 후세에 남기다.
불궤: 부족하지 않다.

(2) 홍자성 원문

面前的田地, 要放得寬, 使人無不平之歎.
身後的惠澤, 要流得久, 使人有不匱之思.
면전적전지, 요방득관, 사인무불평지탄.
신후적혜택, 요류득구, 사인유불궤지사.

(3) 원문해석

살아있는 동안에는 마음을 너그럽게 펼쳐서 남의 불평을 듣지 않게 하여야 하며 죽은 뒤에도 자기의 덕택이 오래도록 남도록 하여야 한다.

(4) 스스로 해석자료

面前的田地
낯 면(부수 낯면), 앞 전(부수 선칼도방), 과녁 적(부수 흰백), 밭 전(부수 밭전), 땅 지(부수 흙토)
要放得寬
요긴할 요(부수 덮을아), 놓을 방(부수 등글월문), 얻을 득(부수 두인변), 너그러울 관(부수 갓머리)
使人無不平之歎
하여금 사(부수 사람인변), 사람 인(부수 사람인), 없을 무(부수 연화발), 아닐 불(부수 한일), 평평할 평(부수 방패간), 갈 지(부수 삐침별), 탄식할 탄(부수 하품흠)
身後的惠澤
몸 신(부수 몸신), 뒤 후(부수 두인변), 과녁 적(부수 흰백), 은혜 혜(부수 마음심), 못 택(부수 삼수변)
要流得久
요긴할 요(부수 덮을아), 흐를 류(부수 삼수변), 얻을 득(부수 두인변), 오랠 구(부수 삐침별)
使人有不匱之思
하여금 사(부수 사람인변), 사람 인(부수 사람인), 있을 유(부수 달월), 아닐 불(부수 한일), 다할 궤(부수 튼입구몸), 갈 지(부수 삐침별), 생각 사(부수 마음심)

(5) 조부훈회(祖父訓誨)

호랑이는 죽어서 가죽을 남기고 여우는 죽어서 호백구를 남긴다. 그런데 대다수의 사람들은 아무 흔적 없이 세상을 떠난다. 뜻있는 사람은 호사유피 인사유명의 정신을 살려 자기 이름을 명예롭게 남기려고 온 힘을 기울인다. 그 대표적인 인물이 이방원이다. 이방원이 사냥하면서 말에서 떨어진 일이 있었다. 말에서 떨어진 사실을 기록하지 말라고 수행한 사관에게 간절히 부탁했다. 그런데 사관은 그 부탁한 말까지 기록했다.

(6) 독자 이벤트

어제나 오늘 또는 한 달 전이나 작년 다른 사람들로부터 원망받은 일이 있었던가 되돌아보며 그 사례가 있다면 그 원망을 해소할 이벤트를 해본다.

전집 제13장

맛있는 음식은
남이 먼저 즐기게 하라.

(1) 준비운독(準備運讀)

제13장을 읽는 데는 다음과 같은 어휘를 먼저 익혀야 한다. 경로, 착처, 자미, 양인기. 이 어휘를 홍자성 원문에서 찾아보고 다음의 설명을 참고하면 언어의 지평이 넓어지리라 생각된다.

경로: 지름길.
착처: 좁은 곳.
자미: 자양분이 많고 맛이 좋음.
양인기: 남이 즐기게 하다.

(2) 홍자성 원문

徑路窄處, 留一步 與人行. 滋味濃的, 減三分 讓人嗜.
此是涉世 一極安樂法.
경로착처, 유일보 여인행. 자미농적, 감삼분 양인기.
차시섭세 일극안락법.

(3) 원문해석

좁은 길과 불편한 길을 만났을 때는 먼저 남이 가도록 하고 자양분이 많고 맛있는 음식은 30퍼센트 정도 양보하여 먼저 남이 즐기게 하라.

(4) 스스로 해석자료

徑路窄處

지름길 경(부수 두인변), 길 로(부수 발족변), 좁을 착(부수 구멍혈), 곳 처(부수 범호엄)

留一步 與人行

머무를 유(부수 밭전), 한 일(부수 한일), 걸음 보(부수 그칠지), 더불 여(부수 절구구변), 사람 인(부수 사람인), 다닐 행(부수 다닐행)

滋味濃的

불을 자(부수 삼수변), 맛 미(부수 입구), 짙을 농(부수 삼수변), 과녁 적(부수 흰백)

減三分 讓人嗜

덜 감(부수 삼수변), 석 삼(부수 한일), 나눌 분(부수 칼도), 사양할 양(부수 말씀언), 사람 인(부수 사람인), 즐길 기(부수 입구)

此是涉世

이 차(부수 그칠지), 옳을 시(부수 날일), 건널 섭(부수 삼수변), 인간 세(부수 한일)

一極安樂法

한 일(부수 한일), 극진할 극(부수 나무목), 편안 안(부수 갓머리), 즐길 락(부수 나무목), 법 법(부수 삼수변)

(5) 조부훈회(祖父訓誨)

A와 B 두 사람이 외나무다리에서 만났다. A가 말하기를 "나는 악당에게는 절대 길을 비켜주지 않는다오" 했다. 이에 B는 "나는 악당에게 길을 비켜준다오" 하면서 길을 양보해 주었다. 길을 양보해 주지 않다가 A와 같이 당황하는 일을 당하지 않도록 해야 한다. 그리고 고급 음식을 모처럼 만났을 때는 서두르지 말고 어른에게 또는 연하에게 양보하는 여유로움을 갖는 것이 보다 지혜로운 일이다.

(6) 독자 이벤트

사양지심(辭讓之心)을 받은 일이나 사양지심을 베푼 일이 있었던 일을 생각하며 사양지심과 관련된 사례를 머릿속에 넣어두지 말고 사양지심의 각오를 몇 자라도 적어본다.

전집 제14장
뜻은 평범할지라도 실천은 빈틈이 없어야 한다.

(1) 준비운독(準備運讀)

제14장을 읽는 데는 다음과 같은 어휘를 먼저 익혀야 한다. 파탈, 명류, 위학, 물루. 이 어휘를 홍자성 원문에서 찾아보고 참고하면 언어의 지평이 넓어지리라 생각된다.

파탈: 헤치고 벗어나다.
명류: 이름 있는 사람들의 모임.
위학: 학문을 연수하다.
물루: 물질에 얽매여 있음.

(2) 홍자성 원문

作人, 無甚高遠事業, 擺脫得俗情, 便入名流.
爲學, 無甚增益工夫, 減除得物累, 便超聖境.
작인, 무심고원사업, 파탈득속정, 편입명류.
위학, 무심증익공부, 감제득물루, 편초성경.

(3) 원문해석

사람으로서 비록 크고 위대한 사업은 못 할망정 세상에 대한 욕심만 벗어날 수 있다면 이것이 바로 명사가 될 수 있고, 공부를 하면서 특별한 지위에 이르지 못할지라도 물질에 관한 욕심에서 벗어날 수 있다면 이것이 바로 성인의 경지에 이를 수 있느니라.

(4) 스스로 해석자료

作人

지을 작(부수 사람인변), 사람 인(부수 사람인)

無甚高遠事業

없을 무(부수 연화발), 심할 심(부수 달감), 높을 고(부수 높을고), 멀 원(부수 책받침), 일 사(부수 갈고리궐), 업 업(부수 나무목)

擺脫得俗情

열 파(부수 재방변), 벗을 탈(부수 육달월), 얻을 득(부수 두인변), 풍속 속(부수 사람인변), 뜻 정(부수 심방변)

便入名流

편할 편(부수 사람인변), 들 입(부수 들입), 이름 명(부수 입구), 흐를 류(부수 삼수변)

爲學

할 위(부수 손톱조), 배울 학(부수 아들자)

無甚增益工夫

없을 무(부수 연화발), 심할 심(부수 달감), 더할 증(부수 흙토), 더할 익(부수 그릇명), 장인 공(부수 장인공), 지아비 부(부수 큰대)

減除得物累

덜 감(부수 삼수변), 덜 제(부수 좌부변), 얻을 득(부수 두인변), 물건 물(부수 소우), 묶을 루(부수 실사)

便超聖境

편할 편(부수 사람인변), 넘을 초(부수 달릴주), 성인 성(부수 귀이), 지경 경(부수 흙토)

(5) 조부훈회(祖父訓誨)

원대한 꿈을 갖는 것도 중요하고 고귀한 직업을 얻는 것도 좋은 일이지만 집착에 빠지면 오히려 초라하게 되는 수가 있다.

(6) 독자 이벤트

적성이나 취미와 맞지 않는 일에 폭 빠져있지 않기 위한 각오를 써본다.

전집 제15장
친구를 사귈 때는 급히 정을 쏟지 말라.

(1) 준비운독(準備運讀)

제15장을 읽는 데는 다음과 같은 어휘를 먼저 익혀야 한다. 교우, 협기, 작인, 소심. 어휘를 스스로 익히고 난 후 다음의 설명을 참고하면 언어의 지평이 넓어지리라 생각된다.

교우: 친구를 사귀다.
협기: 의로운 마음.
작인: 사람이 되어서.
소심: 순결한 본연의 마음.

(2) 홍자성 원문

交友, 須帶三分俠氣.
作人, 要存一點素心.
교우, 수대삼분협기.
작인, 요존일점소심.

(3) 원문해석

친구를 사귐에는 30퍼센트 정도의 의로운 마음이 있어야 하고 사람으로 살아가는 데는 한 두 개의 순수한 마음이 있어야 한다.

(4) 스스로 해석자료

交友
사귈 교(부수 돼지해머리), 벗 우(부수 또우)

須帶三分俠氣
모름지기 수(부수 머리혈), 띠 대(부수 수건건), 석 삼(부수 한일), 나눌 분(부수 칼도), 의기로울 협(부수 사람인변), 기운 기(부수 기운기엄)

作人
지을 작(부수 사람인변), 사람 인(부수 사람인)

要存一點素心
요긴할 요(부수 덮을아), 있을 존(부수 아들자), 한 일(부수 한일), 점 점(부수 검을흑), 본디 소(부수 실사), 마음 심(부수 마음심)

(5) 조부훈회(祖父訓誨)

A friend in need is a friend indeed.
어려울 때의 친구가 진정한 친구이다.

이런 속담이 아니더라도 친구를 사귐에는 의로움이 우선이다. 친구가 어려울 때 도와주는 마음도 중요하지만 내가 어려울 때 나를 도울 수 있는 친구를 갖는다는 것은 대단히 행복한 일이다. 친구 사이는 무엇보다도 상호 존중이 우선되고 함부로 대하지 않는 어려움이 있어야 한다. 친구 사이에 금전 거래를 정말 삼가야 하고 아무리 친한 친구 사이라 하더라도 보증을 서주는 일은 절대 하지 말아야 한다.

(6) 독자 이벤트

친구를 도와준 일이나 친구로부터 도움받은 사례를 손 글씨로 적어본다.

전집 제16장
은총과 이익에는 남의 앞에 서려 하지 말고 덕을 베푸는 데는 남의 뒤에 서지 말라.

(1) 준비운독(準備運讀)

제16장을 읽는 데는 다음과 같은 어휘를 먼저 익혀야 한다. 총리, 수향, 분외. 이 어휘를 스스로 익히고 난 후 다음의 설명을 참고하면 언어의 지평이 넓어지리라 생각된다.

총리: 은총과 이익.
수향: 복을 누리다.
분외: 분수를 벗어나다.

(2) 홍자성 원문

寵利, 毋居人前. 德業, 毋落人後.
受享, 毋踰分外. 修爲, 毋減分中.
총리, 무거인전. 덕업, 무락인후.
수향, 무유분외. 수위, 무감분중.

(3) 원문해석

은총과 이익은 받으려고 말고 덕행과 사업은 먼저 솔선하고 남으로부터 받는 이익에는 분수를 넘지 말며 남을 위하는 자기 능력은 줄이지 말라.

(4) 스스로 해석자료

寵利
사랑할 총(부수 갓머리), 이로울 리(부수 선칼도방)

毋居人前
말 무(부수 말무), 살 거(부수 주검시엄), 사람 인(부수 사람인), 앞 전(부수 선칼도방)

德業
클 덕(부수 두인변), 업 업(부수 나무목)

毋落人後
말 무(부수 말무), 떨어질 락(부수 초두머리), 사람 인(부수 사람인), 뒤 후(부수 두인변)

受享
받을 수(부수 또우), 누릴 향(부수 돼지해머리)

毋踰分外
말 무(부수 말무), 넘을 유(부수 발족변), 나눌 분(부수 칼도), 바깥 외(부수 저녁석)

修爲
닦을 수(부수 사람인변), 할 위(부수 손톱조)

毋減分中
말 무(부수 말무), 덜 감(부수 삼수변), 나눌 분(부수 칼도), 가운데 중(부수 뚫을곤)

(5) 조부훈회(祖父訓誨)

Don't let grace and disagreement stand before other.
은총과 이익에는 남 앞에 서지 말라.
Don't stand behind others in virtue and business.
덕행과 사업에는 남의 뒤에 서지 말라.
Don't go beyond your means when you are blessed.
복을 받아서 누림에는 분수를 넘지 말라.
Don't reduce your ability to clean up your work.
일을 닦는 데는 능력을 줄이지 말라.

좋은 문장은 먼저 우리말로 읽어보고 한자로 만나보고 영어로 음미해 보는 3단계를 거치는 게 바람직하다.

(6) 독자 이벤트

속담, 격언, 명사, 명언 등을 읽을 때는 영어나 한자로 읽어보는 시도를 해본다.

전집 제17장
남을 이롭게 하는 것이 곧 나를 위하는 길이다.

(1) 준비운독(準備運讀)

　제17장을 읽는 데는 다음과 같은 어휘를 먼저 익혀야 한다. 장본, 이인, 근기. 이 어휘를 홍자성 원문에서 찾아보고 다음의 설명을 참고하면 언어의 지평이 넓어지리라 생각된다.

　　장본: 기초, 토대.
　　이인: 남을 이롭게 하는 것.
　　근기: 바탕의 기초.

(2) 홍자성 원문

處世, 讓一步爲高. 退步, 卽進步的張本.
待人, 寬一分是福. 利人, 實利己的根基.
처세, 양일보위고. 퇴보, 즉진보적장본.
대인, 관일분시복. 이인, 실리기적근기.

(3) 원문해석

　한 걸음 양보하는 것이 바로 위대하고 고상한 일이며 한 걸음 물러서는 것이 곧 매끄럽게 나아가는 기본이 된다. 그리고 사람을 대할 때 서너 개의 너그러움을 베푸는 것이 곧 나의 복이고 남을 이롭게 하는 것이 곧 나를 이롭게 하는 바탕이 된다.

(4) 스스로 해석자료

處世
곳 처(부수 범호엄), 인간 세(부수 한일)

讓一步爲高
사양할 양(부수 말씀언), 한 일(부수 한일), 걸음 보(부수 그칠지), 할 위(부수 손톱조), 높을 고(부수 높을고)

退步
물러날 퇴(부수 책받침), 걸음 보(부수 그칠지)

卽進步的張本
곧 즉(부수 병부절), 나아갈 진(부수 책받침), 걸음 보(부수 그칠지), 과녁 적(부수 흰백), 베풀 장(부수 활궁), 근본 본(부수 나무목)

待人
기다릴 대(부수 두인변), 사람 인(부수 사람인)

寬一分是福
너그러울 관(부수 갓머리), 한 일(부수 한일), 나눌 분(부수 칼도), 이 시(부수 날일), 복 복(부수 보일시)

利人
이로울 이(부수 선칼도방), 사람 인(부수 사람인)

實利己的根基
열매 실(부수 갓머리), 이로울 리(부수 선칼도방), 몸 기(부수 몸기), 과녁 적(부수 흰백), 뿌리 근(부수 나무목), 터 기(부수 흙토)

(5) 조부훈회(祖父訓誨)

The joy of you adds to my pleasure.
당신이 기뻐하니 나의 즐거움이 더해집니다.

이런 속담이 아니더라도 선물을 받는 것보다는 선물을 주는 것이 행복하다는 사람이 더러 있다. 남에게 베푸는 것이 곧 행복인 것이다.

1980년대 초, 매월 9월 25일이 쥐 잡는 날이었다. 쥐약을 사용한 어머니가 남은 약이 아까워 벽 틈 사이에 끼워두었다. 부모가 밭에 나간 사이 다섯 살 난 아들이 여기저기 살피다가 벽 틈에 있는 봉지를 발견하고는 펴보니 하얀 가루였다. 먹음직스러워 혼자 먹기 아까워 동네 친구들을 모두 불러 모았다. 서너 시간 후 부모가 집에 돌아와 보니 애들이 모두 쓰러져 있었다. 부랴부랴 택시를 타고 병원으로 달려갔다. 의사 선생님은 "큰일 날 뻔했습니다. 혼자 먹었으면 즉사할 뻔했는데 조금씩 나눠 먹어 다행입니다"라고 했다. 이 아이는 어머니로부터 나눠 먹는 미덕을 습득한 것이다. 회갑 잔치나 돌잔치, 제삿날 등 그럴 때마다 음식을 나눠 먹는 미덕을 어머니로부터 배워왔던 것이다.

(6) 독자 이벤트

이기심에 빠진 적이 있었던가를 생각하며 이타심에 관한 각오를 몇 자라도 적어본다.

전집 제18장
자랑만큼 천한 것이 없고 뉘우치는 것만큼 떳떳한 것이 없다.

(1) 준비운독(準備運讀)

제18장을 읽는 데는 다음과 같은 어휘를 먼저 익혀야 한다. 개세, 당부득, 미천. 이 어휘를 스스로 익히고 난 후 다음의 설명을 참고하면 언어의 지평이 넓어지리라 생각된다.

개세: 세상을 뒤덮다.
당부득: 당한 일을 이겨내지 못하다.
미천: 천하에 가득하다.

(2) 홍자성 원문

蓋世功勞, 當不得一箇矜字. 彌天罪過, 當不得一箇悔字.
개세공로, 당부득일개긍자. 미천죄과, 당부득일개회자.

(3) 원문해석

세상을 덮을만한 공로를 했을지라도 자랑하면 허사가 되고 세상에 널리 알려진 죄를 범할지라도 뉘우치면 궁지에서 벗어날 수 있다.

(4) 스스로 해석자료

蓋世功勞
덮을 개(부수 초두머리), 인간 세(부수 한일), 공 공(부수 힘력), 일할 로(부수 힘력)
當不得一箇矜字
마땅 당(부수 밭전), 아닐 부(부수 한일), 얻을 득(부수 두인변), 한 일(부수 한일), 낱 개(부수

대죽), 자랑할 긍(부수 창모), 글자 자(부수 아들자)

彌天罪過

두루 미(부수 활궁), 하늘 천(부수 큰대), 허물 죄(부수 그물망머리), 지날 과(부수 책받침)

當不得一箇悔字

마땅 당(부수 밭전), 아닐 부(부수 한일), 얻을 득(부수 두인변), 한 일(부수 한일), 낱 개(부수 대죽), 뉘우칠 회(부수 심방변), 글자 자(부수 아들자)

(5) 조부훈회(祖父訓誨)

聰明思睿(총명사예)라도 守之以愚(수지이우)하고,
功被天下(공피천하)라도 守之以讓(수지이양)하고,
勇力振世(용력진세)라도 守之以怯(수지이겁)하고,
富有四海(부유사해)라도 守之以謙(수지이겸)이니라.

『명심보감』 존심편

총명하고 사려 깊은 사람이라도 어리석음으로 지켜나가고, 공이 천하를 덮더라도 양보로 지켜나가고, 용기와 힘이 세상을 떨치더라도 겁쟁이로 지켜나가고, 부가 사해를 소유했더라도 겸손함으로 지켜나가야 한다.

(6) 독자 이벤트

한석봉의 『천자문』에는 잘못이 있으면 반드시 고쳐야 한다는 '지과필개'라는 말이 있는데 잘못한 일을 찾아보아 말로만 하지 말고 몇 자라도 글로 적어본다.

전집 제19장

욕행오명은 내 탓으로
명예는 남의 공으로 돌려라.

(1) 준비운독(準備運讀)

제19장을 읽는 데는 다음과 같은 어휘를 먼저 익혀야 한다. 완명미절, 독임, 전추, 도광. 이 어휘를 홍자성 원문에서 찾아보고 다음의 설명을 참고하면 사고의 지평이 넓어지리라 생각된다.

완명미절: 완벽한 명예와 아름다운 절개.
독임: 혼자 독차지함.
전추: 남에게 모든 것을 떠넘기다.
도광: 착한 행실을 드러내지 않다.

(2) 홍자성 원문

完名美節, 不宜獨任. 分些與人, 可以遠害全身.
辱行汚名, 不宜全推. 引些歸己, 可以韜光養德.
완명미절, 불의독임. 분사여인, 가이원해전신.
욕행오명, 불의전추. 인사귀기, 가이도광양덕.

(3) 원문해석

명예와 아름다운 고상한 지조는 독차지하지 말고 남과 두서너 개라도 나누어라. 이것이 해로움을 멀리하고 자기 몸을 보호하는 길이다. 더러운 이름과 부끄러운 행동을 남한테 미루지 말고 조금은 자기 탓으로 돌려라. 착한 행동을 드러내지 않는 것이 덕을 기르는 지름길이다.

(4) 스스로 해석자료

完名美節
완전할 완(부수 갓머리), 이름 명(부수 입구), 아름다울 미(부수 양양), 마디 절(부수 대죽)

不宜獨任
아닐 불(부수 한일), 마땅 의(부수 갓머리), 홀로 독(부수 개사슴록변), 맡길 임(부수 사람인변)

分些與人
나눌 분(부수 칼도), 적을 사(부수 두이), 더불 여(부수 절구구변), 사람 인(부수 사람인)

可以遠害全身
옳을 가(부수 입구), 써 이(부수 사람인), 멀 원(부수 책받침), 해할 해(부수 갓머리), 온전할 전(부수 들입), 몸 신(부수 몸신)

辱行汚名
욕될 욕(부수 별진), 다닐 행(부수 다닐행), 더러울 오(부수 삼수변), 이름 명(부수 입구)

不宜全推
아닐 불(부수 한일), 마땅 의(부수 갓머리), 온전할 전(부수 들입), 밀 추(부수 재방변)

引些歸己
끌 인(부수 활궁), 적을 사(부수 두이), 돌아갈 귀(부수 그칠지), 몸 기(부수 몸기)

可以韜光養德
옳을 가(부수 입구), 써 이(부수 사람인), 감출 도(부수 가죽위), 빛 광(부수 어진사람인발), 기를 양(부수 밥식), 클 덕(부수 두인변)

(5) 조부훈회(祖父訓誨)

잘못한 일은 모두 자기 탓으로 돌리고 잘된 일은 남의 공으로 돌리는 사람은 대장부이고, 일이 잘되면 모두 자기 공이라고 우쭐대고 일이 잘못되면 남의 탓으로 돌리는 사람이 졸장부이다.

(6) 독자 이벤트

졸장부가 된 적이 있는지를 생각해 보며 대장부의 마음을 갖는 각오를 마음속에 넣어두지 말고 몇 자라도 글로 적어본다.

전집 제20장
내부의 어려움보다도 외부의 어려움을 경계하라.

(1) 준비운독(準備運讀)

제20장을 읽는 데는 다음과 같은 어휘를 먼저 익혀야 한다. 불생내변, 필소외우. 이 어휘를 스스로 익히고 난 후 다음의 설명을 참고하면 언어의 지평이 넓어지리라 생각된다.

불생내변: 안에서 생긴 걱정이 없다면.
필소외우: 밖으로부터 들어온 고통.

(2) 홍자성 원문

事事留個有餘不盡的意思,
便造物不能忌我, 鬼神不能損我.
若業必求滿 功必求盈者, 不生內變, 必召外憂.
사사류개유여부진적의사,
편조물불능기아, 귀신불능손아.
약업필구만 공필구영자, 불생내변, 필소외우.

(3) 원문해석

일마다 얼마만큼이라도 여분을 남겨 마음을 열어놓는다면 절대자도 나를 꺼리지 않을 것이며 신령도 나를 해롭게 하지 못할 것이다. 그렇지만 하는 일마다 반드시 공을 세우고 공적을 마음껏 채우려고만 하면 안에서 변란이 생기지 않아도 반드시 밖에서 환란이 들어올 것이다.

(4) 스스로 해석자료

事事留個有餘不盡的意思

일 사(부수 갈고리궐), 일 사(부수 갈고리궐), 머무를 류(부수 밭전), 낱 개(부수 사람인변), 있을 유(부수 달월), 남을 여(부수 밥식), 아닐 부(부수 한일), 다할 진(부수 그릇명), 과녁 적(부수 흰백), 뜻 의(부수 마음심), 생각 사(부수 마음심)

便造物不能忌我

편할 편(부수 사람인변), 지을 조(부수 책받침), 물건 물(부수 소우), 아닐 불(부수 한일), 능할 능(부수 육달월), 꺼릴 기(부수 마음심), 나 아(부수 창과)

鬼神不能損我

귀신 귀(부수 귀신귀), 귀신 신(부수 보일시변), 아닐 불(부수 한일), 능할 능(부수 육달월), 덜 손(부수 재방변), 나 아(부수 창과)

若業必求滿 功必求盈者

같을 약(부수 초두머리), 업 업(부수 나무목), 반드시 필(부수 마음심), 구할 구(부수 아래물수), 찰 만(부수 삼수변), 공 공(부수 힘력), 반드시 필(부수 마음심), 구할 구(부수 아래물수), 찰 영(부수 그릇명), 놈 자(부수 늙을로엄)

不生內變

아닐 불(부수 한일), 날 생(부수 날생), 안 내(부수 들입), 변할 변(부수 말씀언)

必召外憂

반드시 필(부수 마음심), 부를 소(부수 입구), 바깥 외(부수 저녁석), 근심 우(부수 마음심)

(5) 조부훈회(祖父訓誨)

풍부할 때 수전노 노릇을 하지 않고 남에게 조금이라고 베푼다면 풍부함을 부러워하며 질투하는 사람은 없을 것이다. 재물을 축적하는 일에만 신경 쓴다면 자기도 모르는 사이에 수전노가 되어있고 이웃으로부터 손가락질받아도 전혀 의식하지 못하는 무신경에 빠질 수 있다. 돈을 모아가면서 그때마다 나눔의 미덕을 갖는 것이 좋다.

(6) 독자 이벤트

 좋은 일이 생길 때나 특히 맛있는 음식이 생겼을 때 남에게 베풀어야겠다는 각오를 몇 자 적어본다.

전집 제21장
가정에 참부처가 있고 일상생활에 참도가 있다.

(1) 준비운독(準備運讀)

제21장을 읽는 데는 다음과 같은 어휘를 먼저 익혀야 한다. 진불, 진도. 이 어휘를 스스로 익히고 난 후 다음의 설명을 참고하면 언어의 지평이 넓어지리라 생각된다.

진불: 참다운 부처, 모범이 되는 사람.
진도: 모범이 되는 사례.

(2) 홍자성 원문

家庭有個眞佛, 日用有種眞道.
人能誠心和氣, 愉色婉言, 使父母兄弟間, 形骸兩釋, 意氣交流,
勝於調息觀心萬倍矣.
가정유개진불, 일용유종진도.
인능성심화기, 유색완언, 사부모형제간, 형해양석, 의기교류,
승어조식관심만배의.

(3) 원문해석

가정에는 모범이 되는 사람이 있어야 하고 일상생활에서는 모범이 되는 사례를 따라야 한다. 사람에게는 능력도 있고 하고자 하는 마음도 있어야 분위기를 화기애애하게 할 수 있다. 온화한 얼굴과 순한 어조로 부모 형제 간에 신체와 마음의 불편에 대해서 서로 뜻을 나누며 화목하게 되면 절에 가서 가정의 평화를 위해 공을 들이는 것보다 낫다.

(4) 스스로 해석자료

家庭有個眞佛

집 가(부수 갓머리), 뜰 정(부수 엄호), 있을 유(부수 달월), 낱 개(부수 사람인변), 참 진(부수 눈목), 부처 불(부수 사람인변)

日用有種眞道

날 일(부수 날일), 쓸 용(부수 쓸용), 있을 유(부수 달월), 씨 종(부수 벼화), 참 진(부수 눈목), 길 도(부수 책받침)

人能誠心和氣

사람 인(부수 사람인), 능할 능(부수 육달월), 정성 성(부수 말씀언), 마음 심(부수 마음심), 화할 화(부수 입구), 기운 기(부수 기운기엄)

愉色婉言

즐거울 유(부수 심방변), 빛 색(부수 빛색), 순할 완(부수 여자녀), 말씀 언(부수 말씀언)

使父母兄弟間

하여금 사(부수 사람인변), 아버지 부(부수 아비부), 어머니 모(부수 말무), 형 형(부수 어진사람인발), 아우 제(부수 활궁), 사이 간(부수 문문)

形骸兩釋

모양 형(부수 터럭삼), 뼈 해(부수 뼈골), 두 양(부수 들입), 풀 석(부수 분별할변)

意氣交流

뜻 의(부수 마음심), 기운 기(부수 기운기엄), 사귈 교(부수 돼지해머리), 흐를 류(부수 삼수변)

勝於調息觀心萬倍矣

이길 승(부수 힘력), 어조사 어(부수 모방), 고를 조(부수 말씀언), 쉴 식(부수 마음심), 볼 관(부수 볼견), 마음 심(부수 마음심), 일만 만(부수 초두머리), 곱 배(부수 사람인변), 어조사 의(부수 화살시)

(5) 조부훈회(祖父訓誨)

가정에서는 모범이 되는 부모의 의견을 잘 따라야 하며 일상생활에서는 보편적인 것이 무엇인지 생각하며 특별한 일이나 기이한 일에 빠지지 않도록 한다. 심사숙고해야 한다.

(6) 독자 이벤트

　기이한 일에 빠져 엉뚱한 일을 했던 일을 생각하며 기이한 습관이 있다면 빨리 버리겠다는 각오를 몇 자라도 적어본다.

전집 제22장
솔개가 날고 물고기가 뛰는 에너지를 지녀야 한다.

(1) 준비운독(準備運讀)

제22장은 움직임을 좋아하는 호동자와 고요함을 즐기는 기적자의 이야기이다. 호동자의 장단점, 기적자의 장단점에 주안점을 살피노라면 사고의 지평이 넓어지리라 생각된다.

(2) 홍자성 원문

好動者, 雲電風燈. 嗜寂者, 死灰槁木.
須定雲止水中, 有鳶飛魚躍氣象, 纔是有道的心體.
호동자, 운전풍등. 기적자, 사회고목.
수정운지수중, 유연비어약기상, 재시유도적심체.

(3) 원문해석

움직임만을 좋아하는 사람은 구름 속의 번개와 같고 바람 앞의 등잔 같아서 항상 위험함이 따르고 고요함을 좋아하는 자는 시들어가는 난로와 썩어가는 나무와 같다. 따라서 모름지기 생각을 한곳으로 정하여 구름 속을 나는 솔개의 기상과 물에서 뛰는 물고기처럼 넘치는 기상이 있을 때 바로 이것이 사람의 마음과 심체를 움직이는 좋은 방책이 된다.

(4) 스스로 해석자료

好動者
좋을 호(부수 여자녀), 움직일 동(부수 힘력), 놈 자(부수 늙을로엄)
雲電風燈
구름 운(부수 비우), 번개 전(부수 비우), 바람 풍(부수 바람풍), 등 등(부수 불화)

嗜寂者

즐길 기(부수 입구), 고요할 적(부수 갓머리), 놈 자(부수 늙을로엄)

死灰槁木

죽을 사(부수 죽을사변), 재 회(부수 불화), 마를 고(부수 나무목), 나무 목(부수 나무목)

須定雲止水中

모름지기 수(부수 머리혈), 정할 정(부수 갓머리), 구름 운(부수 비우), 그칠 지(부수 그칠지), 물 수(부수 물수), 가운데 중(부수 뚫을곤)

有鳶飛魚躍氣象

있을 유(부수 달월), 솔개 연(부수 새조), 날 비(부수 날비), 물고기 어(부수 물고기어), 뛸 약(부수 발족변), 기운 기(부수 기운기엄), 코끼리 상(부수 돼지시)

纔是有道的心體

겨우 재(부수 실사변), 이 시(부수 날일), 있을 유(부수 달월), 길 도(부수 책받침), 과녁 적(부수 흰백), 마음 심(부수 마음심), 몸 체(부수 뼈골)

(5) 조부훈회(祖父訓誨)

호동자와 기적자의 좋은 점과 나쁜 점을 생각하며 고요할 때는 물고기의 뛰는 기상을 갖고 움직일 때는 하늘에 정지되어 있는 구름을 살펴보는 여유를 가져야 한다.

(6) 독자 이벤트

호동자 입장에서 몇 자 적어보고 기적자 입장에서 몇 자 적어본다.

전집 제23장
조언을 할 때는 받는 사람의 능력을 감안해야 한다.

(1) 준비운독(準備運讀)

제23장을 읽는 데는 다음과 같은 어휘를 먼저 익혀야 한다. 태엄, 감수, 과고, 가종. 이 어휘를 스스로 익히고 난 후 다음의 설명을 참고하면 사고의 지평이 넓어지리라 생각된다.

태엄: 지나치게 엄격하다.
감수: 참고 버텨냄.
과고: 지나치게 고상하다.
가종: 따를 수 있는 능력.

(2) 홍자성 원문

攻人之惡, 毋太嚴. 要思其堪受.
教人以善, 毋過高. 當使其可從.
공인지악, 무태엄. 요사기감수.
교인이선, 무과고. 당사기가종.

(3) 원문해석

남의 잘못을 지적할 때는 지나치게 엄격하게 하지 말고 그 사람이 감내할 수 있을 만큼만 하라. 남을 교육할 때는 반드시 선으로 교육하고 너무 고상하지 않아야 하며 그가 따를 수 있는지를 생각해야 한다.

(4) 스스로 해석자료

攻人之惡
칠 공(부수 등글월문), 사람 인(부수 사람인), 갈 지(부수 삐침별), 악할 악(부수 마음심)

毋太嚴
말 무(부수 말무), 클 태(부수 큰대), 엄할 엄(부수 입구)

要思其堪受
요긴할 요(부수 덮을아), 생각 사(부수 마음심), 그 기(부수 여덟팔), 견딜 감(부수 흙토), 받을 수(부수 또우)

教人以善
가르칠 교(부수 등글월문), 사람 인(부수 사람인), 써 이(부수 사람인), 착할 선(부수 입구)

毋過高
말 무(부수 말무), 지날 과(부수 책받침), 높을 고(부수 높을고)

當使其可從
마땅 당(부수 밭전), 하여금 사(부수 사람인변), 그 기(부수 여덟팔), 옳을 가(부수 입구), 좇을 종(부수 두인변)

(5) 조부훈회(祖父訓誨)

열세 살에 논어를 터득한 이황은 스물두 살에 주역을 공부하기 시작했다. 그런데 주역이 너무 어려워 병이 들고 말았다. 필자도 스물두 살에 칸트의 명작 『순수이성비판』을 읽으려다 엄청난 저항에 빠진 적이 있었다. 누구를 가르치든지 무엇을 배우든지 수준에 맞게 하는 것이 대단히 중요하다.

(6) 독자 이벤트

제23장을 읽고 그냥 지나치지 말고 새로 알게 된 것이나 깨달은 것이 있으면 적어본다.

전집 제24장
깨끗함의 본디는 더러움이고 밝음의 원조는 어둠이다.

(1) 준비운독(準備運讀)

제24장을 읽는 데는 다음과 같은 어휘를 먼저 익혀야 한다. 분충, 지예, 화위형. 이 어휘를 스스로 익히고 난 후 다음의 설명을 참고하면 언어의 지평이 넓어지리라 생각된다.

분충: 더러운 벌레.
지예: 지극히 더러우나 기름진 것.
화위형: 개똥벌레가 변하여 반딧불이 되다.

(2) 홍자성 원문

糞蟲至穢, 變爲蟬而飮露於秋風.
腐草無光, 化爲螢而輝采於夏月.
固知潔常自汚出, 明每從晦生也.
분충지예, 변위선이음로어추풍.
부초무광, 화위형이휘채어하월.
고지결상자오출, 명매종회생야.

(3) 원문해석

더러운 거름 더미에서 사는 굼벵이는 매미로 변하여 가을 하늘의 이슬을 먹고 산다. 썩은 풀을 먹고 사는 개똥벌레는 반딧불로 변하여 가을 하늘을 밝게 하며 이리저리 날아다닌다. 이로 봐서 항상 깨끗한 것은 더러움에서 나오고 밝음은 어두운 곳에서 나옴을 알 수 있다.

(4) 스스로 해석자료

糞蟲至穢

똥 분(부수 쌀미), 벌레 충(부수 벌레훼), 이를 지(부수 이를지), 더러울 예(부수 벼화)

變爲蟬而飮露於秋風

변할 변(부수 말씀언), 할 위(부수 손톱조), 매미 선(부수 벌레훼), 말 이을 이(부수 말이을이), 마실 음(부수 밥식), 이슬 로(부수 비우), 어조사 어(부수 모방), 가을 추(부수 벼화), 바람 풍(부수 바람풍)

腐草無光

썩을 부(부수 고기육), 풀 초(부수 초두머리), 없을 무(부수 연화발), 빛 광(부수 어진사람인발)

化爲螢而輝采於夏月

될 화(부수 비수비), 할 위(부수 손톱조), 반딧불이 형(부수 벌레훼), 말 이을 이(부수 말이을이), 빛날 휘(부수 수레거), 풍채 채(부수 분별할변), 어조사 어(부수 모방), 여름 하(부수 천천히걸을쇠발), 달 월(부수 육달월)

固知潔常自汚出

굳을 고(부수 큰입구몸), 알 지(부수 화살시), 깨끗할 결(부수 삼수변), 떳떳할 상(부수 수건건), 스스로 자(부수 스스로자), 더러울 오(부수 삼수변), 날 출(부수 위튼입구몸)

明每從晦生也

밝을 명(부수 날일), 매양 매(부수 말무), 좇을 종(부수 두인변), 그믐 회(부수 날일), 날 생(부수 날생), 어조사 야(부수 새을)

(5) 조부훈회(祖父訓誨)

매미는 7년간의 땅속 생활, 2주간의 바깥 생활로 일생을 마감한다. 개똥벌레는 몸길이 12~18mm에 등판이 검고, 가슴판은 붉다. 대부분의 성충은 배 끝에 발광기(發光器)가 있어, 여름밤에 날아다니며 빛을 내는 반딧불이가 된다. 매미와 반딧불이를 통해 알 수 있듯 깨끗함의 본디는 더러움이고 밝음의 원조는 어두움이다. 모든 사물들은 이에 준하여 더러움을 거치지 않고는 깨끗해질 수 없고 어두움을 통하지 않고는 밝아질 수 없다는 것을 알게 된다.

(6) 독자 이벤트

매미의 울음소리를 들은 경험이나 반딧불이의 반짝이는 것을 본 경험을 적어본다.

전집 제25장

객기를 버리고 정기를 살려라.

(1) 준비운독(準備運讀)

제25장을 읽는 데는 다음과 같은 어휘를 먼저 익혀야 한다. 긍고, 망오, 객기, 정기, 망심, 소쇄. 이 어휘를 홍자성 원문에서 찾아보고 다음의 설명을 참고하면 사고의 지평이 넓어지리라 생각된다.

긍고: 잘났다고 뽐내다.
망오: 오만불손하다.
객기: 외부로부터 유혹을 당할 때 능력 이상으로 생기는 힘.
정기: 식견과 지식으로 생긴 내부의 에너지.
망심: 허망한 마음.
소쇄: 사라짐.

(2) 홍자성 원문

矜高妄傲, 無非客氣. 降伏得客氣下, 而後正氣伸.
情欲意識, 盡屬妄心. 消殺得妄心盡, 而後眞心現.
긍고망오, 무비객기. 강복득객기하, 이후정기신.
정욕의식, 진속망심. 소살득망심진, 이후진심현.

(3) 원문해석

우쭐대는 자랑과 오만한 마음은 객기가 아닌 것이 없다. 이 객기를 없앤 뒤에야 정기가 펼쳐진다. 정욕 의식도 모두 망심이며 이 망심이 사라진 뒤에야 참다운 마음이 발현된다.

(4) 스스로 해석자료

矜高妄傲

자랑할 긍(부수 창모), 높을 고(부수 높을고), 망령될 망(부수 여자녀), 거만할 오(부수 사람인변)

無非客氣

없을 무(부수 연화발), 아닐 비(부수 아닐비), 손 객(부수 갓머리), 기운 기(부수 기운기엄)

降伏得客氣下

내릴 강(부수 좌부변), 엎드릴 복(부수 사람인변), 얻을 득(부수 두인변), 손 객(부수 갓머리), 기운 기(부수 기운기엄), 아래 하(부수 한일)

而後正氣伸

말 이을 이(부수 말이을이), 뒤 후(부수 두인변), 바를 정(부수 그칠지), 기운 기(부수 기운기엄), 펼 신(부수 사람인변)

情欲意識

뜻 정(부수 심방변), 하고자 할 욕(부수 하품흠), 뜻 의(부수 마음심), 알 식(부수 말씀언)

盡屬妄心

다할 진(부수 그릇명), 무리 속(부수 주검시엄), 망령될 망(부수 여자녀), 마음 심(부수 마음심)

消殺得妄心盡

사라질 소(부수 삼수변), 죽일 살(부수 갖은등글월문), 얻을 득(부수 두인변), 망령될 망(부수 여자녀), 마음 심(부수 마음심), 다할 진(부수 그릇명)

而後眞心現

말 이을 이(부수 말이을이), 뒤 후(부수 두인변), 참 진(부수 눈목), 마음 심(부수 마음심), 나타날 현(부수 구슬옥변)

(5) 조부훈회(祖父訓誨)

술을 마시거나 진한 맛의 음식을 먹게 되면 갑자기 이상한 힘이 생긴다. 이것이 바로 객기이다. 객기로 인하여 사람이 생각지도 않은 실수를 하게 된다. 몸에 생각지도 않은 힘이 생길 때는 두세 시간 머무르면서 그 객기를 없앤다. 그리고 식견과 경험으로 이루어진 정기를 펼쳐야 할 것이다.

(6) 독자 이벤트

　살다 보면 끽연이나 도락(道樂)의 유혹을 받을 때가 있다. 객기가 작동되어 휘말리지 않도록 정기를 살려야겠다는 각오를 적어본다.

전집 제26장
식탐으로 건강을 잃지 말고
색탐으로 몸을 망치지 말라.

(1) 준비운독(準備運讀)

제26장을 읽는 데는 다음과 같은 어휘를 먼저 익혀야 한다. 포후, 농담지경, 남녀지견. 이 어휘를 스스로 익히고 난 후 다음의 설명을 참고하면 사고의 지평이 넓어지리라 생각된다.

포후: 음식을 지나치게 먹은 뒤.
농담지경: 짙고 옅음의 구별, 여기서는 맛이 있고 없고의 구별.
남녀지견: 성욕의 대상자로 여자나 남자가 서로 느끼는 감정.

(2) 홍자성 원문

飽後思味, 則濃淡之境都消. 色後思淫, 則男女之見盡絶.
故人常以事後之悔悟, 破臨事之癡迷, 則性定而動無不正.
포후사미, 즉농담지경도소. 색후사음, 즉남녀지견진절.
고인상이사후지회오, 파림사지치미, 즉성정이동무부정.

(3) 원문해석

배부른 뒤에는 음식이 좋고 나쁜 것에 대한 생각이 없어지고 색사 후 성 에너지가 소진되고 나면 남자와 여자가 잘생기고 아름답다는 생각도 없어진다. 따라서 어떤 일을 하고 나서 후회하기보다 일에 임할 때 미리 예방하고 어리석음이 발생하지 않도록 마음을 하나로 정하게 되면 그들의 행동에는 부끄러움이 없을 것이다.

(4) 스스로 해석자료

飽後思味

배부를 포(부수 밥식), 뒤 후(부수 두인변), 생각할 사(부수 마음심), 맛 미(부수 입구)

則濃淡之境都消

곧 즉(부수 선칼도방), 짙을 농(부수 삼수변), 맑을 담(부수 삼수변), 갈 지(부수 삐침별), 지경 경(부수 흙토), 도읍 도(부수 우부방), 사라질 소(부수 삼수변)

色後思淫

빛 색(부수 빛색), 뒤 후(부수 두인변), 생각할 사(부수 마음심), 음란할 음(부수 삼수변)

則男女之見盡絶

곧 즉(부수 선칼도방), 사내 남(부수 밭전), 여자 녀(부수 여자녀), 갈 지(부수 삐침별), 볼 견(부수 볼견), 다할 진(부수 그릇명), 끊을 절(부수 실사변)

故人常以事後之悔悟

연고 고(부수 등글월문), 사람 인(부수 사람인), 떳떳할 상(부수 수건건), 써 이(부수 사람인), 일 사(부수 갈고리궐), 뒤 후(부수 두인변), 갈 지(부수 삐침별), 뉘우칠 회(부수 심방변), 깨달을 오(부수 심방변)

破臨事之癡迷

깨뜨릴 파(부수 돌석), 임할 림(부수 신하신), 일 사(부수 갈고리궐), 갈 지(부수 삐침별), 어리석을 치(부수 병질엄), 미혹할 미(부수 책받침)

則性定而動無不正

곧 즉(부수 선칼도방), 성품 성(부수 심방변), 정할 정(부수 갓머리), 말 이을 이(부수 말이을이), 움직일 동(부수 힘력), 없을 무(부수 연화발), 아닐 부(부수 한일), 바를 정(부수 그칠지)

(5) 조부훈회(祖父訓誨)

일을 하고 나서 후회할 때가 많다. 그러므로 일에 임할 때 미리 잘 파악하고 행동에 옮겨야 한다. 식탐(食貪)이나 색탐(色貪)이 생길 때 절제하지 않으면 생각지도 못한 낭패가 생긴다. 식욕, 성욕, 수면욕, 재물욕, 명예욕 다섯 가지 욕심 중에서 대부분의 사람들이 성욕이 잘못되어서 평생을 어렵게 사는 사람이 많다.

(6) 독자 이벤트

아무 생각 없이 30분 동안 편히 쉰다.

전집 제27장
직장 생활을 하면서도 산천초목을 만나는 여유를 가져야 한다.

(1) 준비운독(準備運讀)

제27장을 읽는 데는 다음과 같은 어휘를 먼저 익혀야 한다. 헌면, 낭묘, 경륜. 이 어휘를 스스로 익히고 난 후 다음의 설명을 참고하면 언어의 지평이 넓어지리라 생각된다.

헌면: 고급 수레와 고급 모자.
낭묘: 나라의 일터.
경륜: 경험이 수반된 정치적 포부.

(2) 홍자성 원문

居軒冕之中, 不可無山林的氣味.
處林泉之下, 須要懷廊廟之經綸.
거헌면지중, 불가무산림적기미.
처림천지하, 수요회랑묘지경륜.

(3) 원문해석

직장 생활을 하면서도 모름지기 산천초목을 가끔 만나야 하고 은퇴 후에는 시골에 사는 것이 좋으며 나라 걱정도 잊지 말아야 한다.

(4) 스스로 해석자료

居軒冕之中
살 거(부수 주검시엄), 집 헌(부수 수레거), 면류관 면(부수 멀경몸), 갈 지(부수 삐침별), 가운

데 중(부수 뚫을곤)

　不可無山林的氣味

　아닐 불(부수 한일), 옳을 가(부수 입구), 없을 무(부수 연화발), 뫼 산(부수 뫼산), 수풀 림(부수 나무목), 과녁 적(부수 흰백), 기운 기(부수 기운기엄), 맛 미(부수 입구)

　處林泉之下

　곳 처(부수 범호엄), 수풀 림(부수 나무목), 샘 천(부수 물수), 갈 지(부수 삐침별), 아래 하(부수 한일)

　須要懷廊廟之經綸

　모름지기 수(부수 머리혈), 요긴할 요(부수 덮을아), 품을 회(부수 심방변), 사랑채 랑(부수 엄호), 사당 묘(부수 엄호), 갈 지(부수 삐침별), 지날 경(부수 실사변), 벼리 륜(부수 실사변)

(5) 조부훈회(祖父訓誨)

　직장 생활을 하면서 은퇴 후에 어느 곳에서 어떻게 살 것인가를 가끔 생각하며 주말에는 산천초목을 만나는 이벤트를 가질 필요가 있다. 주말에 산천초목을 만나는 것은 나쁜 오락이나 도박 등을 미리 막아내는 데 큰 도움이 된다.

(6) 독자 이벤트

　출근 시간을 정확히 지키는 것처럼 퇴근 시간도 엄밀히 지켜 퇴근 후 낙이불음(樂而不淫)하지 않겠다는 각오를 써본다.

전집 제28장
공을 세우기보다 실수가 없도록 신중하라.

(1) 준비운독(準備運讀)

제28장을 읽는 데는 다음과 같은 어휘를 먼저 익혀야 한다. 요공, 무과, 여인, 무원. 이 어휘를 스스로 익히고 난 후 다음의 설명을 참고하면 언어의 지평이 넓어지리라 생각된다.

요공: 공적을 세우다.
무과: 실수가 없다.
여인: 남에게 은혜를 베풀다.
무원: 원망이 없다.

(2) 홍자성 원문

處世不必邀功. 無過便是功.
與人不求感德. 無怨便是德.
처세불필요공. 무과편시공.
여인불구감덕. 무원편시덕.

(3) 원문해석

일을 하면서 공을 세우기보다는 원망이나 비난을 받지 않도록 미리 대비하고 남에게 베풀 때는 보답을 전혀 생각하지 마라.

(4) 스스로 해석자료

處世

곳 처(부수 범호엄), 인간 세(부수 한일)

不必邀功

아닐 불(부수 한일), 반드시 필(부수 마음심), 맞을 요(부수 책받침), 공 공(부수 힘력)

無過

없을 무(부수 연화발), 지날 과(부수 책받침)

便是功

편할 편(부수 사람인변), 이 시(부수 날일), 공 공(부수 힘력)

與人

더불 여(부수 절구구변), 사람 인(부수 사람인)

不求感德

아닐 불(부수 한일), 구할 구(부수 아래물수), 느낄 감(부수 마음심), 클 덕(부수 두인변)

無怨

없을 무(부수 연화발), 원망할 원(부수 마음심)

便是德

편할 편(부수 사람인변), 이 시(부수 날일), 클 덕(부수 두인변)

(5) 조부훈회(祖父訓誨)

세상을 살아가면서 공을 세우기보다 원망이 없는 것이 상책이고 사람과 사귈 때 친하게 지낸 것도 좋은 일이지만 원수를 맺지 않도록 해야 하며 무슨 일을 할 때 후회가 있어서는 안 된다. 이에 관련된 『명심보감』에 있는 말을 옮겨 적어본다.

성무회(誠無悔); 일을 시작할 때 성실히 하면 후회가 없고, 서무원(恕無怨); 남을 용서하면 원망을 듣지 않고, 화무구(和無仇); 남을 따뜻하게 포용하면 원수 맺을 일이 없고, 인무욕(忍無辱); 참고 참으면 부끄러운 일이 생기지 않는다.

『명심보감』 존심편

(6) 독자 이벤트

좋은 글은 우리말로 만나고 또 한자로 만나고 세 번째로 영어로 만나보는 것이 참 유익하다고 한다. 28장을 영어로 만나보며 '여인불구감덕'의 각오를 적어본다.

전집 제29장

일에 파묻혀 기쁨과 행복을 빼앗겨서는 안 된다.

(1) 준비운독(準備運讀)

제29장을 읽는 데는 다음과 같은 어휘를 먼저 익혀야 한다. 우근, 적성이정, 담박, 고풍. 이 어휘를 스스로 익히고 난 후 다음의 설명을 참고하면 언어의 지평이 넓어지리라 생각된다.

우근: 염려하면서 부지런히 일하다.
적성이정: 자기 본연의 성정을 즐겁게 하다.
담박: 다른 것이 조금도 섞이지 않은 맑은 상태.
고풍: 고상한 품격.

(2) 홍자성 원문

憂勤是美德. 太苦則無以適性怡情.
澹泊是高風. 太枯則無以濟人利物.
우근시미덕. 태고즉무이적성이정.
담박시고풍. 태고즉무이제인리물.

(3) 원문해석

열심히 일하려는 생각은 분명히 아름다운 덕이다. 그러나 너무 열심히 하면 자기의 성정이 흠이 되어 기쁨이 떨어진다. 담박한 것은 분명히 고매한 일이기는 하나 물기가 너무 없으면 사람에게 도움도 되지 않고 사물에도 이롭게 할 수 없다.

(4) 스스로 해석자료

憂勤

근심 우(부수 마음심), 부지런할 근(부수 힘력)

是美德

옳을 시(부수 날일), 아름다울 미(부수 양양), 클 덕(부수 두인변)

太苦則無以適性怡情

클 태(부수 큰대), 쓸 고(부수 초두머리), 곧 즉(부수 선칼도방), 없을 무(부수 연화발), 써 이(부수 사람인), 맞을 적(부수 책받침), 성품 성(부수 심방변), 기쁠 이(부수 심방변), 뜻 정(부수 심방변)

澹泊

맑을 담(부수 삼수변), 머무를 박(부수 삼수변)

是高風

옳을 시(부수 날일), 높을 고(부수 높을고), 바람 풍(부수 바람풍)

太枯則無以濟人利物

클 태(부수 큰대), 마를 고(부수 나무목), 곧 즉(부수 선칼도방), 없을 무(부수 연화발), 써 이(부수 사람인), 건널 제(부수 삼수변), 사람 인(부수 사람인), 이로울 리(부수 선칼도방), 물건 물(부수 소우)

(5) 조부훈회(祖父訓誨)

일에 깊게 빠지게 되면 본래의 목적을 잃어버리게 되고 그 일을 통해 얻고자 하는 기쁨과 행복을 누리지 못하는 수가 있다. 그러므로 일하는 중에 조금씩, 가끔 휴식을 갖는 것이 참으로 중요하다.

(6) 독자 이벤트

어떤 일은 10분도 지나지 않아서 싫증이 나나 자기가 좋아하는 일에는 서너 시간 계속해도 피곤을 느끼지 못하는 수가 있다. 호사다마(好事多魔)로 좋아하는 일을 하면서 깊게 빠지지 않겠다는 각오를 적어본다.

전집 제30장

처음보다 마무리가 더 중요하다.

(1) 준비운독(準備運讀)

제30장을 읽는 데는 다음과 같은 어휘를 먼저 익혀야 한다. 궁세축, 초심, 행만. 이 어휘를 스스로 익히고 난 후 다음의 설명을 참고하면 언어의 지평이 넓어지리라 생각된다.

궁세축: 몰리고 쪼그라들다.
초심: 처음 시작할 때의 마음.
행만: 일이 잘되는 것.

(2) 홍자성 원문

事窮勢蹙之人, 當原其初心.
功成行滿之士, 要觀其末路.
사궁세축지인, 당원기초심.
공성행만지사, 요관기말로.

(3) 원문해석

일을 하다가 궁지에 몰리고 쪼그라들 때는 처음 시작할 때를 생각해야 하고 일이 잘될 때에는 마땅히 그 마무리를 생각해야 한다.

(4) 스스로 해석자료

事窮勢蹙之人
일 사(부수 갈고리궐), 다할 궁(부수 구멍혈), 형세 세(부수 힘력), 닥칠 축(부수 발족), 갈 지

(부수 삐침별), 사람 인(부수 사람인)

當原其初心

마땅 당(부수 밭전), 언덕 원(부수 민엄호), 그 기(부수 여덟팔), 처음 초(부수 칼도), 마음 심(부수 마음심)

功成行滿之士

공 공(부수 힘력), 이룰 성(부수 창과), 다닐 행(부수 다닐행), 찰 만(부수 삼수변), 갈 지(부수 삐침별), 선비 사(부수 선비사)

要觀其末路

요긴할 요(부수 덮을아), 볼 관(부수 볼견), 그 기(부수 여덟팔), 끝 말(부수 나무목), 길 로(부수 발족변)

(5) 조부훈회(祖父訓誨)

『한석봉 천자문』의 독초성미 신종의령(篤初誠美 慎終宜令)의 뜻과 제30장의 내용을 비교하기 바란다.

(6) 독자 이벤트

어떤 일을 할 때, 또는 책을 읽을 때 잘 풀리는 경우가 있는가 하면 전혀 효과가 나타나지 않을 때가 있다. 일이 잘 풀리지 않을 때 새로운 각오가 필요하다. 이 각오를 마음속에 넣어두지 말고 손 글씨로 적어본다.

전집 제31장
총명을 들키지 않도록 하며 부유할 때 겸손하라.

(1) 준비운독(準備運讀)

제31장은 부유한 사람과 총명한 사람에 대한 글이다. 이것을 생각하며 스스로 해석자료를 먼저 살피는 것이 좋을 것 같다.

(2) 홍자성 원문

富貴家, 宜寬厚而反忌刻. 是富貴而貧賤其行矣, 如何能享.
聰明人, 宜斂藏而反炫耀. 是聰明而愚懵其病矣, 如何不敗.
부귀가, 의관후이반기각. 시부귀이빈천기행의, 여하능향.
총명인, 의렴장이반현요. 시총명이우몽기병의, 여하불패.

(3) 원문해석

부귀한 사람은 마땅히 너그러움이 두터워야 하는데 너무 각박하고 베풀기에 인색하다면 이는 가난하고 천한 사람의 행동과 같으니 어찌 그 복을 누리겠는가? 총명한 사람은 마땅히 그것을 드러내지 않고 감추어야 하는데 자랑하고 나타낸다면 이는 어리석은 사람의 행동과 같으니 어찌 실패하지 않겠는가?

(4) 스스로 해석자료

富貴家
부유할 부(부수 갓머리), 귀할 귀(부수 조개패), 집 가(부수 갓머리)
宜寬厚而反忌刻
마땅 의(부수 갓머리), 너그러울 관(부수 갓머리), 두터울 후(부수 민엄호), 말 이을 이(부수 말

이을이), 돌이킬 반(부수 또우), 꺼릴 기(부수 마음심), 새길 각(부수 선칼도방)

是富貴而貧賤其行矣

옳을 시(부수 날일), 부유할 부(부수 갓머리), 귀할 귀(부수 조개패), 말 이을 이(부수 말이을이), 가난할 빈(부수 조개패), 천할 천(부수 조개패), 그 기(부수 여덟팔), 다닐 행(부수 다닐행), 어조사 의(부수 화살시)

如何能享

같을 여(부수 여자녀), 어찌 하(부수 사람인변), 능할 능(부수 육달월), 누릴 향(부수 돼지해머리)

聰明人

귀 밝을 총(부수 귀이), 밝을 명(부수 날일), 사람 인(부수 사람인)

宜斂藏而反炫耀

마땅 의(부수 갓머리), 거둘 렴(부수 등글월문), 감출 장(부수 초두머리), 말 이을 이(부수 말이을이), 돌이킬 반(부수 또우), 밝을 현(부수 불화), 빛날 요(부수 깃우)

是聰明而愚懵其病矣

옳을 시(부수 날일), 귀 밝을 총(부수 귀이), 밝을 명(부수 날일), 말 이을 이(부수 말이을이), 어리석을 우(부수 마음심), 어리석을 몽(부수 심방변), 그 기(부수 여덟팔), 병 병(부수 병질엄), 어조사 의(부수 화살시)

如何不敗

같을 여(부수 여자녀), 어찌 하(부수 사람인변), 아닐 불(부수 한일), 패할 패(부수 등글월문)

(5) 조부훈회(祖父訓誨)

총명함은 안으로 감추고 드러내지 않아야 하며 부유하고 고상한 자리에 있을 때는 우쭐대지 말아야 한다. 이 도를 어기게 되면 어리석은 사람의 행동과 같고 비천한 사람의 초라함과 같게 된다.

(6) 독자 이벤트

남으로부터 영리하다는 소리를 들었는가? 인정이 없다는 소리를 들었는가? 그런 일이 있었다면 새로운 각오를 적어본다.

전집 제32장
갑자기 밝은 곳으로 갈 때에는 눈을 천천히 떠라.

(1) 준비운독(準備運讀)

　제32장을 읽는 데는 다음과 같은 어휘를 먼저 익혀야 한다. 거비, 태로, 양묵. 이 어휘를 스스로 익히고 난 후 다음의 설명을 참고하면 언어의 지평이 넓어지리라 생각된다.

거비: 낮은 곳에 있다.
태로: 지나치게 드러내다.
양묵: 침묵을 지속하다.

(2) 홍자성 원문

居卑而後知登高之爲危. 處晦而後知向明之太露.
守靜而後知好動之過勞. 養默而後知多言之爲躁.
거비이후지등고지위위. 처회이후지향명지태로.
수정이후지호동지과로. 양묵이후지다언지위조.

(3) 원문해석

　낮은 곳에 있는 사람은 마땅히 높은 곳에 오르면 위험한 것을 미리 알아야 하고 어두운 곳에 있는 사람은 밝은 곳으로 나아갈 때 그 눈부심을 미리 예상해야 하며 쉬고 있는 사람은 움직이는 일이 생길 때 그 힘든 일을 미리 생각해야 하고 침묵에 잠겨 있는 사람은 말을 할 때 조급함으로 실수하지 않도록 미리 조심해야 한다.

(4) 스스로 해석자료

居卑而後

살 거(부수 주검시엄), 낮을 비(부수 열십), 말 이을 이(부수 말이을이), 뒤 후(부수 두인변)

知登高之爲危

알 지(부수 화살시), 오를 등(부수 필발머리), 높을 고(부수 높을고), 갈 지(부수 삐침별), 할 위(부수 손톱조), 위태할 위(부수 병부절)

處晦而後

곳 처(부수 범호엄), 그믐 회(부수 날일), 말 이을 이(부수 말이을이), 뒤 후(부수 두인변)

知向明之太露

알 지(부수 화살시), 향할 향(부수 입구), 밝을 명(부수 날일), 갈 지(부수 삐침별), 클 태(부수 큰대), 이슬 로(부수 비우)

守靜而後

지킬 수(부수 갓머리), 고요할 정(부수 푸를청), 말 이을 이(부수 말이을이), 뒤 후(부수 두인변)

知好動之過勞

알 지(부수 화살시), 좋을 호(부수 여자녀), 움직일 동(부수 힘력), 갈 지(부수 삐침별), 지날 과(부수 책받침), 일할 로(부수 힘력)

養默而後

기를 양(부수 밥식), 잠잠할 묵(부수 검을흑), 말 이을 이(부수 말이을이), 뒤 후(부수 두인변)

知多言之爲躁

알 지(부수 화살시), 많을 다(부수 저녁석), 말씀 언(부수 말씀언), 갈 지(부수 삐침별), 할 위(부수 손톱조), 조급할 조(부수 발족변)

(5) 조부훈회(祖父訓誨)

어두운 곳이나 영화관에서 나올 때 갑자기 눈이 햇빛에 노출되지 않도록 해야 한다. 낮은 곳에서 높은 곳으로 나아갈 때 서서히 해야 한다. 침묵에 잠겨있을 때 말을 해야 할 경우가 생기면 음성이 높아지지 않도록 주의하며 엉뚱한 단어가 나오지 않도록 조심해야 한다.

(6) 독자 이벤트

대화할 때 애먼 단어를 사용하여 당황한 때가 있었던가를 상기하며 말을 조심해야겠다는 각오를 몇 자라도 적어본다.

전집 제33장
도덕과 의리를 앞세우지 말고 공명부귀에 집착하지 말라.

(1) 준비운독(準備運讀)

제33장을 읽는 데는 다음과 같은 사자성어를 먼저 익혀야 한다. 편가탈범, 재가입성. 이 어휘를 스스로 익히고 난 후 다음의 설명을 참고하면 언어의 지평이 넓어지리라 생각된다.

편가탈범: 시시하고 떳떳하지 못한 일에서 벗어나는 일.
재가입성: 성인의 경지에 이르는 것.

(2) 홍자성 원문

放得功名富貴之心下, 便可脫凡.
放得道德仁義之心下, 纔可入聖.
방득공명부귀지심하, 편가탈범.
방득도덕인의지심하, 재가입성.

(3) 원문해석

편가탈범하려고 하는 사람은 부귀를 숭상하지 말고 크게 이름을 떨치려는 마음이 없어야 한다. 도덕과 의리를 앞세워 우쭐대는 사람은 절대로 성인의 경지에 이룰 수 없다.

(4) 스스로 해석자료

放得功名富貴之心下

놓을 방(부수 등글월문), 얻을 득(부수 두인변), 공 공(부수 힘력), 이름 명(부수 입구), 부유할 부(부수 갓머리), 귀할 귀(부수 조개패), 갈 지(부수 삐침별), 마음 심(부수 마음심), 아래 하(부수 한일)

便可脫凡

편할 편(부수 사람인변), 옳을 가(부수 입구), 벗을 탈(부수 육달월), 무릇 범(부수 안석궤)

放得道德仁義之心下

놓을 방(부수 등글월문), 얻을 득(부수 두인변), 길 도(부수 책받침), 클 덕(부수 두인변), 어질 인(부수 사람인변), 옳을 의(부수 양양), 갈 지(부수 삐침별), 마음 심(부수 마음심), 아래 하(부수 한일)

纔可入聖

겨우 재(부수 실사변), 옳을 가(부수 입구), 들 입(부수 들입), 성인 성(부수 귀이)

(5) 조부훈회(祖父訓誨)

재물욕과 명예욕에 사로잡히면 보통 사람들이 시시하게 보인다. 재물을 모으는 것도 좋고 이름을 드날리는 것도 좋은 일이지만 이것에 사로잡히면 시시한 일도 이뤄내지 못한다.

(6) 독자 이벤트

원문해석에만 급급하지 말고 스스로 해석자료를 통하여 재물욕이나 명예욕에 관해 본인의 각오나 생각을 적어본다.

전집 제34장
자기 의견만 내세우지 말고 '반드시'라는 말에도 얽매이지 말라.

(1) 준비운독(準備運讀)

제34장을 읽는 데는 다음과 같은 어휘를 먼저 익혀야 한다. 미진, 모적, 성색, 미필, 번병. 이 어휘를 스스로 익히고 난 후 다음의 설명을 참고하면 언어의 지평이 넓어지리라 생각된다.

미진: 힘을 다하지 않음.
모적: 식물의 해충.
성색: 오락과 색욕.
미필: 다 끝내지 못함.
번병: 울타리와 병풍.

(2) 홍자성 원문

利欲未盡害心. 意見乃害心之蟊賊.
聲色未必障道. 聰明乃障道之藩屛.
이욕미진해심. 의견내해심지모적.
성색미필장도. 총명내장도지번병.

(3) 원문해석

재물을 쫓는 것이 마음을 해치는 것이 아니라 못된 아집이 마음을 해치는 벌레와 같다. 오락과 색욕이 도를 가로막는 게 아니라 못된 총명이 도를 가로막는 병풍 노릇을 하고 있다.

(4) 스스로 해석자료

利欲未盡害心
이로울 이(부수 선칼도방), 하고자 할 욕(부수 하품흠), 아닐 미(부수 나무목), 다할 진(부수 그릇명), 해할 해(부수 갓머리), 마음 심(부수 마음심)

意見
뜻 의(부수 마음심), 볼 견(부수 볼견)

乃害心之蟊賊
이에 내(부수 삐침별), 해할 해(부수 갓머리), 마음 심(부수 마음심), 갈 지(부수 갈 지(부수 삐침별), 해충 모(부수 벌레훼), 도둑 적(부수 조개패)

聲色未必障道
소리 성(부수 귀이), 빛 색(부수 빛색), 아닐 미(부수 나무목), 반드시 필(부수 마음심), 막을 장(부수 좌부변), 길 도(부수 책받침)

聰明乃障道之藩屛
귀 밝을 총(부수 귀이), 밝을 명(부수 날일), 이에 내(부수 삐침별), 막을 장(부수 좌부변), 길 도(부수 책받침), 갈 지(부수 삐침별), 울타리 번(부수 초두머리), 병풍 병(부수 주검시엄)

(5) 조부훈회(祖父訓誨)

공자가 말한 자절사에 무의, 무필, 무고, 무아가 있다. 무의는 함부로 단정하지 말라, 무필은 자신이 옳다고 믿지 말라, 무고는 끝까지 고집부리지 말라, 무아는 자신을 내세우지 말라는 뜻이다.

『논어』 자한편

도덕이나 총명을 앞세워 자기주장만 고집해서는 안 된다.

(6) 독자 이벤트

자기주장만 앞세우며 고집부린 적이 있다면 그 사례를 적어보고 무고, 무아에 대한 본인의 각오도 적어본다.

전집 제35장

험한 길에서도 양보하고 편안한 길에서도 양보한다.

(1) 준비운독(準備運讀)

제35장을 읽는 데는 다음과 같은 어휘를 먼저 익혀야 한다. 세로기구, 행불거처, 행득거처. 이 어휘를 스스로 익히고 난 후 다음의 설명을 참고하면 언어의 지평이 넓어지리라 생각된다.

세로기구: 세상의 길이 울퉁불퉁하고 험함.
행불거처: 사람이 다니기 불편한 곳.
행득거처: 사람이 다니기 편안한 길.

(2) 홍자성 원문

人情反復, 世路崎嶇.
行不去處, 須知退一步之法. 行得去處, 務加讓三分之功.
인정반복, 세로기구.
행불거처, 수지퇴일보지법. 행득거처, 무가양삼분지공.

(3) 원문해석

사람의 마음은 상황에 따라서 변하고 세상길은 험하고 울퉁불퉁하다. 어려운 길을 만나면 남이 먼저 가게 양보하고 가기 쉬운 길을 만날 때도 남이 먼저 가도록 하면 그것도 하나의 공이 된다.

(4) 스스로 해석자료

人情反復
사람 인(부수 사람인), 뜻 정(부수 심방변), 돌이킬 반(부수 또우), 회복할 복(부수 두인변)

世路崎嶇

인간 세(부수 한일), 길 로(부수 발족변), 험할 기(부수 뫼산), 험할 구(부수 뫼산)

行不去處

다닐 행(부수 다닐행), 아닐 불(부수 한일), 갈 거(부수 마늘모), 곳 처(부수 범호엄)

須知退一步之法

모름지기 수(부수 머리혈), 알 지(부수 화살시), 물러날 퇴(부수 책받침), 한 일(부수 한일), 걸음 보(부수 그칠지), 갈 지(부수 삐침별), 법 법(부수 삼수변)

行得去處

다닐 행(부수 다닐행), 얻을 득(부수 두인변), 갈 거(부수 마늘모), 곳 처(부수 범호엄)

務加讓三分之功

힘쓸 무(부수 힘력), 더할 가(부수 힘력), 사양할 양(부수 말씀언), 석 삼(부수 한일), 나눌 분(부수 칼도), 갈 지(부수 삐침별), 공 공(부수 힘력)

(5) 조부훈회(祖父訓誨)

질풍노후, 폭염, 폭설 등에 따라 체온조절을 하기 위해 사람은 여러모로 힘을 쓴다. 이에 따라 마음과 생각도 문득문득 변한다. 남을 돕는 데 관대하고 후덕한 사람도 폭설이나 폭염, 질풍노후 등에서는 자기도 모르게 그 성정을 잊어버리는 수가 있다.

(6) 독자 이벤트

봄의 마음, 여름의 생각, 가을의 정서, 겨울의 의지 등에 대하여 본인의 생각을 적어본다.

전집 제36장
덜된 사람을 미워하지 말고 어른을 공경하라.

(1) 준비운독(準備運讀)

제36장을 읽는 데는 다음과 같은 어휘를 먼저 익혀야 한다. 대소인, 불오, 대군자, 유례. 이 어휘를 스스로 익히고 난 후 다음의 설명을 참고하면 언어의 지평이 넓어지리라 생각된다.

대소인: 소인을 대하는 일.
불오: 미워하지 않음.
대군자: 군자를 대우하는 일.
유례: 예의를 다함.

(2) 홍자성 원문

待小人, 不難於嚴而難於不惡.
待君子, 不難於恭而難於有禮.
대소인, 불난어엄이난어불오.
대군자, 불난어공이난어유례.

(3) 원문해석

자기보다 낮은 자를 대할 때는 엄격하기보다 미워하는 마음을 없애야 하며 웃어른을 대할 때는 쩔쩔매며 공손하기보다 예의를 다한다.

(4) 스스로 해석자료

待小人

기다릴 대(부수 두인변), 작을 소(부수 작을소), 사람 인(부수 사람인)

不難於嚴而難於不惡

아닐 불(부수 한일), 어려울 난(부수 새추), 어조사 어(부수 모방), 엄할 엄(부수 입구), 말 이을 이(부수 말이을이), 어려울 난(부수 새추), 어조사 어(부수 모방), 아닐 불(부수 한일), 미워할 오(부수 마음심)

待君子

기다릴 대(부수 두인변), 임금 군(부수 입구), 아들 자(부수 아들자)

不難於恭而難於有禮

아닐 불(부수 한일), 어려울 난(부수 새추), 어조사 어(부수 모방), 공손할 공(부수 마음심밑), 말 이을 이(부수 말이을이), 어려울 난(부수 새추), 어조사 어(부수 모방), 있을 유(부수 달월), 예도 례(부수 보일시)

(5) 조부훈회(祖父訓誨)

낮은 자를 대할 때는 그 사람의 단점만 눈에 띄어 미워하는 마음만 생기게 된다. 자기보다 높은 자를 만나게 되면 쩔쩔매는 마음이 앞선다. 아랫사람이나 윗사람을 대할 때 도리에 어긋나지 않게 여러모로 심사숙고해야 한다.

채근담의 해석은 분분하여 제36장을 영어로 만나보고 재해석해 본다.

It is not hard to treat petty people sternly, but it is hard not to dislike them. It is not hard to treat noble people respectfully, but it is hard to do it with propriety.

『Vegetable roots discourse』 19쪽

사소한 사람들을 엄하게 대하는 것은 어렵지 않지만 그들을 미워하지 않는 것은 어렵다. 고귀한 사람을 공경하는 것은 어렵지 않지만 예의를 갖추는 것은 어렵다.

(6) 독자 이벤트

조부훈회를 보다시피 한자로 된 도서는 해석이 분분하니 독자 스스로 해석해 볼 필요가 있다.

전집 제37장

순박함을 지키며 경박하지 말라.

(1) 준비운독(準備運讀)

제37장을 읽는 데는 다음과 같은 어휘를 먼저 익혀야 한다. 혼악, 분화, 건곤. 이 어휘를 홍자성 원문에서 찾아보고 다음의 설명을 참고하면 언어의 지평이 넓어지리라 생각된다.

혼악: 순박하고 꾸밈이 없는 모양.
분화: 화려하고 아름다움.
건곤: 하늘과 땅 곧 천지.

(2) 홍자성 원문

寧守渾噩, 而黜聰明, 留些正氣還天地.
寧謝紛華, 而甘澹泊, 遺個淸名在乾坤.
영수혼악, 이출총명, 유사정기환천지.
영사분화, 이감담박, 유개청명재건곤.

(3) 원문해석

차라리 순박함을 지키고 어쭙잖은 총명을 버리며 바른 정기를 몇 개라도 남겨 세상에 돌려주어라. 차라리 화려함을 사절하고 담박함을 즐기면서 청명을 조금이라도 남겨 세상에 남겨주어라.

(4) 스스로 해석자료

寧守渾噩
편안할 영(부수 갓머리), 지킬 수(부수 갓머리), 흐릴 혼(부수 삼수변), 놀랄 악(부수 입구)

而黜聰明

말 이을 이(부수 말이을이), 내칠 출(부수 검을흑), 귀 밝을 총(부수 귀이), 밝을 명(부수 날일)

留些正氣還天地

머무를 유(부수 밭전), 적을 사(부수 두이), 바를 정(부수 그칠지), 기운 기(부수 기운기엄), 돌아올 환(부수 책받침), 하늘 천(부수 큰대), 땅 지(부수 흙토)

寧謝紛華

편안할 영(부수 갓머리), 사례할 사(부수 말씀언), 어지러울 분(부수 실사변), 빛날 화(부수 초두머리)

而甘澹泊

말 이을 이(부수 말이을이), 달 감(부수 달감), 맑을 담(부수 삼수변), 머무를 박(부수 삼수변)

遺個淸名在乾坤

남길 유(부수 책받침), 낱 개(부수 사람인변), 맑을 청(부수 삼수변), 이름 명(부수 입구), 있을 재(부수 흙토), 하늘 건(부수 새을), 땅 곤(부수 흙토)

(5) 조부훈회(祖父訓誨)

화려하고 선정적인 것을 고집하기보다는 잠재되어 있는 재능을 보호하고 조금이나마 꼿꼿한 정신을 소중히 간직한 후 세상에 되돌려주는 것이 좋다. 윤이 나고 장식적인 것을 모두 빼고 단순하고 담백한 것에 만족한 후 천지자연에 순수한 이름을 남기는 것이 좋다.

(6) 독자 이벤트

집에서 사용하고 있는 문명의 이기(선풍기, 에어컨 등)를 열 개 정도 적어본다.

전집 제38장
유혹을 극복하고 난폭한 자를 다스려라.

(1) 준비운독(準備運讀)

제38장을 읽는 데는 다음과 같은 어휘를 먼저 익혀야 한다. 항마자, 어횡자. 이 어휘를 스스로 익히고 난 후 다음의 설명을 참고하면 언어의 지평이 넓어지리라 생각된다.

항마자: 자기를 유혹하는 자를 굴복시키는 일.
어횡자: 난폭한 자를 다스리는 일.

(2) 홍자성 원문

降魔者, 先降自心. 心伏, 則群魔退聽.
馭橫者, 先馭此氣. 氣平, 則外橫不侵.
항마자, 선항자심. 심복, 즉군마퇴청.
어횡자, 선어차기. 기평, 즉외횡불침.

(3) 원문해석

자기를 유혹하는 자를 물리치려고 할 때는 먼저 자기 마음부터 살피고 자기 마음이 평정되면 여러 유혹은 저절로 사라진다. 자기를 억누르는 사람을 접근하지 못하게 하려면 자기 마음속의 객기부터 지워라. 객기가 없어지면 밖으로부터 불안한 마음이 침범하지 못할 것이다.

(4) 스스로 해석자료

降魔者
항복할 항(부수 좌부변), 마귀 마(부수 귀신귀), 놈 자(부수 늙을로엄)

先降自心

먼저 선(부수 어진사람인발), 항복할 항(부수 좌부변), 스스로 자(부수 스스로자), 마음 심(부수 마음심)

心伏

마음 심(부수 마음심), 엎드릴 복(부수 사람인변)

則群魔退聽

곧 즉(부수 선칼도방), 무리 군(부수 양양), 마귀 마(부수 귀신귀), 물러날 퇴(부수 책받침), 들을 청(부수 귀이)

馭橫者

말부릴 어(부수 말마), 가로 횡(부수 나무목), 놈 자(부수 늙을로엄)

先馭此氣

먼저 선(부수 어진사람인발), 말부릴 어(부수 말마), 이 차(부수 그칠지), 기운 기(부수 기운기엄)

氣平

기운 기(부수 기운기엄), 평평할 평(부수 방패간)

則外橫不侵

곧 즉(부수 선칼도방), 바깥 외(부수 저녁석), 가로 횡(부수 나무목), 아닐 불(부수 한일), 침노할 침(부수 사람인변)

(5) 조부훈회(祖父訓誨)

세상에는 착한 사람도 있지만 여우 같은 사람, 호랑이 같은 사람, 뱀 같은 사람도 만날 수 있다. 이런 사람들의 유혹을 이겨내기는 정말 어려운 일이니 아예 접근하지 않는 것이 상책이다. 난폭한 자를 만나거든 설득하려 하지 말고 한 발 뒤로 물러서는 것이 지혜로운 일이다.

(6) 독자 이벤트

여우 같은 사람은 꾀로 유혹하고 호랑이 같은 사람은 힘으로 제압하려 하며 뱀 같은 사람은 징그럽게 대한다. 혹 이러한 사람을 만났던 적이 있었던가 상기해 보며 앞으로 이런 사람을 만날 때 어떻게 대처할 것인지 미리 자신의 생각을 적어보는 것이 현명한 일이다.

전집 제39장

아름다움을 지킬 능력이 생기기 전에 아름다움을 들키지 마라.

(1) 준비운독(準備運讀)

제39장을 읽는 데는 다음과 같은 어휘를 먼저 익혀야 한다. 규녀, 비인, 가화. 이 어휘를 홍자성 원문에서 찾아보고 다음의 설명을 참고하면 사고의 지평이 넓어지리라 생각된다.

규녀: 안방에서 보호받고 있는 소녀.
비인: 행실이 바르지 못한 사람.
가화: 좋은 종류의 벼.

(2) 홍자성 원문

教弟子, 如養閨女, 最要嚴出入 謹交遊.
若一接近匪人, 是淸淨田中, 下一不淨種子, 便終身難植嘉禾.
교제자, 여양규녀, 최요엄출입 근교유.
약일접근비인, 시청정전중, 하일부정종자, 변종신난식가화.

(3) 원문해석

동생과 아들, 딸을 가르칠 때는 열세 살 안팎의 소녀같이 집을 나가고 들어옴을 엄격히 하고 친구 사귐에도 신중하도록 한다. 어쩌다가 친구를 잘못 사귀면 깨끗한 밭에 나쁜 잡초를 심는 것과 같아 평생토록 좋은 씨앗을 심을 수가 없다.

(4) 스스로 해석자료

教弟子

가르칠 교(부수 등글월문), 아우 제(부수 활궁), 아들 자(부수 아들자)

如養閨女

같을 여(부수 여자녀), 기를 양(부수 밥식), 안방 규(부수 문문), 여자 녀(부수 여자녀)

最要嚴出入

가장 최(부수 가로왈), 요긴할 요(부수 덮을아), 엄할 엄(부수 입구), 날 출(부수 위튼입구몸), 들 입(부수 들입)

謹交遊

삼갈 근(부수 말씀언), 사귈 교(부수 돼지해머리), 놀 유(부수 책받침)

若一接近匪人

같을 약(부수 초두머리), 한 일(부수 한일), 이을 접(부수 재방변), 가까울 근(부수 책받침), 비적 비(부수 튼입구몸), 사람 인(부수 사람인)

是淸淨田中

옳을 시(부수 날일), 맑을 청(부수 삼수변), 깨끗할 정(부수 삼수변), 밭 전(부수 밭전), 가운데 중(부수 뚫을곤)

下一不淨種子

아래 하(부수 한일), 한 일(부수 한일), 아닐 부(부수 한일), 깨끗할 정(부수 삼수변), 씨 종(부수 벼화), 아들 자(부수 아들자)

便終身難植嘉禾

똥오줌 변(부수 사람인변), 마칠 종(부수 실사변), 몸 신(부수 몸신), 어려울 난(부수 새추), 심을 식(부수 나무목), 아름다울 가(부수 입구), 벼 화(부수 벼화)

(5) 조부훈회(祖父訓誨)

You may go out but you must come back before dark.
나가 놀아도 되지만 어두워지기 전에 돌아와야 한다.

아버지가 딸을 내보내면서 염려하는 말이다. 자식을 교육하는 데는 너나없이 엄격해야 한다. 특히 출입을 통제하고 친구 사귐에 신중하도록 종종 간섭해야 한다. 장미는 화려한 꽃을 피우기 전에 먼저 가시가 영근다.

(6) 독자 이벤트

친구를 사귈 때 부모의 조언에 의견 차이가 있었던 일을 상기해 보며 이성 교제나 새로운 친구를 사귈 때 미리 자기 각오를 적어보는 게 좋겠다.

전집 제40장
욕심에는 절제가 필요하고 도리에는 에너지가 필요하다.

(1) 준비운독(準備運讀)

제40장을 읽는 데는 다음과 같은 어휘를 먼저 익혀야 한다. 욕로상사, 일염지, 이로상사. 이 어휘를 스스로 익히고 난 후 다음의 설명을 참고하면 언어의 지평이 넓어지리라 생각된다.

욕로상사: 욕심에 관한 일.
일염지: 한 손가락이라도 물드는 일.
이로상사: 도리에 관한 일.

(2) 홍자성 원문

欲路上事, 毋樂其便而姑爲染指. 一染指, 便深入萬仞.
理路上事, 毋憚其難而稍爲退步. 一退步, 便遠隔千山.
욕로상사, 무락기편이고위염지. 일염지, 편심입만인.
이로상사, 무탄기난이초위퇴보. 일퇴보, 편원격천산.

(3) 원문해석

욕심에 관한 일은 그 즐거움이 조금이라도 몸에 배지 않게 하라. 그 즐거움이 어깨나 손등에 약간만 묻게 되도 자기도 모르는 사이에 깊은 늪에 빠지고 만다. 도리에 관한 일을 따를 때 어려움을 만나거든 조금도 주저하지 말라. 약간이라도 머뭇거리면 도리에 관한 생각이 완전히 사라지고 만다.

(4) 스스로 해석자료

欲路上事

하고자 할 욕(부수 하품흠), 길 로(부수 발족변), 윗 상(부수 한일), 일 사(부수 갈고리궐)

毋樂其便

말 무(부수 말무), 즐길 락(부수 나무목), 그 기(부수 여덟팔), 편할 편(부수 사람인변)

而姑爲染指

말 이을 이(부수 말이을이), 시어머니 고(부수 여자녀), 할 위(부수 손톱조), 물들 염(부수 나무목), 가리킬 지(부수 재방변)

一染指

한 일(부수 한일), 물들 염(부수 나무목), 가리킬 지(부수 재방변)

便深入萬仞

편할 편(부수 사람인변), 깊을 심(부수 삼수변), 들 입(부수 들입), 일만 만(부수 초두머리), 길 인 (부수 사람인변)

理路上事

다스릴 이(부수 구슬옥변), 길 로(부수 발족변), 윗 상(부수 한일), 일 사(부수 갈고리 궐)

毋憚其難

말 무(부수 말무), 꺼릴 탄(부수 심방변), 그 기(부수 여덟팔), 어려울 난(부수 새추)

而稍爲退步

말 이을 이(부수 말이을이), 점점 초(부수 벼화), 할 위(부수 손톱조), 물러날 퇴(부수 책받침), 걸음 보(부수 그칠지)

一退步

한 일(부수 한일), 물러날 퇴(부수 책받침), 걸음 보(부수 그칠지)

便遠隔千山

편할 편(부수 사람인변), 멀 원(부수 책받침), 사이 뜰 격(부수 좌부변), 일천 천(부수 열십), 뫼 산(부수 뫼산)

(5) 조부훈회(祖父訓誨)

네가 만일 환난 날에 낙담하면 네 힘이 미약함을 보임이니라.

잠언 24장 10절

   도리에 관한 일을 좇을 때 어려움에 부딪치면 새로운 에너지를 발현하여 딛고 뚫고 나가야 한다. 결코 머뭇거려서는 안 된다. 머뭇거리면 교란 요인이 끼어든다. 욕구를 채울 때는 가득 채우려 하지 말고 70퍼센트 정도에서 그칠 줄 알아야 한다.

(6) 독자 이벤트

   지금까지 채근담 40장을 읽어왔는데 오늘은 특별한 생각을 하지 말고 여유로움을 누려본다.

전집 제41장

즐기되
깊이 빠지지 말라.

(1) 준비운독(準備運讀)

제41장을 읽는 데는 다음과 같은 어휘를 먼저 익혀야 한다. 염두농자, 염두담자, 고적. 이 어휘를 스스로 익히고 난 후 다음의 설명을 참고하면 언어의 지평이 넓어지리라 생각된다.

염두농자: 생각이 깊은 사람.
염두담자: 생각이 빈약한 사람.
고적: 담박하고 아무 맛이 없다.

(2) 홍자성 원문

念頭濃者, 自待厚, 待人亦厚, 處處皆濃.
念頭淡者, 自待薄, 待人亦薄, 事事皆淡.
故 君子 居常嗜好, 不可太濃艶, 亦不宜太枯寂.
염두농자, 자대후, 대인역후, 처처개농.
염두담자, 자대박, 대인역박, 사사개담.
고 군자 거상기호, 불가태농염, 역불의태고적.

(3) 원문해석

생각이 두텁고 너그러운 사람은 자기 일에도 충실하고 남의 일에도 진지하며 이르는 곳마다 넉넉하다. 생각이 깊지 못한 사람은 자기 일에도 소홀할 뿐만 아니라 남의 일에도 심드렁하고 하는 일마다 빈약하다. 군자는 자기가 좋아하고 즐기는 일에서 깊이 빠지지 않고 적당하게 즐길 수 있는 지혜가 있다.

(4) 스스로 해석자료

念頭濃者
생각 염(부수 마음심), 머리 두(부수 머리혈), 짙을 농(부수 삼수변), 놈 자(부수 늙을로엄)

自待厚
스스로 자(부수 스스로자), 기다릴 대(부수 두인변), 두터울 후(부수 민엄호)

待人亦厚
기다릴 대(부수 두인변), 사람 인(부수 사람인), 또 역(부수 돼지해머리), 두터울 후(부수 민엄호)

處處皆濃
곳 처(부수 범호엄), 곳 처(부수 범호엄), 다 개(부수 흰백), 짙을 농(부수 삼수변)

念頭淡者
생각 염(부수 마음심), 머리 두(부수 머리혈), 맑을 담(부수 삼수변), 놈 자(부수 늙을호 엄)

自待薄
스스로 자(부수 스스로자), 기다릴 대(부수 두인변), 엷을 박(부수 초두머리)

待人亦薄
기다릴 대(부수 두인변), 사람 인(부수 사람인), 또 역(부수 돼지해머리), 엷을 박(부수 초두머리)

事事皆淡
일 사(부수 갈고리궐), 일 사(부수 갈고리궐), 다 개(부수 흰백), 맑을 담(부수 삼수변)

故君子
연고 고(부수 등글월문), 임금 군(부수 입구), 아들 자(부수 아들자)

居常嗜好
살 거(부수 주검시엄), 떳떳할 상(부수 수건건), 즐길 기(부수 입구), 좋을 호(부수 여자녀)

不可太濃艷
아닐 불(부수 한일), 옳을 가(부수 입구), 클 태(부수 큰대), 짙을 농(부수 삼수변), 고울 염(부수 빛색)

亦不宜太枯寂
또 역(부수 돼지해머리), 아닐 불(부수 한일), 마땅 의(부수 갓머리), 클 태(부수 큰대), 마를 고(부수 나무목), 고요할 적(부수 갓머리)

(5) 조부훈회(祖父訓誨)

제41장은 염두농자, 염두담자, 군자, 세 사람의 이야기다. 뜻이 깊은 염두농자는 하는 일에 너무 적극적이고, 생각이 얕은 염두담자는 하는 일에 너무 소극적이다. 따라서 깨달은 사람은, 소위 군자는 두 사람의 장점과 단점을 적당히 취사선택하는 이야기로 서술되어 있다. 염두농자가 되기 위해서는 풍부한 경험과 식견, 독서 등이 필요하다. 염두담자는 자기를 내버려둔 상태이므로 결국은 자기를 천대하는 셈이다.

(6) 독자 이벤트

아침도 건너뛰고 점심도 지나친 상태에서 저녁에 무엇인가를 먹고 싶은데 식사 준비를 하기 싫어 패스트푸드로 식사를 때우는 것은 염두담자의 전형적인 형태이다. 이렇게 자기 충실에 소홀한 적이 있었던가를 생각해 보며 절대 그러하지 않겠다는 각오를 써본다.

전집 제42장
돈이 없다고 주눅 들지 말고 벼슬이 없다고 기죽지 말라.

(1) 준비운독(準備運讀)

제42장을 읽는 데는 다음과 같은 어휘를 먼저 익혀야 한다. 피부아인, 피작아의. 이 어휘를 스스로 익히고 난 후 다음의 설명을 참고하면 언어의 지평이 넓어지리라 생각된다.

피부아인: 남이 재산을 자랑하면 나는 너그러움으로 대한다.
피작아의: 남이 벼슬을 자랑하면 나는 의로움으로 대한다.

(2) 홍자성 원문

彼富我仁, 彼爵我義. 君子固不爲君相所牢籠.
人定勝天, 志一動氣. 君子亦不受造物之陶鑄.
피부아인, 피작아의. 군자고불위군상소뇌롱.
인정승천, 지일동기. 군자역불수조물지도주.

(3) 원문해석

남이 재산을 자랑하면 나는 너그러움으로 대하고 남이 벼슬을 자랑하면 나는 의로움으로 대하는 것을 깨달은 사람은 돈 있는 사람이나 권력자에게 농락되지 않는다. 사람의 생각이 굳게 정해지면 하늘도 이길 수 있고 뜻을 하나로 굳히게 되면 새로운 에너지가 솟아난다. 깨달은 사람은 천지 질서에 조금도 얽매이지 않는다.

(4) 스스로 해석자료

彼富我仁
저 피(부수 두인변), 부유할 부(부수 갓머리), 나 아(부수 창과), 어질 인(부수 사람인변)

彼爵我義

저 피(부수 두인변), 벼슬 작(부수 손톱조), 나 아(부수 창과), 옳을 의(부수 양양)

君子

임금 군(부수 입구), 아들 자(부수 아들자)

固不爲君相所牢籠

굳을 고(부수 큰입구몸), 아닐 불(부수 한일), 할 위(부수 손톱조), 임금 군(부수 입구), 서로 상(부수 눈목), 바 소(부수 지게호), 우리 뇌(부수 소우), 대바구니 롱(부수 대죽)

人定勝天

사람 인(부수 사람인), 정할 정(부수 갓머리), 이길 승(부수 힘력), 하늘 천(부수 큰대)

志一動氣

뜻 지(부수 마음심), 한 일(부수 한일), 움직일 동(부수 힘력), 기운 기(부수 기운기엄)

君子亦不受造物之陶鑄

임금 군(부수 입구), 아들 자(부수 아들자), 또 역(부수 돼지해머리), 아닐 불(부수 한일), 받을 수(부수 또우), 지을 조(부수 책받침), 물건 물(부수 소우), 갈 지(부수 삐침별), 질그릇 도(부수 좌부변), 불릴 주(부수 쇠금)

(5) 조부훈회(祖父訓誨)

세상 사람들이 재산을 자랑할 때는 조금도 굴하지 말고 너그러운 마음으로 대하고 벼슬을 자랑하는 사람을 만나면 시종일관 의로운 생활을 했던 것을 보여준다. 생각이 깊은 사람은 재력가나 권력자의 조롱거리가 되지 않는다. 자기의 목적을 하나로 굳히면 세상의 여러 유혹을 물리칠 수 있고 뜻을 굳게 하면 새로운 힘이 생겨난다. 의지가 굳고 소신이 있는 사람은 일확천금이나 불로소득 등에 마음을 조금도 두지 않으며 세파에 조금도 휩쓸리지 않는다.

(6) 독자 이벤트

돈이 모자라 안타까운 일이 있었던가? 능력이 부족해 수치를 당한 적이 있었던가? 이런 것을 상기하며 미래를 위한 스펙 쌓기에 대한 각오를 가져본다.

전집 제43장
뜻을 세우고 머뭇거리면 화가 미칠 수 있다.

(1) 준비운독(準備運讀)

제43장을 읽는 데는 다음과 같은 어휘를 먼저 익혀야 한다. 진리진의, 이중탁족, 초달, 저양촉번. 이 어휘를 홍자성 원문에서 찾아보고 다음의 설명을 참고하면 언어의 지평이 넓어지리라 생각된다.

진리진의: 먼지 속에서 옷을 털다.
이중탁족: 진흙 속에서 발을 씻다.
초달: 보통 사람보다 뛰어난 것.
저양촉번: 숫양이 울타리에 걸리다.

(2) 홍자성 원문

立身, 不高一步立, 如塵裡振衣 泥中濯足, 如何超達.
處世, 不退一步處, 如飛蛾投燭 羝羊觸藩, 如何安樂.
입신, 불고일보립, 여진리진의 이중탁족, 여하초달.
처세, 불퇴일보처, 여비아투촉 저양촉번, 여하안락.

(3) 원문해석

세상에 우뚝 서려고 하면서 한 걸음도 나아가지 못하고 머뭇거리면 먼지 속에서 옷을 터는 것과 같고 진흙탕에서 발을 씻는 것과 같으니 어찌 남보다 앞설 수 있겠는가! 세상을 살아가면서 한 걸음 물러날 때도 있어야 하는데 나방처럼 촛불에 뛰어들고 함부로 달리다가 숫양처럼 뿔이 울타리에 걸리는 일이 있다면 어찌 세상을 편안히 살 수 있겠는가.

(4) 스스로 해석자료

立身

설 입(부수 설립), 몸 신(부수 몸신)

不高一步立

아닐 불(부수 한일), 높을 고(부수 높을고), 한 일(부수 한일), 걸음 보(부수 그칠지), 설 립(부수 설립)

如塵裡振衣

같을 여(부수 여자녀), 티끌 진(부수 흙토), 속 리(부수 옷의변), 떨칠 진(부수 재방변), 옷 의(부수 옷의)

泥中濯足

진흙 이(부수 삼수변), 가운데 중(부수 뚫을곤), 씻을 탁(부수 삼수변), 발 족(부수 발족)

如何超達

같을 여(부수 여자녀), 어찌 하(부수 사람인변), 뛰어넘을 초(부수 달릴주), 통달할 달(부수 책받침)

處世

곳 처(부수 범호엄), 인간 세(부수 한일)

不退一步處

아닐 불(부수 한일), 물러날 퇴(부수 책받침), 한 일(부수 한일), 걸음 보(부수 그칠지), 곳 처(부수 범호엄)

如飛蛾投燭

같을 여(부수 여자녀), 날 비(부수 날비), 나방 아(부수 벌레훼), 던질 투(부수 재방변), 촛불 촉(부수 불화)

羝羊觸藩

숫양 저(부수 양양), 양 양(부수 양양), 닿을 촉(부수 뿔각), 울타리 번(부수 초두머리)

如何安樂

같을 여(부수 여자녀), 어찌 하(부수 사람인변), 편안 안(부수 갓머리), 즐길 락(부수 나무목)

(5) 조부훈회(祖父訓誨)

제43장의 주 단어는 입신과 처세이다. 세상에 우뚝 서려는 입신과 세상을 편안하고 진지하게 사는 처세 이야기다. 스스로 해석자료를 살피면서 처세와 입신에 대해 스스로 성찰해 보기 바란다.

(6) 독자 이벤트

목적을 정해놓고 목표를 향하여 나아가다가 머뭇거리는 것을 상기해 보며 성취동기에 대한 각오를 세워본다.

전집 제44장

책을 읽을 때는 뜻을 세우고 깊게 읽는다.

(1) 준비운독(準備運讀)

제44장을 읽는 데는 다음과 같은 어휘를 먼저 익혀야 한다. 병귀일로, 실예, 음영, 정불심심. 이 어휘를 스스로 익히고 난 후 다음의 설명을 참고하면 언어의 지평이 넓어지리라 생각된다.

병귀일로: 한곳으로 모으다.
실예: 깊은 경지.
음영: 시를 읊조리다.
정불심심: 마음이 깊지 못하다.

(2) 홍자성 원문

學者要收拾精神, 倂歸一路.
如修德而留意於事功名譽, 必無實詣.
讀書而寄興於吟泳風雅, 定不深心.
학자요수습정신, 병귀일로.
여수덕이유의어사공명예, 필무실예.
독서이기흥어음영풍아, 정불심심.

(3) 원문해석

공부를 하는 사람은 정신을 가다듬고 한곳으로 뜻을 모아야 한다. 만일 덕을 닦는다면서 뜻을 명예나 돈을 버는 데 둔다면 깊은 경지에 이르지 못할 것이다. 글을 읽을 때는 재미에만 빠지지 말고 무엇인가 깨달음이 있도록 살피면서 읽는다.

(4) 스스로 해석자료

學者
배울 학(부수 아들자), 놈 자(부수 늙을로엄)

要收拾精神
요긴할 요(부수 덮을아), 거둘 수(부수 등글월문), 주울 습(부수 재방변), 정할 정(부수 쌀미), 귀신 신(부수 보일시)

倂歸一路
아우를 병(부수 사람인변), 돌아갈 귀(부수 그칠지), 한 일(부수 한일), 길 로(부수 발족변)

如修德
같을 여(부수 여자녀), 닦을 수(부수 사람인변), 클 덕(부수 두인변)

而留意於事功名譽
말 이을 이(부수 말이을이), 머무를 유(부수 밭전), 뜻 의(부수 마음심), 어조사 어(부수 모방), 일 사(부수 갈고리궐), 공 공(부수 힘력), 이름 명(부수 입구), 기릴 예(부수 말씀언)

必無實詣
반드시 필(부수 마음심), 없을 무(부수 연화발), 열매 실(부수 갓머리), 이를 예(부수 말씀언)

讀書
읽을 독(부수 말씀언), 글 서(부수 가로왈)

而寄興於吟泳風雅
말 이을 이(부수 말이을이), 부칠 기(부수 갓머리), 일 흥(부수 절구구변), 어조사 어(부수 모방), 읊을 음(부수 입구), 헤엄칠 영(부수 물수), 바람 풍(부수 바람풍), 맑을 아(부수 새추)

定不深心
정할 정(부수 갓머리), 아닐 불(부수 한일), 깊을 심(부수 삼수변), 마음 심(부수 마음심)

(5) 조부훈회(祖父訓誨)

일을 할 때는 뜻을 하나로 모으고 책을 읽을 때는 무엇인가 깨달은 점이 있어야 한다. 마음이 깊지 못한 불심심으로 책을 읽으면 아무 효과가 없다. 일을 하나로 모으는 병귀일로와 마음이 깊지 못한 불심심이라는 낱말에도 뜻을 두어야 한다. 그리고 간혹 기분 전환이 필요한데 기분 전환에 쏟는 시간이 너무 길거나 기분 전환의 몰입이 강하여 학문의 의욕이 완전히 상실될 수 있으니 기분 전환에 보다 신중해야 한다.

(6) 독자 이벤트

책을 읽으면서 문득 오락에 빠져 책 읽기를 잊어버린 일이 있었던가를 상기해 보며 기분 전환을 잘해야겠다는 각오를 적어본다.

전집 제45장
자비심이나 해인심은 누구에게나 있다.

(1) 준비운독(準備運讀)

제45장을 읽는 데는 다음과 같은 어휘를 먼저 익혀야 한다. 유마, 도회, 금옥, 모첨, 욕폐정봉, 지적. 이 어휘를 홍자성 원문에서 찾아보고 다음의 설명을 참고하면 사고의 지평이 넓어지리라 생각된다.

유마: 몸은 세속에 두고 있으면서 석가를 보좌하며 자비심이 많았던 사람.
도회: 백정과 망나니 즉 도살업자나 사형 집행인.
금옥: 크고 화려하게 지은 집.
모첨: 띠풀로 지붕을 이은 초가.
욕폐정봉: 탐욕과 사정으로 마음이 막히다.
지척: 25cm 안팎의 짧은 거리.

(2) 홍자성 원문

人人有個大慈悲, 維摩屠劊, 無二心也.
處處有種眞趣味, 金屋茅檐, 非兩地也.
只是欲蔽情封, 當面錯過, 使咫尺千里矣.
인인유개대자비, 유마도회, 무이심야.
처처유종진취미, 금옥모첨, 비량지야.
지시욕폐정봉, 당면착과, 사지척천리의.

(3) 원문해석

　사람에게는 누구나 자비심도 있고 남을 해치려는 도회심도 있다. 부처라든가 망나니가 서로 다른 마음이 있는 것이 아니다. 곳곳마다 어디든지 한 가지 참된 취미가 있나니 금전옥루라든가 초가모옥이 모두 같은 땅에 있다. 다만, 욕정에 싸이고 사정에 그르치어 지척도 천리가 되게 하는 것이다.

(4) 스스로 해석자료

人人
사람 인(부수 사람인), 사람 인(부수 사람인)

有個大慈悲
있을 유(부수 달월), 낱 개(부수 사람인변), 큰 대(부수 큰대), 사랑 자(부수 마음심), 슬플 비(부수 마음심)

維摩屠劊
벼리 유(부수 실사변), 문지를 마(부수 손수), 죽일 도(부수 주검시엄), 끊을 회(부수 선칼도방)

無二心也
없을 무(부수 연화발), 두 이(부수 두이), 마음 심(부수 마음심), 어조사 야(부수 새을)

處處
곳 처(부수 범호엄), 곳 처(부수 범호엄)

有種眞趣味
있을 유(부수 달월), 씨 종(부수 벼화), 참 진(부수 눈목), 뜻 취(부수 달릴주), 맛 미(부수 입구)

金屋茅檐
쇠 금(부수 쇠금), 집 옥(부수 주검시엄), 띠 모(부수 초두머리), 처마 첨(부수 나무목)

非兩地也
아닐 비(부수 아닐비), 두 량(부수 들입), 땅 지(부수 흙토), 어조사 야(부수 새을)

只是欲蔽情封
다만 지(부수 입구), 옳을 시(부수 날일), 하고자 할 욕(부수 하품흠), 덮을 폐(부수 초두머리), 뜻 정(부수 심방변), 봉할 봉(부수 마디촌)

當面錯過
마땅 당(부수 밭전), 낯 면(부수 낯 면), 어긋날 착(부수 쇠금), 지날 과(부수 책받침)

使恐尺千里矣
하여금 사(부수 사람인변), 여덟 치 지(부수 입구), 자 척(부수 주검시엄), 일천 천(부수 열십), 마을 리(부수 마을리), 어조사 의(부수 화살시)

(5) 조부훈회(祖父訓誨)

맹자는 성선설을 주장했고 순자는 성악설을 주장했다시피 우리 사람의 마음은 선악의 두 가지 요소가 다분히 있다. 사태에 따라 선으로 반응할지 악으로 반응할지는 마음의 충전도에 달려 있다.

시험에 들지 않게 깨어 기도하라 마음에는 원이로되 육신은 약하도다 하시고
마태복음 26장 41절

구태여 이 성경 말씀을 인용하지 않더라고 사태에 반응할 때 깨달음 이상으로 신체의 건강이 중요하다.

(6) 독자 이벤트

책을 읽고 느낌이나 생각, 각오를 적어보는 것은 행간의 숨은 뜻을 파악하는 동력이 된다.

전집 제46장
덕을 닦을 때는 무엇보다도 영화의 유혹을 이겨내야 한다.

(1) 준비운독(準備運讀)

제46장을 읽는 데는 다음과 같은 어휘를 먼저 익혀야 한다. 흔선, 추욕경, 경방, 탐착. 이 어휘를 스스로 익히고 난 후 다음의 설명을 참고하면 언어의 지평이 넓어지리라 생각된다.

흔선: 부귀영화를 부러워하다.
추욕경: 탐욕의 경지로 빠져 들어가다.
경방: 국가를 경륜하다.
탐착: 탐욕스럽게 집착하다.

(2) 홍자성 원문

進德修道, 要個木石的念頭. 若一有欣羨, 便趨欲境.
濟世經邦, 要段雲水的趣味. 若一有貪着, 便墮危機.
진덕수도, 요개목석적념두. 약일유흔선, 편추욕경.
제세경방, 요단운수적취미. 약일유탐착, 편타위기.

(3) 원문해석

도덕을 닦아나감에는 나무와 돌을 귀감으로 삼아야 하며 냉담한 마음이 있어야 하는데 만일 한번 부귀영화를 부러워하는 마음이 생기면 곧 탐욕의 경지로 빠져들 것이다. 세상을 제도하고 나라를 경륜함에는 다소의 자연풍취를 즐기는 담담한 취미를 가져야 하는데 만일 한번 탐욕에 집착하는 마음을 가지면 곧 위기에 떨어지고 말 것이다.

(4) 스스로 해석자료

進德修道
나아갈 진(부수 책받침), 클 덕(부수 두인변), 닦을 수(부수 사람인변), 길 도(부수 책받침)

要個木石的念頭
요긴할 요(부수 덮을아), 낱 개(부수 사람인변), 나무 목(부수 나무목), 돌 석(부수 돌석), 과녁 적(부수 흰백), 생각 념(부수 마음심), 머리 두(부수 머리혈)

若一有欣羨
같을 약(부수 초두머리), 한 일(부수 한일), 있을 유(부수 달월), 기쁠 흔(부수 하품흠), 부러워할 선(부수 양양)

便趣欲境
편할 편(부수 사람인변), 달아날 추(부수 달릴주), 하고자 할 욕(부수 하품흠), 지경 경(부수 흙토)

濟世經邦
건널 제(부수 삼수변), 인간 세(부수 한일), 지날 경(부수 실사변), 나라 방(부수 우부방)

要段雲水的趣味
요긴할 요(부수 덮을아), 층계 단(부수 갖은등글원문), 구름 운(부수 비우), 물 수(부수 물수), 과녁 적(부수 흰백), 뜻 취(부수 달릴주), 맛 미(부수 입구)

若一有貪着
같을 약(부수 초두머리), 한 일(부수 한일), 있을 유(부수 달월), 탐낼 탐(부수 조개패), 붙을 착(부수 눈목)

便墮危機
편할 편(부수 사람인변), 떨어질 타(부수 흙토), 위태할 위(부수 병부절), 틀 기(부수 나무목)

(5) 조부훈회(祖父訓誨)

근로소득에 충실하면서 사는 사람이 부동산이 뛰어서, 복권에 당첨되어서 행복한 맛을 본 사람을 부러워해서는 절대로 안 된다. 한번 그런 데에 맛을 들여놓으면 근로소득의 진맛을 잊어버리게 된다.

(6) 독자 이벤트

전집 제1장부터 제45장까지 제목을 다시 한번 읽어본다.

전집 제47장

길인이 흉인이 되기도 하고 흉인이 길인이 될 수도 있다.

(1) 준비운독(準備運讀)

제47장을 읽는 데는 다음과 같은 어휘를 먼저 익혀야 한다. 작용, 안상, 행사, 낭려, 소어, 살기. 이 어휘를 스스로 익히고 난 후 다음의 설명을 참고하면 언어의 지평이 넓어지리라 생각된다.

작용: 일상의 행동.
안상: 편안하고 너그럽다.
행사: 평소의 일.
낭려: 사나운 이리처럼 도리에 어긋나는 짓을 하다.
소어: 웃으며 하는 말.
살기: 죽이는 기운.

(2) 홍자성 원문

吉人 無論作用安詳, 則夢寐神魂, 無非和氣.
凶人 無論行事狼戾, 則聲音咲語, 渾是殺機.
길인 무론작용안상, 즉몽매신혼, 무비화기.
흉인 무론행사낭려, 즉성음소어, 혼시살기.

(3) 원문해석

길인은 평소의 동작이 잔잔함은 말할 것도 없고 잠을 자고 꿈을 꿀 때도 화락한 기운을 띠지 않는 것이 없으며 흉인은 평소의 행동이 사나운 것은 말할 것도 없고 목소리와 웃으며 하는 말까지 온통 살기를 띠지 않은 것이 없다. 말하는 동안에도 분노를 배반한다.

(4) 스스로 해석자료

吉人

길할 길(부수 입구), 사람 인(부수 사람인)

無論作用安詳

없을 무(부수 연화발), 논할 론(부수 말씀언), 지을 작(부수 사람인변), 쓸 용(부수 쓸용), 편안 안(부수 갓머리), 자세할 상(부수 말씀언)

則夢寐神魂

곧 즉(부수 선칼도방), 꿈 몽(부수 저녁석), 잘 매(부수 갓머리), 귀신 신(부수 보일시), 넋 혼(부수 귀신귀)

無非和氣

없을 무(부수 연화발), 아닐 비(부수 아닐비), 화할 화(부수 입구), 기운 기(부수 기운기엄)

凶人

흉할 흉(부수 위튼입구몸), 사람 인(부수 사람인)

無論行事狼戾

없을 무(부수 연화발), 논할 론(부수 말씀언), 다닐 행(부수 다닐행), 일 사(부수 갈고리궐), 이리 낭(부수 개사슴록변), 어그러질 려(부수 지게호)

則聲音咲語

곧 즉(부수 선칼도방), 소리 성(부수 귀이), 소리 음(부수 소리음), 웃음 소(부수 입구), 말씀 어(부수 말씀언)

渾是殺機

흐릴 혼(부수 삼수변), 이 시(부수 날일), 죽일 살(부수 갖은등글월문), 틀 기(부수 나무목)

(5) 조부훈회(祖父訓誨)

길인의 '길' 자는 '입 구' 자와 '선비 사' 자로 이루어져 있다. 흉인의 '흉' 자는 '입 구' 자가 위튼입구몸이다. 길인이냐, 흉인이냐는 얼굴의 모습으로 알 수 있지만 그 사람이 사용하는 단어나 억양으로도 알 수 있다. 흉인이 따로 있고 길인이 따로 있기도 하지만 상황에 따라 길인이 되기도 하고 흉인이 되기도 한다. 강절소가 말한 길인의 속성과 흉인의 행동을 옮겨 적어본다.

길한 자는 눈으로 예가 아닌 것을 보지 않고 귀로는 예가 아닌 소리를 듣지 않으며 입으로 예가 아닌 말을 하지 않으며 발은 예가 없는 곳을 밟지 않는다. 착한 사람이 아니면 사귀지 않고 의롭지 않은 물건은 갖지 않으며 어진 사람 친하기를 지란(芝蘭)을 가까이 하듯 하고 악한 사람 피하기를 사갈(蛇蠍)을 피하듯 한다. 흉한 사람은 말이 거짓되고 속이며 행동이 음험하며 이익을 좋아하고 잘못을 변명하며 음란을 탐내고 화란(禍亂)을 좋아하며 어질고 착한 사람을 원수처럼 여기며 법을 밥 먹듯이 범하여 작게는 자신을 죽이고 천성을 없애며 크게는 후사를 끊게 된다.

추적의 「명심보감 365일」 39쪽

(6) 독자 이벤트

길인의 속성을 살펴보고 흉인의 행동을 따져보며 본인에게 흉인의 요소가 몇 개나 있는가 적어본다.

전집 제48장
침실의 모습으로 거리를 나다니지 말라.

(1) 준비운독(準備運讀)

제48장을 읽는 데는 다음과 같은 어휘를 먼저 익혀야 한다. 간수병, 신수병, 소소, 명명. 이 어휘를 스스로 익히고 난 후 다음의 설명을 참고하면 언어의 지평이 넓어지리라 생각된다.

간수병: 간이 병을 얻다.
신수병: 콩팥이 병들다.
소소: 환하게 밝다.
명명: 캄캄하고 어둡다.

(2) 홍자성 원문

肝受病, 則目不能視. 腎受病, 則耳不能聽.
病受於人所不見, 必發於人所共見.
故 君子欲無得罪於昭昭, 先無得罪於冥冥.
간수병, 즉목불능시, 신수병, 즉이불능청.
병수어인소불견, 필발어인소공견.
고 군자욕무득죄어소소, 선무득죄어명명.

(3) 원문해석

간이 병들면 시력이 약해지고 콩팥이 병들면 청력이 약해진다. 병은 남이 보이지 않는 곳에서 생겨 반드시 사람이 보는 곳에 나타난다. 그러므로 환히 보이는 곳에서 자기 단점이 드러나지 않으려면 먼저 남들이 보이지 않는 곳에서 부끄러운 행동을 하지 말아야 한다.

(4) 스스로 해석자료

肝受病

간 간(부수 육달월), 받을 수(부수 또우), 병 병(부수 병질엄)

則目不能視

곧 즉(부수 선칼도방), 눈 목(부수 눈목), 아닐 불(부수 한일), 능할 능(부수 육달월), 볼 시(부수 볼견)

腎受病

콩팥 신(부수 육달월), 받을 수(부수 또우), 병 병(부수 병질엄)

則耳不能聽

곧 즉(부수 선칼도방), 귀 이(부수 귀이), 아닐 불(부수 한일), 능할 능(부수 육달월), 들을 청(부수 귀이)

病受於人所不見

병 병(부수 병질엄), 받을 수(부수 또우), 어조사 어(부수 모방), 사람 인(부수 사람인), 바 소(부수 지게호), 아닐 불(부수 한일), 볼 견(부수 볼견)

必發於人所共見

반드시 필(부수 마음심), 필 발(부수 필발머리), 어조사 어(부수 모방), 사람 인(부수 사람인), 바 소(부수 지게호), 한가지 공(부수 여덟팔), 볼 견(부수 볼견)

故

연고 고(부수 등글월문)

君子

임금 군(부수 입구), 아들 자(부수 아들자)

欲無得罪於昭昭

하고자 할 욕(부수 하품흠), 없을 무(부수 연화발), 얻을 득(부수 두인변), 허물 죄(부수 그물망머리), 어조사 어(부수 모방), 밝을 소(부수 날일), 밝을 소(부수 날일)

先無得罪於冥冥

먼저 선(부수 어진사람인발), 없을 무(부수 연화발), 얻을 득(부수 두인변), 허물 죄(부수 그물망머리), 어조사 어(부수 모방), 어두울 명(부수 민갓머리), 어두울 명(부수 민갓머리)

(5) 조부훈회(祖父訓誨)

사람의 다섯 가지 기운으로 한·서·풍·조·습이 있다.

寒(찰 한), 暑(더울 서), 風(바람 풍), 燥(마를 조), 濕(젖을 습).

이 다섯 가지 기운이 잘못되면 간도 병들고 콩팥도 병들고 마음도 병들고 위장도 상한다. 추울 때는 체온이 급강하지 않도록 따뜻한 커피나 우유 등으로 몸을 덥힌다. 더울 때는 체온이 올라가지 않도록 부채 등으로 체온을 조절하며 심할 때는 샤워 등으로 체온을 낮춘다. 선풍기나 에어컨을 지나치게 사용하면 냉방병에 노출될 수 있다. 찬 바람이 문틈으로 들어올 때 남들보다 한기를 심하게 느낀다면 일단 병원을 찾는 것이 지혜로운 일이다. 속이 타고 목이 마를 때는 물을 충분히 마셔주고 갑자기 비를 맞아 옷이 젖으면 바로 갈아입는다.

(6) 독자 이벤트

병원을 방문하여 간 건강과 콩팥 건강을 체크해 본다.

전집 제49장

여러 가지 일을 벌여놓고 걱정하지 말라.

(1) 준비운독(準備運讀)

　제49장을 읽는 데는 다음과 같은 어휘를 먼저 익혀야 한다. 소사, 다심, 고사자, 평심. 이 어휘를 스스로 익히고 난 후 다음의 설명을 참고하면 언어의 지평이 넓어지리라 생각된다.

　소사: 일이 적다.
　다심: 마음 쓰는 곳이 많다.
　고사자: 일에 시달린 사람.
　평심: 마음이 평안하다.

(2) 홍자성 원문

福莫福於少事, 禍莫禍於多心.
唯苦事者, 方知少事之爲福. 唯平心者, 始知多心之爲禍.
복막복어소사, 화막화어다심.
유고사자, 방지소사지위복. 유평심자, 시지다심지위화.

(3) 원문해석

　복 중에 일이 많지 않음보다 복됨이 없고 화 중에 신경 쓸 일이 많음보다 화 됨이 없다. 오직 일에 시달려 본 자라야 비로소 일 적은 것이 복된 줄 알고 오직 마음이 편한 자라야 비로소 마음 많은 게 화임을 안다.

(4) 스스로 해석자료

福莫福於少事

복 복(부수 보일시), 없을 막(부수 초두머리), 복 복(부수 보일시), 어조사 어(부수 모방), 적을 소(부수 작을소), 일 사(부수 갈고리궐)

禍莫禍於多心

재앙 화(부수 보일시), 없을 막(부수 초두머리), 재앙 화(부수 보일시), 어조사 어(부수 모방), 많을 다(부수 저녁석), 마음 심(부수 마음심)

唯苦事者

오직 유(부수 입구), 쓸 고(부수 초두머리), 일 사(부수 갈고리궐), 놈 자(부수 늙을로엄)

方知少事之爲福

모 방(부수 모방), 알 지(부수 화살시), 적을 소(부수 작을소), 일 사(부수 갈고리궐), 갈 지(부수 삐침별), 할 위(부수 손톱조), 복 복(부수 보일시)

唯平心者

오직 유(부수 입구), 평평할 평(부수 방패간), 마음 심(부수 마음심), 놈 자(부수 늙을로엄)

始知多心之爲禍

비로소 시(부수 여자녀), 알 지(부수 화살시), 많을 다(부수 저녁석), 마음 심(부수 마음심), 갈 지(부수 삐침별), 할 위(부수 손톱조), 재앙 화(부수 보일시)

(5) 조부훈회(祖父訓誨)

근심할 것이 거의 없는 것만큼 복스러운 일은 없다. 평온한 마음을 가진 사람들은 지나친 근심의 비참함을 알고 있다. 일을 여러 가지 벌여놓았다면 자기 능력에 맞는 일이나 자기가 좋아하는 일 한두 가지만 남기고 나머지는 미련 없이 버리는 것이 좋다.

1,500명을 대상으로 직업 선호도를 조사했더니 83%인 1,245명은 적성이나 기호에 관계없이 보수나 생계에 급급하여 직업을 선택했고 나머지 17%에 해당하는 255명은 보수나 직위보다 적성이나 자기 기호를 살리며 직업을 선택했다고 한다. 20년 후 이들 1,500명을 조사했더니 101명이 억만장자라 한다. 놀라운 사실은 101명 중 100명은

255명의 소속이었고 1명은 1,245명의 소속이었다고 한다. 자기 적성과 좋아하는 일을 선택하는 것이 얼마나 바람직하고 좋은 일인가를 여실히 보여주는 사례이다.

「KBS 오늘 아침 1라디오」 2023년 9월 6일

이 사례를 보다시피 모든 사람들이 자기의 적성과 기호에 맞는 일을 선택하고 싶어 한다. 그러나 자기의 적성과 기호에 맞는 일을 선택하는 데에는 결코 자유가 허용되지 않는다. 질서 있고 끊임없는 노력이 필요하다.

(6) 독자 이벤트

지금 본인이 하고 있는 일이 자기 적성에 맞는지 지금 자기가 즐기고 있는 일이 자기 소질에 맞는지 생각해 본다.

전집 제50장
평화로울 때는 방향을 정해놓고 움직여야 한다.

(1) 준비운독(準備運讀)

제50장을 읽는 데는 다음과 같은 어휘를 먼저 익혀야 한다. 숙계지세, 당방, 용중지인. 이 어휘를 스스로 익히고 난 후 다음의 설명을 참고하면 언어의 지평이 넓어지리라 생각된다.

숙계지세: 세상에 말로를 가리킨다.
당방: 마땅히 방향을 정해놓고 움직인다.
용중지인: 평범한 사람.

(2) 홍자성 원문

處治世宜方, 處亂世宜圓, 處叔季之世, 當方圓並用.
待善人宜寬, 待惡人宜嚴, 待庸衆之人, 當寬嚴互存.
처치세의방, 처난세의원, 처숙계지세, 당방원병용.
대선인의관, 대악인의엄, 대용중지인, 당관엄호존.

(3) 원문해석

평화로운 세상을 맞아서는 마땅히 방향감각을 가지고 움직여야 하고 난세에 처해서는 매사에 모나지 않게 행동해야 하며, 말세를 당해서는 마땅히 방정과 원만을 아울러 써야 할 것이다. 착한 사람을 대할 때는 의당 부드럽게 대하고 악인을 대할 때는 의당 엄격해야 하며 평범한 사람을 대할 때는 관대와 엄격을 아울러 지녀야 할 것이다.

(4) 스스로 해석자료

處治世宜方

곳 처(부수 범호엄), 다스릴 치(부수 삼수변), 인간 세(부수 한일), 마땅 의(부수 갓머리), 모 방(부수 모방)

處亂世宜圓

곳 처(부수 범호엄), 어지러울 난(부수 새을), 인간 세(부수 한일), 마땅 의(부수 갓머리), 둥글 원(부수 큰입구몸)

處叔季之世

곳 처(부수 범호엄), 아저씨 숙(부수 또우), 계절 계(부수 아들자), 갈 지(부수 삐침별), 인간 세(부수 한일)

當方圓並用

마땅 당(부수 밭전), 모 방(부수 모방), 둥글 원(부수 큰입구몸), 나란히 병(부수 한일), 쓸 용(부수 쓸용)

待善人宜寬

기다릴 대(부수 두인변), 착할 선(부수 입구), 사람 인(부수 사람인), 마땅 의(부수 갓머리), 너그러울 관(부수 갓머리)

待惡人宜嚴

기다릴 대(부수 두인변), 악할 악(부수 마음심), 사람 인(부수 사람인), 마땅 의(부수 갓머리), 엄할 엄(부수 입구)

待庸衆之人

기다릴 대(부수 두인변), 떳떳할 용(부수 엄호), 무리 중(부수 피혈), 갈 지(부수 삐침별), 사람 인(부수 사람인)

當寬嚴互存

마땅 당(부수 밭전), 너그러울 관(부수 갓머리), 엄할 엄(부수 입구), 서로 호(부수 두이), 있을 존(부수 아들자)

(5) 조부훈회(祖父訓誨)

평화롭고 건강할 때는 하고 싶은 일이 많아지고 할 수 있는 능력도 생긴다. 이때 방향감각 없이 움직이게 되면 능력이 함부로 발산되어 몰락에 빠질 수 있다. 건강하고 평화로울 때는 낚시도 하고 싶고 때로는 도박도 하고 싶고 진한 술도 마시고 싶다. 그러니까 방향감각이 필요하다.

(6) 독자 이벤트

느낌이나 생각을 써보면 행간을 찾아낼 수 있다.

전집 제51장
나쁜 기억은 흔적도 남기지 말고 좋은 기억은 새겨라.

(1) 준비운독(準備運讀)

제51장을 읽는 데는 다음과 같은 어휘를 먼저 익혀야 한다. 불가념, 불가불념. 이 어휘를 스스로 익히고 난 후 다음의 설명을 참고하면 언어 지평이 넓어지리라 생각된다.

불가념: 머릿속에 흔적도 남기지 마라.
불가불념: 깊이 새겨라.

(2) 홍자성 원문

我有功於人 不可念 而過則不可不念.
人有思於我 不可忘 而怨則不可不忘.
아유공어인 불가념 이과즉불가불념.
인유사어아 불가망 이원즉불가불망.

(3) 원문해석

내가 남한테 베푼 공적이 있다면 그 공적을 생각하지 말고 잘못이 있을 때는 그 잘못을 오래 두고 잊지 말라. 남이 나에게 베푼 은혜가 있을 때는 그 은혜를 잊지 말고 원망을 들을 때는 그것을 잊어버려라.

(4) 스스로 해석자료

我有功於人
나 아(부수 창과), 있을 유(부수 달월), 공 공(부수 힘력), 어조사 어(부수 모방), 사람 인(부수 사람인)

不可念

아닐 불(부수 한일), 옳을 가(부수 입구), 생각 념(부수 마음심)

而過則不可不念

말 이을 이(부수 말이을이), 지날 과(부수 책받침), 곧 즉(부수 선칼도방), 아닐 불(부수 한일), 옳을 가(부수 입구), 아닐 불(부수 한일), 생각 념(부수 마음심)

人有思於我

사람 인(부수 사람인), 있을 유(부수 달월), 생각 사(부수 마음심), 어조사 어(부수 모방), 나 아(부수 창과)

不可忘

아닐 불(부수 한일), 옳을 가(부수 입구), 잊을 망(부수 마음심)

而怨則不可不忘

말 이을 이(부수 말이을이), 원망할 원(부수 마음심), 곧 즉(부수 선칼도방), 아닐 불(부수 한일), 옳을 가(부수 입구), 아닐 불(부수 한일), 잊을 망(부수 마음심)

(5) 조부훈회(祖父訓誨)

Those who give should never remember,
주는 자는 기억하지 말아야 하며,
those who receive should never forget.
받는 자는 잊지 말아야 한다.
Short account makes long friends.
셈이 빨라야 우정이 지속된다.

주고받음이 빨라야 친밀이 지속되는 것을 생각하며 선물을 받을 때나 선물을 줄 때나 이 영어 명언을 생각할 필요가 있다.

(6) 독자 이벤트

선물을 주고 나서 보답이 안 온다고 원망해 본 적이 있는가? 선물을 받고 나서 고마운 보답을 그만둔 적이 있는가? 이런 것들을 생각하며 'give & take'에 대한 자기 생각을 적어본다.

전집 제52장

한 말의 곡식이 이천사백 냥보다 클 수도 있다.

(1) 준비운독(準備運讀)

제52장을 읽는 데는 다음과 같은 어휘를 먼저 익혀야 한다. 내불견기, 두속, 계기지시, 백일. 이 어휘를 스스로 익히고 난 후 다음의 설명을 참고하면 언어의 지평이 넓어지리라 생각된다.

내불견기: 베푼 것을 마음속으로 계산하지 않는다.
두속: 겨가 벗겨지지 않은 한 말의 곡식.
계기지시: 셈하면서 베푼다.
백일: 이천사백금.

(2) 홍자성 원문

施恩者, 內不見己, 外不見人, 則斗粟 可當萬鍾之惠.
利物者, 計己之施, 責人之報, 雖百鎰 難成一文之功.
시은자, 내불견기, 외불견인, 즉두속 가당만종지혜.
이물자, 계기지시, 책인지보, 수백일 난성일문지공.

(3) 원문해석

남에게 은혜를 베푸는 자가 속으로 자기를 헤아리지 않고 밖으로 남을 헤아리지 않는다면 한 말의 곡식일지라도 만석의 은혜에 맞먹는다. 물질로 남을 이롭게 하면서 자기의 베푼 것을 따지면 이천사백금을 주었다 하더라도 한 푼어치의 공도 이루기 어렵다.

(4) 스스로 해석자료

施恩者
베풀 시(부수 모방), 은혜 은(부수 마음심), 놈 자(부수 늙을로엄)

內不見己
안 내(부수 들입), 아닐 불(부수 한일), 볼 견(부수 볼견), 몸 기(부수 몸기)

外不見人
바깥 외(부수 저녁석), 아닐 불(부수 한일), 볼 견(부수 볼견), 사람 인(부수 사람인)

則斗粟
곧 즉(부수 선칼도방), 말 두(부수 말두), 조 속(부수 쌀미)

可當萬鍾之惠
옳을 가(부수 입구), 마땅 당(부수 밭전), 일만 만(부수 초두머리), 쇠북 종(부수 쇠금), 갈 지(부수 삐침별), 은혜 혜(부수 마음심)

利物者
이로울 이(부수 선칼도방), 물건 물(부수 소우), 놈 자(부수 늙을로엄)

計己之施
셀 계(부수 말씀언), 몸 기(부수 몸기), 갈 지(부수 삐침별), 베풀 시(부수 모방)

責人之報
꾸짖을 책(부수 조개패), 사람 인(부수 사람인), 갈 지(부수 삐침별), 갚을 보(부수 흙토)

雖百鎰
비록 수(부수 새추), 일백 백(부수 흰백), 무게 이름 일(부수 쇠금)

難成一文之功
어려울 난(부수 새추), 이룰 성(부수 창과), 한 일(부수 한일), 글월 문(부수 글월문), 갈 지(부수 삐침별), 공 공(부수 힘력)

(5) 조부훈회(祖父訓誨)

　남에게 베풀면서 절대 생색내지 말고 받는 사람이 쩔쩔매거나 미안해하지 않도록 배려해야 한다. 이사관이라는 사람이 추워서 벌벌 떠는 세 살 된 아이를 도운 미담을 소개해 본다.

　임금 영조가 어느 날 문득 정순왕후에게 말을 건넸다. "어렸을 때 몹시 가난하다는 소리를 들

없는데 도움을 준 고마운 사람은 없었던가?" "제가 세 살 때 추워서 벌벌 떨고 있을 때 이사관이라는 분이 수달 갖옷을 벗어 저에게 덮어주었습니다. 그때 그분이 아니었다면 저는 임금님을 모시지 못했을 것입니다."

이사관은 도울 때에 공을 전혀 바라지 않았지만 12년 후 좌의정에 등극하였다. 이 일화에서 베풂에 대한 공을 전혀 예상하지 않더라도 언제나 그 보답을 받을 수 있겠다는 생각이 들지 모르나, 베푸는 자는 이런 생각도 전혀 해서는 안 된다.

(6) 독자 이벤트

제53장을 읽기 전에 2, 3분 명상하고 7, 8분 동안 사색에 잠겨본다.

전집 제53장

무턱대고 혼자 우뚝 서려 하지 말라.

(1) 준비운독(準備運讀)

제53장을 읽는 데는 다음과 같은 어휘를 먼저 익혀야 한다. 상관대치, 방편법문. 이 어휘를 홍자성 원문에서 찾아보고 다음의 설명을 참고하면 언어의 지평이 넓어지리라 생각된다.

상관대치: 서로 대조하여 균형을 맞추다.
방편법문: 방법과 수단.

(2) 홍자성 원문

人之際遇, 有齊有不齊, 而能使己獨齊乎.
己之情理, 有順有不順, 而能使人皆順乎.
以此相觀對治, 亦是一方便法門.
인지제우, 유제유부제, 이능사기독제호.
기지정리, 유순유불순, 이능사인개순호.
이차상관대치, 역시일방편법문.

(3) 원문해석

어떤 사람은 자신의 처지에 대하여 공평하다고 느끼는 반면 어떤 사람은 그렇지 못하다. 그러나 어떻게 혼자서 완전히 공평하다고 느낄 수 있는가? 만일 내가 때로 비이성적이라면 어떻게 다른 사람이 완전히 이성적일 수 있는가? 이 점을 명심하라. 상호 조화로운 배려는 방법과 수단을 여는 한 가지 방법이다.

(4) 스스로 해석자료

人之際遇

사람 인(부수 사람인), 갈 지(부수 삐침별), 즈음 제(부수 좌부변), 만날 우(부수 책받침)

有齊有不齊

있을 유(부수 달월), 가지런할 제(부수 가지런할제), 있을 유(부수 달월), 아닐 불(부수 한일), 가지런할 제(부수 가지런할제)

而能使己獨齊乎

말 이을 이(부수 말이을이), 능할 능(부수 육달월), 하여금 사(부수 사람인변), 몸 기(부수 몸기), 홀로 독(부수 개사슴록변), 가지런할 제(부수 가지런할제), 어조사 호(부수 삐침별)

己之情理

몸 기(부수 몸기), 갈 지(부수 삐침별), 뜻 정(부수 심방변), 다스릴 리(부수 구슬옥변)

有順有不順

있을 유(부수 달월), 순할 순(부수 머리혈), 있을 유(부수 달월), 아닐 불(부수 한일), 순할 순(부수 머리혈)

而能使人皆順乎

말 이을 이(부수 말이을이), 능할 능(부수 육달월), 하여금 사(부수 사람인변), 사람 인(부수 사람인), 다 개(부수 흰백), 순할 순(부수 머리혈), 어조사 호(부수 삐침별)

以此相觀對治

써 이(부수 사람인), 이 차(부수 그칠지), 서로 상(부수 눈목), 볼 관(부수 볼견), 대할 대(부수 마디촌), 다스릴 치(부수 삼수변)

亦是一方便法門

또 역(부수 돼지해머리), 이 시(부수 날일), 한 일(부수 한일), 모 방(부수 모방), 편할 편(부수 사람인변), 법 법(부수 삼수변), 문 문(부수 문문)

(5) 조부훈회(祖父訓誨)

똑같은 상황인데도 나는 잘 풀리는데 상대는 잘 풀리지 않는 때가 있고, 나는 잘 풀리지 않는데 상대가 잘 풀릴 때가 있다. 이런 것을 상관대치하며 균형을 찾는다.

(6) 독자 이벤트

학이불사즉망(學而不思則罔) 사이불학즉태(思而不學則殆).

배우기만 하고 생각하지 않으면 얻는 것이 초라하고, 생각만 하고 배우지 않으면 위태롭다. 제54장을 읽기 전에 공자의 이 말씀을 생각하며 7, 8분 동안 사색에 잠겨본다.

전집 제54장
책을 읽을 때는 먼저 마음을 편안히 가져야 한다.

(1) 준비운독(準備運讀)

제54장을 읽는 데는 다음과 같은 어휘를 먼저 익혀야 한다. 심지건정, 자구병. 이 어휘를 스스로 익히고 난 후 다음의 설명을 참고하면 언어의 지평이 넓어지리라 생각된다.

심지건정: 마음에 에너지를 불어넣고 잡념을 없앰.
자구병: 적군에게 무기를 제공하다.

(2) 홍자성 원문

心地乾淨, 方可讀書學古.
不然, 見一善行, 竊以濟私, 聞一善言, 假以覆短
是又藉寇兵 而齎盜糧矣.
심지건정, 방가독서학고.
불연, 견일선행, 절이제사, 문일선언, 가이복단.
시우자구병 이재도량의.

(3) 원문해석

마음에 여유가 있고 잡념이 없어야 글을 읽고 옛것을 배울 수 있다. 그렇지 않으면 한 가지 선행을 보아도 이를 통해 사욕을 채우는 데 나쁘게 사용할 것이고 한 가지 이로운 말을 듣고도 이를 빌어 단점을 덮어 감추는 데 쓸 것이다. 이는 외적에게 병기를 제공하고 도둑에게 양식을 보내주는 것과 다름없는 일이다.

(4) 스스로 해석자료

心地乾淨

마음 심(부수 마음심), 땅 지(부수 흙토), 하늘 건(부수 새을), 깨끗할 정(부수 삼수변)

方可讀書學古

모 방(부수 모방), 옳을 가(부수 입구), 읽을 독(부수 말씀언), 글 서(부수 가로왈), 배울 학(부수 아들자), 연고 고(부수 입구)

不然 見一善行

아닐 불(부수 한일), 그러할 연(부수 불화), 볼 견(부수 볼견), 한 일(부수 한일), 착할 선(부수 입구), 다닐 행(부수 다닐행)

竊以濟私

훔칠 절(부수 구멍혈), 써 이(부수 사람인), 건널 제(부수 삼수변), 사사 사(부수 벼화)

聞一善言

들을 문(부수 귀이), 한 일(부수 한일), 착할 선(부수 입구), 말씀 언(부수 말씀언)

假以覆短

거짓 가(부수 사람인변), 써 이(부수 사람인), 다시 복(부수 덮을아), 짧을 단(부수 화살시)

是又藉寇兵

옳을 시(부수 날일), 또 우(부수 또우), 깔 자(부수 초두머리), 도적 구(부수 갓머리), 병사 병(부수 여덟팔)

而齎盜糧矣

말 이을 이(부수 말이을이), 가져올 재(부수 가지런할제), 도둑 도(부수 그릇명), 양식 량(부수 쌀미), 어조사 의(부수 화살시)

(5) 조부훈회(祖父訓誨)

책을 읽다 보면 줄거리를 놓치고 잡념에 빠질 때가 있다. 이럴 때는 잠깐 독서를 멈추고 차례를 보고 앞뒤 좌우를 살피며 잡념을 없앤 후 독서에 들어가 본다.

(6) 독자 이벤트

제55장에 들어가기 전에 7, 8분 사색에 잠겨본다.

전집 제55장
사치가 따로 없다.
충동구매가 바로 사치다.

(1) 준비운독(準備運讀)

제55장을 읽는 데는 다음과 같은 어휘를 먼저 익혀야 한다. 부이부족, 빈이유여, 노이부원. 이 어휘를 스스로 익히고 난 후 다음의 설명을 참고하면 언어의 지평이 넓어지리라 생각된다.

부이부족: 부유해도 항상 부족함을 느낀다.
빈이유여: 가난해도 여유가 있다.
노이부원: 수고하면서도 원망을 듣는다.

(2) 홍자성 원문

奢者, 富而不足. 何如儉者, 貧而有餘.
能者, 勞而府怨. 何如拙者, 逸而全眞.
사자, 부이부족. 하여검자, 빈이유여.
능자, 노이부원. 하여졸자, 일이전진.

(3) 원문해석

사치하는 사람은 풍부해도 항상 부족함을 느끼니 이는 가난할망정 검소한 사람이 여유가 있지 못함과 같고, 능숙한 사람은 일을 많이 하고 원망만 듣게 되니 이는 서툰 사람이 편안하면서도 여유가 있지 못함과 같다.

(4) 스스로 해석자료

奢者
사치할 사(부수 큰대), 놈 자(부수 늙을로엄)

富而不足
부유할 부(부수 갓머리), 말 이을 이(부수 말이을이), 아닐 부(부수 한일), 발 족(부수 발족)

何如儉者
어찌 하(부수 사람인변), 같을 여(부수 여자녀), 검소할 검(부수 사람인변), 놈 자(부수 늙을로엄)

貧而有餘
가난할 빈(부수 조개패), 말 이을 이(부수 말이을이), 있을 유(부수 달월), 남을 여(부수 밥식)

能者
능할 능(부수 육달월), 놈 자(부수 늙을로엄)

勞而府怨
일할 노(부수 힘력), 말 이을 이(부수 말이을이), 마을 부(부수 엄호), 원망할 원(부수 마음심)

何如拙者
어찌 하(부수 사람인변), 같을 여(부수 여자녀), 옹졸할 졸(부수 재방변), 놈 자(부수 늙을로엄)

逸而全眞
편안할 일(부수 책받침), 말 이을 이(부수 말이을이), 온전할 전(부수 들입), 참 진(부수 눈목)

(5) 조부훈회(祖父訓誨)

물건을 구입하기 전에 무슨 물건을 살 것인가를 메모해 두고 백화점이나 시장에서 메모하지 않은 물건은 사지 않도록 한다.

(6) 독자 이벤트

제56장에 들어가기 전에 7, 8분 동안 사색에 잠겨본다.

전집 제56장
배경지식 없이 무턱대고 위인전을 읽지 말라.

(1) 준비운독(準備運讀)

제56장을 읽는 데는 다음과 같은 어휘를 먼저 익혀야 한다. 의관도, 상궁행, 구두선, 안전화. 이 어휘를 스스로 익히고 난 후 다음의 설명을 참고하면 언어의 지평이 넓어지리라 생각된다.

상궁행: 몸소 행하다.
구두선: 말로만 참선하다.
안전화: 눈앞에서 피었다가 지는 꽃.

(2) 홍자성 원문

讀書, 不見聖賢, 爲鉛槧傭 居官, 不愛子民, 爲衣冠盜.
講學, 不尙躬行, 爲口頭禪. 立業, 不思種德, 爲眼前花.
독서, 불견성현, 위연참용. 거관, 불애자민, 위의관도.
강학, 불상궁행, 위구두선. 입업, 불사종덕, 위안전화.

(3) 원문해석

위인전을 읽을 때 성현을 만나지 못한다면 지필의 종노릇에 불과하고 벼슬자리에 있을 때 백성을 사랑하지 않는다면 관복을 입은 도둑에 지나지 않는다. 학문을 가르치면서 실천하지 않는다면 입으로만 참선하는 사람일 뿐이고 큰일을 일으키고도 은덕을 심지 않는다면 눈앞에서 잠시 피었다가 지는 꽃일 뿐이다.

(4) 스스로 해석자료

讀書

읽을 독(부수 말씀언), 글 서(부수 가로왈)

不見聖賢

아닐 불(부수 한일), 볼 견(부수 볼견), 성인 성(부수 귀이), 어질 현(부수 조개패)

爲鉛槧傭

할 위(부수 손톱조), 납 연(부수 쇠금), 판 참(부수 나무목), 품 팔 용(부수 사람인변)

居官

살 거(부수 주검시엄), 벼슬 관(부수 갓머리)

不愛子民

아닐 불(부수 한일), 사랑 애(부수 마음심), 아들 자(부수 아들자), 백성 민(부수 각시씨)

爲衣冠盜

할 위(부수 손톱조), 옷 의(부수 옷의), 갓 관(부수 민갓머리), 도둑 도(부수 그릇명)

講學

외울 강(부수 말씀언), 배울 학(부수 아들자)

不尙躬行

아닐 불(부수 한일), 오히려 상(부수 작을소), 몸 궁(부수 몸신), 다닐 행(부수 다닐행)

爲口頭禪

할 위(부수 손톱조), 입 구(부수 입구), 머리 두(부수 머리혈), 선 선(부수 보일시)

立業

설 입(부수 설립), 업 업(부수 나무목)

不思種德

아닐 불(부수 한일), 생각 사(부수 마음심), 씨 종(부수 벼화), 클 덕(부수 두인변)

爲眼前花

할 위(부수 손톱조), 눈 안(부수 눈목), 앞 전(부수 선칼도방), 꽃 화(부수 초두머리)

(5) 조부훈회(祖父訓誨)

위인전을 읽을 때는 충동적으로 독서하지 말고 선배, 부모님, 선생님 등을 통하여 배경지식을 충분히 얻은 후 따지고 살핀 뒤 탐독에 들어가야 한다.

(6) 독자 이벤트

지금까지 읽은 위인전을 상기해 보며 위인들의 삶을 재조명해 본다.

전집 제57장
자기 기호를 살리려면 유혹으로부터 벗어나야 한다.

(1) 준비운독(準備運讀)

제57장을 읽는 데는 다음과 같은 어휘를 먼저 익혀야 한다. 봉고, 일부진고취, 외물, 진수용. 이 어휘를 홍자성 원문에서 찾아보고 다음의 설명을 참고하면 사고의 지평이 넓어지리라 생각된다.

봉고: 굳게 가두어져 있다.
일부진고취: 한 곡의 진정한 음악.
외물: 외부의 유혹.
진수용: 바르게 사용하다.

(2) 홍자성 원문

人心有一部眞文章, 都被殘編斷簡封錮了.
有一部眞鼓吹, 都被妖歌艶舞湮沒了.
學者須掃除外物, 直覓本來, 纔有個眞受用.
인심유일부진문장, 도피잔편단간봉고료.
유일부진고취, 도피요가염무인몰료.
학자수소제외물, 직멱본래, 재유개진수용.

(3) 원문해석

사람은 저마다 마음속에 하나의 참된 문장을 지니고 있건만 옛사람의 전통에 모두 묻혀버린다. 사람마다 그 가슴속에는 한가락의 진정한 취미가 있건만 세속의 요염한 춤과 노래로 인하여 그것을 잃어버리고 만다. 모름지기 배우는 자는 외부 유혹을 쓸어버리고 근본을 찾는 데 힘쓸 때, 비로소 참문장과 본래의 취미를 누릴 수 있다.

(4) 스스로 해석자료

人心
사람 인(부수 사람인), 마음 심(부수 마음심)

有一部眞文章
있을 유(부수 달월), 한 일(부수 한일), 거느릴 부(부수 우부방), 참 진(부수 눈목), 글월 문(부수 글월문), 글 장(부수 설립)

都被殘編斷
도읍 도(부수 우부방), 입을 피(부수 옷의변), 잔인할 잔(부수 죽을사변), 엮을 편(부수 실사변), 끊을 단(부수 날근)

簡封錮了
대쪽 간(부수 대죽), 봉할 봉(부수 마디촌), 막을 고(부수 쇠금), 마칠 료(부수 갈고리궐)

有一部眞鼓吹
있을 유(부수 달월), 한 일(부수 한일), 거느릴 부(부수 우부방), 참 진(부수 눈목), 북 고(부수 북고), 불 취(부수 입구)

都被妖歌艶
도읍 도(부수 우부방), 입을 피(부수 옷의변), 요사할 요(부수 여자녀), 노래 가(부수 하품흠), 고울 염(부수 빛색)

舞湮沒了
춤출 무(부수 어그러질천), 묻힐 인(부수 삼수변), 빠질 몰(부수 삼수변), 마칠 료(부수 갈고리궐)

學者
배울 학(부수 아들자), 놈 자(부수 늙을로엄)

須掃除外物
모름지기 수(부수 머리혈), 쓸 소(부수 재방변), 덜 제(부수 좌부변), 바깥 외(부수 저녁석), 물건 물(부수 소우)

直覓本來

곧을 직(부수 눈목), 찾을 멱(부수 볼견), 근본 본(부수 나무목), 올 래(부수 사람인)

纔有個眞受用

겨우 재(부수 실사변), 있을 유(부수 달월), 낱 개(부수 사람인변), 참 진(부수 눈목), 받을 수(부수 또우), 쓸 용(부수 쓸용)

(5) 조부훈회(祖父訓誨)

자기의 적성과 취미를 외부의 간섭이나 유혹으로 인해 자기도 모르는 사이에 잊어버리고 마는 수가 있다. 따라서 자기가 속세에 빠져있는 것을 느꼈다면 자기의 적성과 취미를 살펴보고 그 자리로 돌아가야 하리라.

(6) 독자 이벤트

제58장에 들어가기 전에 잠시 명상과 사색에 잠겨본다.

전집 제58장

뜻대로 되었을 때 의기양양하지 마라.

(1) 준비운독(準備運讀)

제58장을 읽는 데는 다음과 같은 어휘를 먼저 익혀야 한다. 고심중, 득의시. 이 어휘를 스스로 익히고 난 후 다음의 설명을 참고하면 언어의 지평이 넓어지리라 생각된다.

고심중: 마음이 불편하고 괴로운 것.
득의시: 일이 뜻대로 잘됨.

(2) 홍자성 원문

苦心中, 常得悅心之趣.
得意時, 便生失意之悲.
고심중, 상득열심지취.
득의시, 편생실의지비.

(3) 원문해석

마음이 괴로울 때는 마음을 즐겁게 할 것이 무엇인가를 생각하고, 뜻대로 되었을 때는 실패했을 때의 어려움도 생각해야 한다.

(4) 스스로 해석자료

苦心中
쓸 고(부수 초두머리), 마음 심(부수 마음심), 가운데 중(부수 뚫을곤)

常得悅心之趣

떳떳할 상(부수 수건건), 얻을 득(부수 두인변), 기쁠 열(부수 심방변), 마음 심(부수 마음심), 갈 지(부수 삐침별), 뜻 취(부수 달릴주)

得意時

얻을 득(부수 두인변), 뜻 의(부수 마음심), 때 시(부수 날일)

便生失意之悲

편할 편(부수 사람인변), 날 생(부수 날생), 잃을 실(부수 큰대), 뜻 의(부수 마음심), 갈 지(부수 삐침별), 슬플 비(부수 마음심)

(5) 조부훈회(祖父訓誨)

명문장은 세 개의 언어로 만나는 것이 좋다고 한다. 그래서 우리말로 만나고 한자로도 만났는데 영어 문장도 소개해 본다.

In the midst of adversity, something gladdens my heart. In the midst of attaining my desires, sadness about my purpose springs up.
「Vegetable roots discourse」 30쪽

역경 속에서 무언가 기쁜 일이 가슴을 설레게 한다. 욕망을 성취하는 가운데 목적에 대한 슬픔이 싹트게 된다.

(6) 독자 이벤트

제58장의 내용을 남에게 이야기하며 대화를 해보는 이벤트가 필요할 것 같다.

전집 제59장
서서히 느리게 펼쳐지는 가지는 그 번성이 오래간다.

(1) 준비운독(準備運讀)

제59장을 읽는 데는 다음과 같은 어휘를 먼저 익혀야 한다. 서서번연, 분함, 천사. 이 어휘를 스스로 익히고 난 후 다음의 설명을 참고하면 사고의 지평이 넓어지리라 생각된다.

서서번연: 천천히 가지가 펼쳐져 꽃이 번성하고 열매가 충실함.
분함: 화분과 화단.
천사: 이리저리 옮겨 다니다.

(2) 홍자성 원문

富貴名譽, 自道德來者, 如山林中花, 自是舒徐繁衍.
自功業來者, 如盆檻中花, 便有遷徙廢興.
若以權力得者, 如瓶鉢中花, 其根不植, 其萎可立而待矣.
부귀명예, 자도덕래자, 여산림중화, 자시서서번연.
자공업래자, 여분함중화, 편유천사폐흥.
약이권력득자, 여병발중화, 기근불식, 기위가립이대의.

(3) 원문해석

부귀명예를 얻을 때 도리에 어긋나지 않게 얻으면 산과 들에 저절로 핀 꽃과 같아서 잎이나 꽃이 서서히 펴지니 마침내 크게 번성한다. 힘들여 억지로 얻은 부귀명예는 화단 속의 꽃과 같아 경우에 따라서 이리저리 옮기며 그 시듦과 번성을 맛보게 되고, 권력에 아부하여 얻은 부귀명예는 꽃병 속의 꽃과 같아서 뿌리가 없는지라 그 영화가 오래가지 못한다.

(4) 스스로 해석자료

富貴名譽

부유할 부(부수 갓머리), 귀할 귀(부수 조개패), 이름 명(부수 입구), 기릴 예(부수 말씀언)

自道德來者

스스로 자(부수 스스로자), 길 도(부수 책받침), 클 덕(부수 두인변), 올 래(부수 사람인), 놈 자(부수 늙을로엄)

如山林中花

같을 여(부수 여자녀), 뫼 산(부수 뫼산), 수풀 림(부수 나무목), 가운데 중(부수 뚫을곤), 꽃 화(부수 초두머리)

自是舒徐繁衍

스스로 자(부수 스스로자), 이 시(부수 날일), 펼 서(부수 혀설), 천천히 할 서(부수 두인변), 번성할 번(부수 실사), 넓을 연(부수 다닐행)

自功業來者

스스로 자(부수 스스로자), 공 공(부수 힘력), 업 업(부수 나무목), 올 래(부수 사람인), 놈 자(부수 늙을로엄)

如盆檻中花

같을 여(부수 여자녀), 동이 분(부수 그릇명), 난간 함(부수 나무목), 가운데 중(부수 뚫을곤), 꽃 화(부수 초두머리)

便有遷徙廢興

편할 편(부수 사람인변), 있을 유(부수 달월), 옮길 천(부수 책받침), 옮길 사(부수 두인변), 폐할 폐(부수 엄호), 일 흥(부수 절구구변)

若以權力得者

같을 약(부수 초두머리), 써 이(부수 사람인), 저울추 권(부수 나무목), 힘 력(부수 힘력), 얻을 득(부수 두인변), 놈 자(부수 늙을로엄)

如瓶鉢中花

같을 여(부수 여자녀), 병 병(부수 기와와), 바리때 발(부수 쇠금), 가운데 중(부수 뚫을곤), 꽃 화(부수 초두머리)

其根不植
그 기(부수 여덟팔), 뿌리 근(부수 나무목), 아닐 불(부수 한일), 심을 식(부수 나무목)
其萎可立而待矣
그 기(부수 여덟팔), 시들 위(부수 초두머리), 옳을 가(부수 입구), 설 립(부수 설립), 말 이을 이(부수 말이을이), 기다릴 대(부수 두인변), 어조사 의(부수 화살시)

(5) 조부훈회(祖父訓誨)

묘이불직(모 묘, 말 이을 이, 아닐 불, 곧을 직)
싹이 나되 솟아나지 못하는 게 있고
직위불수(곧을 직, 말 이을 이, 아닐 불, 빼어날 수)
솟아나되 수려하지 못한 게 있고
수이불화(빼어날 수, 말 이을 이, 아닐 불, 꽃 화)
수려하되 꽃이 피지 못하는 게 있고
화이불실(꽃 화, 말 이을 이, 아닐 불, 열매 실)
꽃이 피되 열매를 맺지 못하는 게 있고
실이불종(열매 실, 말 이을 이, 아닐 불, 씨앗 종)
열매를 맺되 종자가 되지 못하는 것이 있고
종이불묘(씨앗 종, 말 이을 이, 아닐 불, 모 묘)
씨앗을 뿌렸는데 싹이 나지 않는 것도 있다.

『논어』 자한편 응용

씨앗이 밭에 뿌려지고 꽃이 피고 열매를 맺을 때 각 단계마다 교란 요인이 발생한다. 그때마다 교란 요인이 무엇인가 찾아내야 고갱이 같은 열매를 얻을 수 있다.

(6) 독자 이벤트

서서번연 네 글자에 훈을 새기고 새겨본다.

전집 제60장
따뜻한 봄에 삼라만상이 꿈틀한다.

(1) 준비운독(準備運讀)

제60장을 읽는 데는 다음과 같은 어휘를 먼저 익혀야 한다. 전기구호음, 열두각, 온포. 이 어휘를 스스로 익히고 난 후 다음의 설명을 참고하면 언어의 지평이 넓어지리라 생각된다.

전기구호음: 새가 지저귀고 아름답게 노래한다.
열두각: 세상에 두각을 나타내다.
온포: 따뜻한 옷을 입고 배가 부름.

(2) 홍자성 원문

春至時和, 花尙鋪一段好色, 鳥且囀幾句好音.
士君子, 幸列頭角, 復遇溫飽,
不思立好言行好事, 雖是在世百年, 恰似未生一日.
춘지시화, 화상포일단호색, 조차전기구호음.
사군자, 행렬두각, 복우온포,
불사립호언행호사, 수시재세백년, 흡사미생일일.

(3) 원문해석

봄철이 되어 시절이 따뜻하면 꽃들도 한결 빛을 땅에 깔고 새들도 또한 아름답게 지저귄다. 이러한 때에 선비가 세상에 두각을 나타내어 편안하게 지내면서도 좋은 말과 좋은 일을 할 생각조차 하지 않는다면 비록 이 세상에서 백 년을 산다 해도 하루도 살지 않음과 같다.

(4) 스스로 해석자료

春至時和
봄 춘(부수 날일), 이를 지(부수 이를지), 때 시(부수 날일), 화할 화(부수 입구)

花尙鋪一
꽃 화(부수 초두머리), 오히려 상(부수 작을소), 펼 포(부수 쇠금), 한 일(부수 한일)

段好色
층계 단(부수 갖은등글월문), 좋을 호(부수 여자녀), 빛 색(부수 빛색)

鳥且囀幾句好音
새 조(부수 새조), 또 차(부수 한일), 지저귈 전(부수 입구), 몇 기(부수 작을요), 글귀 구(부수 입구), 좋을 호(부수 여자녀), 소리 음(부수 소리음)

士君子
선비 사(부수 선비사), 임금 군(부수 입구), 아들 자(부수 아들자)

幸列頭角
다행 행(부수 방패간), 벌일 렬(부수 선칼도방), 머리 두(부수 머리혈), 뿔 각(부수 뿔각)

復遇溫飽
회복할 복(부수 두인변), 만날 우(부수 책받침), 따뜻할 온(부수 삼수변), 배부를 포(부수 밥식)

不思立好言行好事
아닐 불(부수 한일), 생각 사(부수 마음심), 설 립(부수 설립), 좋을 호(부수 여자녀), 말씀 언(부수 말씀언), 다닐 행(부수 다닐행), 좋을 호(부수 여자녀), 일 사(부수 갈고리궐)

雖是在世百年
비록 수(부수 새추), 이 시(부수 날일), 있을 재(부수 흙토), 인간 세(부수 한일), 일백 백(부수 흰백), 해 년(부수 방패간)

恰似未生一日
흡사할 흡(부수 심방변), 닮을 사(부수 사람인변), 아닐 미(부수 나무목), 날 생(부수 날생), 한 일(부수 한일), 날 일(부수 날일)

(5) 조부훈회(祖父訓誨)

따뜻한 옷을 입고 음식을 맛있게 먹는 것은 조상의 공도 있고 나의 은덕도 있다. 조상의 공과 남의 은덕을 받은 만큼 자기도 그것을 세상에 돌려줘야 한다. 좋은 말, 좋은 행동을 하기는커녕 세상을 제멋대로 산다면 백 년을 산다 해도 하루를 산 것만 못할 것이다.

(6) 독자 이벤트

지금까지 채근담 제1장에서 제60장까지 읽었는데 특별히 기억나는 것 서너 개를 적어본다.

전집 제61장
고전적인 일을 도모하면서도 가끔 낭만적인 마음도 가져야 한다.

(1) 준비운독(準備運讀)

제61장을 읽는 데는 다음과 같은 어휘를 먼저 익혀야 한다. 긍업적심사, 소쇄적취미, 염속청고. 이 어휘를 홍자성 원문에서 찾아보고 다음의 설명을 참고하면 사고의 지평이 넓어지리라 생각된다.

긍업적심사: 틀에서 벗어나지 않으려는 조심조심하는 마음.
소쇄적취미: 틀에 구속되지 않고 서글서글한 멋.
염속청고: 너무 졸라매기만 하고 깔끔만 떤다.

(2) 홍자성 원문

學者 要有段兢業的心思, 又要有段瀟灑的趣味.
若一味斂束淸苦, 是 有秋殺無春生, 何以發育萬物.
학자 요유단긍업적심사, 우요유단소쇄적취미.
약일미렴속청고, 시 유추살무춘생, 하이발육만물.

(3) 원문해석

공부하는 사람은 틀에서 벗어나지 않고 조심조심하는 마음이 있어야 할 것이며 또 서글서글한 멋도 있어야 한다. 만약 독선적으로 졸라매기만 하고 깔끔만 떤다면 이는 싸늘한 추기만 있고 따뜻한 봄기운은 없는 것이니 무엇으로 만물을 발육할 수 있겠는가.

(4) 스스로 해석자료

學者
배울 학(부수 아들자), 놈 자(부수 늙을로엄)

要有段
요긴할 요(부수 덮을아), 있을 유(부수 달월), 층계 단(부수 갖은등글월문)

兢業的心思
떨릴 긍(부수 어진사람인발), 업 업(부수 나무목), 과녁 적(부수 흰백), 마음 심(부수 마음심), 생각 사(부수 마음심)

又要有段瀟灑
또 우(부수 또우), 요긴할 요(부수 덮을아), 있을 유(부수 달월), 층계 단(부수 갖은등글월문), 맑고 깊을 소(부수 삼수변), 뿌릴 쇄(부수 삼수변)

的趣味
과녁 적(부수 흰백), 뜻 취(부수 달릴주), 맛 미(부수 입구)

若一味
같을 약(부수 초두머리), 한 일(부수 한일), 맛 미(부수 입구)

斂束淸苦
거둘 염(부수 등글월문), 묶을 속(부수 나무목), 맑을 청(부수 삼수변), 쓸 고(부수 초두머리)

是有秋殺無春生
이 시(부수 날일), 있을 유(부수 달월), 가을 추(부수 벼화), 죽일 살(부수 갖은등글월문), 없을 무(부수 연화발), 봄 춘(부수 날일), 날 생(부수 날생)

何以發育萬物
어찌 하(부수 사람인변), 써 이(부수 사람인), 필 발(부수 필발머리), 기를 육(부수 육달월), 일만 만(부수 초두머리), 물건 물(부수 소우)

(5) 조부훈회(祖父訓誨)

열심히 공부하는 것도 중요하지만 아무리 좋은 일이라도 한 가지만 계속할 수 없는 천성 때문에 가끔 기분 전환이 필요하다. 잠깐 틀에서 벗어나서 기분 전환을 할 때, 그 시간이 너무 길어져서 제자리로 돌아오기가 힘들 때가 있다. 그러므로 틀에서 잠깐 벗어나고자 할 때는 미리 어느 정도 할 것인가를 정해두어야 한다.

(6) 독자 이벤트

책을 읽거나 공부하다가 외도에 빠진 경험이 있었던가를 생각해 보며 외도에 빠지지 않겠다는 각오를 써본다.

전집 제62장

재주를 부리려다 옹졸함을 들키게 된다.

(1) 준비운독(準備運讀)

제62장을 읽는 데는 다음과 같은 어휘를 먼저 익혀야 한다. 입명자, 대교. 이 어휘를 스스로 익히고 난 후 다음의 설명을 참고하면 언어의 지평이 넓어지리라 생각된다.

입명자: 이름을 나타내고자 애쓰는 사람.

대교: 차고 넘치는 재주.

(2) 홍자성 원문

眞廉, 無廉名. 立名者, 正所以爲貪.
大巧, 無巧術. 用術者, 乃所以爲拙.
진렴, 무렴명. 입명자, 정소이위탐.
대교, 무교술. 용술자, 내소이위졸.

(3) 원문해석

참으로 청렴함에는 청렴하다는 이름조차 없으니 그런 이름을 얻으려는 것부터가 바로 그 이름을 욕심내는 것이다. 참으로 큰 재주가 있는 사람은 특출난 재주를 쓰지 않으니 교묘한 재주를 부리는 사람은 곧 옹졸한 사람이다.

(4) 스스로 해석자료

眞廉
참 진(부수 눈목), 청렴할 렴(부수 엄호)

無廉名

없을 무(부수 연화발), 청렴할 렴(부수 엄호), 이름 명(부수 입구)

立名者

설 입(부수 설립), 이름 명(부수 입구), 놈 자(부수 늙을로엄)

正所以爲貪

바를 정(부수 그칠지), 바 소(부수 지게호), 써 이(부수 사람인), 할 위(부수 손톱조), 탐낼 탐(부수 조개패)

大巧

클 대(부수 큰대), 공교할 교(부수 장인공)

無巧術

없을 무(부수 연화발), 공교할 교(부수 장인공), 재주 술(부수 다닐행)

用術者

쓸 용(부수 쓸용), 재주 술(부수 다닐행), 놈 자(부수 늙을로엄)

乃所以爲拙

이에 내(부수 삐침별), 바 소(부수 지게호), 써 이(부수 사람인), 할 위(부수 손톱조), 옹졸할 졸(부수 재방변)

(5) 조부훈회(祖父訓誨)

가만히 있으면 중간이라도 간다는 말이 있다. 그런데 서투른 재주를 부리려다가 결국은 옹졸함만 들켜 부끄러움을 당하는 수가 있다. 그렇다고 의기소침하여 가만히 있을 수만은 없는 일, 자기의 능력을 발현하고 싶거든 옹졸함에 끼어들지 않도록 심사숙고해야 한다.

(6) 독자 이벤트

제63장에 들어가기 전에 잠시 10분 쉬어보자.

전집 제63장

벙어리저금통은 비어있어야 그 생명력이 있다.

(1) 준비운독(準備運讀)

제63장을 읽는 데는 다음과 같은 어휘를 먼저 익혀야 한다. 의기, 박만. 이 어휘를 스스로 익히고 난 후 다음의 설명을 참고하면 언어의 지평이 넓어지리라 생각된다.

의기: 텅 비어있으면 기울고 반쯤 차있으면 똑바로 서고 가득 차면 엎어진다는 그릇.
박만: 돈을 담는 토기, 지금의 벙어리저금통.

(2) 홍자성 원문

欹器, 以滿覆. 撲滿, 以空全.
故 君子寧居無, 不居有. 寧處缺, 不處完.
의기, 이만복. 박만, 이공전.
고 군자영거무, 불거유. 영처결, 불처완.

(3) 원문해석

의기는 속이 가득 차면 엎질러지고 벙어리저금통은 비어있기에 온전하다. 그러므로 깨달은 사람은 차라리 무위의 경지에 살지언정 유위의 경지에는 살지 않으며, 차라리 모자라는 곳에 처할지언정 완전한 곳에 처하지는 않는다.

(4) 스스로 해석자료

欹器
아 의(부수 하품欠), 그릇 기(부수 입구)

以滿覆

써 이(부수 사람인), 찰 만(부수 삼수변), 다시 복(부수 덮을아)

撲滿

칠 박(부수 재방변), 찰 만(부수 삼수변)

以空全

써 이(부수 사람인), 빌 공(부수 구멍혈), 온전할 전(부수 들입)

故君子寧居無

연고 고(부수 등글월문), 임금 군(부수 입구), 아들 자(부수 아들자), 편안할 영(부수 갓머리), 살 거(부수 주검시엄), 없을 무(부수 연화발)

不居有

아닐 불(부수 한일), 살 거(부수 주검시엄), 있을 유(부수 달월)

寧處缺

편안할 영(부수 갓머리), 곳 처(부수 범호엄), 이지러질 결(부수 장군부)

不處完

아닐 불(부수 한일), 곳 처(부수 범호엄), 완전할 완(부수 갓머리)

(5) 조부훈회(祖父訓誨)

비만을 측정할 때는 체중계를 이용한다. 이처럼 생각의 농도, 밀도를 측정하는 기계가 있다면 얼마나 좋을까? 생각이 옅은데도 행동이 진하게 나타날 때가 있다. 농도, 밀도를 측정하는 기계가 따로 없으니 생각을 행동에 옮기기 전에 잠깐 멈추어서 옅은 생각은 옅은 행동으로, 진한 생각은 진한 행동으로 발현될 수 있도록 미리 체크해 보는 게 지혜로운 일이다.

(6) 독자 이벤트

위기에 관한 역사적 사실을 찾아보며 가득 차면 손해를 부른다는 '만초손부'에 대한 본인의 생각을 적어본다.

전집 제64장

객기가 일어날 때 능력 이상으로 행동하지 말라.

(1) 준비운독(準備運讀)

제64장을 읽는 데는 다음과 같은 어휘를 먼저 익혀야 한다. 명근, 경천승, 감일표, 잉기. 이 어휘를 스스로 익히고 난 후 다음의 설명을 참고하면 언어의 지평이 넓어지리라 생각된다.

명근: 명예를 좋아하는 마음의 뿌리.
경천승: 천승을 가볍게 여김.
감일표: 한 표주박의 물. 청빈을 뜻한다.
잉기: 쓸데없는 재주.

(2) 홍자성 원문

名根未拔者, 縱輕千乘 甘一瓢, 總墮塵情.
客氣未融者, 雖澤四海 利萬世, 終爲剩技.
명근미발자, 종경천승 감일표, 총타진정.
객기미융자, 수택사해 리만세, 종위잉기.

(3) 원문해석

명예와 이익을 탐하는 생각이 뿌리 뽑히지 않은 사람은 비록 천승을 가벼이 여기고 한 바가지 물을 달게 여긴다 할지라도 모두 세속에 빠진 것이요. 객기가 녹아 없어지지 않은 사람은 비록 은택을 천하에 베풀어 만세를 이롭게 한다 할지라도 결국에는 쓸데없는 재간에 그친다.

(4) 스스로 해석자료

名根未拔者
이름 명(부수 입구), 뿌리 근(부수 나무목), 아닐 미(부수 나무목), 뽑을 발(부수 재방변), 놈 자(부수 늙을로엄)

縱輕千乘
세로 종(부수 실사변), 가벼울 경(부수 수레거), 일천 천(부수 열십), 탈 승(부수 삐침별)

甘一瓢
달 감(부수 달감), 한 일(부수 한일), 바가지 표(부수 오이과)

總墮塵情
합할 총(부수 실사), 떨어질 타(부수 흙토), 티끌 진(부수 흙토), 뜻 정(부수 심방변)

客氣未融者
손 객(부수 갓머리), 기운 기(부수 기운기엄), 아닐 미(부수 나무목), 녹을 융(부수 벌레훼), 놈 자(부수 늙을로엄)

雖澤四海
비록 수(부수 새추), 못 택(부수 삼수변), 넉 사(부수 큰입구몸), 바다 해(부수 삼수변)

利萬世
이로울 리(부수 선칼도방), 일만 민(부수 조두머리), 인간 세(부수 한일)

終爲剩技
마칠 종(부수 실사변), 할 위(부수 손톱조), 남을 잉(부수 선칼도방), 재주 기(부수 재방변)

(5) 조부훈회(祖父訓誨)

명예욕과 재물욕 때문에 일생을 망치는 사람이 더러 있다. 그래서 그런지 몰라도 명예와 재물에 관한 욕심은 통째로 뽑아버려야 한다고 주장하는 사람도 있다. 명예와 재물은 사람의 기본적 욕심에 속하는데 그 욕심을 뽑아버리려 하지 말고 적당한 선에서 멈출 수 있는 절제력을 갖는 것이 보다 지혜로운 일이다.

(6) 독자 이벤트

제65장을 읽기 전에 10분 정도 쉬어보자.

전집 제65장
신체가 건강할 때 생각이 초라하지 않도록 하라.

(1) 준비운독(準備運讀)

제65장을 읽는 데는 다음과 같은 어휘를 먼저 익혀야 한다. 심체광명, 염두암매. 이 어휘를 스스로 익히고 난 후 다음의 설명을 참고하면 언어의 지평이 넓어지리라 생각된다.

심체광명: 마음이 밝고 심체가 건강함.
염두암매: 생각이 초라하다.

(2) 홍자성 원문

心體光明, 暗室中, 有靑天.
念頭暗昧, 白日下, 生厲鬼.
심체광명, 암실중, 유청천.
염두암매, 백일하, 생려귀.

(3) 원문해석

마음이 밝고 신체가 건강하면 어두운 중에서도 맑은 하늘을 만날 수 있으며 생각이 초라하면 대낮에도 도깨비가 나타날 것 같은 으스스한 생각이 들기도 한다.

(4) 스스로 해석자료

心體光明
마음 심(부수 마음심), 몸 체(부수 뼈골), 빛 광(부수 어진사람인발), 밝을 명(부수 날일)

暗室中
어두울 암(부수 날일), 집 실(부수 갓머리), 가운데 중(부수 뚫을곤)

有靑天
있을 유(부수 달월), 푸를 청(부수 푸를청), 하늘 천(부수 큰대)

念頭暗昧
생각 염(부수 마음심), 머리 두(부수 머리혈), 어두울 암(부수 날일), 어두울 매(부수 날일)

白日下
흰 백(부수 흰백), 날 일(부수 날일), 아래 하(부수 한일)

生厲鬼
날 생(부수 날생), 갈 려(부수 민엄호), 귀신 귀(부수 귀신귀)

(5) 조부훈회(祖父訓誨)

마음이 밝고 심체가 건강한데 생각이 초라할 때가 있고, 생각이 건전하고 고상한데 마음이 빈약하고 심체가 초라할 때가 있다. 사람의 마음은 심체광명과 염두암매가 혼재되어 갈등을 느끼는 경우가 종종 있다. 이에 대해 심히 고뇌하는 사도 바울의 말씀을 옮겨본다.

[1]내가 행하는 것을 내가 알지 못하노니 곧 내가 원하는 것은 행하지 아니하고 도리어 미워하는 것을 행함이라
만일 내가 원하지 아니하는 그것을 행하면 내가 이로써 율법이 선한 것을 시인하노니
이제는 그것을 행하는 자가 내가 아니요 내 속에 거하는 죄니라
내 속 곧 내 육신에 선한 것이 거하지 아니하는 줄을 아노니 원함은 내게 있으나 선을 행하는 것은 없노라
내가 원하는 바 선은 행하지 아니하고 도리어 원하지 아니하는 바 악을 행하는도다
만일 내가 원하지 아니하는 그것을 하면 이를 행하는 자는 내가 아니요 내 속에 거하는 죄니라
그러므로 내가 한 법을 깨달았노니 곧 선을 행하기 원하는 나에게 악이 함께 있는 것이로다

로마서 7장 15~21절

(6) 독자 이벤트

선과 악이 혼재되어 사도 바울처럼 고뇌해 본 경험이 있었던가를 생각해 보자. 그리고 로마서 7장을 만나보며 심체광명과 염두암매에 대한 본인의 생각을 적어본다.

전집 제66장
명예와 지위에 집착하는 것처럼 가련한 것도 없다.

(1) 준비운독(準備運讀)

제66장을 읽는 데는 다음과 같은 어휘를 먼저 익혀야 한다. 명위, 기한, 갱심. 이 어휘를 스스로 익히고 난 후 다음의 설명을 참고하면 언어의 지평이 넓어지리라 생각된다.

명위: 명예와 지위.
기한: 굶주리고 춥다. 즉, 빈곤.
갱심: 더 심하다.

(2) 홍자성 원문

人知名位爲樂, 不知無名無位之樂爲最眞.
人知饑寒之憂, 不知不饑不寒之憂爲更甚.
인지명위위락, 부지무명무위지락위최진.
인지기한지우, 부지불기불한지우위갱심.

(3) 원문해석

명예와 지위에 관한 즐거움도 있지만 명예도 없고 지위가 얕은데도 그 속에 즐거움이 있다. 춥고 배고픔에 대한 것이 걱정거리이긴 하나 춥지도 않고 배고프지도 않은데도 상상 외의 큰 걱정이 있기도 한다.

(4) 스스로 해석자료

人知名位爲樂

사람 인(부수 사람인), 알 지(부수 화살시), 이름 명(부수 입구), 자리 위(부수 사람인변), 할 위(부수 손톱조), 즐길 락(부수 나무목)

不知無名無位之樂爲最眞

아닐 부(부수 한일), 알 지(부수 화살시), 없을 무(부수 연화발), 이름 명(부수 입구), 없을 무(부수 연화발), 자리 위(부수 사람인변), 갈 지(부수 삐침별), 즐길 락(부수 나무목), 할 위(부수 손톱조), 가장 최(부수 가로왈), 참 진(부수 눈목)

人知饑寒之憂

사람 인(부수 사람인), 알 지(부수 화살시), 주릴 기(부수 밥식), 찰 한(부수 갓머리), 갈 지(부수 삐침별), 근심 우(부수 마음심)

不知不饑不寒之憂爲更甚

아닐 부(부수 한일), 알 지(부수 화살시), 아닐 불(부수 한일), 주릴 기(부수 밥식), 아닐 불(부수 한일), 찰 한(부수 갓머리), 갈 지(부수 삐침별), 근심 우(부수 마음심), 할 위(부수 손톱조), 다시 갱(부수 가로왈), 심할 심(부수 달감)

(5) 조부훈회(祖父訓誨)

명예와 지위를 탐하는 것이 나쁜 일은 아니지만 그것에 사로잡히는 것처럼 불쌍한 것도 없다. 춥고 배고픈 것처럼 가련한 것도 없지만 배부르게 먹으려 하고 지나치게 편하게 하고자 하는 것만큼 가련한 것도 없다.

(6) 독자 이벤트

제67장에 들어가기 전에 10분 동안 쉬어본다.

전집 제67장

선을 행할 때 들키지 않도록 하라.

(1) 준비운독(準備運讀)

제67장을 읽는 데는 다음과 같은 어휘를 먼저 익혀야 한다. 선로, 악근. 이 어휘를 스스로 익히고 난 후 다음의 설명을 참고하면 언어의 지평이 넓어지리라 생각된다.

선로: 선으로 나아가는 길.
악근: 악의 뿌리.

(2) 홍자성 원문

爲惡而畏人知, 惡中猶有善路.
爲善而急人知, 善處卽是惡根.
위악이외인지, 악중유유선로.
위선이급인지, 선처즉시악근.

(3) 원문해석

악한 일을 했으면서도 남이 알까 두려워함은 그래도 악한 가운데 도리어 선으로 가는 길이 있는 것이고, 선을 행하고서 급하게 남이 알아주기를 바란다면 그 선이 곧 악의 뿌리이다.

(4) 스스로 해석자료

爲惡而畏人知
할 위(부수 손톱조), 악할 악(부수 마음심), 말 이을 이(부수 말이을이), 두려워할 외(부수 밭

전), 사람 인(부수 사람인), 알 지(부수 화살시)

惡中猶有善路

악할 악(부수 마음심), 가운데 중(부수 뚫을곤), 오히려 유(부수 개사슴록변), 있을 유(부수 달월), 착할 선(부수 입구), 길 로(부수 발족변)

爲善而急人知

할 위(부수 손톱조), 착할 선(부수 입구), 말 이을 이(부수 말이을이), 급할 급(부수 마음심), 사람 인(부수 사람인), 알 지(부수 화살시)

善處即是惡根

착할 선(부수 입구), 곳 처(부수 범호엄), 곧 즉(부수 병부절), 옳을 시(부수 날일), 악할 악(부수 마음심), 뿌리 근(부수 나무목)

(5) 조부훈회(祖父訓誨)

사람들이 나쁜 일을 할 때 들킬까 봐 벌벌 떠는 것은 그래도 그 사람한테는 선의 뿌리가 있다고 볼 수 있다. 선한 행동을 할 때 사람들에게 알려지기를 은근히 바라는 것은 그 사람에게 악의 뿌리가 있다고 볼 수 있다. "바늘 도둑이 소도둑 된다"라는 속담이 있다. 바늘을 훔칠 때 벌벌 떨었다면 그 사람은 소도둑이 되지는 않았을 것이다. 이와 관련된 이솝 우화가 있다.

(6) 독자 이벤트

"바늘 도둑이 소도둑 된다"라는 이솝 우화를 만나보기 바라며 친구의 유혹에 빠져 담배를 피웠거나 남을 속일 때 벌벌 떤 경험이 있거나 그런 이야기를 들었다면 그에 관련된 본인의 생각을 적어본다.

전집 제68장
편안할 때 어려움을 생각한다.

(1) 준비운독(準備運讀)

제68장을 읽는 데는 다음과 같은 어휘를 먼저 익혀야 한다. 기함, 거안사위, 기량. 이 어휘를 스스로 익히고 난 후 다음의 설명을 참고하면 언어의 지평이 넓어지리라 생각된다.

기함: 밖에서 볼 수 없는 기계 속의 작용.
거안사위: 편안할 때 어려움을 미리 생각한다.
기량: 재주와 슬기.

(2) 홍자성 원문

天地機緘, 不測, 抑而伸, 伸而抑.
皆是播弄英雄 顚倒豪傑處.
君子只是逆來順受 居安思危, 天亦無所用其伎倆矣.
천지기함, 불측. 억이신, 신이억.
개시파롱영웅 전도호걸처.
군자지시역래순수 거안사위, 천역무소용기기량의.

(3) 원문해석

하늘이 하는 일은 예측할 수 없다. 눌렀다가는 펴주고 펴주었다가는 누르니 이것이 모두 영웅을 조롱하고 호걸들을 엎었다 뒤집었다 하는 것이다. 그러나 군자는 다만 천운이 역으로 오는 경우 순경으로 받고, 편안한 때에도 위태로움을 생각하므로 운명도 초월할 수 있다.

(4) 스스로 해석자료

天地機緘
하늘 천(부수 큰대), 땅 지(부수 흙토), 틀 기(부수 나무목), 봉할 함(부수 실사변)

不測
아닐 불(부수 한일), 헤아릴 측(부수 삼수변)

抑而伸
누를 억(부수 재방변), 말 이을 이(부수 말이을이), 펼 신(부수 사람인변)

伸而抑
펼 신(부수 사람인변), 말 이을 이(부수 말이을이), 누를 억(부수 재방변)

皆是播弄英雄
다 개(부수 흰백), 옳을 시(부수 날일), 뿌릴 파(부수 재방변), 희롱할 롱(부수 스물입발), 꽃부리 영(부수 초두머리), 수컷 웅(부수 새추)

顚倒豪傑處
엎드러질 전(부수 머리혈), 넘어질 도(부수 사람인변), 호걸 호(부수 돼지시), 뛰어날 걸(부수 사람인변), 곳 처(부수 범호엄)

君子只是逆來順受
임금 군(부수 입구), 아들 자(부수 아들자), 다만 지(부수 입구), 옳을 시(부수 날일), 거스를 역(부수 책받침), 올 래(부수 사람인), 순할 순(부수 머리혈), 받을 수(부수 또우)

居安思危
살 거(부수 주검시엄), 편안 안(부수 갓머리), 생각 사(부수 마음심), 위태할 위(부수 병부절)

天亦無所用其伎倆矣
하늘 천(부수 큰대), 또 역(부수 돼지해머리), 없을 무(부수 연화발), 바 소(부수 지게호), 쓸 용(부수 쓸용), 그 기(부수 여덟팔), 재주 기(부수 사람인변), 재주 량(부수 사람인변), 어조사 의(부수 화살시)

(5) 조부훈회(祖父訓誨)

생각이 깊은 사람은 천재지변에도 놀라지 않고 편안할 때도 안주하지 않는다. 여름의 폭염 뒤에 가을의 서늘함의 교훈을 얻었기에 역경 뒤에 순경이 있다는 것을 터득하고 어려운 일에 낙담하지 않고 잘 대응한다.

(6) 독자 이벤트

제69장에 들어가기 전에 한 십여 분 동안 사색에 잠겨본다.

전집 제69장

조급한 마음으로
일을 빨리하려 하지 말라.

(1) 준비운독(準備運讀)

제69장을 읽는 데는 다음과 같은 어휘를 먼저 익혀야 한다. 조성자, 과은자, 응체고집자. 이 어휘를 스스로 익히고 난 후 다음의 설명을 참고하면 언어의 지평이 넓어지리라 생각된다.

조성자: 생각나는 대로 조급하게 행동하는 사람.
과은자: 따뜻한 마음이 전혀 없는 사람.
응체고집자: 꽉 막혀 자기주장만 내세우는 사람.

(2) 홍자성 원문

燥性者, 火熾, 遇物則焚. 寡恩者, 氷淸, 逢物必殺.
凝滯固執者, 如死水腐木, 生機已絶. 俱難建功業而延福祉.
조성자, 화치, 우물즉분. 과은자, 빙청, 봉물필살.
응체고집자, 여사수부목, 생기이절. 구난건공업이연복지.

(3) 원문해석

성질이 조급한 사람은 불길과 같아서 무엇이고 만나기만 하면 태워버리려고 하고, 인정이 없는 사람은 얼음처럼 차가워서 만나는 것마다 얼려 죽이려 한다. 기질이 옹졸한 사람은 흐르지 않는 물, 썩은 나무토막과 같아서 생기가 없다. 이 세 사람들은 공업을 세우고 복을 오래도록 누리기 어려운 사람들이다.

(4) 스스로 해석자료

燥性者
마를 조(부수 불화), 성품 성(부수 심방변), 놈 자(부수 늙을로엄)

火熾
불 화(부수 불화), 성할 치(부수 불화)

遇物則焚
만날 우(부수 책받침), 물건 물(부수 소우), 곧 즉(부수 선칼도방), 불사를 분(부수 불화)

寡恩者
적을 과(부수 갓머리), 은혜 은(부수 마음심), 놈 자(부수 늙을로엄)

氷淸
얼음 빙(부수 물수), 맑을 청(부수 삼수변)

逢物必殺
만날 봉(부수 책받침), 물건 물(부수 소우), 반드시 필(부수 마음심), 죽일 살(부수 갖은등글월문)

凝滯固執者
엉길 응(부수 이수변), 막힐 체(부수 삼수변), 굳을 고(부수 큰입구몸), 잡을 집(부수 흙토), 놈 자(부수 늙을로엄)

如死水腐木
같을 여(부수 여자녀), 죽을 사(부수 죽을사변), 물 수(부수 물수), 썩을 부(부수 고기육), 나무 목(부수 나무목)

生機已絶
날 생(부수 날생), 틀 기(부수 나무목), 이미 이(부수 몸기), 끊을 절(부수 실사변)

俱難建功業而延福祉
함께 구(부수 사람인변), 어려울 난(부수 새추), 세울 건(부수 민책받침), 공 공(부수 힘력), 업 업(부수 나무목), 말 이을 이(부수 말이을이), 늘일 연(부수 민책받침), 복 복(부수 보일시), 복 지(부수 보일시변)

(5) 조부훈회(祖父訓誨)

조성자, 과은자, 응체고집자가 따로따로 있다고 볼 수 있지만 이 세 가지의 속성이 모든 사람들에게 있다고도 볼 수 있다. 따라서 다른 사람들을 향하여 조성자니 과은자니 응체고집자니 흉을 보기보다는 본인이 이러한 일이 있었던가를 체크해 보며 심실사실(心實思實)해야 한다.

(6) 독자 이벤트

가마솥의 물은 천천히 끓지만 냄비의 물은 빨리 끓는다. 빨리 끓는 것이 결코 좋은 일은 아니다. 자기 마음이 냄비처럼 빨리 끓지 않겠다는 생각을 적어본다.

전집 제70장
사소한 기쁨이 하나둘씩 모여 행복이 이루어진다.

(1) 준비운독(準備運讀)

제70장을 읽는 데는 다음과 같은 어휘를 먼저 익혀야 한다. 양희신, 거살기. 이 어휘를 스스로 익히고 난 후 다음의 설명을 참고하면 언어의 지평이 넓어지리라 생각된다.

양희신: 기쁨을 기른다.
거살기: 해로운 기운을 없앤다.

(2) 홍자성 원문

福不可徼. 養喜神, 以爲召福之本而已.
禍不可避. 去殺機, 以爲遠禍之方而已.
복불가요, 양희신, 이위소복지본이이.
화불가피, 거살기, 이위원화지방이이.

(3) 원문해석

복은 구한다고 오는 것이 아니라 즐거운 마음을 길러 복을 부르는 근본을 삼을 따름이다. 화란 피하려 해서 피해지는 것이 아니라 제 마음속의 해로운 기운을 버려서 화를 멀리하는 방도를 삼을 따름이다.

(4) 스스로 해석자료

福不可徼
복 복(부수 보일시), 아닐 불(부수 한일), 옳을 가(부수 입구), 돌 요(부수 두인변)

養喜神

기를 양(부수 밥식), 기쁠 희(부수 입구), 귀신 신(부수 보일시)

以爲召福之本而已

써 이(부수 사람인), 할 위(부수 손톱조), 부를 소(부수 입구), 복 복(부수 보일시), 갈 지(부수 삐침별), 근본 본(부수 나무목), 말 이을 이(부수 말이을이), 이미 이(부수 몸기)

禍不可避

재앙 화(부수 보일시), 아닐 불(부수 한일), 옳을 가(부수 입구), 피할 피(부수 책받침)

去殺機

갈 거(부수 마늘모), 죽일 살(부수 갖은등글월문), 틀 기(부수 나무목)

以爲遠禍之方而已

써 이(부수 사람인), 할 위(부수 손톱조), 멀 원(부수 책받침), 재앙 화(부수 보일시), 갈 지(부수 삐침별), 모 방(부수 모방), 말 이을 이(부수 말이을이), 이미 이(부수 몸기)

(5) 조부훈회(祖父訓誨)

There is no gold without effect.

노력 없이는 행복도 없다.

복을 운명으로 알고 바라지만 말고 하나씩 하나씩 스펙을 쌓다 보면 복이 이루어진다.

There is no harm without hate.

남을 미워하지 않으면 해로움이 생기지 않는다.

화를 피하려 애쓰지 말고 남을 미워하는 마음을 없애면 된다.

(6) 독자 이벤트

제1장부터 제69장까지 제목을 읽어본다.

전집 제71장
노련한 아홉 마디보다 허술한 한 마디에 신경을 써라.

(1) 준비운독(準備運讀)

제71장을 읽는 데는 다음과 같은 어휘를 먼저 익혀야 한다. 십어구중, 미필칭기, 건우, 병집, 십모구성, 자의, 총흥. 이 어휘를 스스로 익히고 난 후 다음의 설명을 참고하면 언어의 지평이 넓어지리라 생각된다.

십어구중: 열 마디 말 가운데 아홉 가지가 적중한다.
미필칭기: 반드시 신기하다고 말하지 않는다.
건우: 허물을 탓하다.
병집: 여러 곳에서 모여들다.
십모구성: 열 가지 모사 가운데 아홉 가지가 성사되다.
자의: 여럿이 비난하다.
총흥: 일시에 일어나다.

(2) 홍자성 원문

十語九中, 未必稱奇. 一語不中, 則愆尤騈集.
十謀九成, 未必歸功. 一謀不成, 則訾議叢興.
君子所以寧默 毋躁, 寧拙 毋巧.
십어구중, 미필칭기. 일어부중, 즉건우병집.
십모구성, 미필귀공. 일모불성, 즉자의총흥.
군자소이녕묵 무조, 영졸 무교.

(3) 원문해석

열 마디 말 중 아홉 마디 말이 맞아도 신기하다고 말하지는 않지만, 한 마디라도 맞지 않으면 허물을 탓하는 말이 사방에서 쏟아진다. 도모한 열 가지 중 아홉 가지가 성공해도 그 공을 인정하지 않지만, 한 가지라도 이루어지지 않으면 비난하는 소리가 여기저기서 일어난다. 그래서 군자는 차라리 침묵할지언정 남보다 앞장서서 떠들지 않으며, 옹졸하다 할지언정 재주를 자랑하지 않는 법이다.

(4) 스스로 해석자료

十語九中
열 십(부수 열십), 말씀 어(부수 말씀언), 아홉 구(부수 새을), 가운데 중(부수 뚫을곤)

未必稱奇
아닐 미(부수 나무목), 반드시 필(부수 마음심), 일컬을 칭(부수 벼화), 기특할 기(부수 큰대)

一語不中
한 일(부수 한일), 말씀 어(부수 말씀언), 아닐 부(부수 한일), 가운데 중(부수 뚫을곤)

則愆尤騈集
곧 즉(부수 선칼도방), 허물 건(부수 마음심), 더욱 우(부수 절름발이왕), 나란히 할 병(부수 말마), 모을 집(부수 새추)

十謀九成
열 십(부수 열십), 꾀 모(부수 말씀언), 아홉 구(부수 새을), 이룰 성(부수 창과)

未必歸功
아닐 미(부수 나무목), 반드시 필(부수 마음심), 돌아갈 귀(부수 그칠지), 공 공(부수 힘력)

一謀不成
한 일(부수 한일), 꾀 모(부수 말씀언), 아닐 불(부수 한일), 이룰 성(부수 창과)

則訾議叢興
곧 즉(부수 선칼도방), 헐뜯을 자(부수 말씀언), 의논할 의(부수 말씀언), 모일 총(부수 또우), 일 흥(부수 절구구변)

君子所以寧默
임금 군(부수 입구), 아들 자(부수 아들자), 바 소(부수 지게호), 써 이(부수 사람인), 편안할 녕(부수 갓머리), 잠잠할 묵(부수 검을흑)

毋躁
말 무(부수 말무), 조급할 조(부수 발족변)

寧拙
편안할 영(부수 갓머리), 옹졸할 졸(부수 재방변)

毋巧
말 무(부수 말무), 공교할 교(부수 장인공)

(5) 조부훈회(祖父訓誨)

아무리 말을 잘하고 아무리 일을 잘해도 완벽할 수는 없다. 말을 실수하거나 일이 잘못되었을 때 헐뜯음이 일어나기 전에 미리 사과하는 것이 좋다. "돌다리도 두들겨 보고 건너라"라는 말처럼 실언이나 실수를 하지 않도록 다시 한번 생각하고 말하는 습관을 들여야 한다.

(6) 독자 이벤트

경우에 합당한 말은 아로새긴 은 쟁반에 금 사과니라

잠언 25장 11절

이런 말을 친구에게도 해본다.

전집 제72장
봄에는 섭씨 0도에서 얼음이 녹고, 겨울에는 섭씨 0도에서 물이 언다.

(1) 준비운독(準備運讀)

제72장을 읽는 데는 다음과 같은 어휘를 먼저 익혀야 한다. 난즉생, 한즉살. 이 어휘를 스스로 익히고 난 후 다음의 설명을 참고하면 언어의 지평이 넓어지리라 생각된다.

난즉생: 따뜻함은 생명을 솟아나게 한다.
한즉살: 차가움은 생명을 죽게 한다.

(2) 홍자성 원문

天地之氣, 暖則生, 寒則殺. 故性氣淸冷者, 受享亦凉薄.
唯和氣熱心之人, 其福亦厚, 其澤亦長.
천지지기, 난즉생, 한즉살. 고성기청랭자, 수향역량박.
유화기열심지인, 기복역후, 기택역장.

(3) 원문해석

하늘과 땅의 기운은 생명을 살리는 따뜻한 기운도 있고 생명을 죽이는 차가운 기운도 있다. 사람 역시 성품이나 기질이 쌀쌀하면 받는 복도 박하다. 오직 화기가 있고 마음이 따뜻한 사람이라야 그 복도 또한 두텁고 은택 역시 오래간다.

(4) 스스로 해석자료

天地之氣
하늘 천(부수 큰대), 땅 지(부수 흙토), 갈 지(부수 삐침별), 기운 기(부수 기운기엄)

暖則生

따뜻할 난(부수 날일), 곧 즉(부수 선칼도방), 날 생(부수 날생)

寒則殺

찰 한(부수 갓머리), 곧 즉(부수 선칼도방), 죽일 살(부수 갖은등글월문)

故性氣淸冷者

연고 고(부수 등글월문), 성품 성(부수 심방변), 기운 기(부수 기운기엄), 맑을 청(부수 삼수변), 찰 랭(부수 이수변), 놈 자(부수 늙을로엄)

受享亦凉薄

받을 수(부수 또우), 누릴 향(부수 돼지해머리), 또 역(부수 돼지해머리), 서늘할 량 (부수 이수변), 엷을 박(부수 초두머리)

唯和氣熱心之人

오직 유(부수 입구), 화할 화(부수 입구), 기운 기(부수 기운기엄), 더울 열(부수 연화발), 마음 심(부수 마음심), 갈 지(부수 삐침별), 사람 인(부수 사람인)

其福亦厚

그 기(부수 여덟팔), 복 복(부수 보일시), 또 역(부수 돼지해머리), 두터울 후(부수 민엄호)

其澤亦長

그 기(부수 여덟팔), 못 택(부수 삼수변), 또 역(부수 돼지해머리), 길 장(부수 길장)

(5) 조부훈회(祖父訓誨)

자연에는 따뜻한 기운과 차가운 기운이 오락가락한다. 사람의 마음과 신체에는 차가운 기운과 따가운 기운이 혼재되어 있다. 적절히 반응해야 화기가 일어난다.

(6) 독자 이벤트

지금까지 채근담 제72장까지 읽었는데 어렵기도 하고 감동되는 구절도 없어 책을 놓고 싶은 생각이 들었을지라도 완독하겠다는 생각를 가져보기 바란다.

전집 제73장
덕은 사람을 윤택하게 하고 부는 집을 윤택하게 한다.

(1) 준비운독(準備運讀)

제73장을 읽는 데는 다음과 같은 어휘를 먼저 익혀야 한다. 천리로상, 초유심, 인욕로상. 이 어휘를 스스로 익히고 난 후 다음의 설명을 참고하면 언어의 지평이 넓어지리라 생각된다.

천리로상: 하늘의 도를 따름.
초유심: 약간이라도 힘을 줌.
인욕로상: 사람의 욕심을 따름.

(2) 홍자성 원문

天理路上, 甚寬. 稍游心, 胸中便覺廣大宏朗.
人欲路上, 甚窄. 纔寄迹, 眼前俱是荊棘泥塗.
천리로상, 심관. 초유심, 흉중편각광대굉랑.
인욕로상, 심착. 재기적, 안전구시형극니도.

(3) 원문해석

하늘의 도리를 따르면 마음이 매우 너그러워진다. 따라서 약간만 마음을 두어도 마음이 문득 크게 커지고 밝아진다. 사람의 욕심을 따르면 마음이 심히 좁아지고 졸렬해진다. 따라서 약간만 욕심을 부려도 눈앞이 모두 가시밭길이고 진흙 구덩이다.

(4) 스스로 해석자료

天理路上
하늘 천(부수 큰대), 다스릴 리(부수 구슬옥변), 길 로(부수 발족변), 윗 상(부수 한일)
甚寬
심할 심(부수 달감), 너그러울 관(부수 갓머리)
稍游心
점점 초(부수 벼화), 헤엄칠 유(부수 삼수변), 마음 심(부수 마음심)
胸中便覺廣大宏朗
가슴 흉(부수 육달월), 가운데 중(부수 뚫을곤), 편할 편(부수 사람인변), 깨달을 각(부수 볼견), 넓을 광(부수 엄호), 큰 대(부수 큰대), 클 굉(부수 갓머리), 밝을 랑(부수 육달월)
人欲路上
사람 인(부수 사람인), 하고자 할 욕(부수 하품흠), 길 로(부수 발족변), 윗 상(부수 한일)
甚窄
심할 심(부수 달감), 좁을 착(부수 구멍혈)
纔寄迹
겨우 재(부수 실사변), 부칠 기(부수 갓머리), 자취 적(부수 책받침)
眼前俱是荊棘泥塗
눈 안(부수 눈목), 앞 전(부수 선칼도방), 함께 구(부수 사람인변), 옳을 시(부수 날일), 가시나무 형(부수 초두머리), 가시 극(부수 나무목), 진흙 니(부수 삼수변), 칠할 도(부수 흙토)

(5) 조부훈회(祖父訓誨)

식욕, 색욕, 수면욕, 명예욕, 재물욕. 이것을 인간의 기본 욕구라 한다. 이 기본 욕구를 적당히 채워야 하는데 능력 이상으로 도모하다가 가시밭길이나 진흙 구덩이에 빠진다. 플라톤의 4주덕으로 지혜, 정의, 용기, 절제가 있다. 기본 욕구를 채우고자 할 때 지혜도 필요하고, 정의도 필요하고, 용기도 필요한데 이 세 가지를 다 가졌다 하더라도 절제가 없으면 몰락할 수 있다.

(6) 독자 이벤트

십 분 동안 멍때리기를 해본다.

전집 제74장

겨울 뒤에 봄이 오고 슬픔 뒤에 기쁨이 온다.

(1) 준비운독(準備運讀)

제74장을 읽는 데는 다음과 같은 어휘를 먼저 익혀야 한다. 일고일락, 상마련, 일의일신, 상참감. 이 어휘를 스스로 익히고 난 후 다음의 설명을 참고하면 언어의 지평이 넓어지리라 생각된다.

일고일락: 한때는 고통스럽고 한때는 즐겁다.
상마련: 서로 익힌다.
일의일신: 의심하기도 하고 신뢰하기도 한다.
상참감: 서로 참고한다.

(2) 홍자성 원문

一苦一樂, 相磨練, 練極而成福者, 其福始久.
一疑一信, 相參勘, 勘極而成知者, 其知始眞.
일고일락, 상마련, 연극이성복자, 기복시구.
일의일신, 상참감, 감극이성지자, 기지시진.

(3) 원문해석

번뇌와 쾌락을 주고받는 과정을 통하여 진정한 행복을 얻을 수 있고, 의심과 믿음을 번갈아 가는 과정을 통하여 확고한 지식을 얻을 수 있다.

(4) 스스로 해석자료

一苦一樂
한 일(부수 한일), 쓸 고(부수 초두머리), 한 일(부수 한일), 즐길 락(부수 나무목)

相磨練
서로 상(부수 눈목), 갈 마(부수 돌석), 익힐 련(부수 실사변)

練極而成福者
익힐 연(부수 실사변), 다할 극(부수 나무목), 말 이을 이(부수 말이을이), 이룰 성(부수 창과), 복 복(부수 보일시), 놈 자(부수 늙을로엄)

其福始久
그 기(부수 여덟팔), 복 복(부수 보일시), 비로소 시(부수 여자녀), 오랠 구(부수 삐침별)

一疑一信
한 일(부수 한일), 의심할 의(부수 짝필), 한 일(부수 한일), 믿을 신(부수 사람인변)

相參勘
서로 상(부수 눈목), 참여할 참(부수 마늘모), 헤아릴 감(부수 힘력)

勘極而成知者
헤아릴 감(부수 힘력), 다할 극(부수 나무목), 말 이을 이(부수 말이을이), 이룰 성(부수 창과), 일 지(부수 화살시), 놈 자(부수 늙을로엄)

其知始眞
그 기(부수 여덟팔), 알 지(부수 화살시), 비로소 시(부수 여자녀), 참 진(부수 눈목)

(5) 조부훈회(祖父訓誨)

수학 문제를 풀 때 풀이를 보고 싶은 마음을 억제하고 정답만 살짝 보면 풀이를 스스로 연구하게 되어 생각지도 않은 능력이 생긴다.

(6) 독자 이벤트

제74장의 원문해석을 읽어보고 스스로 해석자료를 통하여 스스로 일의일신해 보기 바란다.

전집 제75장

객기를 버리고 호연지기를 기르자.

(1) 준비운독(準備運讀)

제75장을 읽는 데는 다음과 같은 어휘를 먼저 익혀야 한다. 심불가불허, 심불가부실. 이 어휘를 스스로 익히고 난 후 다음의 설명을 참고하면 언어의 지평이 넓어지리라 생각된다.

심불가불허: 객기는 비우지 않으면 안 된다.
심불가부실: 정기는 채우지 않으면 안 된다.

(2) 홍자성 원문

心不可不虛. 虛則義理來居.
心不可不實. 實則物欲不入.
심불가불허. 허즉의리래거.
심불가부실. 실즉물욕불입.

(3) 원문해석

탐욕스러운 마음은 항상 비어있지 않으면 안 되나니 그 마음이 비어있으면 정의와 진리가 들어와서 자리를 잡고, 정기에 관한 마음은 차지 않으면 안 되나니 그 마음이 차있으면 허황된 욕심이 들어오지 못한다.

(4) 스스로 해석자료

心不可不虛
마음 심(부수 마음심), 아닐 불(부수 한일), 옳을 가(부수 입구), 아닐 불(부수 한일), 빌 허(부

채근담 전집 **207**

수 범호엄)

虛則義理來居

빌 허(부수 범호엄), 곧 즉(부수 선칼도방), 옳을 의(부수 양양), 다스릴 리(부수 구슬옥변), 올 래(부수 사람인), 살 거(부수 주검시엄)

心不可不實

마음 심(부수 마음심), 아닐 불(부수 한일), 옳을 가(부수 입구), 아닐 부(부수 한일), 열매 실(부수 갓머리)

實則物欲不入

열매 실(부수 갓머리), 곧 즉(부수 선칼도방), 물건 물(부수 소우), 하고자 할 욕(부수 하품흠), 아닐 불(부수 한일), 들 입(부수 들입)

(5) 조부훈회(祖父訓誨)

하늘과 땅 사이를 가득 채울 수 있는 넓고 큰 정기, 이것을 호연지기라고 한다.
호연지기란 구체적으로 다음 세 가지의 뜻이 있다.
1. 하늘과 땅 사이에 가득 찬 넓고 큰 정기.
2. 공명정대하여 조금도 부끄러울 바 없는 도덕적 용기.
3. 잡다한 일에서 벗어난 자유롭고 느긋한 마음.

호연지기 이벤트를 통해서 마음의 이산화탄소가 배출되고 하늘의 신선한 산소가 들어올 것이다. 호연지기 이벤트란 산 위에 올라가 골짜기를 향하여 "너 사랑해! 너 용서해!" 크게 외치면서 메아리를 주고받는 것으로, 이 이벤트를 통해 정기는 몸에 채워지고 객기는 몸 밖으로 나간다.

(6) 독자 이벤트

독서를 잠깐 멈추고 호연지기 이벤트를 한번 해보기 바란다.

전집 제76장

깨끗한 흙은 옥토가 될 수 없다.

(1) 준비운독(準備運讀)

제76장을 읽는 데는 다음과 같은 어휘를 먼저 익혀야 한다. 지지예자, 수지청자. 이 어휘를 스스로 익히고 난 후 다음의 설명을 참고하면 언어의 지평이 넓어지리라 생각된다.

지지예자: 여러 가지 오물이 섞여 기름진 땅.
수지청자: 물고기의 먹이가 없을 정도로 아주 깨끗한 물.

(2) 홍자성 원문

地之穢者, 多生物. 水之淸者, 常無魚.
故君子當存含垢納汚之量, 不可持好潔獨行之操.
지지예자, 다생물. 수지청자, 상무어.
고군자당존함구납오지량, 불가지호결독행지조.

(3) 원문해석

땅이 기름진 곳에는 초목이 무성해지고, 물이 너무 맑으면 고기가 살 수 없다. 그러므로 군자는 때 묻고 더러운 것이더라도 받아들이는 아량을 가져야 하고 깨끗한 것만 즐기며 혼자서만 행하려는 절조는 갖지 말아야 한다.

(4) 스스로 해석자료

地之穢者
땅 지(부수 흙토), 갈 지(부수 삐침별), 더러울 예(부수 벼화), 놈 자(부수 늙을로엄)

多生物

많을 다(부수 저녁석), 날 생(부수 날생), 물건 물(부수 소우)

水之淸者

물 수(부수 물수), 갈 지(부수 삐침별), 맑을 청(부수 삼수변), 놈 자(부수 늙을로엄)

常無魚

떳떳할 상(부수 수건건), 없을 무(부수 연화발), 물고기 어(부수 물고기어)

故君子當存含

연고 고(부수 등글월문), 임금 군(부수 입구), 아들 자(부수 아들자), 마땅 당(부수 밭전), 있을 존(부수 아들자), 머금을 함(부수 입구)

垢納汚之量

때 구(부수 흙토), 들일 납(부수 실사변), 더러울 오(부수 삼수변), 갈 지(부수 삐침별), 헤아릴 량(부수 마을리)

不可持好潔

아닐 불(부수 한일), 옳을 가(부수 입구), 가질 지(부수 재방변), 좋을 호(부수 여자녀), 깨끗할 결(부수 삼수변)

獨行之操

홀로 독(부수 개사슴록변), 다닐 행(부수 다닐행), 갈 지(부수 삐침별), 잡을 조(부수 재방변)

(5) 조부훈회(祖父訓誨)

물이 너무 맑으면 고기가 살 수 없다고 운운하며, 어느 정도 오욕도 받아들여야 한다는 말을 흔히 한다. 그러나 사람이 마실 수 있는 물은 고기가 살 수 없는 것처럼 깨끗해야 한다. 남의 오욕을 받아들이면서도 자기의 깨끗함은 절대로 더럽혀서는 안 된다.

(6) 독자 이벤트

잠시 밭에 나가 뜰에 심어놓은 채소도 살펴보고 시냇가에 나가 물고기도 잡아본다.

전집 제77장

뉴턴 같은 과학자는
셰익스피어 같은 작가는 될 수 없다.

(1) 준비운독(準備運讀)

제77장을 읽는 데는 다음과 같은 어휘를 먼저 익혀야 한다. 봉가지마, 약야지금, 종귀형범, 우유, 무개진보. 이 어휘를 홍자성 원문에서 찾아보고 다음의 설명을 참고하면 사고의 지평이 넓어지리라 생각된다.

봉가지마: 이리 뛰고 저리 달리는 길들여지지 않은 야생마.
약야지금: 용광로나 도가니 속에서 제멋대로 움직이는 금속.
종귀형범: 틀 속에서 모양을 갖추게 됨.
우유: 아무 생각 없이 놀기만 함.
무개진보: 아무런 진보도 없다.

(2) 홍자성 원문

泛駕之馬, 可就驅馳. 躍冶之金, 終歸型範.
只一優游不振, 便終身無個進步.
白沙云, "爲人多病未足羞, 一生無病是吾憂", 眞確論也.
봉가지마, 가취구치. 약야지금, 종귀형범.
지일우유부진, 편종신무개진보.
백사운, "위인다병미족수, 일생무병시오우", 진확론야.

(3) 원문해석

수레를 뒤엎는 사나운 말도 길들이면 부릴 수 있고, 다루기 힘든 쇠도 잘 다루면 마침내 좋은 기물을 만들 수 있다. 사람이 태평하고 한가롭게 놀기만 하면서 분발하지 않으면 평생을 두고 아무런 진보도 없다. 백사는 말하기를 "사람으로 태어나 병 많음은 부끄러움이 아니다. 일생 동안 마음의 걱정 없음이 나의 근심이다"라고 하였으니 참으로 올바른 말이다.

(4) 스스로 해석자료

泛駕之馬
엎을 봉(부수 삼수변), 멍에 가(부수 말마), 갈 지(부수 삐침별), 말 마(부수 말마)

可就驅馳
옳을 가(부수 입구), 나아갈 취(부수 절름발이왕), 몰 구(부수 말마), 달릴 치(부수 말마)

躍冶之金
뛸 약(부수 발족변), 풀무 야(부수 이수변), 갈 지(부수 삐침별), 쇠 금(부수 쇠금)

歸型範範
마칠 종(부수 실사변), 돌아갈 귀(부수 그칠지), 모형 형(부수 흙토), 법 범(부수 대죽)

只一優游不振
다만 지(부수 입구), 한 일(부수 한일), 넉넉할 우(부수 사람인변), 헤엄칠 유(부수 삼수변), 아닐 부(부수 한일), 떨칠 진(부수 재방변)

便終身
편할 편(부수 사람인변), 마칠 종(부수 실사변), 몸 신(부수 몸신)

無個進步
없을 무(부수 연화발), 낱 개(부수 사람인변), 나아갈 진(부수 책받침), 걸음 보(부수 그칠지)

白沙云
흰 백(부수 흰백), 모래 사(부수 삼수변), 이를 운(부수 두이)

爲人多病
할 위(부수 손톱조), 사람 인(부수 사람인), 많을 다(부수 저녁석), 병 병(부수 병질엄)

未足羞
아닐 미(부수 나무목), 발 족(부수 발족), 부끄러울 수(부수 양양)

一生無病
한 일(부수 한 이), 날 생(부수 날생), 없을 무(부수 연화발), 병 병(부수 병질엄)

是吾憂

이 시(부수 날일), 나 오(부수 입구), 근심 우(부수 마음심)

眞確論也

참 진(부수 눈목), 굳을 확(부수 돌석), 논할 론(부수 말씀언), 어조사 야(부수 새을)

(5) 조부훈회(祖父訓誨)

천명지위성(天命之謂性)
솔성지위도(率性之謂道)
수도지위교(修道之謂敎)

『중용』 1장

하늘로부터 부여받은 것을 성(性)이라 하고, 그 성을 따르는 것을 도(道)라 하며, 그 도를 닦는 것을 교(敎)라 한다. 적성에 맞지 않는 교육을 받게 되면 짜증만 나고 진보도 없다. 남자냐 여자냐, 혈액형이 A형이냐, B형이냐, AB형이냐, O형이냐. 이것은 자기가 선택할 수 있는 것이 아니라 하늘로부터 부여받는다. 그림을 좋아한다, 노래를 좋아한다, 바이올린을 잘 켠다, 과학에 재능이 있다. 이런 것들도 하늘로부터 부여받는다. 부여받은 적성을 잘 발견해야 어영부영 노는 일 없이 자기가 향상될 수 있다.

(6) 독자 이벤트

괄목상대의 고사를 만나보고 제1 적성이 제2 적성보다 늦게 나타나는 경우도 있다는 것을 알아보자.

전집 제78장

탐욕에 빠지면 슬기가 사라지고 멍청해진다.

(1) 준비운독(準備運讀)

제78장을 읽는 데는 다음과 같은 어휘를 먼저 익혀야 한다. 소강, 변은위참, 염결위오. 이 어휘를 스스로 익히고 난 후 다음의 설명을 참고하면 언어의 지평이 넓어지리라 생각된다.

소강: 강직한 기품을 녹여 없앤다.
변은위참: 너그러운 마음이 혹독한 마음으로 바뀐다.
염결위오: 깨끗한 물이 더러워지다.

(2) 홍자성 원문

人只一念貪私, 便銷剛爲柔, 塞智爲昏.
變恩爲慘, 染潔爲汚, 壞了一生人品.
故古人以不貪爲寶, 所以度越一世.
인지일렴탐사, 편소강위유, 색지위혼.
변은위참, 염결위오, 괴료일생인품.
고고인이불탐위보, 소이도월일세.

(3) 원문해석

사람이 한번 이익에 집착하면 강한 기상도 녹아서 유약해지고 슬기도 막혀 혼미해진다. 은애로운 마음도 변하여 혹독해지고, 깨끗한 마음도 더러움에 물들어 한평생의 인품을 깨뜨리고 만다. 그러므로 옛사람은 탐욕하지 않음을 보배로 삼는다고 했으니 이 세상을 초월할 수 있는 까닭이 여기에 있다.

(4) 스스로 해석자료

人只一念貪私
사람 인(부수 사람인), 다만 지(부수 입구), 한 일(부수 한일), 생각 렴(부수 마음심), 탐낼 탐(부수 조개패), 사사 사(부수 벼화)

便銷剛爲柔
편할 편(부수 사람인변), 녹일 소(부수 쇠금), 굳셀 강(부수 선칼도방), 할 위(부수 손톱조), 부드러울 유(부수 나무목)

塞智爲昏
막힐 색(부수 흙토), 지혜 지(부수 날일), 할 위(부수 손톱조), 어두울 혼(부수 날일)

變恩爲慘
변할 변(부수 말씀언), 은혜 은(부수 마음심), 할 위(부수 손톱조), 참혹할 참(부수 심방변)

染潔爲汚
물들 염(부수 나무목), 깨끗할 결(부수 삼수변), 할 위(부수 손톱조), 더러울 오(부수 삼수변)

壞了一生人品
무너질 괴(부수 흙토), 마칠 료(부수 갈고리궐), 한 일(부수 한일), 날 생(부수 날생), 사람 인(부수 사람인), 물건 품(부수 입구)

故古
연고 고(부수 등글월문), 옛 고(부수 입구)

人以不貪爲寶
사람 인(부수 사람인), 써 이(부수 사람인), 아닐 불(부수 한일), 탐낼 탐(부수 조개패), 할 위(부수 손톱조), 보배 보(부수 갓머리)

所以度越一世
바 소(부수 지게호), 써 이(부수 사람인), 법도 도(부수 엄호), 넘을 월(부수 달릴주), 한 일(부수 한일), 인간 세(부수 한일)

(5) 조부훈회(祖父訓誨)

이기적으로 얻은 재산이나 지위로 지성인은 혼란스러워진다. 영웅적으로 강한 분노와 책임을 면한다는 생각 하나로 일생이 망가지기도 한다.

(6) 독자 이벤트

제78장의 원문이나 해석에서 감동받은 단어를 몇 개 써본다.

전집 제79장

영리하다고 생각될 때 혼미하지 않도록 조심하라.

(1) 준비운독(準備運讀)

제79장을 읽는 데는 다음과 같은 어휘를 먼저 익혀야 한다. 주인옹, 성성불매. 이 어휘를 스스로 익히고 난 후 다음의 설명을 참고하면 언어의 지평이 넓어지리라 생각된다.

주인옹: 나이 많은 사람이 주인이 되다.
성성불매: 영리하고 깨어있을 때 어둡지 않도록 조심하라.

(2) 홍자성 원문

耳目見聞爲外賊, 情欲意識爲內賊.
只是主人翁, 惺惺不昧, 獨坐中堂, 賊便化爲家人矣.
이목견문위외적, 정욕의식위내적.
지시주인옹, 성성불매, 독좌중당, 적편화위가인의.

(3) 원문해석

귀와 눈으로 보고 듣는 것은 밖에서 온 도둑이요, 마음속에 일어난 욕구와 사물에 대한 욕심은 안에 있는 도둑이다. 오직 주인 되는 본심이 맑은 정신으로 대청에 지켜 앉아있으면 도둑이 곧 변하여 한식구가 되어준다.

(4) 스스로 해석자료

耳目見聞
귀 이(부수 귀이), 눈 목(부수 눈목), 볼 견(부수 볼견), 들을 문(부수 귀이)

爲外賊

할 위(부수 손톱조), 바깥 외(부수 저녁석), 도둑 적(부수 조개패)

情欲意識

뜻 정(부수 심방변), 하고자 할 욕(부수 하품흠), 뜻 의(부수 마음심), 알 식(부수 말씀언)

爲內賊

할 위(부수 손톱조), 안 내(부수 들입), 도둑 적(부수 조개패)

只是主人翁

다만 지(부수 입구), 이 시(부수 날일), 주인 주(부수 점주), 사람 인(부수 사람인), 늙은이 옹(부수 깃우)

惺惺不昧

깨달을 성(부수 심방변), 깨달을 성(부수 심방변), 아닐 불(부수 한일), 어두울 매(부수 날일)

獨坐中堂

홀로 독(부수 개사슴록변), 앉을 좌(부수 흙토), 가운데 중(부수 뚫을곤), 집 당(부수 흙토)

賊便化

도둑 적(부수 조개패), 편할 편(부수 사람인변), 될 화(부수 비수비)

爲家人矣

할 위(부수 손톱조), 집 가(부수 갓머리), 사람 인(부수 사람인), 어조사 의(부수 화살시)

(5) 조부훈회(祖父訓誨)

눈과 귀가 잘못되어 관능에 빠지는 수가 있다. 이때 감각적인 에너지가 능력을 넘지 않도록 조심하고 또 조심해야 한다.

(6) 독자 이벤트

제79장의 내용을 가까운 지인이나 선배에게 이메일로 보내며 그 내용을 나눠보자.

전집 제80장

앞으로만 나아가려 하지 말고 이루어진 일을 다지자.

(1) 준비운독(準備運讀)

제80장을 읽는 데는 다음과 같은 어휘를 먼저 익혀야 한다. 도미취지공. 이 어휘를 스스로 익히고 난 후 다음의 설명을 참고하면 언어의 지평이 넓어지리라 생각된다.

도미취지공: 청사진도 없이 앞으로만 나아가려는 것.

(2) 홍자성 원문

圖未就之功, 不如保已成之業.
悔旣往之失, 不如防將來之非.
도미취지공, 불여보이성지업.
회기왕지실, 불여방장래지비.

(3) 원문해석

이루어진 일이 완성되자마자 새로운 일을 시작하지 말고 지난날의 잘못됨을 연연하는 것보다는 앞으로 있을지도 모를 잘못을 막으려고 조심하는 것이 낫다.

(4) 스스로 해석자료

圖未就之功
그림 도(부수 큰입구몸), 아닐 미(부수 나무목), 나아갈 취(부수 절름발이왕), 갈 지(부수 삐침별), 공 공(부수 힘력)

채근담 전집 219

不如保已成之業

아닐 불(부수 한일), 같을 여(부수 여자녀), 지킬 보(부수 사람인변), 이미 이(부수 몸기), 이룰 성(부수 창과), 갈 지(부수 삐침별), 업 업(부수 나무목)

悔旣往之失

뉘우칠 회(부수 심방변), 이미 기(부수 이미기방), 갈 왕(부수 두인변), 갈 지(부수 삐침별), 잃을 실(부수 큰대)

不如防將來之非

아닐 불(부수 한일), 같을 여(부수 여자녀), 막을 방(부수 좌부변), 장차 장(부수 마디촌), 올 래(부수 사람인), 갈 지(부수 삐침별), 아닐 비(부수 아닐비)

(5) 조부훈회(祖父訓誨)

성취동기가 강한 사람은 일을 끝내자마자 다음 과업으로 뛰어들려는 기질이 있다. 다음 과업을 탐색하다가 이미 이루어진 것의 성과를 놓치는 수도 있다.

(6) 독자 이벤트

차례를 살펴 80장까지의 제목을 만나보고 감동되는 문장 세 가지만 적어본다.

전집 제81장

빈틈없이 따지다가 자질구레함에 빠진다.

(1) 준비운독(準備運讀)

제81장을 읽는 데는 다음과 같은 어휘를 먼저 익혀야 한다. 기상, 고광, 소광, 진밀, 쇄설, 충담, 조수. 이 어휘를 스스로 익히고 난 후 다음의 설명을 참고하면 언어의 지평이 넓어지리라 생각된다.

기상: 기쁨, 슬픔, 노여움, 실패, 성공, 더위, 추위에 대응하는 마음의 에너지.
고광: 높고 넓다.
소광: 따지지 않고 등한시하다.
진밀: 찬찬하여 빈틈이 없다.
쇄설: 좀스럽다.
충담: 깨끗하고 담박하다.
조수: 지조를 지키다.

(2) 홍자성 원문

氣象要高曠, 而不可疎狂. 心思要縝密, 而不可瑣屑.
趣味要沖淡, 而不可偏枯. 操守要嚴明, 而不可激烈.
기상요고광, 이불가소광. 심사요진밀, 이불가쇄설.
취미요충담, 이불가편고. 조수요엄명, 이불가격렬.

(3) 원문해석

기상은 높고 밝아야 하나 그렇다고 소홀해서는 안 되고 마음과 생각은 빈틈없이 찬찬해야 하나 자질구레해서는 안 된다. 취미는 담박해야 하나 멋이 없어서는 안 되고 지조는 엄정해야 하나 과격해서는 안 된다.

(4) 스스로 해석자료

氣象要高曠
 기운 기(부수 기운기엄), 코끼리 상(부수 돼지시), 요긴할 요(부수 덮을아), 높을 고(부수 높을고), 밝을 광(부수 날일)

而不可疎狂
 말 이을 이(부수 말이을이), 아닐 불(부수 한일), 옳을 가(부수 입구), 성길 소(부수 짝필), 미칠 광(부수 개사슴록변)

心思要縝密
 마음 심(부수 마음심), 생각 사(부수 마음심), 요긴할 요(부수 덮을아), 고울 진(부수 실사변), 빽빽할 밀(부수 갓머리)

而不可瑣屑
 말 이을 이(부수 말이을이), 아닐 불(부수 한일), 옳을 가(부수 입구), 자질구레할 쇄(부수 구슬옥변), 가루 설(부수 주검시엄)

趣味要沖淡
 뜻 취(부수 달릴주), 맛 미(부수 입구), 요긴할 요(부수 덮을아), 화할 충(부수 삼수변), 맑을 담(부수 삼수변)

而不可偏枯
 말 이을 이(부수 말이을이), 아닐 불(부수 한일), 옳을 가(부수 입구), 치우칠 편(부수 사람인변), 마를 고(부수 나무목)

操守要嚴明
 잡을 조(부수 재방변), 지킬 수(부수 갓머리), 요긴할 요(부수 덮을아), 엄할 엄(부수 입구), 밝을 명(부수 날일)

而不可激烈
 말 이을 이(부수 말이을이), 아닐 불(부수 한일), 옳을 가(부수 입구), 격할 격(부수 삼수변), 매울 렬(부수 연화발)

(5) 조부훈회(祖父訓誨)

날씨가 계절에 따라 비가 오거나 눈이 내리고 바람이 부는 것처럼 수시로 변하듯이 우리의 마음도 기쁨, 슬픔, 성공, 실패 등으로 수시로 변한다. 변할 때마다 마음을 넓고 밝게 가져야 하지만 너무 깊게 저울질해서도 안 된다. 생각을 실천할 때 빈틈없고 치밀해야 하지만 너무 자질구레하게 따지지 마라. 지조를 지킬 때 자기만 독야청청하는 체 말라.

(6) 독자 이벤트

본 문장이 외워둘 만한 명문장이므로 여러 번 읽어서 외워보기 바란다.

전집 제82장
일의 마무리는 뒤끝이 없도록 하라.

(1) 준비운독(準備運讀)

제82장을 읽는 데는 다음과 같은 어휘를 먼저 익혀야 한다. 풍래소죽, 한담, 사래. 이 어휘를 스스로 익히고 난 후 다음의 설명을 참고하면 언어의 지평이 넓어지리라 생각된다.

풍래소죽: 바람이 성긴 대나무밭에 분다.
한담: 고요한 연못.
사래: 일이 생기다.

(2) 홍자성 원문

風來疎竹, 風過而竹不留聲. 雁度寒潭, 雁去而潭不留影.
故君子, 事來而心始現, 事去而心隨空.
풍래소죽, 풍과이죽불류성. 안도한담, 안거이담불류영.
고군자, 사래이심시현, 사거이심수공.

(3) 원문해석

대나무밭에 바람이 불어오면 소리가 나지만 바람이 지나가고 나면 대숲에는 소리가 남지 않는다. 기러기 떼가 호수 위를 지나가면 그림자가 비치지만 기러기 떼가 지나가고 나면 호수에는 그림자가 남지 않는다. 이와 같이 생각이 깊은 사람은 일이 생기면 마음이 움직이고 일이 결정되면 그 일에 더 연연하지 않는다.

(4) 스스로 해석자료

風來疎竹
바람 풍(부수 바람풍), 올 래(부수 사람인), 성길 소(부수 짝필), 대 죽(부수 대죽)

風過
바람 풍(부수 바람풍), 지날 과(부수 책받침)

而竹不留聲
말 이을 이(부수 말이을이), 대 죽(부수 대죽), 아닐 불(부수 한일), 머무를 류(부수 밭전), 소리 성(부수 귀이)

雁度寒潭
기러기 안(부수 새추), 법도 도(부수 엄호), 찰 한(부수 갓머리), 못 담(부수 삼수변)

雁去
기러기 안(부수 새추), 갈 거(부수 마늘모)

而潭不留影
말 이을 이(부수 말이을이), 못 담(부수 삼수변), 아닐 불(부수 한일), 머무를 류(부수 밭전), 그림자 영(부수 터럭삼)

故君子
연고 고(부수 등글월문), 임금 군(부수 입구), 아들 자(부수 아들자)

事來而心始現
일 사(부수 갈고리궐), 올 래(부수 사람인), 말 이을 이(부수 말이을이), 마음 심(부수 마음심), 비로소 시(부수 여자녀), 나타날 현(부수 구슬옥변)

事去而心隨空
일 사(부수 갈고리궐), 갈 거(부수 마늘모), 말 이을 이(부수 말이을이), 마음 심(부수 마음심), 따를 수(부수 좌부변), 빌 공(부수 구멍혈)

(5) 조부훈회(祖父訓誨)

형사소송법에는 일사부재리 원칙이 있다. 의회에는 일사부재의란 원칙이 있다. 사회에서는 일에는 뒤끝이 없어야 한다는 말이 풍미한다. 따라서 일이 끝난 뒤 다소 섭섭하더라도 이러쿵저러쿵해서는 안 된다. 서로 뒤끝이 없으려면 계약서를 쓰든지 계약서가 아니더라도 글로 남겨두어 서로 서명하는 것이 좋다.

(6) 독자 이벤트

헌법 제13조제1항을 살펴보며 일사부재리에 대한 지식을 다져본다. 국회법 제92조를 살펴보며 일사부재의 지식을 새겨본다.

전집 제83장
시비를 밝힐 때 마음에 상처를 주어서는 안 된다.

(1) 준비운독(準備運讀)

제83장을 읽는 데는 다음과 같은 어휘를 먼저 익혀야 한다. 인능선단, 명불상찰. 이 어휘를 스스로 익히고 난 후 다음의 설명을 참고하면 언어의 지평이 넓어지리라 생각된다.

인능선단: 너그러움을 펼치면서 결단은 냉정히 한다.
명불상찰: 시비를 명확히 밝히면서도 상처를 주지 않는다.

(2) 홍자성 원문

淸能有容, 仁能善斷, 明不傷察, 直不過矯.
是謂 "蜜餞不甛, 海味不鹹", 纔是懿德.
청능유용, 인능선단, 명불상찰, 직불과교.
시위 "밀전불첨, 해미불함", 재시의덕.

(3) 원문해석

청렴의 에너지가 강할지라도 여유가 있어야 하고 너그러운 마음을 펼치면서도 결단은 냉정하게 해야 되고 옳고 그름을 따지면서도 마음의 상처를 주지 않아야 하며 너무 곧게 바로잡기를 하지 말라. 이렇게 하는 것은 꿀을 발라도 달지 않고 소금을 쳐도 짜지 않음과 같다 할 것이니 이런 것이 곧 아름다운 덕이다.

(4) 스스로 해석자료

淸能有容
맑을 청(부수 삼수변), 능할 능(부수 육달월), 있을 유(부수 달월), 얼굴 용(부수 갓머리)

仁能善斷
어질 인(부수 사람인변), 능할 능(부수 육달월), 착할 선(부수 입구), 끊을 단(부수 날근)

明不傷察
밝을 명(부수 날일), 아닐 불(부수 한일), 다칠 상(부수 사람인변), 살필 찰(부수 갓머리)

直不過矯
곧을 직(부수 눈목), 아닐 불(부수 한일), 지날 과(부수 책받침), 바로잡을 교(부수 화살시)

是謂
이 시(부수 날일), 이를 위(부수 말씀언)

蜜餞不甛
꿀 밀(부수 벌레훼), 보낼 전(부수 밥식), 아닐 불(부수 한일), 달 첨(부수 달감)

海味不鹹
바다 해(부수 삼수변), 맛 미(부수 입구), 아닐 불(부수 한일), 짤 함(부수 닭유)

纔是懿德
겨우 재(부수 실사변), 이 시(부수 날일), 아름다울 의(부수 마음심), 클 덕(부수 두인변)

(5) 조부훈회(祖父訓誨)

꿀을 발라도 지나치게 달지 않게 하며 소금을 쳐도 짜지 않게 하듯이 남의 잘못을 밝힐 때 그 사람이 상처를 받지 않도록 해야 한다.

(6) 독자 이벤트

『서서번연 채근담』을 친구나 선배에게 권하여 본다.

전집 제84장

깨끗하고 흠 없는 사람이 되자.

(1) 준비운독(準備運讀)

제84장을 읽는 데는 다음과 같은 어휘를 먼저 익혀야 한다. 불지, 소두, 기도, 요락. 이 어휘를 홍자성 원문에서 찾아보고 다음의 설명을 참고하면 사고의 지평이 넓어지리라 생각된다.

불지: 땅을 깨끗이 쓸다.
소두: 머리를 정갈하게 빗다.
기도: 품격.
요락: 실의에 빠지다.

(2) 홍자성 원문

貧家淨拂地, 貧女淨梳頭, 景色雖不艶麗, 氣度自是風雅.
士君子一當窮愁寥落, 奈何輒自廢弛哉.
빈가정불지, 빈녀정소두, 경색수불염려, 기도자시풍아.
사군자일당궁수요락, 내하첩자폐이재.

(3) 원문해석

가난한 집도 마당을 깨끗이 쓸고, 가난한 집 여자라도 머리를 정갈하게 빗으면 보기에는 비록 크게 화려하지 못할망정 기품은 절로 품격 있게 보인다. 선비가 한때 곤궁하거나 실패했다 할지라도 어찌 가볍게 스스로를 버릴 수 있겠는가.

(4) 스스로 해석자료

貧家淨拂地

가난할 빈(부수 조개패), 집 가(부수 갓머리), 깨끗할 정(부수 삼수변), 떨칠 불(부수 재방변), 땅 지(부수 흙토)

貧女淨梳頭

가난할 빈(부수 조개패), 여자 녀(부수 여자녀), 깨끗할 정(부수 삼수변), 얼레빗 소(부수 나무목), 머리 두(부수 머리혈)

景色雖不艷麗

볕 경(부수 날일), 빛 색(부수 빛색), 비록 수(부수 새추), 아닐 불(부수 한일), 고울 염(부수 빛색), 고울 려(부수 사슴록)

氣度自是風雅

기운 기(부수 기운기엄), 법도 도(부수 엄호), 스스로 자(부수 스스로자), 이 시(부수 날일), 바람 풍(부수 바람풍), 맑을 아(부수 새추)

士君子

선비 사(부수 선비사), 임금 군(부수 입구), 아들 자(부수 아들자)

一當窮愁寥落

한 일(부수 한일), 마땅 당(부수 밭전), 다할 궁(부수 구멍혈), 근심 수(부수 마음심), 쓸쓸할 요(부수 갓머리), 떨어질 락(부수 초두머리)

奈何輒自廢弛裁

어찌 내(부수 큰대), 어찌 하(부수 사람인변), 문득 첩(부수 수레거), 스스로 자(부수 스스로자), 폐할 폐(부수 엄호), 늦출 이(부수 활궁), 마를 재(부수 옷의)

(5) 조부훈회(祖父訓誨)

조금도 움직이려 하지 않고 게으름만 피운다면 마당은 절로 더러워지고 얼굴도 저절로 초라해진다. 약간만 신경 써도 흠 없고 깨끗하게 살 수 있다.

(6) 독자 이벤트

문득 거울 앞에 서서 머리를 빗어보고 마당도 쓸어보며 화분에 꽃도 살펴보자.

전집 제85장

한가할 때 어영부영하지 마라.

(1) 준비운독(準備運讀)

제85장을 읽는 데는 다음과 같은 어휘를 먼저 익혀야 한다. 한중, 망처, 낙공, 동처. 이 어휘를 스스로 익히고 난 후 다음의 설명을 참고하면 언어의 지평이 넓어지리라 생각된다.

한중: 일이 없이 한가할 때.
망처: 바쁠 때.
낙공: 심신의 활동이 멎다.
동처: 활동할 때.

(2) 홍자성 원문

閑中不放過, 忙處有受用.
靜中不落空, 動處有受用.
暗中不欺恩, 明處有受用.
한중불방과, 망처유수용.
정중불락공, 동처유수용.
암중불기은, 명처유수용.

(3) 원문해석

한가한 때 아무렇게나 세월을 보내지 않으면 바쁠 때 쓰임이 있게 되고, 고요한 때에도 그냥 놀기만 하지 않으면 활동할 때 도움이 된다. 남이 안 보는 곳에서도 속이거나 숨기지 않으면 여럿이 있는 곳에 나갔을 때 떳떳하다.

(4) 스스로 해석자료

閑中不放過

한가할 한(부수 문문), 가운데 중(부수 뚫을곤), 아닐 불(부수 한일), 놓을 방(부수 등글월문), 지날 과(부수 책받침)

忙處有受用

바쁠 망(부수 심방변), 곳 처(부수 범호엄), 있을 유(부수 달월), 받을 수(부수 또우), 쓸 용(부수 쓸용)

靜中不落空

고요할 정(부수 푸를청), 가운데 중(부수 뚫을곤), 아닐 불(부수 한일), 떨어질 락(부수 초두머리), 빌 공(부수 구멍혈)

動處有受用

움직일 동(부수 힘력), 곳 처(부수 범호엄), 있을 유(부수 달월), 받을 수(부수 또우), 쓸 용(부수 쓸용)

暗中不欺恩

어두울 암(부수 날일), 가운데 중(부수 뚫을곤), 아닐 불(부수 한일), 속일 기(부수 하품흠), 은혜 은(부수 마음심)

明處有受用

밝을 명(부수 날일), 곳 처(부수 범호엄), 있을 유(부수 달월), 받을 수(부수 또우), 쓸 용(부수 쓸용)

(5) 조부훈회(祖父訓誨)

옥토를 내버려두면 잡초만 무성해진다. 한가할 때 아무런 취미 활동을 하지 않고 지내게 되면 헛된 생각만 쌓이고 쌓여 바쁜 일을 만났을 때 대처하지 못하고 엉뚱해지는 수가 있다.

(6) 독자 이벤트

20~30분 시간을 내어 가곡이나 가요 등을 목청껏 불러보고 그 가곡이나 가요의 가사를 여러 번 되뇌이며 그 가사를 외워보자.

전집 제86장

사욕에 빠질 때
바로 도리의 길로 나가야 한다.

(1) 준비운독(準備運讀)

제86장을 읽는 데는 다음과 같은 어휘를 먼저 익혀야 한다. 염두기처, 관두, 사욕, 도리. 이 어휘를 스스로 익히고 난 후 다음의 설명을 참고하면 언어의 지평이 넓어지리라 생각된다.

염두기처: 문득 어떤 생각이 일어남.
관두: 고비.
사욕: 나만 이롭고 다른 사람은 이롭지 않은 것.
도리: 나에게도 다른 사람에게도 모두 옳은 길.

(2) 홍자성 원문

念頭起處, 纔覺向欲路上去, 便挽從理路上來.
一起便覺, 一覺便轉.
此是轉禍爲福 起死回生的關頭, 切莫輕易放過.

염두기처, 재각향욕로상거, 편만종리로상래.
일기편각, 일각편전.
차시전화위복 기사회생적관두, 절막경이방과.

(3) 원문해석

문득 생각이 일어났는데 그 생각이 사욕의 길로 향한다고 느끼게 되면 곧 이끌어 도리의 길로 좇아가도록 결심할 것이니, 어떤 생각이 일어날 때는 곧 깨닫고 한 번 깨달으면 곧 돌려야 한다. 이것이 곧 재앙을 돌려서 복으로 살고, 죽음에서 일어나 삶으로 돌리는 고비이니 가벼이 버려선 안 된다.

(4) 스스로 해석자료

念頭起處

생각 염(부수 마음심), 머리 두(부수 머리혈), 일어날 기(부수 달릴주), 곳 처(부수 범호엄)

纔覺向欲路上去

겨우 재(부수 실사변), 깨달을 각(부수 볼견), 향할 향(부수 입구), 하고자 할 욕(부수 하품흠), 길 로(부수 발족변), 윗 상(부수 한일), 갈 거(부수 마늘모)

便挽從理

편할 편(부수 사람인변), 당길 만(부수 재방변), 좇을 종(부수 두인변), 다스릴 리(부수 구슬옥변)

路上來

길 로(부수 발족변), 윗 상(부수 한일), 올 래(부수 사람인)

一起便覺

한 일(부수 한일), 일어날 기(부수 달릴주), 편할 편(부수 사람인변), 깨달을 각(부수 볼견)

一覺便轉

한 일(부수 한일), 깨달을 각(부수 볼견), 편할 편(부수 사람인변), 구를 전(부수 수레거)

此是轉禍爲福

이 차(부수 그칠지), 이 시(부수 날일), 구를 전(부수 수레거), 재앙 화(부수 보일 시), 할 위(부수 손톱조), 복 복(부수 보일시)

起死回生的關頭

일어날 기(부수 달릴주), 죽을 사(부수 죽을사변), 돌아올 회(부수 큰입구몸), 날 생(부수 날생), 과녁 적(부수 흰백), 관계할 관(부수 문문), 머리 두(부수 머리혈)

切莫輕易放過

끊을 절(부수 칼도), 없을 막(부수 초두머리), 가벼울 경(부수 수레거), 쉬울 이(부수 날일), 놓을 방(부수 등글월문), 지날 과(부수 책받침)

(5) 조부훈회(祖父訓誨)

어떤 생각이 떠올라 그것이 방임의 길을 따라 나아간다는 것을 깨달았을 때 그냥 성실의 길을 따라 자신을 이끌어내라. 그 생각의 모습은 성실의 길을 단번에 인식하게 되고 그 인식 자체가 단번에 당신을 방임의 길부터 멀어지게 한다. 이는 재앙을 행운으로 바꾸거나 죽음을 삶으로 바꾸는 전환점과 같다. 그 기회를 놓치지 마라. 그것은 가장 확실하게 사소한 문제가 아니다.

(6) 독자 이벤트

전화위복, 기사회생의 한자를 따져보며 그 의미를 새겨보자.

전집 제87장
거울을 보며 속마음의 모양을 그려보자.

(1) 준비운독(準備運讀)

제87장을 읽는 데는 다음과 같은 어휘를 먼저 익혀야 한다. 징철, 심지진체, 한중기상, 충이, 증도. 이 어휘를 홍자성 원문에서 찾아보고 다음의 설명을 참고하면 언어의 지평이 넓어지리라 생각된다.

징철: 맑고 깨끗하다.
심지진체: 마음의 진정한 본체.
한중기상: 한가한 때의 기상.
충이: 평온하다.
증도: 도를 증험하다.

(2) 홍자성 원문

靜中念慮澄徹, 見心之眞體.
閑中氣象從容, 識心之眞機.
淡中意趣沖夷, 得心之眞味. 觀心證道, 無如此三者.
정중염려징철, 견심지진체.
한중기상종용, 식심지진기.
담중의취충이, 득심지진미. 관심증도, 무여차삼자.

(3) 원문해석

고요할 때 생각을 맑게 하면 마음의 참다운 바탕을 볼 것이고, 한가할 때에 희로애락의 감정이 차분하면 마음의 테두리를 알 것이며, 담박하고 뜻을 흠 없이 깨끗이 하면 마음의 참다운 맛을 알 것이다. 마음을 성찰하고 도를 증험하는 길은 이 세 가지가 바람직하다.

(4) 스스로 해석자료

靜中念慮澄徹

고요할 정(부수 푸를청), 가운데 중(부수 뚫을곤), 생각 염(부수 마음심), 생각할 려(부수 마음심), 맑을 징(부수 삼수변), 통할 철(부수 두인변)

見心之眞體

볼 견(부수 볼견), 마음 심(부수 마음심), 갈 지(부수 삐침별), 참 진(부수 눈목), 몸 체(부수 뼈골)

閑中氣象從容

한가할 한(부수 문문), 가운데 중(부수 뚫을곤), 기운 기(부수 기운기엄), 코끼리 상(부수 돼지시), 좇을 종(부수 두인변), 얼굴 용(부수 갓머리)

識心之眞機

알 식(부수 말씀언), 마음 심(부수 마음심), 갈 지(부수 삐침별), 참 진(부수 눈목), 틀 기(부수 나무목)

淡中意趣沖夷

맑을 담(부수 삼수변), 가운데 중(부수 뚫을곤), 뜻 의(부수 마음심), 뜻 취(부수 달릴주), 화할 충(부수 삼수변), 오랑캐 이(부수 큰대)

得心之眞味

얻을 득(부수 두인변), 마음 심(부수 마음심), 갈 지(부수 삐침별), 참 진(부수 눈목), 맛 미(부수 입구)

觀心證道

볼 관(부수 볼견), 마음 심(부수 마음심), 증거 증(부수 말씀언), 길 도(부수 책받침)

無如此三者

없을 무(부수 연화발), 같을 여(부수 여자녀), 이 차(부수 그칠지), 석 삼(부수 한일), 놈 자(부수 늙을로엄)

(5) 조부훈회(祖父訓誨)

미켈란젤로가 채석장에서 대리석을 발견하고 그 대리석에서 다비드상을 만들어냈다. 대리석이 마음 테두리라 하면 다비드상은 속마음이라 볼 수 있다. 많은 사람들이 미켈란젤로에게 어떻게 그렇게 아름다운 조각을 할 수 있느냐고 질문했을 때 대답하기를 대리석 안에 들어있는 다비드 얼굴만 남겨놓고 나머지를 지웠다고 했다. 사람의 마음속에는 장미꽃도 있을 수가 있고, 백합꽃도 있을 수가 있다. 장미꽃이나 백합꽃을 둘러싸고 있는 그 어떤 것을 제거하면 장미와 백합만이 고스란히 보일 것이다.

(6) 독자 이벤트

거울 앞에 서서 마음속에 무슨 꽃이 있는지 살펴보자.

전집 제88장

시계의 초침 소리보다 작은 한숨 소리를 들을 수 있어야 한다.

(1) 준비운독(準備運讀)

제88장을 읽는 데는 다음과 같은 어휘를 먼저 익혀야 한다. 정득래, 성천. 이 어휘를 스스로 익히고 난 후 다음의 설명을 참고하면 언어의 지평이 넓어지리라 생각된다.

정득래: 마음에 고요를 얻다.
성천: 본래의 마음, 타고난 마음.

(2) 홍자성 원문

靜中靜 非眞靜. 動處 靜得來, 纔是性天之眞境.
樂處樂 非眞樂. 苦中 樂得來, 纔見以體之眞機.
정중정 비진정. 동처 정득래, 재시성천지진경.
낙처락 비진락. 고중 락득래, 재견이체지진기.

(3) 원문해석

움직임도 없고 소리가 없는 고요함이 참다운 고요함이 아니다. 시끄럽고 요란스러운 가운데서 고요함을 지녀야만 비로소 심성의 참경지를 얻었다 할 것이다. 편안하고 막힘이 없는 속에서의 즐거움이 참다운 즐거움이 아니다. 괴롭고 불편함 속에서 즐거운 마음을 지녀야만 비로소 마음의 참기틀을 얻었다 할 것이다.

(4) 스스로 해석자료

靜中靜非眞靜

고요할 정(부수 푸를청), 가운데 중(부수 뚫을곤), 고요할 정(부수 푸를청), 아닐 비(부수 아닐비), 참 진(부수 눈목), 고요할 정(부수 푸를청)

動處靜得來

움직일 동(부수 힘력), 곳 처(부수 범호엄), 고요할 정(부수 푸를청), 얻을 득(부수 두인변), 올 래(부수 사람인)

纔是性天之眞境

겨우 재(부수 실사변), 이 시(부수 날일), 성품 성(부수 심방변), 하늘 천(부수 큰대), 갈 지(부수 삐침별), 참 진(부수 눈목), 지경 경(부수 흙토)

樂處樂非眞樂

즐길 낙(부수 나무목), 곳 처(부수 범호엄), 즐길 락(부수 나무목), 아닐 비(부수 아닐비), 참 진(부수 눈목), 즐길 락(부수 나무목)

苦中樂得來

쓸 고(부수 초두머리), 가운데 중(부수 뚫을곤), 즐길 락(부수 나무목), 얻을 득(부수 두인변), 올 래(부수 사람인)

纔見以體之眞機

겨우 재(부수 실사변), 볼 견(부수 볼견), 써 이(부수 사람인), 몸 체(부수 뼈골), 갈 지(부수 삐침별), 참 진(부수 눈목), 틀 기(부수 나무목)

(5) 조부훈회(祖父訓誨)

비바람이 세차게 불어오는 속에서도 어머니는 아기 울음소리를 들을 수 있다. 비바람 소리는 70데시벨, 아기 울음소리는 30데시벨인데도 어머니가 아기 울음소리를 들을 수 있는 것은 바로 모성애 때문이다. 시계의 초침 소리는 20데시벨, 배우자의 한숨 소리는 10데시벨로, 시계의 초침 소리가 한숨 소리보다 10배가 큰데도 배우자의 한숨 소리를 들을 수 있는 것은 바로 관심 때문이다. 시끄러운 중에서도 고요함을 느낄 수 있는 것은 바로 진정한 고요함이다.

(6) 독자 이벤트

시계의 초침 소리는 20데시벨이고 한숨 소리는 10데시벨인데, 왜 초침 소리가 한숨 소리의 2배가 아니고 10배라고 하는지에 대해서 생각해 보고 소리의 세기에 대해서 이모저모 알아보자.

전집 제89장
가다가 중지하면 아니 감만 못하다.

(1) 준비운독(準備運讀)

제89장을 읽는 데는 다음과 같은 어휘를 먼저 익혀야 한다. 사기, 무처기의, 시인, 무책기보. 이 어휘를 스스로 익히고 난 후 다음의 설명을 참고하면 언어의 지평이 넓어지리라 생각된다.

사기: 자기 몸을 희생시키다.
무처기의: 자기능력을 의심하지 마라.
시인: 남에게 베풀다.
무책기보: 보답을 바라지 않다.

(2) 홍자성 원문

舍己, 毋處其疑. 處其疑, 卽所舍之志 多愧矣.
施人, 毋責其報. 責其報, 幷所施之心 俱非矣.
사기, 무처기의. 처기의, 즉소사지지 다괴의.
시인, 무책기보. 책기보, 병소시지심 구비의.

(3) 원문해석

몸을 바쳐서까지 뜻있는 일을 할 때에는 그 일이 되지 않을까 의심을 품지 말라. 의심을 품는다면 자기의 몸을 다하여 나섰던 뜻에 부끄러움이 많아진다. 남에게 베풀었을 때에는 그 갚을 것을 바라지 말라. 갚음을 바란다면 베푼 그 마음도 아울러 모두 잘못이 된다.

(4) 스스로 해석자료

舍己
집 사(부수 혀설), 몸 기(부수 몸기)

毋處其疑
말 무(부수 말무), 곳 처(부수 범호엄), 그 기(부수 여덟팔), 의심할 의(부수 짝필)

處其疑
곳 처(부수 범호엄), 그 기(부수 여덟팔), 의심할 의(부수 짝필)

卽所舍之志
곧 즉(부수 병부절), 바 소(부수 지게호), 집 사(부수 혀설), 갈 지(부수 삐침별), 뜻 지(부수 마음심)

多愧矣
많을 다(부수 저녁석), 부끄러울 괴(부수 심방변), 어조사 의(부수 화살시)

施人
베풀 시(부수 모방), 사람 인(부수 사람인)

毋責其報
말 무(부수 말무), 꾸짖을 책(부수 조개패), 그 기(부수 여덟팔), 갚을 보(부수 흙토)

責其報
꾸짖을 책(부수 조개패), 그 기(부수 여덟팔), 갚을 보(부수 흙토)

倂所施之心
아우를 병(부수 사람인변), 바 소(부수 지게호), 베풀 시(부수 모방), 갈 지(부수 삐침별), 마음 심(부수 마음심)

俱非矣
함께 구(부수 사람인변), 아닐 비(부수 아닐비), 어조사 의(부수 화살시)

(5) 조부훈회(祖父訓誨)

잘 가노라 닫지 말며 못 가노라 쉬지 마라.
부디 긋지 말고 촌음을 아껴 쓰라.

가다가 중지 곧 하면 아니 감만 못하리라.

남파 김천택

 일을 처음 시작할 때는 모든 일이 잘될 것 같아 온 힘을 다 바쳐 정열을 쏟는데 몇 걸음 가지 못해 주저앉고 싶은 마음이 들 때가 있다. 이럴 때 이 시조를 음미해 보고 채근담 제89장도 깊이 생각해 보자.

(6) 독자 이벤트

평소에 암기한 시조나 시가 있다면 몇 편 정도 되는지 생각해 보고 10편 정도 암송해 보자.

전집 제90장

환난 날에 낙담하면
자기의 미약함만 들킬 뿐이다.

(1) 준비운독(準備運讀)

제90장을 읽는 데는 다음과 같은 어휘를 먼저 익혀야 한다. 오후오덕, 오일오심, 오형오도. 이 어휘를 스스로 익히고 난 후 다음의 설명을 참고하면 언어의 지평이 넓어지리라 생각된다.

오후오덕: 내 덕을 두텁게 한다.
오일오심: 내 마음을 편안하게 한다.
오형오도: 내 갈 길을 평탄하게 만든다.

(2) 홍자성 원문

天薄我以福, 吾厚吾德, 以迓之.
天勞我以形, 吾逸吾心, 以補之.
天阨我以遇, 吾亨吾道, 以通之. 天且我 奈何哉.
천박아이복, 오후오덕, 이아지.
천로아이형, 오일오심, 이보지.
천액아이우, 오형오도, 이통지. 천차아 나하재.

(3) 원문해석

하늘이 나에게 복을 박하게 준다면 나는 내 덕을 두텁게 하여 이를 맞이할 것이고, 하늘이 내 몸을 불편하게 한다면 나는 내 마음을 편하게 함으로써 이를 보충할 것이며, 하늘이 나에게 고통스러움을 준다면 나는 기를 형통케 함으로써 이를 뚫고 나갈 것이다. 그러면 하늘인들 나를 어찌하겠는가.

(4) 스스로 해석자료

天薄我以福

하늘 천(부수 큰대), 엷을 박(부수 초두머리), 나 아(부수 창과), 써 이(부수 사람인), 복 복(부수 보일시)

吾厚吾德

나 오(부수 입구), 두터울 후(부수 민엄호), 나 오(부수 입구), 클 덕(부수 두인변)

以迓之

써 이(부수 사람인), 마중할 아(부수 책받침), 갈 지(부수 삐침별)

天勞我以形

하늘 천(부수 큰대), 일할 로(부수 힘력), 나 아(부수 창과), 써 이(부수 사람인), 모양 형(부수 터럭삼)

吾逸吾心

나 오(부수 입구), 편안할 일(부수 책받침), 나 오(부수 입구), 마음 심(부수 마음심)

以補之

써 이(부수 사람인), 기울 보(부수 옷의변), 갈 지(부수 삐침별)

天阨我以遇

하늘 천(부수 큰대), 막힐 액(부수 좌부변), 나 아(부수 창과), 써 이(부수 사람인), 만날 우(부수 책받침)

吾亨吾道

나 오(부수 입구), 형통할 형(부수 돼지해머리), 나 오(부수 입구), 길 도(부수 책받침)

以通之

써 이(부수 사람인), 통할 통(부수 책받침), 갈 지(부수 삐침별)

天且我奈何哉

하늘 천(부수 큰대), 또 차(부수 한일), 나 아(부수 창과), 어찌 나(부수 큰대), 어찌 하(부수 사람인), 어조사 재(부수 입구)

(5) 조부훈회(祖父訓誨)

네가 만일 환난 날에 낙담하면 네 힘이 미약함을 보임이니라.

잠언 24장 10절

보라 내가 너를 연단하였으나 은처럼 하지 아니하고 너를 고난의 풀무 불에서 택하였노라.

이사야 48장 10절

  어려운 일을 당할 때, 특히 신체가 불편하거나 일이 잘되지 않을 때, 나는 왜 이렇게 복이 없지? 하고 한탄하지 말고 잠언 24장 10절과 이사야 48장 10절, 채근담 제90장을 살피면서 앞길을 다져가야 하리라.

  '천박아이복'의 복이나 '새해 복 많이 받으세요'의 복이나 우리가 흔히 쓰는 복의 의미는 거저 받는 생명의 에너지라 할 수 있다. 눈으로 볼 수 있고, 귀로 들을 수 있으며 코로 냄새를 맡고 혀로 쓴맛 단맛을 느낄 수 있으며 손으로 물이 뜨거운지, 차가운지 알 수 있는 것은 모두 생득적으로 거저 받는 생명의 에너지이다. 이런 복으로 삶을 영위하다가 재난을 만나 눈을 잃기도 하고 소리를 듣지 못하기도 한다. 등산하다가 절벽에서 떨어져 다리를 잃기도 하고 머리를 다치기도 한다. 수재나 화재, 사업 실패로 재산을 잃게 되기도 한다. 이러한 일이 있게 되면 나는 왜 이렇게 복이 박하지! 하고 불평하고 주저앉는 수가 있다. 이때 마음을 편안히 하는 방법으로 잠언이나, 이사야 또는 채근담 전집 제90장을 읽고 또 읽노라면 새로운 에너지가 생길 것이다.

(6) 독자 이벤트

  친구나 집안 식구 중 어려운 일을 당한 사람이 있다면 용기를 가지라고 문자를 보내거나 전화로 격려해 보자.

전집 제91장
복이 들어오고 화가 나가도록 매사를 살피자.

(1) 준비운독(準備運讀)

제91장을 읽는 데는 다음과 같은 어휘를 먼저 익혀야 한다. 정사, 유기충, 혐인. 이 어휘를 스스로 익히고 난 후 다음의 설명을 참고하면 언어의 지평이 넓어지리라 생각된다.

정사: 마음이 깨끗하고 뜻이 올바른 선비.
유기충: 빈 곳을 채워준다.
혐인: 자기 이익을 위하여 다른 사람을 불행하게 만드는 사람.

(2) 홍자성 원문

貞士 無心徼福, 天卽就無心處 牖其衷.
憸人 著意避禍, 天卽就著意中 奪其魄.
可見天之機權 最神 人之智巧 何益.
정사 무심요복, 천즉취무심처 유기충.
혐인 착의피화, 천즉취착의중 탈기백.
가견천지기권 최신 인지지교 하익.

(3) 원문해석

바른 선비는 복을 구하는 마음이 없는지라. 하늘은 곧 마음 없는 곳을 찾아가 복의 창문을 열어주고, 간사한 사람은 재앙을 피하려고 애쓰는지라. 하늘은 곧 그 애쓰는 속으로 뛰어들어 그의 혼을 빼앗는다. 이 하늘의 권능이 얼마나 신묘한가. 인간의 잔꾀나 슬기로는 도저히 알아낼 수 없다.

(4) 스스로 해석자료

貞士無心徼福

곧을 정(부수 조개패), 선비 사(부수 선비사), 없을 무(부수 연화발), 마음 심(부수 마음심), 돌 요(부수 두인변), 복 복(부수 보일시)

天卽就無心處

하늘 천(부수 큰대), 곧 즉(부수 병부절), 나아갈 취(부수 절름발이왕), 없을 무(부수 연화발), 마음 심(부수 마음심), 곳 처(부수 범호엄)

牖其衷

들창 유(부수 조각편), 그 기(부수 여덟팔), 속마음 충(부수 옷의)

燄人著意避禍

불 모양 염(부수 불화), 사람 인(부수 사람인), 붙을 착(부수 초두머리), 뜻 의(부수 마음심), 피할 피(부수 책받침), 재앙 화(부수 보일시)

天卽就著意中

하늘 천(부수 큰대), 곧 즉(부수 병부절), 나아갈 취(부수 절름발이왕), 붙을 착(부수 초두머리), 뜻 의(부수 마음심), 가운데 중(부수 뚫을곤)

奪其魄

빼앗을 탈(부수 큰대), 그 기(부수 여덟팔), 넋 백(부수 귀신귀)

可見天之機權

옳을 가(부수 입구), 볼 견(부수 볼견), 하늘 천(부수 큰대), 갈 지(부수 삐침별), 틀 기(부수 나무목), 권세 권(부수 나무목)

最神

가장 최(부수 가로왈), 귀신 신(부수 보일시)

人之智巧

사람 인(부수 사람인), 갈 지(부수 삐침별), 슬기 지(부수 날일), 공교할 교(부수 장인공)

何益

어찌 하(부수 사람인변), 더할 익(부수 그릇명)

(5) 조부훈회(祖父訓誨)

길인은 말이 선하고 보는 것이 선하고 행실이 선하여 하루에 세 가지 선함이 있어 3년 안에 하늘이 반드시 복을 내린다. 험인은 말이 악하고 보는 것이 악하고 행실이 악하여 하루에 세 가지 악함이 있어 3년 안에 하늘이 반드시 화를 내린다.

『태상감응편』

태상감응편에 험인과 길인의 속성과 결말에 대해서 운운했지만 이것을 곧이곧대로 믿는 사람은 거의 없다. 그러나 '이런 말은 전부 헛된 소리야' 하며 이런 감정을 갖는 사람은 결코 길인이 될 수 없고 험인이 될 수 있다.

(6) 독자 이벤트

정사와 험인이 따로따로 있을 수 있지만 두 가지 속성을 모두 지닐 수도 있다. 자기 행동을 되돌아보며 나의 이익을 위하여 남에게 해로운 일을 한 적이 있었던가를 되짚어 보자.

전집 제92장
젊어서 초라해도 늙어서는 창대해야 한다.

(1) 준비운독(準備運讀)

제92장을 읽는 데는 다음과 같은 어휘를 먼저 익혀야 한다. 성기, 만경종량, 연화, 백두. 이 어휘를 스스로 익히고 난 후 다음의 설명을 참고하면 언어의 지평이 넓어지리라 생각된다.

성기: 기생, 기녀.
만경종량: 늘그막에 가정을 평화롭게 이루고 삶.
연화: 해웃값으로 생계를 연명하다.
백두: 머리가 희어짐.

(2) 홍자성 원문

聲妓, 晚景從良, 一世之胭花無碍.
貞婦, 白頭失守, 半生之淸苦俱非.
語云, "看人只看後半截", 眞名言也.
성기, 만경종량, 일세지연화무애.
정부, 백두실수, 반생지청고구비.
어운, "간인지간후반절", 진명언야.

(3) 원문해석

화류계의 여자라도 늘그막에 마음을 바로잡아 한 가정을 이루면 한세상의 부끄러운 생활이 꺼릴 게 없고, 수절하던 부인이더라도 늘그막에 정절을 잃으면 한평생의 떳떳한 생활이 보람이 없다. 속담에 "사람을 보려거든 인생의 후반생을 보라"라고 하였으니 참으로 명언이다.

(4) 스스로 해석자료

聲妓
소리 성(부수 귀이), 기생 기(부수 여자녀)

晩景從良
저물 만(부수 날일), 볕 경(부수 날일), 좇을 종(부수 두인변), 어질 량(부수 괘이름간)

一世之胭花無碍
한 일(부수 한일), 인간 세(부수 한일), 갈 지(부수 삐침별), 연지 연(부수 육달월), 꽃 화(부수 초두머리), 없을 무(부수 연화발), 거리낄 애(부수 돌석)

貞婦
곧을 정(부수 조개패), 며느리 부(부수 여자녀)

白頭失守
흰 백(부수 흰백), 머리 두(부수 머리혈), 잃을 실(부수 큰대), 지킬 수(부수 갓머리)

半生之淸苦俱非
반 반(부수 열십), 날 생(부수 날생), 갈 지(부수 삐침별), 맑을 청(부수 삼수변), 쓸 고(부수 초두머리), 함께 구(부수 사람인변), 아닐 비(부수 아닐비)

語云
말씀 어(부수 말씀언), 이를 운(부수 두이)

看人只看後半截
볼 간(부수 눈목), 사람 인(부수 사람인), 다만 지(부수 입구), 볼 간(부수 눈목), 뒤 후(부수 두인변), 반 반(부수 열십), 끊을 절(부수 창과)

眞名言也
참 진(부수 눈목), 이름 명(부수 입구), 말씀 언(부수 말씀언), 어조사 야(부수 새을)

(5) 조부훈회(祖父訓誨)

마라톤과 같이 오래 지속되는 일에는 초반에 힘을 쏟게 되면 에너지가 소진되어 중간에 주저앉는 수가 있다. 처음에 서서히 움직이며 에너지를 쌓아가면서 앞길을 다져나가야 늘그막이나 마지막에 창대하게 된다.

(6) 독자 이벤트

헤어질 때도 술, 만날 때도 술인데, 술 먹을 때 부끄러운 행동을 한 적이 있었던가? 되돌아보자.

전집 제93장
있으면서도 궁색 떨며 걸인 노릇 하지 마라.

(1) 준비운독(準備運讀)

제93장을 읽는 데는 다음과 같은 어휘를 먼저 익혀야 한다. 긍종덕, 도탐권시총. 이 어휘를 홍자성 원문에서 찾아보고 다음의 설명을 참고하면 언어의 지평이 넓어지리라 생각된다.

긍종덕: 기쁜 마음으로 덕을 심는다.
도탐권시총: 탐욕을 채우고자 사랑을 구걸한다.

(2) 홍자성 원문

平民 肯種德施惠, 便是無位的公相.
士夫 徒貪權市寵, 竟成有爵的乞人.
평민 긍종덕시혜, 편시무위적공상.
사부 도탐권시총, 경성유작적걸인.

(3) 원문해석

평범한 사람들이라도 기쁜 마음으로 덕을 심고 은혜를 베풀면 이는 비록 보수는 없지만 높은 벼슬자리에 오른 이상이 되며 사부라 하더라도 권세를 탐내고 자비를 빙자하여 개인 욕심만 채우기 급급하다면 이는 높은 지위에 있다 할지라도 걸인이나 마찬가지다.

(4) 스스로 해석자료

平民
평평할 평(부수 방패간), 백성 민(부수 각시씨)

肯種德施惠

즐길 긍(부수 육달월), 씨 종(부수 벼화), 클 덕(부수 두인변), 베풀 시(부수 모방), 은혜 혜(부수 마음심)

便是無位的公相

편할 편(부수 사람인변), 이 시(부수 날일), 없을 무(부수 연화발), 자리 위(부수 사람인변), 과녁 적(부수 흰백), 공평할 공(부수 여덟팔), 서로 상(부수 눈목)

士夫

선비 사(부수 선비사), 지아비 부(부수 큰대)

徒貪權市寵

무리 도(부수 두인변), 탐낼 탐(부수 조개패), 권세 권(부수 나무목), 저자 시(부수 수건건), 사랑할 총(부수 갓머리)

竟成有爵的乞人

마침내 경(부수 설립), 이룰 성(부수 창과), 있을 유(부수 달월), 벼슬 작(부수 손톱조), 과녁 적(부수 흰백), 빌 걸(부수 새을), 사람 인(부수 사람인)

(5) 조부훈회(祖父訓誨)

권력과 재물을 가지고 있으면서도 궁색을 떨며 이리 기웃 저리 기웃 하는 걸인 행세를 하는 사람이 있는가 하면 먹고살기에 급급하면서도 어려운 사람을 만나면 흔쾌히 도와주는 사람도 있다.

(6) 독자 이벤트

주위에 노숙자나 먹고살기가 어려워 불편한 사람들이 있는지 살펴보자.

전집 제94장
선조에게 받은 만큼 후손에게 물려준다.

(1) 준비운독(準備運讀)

제94장을 읽는 데는 다음과 같은 어휘를 먼저 익혀야 한다. 소향자, 적루, 소이자. 이 어휘를 스스로 익히고 난 후 다음의 설명을 참고하면 언어의 지평이 넓어지리라 생각된다.

소향자: 내가 누리고 있는 행복.
적루: 쌓아 올리다.
소이자: 내가 남기는 혜택.

(2) 홍자성 원문

問祖宗之德澤 吾身所享者 是, 當念其積累之難.
問子孫之福祉 吾身所貽者 是, 要思其傾覆域易.
문조종지덕택 오신소향자 시, 당념기적루지란.
문자손지복지 오신소이자 시, 요사기경복역이.

(3) 원문해석

선조가 남겨준 덕택이 무엇인가. 가만히 생각해 보면 지금 내가 살아 누리는 모든 것이 그것이니, 그 쌓기 어려움에 대해서 찬사를 보내야 한다. 자손에게 물려줄 복이 무엇인가. 가만히 생각해 보면 지금 행하는 모든 것이 그것이니, 그것이 삐뚤어지고 잘못되지 않는가를 늘 살펴야 한다.

(4) 스스로 해석자료

問祖宗之德澤

물을 문(부수 입구), 할아버지 조(부수 보일시변), 마루 종(부수 갓머리), 갈 지(부수 삐침별), 클 덕(부수 두인변), 못 택(부수 삼수변)

吾身所享者

나 오(부수 입구), 몸 신(부수 몸신), 바 소(부수 지게호), 누릴 향(부수 돼지해머리), 놈 자(부수 늙을로엄)

是

이 시(부수 날일)

當念其積累之難

마땅 당(부수 밭전), 생각 념(부수 마음심), 그 기(부수 여덟팔), 쌓을 적(부수 벼화), 묶을 루(부수 실사), 갈 지(부수 삐침별), 어려울 란(부수 새추)

問子孫之福祉

물을 문(부수 입구), 아들 자(부수 아들자), 손자 손(부수 아들자), 갈 지(부수 삐침별), 복 복(부수 보일시), 복 지(부수 보일시변)

吾身所貽者

나 오(부수 입구), 몸 신(부수 몸신), 바 소(부수 지게호), 끼칠 이(부수 조개패), 놈 자(부수 늙을로엄)

是

이 시(부수 날일)

要思其傾覆域易

요긴할 요(부수 덮을아), 생각 사(부수 마음심), 그 기(부수 여덟팔), 기울 경(부수 사람인변), 다시 복(부수 덮을아), 지경 역(부수 흙토), 쉬울 이(부수 날일)

(5) 조부훈회(祖父訓誨)

내일 지구가 멸망할지라도 한 그루의 사과나무를 심는 사람이 있다. 80이 훌쩍 넘은 사람들이 배나무, 사과나무, 감나무를 뽑아내고 새로운 배나무, 사과나무, 감나무를 심는다. 조상들이 심어놓은 과일나무가 수명이 다하여 뽑아내고 후손들을 위해서 새로 개량된 과일나무를 심는

다. 이산화탄소 배출을 줄이고자 문명의 에어컨, 히터 등 문명의 이기를 덜 사용하는 것을 후손을 위한 이벤트라 할 수 있다.

(6) 독자 이벤트

소주병, 사이다병, 음료수 캔이 여기저기 널려있는지 살펴보자.

전집 제95장
지식이나 교양으로
착한 일을 하는척하면서 남을 속이지 마라.

(1) 준비운독(準備運讀)

 제95장을 읽는 데는 다음과 같은 어휘를 먼저 익혀야 한다. 사선, 개절. 이 어휘를 스스로 익히고 난 후 다음의 설명을 참고하면 언어의 지평이 넓어지리라 생각된다.

 사선: 착한척하는 것.
 개절: 자기가 이롭다 싶으면 남을 생각하지 않고 바꿈.

(2) 홍자성 원문

君子而詐善, 無異小人之肆惡.
君子而改節, 不及小人之自新.
군자이사선, 무이소인지사악.
군자이개절, 불급소인지자신.

(3) 원문해석

 군자가 선한척하면서 나쁜 일을 하면 소인이 함부로 악을 저지르는 것과 다를 것이 없다. 군자로서 변절하는 것은 소인이 제 잘못을 뉘우치는 것에도 못 미친다.

(4) 스스로 해석자료

 君子而詐善
 임금 군(부수 입구), 아들 자(부수 아들자), 말 이을 이(부수 말이을이), 속일 사(부수 말씀언), 착할 선(부수 입구)

無異小人之肆惡

없을 무(부수 연화발), 다를 이(부수 밭전), 작을 소(부수 작을소), 사람 인(부수 사람인), 갈 지(부수 삐침별), 방자할 사(부수 붓율), 악할 악(부수 마음심)

君子而改節

임금 군(부수 입구), 아들 자(부수 아들자), 말 이을 이(부수 말이을이), 고칠 개(부수 등글월문), 마디 절(부수 대죽)

不及小人之自新

아닐 불(부수 한일), 미칠 급(부수 또우), 작을 소(부수 작을소), 사람 인(부수 사람인), 갈 지(부수 삐침별), 스스로 자(부수 스스로자), 새 신(부수 날근)

(5) 조부훈회(祖父訓誨)

곡학아세하는 만큼 부끄러운 일이 없다. 지식이나 교양 운운하며 사람들의 이익을 살핀다면서 자기 권세나 자기 이익만 챙기는 사람은 시골에서 전혀 배우지 않은 학식 없는 사람보다 못하다.

(6) 독자 이벤트

곡학아세한 사람들을 5명만 찾아보자.

전집 제96장

잘못을 타이를 때 상대가 쩔쩔매지 않게 하라.

(1) 준비운독(準備運讀)

제96장을 읽는 데는 다음과 같은 어휘를 먼저 익혀야 한다. 불의폭로, 불의경기. 이 어휘를 스스로 익히고 난 후 다음의 설명을 참고하면 언어의 지평이 넓어지리라 생각된다.

불의폭로: 잘못을 들춰내지 마라.
불의경기: 예사로 보아 넘기지 마라.

(2) 홍자성 원문

家人有過, 不宜暴怒, 不宜輕棄.
此事難言, 借也事隱諷之. 今日不悟, 俟來日再警之.
如春風解凍, 如和氣消氷, 纔是家庭的型範.
가인유과, 불의폭로, 불의경기.
차사난언, 차야사은풍지. 금일불오, 사래일재경지.
여춘풍해동, 여화기소빙, 재시가정적형범.

(3) 원문해석

집안사람에게 잘못이 발생했다면 거칠게 성낼 것도 아니고 심드렁하게 버려둘 일도 아니다. 그 일을 직접 말하기 어렵거든 다른 일을 빌어 에둘러 타일러라. 오늘 깨닫지 못하거든 다음 날을 기다렸다가 두 번 깨우쳐주어라. 봄바람이 언 것을 풀어주고, 따뜻한 기운이 얼음을 녹이듯이 하는 것, 이것이 곧 가정의 규범이다.

(4) 스스로 해석자료

家人有過

집 가(부수 갓머리), 사람 인(부수 사람인), 있을 유(부수 달월), 지날 과(부수 책받침)

不宜暴怒

아닐 불(부수 한일), 마땅 의(부수 갓머리), 사나울 폭(부수 날일), 성낼 로(부수 마음심)

不宜輕棄

아닐 불(부수 한일), 마땅 의(부수 갓머리), 가벼울 경(부수 수레거), 버릴 기(부수 나무목)

此事難言

이 차(부수 그칠지), 일 사(부수 갈고리궐), 어려울 난(부수 새추), 말씀 언(부수 말씀언)

借也事隱諷之

빌릴 차(부수 사람인변), 어조사 야(부수 새을), 일 사(부수 갈고리궐), 숨을 은(부수 좌부변), 풍자할 풍(부수 말씀언), 갈 지(부수 삐침별)

今日不悟

이제 금(부수 사람인), 날 일(부수 날일), 아닐 불(부수 한일), 깨달을 오(부수 심방변)

俟來日再警之

기다릴 사(부수 사람인변), 올 래(부수 사람인), 날 일(부수 날일), 두 재(부수 멀경몸), 깨우칠 경(부수 말씀언), 갈 지(부수 삐침별)

如春風解凍

같을 여(부수 여자녀), 봄 춘(부수 날일), 바람 풍(부수 바람풍), 풀 해(부수 뿔각), 얼 동(부수 이수변)

如和氣消氷

같을 여(부수 여자녀), 화할 화(부수 입구), 기운 기(부수 기운기엄), 사라질 소(부수 삼수변), 얼음 빙(부수 물수)

纔是家庭的型範

겨우 재(부수 실사변), 이 시(부수 날일), 집 가(부수 갓머리), 뜰 정(부수 엄호), 과녁 적(부수 흰백), 모형 형(부수 흙토), 법 범(부수 대죽)

(5) 조부훈회(祖父訓誨)

호박 구덩이에 오줌을 주면 호박이 아주 잘 자란다. 눈이 침침한 늙은 할머니가 호박 구덩이에 오줌을 준다면서 모르고 참기름을 갖다 부은 이야기를 소개해 본다.

혼자 집을 보던 할머니가 심심하기도 하고, 무슨 일이든 거들어야 할 것 같은 생각이 들어서 호박 구덩이에 거름을 주기로 했다. 그런데 눈이 어두운 터라 마루 구석에 있는 요강을 들고 간다는 것이 그만 막 짜다 놓은 참기름 단지를 들어 호박 구덩이에 붓고 말았다. 밖에 놀러 나갔던 손녀가 돌아와 이 광경을 보고는 깜짝 놀랐다. 그러나 그 사실을 바로 할머니께 말씀드리면 놀라실 것 같아 모른체하기로 했다가 조금 후 돌아온 어머니에게 말씀드렸다.

"어머니, 할머니께서 참기름을 오줌인 줄 알고 호박 구덩이에 부으셨어요."
"뭐야? 그래, 할머니께서도 아시니?"
"아니요. 말씀드리면 놀라실 것 같아서 아무 말씀도 드리지 않았어요."
"오냐, 참 잘했다. 할머니께서 아시면 얼마나 놀라시겠니!"

이 이야기를 보면 7살 정도 되는 소녀가 이렇게 기특할 수가 있나 하며 감동을 받게 된다.

(6) 독자 이벤트

요강을 사용하여 소변을 모아 뜰에 심어져 있는 호박이나 오이에 거름을 주고 며칠 후 그 자람을 살펴보자.

전집 제97장

내가 원만하고 관대하면 세상도 그대로 반응한다.

(1) 준비운독(準備運讀)

제97장을 읽는 데는 다음과 같은 어휘를 먼저 익혀야 한다. 차심, 상간득, 자무결함, 험측. 이 어휘를 스스로 익히고 난 후 다음의 설명을 참고하면 언어의 지평이 넓어지리라 생각된다.

차심: 자기의 마음.
상간득: 언제나 얻는다면.
자무결함: 저절로 결함이 없다.
험측: 험악한 일.

(2) 홍자성 원문

此心常看得圓滿, 天下 自無缺陷之世界.
此心常放得寬平, 天下 自無險側之人情.
차심상간득원만, 천하 자무결함지세계.
차심상방득관평, 천하 자무험측지인정.

(3) 원문해석

자기 마음이 항상 원만하면 세상도 저절로 결함이 없는 세계가 될 것이요, 제 마음이 늘 너그럽다면 천하도 저절로 험악한 인정이 없어질 것이다.

(4) 스스로 해석자료

此心常看得圓滿

이 차(부수 그칠지), 마음 심(부수 마음심), 떳떳할 상(부수 수건건), 볼 간(부수 눈목), 얻을 득(부수 두인변), 둥글 원(부수 큰입구몸), 찰 만(부수 삼수변)

天下自無缺陷之世界

하늘 천(부수 큰대), 아래 하(부수 한일), 스스로 자(부수 스스로자), 없을 무(부수 연화발), 이지러질 결(부수 장군부), 빠질 함(부수 좌부변), 갈 지(부수 삐침별), 인간 세(부수 한일), 지경 계(부수 밭전)

此心常放得寬平

이 차(부수 그칠지), 마음 심(부수 마음심), 떳떳할 상(부수 수건건), 놓을 방(부수 등글월문), 얻을 득(부수 두인변), 너그러울 관(부수 갓머리), 평평할 평(부수 방패간)

天下自無險側之人情

하늘 천(부수 큰대), 아래 하(부수 한일), 스스로 자(부수 스스로자), 없을 무(부수 연화발), 험할 험(부수 좌부변), 곁 측(부수 사람인변), 갈 지(부수 삐침별), 사람 인(부수 사람인), 뜻 정(부수 심방변)

(5) 조부훈회(祖父訓誨)

마음을 원만하게 가질지라도 이래도 흥 저래도 흥 해서는 안 된다. '방정하다'와 '방정맞다'에 대해서 생각해 본다. '방정하다'는 동서남북 방향을 정해놓고 움직이는 것이고, '방정맞다'는 말이나 행동이 찬찬하지 못하고 몹시 까불어서 가볍고 점잖지 못하다는 뜻이다. 행동을 원만하게 하면서 방정맞지 않게 하며 방향감각을 놓치지 않고 방정해야 하리라.

(6) 독자 이벤트

표창장이나 상장을 받은 일이 있다면 그 문안을 살펴보자.

전집 제98장
하는 일마다 살피고 저울질하여 실행한다.

(1) 준비운독(準備運讀)

제98장을 읽는 데는 다음과 같은 어휘를 먼저 익혀야 한다. 농염자, 검칙지인, 방사자, 봉망. 이 어휘를 홍자성 원문에서 찾아보고 다음에 설명된 것을 참고하면 언어의 지평이 넓어지리라 생각된다.

농염자: 사치를 심하게 하는 사람.
검칙지인: 검사하고 살펴서 행동을 빈틈없이 하는 사람.
방사자: 방종한 사람.
봉망: 창끝과 서슬, 곧 날카로운 주장.

(2) 홍자성 원문

澹泊之士 必爲濃艶者所疑. 檢飭之人 多爲放肆者所忌.
君子處此, 固不可少變其操履, 亦不可太露其鋒鋩.
담박지사 필위농염자소의. 검칙지인 다위방사자소기.
군자처차 고불가소변기조리. 역불가태로기봉망.

(3) 원문해석

꾸밈이 없는 선비는 반드시 사치하는 사람의 의심을 받게 되며 자세히 살피고 따지는 사람은 방종한 사람이 꺼리게 된다. 군자는 이런 경우에 있어서는 진실로 조금이라도 그 지조를 변치 말 것이며, 또한 지나치게 그 서슬을 나타내지 말 것이다.

(4) 스스로 해석자료

澹泊之士

맑을 담(부수 삼수변), 머무를 박(부수 삼수변), 갈 지(부수 삐침별), 선비 사(부수 선비사)

必爲濃艷者所疑

반드시 필(부수 마음심), 할 위(부수 손톱조), 짙을 농(부수 삼수변), 고울 염(부수 빛색), 놈 자(부수 늙을로엄), 바 소(부수 지게호), 의심할 의(부수 짝필)

檢飭之人

검사할 검(부수 나무목), 신칙할 칙(부수 밥식), 갈 지(부수 삐침별), 사람 인(부수 사람인)

多爲放肆者所忌

많을 다(부수 저녁석), 할 위(부수 손톱조), 놓을 방(부수 등글월문), 방자할 사(부수 붓율), 놈 자(부수 늙을로엄), 바 소(부수 지게호), 꺼릴 기(부수 마음심)

君子處此

임금 군(부수 입구), 아들 자(부수 아들자), 곳 처(부수 범호엄), 이 차(부수 그칠지)

固不可少變其操履

굳을 고(부수 큰입구몸), 아닐 불(부수 한일), 옳을 가(부수 입구), 적을 소(부수 작을소), 변할 변(부수 말씀언), 그 기(부수 여덟팔), 잡을 조(부수 재방변), 밟을 리(부수 주검시엄)

亦不可太露其鋒鋩

또 역(부수 돼지해머리), 아닐 불(부수 한일), 옳을 가(부수 입구), 클 태(부수 큰대), 이슬 로(부수 비우), 그 기(부수 여덟팔), 칼날 봉(부수 쇠금), 서슬 망(부수 쇠금)

(5) 조부훈회(祖父訓誨)

제98장은 검소를 지향하는 담박지사, 사치를 지나치게 하는 농염자, 일을 할 때마다 검사하고 저울질해서 빈틈없이 하는 검칙지인, 만나는 일마다 되는대로 하는 방사자 네 명에 대한 이야기이다. 이 네 분류의 사람이 따로따로 있기도 하지만 한 사람이 네 가지 요소를 갖는 사람도 있다. 농염자나 방사자가 되지 않도록 매사에 임심리박해야 한다.

(6) 독자 이벤트

지나치게 담박한 친구나 지나치게 농염한 친구가 있는가 살펴보는 것이 좋겠다.

전집 제99장
역경을 이겨내고 순경에 넘어지지 마라.

(1) 준비운독(準備運讀)

제99장을 읽는 데는 다음과 같은 어휘를 먼저 익혀야 한다. 역경, 침폄, 순경, 소고마골. 이 어휘를 스스로 익히고 난 후 다음의 설명을 참고하면 언어의 지평이 넓어지리라 생각된다.

역경: 어려운 일이나 불편한 일을 자기 에너지로는 이겨내기 힘든 상황.
침폄: 쇠로 만든 침과 돌로 만든 침.
순경: 일이 편안하고 쉬워 별로 힘을 쓰지 않아도 되는 상황.
소고마골: 살이 닳아지고 뼈가 깎이다.

(2) 홍자성 원문

居逆境中, 周身 皆鍼砭藥石, 砥節礪行而不覺.
處順境內, 眼前 盡兵刃戈矛, 銷膏磨骨而不知.
거역경중, 주신 개침폄약석, 지절려행이불각.
처순경내, 안전 진병인과모, 소고마골이부지.

(3) 원문해석

역경을 당했을 때는 자기 주위가 모두 침이요 약인지라 자기도 모르게 절조를 갖고 행실을 닦게 되지만, 순경에 처하면 눈앞이 모두 칼이요 창이어서 살이 닳아지고 뼈가 깎여도 그것을 느끼지 못한다.

(4) 스스로 해석자료

居逆境中
살 거(부수 주검시엄), 거스를 역(부수 책받침), 지경 경(부수 흙토), 가운데 중(부수 뚫을곤)

周身
두루 주(부수 입구), 몸 신(부수 몸신)

皆鍼砭藥石
다 개(부수 흰백), 침 침(부수 쇠금), 돌침 폄(부수 돌석), 약 약(부수 초두머리), 돌 석(부수 돌석)

砥節礪行而不覺
숫돌 지(부수 돌석), 마디 절(부수 대죽), 숫돌 려(부수 돌석), 다닐 행(부수 다닐행), 말 이을 이(부수 말이을이), 아닐 불(부수 한일), 깨달을 각(부수 볼견)

處順境內
곳 처(부수 범호엄), 순할 순(부수 머리혈), 지경 경(부수 흙토), 안 내(부수 들입)

眼前
눈 안(부수 눈목), 앞 전(부수 선칼도방)

盡兵刃戈矛
다할 진(부수 그릇명), 병사 병(부수 여덟팔), 칼날 인(부수 칼도), 창 과(부수 창과), 창 모(부수 창모)

銷膏磨骨而不知
녹일 소(부수 쇠금), 기름 고(부수 육달월), 갈 마(부수 돌석), 뼈 골(부수 뼈골), 말 이을 이(부수 말이을이), 아닐 부(부수 한일), 알 지(부수 화살시)

(5) 조부훈회(祖父訓誨)

역경과 순경에 대해 네 사람의 부류가 있다. 역경을 만나면 그 걸림돌을 디딤돌로 삼아 한 단계 오르는 사람이 있는가 하면 그것을 견디지 못하고 주저하는 사람도 있다. 순경을 만나면 에너지를 비축하여 한 단계 더 오르는 사람이 있는가 하면 일이 너무 편안하고 쉬워 나태에 빠져서 몰락하는 사람도 있다. 자전거를 타고 오를 때는 온 힘을 다하여 페달을 밟지만, 내리막을 만날 때는 과속이 붙어 브레이크를 조절해야 되는데 이것을 놓쳐서 다치는 사람이 있다. 오르막에서 넘어지는 사람은 거의 없는데, 내리막에서 넘어지는 사람이 의외로 많다.

(6) 독자 이벤트

자전거를 타고 오르막과 내리막길을 오르내리는 경험을 해보자.

전집 제100장
금수저 장남보다 흙수저 차남이 더 고생이다.

(1) 준비운독(準備運讀)

제100장을 읽는 데는 다음과 같은 어휘를 먼저 익혀야 한다. 총중, 청랭, 자삭. 이 어휘를 홍자성 원문에서 찾아보고 설명된 것을 참고하면 사고의 지평이 넓어지리라 생각된다.

총중: 모여있는 가운데.
청랭: 시원하고 침착하다.
자삭: 자기를 태워 없애다.

(2) 홍자성 원문

生長富貴叢中的, 嗜欲 如猛火, 權勢 似烈焰.
若不帶些淸冷氣味, 其火焰 不至焚人, 必將自爍矣.
생장부귀총중적, 기욕 여맹화, 권세 사렬염.
약부대사청랭기미, 기화염 부지분인, 필장자삭의.

(3) 원문해석

금수저로 태어나 배고픔도 목마름도 모르고 총애만 받고 자라온 사람은 즐기는 것도 강하고 욕심도 지나쳐 하는 일마다 성난 불길과 같고 권세도 사나운 불꽃과 같다. 만약 조금이라도 맑고 시원한 교육을 받지 않으면 그 불꽃이 남을 태우지 못하고 끝내는 자신만 태우고 만다.

(4) 스스로 해석자료

生長富貴叢中的

날 생(부수 날생), 길 장(부수 길장), 부유할 부(부수 갓머리), 귀할 귀(부수 조개패), 모일 총(부수 또우), 가운데 중(부수 뚫을곤), 과녁 적(부수 흰백)

嗜欲
즐길 기(부수 입구), 하고자 할 욕(부수 하품흠)

如猛火
같을 여(부수 여자녀), 사나울 맹(부수 개삼슴록변), 불 화(부수 불화)

權勢
권세 권(부수 나무목), 형세 세(부수 힘력)

似烈焰
닮을 사(부수 사람인변), 매울 렬(부수 연화발), 불꽃 염(부수 불화)

若不帶些淸冷氣味
같을 약(부수 초두머리), 아닐 부(부수 한일), 띠 대(부수 수건건), 적을 사(부수 두이), 맑을 청(부수 삼수변), 찰 랭(부수 이수변), 기운 기(부수 기운기엄), 맛 미(부수 입구)

其火焰
그 기(부수 여덟팔), 불 화(부수 불화), 불꽃 염(부수 불화)

不至焚人
아닐 부(부수 한일), 이를 지(부수 이를지), 불사를 분(부수 불화), 사람 인(부수 사람인)

必將自爍矣
반드시 필(부수 마음심), 장차 장(부수 마디촌), 스스로 자(부수 스스로자), 태울 삭(부수 불화), 어조사 의(부수 화살시)

(5) 조부훈회(祖父訓誨)

부와 명예의 환경이 좋은 곳에서 태어나고 자란 사람들은 탐욕에 이끌려 활활 타오르는 불길처럼 사방에서 그 힘과 영향력이 맹렬하게 타오른다. 그러므로 이런 사람들에게는 "오냐, 오냐"만 하지 말고, 하는 일이 지나치지 않도록 조절하고 통제해야 한다. 그렇지 않으면 그가 몰락하든지 주위 사람들이 크게 다치게 된다.

(6) 독자 이벤트

금수저의 자녀로 태어나 몰락한 사례를 서너 건 찾아보자.

전집 제101장
최선을 찾아내어 있는 힘을 다하자.

(1) 준비운독(準備運讀)

　제101장을 읽는 데는 다음과 같은 어휘를 먼저 익혀야 한다. 상가비, 성가운, 진재. 이 어휘를 스스로 익히고 난 후 다음의 설명을 참고하면 언어의 지평이 넓어지리라 생각된다.

　상가비: 서리를 내리게 하다.
　성가운: 성을 무너지게 하다.
　진재: 마음의 본체.

(2) 홍자성 원문

人心一眞, 便霜可飛 城可隕 金石可貫.
若僞妄之人, 形骸徒具, 眞宰已亡,
對人 則面目 可憎, 獨居 則形影自傀.
인심일진, 편상가비 성가운 금석가관.
약위망지인, 형해도구, 진재이망,
대인 즉면목 가증, 독거 즉형영자괴.

(3) 원문해석

　마음에 참다운 진실을 굳게 가지면 그 지성의 힘은 여름에 서리가 내리게 할 수도 있고 성곽도 무너뜨릴 수 있으며 금속과 바위도 꿰뚫을 수 있다. 그렇지만 만약 마음이 허망함으로 가득 차있게 되면, 형체만 헛되이 갖추었을 뿐 참됨은 이미 망한지라 사람을 만나게 되면 얼굴도 밉게 보이고 홀로 있으면 제 모습과 그림자도 스스로 부끄러워진다.

(4) 스스로 해석자료

人心一眞
사람 인(부수 사람인), 마음 심(부수 마음심), 한 일(부수 한일), 참 진(부수 눈목)

便霜可飛
편할 편(부수 사람인변), 서리 상(부수 비우), 옳을 가(부수 입구), 날 비(부수 날비)

城可隕
성 성(부수 흙토), 옳을 가(부수 입구), 떨어질 운(부수 좌부변)

金石可貫
쇠 금(부수 쇠금), 돌 석(부수 돌석), 옳을 가(부수 입구), 꿸 관(부수 조개패)

若僞妄之人
같을 약(부수 초두머리), 거짓 위(부수 사람인변), 망령될 망(부수 여자녀), 갈 지(부수 삐침별), 사람 인(부수 사람인)

形骸徒具
모양 형(부수 터럭삼), 뼈 해(부수 뼈골), 무리 도(부수 두인변), 갖출 구(부수 여덟팔)

眞宰已亡
참 진(부수 눈목), 재상 재(부수 갓머리), 이미 이(부수 몸기), 망할 망(부수 돼지해머리)

對人
대할 대(부수 마디촌), 사람 인(부수 사람인)

則面目
곧 즉(부수 선칼도방), 낯 면(부수 낯면), 눈 목(부수 눈목)

可憎
옳을 가(부수 입구), 미울 증(부수 심방변)

獨居
홀로 독(부수 개사슴록변), 살 거(부수 주검시엄)

則形影自愧
곧 즉(부수 선칼도방), 모양 형(부수 터럭삼), 그림자 영(부수 터럭삼), 스스로 자(부수 스스로자), 허수아비 괴(부수 사람인변)

(5) 조부훈회(祖父訓誨)

여러 가지 일이 널려있을 때 생각하고 생각하여 최선책을 찾아 온 힘을 다하면 여름에 서리가 내릴 정도의 기적도 이뤄낼 수 있다. 그런데 이 일 저 일로 갈등을 느껴 마음을 정하지 못하면 널려있는 일이 흐리멍덩하여 결과가 부끄러운 지경에 빠지고 만다. 그러므로 일을 시작할 때 보다 철저히 선택해야 한다.

(6) 독자 이벤트

지금까지 100장을 읽고 제101장을 만나게 되었는데 차례를 살펴 감동되는 몇 장을 찾아 다시 한번 읽어보자.

전집 제102장

고상한 체하지 말고 재주를 뽐내지 마라.

(1) 준비운독(準備運讀)

제102장을 읽는 데는 다음과 같은 어휘를 먼저 익혀야 한다. 주도극처, 무유타기, 무유타이. 이 어휘를 스스로 익히고 난 후 다음의 설명을 참고하면 언어의 지평이 넓어지리라 생각된다.

주도극처: 최선의 경지에 도달하다.
무유타기: 기묘한 일이 아니다.
무유타이: 남과 다르지 않다.

(2) 홍자성 원문

文章 做到極處, 無有他奇, 只是恰好.
人品 做到極處, 無有他異, 只是本然.
문장 주도극처, 무유타기, 지시흡호.
인품 주도극처, 무유타이, 지시본연.

(3) 원문해석

능숙한 문장력은 세월이나 노력에 의하여 누구나 가질 수 있기 때문에 그리 주목할 만한 것이 아니다. 인품이 완벽하게 이루어졌다 할지라도 자기 본연의 성격이 발현된 것이므로 그렇게 놀라운 일이 아니다.

(4) 스스로 해석자료

文章

글월 문(부수 글월문), 글 장(부수 설립)

做到極處

지을 주(부수 사람인변), 이를 도(부수 선칼도방), 극진할 극(부수 나무목), 곳 처(부수 범호엄)

無有他奇

없을 무(부수 연화발), 있을 유(부수 달월), 다를 타(부수 사람인변), 기특할 기(부수 큰대)

只是恰好

다만 지(부수 입구), 이 시(부수 날일), 흡사할 흡(부수 심방변), 좋을 호(부수 여자녀)

人品

사람 인(부수 사람인), 물건 품(부수 입구)

做到極處

지을 주(부수 사람인변), 이를 도(부수 선칼도방), 극진할 극(부수 나무목), 곳 처(부수 범호엄)

無有他異

없을 무(부수 연화발), 있을 유(부수 달월), 다를 타(부수 사람인변), 다를 이(부수 밭전)

只是本然

다만 지(부수 입구), 이 시(부수 날일), 근본 본(부수 나무목), 그럴 연(부수 연화발)

(5) 조부훈회(祖父訓誨)

표현력을 기르기 위해서는 간접경험을 많이 해야 하는데 간접경험의 한계가 있으므로 이 한계를 독서로 보충해야 한다. 인품을 갈고닦는 데는 성현의 모습을 살펴보는 것이 좋다.

(6) 독자 이벤트

『서서번연 채근담』을 읽고 감동을 받았다면 이 책을 7권 정도 선물해 보자.

전집 제103장
공명부귀에만 매달리면 환영에 깊이 빠지게 된다.

(1) 준비운독(準備運讀)

제103장을 읽는 데는 다음과 같은 어휘를 먼저 익혀야 한다. 환적, 위형, 간득파, 인득진, 강쇄. 이 어휘를 스스로 익히고 난 후 다음의 설명을 참고하면 언어의 지평이 넓어지리라 생각된다.

환적: 현실에서 벗어난 환상.
위형: 하늘로부터 위탁받은 일.
간득파: 간파하다.
인득진: 진상의 인식.
강쇄: 족쇄. 즉 명성과 이욕에 얽매이다.

(2) 홍자성 원문

以幻迹言, 無論功名富貴, 即肢體 亦屬委形.
以眞境言, 無論父母兄弟, 即萬物 皆吾一體.
人能看得破 認得眞, 纔可任天下之負擔, 亦可脫世間之韁鎖.
이환적언, 무론공명부귀, 즉지체 역속위형.
이진경언, 무론부모형제, 즉만물 개오일체.
인능간득파 인득진, 재가임천하지부담, 역가탈세간지강쇄.

(3) 원문해석

세상을 환영으로 본다면 명예도, 명성도, 부도, 신분도 없고, 팔다리, 몸도 나와 관련된 것이 없다. 세상을 진실로 찾아본다면 부모, 자매, 형제, 그리고 실로 만물이 모두 나와 한 몸이다.

세상의 참됨을 간파하고, 현실과 비현실을 구분할 수 있어야만 족쇄와 한계에서 벗어나 세속적 의무에 대한 책임을 질 수 있다.

(4) 스스로 해석자료

以幻迹言

써 이(부수 사람인), 헛보일 환(부수 작을요), 자취 적(부수 책받침), 말씀 언(부수 말씀언)

無論功名富貴

없을 무(부수 연화발), 논할 론(부수 말씀언), 공 공(부수 힘력), 이름 명(부수 입구), 부유할 부(부수 갓머리), 귀할 귀(부수 조개패)

卽肢體

곧 즉(부수 병부절), 팔다리 지(부수 육달월), 몸 체(부수 뼈골)

亦屬委形

또 역(부수 돼지해머리), 무리 속(부수 주검시엄), 맡길 위(부수 여자녀), 모양 형(부수 터럭삼)

以眞境言

써 이(부수 사람인), 참 진(부수 눈목), 지경 경(부수 흙토), 말씀 언(부수 말씀언)

無論父母兄弟

없을 무(부수 연화발), 논할 론(부수 말씀언), 아비 부(부수 아비부), 어머니 모(부수 말무), 형 형(부수 어진사람인발), 아우 제(부수 활궁)

卽萬物

곧 즉(부수 병부절), 일만 만(부수 초두머리), 물건 물(부수 소우)

皆吾一體

다 개(부수 흰백), 나 오(부수 입구), 한 일(부수 한일), 몸 체(부수 뼈골)

人能看得破

사람 인(부수 사람인), 능할 능(부수 육달월), 볼 간(부수 눈목), 얻을 득(부수 두인변), 깨뜨릴 파(부수 돌석)

認得眞

알 인(부수 말씀언), 얻을 득(부수 두인변), 참 진(부수 눈목)

纔可任天下之負擔

겨우 재(부수 실사변), 옳을 가(부수 입구), 맡길 임(부수 사람인변), 하늘 천(부수 큰대), 아래 하(부수 한일), 갈 지(부수 삐침별), 질 부(부수 조개패), 멜 담(부수 재방변)

亦可脫世間之韁鎖

또 역(부수 돼지해머리), 옳을 가(부수 입구), 벗을 탈(부수 육달월), 인간 세(부수 한일), 사이 간(부수 문문), 갈 지(부수 삐침별), 고삐 강(부수 가죽혁), 쇠사슬 쇄(부수 쇠금)

(5) 조부훈회(祖父訓誨)

꿈을 능력 이상으로 크게 가지면 환영에 빠지고, 사회의 족쇄에 걸려 아무것도 이루지 못한다. 자기 능력보다 한 단계 낮춰 그 꿈이 성취되면 한 단계 한 단계씩 높여나가는 것이 좋다.

(6) 독자 이벤트

객기에 빠져 능력 이상으로 어떤 일을 도모한 적이 있었던가를 되돌아보자.

전집 제104장

즐기되
몸을 상하지 않도록 하라.

(1) 준비운독(準備運讀)

제104장을 읽는 데는 다음과 같은 어휘를 먼저 익혀야 한다. 상구지미, 쾌심지사. 이 어휘를 스스로 익히고 난 후 다음의 설명을 참고하면 언어의 지평이 넓어지리라 생각된다.

상구지미: 입을 즐겁게 하는 음식.
쾌심지사: 마음을 즐겁게 하는 일.

(2) 홍자성 원문

爽口之味, 皆爛腸腐骨之藥. 五分 便無殃.
快心之事, 悉敗身喪德之媒. 五分 便無悔.
상구지미, 개란장부골지약. 오분 편무앙.
쾌심지사, 실패신상덕지매. 오분 편무회.

(3) 원문해석

입을 즐겁게 하는 것은 창자를 문드러지게 하고 뼈를 녹이게 하는 것이니 50% 정도로 끝내면 그 해로움이 없을 것이고, 마음의 상쾌한 일은 모두 몸을 망치고 덕을 잃게 하는 것이니 50% 정도로 끝내면 후회됨이 없을 것이다.

(4) 스스로 해석자료

爽口之味
시원할 상(부수 점괘효), 입 구(부수 입구), 갈 지(부수 삐침별), 맛 미(부수 입구)

皆爛腸腐骨之藥

다 개(부수 흰백), 문드러질 란(부수 불화), 창자 장(부수 육달월), 썩을 부(부수 고기육), 뼈 골(부수 뼈골), 갈 지(부수 삐침별), 약 약(부수 초두머리)

五分

다섯 오(부수 두이), 나눌 분(부수 칼도)

便無殃

편할 편(부수 사람인변), 없을 무(부수 연화발), 재앙 앙(부수 죽을사변)

快心之事

쾌할 쾌(부수 심방변), 마음 심(부수 마음심), 갈 지(부수 삐침별), 일 사(부수 갈고리궐)

悉敗身喪德之媒

다 실(부수 마음심), 패할 패(부수 등글월문), 몸 신(부수 몸신), 잃을 상(부수 입구), 클 덕(부수 두인변), 갈 지(부수 삐침별), 중매 매(부수 여자녀)

五分

다섯 오(부수 두이), 나눌 분(부수 칼도)

便無悔

편할 편(부수 사람인변), 없을 무(부수 연화발), 뉘우칠 회(부수 심방변)

(5) 조부훈회(祖父訓誨)

즐기되 깊이 빠지지 말라는 낙이불음(樂而不淫)이라는 말이 있다. 술이나 낚시, 도박 이런 것들은 입과 몸을 즐겁게 하지만 그 해로움을 전혀 느끼지 못하다가 한참 후에야 그것을 느끼고 멈추게 되는데 금단증세를 못 이겨 다시 족쇄가 되고 만다. 그러므로 맛있는 음식을 먹는 일이나 즐거운 일들을 하는 것은 80~90%에서 멈추려고 하지 말고 50%에서 멈추는 것이 현명한 일이다.

(6) 독자 이벤트

끽연을 권유받은 적이 있는가? 술에 깊이 빠진 적이 있는가? 도박을 하다가 절제하지 못한 일들이 있었는가? 이런 것들을 살피며 지인들에게도 이런 유혹에 빠지지 않도록 문자를 보내본다.

전집 제105장
사소한 일로
사이가 멀어지지 않도록 하라.

(1) 준비운독(準備運讀)

 제105장을 읽는 데는 다음과 같은 어휘를 먼저 익혀야 한다. 불책인소과, 불발인음사. 이 어휘를 스스로 익히고 난 후 다음의 설명을 참고하면 언어의 지평이 넓어지리라 생각된다.

 불책인소과: 남의 사소한 일을 체크하지 마라.
 불발인음사: 남의 비밀을 들춰내지 마라.

(2) 홍자성 원문

不責人小過. 不發人陰私. 不念人舊惡.
三者 可以養德, 亦可以遠害.
불책인소과. 불발인음사. 불념인구악.
삼자 가이양덕, 역가이원해.

(3) 원문해석

 남의 사소한 잘못을 건드리지 말며 남의 감추어진 비밀을 드러내지 말며 지난날 남이 저지른 잘못을 생각하지 말라. 이 세 가지로 가히 교양이 쌓이며 또한 가히 해로움을 멀리할 수 있다.

(4) 스스로 해석자료

不責人小過
 아닐 불(부수 한일), 꾸짖을 책(부수 조개패), 사람 인(부수 사람인), 작을 소(부수 작을소), 지날 과(부수 책받침)

不發人陰私

아닐 불(부수 한일), 필 발(부수 필발머리), 사람 인(부수 사람인), 그늘 음(부수 좌부변), 사사 사(부수 벼화)

不念人舊惡

아닐 불(부수 한일), 생각 념(부수 마음심), 사람 인(부수 사람인), 옛 구(부수 절구구), 악할 악(부수 마음심)

三者

석 삼(부수 한일), 놈 자(부수 늙을로엄)

可以養德

옳을 가(부수 입구), 써 이(부수 사람인), 기를 양(부수 밥식), 클 덕(부수 두인변)

亦可以遠害

또 역(부수 돼지해머리), 옳을 가(부수 입구), 써 이(부수 사람인), 멀 원(부수 책받침), 해할 해(부수 갓머리)

(5) 조부훈회(祖父訓誨)

치약을 머리에서부터 사용하느냐 꼬리에서부터 사용하느냐 하는 사소한 일로 티격태격하여 이혼한 사례가 있었다고 한다. 수돗물을 아껴 써라, 쓸데없이 TV를 켜놓고 있다 등 이런 사소한 일로 사이가 멀어지게 되고 옛날이야기까지 들추어내어 큰일이 벌어지는 수가 종종 있다고 한다.

(6) 독자 이벤트

치약을 머리부터 사용해 보고, 또 꼬리부터도 한번 사용해 보자. 한 달 동안의 전기세, 수도세 등 관리비를 체크해 보며 잔소리했을 때와 하지 않았을 때의 차이점을 알아보자.

전집 제106장
색법을 가볍게 하지 말고 심법을 무겁게 하지 마라.

(1) 준비운독(準備運讀)

제106장을 읽는 데는 다음과 같은 어휘를 먼저 익혀야 한다. 지신, 요아, 물니. 이 어휘를 스스로 익히고 난 후 다음의 설명을 참고하면 언어의 지평이 넓어지리라 생각된다.

지신: 몸가짐.
요아: 자기가 휘말리게 된다.
물니: 사물에 얽매이다.

(2) 홍자성 원문

士君子 持身 不可輕. 輕則物能撓我, 而無悠閑鎭定之趣.
用意 不可重. 重則我爲物泥, 而無蕭灑活潑之機.
사군자 지신 불가경. 경즉물능요아, 이무유한진정지취.
용의 불가중. 중즉아위물니, 이무소쇄활발지기.

(3) 원문해석

사물을 대할 때는 몸가짐을 가볍게 해서는 안 되는 것이니 가벼우면 자신이 사물에 휘말리어 느긋하고 침착한 맛이 없어진다. 마음 씀씀이는 줏대를 너무 강하게 하여 무겁게 해서는 안 되는 것이니 무거우면 자신이 사물에 얽매여 산뜻하고 활발한 기운이 없어지게 된다.

(4) 스스로 해석자료

士君子 持身

선비 사(부수 선비사), 임금 군(부수 입구), 아들 자(부수 아들자), 가질 지(부수 재방변), 몸 신(부수 몸신)

不可輕

아닐 불(부수 한일), 옳을 가(부수 입구), 가벼울 경(부수 수레거)

輕則物能撓我

가벼울 경(부수 수레거), 곧 즉(부수 선칼도방), 물건 물(부수 소우), 능할 능(부수 육달월), 어지러울 요(부수 재방변), 나 아(부수 창과)

而無悠閑鎭定之趣

말 이을 이(부수 말이을이), 없을 무(부수 연화발), 멀 유(부수 마음심), 한가할 한(부수 문문), 진압할 진(부수 쇠금), 정할 정(부수 갓머리), 갈 지(부수 삐침별), 뜻 취(부수 달릴주)

用意

쓸 용(부수 쓸용), 뜻 의(부수 마음심)

不可重

아닐 불(부수 한일), 옳을 가(부수 입구), 무거울 중(부수 마을리)

重則我爲物泥

무거울 중(부수 마을리), 곧 즉(부수 선칼도방), 나 아(부수 창과), 할 위(부수 손톱조), 물건 물(부수 소우), 진흙 니(부수 삼수변)

而無蕭灑活潑之機

말 이을 이(부수 말이을이), 없을 무(부수 연화발), 쓸쓸할 소(부수 초두머리), 뿌릴 쇄(부수 삼수변), 살 활(부수 삼수변), 물 뿌릴 발(부수 삼수변), 갈 지(부수 삐침별), 틀 기(부수 나무목)

(5) 조부훈회(祖父訓誨)

사물을 대할 때 용의주도하며 줏대를 강하게 한다고 필요 이상의 휘갑쇠를 채운다면 외부로부터 에너지가 들어올 수 없게 된다. 그렇다고 너무 몸을 가볍게 하면 외부로부터 들어오는 에너지가 너무 많아 감당하지 못할 수가 있다.

(6) 독자 이벤트

요아, 물니, 지신 어휘를 여러 번 새겨본다.

전집 제107장

삼만 육천오백 일은 결코 짧은 시간이 아니다.

(1) 준비운독(準備運讀)

제107장을 읽는 데는 다음과 같은 어휘를 먼저 익혀야 한다. 부재득, 최이과. 이 어휘를 스스로 익히고 난 후 다음의 설명을 참고하면 언어의 지평이 넓어지리라 생각된다.

부재득: 두 번 다시 얻지 못하다.
최이과: 아주 빨리 지나간다.

(2) 홍자성 원문

天地 有萬古, 此身 不再得.
人生 只百年, 此日 最易過.
幸生其間者 不可不知有生之樂, 亦不可不懷虛生之憂.
천지 유만고, 차신 부재득.
인생 지백년, 차일 최이과.
행생기간자 불가부지유생지락, 역불가불회허생지우.

(3) 원문해석

하늘과 땅이 영원할지라도 나는 두 번 다시는 태어나지 않을 것이다. 백 년의 인생에서도 하루하루는 아주 빨리 지나간다. 이 시기에 태어난 것은 나의 행운이다. 나는 내 행복의 삶을 감사할 기회를 놓쳐서는 안 되며 공허한 존재에 연연하는 것을 허락해서도 안 된다.

(4) 스스로 해석자료

天地 有萬古
하늘 천(부수 큰대), 땅 지(부수 흙토), 있을 유(부수 달월), 일만 만(부수 초두머리), 옛 고(부수 입구)

此身 不再得
이 차(부수 그칠지), 몸 신(부수 몸신), 아닐 부(부수 한일), 두 재(부수 멀경몸), 얻을 득(부수 두인변)

人生 只百年
사람 인(부수 사람인), 날 생(부수 날생), 다만 지(부수 입구), 일백 백(부수 흰백), 해 년(부수 방패간)

此日 最易過
이 차(부수 그칠지), 날 일(부수 날일), 가장 최(부수 가로왈), 쉬울 이(부수 날일), 지날 과(부수 책받침)

幸生其間者
다행 행(부수 방패간), 날 생(부수 날생), 그 기(부수 여덟팔), 사이 간(부수 문문), 놈 자(부수 늙을로엄)

不可不知
아닐 불(부수 한일), 옳을 가(부수 입구), 아닐 부(부수 한일), 알 지(부수 화살시)

有生之樂
있을 유(부수 달월), 날 생(부수 날생), 갈 지(부수 삐침별), 즐길 락(부수 나무목)

亦不可不懷
또 역(부수 돼지해머리), 아닐 불(부수 한일), 옳을 가(부수 입구), 아닐 불(부수 한일), 품을 회(부수 심방변)

虛生之憂
빌 허(부수 범호엄), 날 생(부수 날생), 갈 지(부수 삐침별), 근심 우(부수 마음심)

(5) 조부훈회(祖父訓誨)

서정주의 「국화 옆에서」 시를 읽노라면 천둥소리도 들어야 되고 먹구름도 만나야 비로소 인생이 행복해지고 영광의 길이 열림을 알 수 있다. 즉 허생지우와 유생지락이 오락가락하는 것이다.

(6) 독자 이벤트

서정주의 「국화 옆에서」와 윤동주의 「서시」를 암송해 보자.

전집 제108장
은혜를 베풀면서 원망을 듣지 않게 하라.

(1) 준비운독(準備運讀)

제108장을 읽는 데는 다음과 같은 어휘를 먼저 익혀야 한다. 원인덕창, 구민. 이 어휘를 스스로 익히고 난 후 다음의 설명을 참고하면 언어의 지평이 넓어지리라 생각된다.

원인덕창: 원한이 덕으로 말미암아 뚜렷해진다.
구민: 함께 없어진다.

(2) 홍자성 원문

怨因德彰. 故 使人德我, 不若德怨之兩忘.
仇因恩立. 故 使人知恩, 不若恩仇之俱泯.
원인덕창. 고 사인덕아, 불약덕원지량망.
구인은립. 고 사인지은, 불약은구지구민.

(3) 원문해석

따뜻한 사랑에 대한 반응이 반목일 수 있으므로 타인에게 당신의 관대함을 느끼도록 의무화하기보다는 당신이 자애와 증오를 모두 잊은 것처럼 행동한다. 후원에 대한 반응은 원망일 수 있으므로 타인에게 당신의 친절함을 느끼도록 의무화하기보다는 후원과 원한이 함께 없어진 것처럼 행동한다.

(4) 스스로 해석자료

怨因德彰

원망할 원(부수 마음심), 인할 인(부수 큰입구몸), 클 덕(부수 두인변), 드러날 창(부수 터럭삼)

故 使人德我

연고 고(부수 등글월문), 하여금 사(부수 사람인변), 사람 인(부수 사람인), 클 덕(부수 두인변), 나 아(부수 창과)

不若德怨

아닐 불(부수 한일), 같을 약(부수 초두머리), 클 덕(부수 두인변), 원망할 원(부수 마음심)

之兩忘

갈 지(부수 삐침별), 두 량(부수 들입), 잊을 망(부수 마음심)

仇因恩立

원수 구(부수 사람인변), 인할 인(부수 큰입구몸), 은혜 은(부수 마음심), 설 립(부수 설립)

故 使人知恩

연고 고(부수 등글월문), 하여금 사(부수 사람인변), 알 지(부수 화살시), 은혜 은(부수 마음심)

不若恩仇之俱泯

아닐 불(부수 한일), 같을 약(부수 초두머리), 원수 구(부수 사람인변), 갈 지(부수 삐침별), 함께 구(부수 사람인변), 망할 민(부수 삼수변)

(5) 조부훈회(祖父訓誨)

선물을 주고도 원망을 들을 때가 종종 있다. 사랑을 베풀고도 독립심을 저해한다는 소리를 들을 때가 있다. 따라서 선물을 줄 때나 인자함을 베풀 때는 격에 맞도록 보다 신중해야 한다.

(6) 독자 이벤트

기념일을 깜박 잊고 그냥 지나쳤다면 소급해서 챙기는 이벤트를 해보자.

전집 제109장
늘그막에 성인병에 걸리지 않게 젊었을 때 미리 조심한다.

(1) 준비운독(準備運讀)

제109장을 읽는 데는 다음과 같은 어휘를 먼저 익혀야 한다. 죄얼, 긍긍. 이 어휘를 스스로 익히고 난 후 다음의 설명을 참고하면 언어의 지평이 넓어지리라 생각된다.

죄얼: 잘못을 저지른 화로 인해서 생기는 재앙.
긍긍: 삼가 조심하고 두려워하다.

(2) 홍자성 원문

老來疾病, 都是壯時招的. 衰後罪孽, 都是盛時作的.
故 持盈履滿, 君子尤兢兢焉.
노래질병, 도시장시초적. 쇠후죄얼, 도시성시작적.
고 지영리만, 군자우긍긍언.

(3) 원문해석

황혼 무렵에 생기는 당뇨병, 고혈압, 고지혈증 등은 모두 젊었을 때 불러들인 것이고, 쇠태했을 때 생기는 불편함과 어려움은 모두 성했을 때 지어놓은 것이다. 깨달은 사람은 그런 까닭에 가장 성했을 동안에 미리 조심해야 한다.

(4) 스스로 해석자료

老來疾病
늙을 노(부수 늙을로), 올 래(부수 사람인), 병 질(부수 병질엄), 병 병(부수 병질엄)

채근담 전집 **291**

都是壯時招的

도읍 도(부수 우부방), 이 시(부수 날일), 장할 장(부수 선비사), 때 시(부수 날일), 부를 초(부수 재방변), 과녁 적(부수 흰백)

衰後罪孽

쇠할 쇠(부수 옷의), 뒤 후(부수 두인변), 허물 죄(부수 그물망머리), 서자 얼(부수 아들자)

都是盛時作的

도읍 도(부수 우부방), 이 시(부수 날일), 성할 성(부수 그릇명), 때 시(부수 날일), 지을 작(부수 사람인변), 과녁 적(부수 흰백)

故 持盈履滿

연고 고(부수 등글월문), 가질 지(부수 재방변), 찰 영(부수 그릇명), 밟을 리(부수 주검시엄), 찰 만(부수 삼수변)

君子尤兢兢焉

임금 군(부수 입구), 아들 자(부수 아들자), 더욱 우(부수 절름발이왕), 떨릴 긍(부수 어진사람인발), 떨릴 긍(부수 어진사람인발), 어찌 언(부수 연화발)

(5) 조부훈회(祖父訓誨)

젊고 건강할 때 아무렇게나 먹고 마시고 뛰고 즐기는 일을 그 당시는 해로울 수 있다고 전혀 느끼지 못한다. 채근담 제109장을 통해 해로움을 알았으니 먹고 마시는 일을 함부로 하여 도락에 빠지지 않도록 절제하며 신중히 한다.

(6) 독자 이벤트

제110장에 들어가기 전에 충분한 휴식을 갖는다.

전집 제110장

새 친구를 사귈 때 옛 친구를 기억한다.

(1) 준비운독(準備運讀)

제110장을 읽는 데는 다음과 같은 어휘를 먼저 익혀야 한다. 시사은, 결신지, 돈구호. 이 어휘를 스스로 익히고 난 후 다음의 설명을 참고하면 언어의 지평이 넓어지리라 생각된다.

시사은: 사사롭게 은혜를 팔다.
결신지: 새 친구를 사귀려고 한다.
돈구호: 옛 친구하고 우정을 깊게 한다.

(2) 홍자성 원문

市私恩, 不如扶公議. 結新知, 不如敦舊好.
立榮名, 不如種隱德. 尙奇節, 不如謹庸行.
시사은, 불여부공의. 결신지, 불여돈구호.
입영명, 불여종은덕. 상기절, 불여근용행.

(3) 원문해석

개인적인 호의를 시장에 내놓기보다는 평정심을 유지하는 것이 좋고 새로운 관계를 맺기보다는 옛 친구를 따뜻하게 하는 것이 좋고 자신의 이름을 걸고 영광을 떠받치는 것보다는 조용히 도덕적 영향력을 행사하는 것이 좋고 기이한 업적을 세우려는 것보다 평범한 방식으로 행동하는 것이 좋다.

(4) 스스로 해석자료

市私恩

저자 시(부수 수건건), 사사 사(부수 벼화), 은혜 은(부수 마음심)

不如扶公議

아닐 불(부수 한일), 같을 여(부수 여자녀), 도울 부(부수 재방변), 공평할 공(부수 여덟팔), 의논할 의(부수 말씀언)

結新知

맺을 결(부수 실사변), 새 신(부수 날근), 알 지(부수 화살시)

不如敦舊好

아닐 불(부수 한일), 같을 여(부수 여자녀), 도타울 돈(부수 등글월문), 옛 구(부수 절구구), 좋을 호(부수 여자녀)

立榮名

설 입(부수 설립), 영화 영(부수 나무목), 이름 명(부수 입구)

不如種隱德

아닐 불(부수 한일), 같을 여(부수 여자녀), 씨 종(부수 벼화), 숨을 은(부수 좌부변), 클 덕(부수 두인변)

尙奇節

오히려 상(부수 작을소), 기특할 기(부수 큰대), 마디 절(부수 대죽)

不如謹庸行

아닐 불(부수 한일), 같을 여(부수 여자녀), 삼갈 근(부수 말씀언), 떳떳할 용(부수 엄호), 다닐 행(부수 다닐행)

(5) 조부훈회(祖父訓誨)

"첫날에 길동무 만나기 쉬운가 가다가 만나서 길동무 되지요"라는 김소월의 노래처럼 지연, 학연 또는 혈연을 떠나 새로운 친구를 사귈 때가 많다. 새로운 친구를 사귈 때는 고향에서 사귄 친구, 학창 시절에 사귄 친구를 생각하며 정말로 심사숙고해야 한다.

(6) 독자 이벤트

고향에서 사이좋게 사귄 친구, 학창 시절에 정답게 사귄 친구 등을 생각하며 몇 사람 떠올려 보고 그들에게 작은 선물이라도 보내본다.

전집 제111장
작은 지식으로 공평정론을 건드리지 말라.

(1) 준비운독(準備運讀)

제111장을 읽는 데는 다음과 같은 어휘를 먼저 익혀야 한다. 불가범수, 사두, 불가착각. 이 어휘를 스스로 익히고 난 후 다음의 설명을 참고하면 언어의 지평이 넓어지리라 생각된다.

불가범수: 손을 대지 마라.
사두: 사욕을 채우는 소인.
불가착각: 한 발도 들여놓지 마라.

(2) 홍자성 원문

公平正論, 不可犯手. 一犯 則貽羞萬世.
權門私竇, 不可著脚. 一著 則点汚終身.
공평정론, 불가범수. 일범 즉이수만세.
권문사두, 불가착각. 일착 즉점오종신.

(3) 원문해석

공정하고 정의로운 신조를 어기지 말라. 단 한 번의 그러한 위반으로 당신의 자손은 만 년 동안 수치스러운 것이다. 권력과 사적인 이익에 대한 문턱은 넘지 말아야 한다. 한번 넘으면 인생 전체가 얼룩진다.

(4) 스스로 해석자료

公平正論

공평할 공(부수 여덟팔), 평평할 평(부수 방패간), 바를 정(부수 그칠지), 논할 론(부수 말씀언)

不可犯手

아닐 불(부수 한일), 옳을 가(부수 입구), 범할 범(부수 개사슴록변), 손 수(부수 손수)

一犯

한 일(부수 한일), 범할 범(부수 개사슴록변)

則貽羞萬世

곧 즉(부수 선칼도방), 끼칠 이(부수 조개패), 부끄러울 수(부수 양양), 일만 만(부수 초두머리), 인간 세(부수 한일)

權門私竇

저울추 권(부수 나무목), 문 문(부수 문문), 사사 사(부수 벼화), 구멍 두(부수 구멍혈)

不可著脚

아닐 불(부수 한일), 옳을 가(부수 입구), 붙을 착(부수 초두머리), 다리 각(부수 육달월)

一著

한 일(부수 한일), 붙을 착(부수 초두머리)

則点汚終身

곧 즉(부수 선칼도방), 점 점(부수 연화발), 더러울 오(부수 삼수변), 마칠 종(부수 실사변), 몸 신(부수 몸신)

(5) 조부훈회(祖父訓誨)

천동설을 굳게 믿는 시대가 있었다. 지구가 움직이는 것을 인지한 갈릴레오, 캐플러 등은 지동설을 주장하는 데 매우 신중했다. 옳지 않은 일을 모든 사람이 옳다고 믿고 있을 때 이견 제시는 신중해야 한다. 하물며 옳은 일도 모든 사람들이 그것을 따르고 있는데 혼자만이 아니라고 할 때는 정말로 위험한 일이니 공변된 진실은 함부로 건드려서는 안 된다.

(6) 독자 이벤트

지동설을 주장한 과학자들을 살펴보며 그 사람들이 몸조심했던 사례를 살펴보자.

전집 제112장
칭찬을 듣는 것보다 비난을 받지 않아야 한다.

(1) 준비운독(準備運讀)

제112장을 읽는 데는 다음과 같은 어휘를 먼저 익혀야 한다. 곡의, 직궁, 치인예. 이 어휘를 스스로 익히고 난 후 다음의 설명을 참고하면 언어의 지평이 넓어지리라 생각된다.

곡의: 옳은 뜻을 굽히다.
직궁: 뜻을 곧게 세운다.
치인예: 칭찬을 받는다.

(2) 홍자성 원문

曲意而使人喜, 不若直躬而使人忌.
無善而致人譽, 不若無惡而致人毁.
곡의이사인희, 불약직궁이사인기.
무선이치인예, 불약무악이치인훼.

(3) 원문해석

분명히 옳은 일인지 알면서도 뜻을 굽혀 남의 비위를 맞추는 것보다는 정직을 실천하고 그 비위를 피하는 것이 낫다. 좋은 일을 하지 않고도 칭찬을 받는 것보다는 나쁜 일을 하지 않고 부당한 비난을 받는 것이 낫다.

(4) 스스로 해석자료

曲意而使人喜

굽을 곡(부수 가로왈), 뜻 의(부수 마음심), 말 이을 이(부수 말이을이), 하여금 사(부수 사람인변), 사람 인(부수 사람인), 기쁠 희(부수 입구)

不若直躬

아닐 불(부수 한일), 같을 약(부수 초두머리), 곧을 직(부수 눈목), 몸 궁(부수 몸신)

而使人忌

말 이을 이(부수 말이을이), 하여금 사(부수 사람인변), 사람 인(부수 사람인), 꺼릴 기(부수 마음심)

無善而致人譽

없을 무(부수 연화발), 착할 선(부수 입구), 말 이을 이(부수 말이을이), 이를 치(부수 이를지), 사람 인(부수 사람인), 기릴 예(부수 말씀언)

不若無惡

아닐 불(부수 한일), 같을 약(부수 초두머리), 없을 무(부수 연화발), 악할 악(부수 마음심)

而致人毁

말 이을 이(부수 말이을이), 이를 치(부수 이를지), 사람 인(부수 사람인), 헐 훼(부수 갖은등글월문)

(5) 조부훈회(祖父訓誨)

사소한 일에 이익을 위해 자기 뜻을 굽혀 남의 비위를 맞추는 것만큼 초라한 일이 없다. 구사일생으로 목숨을 거는 일도 아닌데 하찮은 돈 몇 푼 때문에 몸과 마음이 망가져서는 안 된다.

(6) 독자 이벤트

채근담은 전집이 모두 225장인데 제112장을 읽었으니 잠시 멈추고 제258장으로 가서 살펴본 뒤 제113장으로 이어가 보자.

전집 제113장

가정의 변고에는 아주 차분하고 보다 침착해야 한다.

(1) 준비운독(準備運讀)

제113장을 읽는 데는 다음과 같은 어휘를 먼저 익혀야 한다. 종용, 개절, 우유. 이 어휘를 스스로 익히고 난 후 다음의 설명을 참고하면 언어의 지평이 넓어지리라 생각된다.

종용: 차분하고 침착하다.
개절: 간곡히 충고하다.
우유: 주저하며 방임하다.

(2) 홍자성 원문

處父兄骨肉之變, 宜從容 不宜激烈.
遇朋友交遊之失, 宜凱切 不宜優游.
처부형골육지변, 의종용 불의격렬.
우붕우교유지실, 의개절 불의우유.

(3) 원문해석

부모 형제 사이에 불편한 일이 일어나면 차분하고 침착하게 처리하고 격렬해서는 아니 된다. 친구의 허물을 보았다면 마땅히 조언을 해야지 주저하면 안 된다.

(4) 스스로 해석자료

處父兄骨肉之變
곳 처(부수 범호엄), 아버지 부(부수 아비부), 형 형(부수 어진사람인발), 뼈 골(부수 뼈골), 고

기 육(부수 고기육), 갈 지(부수 삐침별), 변할 변(부수 말씀언)

宜從容

마땅 의(부수 갓머리), 좇을 종(부수 두인변), 얼굴 용(부수 갓머리)

不宜激烈

아닐 불(부수 한일), 마땅 의(부수 갓머리), 격할 격(부수 삼수변), 매울 렬(부수 연화발)

遇朋友交遊之失

만날 우(부수 책받침), 벗 붕(부수 달월), 벗 우(부수 또우), 사귈 교(부수 돼지해머리), 놀 유(부수 책받침), 갈 지(부수 삐침별), 잃을 실(부수 큰대)

宜凱切

마땅 의(부수 갓머리), 개선할 개(부수 안석궤), 끊을 절(부수 칼도)

不宜優游

아닐 불(부수 한일), 마땅 의(부수 갓머리), 넉넉할 우(부수 사람인변), 헤엄칠 유(부수 삼수변)

(5) 조부훈회(祖父訓誨)

가정의 불운(misfortune)은 온 식구가 힘을 다하여 이겨내지만 가정 안의 사소한 변고(mishap)가 일어나면 이겨내지 못하기도 한다. 사소한 변고에 분란이 일어나는 이유는 서로 이익을 챙기고 자존심만 부리기 때문이다.

(6) 독자 이벤트

가정에서 다툼이 있었던가? 되짚어 본다.

전집 제114장

나쁜 것이 스며들지 않게 하며
좋은 것이 새어 나가지 않게 하라.

(1) 준비운독(準備運讀)

제114장을 읽는 데는 다음과 같은 어휘를 먼저 익혀야 한다. 불삼루, 기은, 말로, 태황. 이 어휘를 스스로 익히고 난 후 다음의 설명을 참고하면 사고의 지평이 넓어지리라 생각된다.

불삼루: 나쁜 것이 스며들지 않게 하며 좋은 것이 새어 나가지 않게 하라.
기은: 속이어 나쁜 짓을 하다.
말로: 일의 끝 무렵.
태황: 게으르고 행동이 거칠다.

(2) 홍자성 원문

小處 不滲漏. 暗中 不欺隱.
末路 不怠荒. 纔是個眞正英雄.
소처 불삼루. 암중 불기은.
말로 불태황. 재시개진정영웅.

(3) 원문해석

작은 일에도 순간순간 살피어 나쁜 것이 스며들지 않게 하며 좋은 것이 새어 나가지 않게 해야 한다. 어두운 중에도 삼가하여 남을 속이지 말며 일 끝 무렵에 힘이 든다 하여 게으름을 피우거나 함부로 행동을 하지 않는다. 이런 사람이 진정한 영웅이다.

(4) 스스로 해석자료

小處
작을 소(부수 작을소), 곳 처(부수 범호엄)

不滲漏
아닐 불(부수 한일), 스며들 삼(부수 삼수변), 샐 루(부수 삼수변)

暗中
어두울 암(부수 날일), 가운데 중(부수 뚫을곤)

不欺隱
아닐 불(부수 한일), 속일 기(부수 하품흠), 숨을 은(부수 좌부변)

末路
끝 말(부수 나무목), 길 로(부수 발족변)

不怠荒
아닐 불(부수 한일), 게으를 태(부수 마음심), 거칠 황(부수 초두머리)

纔是個眞正英雄
겨우 재(부수 실사변), 이 시(부수 날일), 낱 개(부수 사람인변), 참 진(부수 눈목), 바를 정(부수 그칠지), 꽃부리 영(부수 초두머리), 수컷 웅(부수 새추)

(5) 조부훈회(祖父訓誨)

일을 잘 진행하다가도 끝마무리쯤에서는 에너지가 소진되어 하지 않아도 될 일을 자기도 모르는 사이에 하게 된다. 그런데 게을러지고 행동에도 방향성이 없어 일을 그르치고 만다. 끝마무리에 에너지가 소진되지 않도록 일의 중간중간마다 에너지를 쌓아두어야 한다.

(6) 독자 이벤트

잘 가노라 닫지 말며 못 가노라 쉬지 마라.
부디 긋지 말고 촌음을 아껴 쓰라.
가다가 중지 곧 하면 아니 감만 못하리라.

남파 김천택

이 시조를 여러 번 읽어보고 오래도록 잊지 않도록 암송한다.

전집 제115장

한 번의 큰 사랑보다
여러 개의 작은 사랑이 힘이 더 세다.

(1) 준비운독(準備運讀)

제115장을 읽는 데는 다음과 같은 어휘를 먼저 익혀야 한다. 애중, 반위구, 박극, 번성희야. 이 어휘를 스스로 익히고 난 후 다음의 설명을 참고하면 언어의 지평이 넓어지리라 생각된다.

애중: 사랑이 지나치다.
반위구: 도리어 원수가 되다.
박극: 얇은 관심이 쌓이고 쌓이다.
번성희야: 괴로움이 변하여 기쁨이 되다.

(2) 홍자성 원문

千金 難結一時之歡, 一飯 竟致終身之感.
蓋愛重反爲仇, 薄極翻成喜也.
천금 난결일시지환, 일반 경치종신지감.
개애중반위구, 박극번성희야.

(3) 원문해석

천금으로 한때의 어려움을 살 수 없지만 단 한 끼의 식사로 평생 잊지 못할 감복을 얻을 수 있다. 대체로 사랑이 깊으면 도리어 원수가 되고 보잘것없는 관심도 계속되면 기쁨이 된다.

(4) 스스로 해석자료

千金

일천 천(부수 열십), 쇠 금(부수 쇠금)

難結一時之歡

어려울 난(부수 새추), 맺을 결(부수 실사변), 한 일(부수 한일), 때 시(부수 날일), 갈 지(부수 삐침별), 기쁠 환(부수 하품흠)

一飯

한 일(부수 한일), 밥 반(부수 밥식)

竟致終身之感

마침내 경(부수 설립), 이를 치(부수 이를지), 마칠 종(부수 실사변), 몸 신(부수 몸신), 갈 지(부수 삐침별), 느낄 감(부수 마음심)

蓋愛重反爲仇

덮을 개(부수 초두머리), 사랑 애(부수 마음심), 무거울 중(부수 마을리), 돌이킬 반(부수 또우), 할 위(부수 손톱조), 원수 구(부수 사람인변)

薄極翻成喜也

엷을 박(부수 초두머리), 극진할 극(부수 나무목), 날 번(부수 깃우), 이룰 성(부수 창과), 기쁠 희(부수 입구), 어조사 야(부수 새을)

(5) 조부훈회(祖父訓誨)

제115장이 너무 유명한 글이어서 영역본을 소개해 본다.

It is hard to bind friends together for a moment of happiness, even with a thousand pieces of gold; yet just a single meal will earn responses for a lifetime Usually extreme love rebounds as enmity, while the slightest kindness is met with joy.

『Vegetable roots discourse』 56쪽

천 개의 금이 있어도 한순간의 행복을 위해 친구들을 묶는 것은 어렵지만 한 끼의 식사만으로도 평생 반응을 얻을 수 있다. 보통 극단적인 사랑은 앙금으로 반등하지만 사소한 친절은 기쁨과 만난다.

(6) 독자 이벤트

천금, 난결일시지화, 일반 경치종신지감. 이 유명한 말을 영어로도 외워보고 한자로도 외워보자.

전집 제116장
노련함을 어눌함으로 감추어라.

(1) 준비운독(準備運讀)

제116장을 읽는 데는 다음과 같은 어휘를 먼저 익혀야 한다. 장교어졸, 용회이명, 우청우탁, 이굴위신. 이 어휘를 홍자성 원문에서 찾아보고 다음의 설명을 참고하면 사고의 지평이 넓어지리라 생각된다.

장교어졸: 어눌함으로 기교를 감추다.
용회이명: 서툶으로 재능을 감추다.
우청우탁: 청렴결백을 속세와 함께하다.
이굴위신: 남에게 굽히는 척하면서 자기 몸을 보호함.

(2) 홍자성 원문

藏巧於拙. 用晦而明. 寓淸于濁. 以屈爲伸.
眞涉世之一壺, 藏身之三窟也.
장교어졸. 용회이명. 우청우탁. 이굴위신.
진섭세지일호, 장신지삼굴야.

(3) 원문해석

능숙함을 서투름으로써 감추고 어둠을 이용하여 밝게 하며 맑고 깨끗함을 속세와 함께하고 굽힘으로써 자기 몸을 보호하는 것이 참으로 세상을 안전하게 살아가는 지혜로운 일이다. 연약한 토끼도 맹수를 피하고자 세 개의 굴을 이용한다고 한다.

(4) 스스로 해석자료

藏巧於拙

감출 장(부수 초두머리), 공교할 교(부수 장인공), 어조사 어(부수 모방), 옹졸할 졸(부수 재방변)

用晦而明

쓸 용(부수 쓸용), 그믐 회(부수 날일), 말 이을 이(부수 말이을이), 밝을 명(부수 날일)

寓淸于濁

부칠 우(부수 갓머리), 맑을 청(부수 삼수변), 어조사 우(부수 두이), 흐릴 탁(부수 삼수변)

以屈爲伸

써 이(부수 사람인), 굽힐 굴(부수 주검시엄), 할 위(부수 손톱조), 펼 신(부수 사람인변)

眞涉世之一壼

참 진(부수 눈목), 건널 섭(부수 삼수변), 인간 세(부수 한일), 갈 지(부수 삐침별), 한 일(부수 한일), 병 호(부수 선비사)

藏身之三窟也

감출 장(부수 초두머리), 몸 신(부수 몸신), 갈 지(부수 삐침별), 석 삼(부수 한일), 굴 굴(부수 구멍혈), 어조사 야(부수 새을)

(5) 조부훈회(祖父訓誨)

백전백승하기보다 때로는 일부러 져주는 넉넉함도 있어야 한다. 항상 일 등만 하는 명수라는 학생은 만년 이 등만 하는 철수라는 친구를 위하여 백 점을 맞을 수 있는데도 90점을 맞으며 일 등을 은밀히 양보했다.

(6) 독자 이벤트

제1장부터 제115장까지 차례를 살펴보며 감동적인 글 세 개를 선택하여 음미해 보고 또 음미해 본다.

전집 제117장
봄에 밭 갈고 씨 뿌리지 아니하면 가을에 후회한다.

(1) 준비운독(準備運讀)

제117장을 읽는 데는 다음과 같은 어휘를 먼저 익혀야 한다. 쇠삽, 경상, 기함, 조일심, 여환, 도성. 이 어휘를 홍자성 원문에서 찾아보고 다음의 설명을 참고하면 사고의 지평이 넓어지리라 생각된다.

쇠삽: 꽃이 지고 잎이 떨어져 쓸쓸하다.
경상: 겉모습.
기함: 자라나다.
조일심: 한마음으로 지켜나가다.
여환: 환란을 짐작하다.
도성: 성공을 도모하다.

(2) 홍자성 원문

衰颯的景象, 就在盛滿中. 發生的機緘, 卽在零落內.
故 君子 居安 宜操一心以慮患, 處變 當堅百忍以圖成.
쇠삽적경상, 취재성만중. 발생적기함, 즉재영락내.
고 군자 거안 의조일심이려환, 처변 당견백인이도성.

(3) 원문해석

꽃이 지고 잎이 떨어져 시들어가는 사연은 번성함 속에 있었고 자라나는 움직임은 영락 속에 있으니 깨달은 사람은 이것을 거울삼아 편안하고 즐거울 때 마땅히 줏대를 잡아서 뒷날의 환란을 대비한다. 이변에 처해서는 참고 또 참아 견뎌내어 성공을 도모한다.

(4) 스스로 해석자료

衰颯的景象
쇠할 쇠(부수 옷의), 바람소리 삽(부수 바람풍), 과녁 적(부수 흰백), 볕 경(부수 날일), 코끼리 상(부수 돼지시)

就在盛滿中
나아갈 취(부수 절름발이왕), 있을 재(부수 흙토), 성할 성(부수 그릇명), 찰 만(부수 삼수변), 가운데 중(부수 뚫을곤)

發生的機緘
필 발(부수 필발머리), 날 생(부수 날생), 과녁 적(부수 흰백), 틀 기(부수 나무목), 봉할 함(부수 실사변)

卽在零落內
곧 즉(부수 병부절), 있을 재(부수 흙토), 떨어질 영(부수 비우), 떨어질 락(부수 초두머리), 안 내(부수 들입)

故
연고 고(부수 등글월문)

君子
임금 군(부수 입구), 아들 자(부수 아들자)

居安
살 거(부수 주검시엄), 편안 안(부수 갓머리)

宜操一心以慮患
마땅 의(부수 갓머리), 잡을 조(부수 재방변), 한 일(부수 한일), 마음 심(부수 마음심), 써 이(부수 사람인), 생각할 려(부수 마음심), 근심 환(부수 마음심)

處變
곳 처(부수 범호엄), 변할 변(부수 말씀언)

當堅百忍以圖成
마땅 당(부수 밭전), 굳을 견(부수 흙토), 일백 백(부수 흰백), 참을 인(부수 마음심), 써 이(부수 사람인), 그림 도(부수 큰입구몸), 이룰 성(부수 창과)

(5) 조부훈회(祖父訓誨)

　가을에 모든 사람들은 수확의 기쁨을 누리는데 혼자 쓸쓸한 사람은 봄에 밭을 갈지 않고 씨를 뿌리지 못했기 때문이다. 꽃이 지고 나뭇잎이 떨어지고 그다음 사연이 없는 것은 게으름만 피우고 아무 일도 하지 않은 것 때문이다.

(6) 독자 이벤트

가을에 맛있게 먹을 수 있는 과일을 네 개 정도 선택하여 그 성장 과정을 살펴보자.

전집 제118장

식견이 좁으면 괴이한 것에 속는다.

(1) 준비운독(準備運讀)

제118장을 읽는 데는 다음과 같은 어휘를 먼저 익혀야 한다. 경기희이, 고절, 독행. 이 어휘를 스스로 익히고 난 후 다음의 설명을 참고하면 언어의 지평이 넓어지리라 생각된다.

경기희이: 기이한 것에 감탄하고 이상한 것에 놀란다.
고절: 홀로 쓸쓸하게 절도를 지킴.
독행: 돈독하게 행동함.

(2) 홍자성 원문

驚奇喜異者, 無遠大之識.
苦節獨行者, 非恒久之操.
경기희이자, 무원대지식.
고절독행자, 비항구지조.

(3) 원문해석

학문이 깊지 못하고 식견이 좁은 사람은 진기한 것에 경탄하며 괴이한 것을 반긴다. 홀로 외롭게 절조를 지키고 돈독한 행동을 하는 것은 항구불변의 지조가 될 수 없다.

(4) 스스로 해석자료

驚奇喜異者
놀랄 경(부수 말마), 기특할 기(부수 큰대), 기쁠 희(부수 입구), 다를 이(부수 밭전), 놈 자(부

수 늙을로엄)

無遠大之識

없을 무(부수 연화발), 멀 원(부수 책받침), 큰 대(부수 큰대), 갈 지(부수 삐침별), 알 식(부수 말씀언)

苦節獨行者

쓸 고(부수 초두머리), 마디 절(부수 대죽), 홀로 독(부수 개사슴록변), 다닐 행(부수 다닐행), 놈 자(부수 늙을로엄)

非恒久之操

아닐 비(부수 아닐비), 항상 항(부수 심방변), 오랠 구(부수 삐침별), 갈 지(부수 삐침별), 잡을 조(부수 재방변)

(5) 조부훈회(祖父訓誨)

스무 장의 기왓장을 놓고 한주먹으로 내리치고 깨뜨려 유리 조각을 삼키며 사는 사람이 있다. 이런 괴이한 일에 놀랄 수는 있어도 감탄해서는 안 된다. 본인에게도 이상한 버릇, 괴이한 습관이 있다면 오늘 날짜로 과감히 버려야 하리라.

(6) 독자 이벤트

괴이한 소설이나 일상생활과 동떨어진 책을 읽지 않도록 양서 선택에 최선을 다한다.

전집 제119장
분노가 일어날 때는 냉수를 천천히 마신다.

(1) 준비운독(準備運讀)

제119장을 읽는 데는 다음과 같은 어휘를 먼저 익혀야 한다. 등비, 명명, 전념. 이 어휘를 스스로 익히고 난 후 다음의 설명을 참고하면 언어의 지평이 넓어지리라 생각된다.

등비: 물이 끓어오른다.
명명: 확실하고 뚜렷하다.
전념: 뜻을 번복하여 반성하다.

(2) 홍자성 원문

當怒火慾水 正騰沸處, 明明知得, 又明明犯著.
知的是誰 犯的又是誰.
此處 能猛然轉念, 邪魔使爲眞君矣.
당노화욕수 정등비처, 명명지득, 우명명범착.
지적시수 범적우시수.
차처 능맹연전념, 사마사위진군의.

(3) 원문해석

분노가 불타게 오르고 욕망이 물 끓듯 일어날 때 내 상태를 아주 분명하게 인식하고 있으면서도 그것을 참지 못한다. 이것을 인식하고 있는 사람은 바로 내가 아닌가! 만일 내가 인식의 힘을 단호하게 발휘하여 의도를 바꾼다면 사악한 악마는 진정한 모범적인 주인이 될 수 있다.

(4) 스스로 해석자료

當怒火慾水

마땅 당(부수 밭전), 성낼 노(부수 마음심), 불 화(부수 불화), 욕심 욕(부수 마음심), 물 수(부수 물수)

正騰沸處

바를 정(부수 그칠지), 오를 등(부수 말마), 끓을 비(부수 삼수변), 곳 처(부수 범호엄)

明明知得

밝을 명(부수 날일), 밝을 명(부수 날일), 알 지(부수 화살시), 얻을 득(부수 두인변)

又明明犯著

또 우(부수 또우), 밝을 명(부수 날일), 밝을 명(부수 날일), 범할 범(부수 개사슴록변), 붙을 착(부수 초두머리)

知的是誰

알 지(부수 화살시), 과녁 적(부수 흰백), 이 시(부수 날일), 누구 수(부수 말씀언)

犯的又是誰

범할 범(부수 개사슴록변), 과녁 적(부수 흰백), 또 우(부수 또우), 이 시(부수 날일), 누구 수(부수 말씀언)

此處

이 차(부수 그칠지), 곳 처(부수 범호엄)

能猛然轉念

능할 능(부수 육달월), 사나울 맹(부수 개사슴록변), 그럴 연(부수 연화발), 구를 전(부수 수레거), 생각 념(부수 마음심)

邪魔使爲眞君矣

간사할 사(부수 우부방), 마귀 마(부수 귀신귀), 하여금 사(부수 사람인변), 할 위(부수 손톱조), 참 진(부수 눈목), 임금 군(부수 입구), 어조사 의(부수 화살시)

(5) 조부훈회(祖父訓誨)

『명심보감』 계성편에 다음과 같은 말이 있다.

得忍且忍 得戒且戒 不忍不戒 小事成大
득인차인 득계차계 불인불계 소사성대
참고 또 참아라. 경계하고 또 경계하라. 참지 않고 경계하지 않으면, 작은 일이 큰일이 된다.

　또 역시 계성편에 "忍一時 之忿이면 免百日之憂"라는 말이 있는데 해석하면 한때의 분노를 참으면 백 일 동안의 근심을 면할 수 있다는 뜻이다.
　이런 것을 익히 알면서 참지 않고 화를 내면 변고의 경험을 했으면서도 분노를 이겨내지 못하고 큰일이 일어난다. 참는 방법은 의외로 쉽다. 냉수를 천천히 마시거나 과일 등을 먹으며 열을 식혀야 한다.

(6) 독자 이벤트

조부훈회와 제119장 원문을 여러 번 읽어보며 인내하는 방법을 터득해 본다.

전집 제120장
한쪽 말만 믿으면 무릎맞춤에 쩔쩔맨다.

(1) 준비운독(準備運讀)

　제120장을 읽는 데는 다음과 같은 어휘를 먼저 익혀야 한다. 위간소기, 자임, 위기소사, 형인지단. 이 어휘를 스스로 익히고 난 후 다음에 설명된 것을 참고하면 언어의 지평이 넓어지리라 생각된다.

　위간소기: 간사한 사람에게 속다.
　자임: 자기 힘을 과신하다.
　위기소사: 객기를 부리는 원인이 되다.
　형인지단: 남의 단점을 드러내다.

(2) 홍자성 원문

毋偏信而爲奸所欺. 毋自任而爲氣所使.
毋以己之長而形人之短. 毋因己之拙而忌人之能.
무편신이위간소기. 무자임이위기소사.
무이기지장이형인지단. 무인기지졸이기인지능.

(3) 원문해석

　자신의 믿음을 일방적으로 두지 말고 악인에게는 속은 체라도 해라. 자신감에 빠지지 말고 자신의 불굴의 의지를 과시하라. 자신의 장점을 이용하여 다른 사람의 약점을 드러내지 말라. 다른 사람의 장점을 펼침으로써 자신의 무능을 합리화하지 말라.

(4) 스스로 해석자료

毋偏信而爲奸所欺

말 무(부수 말무), 치우칠 편(부수 사람인변), 믿을 신(부수 사람인변), 말 이을 이(부수 말이을이), 할 위(부수 손톱조), 간사할 간(부수 여자녀), 바 소(부수 지게호), 속일 기(부수 하품흠)

毋自任而爲氣所使

말 무(부수 말무), 스스로 자(부수 스스로자), 맡길 임(부수 사람인변), 말 이을 이(부수 말이을이), 할 위(부수 손톱조), 기운 기(부수 기운기엄), 바 소(부수 지게호), 하여금 사(부수 사람인변)

毋以己之長而形人之短

말 무(부수 말무), 써 이(부수 사람인), 몸 기(부수 몸기), 갈 지(부수 삐침별), 길 장(부수 길장), 말 이을 이(부수 말이을이), 모양 형(부수 터럭삼), 사람 인(부수 사람인), 갈 지(부수 삐침별), 짧을 단(부수 화살시)

毋因己之拙而忌人之能

말 무(부수 말무), 인할 인(부수 큰입구몸), 몸 기(부수 몸기), 갈 지(부수 삐침별), 옹졸할 졸(부수 재방변), 말 이을 이(부수 말이을이), 꺼릴 기(부수 마음심), 사람 인(부수 사람인), 갈 지(부수 삐침별), 능할 능(부수 육달월)

(5) 조부훈회(祖父訓誨)

남의 장점, 남의 단점, 자기 장점, 자기 단점에 대하여 생각할 때는 "눈의 티는 보면서 자기 눈에 들보는 보지 못한다"라는 말을 새기고 새겨야 하리라.

(6) 독자 이벤트

자기의 장점을 세 개 정도 적어보고 자기 단점을 두 개 정도 써보자.

전집 제121장
남의 단점을
홀로 앞질러서 드러내지 마라.

(1) 준비운독(準備運讀)

제121장을 읽는 데는 다음과 같은 어휘를 먼저 익혀야 한다. 미봉, 폭이양지, 이단공단, 화회, 분이질지. 이 어휘를 홍자성 원문에서 찾아보고 다음의 설명을 참고하면 사고의 지평이 넓어지리라 생각된다.

미봉: 감춰주다.
폭이양지: 폭로하여 들춰내다.
이단공단: 단점으로 단점을 공격하다.
화회: 가르치다.
분이질지: 성내고 미워하다.

(2) 홍자성 원문

人之短處, 要曲爲彌縫. 如暴而揚之, 是 以短攻短.
人有頑的, 要善爲化誨. 如忿而疾之, 是 以頑濟頑.
인지단처, 요곡위미봉. 여폭이양지, 시 이단공단.
인유완적, 요선위화회. 여분이질지, 시 이완제완.

(3) 원문해석

어떻게든 다른 사람의 잘못을 그냥 지나칠 수 있는 방법을 찾아라. 격렬한 비난에 의지하면 부족한 부분을 공격하게 된다. 누군가 고집을 부리면 고민 상담을 할 수 있는 방법을 찾아라. 성냄을 의지하면 자기 독견으로 반격하게 된다.

(4) 스스로 해석자료

人之短處

사람 인(부수 사람인), 갈 지(부수 삐침별), 짧을 단(부수 화살시), 곳 처(부수 범호엄)

要曲爲彌縫

요긴할 요(부수 덮을아), 굽을 곡(부수 가로왈), 할 위(부수 손톱조), 미륵 미(부수 활궁), 꿰맬 봉(부수 실사변)

如暴而揚之

같을 여(부수 여자녀), 사나울 폭(부수 날일), 말 이을 이(부수 말이을이), 날릴 양(부수 재방변), 갈 지(부수 삐침별)

是 以短攻短

이 시(부수 날일), 써 이(부수 사람인), 짧을 단(부수 화살시), 칠 공(부수 등글월문), 짧을 단(부수 화살시)

人有頑的

사람 인(부수 사람인), 있을 유(부수 달월), 완고할 완(부수 머리혈), 과녁 적(부수 흰백)

要善爲化誨

요긴할 요(부수 덮을아), 착할 선(부수 입구), 할 위(부수 손톱조), 될 화(부수 비수비), 가르칠 회(부수 말씀언)

如忿而疾之

같을 여(부수 여자녀), 성낼 분(부수 마음심), 말 이을 이(부수 말이을이), 병 질(부수 병질엄), 갈 지(부수 삐침별)

是 以頑濟頑

이 시(부수 날일), 써 이(부수 사람인), 완고할 완(부수 머리혈), 건널 제(부수 삼수변), 완고할 완(부수 머리혈)

(5) 조부훈회(祖父訓誨)

마태복음 7장 3절에 "어찌하여 형제의 눈 속에 있는 티는 보고 네 눈 속에 있는 들보는 깨닫지 못하느냐"라는 말이 있다. 남의 단점은 의외로 잘 보이고 자기의 단점은 전혀 느끼지 못할 때가 많다. 남의 단점을 보았을 때 그 단점이 자기에게도 있는지 살펴보고 그 사람의 단점에 대한 조언을 해야 할 것이다.

(6) 독자 이벤트

마태복음 7장 3절의 말씀을 읽어보며 자기 단점을 서너 개만 체크해 보자.

전집 제122장
침울한 사람에게는 활기찬 말을 건넨다.

(1) 준비운독(準備運讀)

제122장을 읽는 데는 다음과 같은 어휘를 먼저 익혀야 한다. 침침불어, 수심, 행행자호, 방구. 이 어휘를 스스로 익히고 난 후 다음의 설명을 참고하면 언어의 지평이 넓어지리라 생각된다.

침침불어: 음침하여 말을 안 하다.
수심: 마음을 털어놓다.
행행자호: 발끈하고 화를 잘 내고 잘난체하다.
방구: 입을 다물다.

(2) 홍자성 원문

遇沈沈不語之士, 且莫輸心.
見悻悻自好之人, 應須防口.
우침침불어지사, 차막수심.
견행행자호지인, 응수방구.

(3) 원문해석

말수가 적어 자기 의사 표현을 좀처럼 하지 않는 사람에게는 자신의 생각을 바로 전하지 말고, 발끈하고 티격태격하며 잘난체하는 사람을 만나면 아예 입을 열지 말아야 한다.

(4) 스스로 해석자료

遇沈沈不語之士

만날 우(부수 책받침), 잠길 침(부수 삼수변), 잠길 침(부수 삼수변), 아닐 불(부수 한일), 말씀 어(부수 말씀언), 갈 지(부수 삐침별), 선비 사(부수 선비사)

且莫輸心

또 차(부수 한일), 없을 막(부수 초두머리), 보낼 수(부수 수레거), 마음 심(부수 마음심)

見悻悻自好之人

볼 견(부수 볼견), 성낼 행(부수 심방변), 성낼 행(부수 심방변), 스스로 자(부수 스스로자), 좋을 호(부수 여자녀), 갈 지(부수 삐침별), 사람 인(부수 사람인)

應須防口

응할 응(부수 마음심), 모름지기 수(부수 머리혈), 막을 방(부수 좌부변), 입 구(부수 입구)

(5) 조부훈회(祖父訓誨)

잠언 12장 25절에 근심으로 침울한 사람에게 선한 말을 해주면 그 사람이 생기가 생긴다는 말씀이 있다. 그런데 전혀 의사 표현도 하지 않고 침침으로 일관하는 사람에게는 아무리 좋은 말을 해도 오히려 역효과만 날 수 있다.

(6) 독자 이벤트

아무 생각도 하지 말고 잠시 쉬어간다.

전집 제123장
마음이 긴장될 때는 시냇가를 거닐며 물소리를 듣는다.

(1) 준비운독(準備運讀)

제123장을 읽는 데는 다음과 같은 어휘를 먼저 익혀야 한다. 혼산처, 제성, 끽긴, 방하, 혼혼지병, 동동. 이 어휘를 스스로 익히고 난 후 다음의 설명을 참고하면 사고의 지평이 넓어지리라 생각된다.

혼산처: 마음이 여러 개가 혼재되어 산란하다.
제성: 에너지를 불어넣어 흔들어서 일깨우다.
끽긴: 긴장하고 딱딱하다.
방하: 자유롭게 풀어놓다.
혼혼지병: 온통 막히고 외롭다. 곧 우울증.
동동: 그리움이 해결되지 않아 마음이 조용하지 못하고 흔들리다.

(2) 홍자성 원문

念頭昏散處 要知提醒 念頭喫緊時 要知放下
不然 恐去昏昏之病 又來憧憧之擾矣
염두혼산처 요지제성 염두끽긴시 요지방하
불연 공거혼혼지병 우래동동지요의

(3) 원문해석

마음이 혼미하고 산란할 때는 정신을 바로잡아야 하며 마음이 굳게 얽매여 있을 때는 탁 풀어놓을 줄도 알아야 한다. 그렇게 하지 않으면 어두운 마음이 없어질지라도 다시 마음을 바로잡지 못하는 우울증 등 마음의 병에 사로잡힐 수도 있다.

(4) 스스로 해석자료

念頭昏散處

생각 염(부수 마음심), 머리 두(부수 머리혈), 어두울 혼(부수 날일), 흩을 산(부수 등글월문), 곳 처(부수 범호엄)

要知提醒

요긴할 요(부수 덮을아), 알 지(부수 화살시), 끌 제(부수 재방변), 깰 성(부수 닭유)

念頭喫緊時

생각 염(부수 마음심), 머리 두(부수 머리혈), 먹을 끽(부수 입구), 긴할 긴(부수 실사), 때 시(부수 날일)

要知放下

요긴할 요(부수 덮을아), 알 지(부수 화살시), 놓을 방(부수 등글월문), 아래 하(부수 한일)

不然

아닐 불(부수 한일), 그럴 연(부수 연화발)

恐去昏昏之病

두려울 공(부수 마음심), 갈 거(부수 마늘모), 어두울 혼(부수 날일), 어두울 혼(부수 날일), 갈 지(부수 삐침별), 병 병(부수 병질엄)

又來憧憧之擾矣

또 우(부수 또우), 올 래(부수 사람인), 동경할 동(부수 심방변), 동경할 동(부수 심방변), 갈 지(부수 삐침별), 시끄러울 요(부수 재방변), 어조사 의(부수 화살시)

(5) 조부훈회(祖父訓誨)

여러 가지 일로 얽매여 있어 긴장될 때는 긴장을 풀어줘야 하는데 가장 좋은 방법은 가까운 시냇가를 걸으면서 새소리도 들어보고 나뭇잎도 만져보며 응어리를 씻어내야 한다. 이것이 어렵다면 가곡이나 동요 등을 크게 불러보며 가사를 음미하면 의외로 긴장이 풀린다.

(6) 독자 이벤트

잠시 책을 덮고 가까운 동산에 오르거나 폭포 소리를 들을 수 있는 그런 계곡을 찾아보자.

전집 제124장

나비 효과는 곳곳에서 문득문득 일어난다.

(1) 준비운독(準備運讀)

제124장을 읽는 데는 다음과 같은 어휘를 먼저 익혀야 한다. 제일, 숙, 신뢰, 진전, 질풍, 노우, 낭월, 기기, 태허. 이 어휘를 스스로 익히고 난 후 다음의 설명을 참고하면 사고의 지평이 넓어지리라 생각된다.

제일: 비바람이 그치고 날씨가 맑게 갠 날.
숙: 갑자기 문득.
신뢰: 우레의 움직임.
진전: 번개.
질풍: 거센 바람.
노우: 억센 비.
낭월: 밝은 달.
기기: 천지의 움직임.
태허: 넓은 하늘.

(2) 홍자성 원문

霽日靑天, 儵變爲迅雷震電. 疾風怒雨, 儵變爲朗月晴空.
氣機何常 一毫凝滯. 太虛何常.
一毫障塞. 人心之體, 亦當如是.
제일청천, 숙변위신뢰진전. 질풍노우, 숙변위랑월청공.
기기하상 일호응체. 태허하상.

일호장색. 인심지체, 역당여시.

(3) 원문해석

맑고 고요하며 푸른 하늘이 갑자기 천둥번개로 요란하고, 거센 바람과 억수 같은 비도 밝은 달 맑은 하늘로 변한다. 그러니 하늘의 움직임이 어찌 한결같다고 믿을 수 있겠는가. 털끝만 한 것이 엉기고 때로는 움직여 나비효과가 발생하니 사람의 마음 바탕도 또한 이와 같다.

(4) 스스로 해석자료

霽日靑天
비갤 제(부수 비우), 날 일(부수 날일), 푸를 청(부수 푸를청), 하늘 천(부수 큰대)

倏變爲迅雷震電
갑자기 숙(부수 사람인변), 변할 변(부수 말씀언), 할 위(부수 손톱조), 빠를 신(부수 책받침), 우레 뢰(부수 비우), 우레 진(부수 비우), 번개 전(부수 비우)

疾風怒雨
병 질(부수 병질엄), 바람 풍(부수 바람풍), 성낼 노(부수 마음심), 비 우(부수 비우)

倏變爲朗月晴空
갑자기 숙(부수 사람인변), 변할 변(부수 말씀언), 할 위(부수 손톱조), 밝을 랑(부수 육달월), 달 월(부수 육달월), 갤 청(부수 날일), 빌 공(부수 구멍혈)

氣機何常
기운 기(부수 기운기엄), 틀 기(부수 나무목), 어찌 하(부수 사람인변), 항상 상(부수 수건건)

一毫凝滯
한 일(부수 한일), 터럭 호(부수 터럭모), 엉길 응(부수 이수변), 막힐 체(부수 삼수변)

太虛何常
클 태(부수 큰대), 빌 허(부수 범호엄), 어찌 하(부수 사람인변), 떳떳할 상(부수 수건건)

一毫障塞
한 일(부수 한일), 터럭 호(부수 터럭모), 막을 장(부수 좌부변), 막힐 색(부수 흙토)

人心之體
사람 인(부수 사람인), 마음 심(부수 마음심), 갈 지(부수 삐침별), 몸 체(부수 뼈골)

亦當如是

또 역(부수 돼지해머리), 마땅 당(부수 밭전), 같을 여(부수 여자녀), 이 시(부수 날일)

(5) 조부훈회(祖父訓誨)

사람 마음의 움직임은 자연변화의 축소판이라 할 수 있다. 질풍노우 같은 마음도 있고 청천백일 같은 마음도 있다. 질풍노우 같은 때에 청천백일같이 마음이 차분할 수 있어야 하고, 청천백일 같은 날에는 질풍노우에 대비하는 마음을 가져야 하리라.

(6) 독자 이벤트

자연의 축소판 같은 한 편의 시 만해 한용운의 「알 수 없어요」를 여러 번 낭송하며 외워보자.

전집 제125장

의지가 곧고 굳어야 지식이 힘을 낼 수 있다.

(1) 준비운독(準備運讀)

제125장을 읽는 데는 다음과 같은 어휘를 먼저 익혀야 한다. 승사, 식부조, 식득파, 인불과, 개식, 일과, 일파, 참마, 혜검. 이 어휘를 스스로 익히고 난 후 다음에 설명된 것을 참고하면 사고의 지평이 넓어지리라 생각된다.

승사: 사사로움을 이겨내다.

식부조: 제때에 알지 못하다.

식득파: 알아내다.

인불과: 인내력이 부족하다.

개식: 대개의 지식.

일과: 한 알.

일파: 한 자루.

참마: 악마를 베다.

혜검: 지혜의 칼날 곧 거절 능력.

(2) 홍자성 원문

勝私制欲之功, 有曰 識不早, 力不易者.

有曰 識得破, 忍不過者.

蓋識 是一顆照魔的明珠,

力 是一把斬魔的慧劍. 兩不可少也.

승사제욕지공, 유왈 식부조, 역불이자.

유왈 식득파, 인불과자.

개식 시일과조마적명주,

역 시일파참마적혜검. 양불가소야.

(3) 원문해석

사사로움을 이겨내고 물욕을 절제하는 것을 제때에 알지 못한다고 주장하는 사람이 있는가 하면 혹 빨리 알았다 하더라도 의지가 부족하여 그것을 행하지 못한다고 주장하는 사람도 있다. 그러나 대게 아는 지식이란 악마를 밝혀내는 한 알의 명주요, 의지란 외부의 유혹을 베어 없애는 한 자루의 칼이니, 이 두 가지는 다 없어서는 안 될 것이다.

(4) 스스로 해석자료

勝私制欲之功

이길 승(부수 힘력), 사사 사(부수 벼화), 절제할 제(부수 선칼도방), 하고자 할 욕(부수 하품흠), 갈 지(부수 삐침별), 공 공(부수 힘력)

有曰

있을 유(부수 달월), 가로 왈(부수 가로왈)

識不早

알 식(부수 말씀언), 아닐 부(부수 한일), 이를 조(부수 날일)

力不易者

힘 역(부수 힘력), 아닐 불(부수 한일), 쉬울 이(부수 날일), 놈 자(부수 늙을로엄)

有曰

있을 유(부수 달월), 가로 왈(부수 가로왈)

識得破

알 식(부수 말씀언), 얻을 득(부수 두인변), 깨뜨릴 파(부수 돌석)

忍不過者

참을 인(부수 마음심), 아닐 불(부수 한일), 지날 과(부수 책받침), 놈 자(부수 늙을로엄)

蓋識

덮을 개(부수 초두머리), 알 식(부수 말씀언)

是一顆照

이 시(부수 날일), 한 일(부수 한일), 낱알 과(부수 머리혈), 비칠 조(부수 연화발)

魔的明珠

마귀 마(부수 귀신귀), 과녁 적(부수 흰백), 밝을 명(부수 날일), 구슬 주(부수 구슬옥변)

力 是一把

힘 역(부수 힘력), 이 시(부수 날일), 한 일(부수 한일), 잡을 파(부수 재방변)

斬魔的慧劍

벨 참(부수 날근), 마귀 마(부수 귀신귀), 과녁 적(부수 흰백), 슬기로울 혜(부수 마음심), 칼 검(부수 선칼도방)

兩不可少也

두 양(부수 들입), 아닐 불(부수 한일), 옳을 가(부수 입구), 적을 소(부수 작을소), 어조사 야(부수 새을)

(5) 조부훈회(祖父訓誨)

아무리 지식이 많아도 의지가 약하면 그 지식을 발현하기 어렵다. 외부로부터 유혹을 이겨내는 데는 식견도 중요하지만, 거절할 수 있는 해금 같은 능력이 필요하다.

(6) 독자 이벤트

목차를 보고 제목을 읽고 또 읽어보아 제125장과 연결되는 장이 있는지 알아보자.

전집 제126장

학대보다 가련한 것이 멸시이고 멸시보다 불쌍한 것이 무관심이다.

(1) 준비운독(準備運讀)

제126장을 읽는 데는 다음과 같은 어휘를 먼저 익혀야 한다. 각인지사, 불형, 수인지모, 색, 수용. 이 어휘를 스스로 익히고 난 후 다음의 설명을 참고하면 사고의 지평이 넓어지리라 생각된다.

각인지사: 남에게 속은 것을 미리 알아채다.
불형: 나타내지 않다.
수인지모: 남에게 모욕을 당하다.
색: 얼굴 모습.
수용: 활용.

(2) 홍자성 원문

覺人之詐, 不形於言. 受人之侮 不動於色.
此中 有無窮意味, 亦有無窮受用.
각인지사, 불형어언. 수인지모 부동어색.
차중 유무궁의미, 역유무궁수용.

(3) 원문해석

어느 사람이 당신을 속였다는 것을 깨달았을 때, 그것을 말로 표현하지 마라. 누군가가 당신을 모욕했다는 것을 알았을 때, 당신의 표정을 나타내지 마라. 이러한 중에 무한한 의미와 무한한 활용성이 있다.

채근담 전집

(4) 스스로 해석자료

覺人之詐

깨달을 각(부수 볼견), 사람 인(부수 사람인), 갈 지(부수 삐침별), 속일 사(부수 말씀언)

不形於言

아닐 불(부수 한일), 모양 형(부수 터럭삼), 어조사 어(부수 모방), 말씀 언(부수 말씀언)

受人之侮

받을 수(부수 또우), 사람 인(부수 사람인), 갈 지(부수 삐침별), 업신여길 모(부수 사람인변)

不動於色

아닐 부(부수 한일), 움직일 동(부수 힘력), 어조사 어(부수 모방), 빛 색(부수 빛색)

此中

이 차(부수 그칠지), 가운데 중(부수 뚫을곤)

有無窮意味

있을 유(부수 달월), 없을 무(부수 연화발), 다할 궁(부수 구멍혈), 뜻 의(부수 마음심), 맛 미(부수 입구)

亦有無窮受用

또 역(부수 돼지해머리), 있을 유(부수 달월), 없을 무(부수 연화발), 다할 궁(부수 구멍혈), 받을 수(부수 또우), 쓸 용(부수 쓸용)

(5) 조부훈회(祖父訓誨)

남에게 속임을 당했을 때 속은체하는 만큼 현명한 것은 없다. 남에게 무시를 당했을 때 쩔쩔매지 않고 가만히 있는 것처럼 의젓한 일은 없다.

(6) 독자 이벤트

아무것도 하지 말고 20분 푹 쉬어보자.

전집 제127장
횡액을 이겨내는 데는 인내보다 슬기가 필요하다.

(1) 준비운독(準備運讀)

제127장을 읽는 데는 다음과 같은 어휘를 먼저 익혀야 한다. 횡역, 일부, 노추. 이 어휘를 스스로 익히고 난 후 다음의 설명을 참고하면 언어의 지평이 넓어지리라 생각된다.

횡역: 도리에 어긋난 일을 하여 밀어닥친 역경, 곧 횡래지액과 역경.
일부: 한 쌍 또는 한 개.
노추: 화로와 망치.

(2) 홍자성 원문

橫逆困窮, 是煅煉豪傑的一副轤錘.
能受其煅煉, 則心身交益. 不受其煅煉, 則心身交損.
횡역곤궁, 시단련호걸적일부로추.
능수기단련, 즉심신교익. 불수기단련, 즉심신교손.

(3) 원문해석

도리에 어긋난 일로 밀어닥친 역경과 횡래지액은 도량이 넓고 용기 있는 호걸로 키우는 데 필요한 용광로와 망치이고 도끼이다. 그 단련을 받으면 능히 몸과 마음이 모두 이로울 것이지만 그 단련을 받지 못하면 몸과 마음이 모두 해로울 것이다.

(4) 스스로 해석자료

橫逆困窮

가로 횡(부수 나무목), 거스를 역(부수 책받침), 곤할 곤(부수 큰입구몸), 다할 궁(부수 구멍혈)

是煆煉豪傑的

이 시(부수 날일), 불릴 단(부수 불화), 달굴 련(부수 불화), 호걸 호(부수 돼지시), 뛰어날 걸(부수 사람인변), 과녁 적(부수 흰백)

一副轤錘

한 일(부수 한일), 버금 부(부수 선칼도방), 도르래 로(부수 수레거), 저울 추(부수 쇠금)

能受其煆煉

능할 능(부수 육달월), 받을 수(부수 또우), 그 기(부수 여덟팔), 불릴 단(부수 불화), 달굴 련(부수 불화)

則心身交益

곧 즉(부수 선칼도방), 마음 심(부수 마음심), 몸 신(부수 몸신), 사귈 교(부수 돼지해머리), 더할 익(부수 그릇명)

不受其煆煉

아닐 불(부수 한일), 받을 수(부수 또우), 그 기(부수 여덟팔), 불릴 단(부수 불화), 달굴 련(부수 불화)

則心身交損

곧 즉(부수 선칼도방), 마음 심(부수 마음심), 몸 신(부수 몸신), 사귈 교(부수 돼지해머리), 덜 손(부수 재방변)

(5) 조부훈회(祖父訓誨)

전집 제127장은 칠전팔기 전화위복에 관한 명문장이다. 그래서 채근담의 영역본을 소개해 본다.

Adversity and hardship are the furnace and anvil for forging heroes. Those who can take the trials enjoy benefits to their mind and body; those who cannot stand the forging, lose in both mind and body.

『Vegetable roots discourse』 61쪽

뜻밖에 닥친 불운과 고난은 영웅을 만들고자 하는 도가니나 용광로이다. 시련을 받을 수 있는 자는 몸과 마음이 다 같이 이익을 누리고 고난을 견디지 못하는 자는 몸과 마음이 다 같이 함정에 빠지고 만다.

(6) 독자 이벤트

칠전팔기에 관한 역사적 사실, 전화위복에 관한 역사적 사실을 찾아보자.

전집 제128장

적당히 좋아하며 지나치게 싫어하지 말라.

(1) 준비운독(準備運讀)

제128장을 읽는 데는 다음과 같은 어휘를 먼저 익혀야 한다. 호오유칙, 섭리, 원자, 분진. 이 어휘를 스스로 익히고 난 후 다음의 설명을 참고하면 언어의 지평이 넓어지리라 생각된다.

호오유칙: 좋아하고 싫어함에 법도가 있다.
섭리: 조화시키다.
원자: 원망.
분진: 나쁜 병으로 고민하다.

(2) 홍자성 원문

吾身, 一小天地也. 使喜怒不愆, 好惡有則, 便是燮理的功夫.
天地, 一大父母也. 使民無怨咨, 物無氛疹, 亦是敦睦的氣象.
오신, 일소천지야. 사희로불건, 호오유칙, 편시섭리적공부.
천지, 일대부모야. 사민무원자, 물무분진, 역시돈목적기상.

(3) 원문해석

내 몸은 바로 천지의 축소판이다. 내가 기쁨이나 성냄에 도를 적절히 하며 유쾌한 것과 해로운 것을 규제할 때 나는 보편적인 법에 순응한다. 천지는 위대한 아버지이자 어머니이다. 나는 사람들 사이에 불화를 일으키거나 역병의 나쁜 점을 퍼뜨리기보다는 친밀한 친절의 모범을 보이려고 노력하고 싶다.

(4) 스스로 해석자료

吾身

나 오(부수 입구), 몸 신(부수 몸신)

一小天地也

한 일(부수 한일), 적을 소(부수 작을소), 하늘 천(부수 큰대), 땅 지(부수 흙토), 어조사 야(부수 새을)

使喜怒不愆

하여금 사(부수 사람인변), 기쁠 희(부수 입구), 성낼 로(부수 마음심), 아닐 불(부수 한일), 허물 건(부수 마음심)

好惡有則

좋을 호(부수 여자녀), 미워할 오(부수 마음심), 있을 유(부수 달월), 법칙 칙(부수 선칼도방)

便是燮理的功夫

편할 편(부수 사람인변), 이 시(부수 날일), 불꽃 섭(부수 불화), 다스릴 리(부수 구슬옥변), 과녁 적(부수 흰백), 공 공(부수 힘력), 지아비 부(부수 큰대)

天地

하늘 천(부수 큰대), 땅 지(부수 흙토)

一大父母也

한 일(부수 한일), 큰 대(부수 큰대), 아버지 부(부수 아비부), 어머니 모(부수 말무), 어조사 야(부수 새을)

使民無怨咨

하여금 사(부수 사람인변), 백성 민(부수 각시씨), 없을 무(부수 연화발), 원망할 원(부수 마음심), 물을 자(부수 입구)

物無氛疹

물건 물(부수 소우), 없을 무(부수 연화발), 기운 분(부수 기운기엄), 마마 진(부수 병질엄)

亦是敦睦的氣象

또 역(부수 돼지해머리), 이 시(부수 날일), 도타울 돈(부수 등글월문), 화목할 목(부수 눈목), 과녁 적(부수 흰백), 기운 기(부수 기운기엄), 코끼리 상(부수 돼지시)

(5) 조부훈회(祖父訓誨)

　너무 좋아하는 것도 좋지 않은 만큼 지나치게 싫어하는 것도 좋지 않다. 좋은 일에는 기뻐하고 나쁜 일에는 분노하는 것이 인지상정이지만 좋아함과 싫어함에도 절제가 필요하다.

(6) 독자 이벤트

　생략

전집 제129장

생각을 소홀히 하지 말되 지나치게 살피지 말라.

(1) 준비운독(準備運讀)

제129장을 읽는 데는 다음과 같은 어휘를 먼저 익혀야 한다. 해인지심, 방인지심, 역인지사, 상어찰, 정명이혼후. 이 어휘를 스스로 익히고 난 후 다음의 설명을 참고하면 언어의 지평이 넓어지리라 생각된다.

해인지심: 남을 해치려는 마음.
방인지심: 나를 지키는 마음.
역인지사: 지나치게 명철하여 남이 속일 것을 미리 대비하다.
상어찰: 짐작이 지나치다.
정명이혼후: 생각이 깊고 덕이 두텁다.

(2) 홍자성 원문

害人之心, 不可有. 防人之心, 不可無. 此 戒疎於慮也.
寧受人之欺, 毋逆人之詐. 此 警傷於察也.
二語並存, 精明而渾厚矣.
해인지심, 불가유. 방인지심, 불가무. 차 계소어려야.
영수인지기, 무역인지사. 차 경상어찰야.
이어병존, 정명이혼후의.

(3) 원문해석

남을 해치려는 마음을 가져는 안 될 것이며 남의 해를 막으려는 마음이 없어서는 절대로 안 된다. 해치고자 하는 사람을 만날 때는 생각을 소홀히 해서는 안 된다. 차라리 남에게 속임을 받을지라도 먼저 남을 속일 것을 생각하면서 공격하는 것도 좋지 않다. 지나치게 살피는 것도 그리 좋은 일이 아니다. 사람을 대할 때 깊이 생각하기도 하며 때로는 모른척해야 한다.

(4) 스스로 해석자료

害人之心
해할 해(부수 갓머리), 사람 인(부수 사람인), 갈 지(부수 삐침별), 마음 심(부수 마음심)

不可有
아닐 불(부수 한일), 옳을 가(부수 입구), 있을 유(부수 달월)

防人之心
막을 방(부수 좌부변), 사람 인(부수 사람인), 갈 지(부수 삐침별), 마음 심(부수 마음심)

不可無 此
아닐 불(부수 한일), 옳을 가(부수 입구), 없을 무(부수 연화발), 이 차(부수 그칠지)

戒疎於慮也
경계할 계(부수 창과), 성길 소(부수 짝필), 어조사 어(부수 모방), 생각할 려(부수 마음심), 어조사 야(부수 새을)

寧受人之欺
평안할 영(부수 갓머리), 받을 수(부수 또우), 사람 인(부수 사람인), 갈 지(부수 삐침별), 속일 기(부수 하품흠)

毋逆人之詐 此
말 무(부수 말무), 거스를 역(부수 책받침), 사람 인(부수 사람인), 갈 지(부수 삐침별), 속일 사(부수 말씀언), 이 차(부수 그칠지)

警傷於察也
깨우칠 경(부수 말씀언), 다칠 상(부수 사람인변), 어조사 어(부수 모방), 살필 찰(부수 갓머리), 어조사 야(부수 새을)

二語並存
두 이(부수 두이), 말씀 어(부수 말씀언), 나란히 병(부수 한일), 있을 존(부수 아들자)

精明而渾厚矣

정할 정(부수 쌀미), 밝을 명(부수 날일), 말 이을 이(부수 말이을이), 흐릴 혼(부수 삼수변), 두터울 후(부수 민엄호), 어조사 의(부수 화살시)

(5) 조부훈회(祖父訓誨)

보복하려는 에너지가 발현되지 않도록 하며 그 에너지를 자기를 지키는 데 국한하는 것이 좋을 것이다.

(6) 독자 이벤트

다투어서 이겨본 일이 있는가? 다투어서 져본 일이 있는가? 되짚어 본다.

전집 제130장
하찮은 목소리에 자기 뜻을 굽히지 말라.

(1) 준비운독(準備運讀)

제130장을 읽는 데는 다음과 같은 어휘를 먼저 익혀야 한다. 군의, 사소혜, 상대체. 이 어휘를 스스로 익히고 난 후 다음의 설명을 참고하면 언어의 지평이 넓어지리라 생각된다.

군의: 여러 사람이 의심하다.
사소혜: 사사롭고 작은 은혜.
상대체: 큰일을 해치다.

(2) 홍자성 원문

毋因群疑而阻獨見. 毋任己意而廢人言.
毋私小惠而傷大體. 毋借公論以快私情.
무인군의이조독견. 무임기의이폐인언.
무사소혜이상대체. 무차공론이쾌사정.

(3) 원문해석

여러 사람이 의심한다 하여 자기 뜻을 굽히지 말며 자기 한 사람의 뜻을 주장하여 남의 말을 버리지 말 것이다. 또 사사로운 은혜에 사로잡혀 큰일을 해치지 말 것이며 공론을 빌려 자기 이익을 채우지 마라.

(4) 스스로 해석자료

毋因群疑

말 무(부수 말무), 인할 인(부수 큰입구몸), 무리 군(부수 양양), 의심할 의(부수 짝필)

而阻獨見

말 이을 이(부수 말이을이), 막힐 조(부수 좌부변), 홀로 독(부수 개사슴록변), 볼 견(부수 볼견)

毋任己意

말 무(부수 말무), 맡길 임(부수 사람인변), 몸 기(부수 몸기), 뜻 의(부수 마음심)

而廢人言

말 이을 이(부수 말이을이), 폐할 폐(부수 엄호), 사람 인(부수 사람인), 말씀 언(부수 말씀언)

毋私小惠

말 무(부수 말무), 사사 사(부수 벼화), 작을 소(부수 작을소), 은혜 혜(부수 마음심)

而傷大體

말 이을 이(부수 말이을이), 다칠 상(부수 사람인변), 큰 대(부수 큰대), 몸 체(부수 뼈골)

毋借公論

말 무(부수 말무), 빌릴 차(부수 사람인변), 공평할 공(부수 여덟팔), 논할 론(부수 말씀언)

以快私情

써 이(부수 사람인), 쾌할 쾌(부수 심방변), 사사 사(부수 벼화), 뜻 정(부수 심방변)

(5) 조부훈회(祖父訓誨)

나랏일을 위한다 또는 회사를 위한다 그렇게 운운하면서 사사로운 이익을 챙기는 것만큼 초라한 일도 없다. 사소한 은혜로 베풂을 받았다 해서 자기의 떳떳한 덕을 내팽개쳐서도 안 된다.

(6) 독자 이벤트

『서서번연 채근담』의 내용을 여기저기 전달해 보자.

전집 제131장
악한 사람의 잘못을 혼자서는 발설하지 말라.

(1) 준비운독(準備運讀)

제131장을 읽는 데는 다음과 같은 어휘를 먼저 익혀야 한다. 예양, 참찬, 선발, 매얼. 이 어휘를 스스로 익히고 난 후 다음의 설명을 참고하면 언어의 지평이 넓어지리라 생각된다.

예양: 미리 칭찬하다.
참찬: 이간질하다.
선발: 미리 발설하다.
매얼: 재앙이 끼어들다.

(2) 홍자성 원문

善人 未能急親, 不宜預揚, 恐來讒讚之奸.
惡人 未能輕去, 不宜先發, 恐招媒蘖之禍.
선인 미능급친, 불의예양, 공래참찬지간.
악인 미능경거, 불의선발, 공초매얼지화.

(3) 원문해석

착한 사람이라도 쉽게 친하지 말며 따라서 칭찬도 과하게 하지 말라. 교활한 사람의 중상(中傷)이 있을까 두렵다. 악한 사람을 쉽게 내치려고 미리 발설하지 말라. 뜻밖의 재앙이 끼어들 수 있기 때문이다.

(4) 스스로 해석자료

善人
착할 선(부수 입구), 사람 인(부수 사람인)

未能急親
아닐 미(부수 나무목), 능할 능(부수 육달월), 급할 급(부수 마음심), 친할 친(부수 볼견)

不宜預揚
아닐 불(부수 한일), 마땅 의(부수 갓머리), 맡길 예(부수 머리혈), 날릴 양(부수 재방변)

恐來讒讚之奸
두려울 공(부수 마음심), 올 래(부수 사람인), 참소할 참(부수 말씀언), 기릴 찬(부수 말씀언), 갈 지(부수 삐침별), 간사할 간(부수 여자녀)

惡人
악할 악(부수 마음심), 사람 인(부수 사람인)

未能輕去
아닐 미(부수 나무목), 능할 능(부수 육달월), 가벼울 경(부수 수레거), 갈 거(부수 마늘모)

不宜先發
아닐 불(부수 한일), 마땅 의(부수 갓머리), 먼저 선(부수 어진사람인발), 필 발(부수 필발머리)

恐招媒蘗之禍
두려울 공(부수 마음심), 부를 초(부수 재방변), 중매 매(부수 여자녀), 그루터기 얼(부수 초두머리), 갈 지(부수 삐침별), 재앙 화(부수 보일시)

(5) 조부훈회(祖父訓誨)

속담에 열 길 물속은 알 수 있어도 한 길 사람 속은 모른다는 말이 있다. 첫인상으로 그 사람이 길인인지 흉인인지, 착한 사람인지 악한 사람인지는 알기가 어렵다. 사람을 만났을 때 그 사람이 착한 사람인지 악한 사람인지를 여기저기 물어보는 일은 매우 조심해야 한다.

(6) 독자 이벤트

스스로 해석자료에서 아는 한자가 몇 자인지 확인해 보자.

전집 제132장
거친 땅에서 자란 나무가 튼튼하다.

(1) 준비운독(準備運讀)

제132장을 읽는 데는 다음과 같은 어휘를 먼저 익혀야 한다. 청청백일, 옥루, 선건전곤, 임심리박, 조출. 이 어휘를 스스로 익히고 난 후 다음의 설명을 참고하면 사고의 지평이 넓어지리라 생각된다.

청청백일: 맑은 하늘의 밝은 태양.
옥루: 집 안에서 제일 깊숙한 곳. 여기서는 초라한 방을 뜻함.
선건전곤: 하늘을 움직이고 땅을 감동시키는 능력.
임심리박: 깊은 냇물을 건너듯 얇은 얼음 위를 걷는 것처럼 조심하다.
조출: 책상 앞에 앉아 깊이 생각하여 새로운 것을 알아냄. 곧 안출.

(2) 홍자성 원문

靑天白日的節義, 自暗室屋漏中培來.
旋乾轉坤的經綸, 自臨深履薄處操出.
청천백일적절의, 자암실옥루중배래.
선건전곤적경륜, 자림심리박처조출.

(3) 원문해석

맑은 하늘의 태양처럼 빛나는 절의도 어둡고 초라한 방 안의 구석진 곳에서 길러진 것이며 하늘을 움직이고 땅을 감동시키는 능력도 임심리박하는 조심성에서 길러진 것이다.

(4) 스스로 해석자료

靑天白日的節義

푸를 청(부수 푸를청), 하늘 천(부수 큰대), 흰 백(부수 흰백), 날 일(부수 날일), 과녁 적(부수 흰백), 마디 절(부수 대죽), 옳을 의(부수 양양)

自暗室屋漏中培來

스스로 자(부수 스스로자), 어두울 암(부수 날일), 집 실(부수 갓머리), 집 옥(부수 주검시엄), 샐 루(부수 삼수변), 가운데 중(부수 뚫을곤), 북을 돋을 배(부수 흙토), 올 래(부수 사람인)

旋乾轉坤的經綸

돌 선(부수 모방), 하늘 건(부수 새을), 구를 전(부수 수레거), 땅 곤(부수 흙토), 과녁 적(부수 흰백), 지날 경(부수 실사변), 벼리 륜(부수 실사변)

自臨深履薄處操出

스스로 자(부수 스스로자), 임할 림(부수 신하신), 깊을 심(부수 삼수변), 밟을 리(부수 주검시엄), 엷을 박(부수 초두머리), 곳 처(부수 범호엄), 잡을 조(부수 재방변), 날 출(부수 위튼입구몸)

(5) 조부훈회(祖父訓誨)

사람이 마땅히 지켜야 할 도리를 끝까지 지키려는 굳은 마음을 한마디로 절의라고 한다. 이 절의는 맑은 하늘의 태양처럼 어둠을 골고루 비출 수 있어야 한다. 너에게도 나에게도 조금도 유익하지 않은 것을 절의 운운하며 초지일관하는 것은 삼가야 한다.

(6) 독자 이벤트

선건전곤. 네 글자를 새겨 보자.

전집 제133장
가정에서도
give and take는 필요하다.

(1) 준비운독(準備運讀)

제133장을 읽는 데는 다음과 같은 어휘를 먼저 익혀야 한다. 주도극처, 착부득, 노인, 시도. 이 어휘를 스스로 익히고 난 후 다음의 설명을 참고하면 언어의 지평이 넓어지리라 생각된다.

주도극처: 완전하게 이루어짐. 여기서는 사랑과 정성이 빈틈없이 이루어짐을 뜻함.
착부득: 볼 것이 못 된다.
노인: 길에서 오다가다 만난 사람.
시도: 장사꾼의 관계.

(2) 홍자성 원문

父慈子孝, 兄友弟恭, 終做到極處, 俱是合當如此.
著不得一毫感激的念頭.
如施者任德 受者懷恩, 便是路人, 便成市道.
부자자효, 형우제공, 종주도극처, 구시합당여차.
착부득일호감격적념두.
여시자임덕 수자회은, 편시로인, 편성시도.

(3) 원문해석

부모가 자녀를 사랑하고 아들딸이 부모님께 효도하며 형이 동생을 보살피고 동생이 형을 따르는 것이 빈틈없이 이루어졌다 해도 이것은 마땅한 도리이므로 전혀 감동할 일은 아니다. 만약 베푸는 사람이 덕으로 생각하고, 받는 쪽에서 은혜로 생각한다면 이는 곧 길에서 오다가다 만난 사람이나 다름없으며 이익을 주고받는 장사꾼과 마찬가지이다.

(4) 스스로 해석자료

父慈子孝
아버지 부(부수 아비부), 사랑 자(부수 마음심), 아들 자(부수 아들자), 효도 효(부수 아들자)

兄友弟恭
형 형(부수 어진사람인발), 벗 우(부수 또우), 아우 제(부수 활궁), 공손할 공(부수 마음심밑)

終做到極處
마칠 종(부수 실사변), 지을 주(부수 사람인변), 이를 도(부수 선칼도방), 극진할 극(부수 나무목), 곳 처(부수 범호엄)

俱是合當如此
함께 구(부수 사람인변), 이 시(부수 날일), 합할 합(부수 입구), 마땅 당(부수 밭전), 같을 여(부수 여자녀), 이 차(부수 그칠지)

著不得一
붙을 착(부수 초두머리), 아닐 부(부수 한일), 얻을 득(부수 두인변), 한 일(부수 한일)

毫感激的念頭
터럭 호(부수 터럭모), 느낄 감(부수 마음심), 격할 격(부수 삼수변), 과녁 적(부수 흰백), 생각 념(부수 마음심), 머리 두(부수 머리혈)

如施者任德
같을 여(부수 여자녀), 베풀 시(부수 모방), 놈 자(부수 늙을로엄), 맡길 임(부수 사람인변), 클 덕(부수 두인변)

受者懷恩
받을 수(부수 또우), 놈 자(부수 늙을로엄), 품을 회(부수 심방변), 은혜 은(부수 마음심)

便是路人
편할 편(부수 사람인변), 이 시(부수 날일), 길 로(부수 발족변), 사람 인(부수 사람인)

便成市道
편할 편(부수 사람인변), 이룰 성(부수 창과), 저자 시(부수 수건건), 길 도(부수 책받침)

(5) 조부훈회(祖父訓誨)

사랑에는 대상애(agape love), 수보애(eros love), 자기애(self love) 세 유형이 있다. 아기가 태어나 젖을 먹고 오줌 싸고 똥 싸는 일 등 초등학교에 입학하기 전 여섯 살 때까지는 오직 자기애만 안다. 이때 아기를 키우는 엄마는 아기에게 온 정성을 쏟으면서 대상애, 곧 아가페 사랑을 실천한다. 가정은 모성애처럼 아가페 사랑이 아낌없이 실천되는 곳이다. 그렇다고 사랑에 대한 고마움을 몰라서는 안 된다. 대상애 속에서도 give and take의 에로스 사랑이 발현되어야 한다.

(6) 독자 이벤트

대상애, 자기애. 두 단어를 사전을 통해 더 깊이 알아본다. 참고로 수보애(受報愛)란 서로 주고받는다는 사랑인데 이 말은 사전에는 없다.

전집 제134장

아름다움을 자랑하면 추함을 들키게 된다.

(1) 준비운독(準備運讀)

제134장을 읽는 데는 다음과 같은 어휘를 먼저 익혀야 한다. 유연필유추, 위지대, 유결필유오. 이 어휘를 스스로 익히고 난 후 다음의 설명을 참고하면 사고의 지평이 넓어지리라 생각된다.

유연필유추: 아름다움에는 반드시 추함이 따른다.
위지대: 서로 짝을 이룬다.
유결필유오: 깨끗함에는 반드시 더러움이 따른다.

(2) 홍자성 원문

有姸, 必有醜 爲之對. 我不誇姸, 誰能醜我.
有潔, 必有汚 爲之仇. 我不好潔, 誰能汚我.
유연, 필유추 위지대. 아불과연, 수능추아.
유결, 필유오 위지구. 아불호결, 수능오아.

(3) 원문해석

아름다움에는 반드시 추함이 따라붙어 짝을 이룬다. 내가 아름다움을 자랑하지 않으면 어느 누가 능히 나를 추하다고 흉을 보겠는가. 깨끗함이 있으면 반드시 더러움이 있어서 짝을 이룬다. 내가 깨끗함을 내세우지 않는다면 누가 능히 나를 더럽다 하겠는가.

(4) 스스로 해석자료

有姸

있을 유(부수 달월), 고울 연(부수 여자녀)

必有醜

반드시 필(부수 마음심), 있을 유(부수 달월), 추할 추(부수 닭유)

爲之對

할 위(부수 손톱조), 갈 지(부수 삐침별), 대할 대(부수 마디촌)

我不誇妍

나 아(부수 창과), 아닐 불(부수 한일), 자랑할 과(부수 말씀언), 고울 연(부수 여자녀)

誰能醜我

누구 수(부수 말씀언), 능할 능(부수 육달월), 추할 추(부수 닭유), 나 아(부수 창과)

有潔

있을 유(부수 달월), 깨끗할 결(부수 삼수변)

必有汚

반드시 필(부수 마음심), 있을 유(부수 달월), 더러울 오(부수 삼수변)

爲之仇

할 위(부수 손톱조), 갈 지(부수 삐침별), 원수 구(부수 사람인변)

我不好潔

나 아(부수 창과), 아닐 불(부수 한일), 좋을 호(부수 여자녀), 깨끗할 결(부수 삼수변)

誰能汚我

누구 수(부수 말씀언), 능할 능(부수 육달월), 더러울 오(부수 삼수변), 나 아(부수 창과)

(5) 조부훈회(祖父訓誨)

청렴함은 부패의 반대이다. 내가 청렴하다고 우기지 않는다면 나의 부패를 들추어내겠는가? 장점과 단점은 항상 따라다니는 것, 그러므로 자기 장점을 내세우다가 단점을 들키는 누를 범하지 말아야 한다.

(6) 독자 이벤트

홍자성 원문에서 알고 있는 한자가 몇 자나 되는지 알아본다.

전집 제135장

가까운 사람의 성공을 진심으로 기뻐하라.

(1) 준비운독(準備運讀)

제135장을 읽는 데는 다음과 같은 어휘를 먼저 익혀야 한다. 염량, 심어, 투기, 한, 냉장, 평기, 번뇌장. 이 어휘를 스스로 익히고 난 후 다음의 설명을 참고하면 언어의 지평이 넓어지리라 생각된다.

염량: 덥고 시원하다. 여기서는 괴로움과 편안함을 의미함.
심어: 훨씬 심하다.
투기: 자기와 비슷한 사람이 잘되었을 때 거리끼고 미워하는 마음 곧 질투와 시기.
한: 사납다.
냉장: 냉철한 마음.
평기: 평정한 마음.
번뇌장: 마음을 번거롭고 괴롭게 하다.

(2) 홍자성 원문

炎凉之態, 富貴 更甚於貧賤.
妬忌之心, 骨肉 尤狠於外人.
此處, 若不當以冷腸 御以平氣, 鮮不日坐煩惱障中矣.
염량지태, 부귀 갱심어빈천.
투기지심, 골육 우한어외인.
차처, 약부당이랭장 어이평기, 선불일좌번뇌장중의.

(3) 원문해석

　괴로움과 편안함이 오고 갈 때 외부의 힘에 따라 마음이 변하는 것은 부귀한 사람이 빈천한 사람보다 그 도가 더욱 심하고, 질투와 시기하는 마음은 남남 사이보다 친척 사이에 더욱 심하다. 이런 가운데 만약 냉철한 마음을 가지지 않음으로써 마음이 평정되지 못한다면 괴로움의 노예가 되어 하루라도 편안한 날이 없으리라.

(4) 스스로 해석자료

炎涼之態
불꽃 염(부수 불화), 서늘한 량(부수 이수변), 갈 지(부수 삐침별), 모습 태(부수 마음심)

富貴
부유할 부(부수 갓머리), 귀할 귀(부수 조개패)

更甚於貧賤
다시 갱(부수 가로왈), 심할 심(부수 달감), 어조사 어(부수 모방), 가난할 빈(부수 조개패), 천할 천(부수 조개패)

妬忌之心
샘낼 투(부수 여자녀), 꺼릴 기(부수 마음심), 갈 지(부수 삐침별), 마음 심(부수 마음심)

骨肉
뼈 골(부수 뼈골), 고기 육(부수 고기육)

尤狠於外人
더욱 우(부수 절름발이왕), 사나울 한(부수 개사슴록변), 어조사 어(부수 모방), 바깥 외(부수 저녁석), 사람 인(부수 사람인)

此處
이 차(부수 그칠지), 곳 처(부수 범호엄)

若不當
같을 약(부수 초두머리), 아닐 부(부수 한일), 마땅 당(부수 밭전)

以冷腸
써 이(부수 사람인), 찰 랭(부수 이수변), 창자 장(부수 육달월)

御以平氣

거느릴 어(부수 두인변), 써 이(부수 사람인), 평평할 평(부수 방패간), 기운 기(부수 기운기엄)

鮮不日坐

고울 선(부수 물고기어), 아닐 불(부수 한일), 날 일(부수 날일), 앉을 좌(부수 흙토)

煩惱障中矣

번거로울 번(부수 불화), 번뇌할 뇌(부수 심방변), 막을 장(부수 좌부변), 가운데 중(부수 뚫을 곤), 어조사 의(부수 화살시)

(5) 조부훈회(祖父訓誨)

속담에 "사촌이 땅을 사면 배가 아프다"라는 말이 있다. 친척이 잘되었을 때 질투하고 시기하는 마음을 단적으로 나타낸 말이다. 친척뿐 아니라 친한 친구가 잘되었는데도 기뻐하기에 앞서 질투가 난다. 자기와 비슷한 사람이 성공할 때 시기하고 질투하는 마음이 생기는 것은 인지상정이라 하는데 친척의 성공, 친구의 기쁨을 함께 나누는 도량을 스스로 키워야 하리라.

(6) 독자 이벤트

친척이나 친구가 기쁜 일이 있을 때 배 아픈 경험이 있었는가? 되돌아보자.

전집 제136장

원한은 발바닥에 새기고
은혜는 손바닥에 새겨라.

(1) 준비운독(準備運讀)

제136장을 읽는 데는 다음과 같은 어휘를 먼저 익혀야 한다. 불용, 혼, 타타, 은구, 휴이지지. 이 어휘를 스스로 익히고 난 후 다음의 설명을 참고하면 사고의 지평이 넓어지리라 생각된다.

불용: 용납하지 못함.
혼: 잘못 판단하다. 잘된 것과 못된 것을 구별하지 못하다. 곧 혼동.
타타: 게을러서 일을 그르치다.
은구: 은혜와 원한.
휴이지지: 두 사람 사이가 멀어지다.

(2) 홍자성 원문

功過, 不容少混. 混則人懷惰墮之心.
恩仇, 不可大明. 明則人起携貳之志.
공과, 불용소혼. 혼즉인회타타지심.
은구, 불가대명. 명즉인기휴이지지.

(3) 원문해석

공로와 과실은 조금이라도 잘못 판단해서는 아니 된다. 혼동하면 사람들이 서로 미루고 게으름만 피운다. 은의와 원한은 크게 따지지 말아야 한다. 밝히면 인간관계가 멀어지게 된다.

(4) 스스로 해석자료

功過

공 공(부수 힘력), 지날 과(부수 책받침)

不容少混

아닐 불(부수 한일), 얼굴 용(부수 갓머리), 적을 소(부수 작을소), 섞을 혼(부수 삼수변)

混則人懷惰墮之心

섞을 혼(부수 삼수변), 곧 즉(부수 선칼도방), 사람 인(부수 사람인), 품을 회(부수 심방변), 게으를 타(부수 심방변), 떨어질 타(부수 흙토), 갈 지(부수 삐침별), 마음 심(부수 마음심)

恩仇

은혜 은(부수 마음심), 원수 구(부수 사람인변)

不可大明

아닐 불(부수 한일), 옳을 가(부수 입구), 큰 대(부수 큰대), 밝을 명(부수 날일)

明則人起携貳之志

밝을 명(부수 날일), 곧 즉(부수 선칼도방), 사람 인(부수 사람인), 일어날 기(부수 달릴주), 이끌 휴(부수 재방변), 두 이(부수 조개패), 갈 지(부수 삐침별), 뜻 지(부수 마음심)

(5) 조부훈회(祖父訓誨)

 상을 줄 사람에게는 반드시 상을 주고 벌을 받을 사람에게는 반드시 벌을 주어야 한다. 신상필벌 운운하며 공과를 분명하게 하는 사업장들이 더러 있다. 회사를 운영하는 사람들이 사원에게 그 공적에 대해 보상하는 것이 당연한 일이지만 성과를 올리지 못한 사람들이 의기소침하는 것도 살펴야 한다.

(6) 독자 이벤트

아무 일도 하지 말고 한 30분 쉬어보자.

전집 제137장
소질에 맞지 않는 직업은 능력보다 한 단계 낮추어라.

(1) 준비운독(準備運讀)

제137장을 읽는 데는 다음과 같은 어휘를 먼저 익혀야 한다. 작위, 능사, 진필, 과고. 이 어휘를 스스로 익히고 난 후 다음의 설명을 참고하면 사고의 지평이 넓어지리라 생각된다.

작위: 직업과 지위.
능사: 다른 사람보다 잘하는 일.
진필: 끝까지 힘을 다하다.
과고: 지나치게 높다.

(2) 홍자성 원문

爵位, 不宜太盛. 太盛則危. 能事, 不宜盡畢. 盡畢則衰.
行誼, 不宜過高. 過高則謗興而毁來.
작위, 불의태성. 태성즉위. 능사, 불의진필. 진필즉쇠.
행의, 불의과고. 과고즉방흥이훼래.

(3) 원문해석

직업은 소질에 맞아야 하며 소질에 맞지 않는다면 너무 높지 않아야 한다. 너무 높으면 일에 짜증이 생겨 중도에 그만두는 일이 발생한다. 남보다 잘하는 일도 마땅히 그 힘을 다 쓰지 말아야 할 것이니 힘을 다 쓰면 쇠퇴해진다. 행실은 마땅히 너무 고상하지 말아야 할 것이니 너무 고상하면 헐뜯는 소리를 감당하지 못할 것이다.

(4) 스스로 해석자료

爵位
벼슬 작(부수 손톱조), 자리 위(부수 사람인변)

不宜太盛
아닐 불(부수 한일), 마땅 의(부수 갓머리), 클 태(부수 큰대), 성할 성(부수 그릇명)

太盛則危
클 태(부수 큰대), 성할 성(부수 그릇명), 곧 즉(부수 선칼도방), 위태할 위(부수 병부절)

能事
능할 능(부수 육달월), 일 사(부수 갈고리궐)

不宜盡畢
아닐 불(부수 한일), 마땅 의(부수 갓머리), 다할 진(부수 그릇명), 마칠 필(부수 밭전)

盡畢則衰
다할 진(부수 그릇명), 마칠 필(부수 밭전), 곧 즉(부수 선칼도방), 쇠할 쇠(부수 옷의)

行誼
다닐 행(부수 다닐행), 정 의(부수 말씀언)

不宜過高
아닐 불(부수 한일), 마땅 의(부수 갓머리), 지날 과(부수 책받침), 높을 고(부수 높을고)

過高則謗興
지날 과(부수 책받침), 높을 고(부수 높을고), 곧 즉(부수 선칼도방), 헐뜯을 방(부수 말씀언), 일 흥(부수 절구구변)

而毀來
말 이을 이(부수 말이을이), 헐 훼(부수 갖은등글월문), 올 래(부수 사람인)

(5) 조부훈회(祖父訓誨)

　소질에 맞는 직업을 선택하는 것이 최선이다. 그런데 경쟁사회에서 소질에 맞는 직업을 갖는다는 것은 지극히 어려운 일이다. 소질에 맞지도 않고 자기가 싫어하는 일도 어쩔 수 없이 선택할 수밖에 없다. 소질에 맞지 않는 직업은 자기 능력보다 한두 단계 낮추는 것이 좋다.

(6) 독자 이벤트

내 소질이 무엇인가? 내가 잘하는 것이 무엇인가? 내 취미가 무엇인가? 한번 확인해 보자.

전집 제138장
악은 숨길 수 없으며 선은 들켜서는 아니 된다.

(1) 준비운독(準備運讀)

제138장을 읽는 데는 다음과 같은 어휘를 먼저 익혀야 한다. 악기음, 선기양, 화천, 화심. 이 어휘를 스스로 익히고 난 후 다음의 설명을 참고하면 사고의 지평이 넓어지리라 생각된다.

악기음: 악은 숨길 수 없다.
선기양: 선은 들키지 않아야 한다.
화천: 재앙이 가볍다.
화심: 재앙이 심하다.

(2) 홍자성 원문

惡忌陰. 善忌陽. 故 惡之顯者 禍淺, 而陰者 禍深.
善之顯者 功小, 而陰者 功大.
악기음. 선기양. 고 악지현자 화천, 이음자 화심.
선지현자 공소, 이음자 공대.

(3) 원문해석

악은 절대로 숨겨지지 않으며 선은 남에게 들켜서는 아니 된다. 이에 밖으로 드러난 악은 재앙이 가볍고 숨겨진 악은 재앙이 크다. 밖으로 나타난 선은 공적이 작고 드러나지 않는 선은 공적이 크다.

(4) 스스로 해석자료

惡忌陰

악할 악(부수 마음심), 꺼릴 기(부수 마음심), 그늘 음(부수 좌부변)

善忌陽

착할 선(부수 입구), 꺼릴 기(부수 마음심), 볕 양(부수 좌부변)

故 惡之顯者 禍淺

연고 고(부수 등글월문), 악할 악(부수 마음심), 갈 지(부수 삐침별), 나타날 현(부수 머리혈), 놈 자(부수 늙을로엄), 재앙 화(부수 보일시), 얕을 천(부수 삼수변)

而陰者 禍深

말 이을 이(부수 말이을이), 그늘 음(부수 좌부변), 놈 자(부수 늙을로엄), 재앙 화(부수 보일시), 깊을 심(부수 삼수변)

善之顯者 功小

착할 선(부수 입구), 갈 지(부수 삐침별), 나타날 현(부수 머리혈), 놈 자(부수 늙을로엄), 공 공(부수 힘력), 작을 소(부수 작을소)

而陰者 功大

말 이을 이(부수 말이을이), 그늘 음(부수 좌부변), 놈 자(부수 늙을로엄), 공 공(부수 힘력), 큰 대(부수 큰대)

(5) 조부훈회(祖父訓誨)

악한 일을 했는데 들키지 않고 아무렇지도 않게 사는 사람이 더러 있다. 착한 일을 했는데도 그 보상을 받지 못하는 사람도 흔하게 찾아볼 수 있다. 이런 것에 회의를 느끼고 천도가 어디 있어 반문하며 아무렇게나 사는 것만큼 천박한 것도 없다.

(6) 독자 이벤트

가장 가까운 어머니를 기쁘게 해드린 적이 있는지 체크해 보자.

전집 제139장
덕이 없는 재능은 나에게도 남에게도 유익하지 않다.

(1) 준비운독(準備運讀)

제139장을 읽는 데는 다음과 같은 어휘를 먼저 익혀야 한다. 덕, 재, 유재무덕, 용사, 기하, 망량, 창광. 이 어휘를 스스로 익히고 난 후 다음의 설명을 참고하면 사고의 지평이 넓어지리라 생각된다.

덕: 고매하고 너그러운 도덕적 품격.
재: 재능.
유재무덕: 재주만 있고 덕은 없다.
용사: 살림살이.
기하: 어찌.
망량: 도깨비.
창광: 제멋대로 놀아나다.

(2) 홍자성 원문

德者, 才之主. 才者, 德之奴.
有才無德, 如家無主而奴用事矣, 幾何不魍魎而猖狂.
덕자, 재지주. 재자, 덕지노.
유재무덕, 여가무주이노용사의, 기하불망량이창광.

(3) 원문해석

고매한 품성은 재주와 능력을 다스린다. 그러므로 재능을 덕성보다 앞세워서는 아니 된다. 재능은 있어도 덕성이 없으면 주인 없는 집안에 노복들끼리만 살림살이를 하는 것과 마찬가지이다. 어찌 이런 집안이 엉망진창이 아니겠는가!

(4) 스스로 해석자료

德者
클 덕(부수 두인변), 놈 자(부수 늙을로엄)

才之主
재주 재(부수 재방변), 갈 지(부수 삐침별), 임금 주(부수 점주)

才者 德之奴
재주 재(부수 재방변), 놈 자(부수 늙을로엄), 클 덕(부수 두인변), 갈 지(부수 삐침별), 종 노(부수 여자녀)

有才無德
있을 유(부수 달월), 재주 재(부수 재방변), 없을 무(부수 연화발), 클 덕(부수 두인변)

如家無主
같을 여(부수 여자녀), 집 가(부수 갓머리), 없을 무(부수 연화발), 임금 주(부수 점주)

而奴用事矣
말 이을 이(부수 말이을이), 종 노(부수 여자녀), 쓸 용(부수 쓸용), 일 사(부수 갈고리궐), 어조사 의(부수 화살시)

幾何不魍魎
몇 기(부수 작을요), 어찌 하(부수 사람인변), 아닐 불(부수 한일), 도깨비 망(부수 귀신신), 도깨비 량(부수 귀신신)

而猖狂
말 이을 이(부수 말이을이), 미쳐 날뛸 창(부수 개사슴록변), 미칠 광(부수 개사슴록변)

(5) 조부훈회(祖父訓誨)

『대학』 전6장에 "부윤옥 덕윤신 심광채반(富潤屋 德潤身 心廣體胖)"이라는 말이 있다. 해석하면 부는 집을 윤택하게 하고 덕은 몸을 윤택하게 하니 선이 있으면 마음이 넓어지고 몸이 펴진다는 뜻이다. 이 말을 음미해 보면 덕이 중요한 것이지만 재물도 덕 못지않게 중요함을 강조하고 있다.

(6) 독자 이벤트

원문해석이 직역이 아니고 의역이므로 독자 스스로 해석해 보면 좋을 것이다.

전집 제140장

참새도 궁하면 쪼고
토끼도 궁지에 몰리면 할퀸다.

(1) 준비운독(準備運讀)

제140장을 읽는 데는 다음과 같은 어휘를 먼저 익혀야 한다. 서간, 두행, 일조거로, 호물. 이 어휘를 스스로 익히고 난 후 다음의 설명을 참고하면 사고의 지평이 넓어지리라 생각된다.

서간: 간사한 사람을 제거하고자 호미로 파헤치다.
두행: 아첨하는 사람을 막아내다.
일조거로: 달아날 한 가닥 길.
호물: 소중한 물건.

(2) 홍자성 원문

鋤奸杜倖, 要放他一條去路.
若使之一無所容, 譬如塞鼠穴者, 一切去路都塞盡,
則一切好物俱咬破矣.
서간두행, 요방타일조거로.
약사지일무소용, 비여색서혈자, 일절거로도새진,
즉일절호물구교파의.

(3) 원문해석

간악한 자를 뿌리 뽑고 요망한 무리를 막아내는 데는 한 가닥 달아날 길을 터주면 된다. 만약 한 군데도 몸 둘 곳을 용납하지 않으면 비유하건대 쥐를 잡을 때 모든 쥐구멍을 막는 자와 같아서 달아날 모든 길을 모조리 막아버리면 소중한 물건을 모두 물어뜯는 재앙을 피할 수 없게 된다.

(4) 스스로 해석자료

鋤奸杜倖

호미 서(부수 쇠금), 간사할 간(부수 여자녀), 막을 두(부수 나무목), 요행 행(부수 사람인변)

要放他

요긴할 요(부수 덮을아), 놓을 방(부수 등글월문), 다를 타(부수 사람인변)

一條去路

한 일(부수 한일), 가지 조(부수 나무목), 갈 거(부수 마늘모), 길 로(부수 발족변)

若使之

같을 약(부수 초두머리), 하여금 사(부수 사람인변), 갈 지(부수 삐침별)

一無所容

한 일(부수 한일), 없을 무(부수 연화발), 바 소(부수 지게호), 얼굴 용(부수 갓머리)

譬如塞鼠穴者

비유할 비(부수 말씀언), 같을 여(부수 여자녀), 막힐 색(부수 흙토), 쥐 서(부수 쥐서), 구멍 혈(부수 구멍혈), 놈 자(부수 늙을로엄)

一切去路

한 일(부수 한일), 끊을 절(부수 칼도), 갈 거(부수 마늘모), 길 로(부수 발족변)

都塞盡

도읍 도(부수 우부방), 변방 새(부수 흙토), 다할 진(부수 그릇명)

則一切好物

곧 즉(부수 선칼도방), 한 일(부수 한일), 끊을 절(부수 칼도), 좋을 호(부수 여자녀), 물건 물(부수 소우)

俱咬破矣

함께 구(부수 사람인변), 물 교(부수 입구), 깨뜨릴 파(부수 돌석), 어조사 의(부수 화살시)

(5) 조부훈회(祖父訓誨)

鳥窮卽啄(조궁즉탁)이라. 새는 궁지에 몰리면 부리로 쫀다.

獸窮卽攫(수궁즉확)이라. 짐승이 궁지에 몰리면 손으로 할퀸다.

人窮卽詐(인궁즉사)라. 사람이 궁지에 몰리면 해선 안 될 짓도 하게 된다.

집안에서 서로의 잘못을 지적할 때 인궁즉사가 일어나지 않도록 단어 사용을 신중해야 한다.

(6) 독자 이벤트

고사성어 위사필궐을 검색해 본다.

전집 제141장
편안함과 즐거움 속에서 다툼의 싹이 튼다.

(1) 준비운독(準備運讀)

제141장을 읽는 데는 다음과 같은 어휘를 먼저 익혀야 한다. 동과, 동공, 상구. 이 어휘를 스스로 익히고 난 후 다음의 설명을 참고하면 사고의 지평이 넓어지리라 생각된다.

동과: 잘못을 함께 책임지다.
동공: 이로움을 서로 나누다.
상구: 서로 꺼리며 사이가 멀어지다.

(2) 홍자성 원문

當與人同過, 不當與人同功. 同功則相忌.
可與人共患難, 不可與人共安樂. 安樂則相仇.
당여인동과, 부당여인동공. 동공즉상기.
가여인공환난, 불가여인공안락. 안락즉상구.

(3) 원문해석

사람과 더불어 과실은 같이할지언정 공적은 같이하지 못할지니 공적을 같이하면 서로 꺼리고 미워하게 된다. 남과 더불어 환란은 같이할지언정 편안함과 즐거움은 같이하지 못할지니 안락을 같이하면 서로 거리끼고 사이가 멀어진다.

(4) 스스로 해석자료

當與人同過

마땅 당(부수 밭전), 더불 여(부수 절구구변), 사람 인(부수 사람인), 한가지 동(부수 입구), 지날 과(부수 책받침)

不當與人同功

아닐 부(부수 한일), 마땅 당(부수 밭전), 더불 여(부수 절구구변), 사람 인(부수 사람인), 한가지 동(부수 입구), 공 공(부수 힘력)

同功則相忌

한가지 동(부수 입구), 공 공(부수 힘력), 곧 즉(부수 선칼도방), 서로 상(부수 눈목), 꺼릴 기(부수 마음심)

可與人共患難

옳을 가(부수 입구), 더불 여(부수 절구구변), 사람 인(부수 사람인), 한가지 공(부수 여덟팔), 근심 환(부수 마음심), 어려울 난(부수 새추)

不可與人共安樂

아닐 불(부수 한일), 옳을 가(부수 입구), 더불 여(부수 절구구변), 사람 인(부수 사람인), 한가지 공(부수 여덟팔), 편안 안(부수 갓머리), 즐길 락(부수 나무목)

安樂則相仇

편안 안(부수 갓머리), 즐길 락(부수 나무목), 곧 즉(부수 선칼도방), 서로 상(부수 눈목), 원수 구(부수 사람인변)

(5) 조부훈회(祖父訓誨)

편안하고 즐겁게 되면 서로의 생각이 가벼워져 둘 사이의 대화가 엉뚱한 곳으로 흐르게 되어 사이가 멀어지는 수가 있다.

(6) 독자 이벤트

전집 제1장부터 제140장까지 목차를 살펴보고 감동되는 부분을 서너 개 다시 한번 만나보자.

전집 제142장

알맞은 말 한마디로 앙금이 융해된다.

(1) 준비운독(準備運讀)

제142장을 읽는 데는 다음과 같은 어휘를 먼저 익혀야 한다. 사군자, 치미, 제성, 해구, 무량. 이 어휘를 스스로 익히고 난 후 다음의 설명을 참고하면 사고의 지평이 넓어지리라 생각된다.

사군자: 학식이 깊고 덕망이 높은 사람.
치미: 어리석어 갈피를 못 잡다.
제성: 깨우쳐 주다.
해구: 위급한 일을 해결하다.
무량: 헤아릴 수 없이 많다.

(2) 홍자성 원문

士君子, 貧不能濟物者, 遇人痴迷處, 出一言提醒之,
遇人急難處, 出一言解救之, 亦是無量功德.
사군자, 빈불능제물자, 우인치미처, 출일언제성지,
우인급난처, 출일언해구지, 역시무량공덕.

(3) 원문해석

학식이 많고 덕망이 널리 알려진 사람이 가난하여 재물로는 남을 구제할 수는 없지만 말 한마디로 힘을 실어줄 수 있다. 어리석어 방황하는 사람을 만나면 말 한마디로 깨우쳐 일깨워 주고 위급해서 허둥대는 사람을 만났을 때는 말 한마디로 이를 풀어 구해줄 수 있다. 이것이 헤아릴 수 없는 공덕이다.

(4) 스스로 해석자료

士君子
선비 사(부수 선비사), 임금 군(부수 입구), 아들 자(부수 아들자)

貧不能濟物者
가난할 빈(부수 조개패), 아닐 불(부수 한일), 능할 능(부수 육달월), 건널 제(부수 삼수변), 물건 물(부수 소우), 놈 자(부수 늙을로엄)

遇人痴迷處
만날 우(부수 책받침), 사람 인(부수 사람인), 어리석을 치(부수 병질엄), 미혹할 미(부수 책받침), 곳 처(부수 범호엄)

出一言提醒之
날 출(부수 위튼입구몸), 한 일(부수 한일), 말씀 언(부수 말씀언), 끌 제(부수 재방변), 깰 성(부수 닭유), 갈 지(부수 삐침별)

遇人急難處
만날 우(부수 책받침), 사람 인(부수 사람인), 급할 급(부수 마음심), 어려울 난(부수 새추), 곳 처(부수 범호엄)

出一言解救之
날 출(부수 위튼입구몸), 한 일(부수 한일), 말씀 언(부수 말씀언), 풀 해(부수 뿔각), 구원할 구(부수 등글월문), 갈 지(부수 삐침별)

亦是無量功德
또 역(부수 돼지해머리), 이 시(부수 날일), 없을 무(부수 연화발), 헤아릴 량(부수 마을리), 공 공(부수 힘력), 클 덕(부수 두인변)

(5) 조부훈회(祖父訓誨)

오백 년 도읍지를 필마로 돌아드니,
산천은 의구하되 인걸은 간 듸 없다.
어즈버, 태평연월이 꿈이런가 하노라.

이 시조의 지은이는 고려 말의 야은 길재이다. 길재는 벼슬도 없고 재산도 없었지만 그를 본

마을 사람들은 그의 품격과 행동에 빈틈이 없었다고 한다. 사군자 길재가 마을 사람들의 본보기가 된 것이다.

(6) 독자 이벤트

아무것도 하지 말고 잠시 쉬어 가자.

전집 제143장
배고플 때는 다랍게 알랑대다가도 배부르면 오만을 떤다.

(1) 준비운독(準備運讀)

제143장을 읽는 데는 다음과 같은 어휘를 먼저 익혀야 한다. 부, 양, 욱, 추, 기. 이 어휘를 홍자성 원문에서 찾아보고 다음의 설명을 참고하면 사고의 지평이 넓어지리라 생각된다.

부: 다랍게 아양을 떨다.
양: 떠나가다.
욱: 따뜻하다.
추: 모여들다.
기: 등 돌리다.

(2) 홍자성 원문

饑則附, 飽則颺, 燠則趨, 寒則棄, 人情通患也.
기즉부, 포즉양, 욱즉추, 한즉기, 인정통환야.

(3) 원문해석

배고프면 다랍게 아양을 떨고, 배부르면 오만을 떤다. 따뜻하면 몰려들고, 차가우면 등 돌린다. 그런데 이것은 사람들이 누구나 쓰는 폐단이다.

(4) 스스로 해석자료

饑則附
주릴 기(부수 밥식), 곧 즉(부수 선칼도방), 붙을 부(부수 좌부변)

飽則颺

배부를 포(부수 밥식), 곧 즉(부수 선칼도방), 날릴 양(부수 바람풍)

燠則趨

따뜻할 욱(부수 불화), 곧 즉(부수 선칼도방), 달아날 추(부수 달릴주)

寒則棄

찰 한(부수 갓머리), 곧 즉(부수 선칼도방), 버릴 기(부수 나무목)

人情通患也

사람 인(부수 사람인), 뜻 정(부수 심방변), 통할 통(부수 책받침), 근심 환(부수 마음심), 어조사 야(부수 새을)

(5) 조부훈회(祖父訓誨)

제143장을 영역본으로 다시 한번 만나본다.

When hungry, they are dependent. When full, they fly away. When your circumstances warm up, they hurry over. When they freeze, they forsake you. These are common failings of human nature.

『Vegetable roots discourse』 68쪽

배가 고프면 의존적이고 배가 차면 날아간다. 사람들은 환경이 따뜻해지면 바삐 움직이고, 추우면 떠나간다. 이것이 사람들이 성숙하지 못한 흔한 실패이다.

(6) 독자 이벤트

목마르고, 배고프고, 추워서 벌벌 떠는 경험을 스스로 만나보자.

전집 제144장
정해진 마음이 흔들리지 않으려면 무엇보다 냉철해야 한다.

(1) 준비운독(準備運讀)

제144장을 읽는 데는 다음과 같은 어휘를 먼저 익혀야 한다. 정식, 냉안, 신물경동, 강장. 이 어휘를 스스로 익히고 난 후 다음의 설명을 참고하면 사고의 지평이 넓어지리라 생각된다.

정식: 깨끗이 닦다.
냉안: 감정에 좌우되지 않는 굳은 의지.
신물경동: 삼가 조심하여 가볍게 움직이지 마라.
강장: 굳은 마음.

(2) 홍자성 원문

君子 宜淨拭冷眼, 愼勿輕動剛腸.
군자 의정식랭안, 신물경동강장.

(3) 원문해석

생각이 깊은 사람은 눈을 맑게 하여 사물을 꿰뚫어 보며 정해진 마음을 가볍게 움직이지 아니하며 이해득실을 초월하여 자기 의지를 굳게 지킨다.

(4) 스스로 해석자료

君子
임금 군(부수 입구), 아들 자(부수 아들자)
宜淨拭冷眼

마땅 의(부수 갓머리), 깨끗할 정(부수 삼수변), 씻을 식(부수 재방변), 찰 랭(부수 이수변), 눈 안(부수 눈목)

慎勿輕動剛腸

삼갈 신(부수 심방변), 말 물(부수 쌀포몸), 가벼울 경(부수 수레거), 움직일 동(부수 힘력), 굳셀 강(부수 선칼도방), 창자 장(부수 육달월)

(5) 조부훈회(祖父訓誨)

깨달은 사람은 맑고 냉정한 눈을 유지하여 신중하게 행동하고, 사소한 일로 인해 불편한 일을 당하지 않는다.

(6) 독자 이벤트

안과에 가서 안압을 측정해 본다. 혈압은 120 내외가 정상이고 안압은 18 내외가 정상이다. 심안도 중요하지만 육체의 눈의 건강도 정말로 중요하다. 고혈압이 증상이 없듯이 안압에도 증상을 느끼지 못한다. 안압이 높으면 녹내장 등으로 실명할 수도 있으니 가끔 안과를 찾아가 안압을 측정하기 바란다.

전집 제145장

고매한 정신도 식견이 좁으면 발현하기 어렵다.

(1) 준비운독(準備運讀)

제145장을 읽는 데는 다음과 같은 어휘를 먼저 익혀야 한다. 덕, 양진, 식장, 도량. 이 어휘를 스스로 익히고 난 후 다음의 설명을 참고하면 사고의 지평이 넓어지리라 생각된다.

덕: 고매하고 올바르며 인륜에 조금도 어긋나지 않는 품성.
양진: 도량이 넓어지다.
식장: 보고 듣는 것이 많아 아는 것이 많아지다.
도량: 생각이 깊고 마음이 너그럽다.

(2) 홍자성 원문

德隨量進, 量由識長. 故 欲厚其德, 不可不弘其量.
欲弘其量, 不可不大其識.
덕수량진, 양유식장. 고 욕후기덕, 불가불홍기량.
욕홍기량, 불가부대기식.

(3) 원문해석

덕은 생각이 깊고 마음이 넓어짐에 따라 발달하고 도량은 식견에 따라 커간다. 그러므로 그 덕을 두터이 하려면 반드시 그 도량을 키워야 하고, 그 도량을 넓히려면 반드시 그 식견을 키워야 한다.

(4) 스스로 해석자료

德隨量進

클 덕(부수 두인변), 따를 수(부수 좌부변), 헤아릴 량(부수 마을리), 나아갈 진(부수 책받침)

量由識長

헤아릴 양(부수 마을리), 말미암을 유(부수 밭전), 알 식(부수 말씀언), 길 장(부수 길장)

故 欲厚其德

연고 고(부수 등글월문), 하고자 할 욕(부수 하품흠), 두터울 후(부수 민엄호), 그 기(부수 여덟팔), 클 덕(부수 두인변)

不可不弘其量

아닐 불(부수 한일), 옳을 가(부수 입구), 아닐 불(부수 한일), 클 홍(부수 활궁), 그 기(부수 여덟팔), 헤아릴 량(부수 마을리)

欲弘其量

하고자 할 욕(부수 하품흠), 클 홍(부수 활궁), 그 기(부수 여덟팔), 헤아릴 량(부수 마을리)

不可不大其識

아닐 불(부수 한일), 옳을 가(부수 입구), 아닐 부(부수 한일), 큰 대(부수 큰대), 그 기(부수 여덟팔), 알 식(부수 말씀언)

(5) 조부훈회(祖父訓誨)

고매한 마음과 학식이 깊다 할지라도 보고 듣는 바가 적으면 그것을 발현하기가 어렵다. 보고 듣는 데는 여행만큼 좋은 것이 없다.

(6) 독자 이벤트

2박 3일 여행을 하면서 식견을 넓힌다.

전집 제146장
고즈넉한 밤에 문득 일어나 책을 펼친다.

(1) 준비운독(準備運讀)

제146장을 읽는 데는 다음과 같은 어휘를 먼저 익혀야 한다. 일등형연, 만뢰, 연적, 일념, 회광, 형연, 질곡, 기계. 이 어휘를 홍자성 원문에서 찾아보고 다음의 설명을 참고하면 사고의 지평이 넓어지리라 생각된다.

일등형연: 오로지 반딧불이 한 마리가 빛을 내고 있다.
만뢰: 만물의 소리.
연적: 편안히 잠들다.
일념: 자기의 본심.
회광: 빛을 안으로 들어오게 하다.
형연: 환하게 빛나다.
질곡: 차꼬와 수갑. 죄인들의 발과 손을 구속하는 형구.
기계: 마음을 타락시키는 객기.

(2) 홍자성 원문

一燈螢然, 萬賴無聲. 此吾 人初入宴寂時也.
曉夢初醒, 群動未起. 此吾 人初出混沌處也.
乘此而一念廻光, 炯然返照,
始知耳目口鼻 皆桎梏, 而情欲嗜好悉機械矣.
일등형연, 만뢰무성. 차오 인초입연적시야.
효몽초성, 군동미기. 차오 인초출혼돈처야.

승차이일념회광, 형연반조,
시지이목구비 개질곡, 이정욕기호실기계의.

(3) 원문해석

삼라만상이 움직임도 없고 소리도 없으며 냄새도 없어 고즈넉하여 사람들이 하루 일과를 마치고 모두 편안한 잠자리에 들어갈 때 오로지 반딧불이 한 마리가 반짝이며 주경야독하는 사람의 얼굴을 비춘다. 새벽꿈에 막 깨어나 모든 것이 아직 움직이지 않을 때 부지런한 사람은 하루 일과 준비에 부산히 움직인다. 이러한 경우에 일터를 잃었거나 은퇴 후 한가한 사람들은 한 마음 빛을 돌이켜 환히 비춰 보면서 비로소 이목구비로 경험한 것이 모두 몸을 묶는 수갑이요, 정욕과 기호가 다 마음을 타락시키는 기계임을 느끼고 허탈에 빠진다.

(4) 스스로 해석자료

一燈螢然
한 일(부수 한일), 등 등(부수 불화), 반딧불이 형(부수 벌레훼), 그럴 연(부수 연화발)

萬賴無聲
일만 만(부수 초두머리), 의뢰할 뢰(부수 조개패), 없을 무(부수 연화발), 소리 성(부수 귀이)

此吾 人初入宴
이 차(부수 그칠지), 나 오(부수 입구), 사람 인(부수 사람인), 처음 초(부수 칼도), 들 입(부수 들입), 잔치 연(부수 갓머리)

寂時也
고요할 적(부수 갓머리), 때 시(부수 날일), 어조사 야(부수 새을)

曉夢初醒
새벽 효(부수 날일), 꿈 몽(부수 저녁석), 처음 초(부수 칼도), 깰 성(부수 닭유)

群動未起
무리 군(부수 양양), 움직일 동(부수 힘력), 아닐 미(부수 나무목), 일어날 기(부수 달릴주)

此吾 人初出
이 차(부수 그칠지), 나 오(부수 입구), 사람 인(부수 사람인), 처음 초(부수 칼도), 날 출(부수 위튼입구몸)

混沌處也
섞을 혼(부수 삼수변), 엉길 돈(부수 삼수변), 곳 처(부수 범호엄), 어조사 야(부수 새을)

乘此
탈 승(부수 삐침별), 이 차(부수 그칠지)

而一念廻光
말 이을 이(부수 말이을이), 한 일(부수 한일), 생각 념(부수 마음심), 돌 회(부수 민책받침), 빛 광(부수 어진사람인발)

炯然返照
빛날 형(부수 불화), 그럴 연(부수 연화발), 돌이킬 반(부수 책받침), 비칠 조(부수 연화발)

始知耳目口鼻
비로소 시(부수 여자녀), 알 지(부수 화살시), 귀 이(부수 귀이), 눈 목(부수 눈목), 입 구(부수 입구), 코 비(부수 코비)

皆桎梏
다 개(부수 흰백), 차꼬 질(부수 나무목), 수갑 곡(부수 나무목)

而情欲嗜好悉
말 이을 이(부수 말이을이), 뜻 정(부수 심방변), 하고자 할 욕(부수 하품흠), 즐길 기(부수 입구), 좋을 호(부수 여자녀), 다 실(부수 마음심)

機械矣
틀 기(부수 나무목), 기계 계(부수 나무목), 어조사 의(부수 화살시)

(5) 조부훈회(祖父訓誨)

새벽에 모든 사람들이 잠들어 있을 때 일찍 일어나는 소년이 있다. 신문 배달을 하는 사람들이 크게 성공한 사례가 많다고 한다. 모든 사람들이 잠들고 오직 반딧불이 한 마리가 반짝일 때 문득 일어나 책을 펼치는 주경야독자가 큰 꿈을 이뤄낸다고 한다.

(6) 독자 이벤트

아침 일찍 일어나 신문 배달원이나 우유 배달원을 만나보자.

전집 제147장

반기자는 여러 사람을 편안하게 한다.

(1) 준비운독(準備運讀)

제147장을 읽는 데는 다음과 같은 어휘를 먼저 익혀야 한다. 반기자, 촉사, 우인자, 동념, 벽, 중선, 준, 소양. 이 어휘를 스스로 익히고 난 후 다음의 설명을 참고하면 사고의 지평이 넓어지리라 생각된다.

반기자: 잘못에 대하여 자기를 탓하는 사람.
촉사: 사물에 접촉하다.
우인자: 잘못에 대하여 남을 탓하는 사람.
동념: 생각하다.
벽: 거친 땅을 개척하다.
중선: 여러 가지 착한 일.
준: 더 깊이 파내다.
소양: 하늘과 땅.

(2) 홍자성 원문

反己者, 觸事 皆成藥石. 尤人者, 動念 卽是戈矛.
一以闢衆善之路, 一以濬諸惡之源, 相去霄壤矣.
반기자, 촉사 개성약석. 우인자, 동념 즉시과모.
일이벽중선지로, 일이준제악지원, 상거소양의.

(3) 원문해석

잘못한 일에 대하여 자기 탓이라고 말하는 사람은 만나는 일마다 모두 약과 침이 되고, 남을 탓하는 사람은 생각하는 것마다 남을 해치는 창과 칼이 된다. 반기자는 숱한 선의 길을 열고, 우인자는 온갖 악의 근원이 되니, 그 서로의 다름이 하늘과 땅 차이다.

(4) 스스로 해석자료

反己者
돌이킬 반(부수 또우), 몸 기(부수 몸기), 놈 자(부수 늙을로엄)

觸事
닿을 촉(부수 뿔각), 일 사(부수 갈고리궐)

皆成藥石
다 개(부수 흰백), 이룰 성(부수 창과), 약 약(부수 초두머리), 돌 석(부수 돌석)

尤人者
더욱 우(부수 절름발이왕), 사람 인(부수 사람인), 놈 자(부수 늙을로엄)

動念
움직일 동(부수 힘력), 생각 념(부수 마음심)

卽是戈矛
곧 즉(부수 병부절), 이 시(부수 날일), 창 과(부수 창과), 창 모(부수 창모)

一以闢衆善之路
한 일(부수 한일), 써 이(부수 사람인), 열 벽(부수 문문), 무리 중(부수 피혈), 착할 선(부수 입구), 갈 지(부수 삐침별), 길 로(부수 발족변)

一以濬諸惡之源
한 일(부수 한일), 써 이(부수 사람인), 깊을 준(부수 삼수변), 모두 제(부수 말씀언), 악할 악(부수 마음심), 갈 지(부수 삐침별), 근원 원(부수 삼수변)

相去霄壤矣
서로 상(부수 눈목), 갈 거(부수 마늘모), 하늘 소(부수 비우), 흙덩이 양(부수 흙토), 어조사 의(부수 화살시)

(5) 조부훈회(祖父訓誨)

대장부는 잘못한 일이 있으면 자기 탓으로 돌리고, 잘한 일은 남의 공으로 돌린다. 졸장부는 잘못한 일이 있으면 남의 탓으로 돌리고, 잘한 일이 있으면 자기 공으로 돌린다. 가톨릭에서 가슴을 치며 "제 탓이요, 제 탓이요" 하는 기도가 있는데 너도나도 잘못한 일에 대해서 자기 탓으로만 돌린다면 세상은 시끄러운 일이 없을 것이다.

(6) 독자 이벤트

잘못한 일에 대해서 자기 탓이라고 말해본 적이 있었던가 되돌아보자.

전집 제148장
사업에 얽매일수록 정신을 바짝 차려야 한다.

(1) 준비운독(準備運讀)

제148장을 읽는 데는 다음과 같은 어휘를 먼저 익혀야 한다. 소훼, 축세, 기절, 이피역차. 이 어휘를 스스로 익히고 난 후 다음의 설명을 참고하면 사고의 지평이 넓어지리라 생각된다.

소훼: 녹아서 없어지다.
축세: 세상을 따르다.
기절: 빼어난 슬기와 굳은 의지.
이피역차: 이것으로 저것을 바꾸다.

(2) 홍자성 원문

事業文章, 隨身銷毀, 而精神 萬古如新.
功名富貴, 逐世轉移, 而氣絶 千載一日.
君子 信不當以彼易此也.
사업문장, 수신소훼, 이정신 만고여신.
공명부귀, 축세전이, 이기절 천재일일.
군자 신부당이피역차야.

(3) 원문해석

어렵게 이룬 사업과 힘들여 쌓은 문장력은 몸을 따라 사라지지만 정신은 만고에 늘 새롭다. 공명과 부귀는 세상에 따라 움직이지만 슬기와 절의는 천년이 하루와 같다. 군자는 진실로 마땅히 저것으로 이것을 바꾸지 말아야 할 것이다.

(4) 스스로 해석자료

事業文章
일 사(부수 갈고리궐), 업 업(부수 나무목), 글월 문(부수 글월문), 글 장(부수 설립)

隨身銷毀
따를 수(부수 좌부변), 몸 신(부수 몸신), 녹일 소(부수 쇠금), 헐 훼(부수 갖은등글월문)

而精神
말 이을 이(부수 말이을이), 정할 정(부수 쌀미), 귀신 신(부수 보일시)

萬古如新
일만 만(부수 초두머리), 옛 고(부수 입구), 같을 여(부수 여자녀), 새 신(부수 날근)

功名富貴
공 공(부수 힘력), 이름 명(부수 입구), 부유할 부(부수 갓머리), 귀할 귀(부수 조개패)

逐世轉移
쫓을 축(부수 책받침), 인간 세(부수 한일), 구를 전(부수 수레거), 옮길 이(부수 벼화)

而氣絶
말 이을 이(부수 말이을이), 기운 기(부수 기운기엄), 끊을 절(부수 실사변)

千載一日
일천 천(부수 열십), 실을 재(부수 수레거), 한 일(부수 한일), 날 일(부수 날일)

君子
임금 군(부수 입구), 아들 자(부수 아들자)

信不當以彼易此也
믿을 신(부수 사람인변), 아닐 부(부수 한일), 마땅 당(부수 밭전), 써 이(부수 사람인), 저 피(부수 두인변), 바꿀 역(부수 날일), 이 차(부수 그칠지), 어조사 야(부수 새을)

(5) 조부훈회(祖父訓誨)

공적과 문장은 창작자와 함께 사라지지만, 생명력은 만년을 지나며 새로워진다. 성취와 명성과 부와 명예는 세대를 거듭할수록 변하지만 바른 정신만은 천년이 하루와 같다. 그러므로 고결한 사람은 확고하며 성취를 성실함으로 가볍게 여기지 않는다.

(6) 독자 이벤트

30분 동안 아무 생각 없이 쉬어본다.

전집 제149장
생산자 위에 소비자가 있고 소비자 위에 분해자가 있다.

(1) 준비운독(準備運讀)

제149장을 읽는 데는 다음과 같은 어휘를 먼저 익혀야 한다. 어망지설, 홍, 당랑지탐, 작. 이 어휘를 스스로 익히고 난 후 다음의 설명을 참고하면 사고의 지평이 넓어지리라 생각된다.

어망지설: 물고기를 잡기 위하여 그물을 쳐놓다.
홍: 큰 기러기.
당랑지탐: 사마귀가 먹이를 노린다.
작: 참새.

(2) 홍자성 원문

漁網之設, 鴻則罹其中. 螳螂之貪, 雀又乘其後.
機裡藏機, 變外生變. 智巧, 何足恃哉.
어망지설, 홍즉이기중. 당랑지탐, 작우승기후.
기리장기, 변외생변. 지교, 하족시재.

(3) 원문해석

물고기를 잡으려고 그물을 쳐놓았는데 생각지도 않은 큰 기러기가 걸려든다. 사마귀가 매미를 노리는데 그 뒤에 참새가 노리고 있다. 기교 속에 기교가 있고 이변 밖에 이변이 생긴다. 사람의 지혜로는 이런 것을 도저히 알아낼 수 없다.

(4) 스스로 해석자료

漁網之設

고기 잡을 어(부수 삼수변), 그물 망(부수 실사변), 갈 지(부수 삐침별), 베풀 설(부수 말씀언)

鴻則羅其中

기러기 홍(부수 새조), 곧 즉(부수 선칼도방), 걸릴 이(부수 그물망머리), 그 기(부수 여덟팔), 가운데 중(부수 뚫을곤)

螳螂之貪

사마귀 당(부수 벌레훼), 사마리 랑(부수 벌레훼), 갈 지(부수 삐침별), 탐낼 탐(부수 조개패)

雀又乘其後

참새 작(부수 새추), 또 우(부수 또우), 탈 승(부수 삐침별), 그 기(부수 여덟팔), 뒤 후(부수 두인변)

機裡藏機

틀 기(부수 나무목), 속 리(부수 옷의변), 감출 장(부수 초두머리), 틀 기(부수 나무목)

變外生變

변할 변(부수 말씀언), 바깥 외(부수 저녁석), 날 생(부수 날생), 변할 변(부수 말씀언)

智巧

슬기 지(부수 날일), 공교할 교(부수 장인공)

何足恃哉

어찌 하(부수 사람인변), 발 족(부수 발족), 믿을 시(부수 심방변), 비롯할 재(부수 입구)

(5) 조부훈회(祖父訓誨)

물고기를 잡으려고 그물을 쳐놓았는데 큰 기러기가 걸려들었다. 큰 기러기가 그물에 걸려든 것은 잘못하여 걸려든 것이 아니라 그물 속에 있는 물고기를 한참 먹다가 빠져나갈 생각을 잊어버린 것이다. 기는 놈 위에 걷는 놈 있고, 걷는 놈 위에 뛰는 놈 있고, 뛰는 놈 위에 나는 놈 있다. 큰 기러기가 그물에 걸리는 것처럼 뛰는 놈이 걷는 놈 때문에 불행을 당하는 수도 있다.

(6) 독자 이벤트

분해자는 박테리아, 세균, 바이러스를 의미하는데, 그러면 생산자와 소비자는 무엇을 의미하는지 알아보자.

전집 제150장
생각 장애인은 장승이 아니면 걸인이다.

(1) 준비운독(準備運讀)

제150장을 읽는 데는 다음과 같은 어휘를 먼저 익혀야 한다. 작인, 진간념두, 화자, 목인, 장승. 이 어휘를 스스로 익히고 난 후 다음의 설명을 참고하면 사고의 지평이 넓어지리라 생각된다.

작인: 사람이 되다.
진간념두: 진실로 간절한 생각을 하다.
화자: 걸인. 거지.
목인: 나무로 만든 사람의 형상.
장승: 통나무나 돌 위에 사람의 얼굴을 새긴 형상.

(2) 홍자성 원문

作人, 無點眞懇念頭, 便成個花子, 事事皆虛.
涉世, 無段圓活機趣, 便是個木人, 處處有碍.
작인, 무점진간념두, 편성개화자, 사사개허.
섭세, 무단원활기취, 편시개목인, 처처유애.

(3) 원문해석

사람으로서 한 점의 참되고 착실한 생각이 없다면 이는 곧 걸인이나 마찬가지이다. 무슨 일이든 모두 미덥지 못하며 하는 일마다 망령만 부를 것이다. 세상을 살아감에 있어 싱그럽고, 너그러운 맛이 한 조각도 없다면, 이는 곧 하나의 장승에 불과하니, 가는 곳마다 막힘이 있을 뿐이다.

(4) 스스로 해석자료

作人

지을 작(부수 사람인변), 사람 인(부수 사람인)

無點眞懇念頭

없을 무(부수 연화발), 점 점(부수 검을흑), 참 진(부수 눈목), 간절할 간(부수 마음심), 생각 념(부수 마음심), 머리 두(부수 머리혈)

便成個花子

편할 편(부수 사람인변), 이룰 성(부수 창과), 낱 개(부수 사람인변), 꽃 화(부수 초두머리), 아들 자(부수 아들자)

事事皆虛

일 사(부수 갈고리궐), 일 사(부수 갈고리궐), 다 개(부수 흰백), 빌 허(부수 범호엄)

涉世

건널 섭(부수 삼수변), 인간 세(부수 한일)

無段圓活機趣

없을 무(부수 연화발), 층계 단(부수 갖은등글월문), 둥글 원(부수 큰입구몸), 살 활(부수 삼수변), 틀 기(부수 나무목), 뜻 취(부수 달릴주)

便是個木人

편할 편(부수 사람인변), 이 시(부수 날일), 낱 개(부수 사람인변), 나무 목(부수 나무목), 사람 인(부수 사람인)

處處有碍

곳 처(부수 범호엄), 곳 처(부수 범호엄), 있을 유(부수 달월), 거리낄 애(부수 돌석)

(5) 조부훈회(祖父訓誨)

시각 장애인, 청각 장애인, 후각 장애인, 미각 장애인, 촉각 장애인, 발달 장애인…. 그런데 생각 장애인도 있다. 이 중에서 가장 불쌍한 사람은 생각 장애인이다. 남이 아팠을 때 괴로워할 줄도 모르고, 남이 배고프고 목마를 때 전혀 반응이 없는 사람이 바로 생각 장애인이다.

(6) 독자 이벤트

세상에는 장애인과 비장애인이 있다고 하는데, 따지고 보면 모든 사람들이 장애인이라고 볼 수 있다. 독자는 어떤 장애가 있는가 한번 자기성찰을 해보기 바란다.

전집 제151장
즐거움을 찾기에 앞서 괴로움을 확인하라.

(1) 준비운독(準備運讀)

제151장을 읽는 데는 다음과 같은 어휘를 먼저 익혀야 한다. 자정, 불예, 심무가청. 이 어휘를 스스로 익히고 난 후 다음의 설명을 참고하면 사고의 지평이 넓어지리라 생각된다.

자정: 저절로 조용하다.
불예: 막지 않다.
심무가청: 구태여 마음을 깨끗이 하려고 헛된 노력을 하지 말라.

(2) 홍자성 원문

水不波則自定, 鑑不翳則自明.
故 心無可淸, 去其混之者 而淸自現.
樂不必尋, 去其苦之者 而樂自存.
수불파즉자정, 감불예즉자명.
고 심무가청, 거기혼지자 이청자현.
낙불필심 거기고지자 이락자존.

(3) 원문해석

물은 바람이 잔잔해져 물결이 사라지면 저절로 고요해지고 거울은 먼지만 닦아내면 바로 깨끗해진다. 이와 같이 마음도 애써 맑게 할 것이 아니라 불편한 앙금을 제거하면 맑아질 것이요, 즐거움도 구태여 찾으려고 애쓸 것이 아니라 그 괴롭게 하는 것만 제거하면 절로 즐거울 것이다.

(4) 스스로 해석자료

水不波則自定

물 수(부수 물수), 아닐 불(부수 한일), 물결 파(부수 삼수변), 곧 즉(부수 선칼도방), 스스로 자(부수 스스로자), 정할 정(부수 갓머리)

鑑不翳則自明

거울 감(부수 쇠금), 아닐 불(부수 한일), 깃 일산 예(부수 깃우), 곧 즉(부수 선칼도방), 스스로 자(부수 스스로자), 밝을 명(부수 날일)

故

연고 고(부수 등글월문)

心無可清

마음 심(부수 마음심), 없을 무(부수 연화발), 옳을 가(부수 입구), 맑을 청(부수 삼수변)

去其混之者

갈 거(부수 마늘모), 그 기(부수 여덟팔), 섞을 혼(부수 삼수변), 갈 지(부수 삐침별), 놈 자(부수 늙을로엄)

而清自現

말 이을 이(부수 말이을이), 맑을 청(부수 삼수변), 스스로 자(부수 스스로자), 나타날 현(부수 구슬옥변)

樂不必尋

즐길 낙(부수 나무목), 아닐 불(부수 한일), 반드시 필(부수 마음심), 찾을 심(부수 마디촌)

去其苦之者

갈 거(부수 마늘모), 그 기(부수 여덟팔), 쓸 고(부수 초두머리), 갈 지(부수 삐침별), 놈 자(부수 늙을로엄)

而樂自存

말 이을 이(부수 말이을이), 즐길 락(부수 나무목), 스스로 자(부수 스스로자), 있을 존(부수 아들자)

(5) 조부훈회(祖父訓誨)

 마음이 괴로울 때는 시냇가를 걸으며 맑은 공기를 마시고 숨을 크게 내쉬고 들이마시는 것을 여러 번 반복해 본다. 그래도 풀리지 않을 때는 가곡이나 가요를 목청껏 불러본다. 그리고 친한 사람과 대화하면 괴로움이 사라지며 새로운 에너지가 온몸을 적시는 것을 느낄 수 있으리라.

(6) 독자 이벤트

거울을 보며 다크서클도 살펴보고 턱도 어루만져 보며 스스로 자기 머리를 어루만져 본다.

전집 제152장
말 한마디로 인륜의 질서가 깨질 수도 있다.

(1) 준비운독(準備運讀)

제152장을 읽는 데는 다음과 같은 어휘를 먼저 익혀야 한다. 유일념, 귀신지금, 일언, 천지지화, 일사. 이 어휘를 스스로 익히고 난 후 다음의 설명을 참고하면 사고의 지평이 넓어지리라 생각된다.

유일념: 오로지 한 생각에 사로잡혀 있음.
귀신지금: 천륜에서 금하는 일.
일언: 오로지 한마디 말만 앞세움.
천지지화: 천지자연의 평화.
일사: 오로지 한 가지 일에만 정신을 둠.

(2) 홍자성 원문

有一念而犯鬼神之禁, 一言而傷天地之和,
一事而釀子孫之禍者, 最宜切戒.
유일념이범귀신지금, 일언이상천지지화,
일사이양자손지화자, 최의절계.

(3) 원문해석

오직 한 생각만 고집하여 하늘의 금계를 범할 수도 있고 한마디의 말로 천지자연의 조화를 깨뜨릴 수 있으며 사소한 단 한 가지 일로 자손들의 재앙을 불러오기도 한다. 그러므로 유일념, 유일언, 유일사는 마땅히 심사숙고해야 한다.

(4) 스스로 해석자료

有一念而犯鬼神之禁

있을 유(부수 달월), 한 일(부수 한일), 생각 념(부수 마음심), 말 이을 이(부수 말이을이), 범할 범(부수 개사슴록변), 귀신 귀(부수 귀신귀), 귀신 신(부수 보일시), 갈 지(부수 삐침별), 금할 금(부수 보일시)

一言而傷天地之和

한 일(부수 한일), 말씀 언(부수 말씀언), 말 이을 이(부수 말이을이), 다칠 상(부수 사람인변), 하늘 천(부수 큰대), 땅 지(부수 흙토), 갈 지(부수 삐침별), 화할 화(부수 입구)

一事而釀子孫之禍者

한 일(부수 한일), 일 사(부수 갈고리궐), 말 이을 이(부수 말이을이), 술 빚을 양(부수 닭유), 아들 자(부수 아들자), 손자 손(부수 아들자), 갈 지(부수 삐침별), 재앙 화(부수 보일시), 놈 자(부수 늙을로엄)

最宜切戒

가장 최(부수 가로왈), 마땅 의(부수 갓머리), 끊을 절(부수 칼도), 경계할 계(부수 창과)

(5) 조부훈회(祖父訓誨)

한 가지 생각, 한 가지 일, 한마디 말 이렇게 하나에 빠지면 완고를 벗어날 수 없다. 잘못됨이나 잘한 것이나 따지지 않고 오직 한 가지에 매달리는 것이 완고이다. 완고에 빠지면 되돌아올 수 없는 강을 건너는 수가 있다.

(6) 독자 이벤트

유일념, 유일언, 유일사. 세 단어를 홍자성 원문에서 한자로 만나보며 새겨본다.

전집 제153장
맥없이 끼어들어
자발성에 상처를 주지 말라.

(1) 준비운독(準備運讀)

제153장을 읽는 데는 다음과 같은 어휘를 먼저 익혀야 한다. 불백, 속기분, 종, 화, 조절, 완. 이 어휘를 스스로 익히고 난 후 다음의 설명을 참고하면 사고의 지평이 넓어지리라 생각된다.

불백: 명백하지 않다.
속기분: 남의 분노를 앞질러 받다.
종: 자유롭게 놓아두다.
화: 마음이 바람직하게 변하다.
조절: 마구 부리다.
완: 옳고 그름을 생각하지 않고 자기주장만 내세우다.

(2) 홍자성 원문

事有急之不白者, 寬之或自明, 毋躁急以速其忿.
人有操之不從者, 縱之或自化, 毋操切以益其頑.
사유급지불백자, 관지혹자명, 무조급이속기분.
인유조지불종자, 종지혹자화, 무조절이익기완.

(3) 원문해석

급히 서둘러 이루어지지 않는 일도 잠깐 멈추어보면 혹 절로 이루어지기도 하니 조급하게 재촉함으로 그 짜증을 불러들이지 말라. 사람은 부리고자 하면 순종하지 않되 놓아두면 혹 바람직하게 되니 심하게 부리어 그 완고함을 보태어주는 일이 없도록 하라.

(4) 스스로 해석자료

事有急之不白者

일 사(부수 갈고리궐), 있을 유(부수 달월), 급할 급(부수 마음심), 갈 지(부수 삐침별), 아닐 불(부수 한일), 흰 백(부수 흰백), 놈 자(부수 늙을로엄)

寬之或自明

너그러울 관(부수 갓머리), 갈 지(부수 삐침별), 혹 혹(부수 창과), 스스로 자(부수 스스로자), 밝을 명(부수 날일)

毋躁急以速其忿

말 무(부수 말무), 조급할 조(부수 발족변), 급할 급(부수 마음심), 써 이(부수 사람인), 빠를 속(부수 책받침), 그 기(부수 여덟팔), 성낼 분(부수 마음심)

人有操之不從者

사람 인(부수 사람인), 있을 유(부수 달월), 잡을 조(부수 재방변), 갈 지(부수 삐침별), 아닐 불(부수 한일), 좇을 종(부수 두인변), 놈 자(부수 늙을로엄)

縱之或自化

세로 종(부수 실사변), 갈 지(부수 삐침별), 혹 혹(부수 창과), 스스로 자(부수 스스로자), 될 화(부수 비수비)

毋操切以益其頑

말 무(부수 말무), 잡을 조(부수 재방변), 끊을 절(부수 칼도), 써 이(부수 사람인), 더할 익(부수 그릇명), 그 기(부수 여덟팔), 완고할 완(부수 머리혈)

(5) 조부훈회(祖父訓誨)

제153장의 영역본을 소개한다.

Matters sometimes are not clear even when it is urgent to understand them. Relax and they will become clear by themselves; don't invite frustration with impatience. There are people who will not comply when they are expected to comply. Let them be and they will fall in line; don't induce more stubbornness with your insistence.

『Vegetable roots discourse』 72쪽

이해가 급할 때조차 명확하지 않은 경우가 있다. 긴장을 풀면 저절로 분명해질 것이다. 조급함으로 좌절을 자초하지 말라. 응할 것을 기대해도 따르지 않는 사람들이 있다. 내버려두면 그들이 원하는 일을 하게 될 것이다. 그 사람의 고집에 더 고집을 보태지 말라.

(6) 독자 이벤트

홍자성 원문에서 알고 있는 한자가 몇 자인지 체크해 본다.

전집 제154장
덕이 없는 절의는 결국에는 초라해지게 된다.

(1) 준비운독(準備運讀)

제154장을 읽는 데는 다음과 같은 어휘를 먼저 익혀야 한다. 오청운, 백설, 도용. 이 어휘를 스스로 익히고 난 후 다음의 설명을 참고하면 사고의 지평이 넓어지리라 생각된다.

오청운: 푸른 구름도 가볍게 내려다본다. 여기서는 높은 벼슬도 하찮게 본다는 뜻.
백설: 흰 눈. 여기서는 꾸밈이 없는 수려한 문장.
도용: 몸을 닦아 인격을 높이다.

(2) 홍자성 원문

節義 傲靑雲, 文章 高白雪,
若不以德性 陶鎔之, 終爲血氣之私 技能之末.
절의 오청운, 문장 고백설,
약불이덕성 도용지, 종위혈기지사 기능지말.

(3) 원문해석

절의가 높은 벼슬도 하찮게 내려다보고 문장이 흰 눈처럼 수려할지라도 만약 그것이 덕성으로 길러진 것이 아니라면 객기를 부리고 기능을 자랑하는 것에 불과할 뿐이다.

(4) 스스로 해석자료

節義 傲靑雲
마디 절(부수 대죽), 옳을 의(부수 양양), 거만할 오(부수 사람인변), 푸를 청(부수 푸를청), 구

름 운(부수 비우)

文章 高白雪

글월 문(부수 글월문), 글 장(부수 설립), 높을 고(부수 높을고), 흰 백(부수 흰백), 눈 설(부수 비우)

若不以德性

같을 약(부수 초두머리), 아닐 불(부수 한일), 써 이(부수 사람인), 클 덕(부수 두인변), 성품 성(부수 심방변)

陶鎔之

질그릇 도(부수 좌부변), 쇠 녹일 용(부수 쇠금), 갈 지(부수 삐침별)

終爲血氣之私

마칠 종(부수 실사변), 할 위(부수 손톱조), 피 혈(부수 피혈), 기운 기(부수 기운기엄), 갈 지(부수 삐침별), 사사 사(부수 벼화)

技能之末

재주 기(부수 재방변), 능할 능(부수 육달월), 갈 지(부수 삐침별), 끝 말(부수 나무목)

(5) 조부훈회(祖父訓誨)

능력도 별로 없으면서 가까운 사람들의 청운을 절의 운운하면서 하찮게 보아서는 안 된다. 절의란 나도 유익하고 너도 유익하고 온 집안이 유익할 때 가치가 있는 것이지 혼자 독야청정하는 것은 결코 바람직한 일이 아니다.

(6) 독자 이벤트

'절의 오청운 문장고백설' 열 자의 한자를 익혀보자.

전집 제155장
그만두고 싶은 일이 있다면 미련을 두지 말라.

(1) 준비운독(準備運讀)

제155장을 읽는 데는 다음과 같은 어휘를 먼저 익혀야 한다. 사사, 정성, 거신, 독후지지. 이 어휘를 스스로 익히고 난 후 다음의 설명을 참고하면 사고의 지평이 넓어지리라 생각된다.

사사: 일을 그만두고 물러나다.
정성: 일이 잘됨.
거신: 몸을 두다.
독후지지: 홀로 뒤쳐진 자리.

(2) 홍자성 원문

謝事, 當謝於正盛之時. 居身, 宜居於獨後之地.
사사, 당사어정성지시. 거신, 의거어독후지지.

(3) 원문해석

일자리를 그만두려고 하려면 마땅히 힘이 남아있을 때 물러나고 은퇴 후 몸 둘 곳을 찾으려거든 마땅히 홀로 뒤쳐진 자리를 잡아야 한다.

(4) 스스로 해석자료

謝事
사례할 사(부수 말씀언), 일 사(부수 갈고리궐)
當謝於正盛之時

마땅 당(부수 밭전), 사례할 사(부수 말씀언), 어조사 어(부수 모방), 바를 정(부수 그칠지), 성할 성(부수 그릇명), 갈 지(부수 삐침별), 때 시(부수 날일)

居身

살 거(부수 주검시엄), 몸 신(부수 몸신)

宜居於獨後之地

마땅 의(부수 갓머리), 살 거(부수 주검시엄), 어조사 어(부수 모방), 홀로 독(부수 개사슴록변), 뒤 후(부수 두인변), 갈 지(부수 삐침별), 땅 지(부수 흙토)

(5) 조부훈회(祖父訓誨)

어쩌다 행운이 찾아와 벼락출세를 하여 귀하고 좋은 일자리를 얻었는데 시기 질투의 눈초리가 심하다. 이럴 때는 능력에 맞고 힘이 있을지라도 미련 없이 다른 자리를 찾는 것이 슬기로운 일이다.

(6) 독자 이벤트

모처럼 거울의 먼지도 닦아보고 집 안 가구의 먼지도 닦아보며 자기 신체도 여기저기 살펴본다.

전집 제156장
큰 덕을 펼친다고 작은 덕을 소홀히 하지 말라.

(1) 준비운독(準備運讀)

제156장을 읽는 데는 다음과 같은 어휘를 먼저 익혀야 한다. 근덕, 지미지사, 시은. 이 어휘를 스스로 익히고 난 후 다음의 설명을 참고하면 사고의 지평이 넓어지리라 생각된다.

근덕: 덕행을 삼가서 잘못이 없도록 한다.
지미지사: 하찮은 일.
시은: 은혜를 베풀다.

(2) 홍자성 원문

謹德 須謹於至微之事.
施恩 務施於不報之人.
근덕 수근어지미지사.
시은 무시어불보지인.

(3) 원문해석

덕을 베풀 때는 모름지기 아주 사소한 일에도 빈틈없이 행하여야 한다. 측은지심의 덕을 베풀 때는 받을 생각을 하지 말아야 한다.

(4) 스스로 해석자료

謹德
삼갈 근(부수 말씀언), 클 덕(부수 두인변)

須謹於至微之事

모름지기 수(부수 머리혈), 삼갈 근(부수 말씀언), 어조사 어(부수 모방), 이를 지(부수 이를지), 작을 미(부수 두인변), 갈 지(부수 삐침별), 일 사(부수 갈고리궐)

施恩

베풀 시(부수 모방), 은혜 은(부수 마음심)

務施於不報之人

힘쓸 무(부수 힘력), 베풀 시(부수 모방), 어조사 어(부수 모방), 아닐 불(부수 한일), 갚을 보(부수 흙토), 갈 지(부수 삐침별), 사람 인(부수 사람인)

(5) 조부훈회(祖父訓誨)

고매한 정신을 발현하는 사람이 아침에 늦게 일어나고 식사 리듬도 잃어버리고 술 마시는 것도 절제하지 못한다면 결코 고매한 정신이 지속될 수 없다.

(6) 독자 이벤트

측은지심, 수오지심, 사양지심, 시비지심. 인의예지 사단을 새겨보자.

전집 제157장

고관에게 아첨하지 말고
산골 어른과 친밀하게 지내라.

(1) 준비운독(準備運讀)

제157장을 읽는 데는 다음과 같은 어휘를 먼저 익혀야 한다. 시인, 알주문, 백옥, 가담항어, 초가목영, 과거, 가언의행. 이 어휘를 스스로 익히고 난 후 다음의 설명을 참고하면 사고의 지평이 넓어지리라 생각된다.

시인: 시장 사람
알주문: 고관대작에게 아첨하다.
백옥: 오막살이집.
가담항어: 거리에 떠도는 소문.
초가목영: 나무꾼의 노래와 목동의 피리 소리.
과거: 잘못된 행실.
가언의행: 아름다운 언행.

(2) 홍자성 원문

交市人, 不如友山翁. 謁朱門, 不如親白屋.
聽街談巷語, 不如聞樵歌牧詠.
談今人失德過擧, 不如述古人嘉言懿行.
교시인, 불여우산옹. 알주문, 불여친백옥.
청가담항어, 불여문초가목영.
담금인실덕과거, 불여술고인가언의행.

채근담 전집 **407**

(3) 원문해석

  시장 사람과 사귀기보다 산골짜기 노인과 친한 것이 여유롭고, 고관대작의 집에 드나들며 다랍게 아첨하는 것보다 오막살이집 사람과 허물없이 지내는 것이 유익하다. 거리에 떠도는 말을 듣는 것은 나무꾼의 노래와 목동의 피리 소리를 듣는 것만 못하며 지금 사람의 덕 없음과 과실을 말함은 옛사람의 착한 말씀과 아름다운 행실을 이야기함만 못하다.

(4) 스스로 해석자료

交市人
사귈 교(부수 돼지해머리), 저자 시(부수 수건건), 사람 인(부수 사람인)

不如友山翁
아닐 불(부수 한일), 같을 여(부수 여자녀), 벗 우(부수 또우), 뫼 산(부수 뫼산), 늙은이 옹(부수 깃우)

謁朱門
뵐 알(부수 말씀언), 붉을 주(부수 나무목), 문 문(부수 문문)

不如親白屋
아닐 불(부수 한일), 같을 여(부수 여자녀), 친할 친(부수 볼견), 흰 백(부수 흰백), 집 옥(부수 주검시엄)

聽街談巷語
들을 청(부수 귀이), 거리 가(부수 다닐행), 말씀 담(부수 말씀언), 거리 항(부수 몸기), 말씀 어(부수 말씀언)

不如聞樵歌牧詠
아닐 불(부수 한일), 같을 여(부수 여자녀), 들을 문(부수 귀이), 나무할 초(부수 나무목), 노래 가(부수 하품흠), 칠 목(부수 소우), 읊을 영(부수 말씀언)

談今人失德過擧
말씀 담(부수 말씀언), 이제 금(부수 사람인), 사람 인(부수 사람인), 잃을 실(부수 큰대), 클 덕(부수 두인변), 지날 과(부수 책받침), 들 거(부수 손수)

不如述古人嘉言懿行
아닐 불(부수 한일), 같을 여(부수 여자녀), 펼 술(부수 책받침), 옛 고(부수 입구), 사람 인(부수 사람인), 아름다울 가(부수 입구), 말씀 언(부수 말씀언), 아름다울 의(부수 마음심), 다닐 행(부수 다닐행)

(5) 조부훈회(祖父訓誨)

상술을 배우고자 시장 사람들과 교제하면서 고향 어른의 말씀도 귀담아듣는다. 권세 있는 사람들을 찾아다니며 직업과 지위를 구걸하는 사람을 마음속으로 도외시할망정 입 밖으로 매도하지 말라. 그리고 현재 본인이 능력과 노력 부족의 늪에 빠져 그런 사람을 도외시하는가를 생각해 보자. 거리에 떠도는 말을 유언비어로 치부하지 말며 풀벌레 소리, 시냇물 소리 등 자연의 교향곡도 소홀히 하지 말고 들어본다.

(6) 독자 이벤트

아무 일도 하지 말고 잠시 30, 40분간 멍때리기를 하자.

전집 제158장
기초가 튼튼한 집은
질풍노우에도 끄떡없다.

(1) 준비운독(準備運讀)

제158장을 읽는 데는 다음과 같은 어휘를 먼저 익혀야 한다. 사업지기, 동우, 견구. 이 어휘를 스스로 익히고 난 후 다음의 설명을 참고하면 사고의 지평이 넓어지리라 생각된다.

사업지기: 일의 기초.
동우: 대들보와 지붕. 여기서는 사업의 성공을 의미함.
견구: 굳고 오래가다.

(2) 홍자성 원문

德者, 事業之基. 未有基不固而棟宇堅久者.
덕자, 사업지기. 미유기불고이동우견구자.

(3) 원문해석

덕은 사업의 뿌리인데 그 덕이 튼튼하지 못하면 그 사업은 결코 잘될 수가 없다.

(4) 스스로 해석자료

德者
클 덕(부수 두인변), 놈 자(부수 늙을로엄)
事業之基
일 사(부수 갈고리궐), 업 업(부수 나무목), 갈 지(부수 삐침별), 터 기(부수 흙토)
未有基不固而棟宇堅久者

아닐 미(부수 나무목), 있을 유(부수 달월), 터 기(부수 흙토), 아닐 불(부수 한일), 굳을 고(부수 큰입구몸), 말 이을 이(부수 말이을이), 마룻대 동(부수 나무목), 집 우(부수 갓머리), 굳을 견(부수 흙토), 오랠 구(부수 삐침별), 놈 자(부수 늙을로엄)

(5) 조부훈회(祖父訓誨)

제158장을 이렇게 말하는 사람도 있다.
"덕은 성취의 기반이다. 기반이 불안정한 것은 견고하고 영속적인 집이 없는 것과 같다."

(6) 독자 이벤트

'덕자 사업지기 미유기불고 이동우 전구자.' 이 문장을 한자로 다시 한번 새겨보자.

전집 제159장
혈액형도 유전되지만 성격도 유전된다.

(1) 준비운독(準備運讀)

제159장을 읽는 데는 다음과 같은 어휘를 먼저 익혀야 한다. 심자, 후예, 영무. 이 어휘를 스스로 익히고 난 후 다음의 설명을 참고하면 사고의 지평이 넓어지리라 생각된다.

심자: 하늘로부터 부여받은 마음.
후예: 자손, 후손.
영무: 무성하다, 번성하다.

(2) 홍자성 원문

心者, 後裔之根. 未有根不植而枝葉榮茂者.
심자, 후예지근. 미유근불식이지엽영무자.

(3) 원문해석

마음이란 자손에게 고스란히 물려주는 나무뿌리와 같다. 뿌리가 튼튼하지 않고 그 가지와 잎이 무성한 일은 지금까지 있어본 일이 없었다.

(4) 스스로 해석자료

心者
마음 심(부수 마음심), 놈 자(부수 늙을로엄)
後裔之根
뒤 후(부수 두인변), 후손 예(부수 옷의), 갈 지(부수 삐침별), 뿌리 근(부수 나무목)

未有根不植而枝葉榮茂者

아닐 미(부수 나무목), 있을 유(부수 달월), 뿌리 근(부수 나무목), 아닐 불(부수 한일), 심을 식(부수 나무목), 말 이을 이(부수 말이을이), 가지 지(부수 나무목), 잎 엽(부수 초두머리), 꽃 영(부수 나무목), 무성할 무(부수 초두머리), 놈 자(부수 늙을로엄)

(5) 조부훈회(祖父訓誨)

『중용』 1장 첫머리에 천성은 하늘로부터 부여받는다는 "천명지위성"이라는 말이 있다. 우리는 이 부여받은 혈액형, 성격, 기호 등을 고스란히 자손에게 물려주게 되는데 "세 살 버릇 여든 간다"라는 속담처럼 부모의 습관이나 성격까지 자손에게 유전될 수 있다.

(6) 독자 이벤트

본인의 혈액형, 신체 골격 등을 살피며 부모님으로부터 물려받은 것이 또 있는지 살펴본다.

전집 제160장
있는 척도 하지 말며
없는 척도 하지 말라.

(1) 준비운독(準備運讀)

제160장을 읽는 데는 다음과 같은 어휘를 먼저 익혀야 한다. 포각, 무진장, 연문, 발, 효, 빈아, 폭부, 잠, 절계. 이 어휘를 홍자성 원문에서 찾아보고 설명된 것을 참고하면 사고의 지평이 넓어지리라 생각된다.

포각: 내어 버리다.
무진장: 한도 없이 끝도 없이 많음.
연문: 남의 집 대문을 따라다니다.
발: 밥그릇.
효: 흉내 내다.
빈아: 거지.
폭부: 벼락부자.
잠: 경계하다.
절계: 간절한 경고.

(2) 홍자성 원문

前人 云, 抛却自家無盡藏, 沿門持鉢效貧兒.
又云, 暴富貧兒休說夢, 誰家竈裡火無烟.
一箴自昧所有. 一箴自誇所有. 可爲學問切戒.
전인 운, 포각자가무진장, 연문지발효빈아.
우운, 폭부빈아휴설몽, 수가조이화무연.

일잠자미소유. 일잠자과소유. 가위학문절계.

(3) 원문해석

어떤 사람이 자기 집에 재물을 여기저기 쌓아놓고 남의 집 문전에서 밥그릇을 내밀며 "거지 노릇 하는가"라고 흉을 보기도 했으며 또 어떤 사람은 "갑자기 부자가 된 가난뱅이여, 꿈 이야기는 그만하라. 누구네 집 부엌인들 불 때면 연기 안 날까?"라고 하였으니 이는 있으면서도 없는체하는 사람을 경계하며 재물이 많은 것을 지나치게 자랑하는 사람을 일깨우기 위함이니 학문을 연구하는 사람들에게도 깊은 교훈이 되기도 하리라.

(4) 스스로 해석자료

前人 云
앞 전(부수 선칼도방), 사람 인(부수 사람인), 이를 운(부수 두이)

抛却自家無盡藏
던질 포(부수 재방변), 물리칠 각(부수 병부절), 스스로 자(부수 스스로자), 집 가(부수 갓머리), 없을 무(부수 연화발), 다할 진(부수 그릇명), 감출 장(부수 초두머리)

沿門持鉢效貧兒
물 따라갈 연(부수 삼수변), 문 문(부수 문문), 가질 지(부수 재방변), 바리때 발(부수 쇠금), 본받을 효(부수 등글월문), 가난할 빈(부수 조개패), 아이 아(부수 어진사람인발)

又云
또 우(부수 또우), 이를 운(부수 두이)

暴富貧兒休說夢
사나울 폭(부수 날일), 부유할 부(부수 갓머리), 가난할 빈(부수 조개패), 아이 아(부수 어진사람인발), 쉴 휴(부수 사람인변), 말씀 설(부수 말씀언), 꿈 몽(부수 저녁석)

誰家竈裡火無烟
누구 수(부수 말씀언), 집 가(부수 갓머리), 부엌 조(부수 구멍혈), 속 이(부수 옷의변), 불 화(부수 불화), 없을 무(부수 연화발), 연기 연(부수 불화)

一箴自味所有
한 일(부수 한일), 경계 잠(부수 대죽), 스스로 자(부수 스스로자), 맛 미(부수 입구), 바 소(부

수 지게호), 있을 유(부수 달월)

一箴自誇所有

한 일(부수 한일), 경계 잠(부수 대죽), 스스로 자(부수 스스로자), 자랑할 과(부수 말씀언), 바 소(부수 지게호), 있을 유(부수 달월)

可爲學問切戒

옳을 가(부수 입구), 할 위(부수 손톱조), 배울 학(부수 아들자), 물을 문(부수 입구), 끊을 절(부수 칼도), 경계할 계(부수 창과)

(5) 조부훈회(祖父訓誨)

제160장의 문장은 현실 감각과 동떨어지므로 영역본을 옮겨본다.

Someone of old said, "You renounce your vast treasury and line up, bowl in hand, like a beggar," Again someone said, "You spend your time like a beggar proclaiming your dream of wealth; give it a rest! What house has a stove that does't not smoke?" One saying cautions against being foolish about possessions, the other advises against being boastful about them. These are admonitions about studies as well.

『Vegetable roots discourse』 75쪽

어떤 나이 든 사람이 말하기를 "너는 너의 막대한 보물을 버리고 거지처럼 손에 그릇을 들고 줄을 선다." 또 어떤 사람이 말하기를 "너는 부의 꿈을 외치면서 거지처럼 시간을 보낸다. 모두 그만두어라. 어디에 연기를 피우지 않는 난로가 있는가?" 앞의 말은 소유물에 대해 어리석지 말라고 경고하고 뒤의 말은 그것들에 대해 자랑하지 말라고 충고한다. 이것들은 공부에 대한 충고이기도 하다.

(6) 독자 이벤트

벼락부자, 벼락공부, 벼락출세. 세 단어를 사전에서 만나본다.

전집 제161장
아무리 나이가 많아도 배워야 하고 또 배울 수 있다.

(1) 준비운독(準備運讀)

제161장을 읽는 데는 다음과 같은 어휘를 먼저 익혀야 한다. 수인, 심상가반, 경척. 이 어휘를 스스로 익히고 난 후 다음의 설명을 참고하면 사고의 지평이 넓어지리라 생각된다.

수인: 사람마다.
심상가반: 날마다 집에서 먹는 보통 끼니.
경척: 경계하며 두려워하다.

(2) 홍자성 원문

道 是一種公衆物事, 當隨人而接引.
學 是一個尋常家飯, 當隨事而警惕.
도 시일종공중물사, 당수인이접인.
학 시일개심상가반, 당수사이경척.

(3) 원문해석

도덕은 고매한 사람들만의 점유물이 아니고 모든 사람들이 좇아야 할 공중도이다. 마땅히 사람마다 이끌어 행하게 해야 한다. 학문은 날마다 집에서 먹는 끼니와 같은 것인즉 마땅히 일마다 깨우치고 삼가기 위한 덕이 되게 해야 한다.

(4) 스스로 해석자료

道 是一種公衆物事

길 도(부수 책받침), 이 시(부수 날일), 한 일(부수 한일), 씨 종(부수 벼화), 공평할 공(부수 여덟팔), 무리 중(부수 피혈), 물건 물(부수 소우), 일 사(부수 갈고리궐)

當隨人而接引

마땅 당(부수 밭전), 따를 수(부수 좌부변), 사람 인(부수 사람인), 말 이을 이(부수 말이을이), 이을 접(부수 재방변), 끌 인(부수 활궁)

學 是一個尋常家飯

배울 학(부수 아들자), 이 시(부수 날일), 한 일(부수 한일), 낱 개(부수 사람인변), 찾을 심(부수 마디촌), 떳떳할 상(부수 수건건), 집 가(부수 갓머리), 밥 반(부수 밥식)

當隨事而警惕

마땅 당(부수 밭전), 따를 수(부수 좌부변), 일 사(부수 갈고리궐), 말 이을 이(부수 말이을이), 깨우칠 경(부수 말씀언), 두려워할 척(부수 심방변)

(5) 조부훈회(祖父訓誨)

배움은 모든 과정에서 사물과 관련되는 일반적인 종류의 탐구이다. 그러므로 배움이란 학교에서만 이루어지는 것이 아니라, 일상생활에서 어렸을 때부터 황혼기에 이르기까지 끼니를 놓치지 않는 것처럼 하루도 빠지지 않아야 한다.

(6) 독자 이벤트

최근 3개월 동안에 읽은 책을 확인해 보며 1년에 책을 몇 권이나 읽었는지 체크해 본다.

전집 제162장
남이 의심스러울 때는 먼저 자기 자신을 살펴라.

(1) 준비운독(準備運讀)

제162장을 읽는 데는 다음과 같은 어휘를 먼저 익혀야 한다. 신인자, 진성, 의인자, 사. 이 어휘를 스스로 익히고 난 후 다음의 설명을 참고하면 사고의 지평이 넓어지리라 생각된다.

신인자: 남을 믿는 사람.
진성: 진실로 성실을 다하다.
의인자: 남을 의심하는 자.
사: 속이다.

(2) 홍자성 원문

信人者, 人未必盡誠. 己則獨誠矣.
疑人者, 人未必皆詐. 己則先詐矣.
신인자, 인미필진성. 기즉독성의.
의인자, 인미필개사. 기즉선사의.

(3) 원문해석

타인을 믿는 사람은 남을 속여본 일이 없는 사람으로 진실성이 가득한 사람이고, 남을 의심하는 사람은 속은 일이나 속여본 일이 있는 사람으로 진실성이 부족하다고 볼 수 있다.

(4) 스스로 해석자료

信人者

믿을 신(부수 사람인), 사람 인(부수 사람인), 사람 자(부수 늙을로엄)

人未必盡誠

사람 인(부수 사람인), 아닐 미(부수 나무목), 반드시 필(부수 마음심), 다할 진(부수 그릇명), 정성 성(부수 말씀언)

己則獨誠矣

몸 기(부수 몸기), 곧 즉(부수 선칼도방), 홀로 독(부수 개사슴록변), 정성 성(부수 말씀언), 어조사 의(부수 화살시)

疑人者

의심할 의(부수 짝필), 사람 인(부수 사람인), 놈 자(부수 늙을로엄)

人未必皆詐

사람 인(부수 사람인), 아닐 미(부수 나무목), 반드시 필(부수 마음심), 다 개(부수 흰백), 속일 사(부수 말씀언)

己則先詐矣

몸 기(부수 몸기), 곧 즉(부수 선칼도방), 먼저 선(부수 어진사람인발), 속일 사(부수 말씀언), 어조사 의(부수 화살시)

(5) 조부훈회(祖父訓誨)

아직 완전한 성실성을 보여주지 못한 사람을 신뢰한다면 그대는 성실한 사람이고, 아직 확실하게 완전한 사기꾼이 아닌 사람을 불신한다면 그대가 바로 사기꾼이다.

(6) 독자 이벤트

"믿는 도끼에 발등 찍힌다"라는 속담과 더불어 제162장의 내용을 한 번 더 새겨본다.

전집 제163장
몰입에서 우러난 작품은 만물을 생동시킨다.

(1) 준비운독(準備運讀)

제163장을 읽는 데는 다음과 같은 어휘를 먼저 익혀야 한다. 후육, 기각, 삭설, 음응. 이 어휘를 스스로 익히고 난 후 다음의 설명을 참고하면 사고의 지평이 넓어지리라 생각된다.

후육: 포근하게 하여 생동하게 하다.
기각: 꺼리고 냉정하다.
삭설: 초하루에 내리는 눈. 여기서는 북풍한설이란 뜻.
음응: 차갑게 하여 얼리다.

(2) 홍자성 원문

念頭寬厚的, 如春風煦育, 萬物 遭之而生.
念頭忌刻的, 如朔雪陰凝, 萬物 遭之而死.
염두관후적, 여춘풍후육, 만물 조지이생.
염두기각적, 여삭설음응, 만물 조지이사.

(3) 원문해석

생각이 너그럽고 두터운 사람은 봄바람이 따뜻하게 만물을 기르는듯하여 누구든지 이런 사람을 만나면 생기가 일어나고, 마음이 모질고 각박한 사람은 차가운 눈이 만물을 얼게 하는듯하여 이런 사람을 만나면 생기를 잃게 된다.

(4) 스스로 해석자료

念頭寬厚的

생각 염(부수 마음심), 머리 두(부수 머리혈), 너그러울 관(부수 갓머리), 두터울 후(부수 민엄호), 과녁 적(부수 흰백)

如春風煦育

같을 여(부수 여자녀), 봄 춘(부수 날일), 바람 풍(부수 바람풍), 따뜻하게 할 후(부수 연화발), 기를 육(부수 육달월)

萬物

일만 만(부수 초두머리), 물건 물(부수 소우)

遭之而生

만날 조(부수 책받침), 갈 지(부수 삐침별), 말 이을 이(부수 말이을이), 날 생(부수 날생)

念頭忌刻的

생각 염(부수 마음심), 머리 두(부수 머리혈), 꺼릴 기(부수 마음심), 새길 각(부수 선칼도방), 과녁 적(부수 흰백)

如朔雪陰凝

같을 여(부수 여자녀), 초하루 삭(부수 육달월), 눈 설(부수 비우), 그늘 음(부수 좌부변), 엉길 응(부수 이수변)

萬物

일만 만(부수 초두머리), 물건 물(부수 소우)

遭之而死

만날 조(부수 책받침), 갈 지(부수 삐침별), 말 이을 이(부수 말이을이), 죽을 사(부수 죽을사변)

(5) 조부훈회(祖父訓誨)

생각이 너그럽고 두텁다는 말이 별로 와닿지 않는데 불편한 일을 만났을 때 당황하지 않고 느긋하며, 이렇게도 생각하고 저렇게도 생각해 보며 자기 이익만 따지지 않고 남의 이익을 생각하며 행동하는 자세를 가져야 한다.

(6) 독자 이벤트

아무 생각 없이 1시간 쉬어본다.

전집 제164장
하루 착한 일로 당장 열흘의 복이 생기지는 않는다.

(1) 준비운독(準備運讀)

제164장을 읽는 데는 다음과 같은 어휘를 먼저 익혀야 한다. 불견기익, 동과, 암장, 불견기손, 잠소. 이 어휘를 스스로 익히고 난 후 다음의 설명을 참고하면 사고의 지평이 넓어지리라 생각된다.

불견기익: 그 이익이 당장 보이지 않는다.
동과: 겨울에 저절로 자라는 박과의 일년생 재배식물.
암장: 모르는 사이에 자라나다.
불견기손: 그 손해가 당장 보이지 않음.
잠소: 슬그머니 사라지다.

(2) 홍자성 원문

爲善, 不見其益, 如草裡東瓜, 自應暗長.
爲惡, 不見其損, 如庭前春雪, 當必潛消.
위선, 불견기익, 여초리동과, 자응암장.
위악, 불견기손, 여정전춘설, 당필잠소.

(3) 원문해석

착한 일을 했는데 그 이익이 당장 보이지 않는 것은 마치 풀 속에 난 동과와 같아서 남모르는 사이에 조금씩 나타나니 성과 없다고 실망하지 말 것이며 악한 일을 했는데도 그 손해가 보이지 않는다고 안심하지 말지니 이것은 마치 앞뜰의 봄눈과 같아서 조금씩 녹아 마침내 텅 비어

있게 될 것이다.

(4) 스스로 해석자료

爲善

할 위(부수 손톱조), 착할 선(부수 입구)

不見其益

아닐 불(부수 한일), 볼 견(부수 볼견), 그 기(부수 여덟팔), 더할 익(부수 그릇명)

如草裡東瓜

같을 여(부수 여자녀), 풀 초(부수 초두머리), 속 리(부수 옷의변), 동녘 동(부수 나무목), 오이 과(부수 오이과)

自應暗長

스스로 자(부수 스스로자), 응할 응(부수 마음심), 어두울 암(부수 날일), 길 장(부수 길장)

爲惡

할 위(부수 손톱조), 악할 악(부수 마음심)

不見其損

아닐 불(부수 한일), 볼 견(부수 볼견), 그 기(부수 여덟팔), 덜 손(부수 재방변)

如庭前春雪

같을 여(부수 여자녀), 뜰 정(부수 엄호), 앞 전(부수 선칼도방), 봄 춘(부수 날일), 눈 설(부수 비우)

當必潛消

마땅 당(부수 밭전), 반드시 필(부수 마음심), 잠길 잠(부수 삼수변), 사라질 소(부수 삼수변)

(5) 조부훈회(祖父訓誨)

제164장과 내용이 비슷한 『명심보감』계선편에 있는 말을 옮겨본다.

一日行善에 福雖未至나 禍自遠矣요

일일행선에 복수미지나 화자원의요

一日行惡에 禍雖未至나 福自遠矣니라

일일행악에 화수미지나 복자원의니라
行善之人은 如春園之草하여 不見其長이라도 日有所增이요
행선지인은 여춘원지초하여 불견기장이라도 일유소증이요
行惡之人은 如磨刀之石하여 不見其損이라도 日有所虧니라
행악지인은 여마도지석하여 불견기손이라도 일유소휴니라

하루 동안 착한 일을 행할지라도 복은 비록 이르지 않으나 화는 저절로 멀어질 것이요, 하루 동안 악을 행할지라도 화는 비록 금방 이르지 않으나 복은 저절로 멀어질 것이니라. 착한 일을 행하는 사람은 봄 동산의 풀과 같아서 그 자라는 것은 보이지 않으나 날마다 자라나는 바가 있고, 악을 행하는 사람은 칼 가는 숫돌과 같아서 닳아 없어지는 것은 보이지 않으나 날이 갈수록 닳아 없어지는 것이 있느니라.

(6) 독자 이벤트

일일행선 복수미지 화자원의
일일행악 화수미지 복자원의

이 한자를 새겨보며 속에 담긴 의미도 새겨보자.

전집 제165장

받을 때나 베풀 때나 모두 예의를 갖추어야 한다.

(1) 준비운독(準備運讀)

제165장을 읽는 데는 다음과 같은 어휘를 먼저 익혀야 한다. 고구지교, 은미지사, 심적, 유현, 쇠후지인, 은례. 이 어휘를 스스로 익히고 난 후 다음의 설명을 참고하면 사고의 지평이 넓어지리라 생각된다.

고구지교: 옛 친구와 함께 지냄.
은미지사: 남에게 들키지 않게 하는 일.
심적: 마음이 지나간 자리.
유현: 분명히 나타내다.
쇠후지인: 사업에 실패하여 불행해진 사람.
은례: 베풀 때 예의를 다함.

(2) 홍자성 원문

遇故舊之交, 意氣要愈新. 處隱微之事, 心迹宜愈顯.
待衰朽之人, 恩禮當愈隆.
우고구지교, 의기요유신. 처은미지사, 심적의유현.
대쇠후지인, 은례당유륭.

(3) 원문해석

옛날에 사귀던 친구를 만나거든 마음과 뜻을 더욱 새롭게 할 것이며 비밀스러운 일을 처리할 때는 의심을 사지 않게 더욱 분명히 할 것이며 사업에 실패하여 초라해진 사람을 대할 때는 예우를 더욱 차고 넘치게 할 것이니라.

(4) 스스로 해석자료

遇故舊之交

만날 우(부수 책받침), 연고 고(부수 등글월문), 예 구(부수 절구구), 갈 지(부수 삐침별), 사귈 교(부수 돼지해머리)

意氣要愈新

뜻 의(부수 마음심), 기운 기(부수 기운기엄), 요긴할 요(부수 덮을아), 나을 유(부수 마음심), 새 신(부수 날근)

處隱微之事

곳 처(부수 범호엄), 숨을 은(부수 좌부변), 작을 미(부수 두인변), 갈 지(부수 삐침별), 일 사(부수 갈고리궐)

心迹宜愈顯

마음 심(부수 마음심), 자취 적(부수 책받침), 마땅 의(부수 갓머리), 나을 유(부수 마음심), 나타날 현(부수 머리혈)

待衰朽之人

기다릴 대(부수 두인변), 쇠할 쇠(부수 옷의), 썩을 후(부수 나무목), 갈 지(부수 삐침별), 사람 인(부수 사람인)

恩禮當愈隆

은혜 은(부수 마음심), 예도 례(부수 보일시), 마땅 당(부수 밭전), 나을 유(부수 마음심), 높을 륭(부수 좌부변)

(5) 조부훈회(祖父訓誨)

새로운 친구를 사귈 때는 오래전에 사귄 옛 친구가 몇 명이나 되는지 알아보고 그들과 미운 정, 고운 정을 확인해 보며, 새 친구를 신중히 사귀어야 한다.

(6) 독자 이벤트

가장 친한 친구 한 명만 이름을 떠올려 보자.

전집 제166장

근면과 검소로
옹졸해져서는 안 된다.

(1) 준비운독(準備運讀)

제166장을 읽는 데는 다음과 같은 어휘를 먼저 익혀야 한다. 덕의, 차근, 화리, 가검이식기린, 지신. 이 어휘를 스스로 익히고 난 후 다음의 설명을 참고하면 사고의 지평이 넓어지리라 생각된다.

덕의: 도덕과 의리.
차근: 근면을 빙자하다.
화리: 재물의 관리.
가검이식기린: 검약을 이용하여 자신의 인색을 꾸미다.
지신: 몸을 지키다.

(2) 홍자성 원문

勤者, 敏於德義, 而世人 借勤而濟其貧.
儉者, 淡於貨利, 而世人 假儉以飾其吝.
君子持身之符, 反爲小人營私之具矣, 惜哉.
근자, 민어덕의, 이세인 차근이제기빈.
검자, 담어화리, 이세인 가검이식기린.
군자지신지부, 반위소인영사지구의, 석재.

(3) 원문해석

부지런하고 힘을 다하여 일하는 것은 도의를 지킴에 있어 솔선하고 빈틈없이 실행하기 위함인데 보통 사람들은 근면을 빙자하여 가난을 면한다. 급하고 검소함이란 재물을 관리하는 데 부끄러움이 없기 위함인데 대부분의 사람들은 검소를 빌어 자기 인색을 꾸민다. 이는 군자가 품위 있게 살고자 취한 방법이 소인의 사리를 영위하는 도구가 되어버렸으니 이 어찌 안타까운 일이 아니겠는가!

(4) 스스로 해석자료

勤者
부지런할 근(부수 힘력), 놈 자(부수 늙을로엄)

敏於德義
민첩할 민(부수 등글월문), 어조사 어(부수 모방), 클 덕(부수 두인변), 옳을 의(부수 양양)

而世人
말 이을 이(부수 말이을이), 인간 세(부수 한일), 사람 인(부수 사람인)

借勤而濟其貧
빌릴 차(부수 사람인변), 부지런할 근(부수 힘력), 말 이을 이(부수 말이을이), 건널 제(부수 삼수변), 그 기(부수 여덟팔), 가난할 빈(부수 조개패)

儉者
검소할 검(부수 사람인변), 놈 자(부수 늙을로엄)

淡於貨利
맑을 담(부수 삼수변), 어조사 어(부수 모방), 재물 화(부수 조개패), 이로울 리(부수 선칼도방)

而世人
말 이을 이(부수 말이을이), 인간 세(부수 한일), 사람 인(부수 사람인)

假儉以飾其吝
거짓 가(부수 사람인변), 검소할 검(부수 사람인), 써 이(부수 사람인), 꾸밀 식(부수 밥식), 그 기(부수 여덟팔), 아낄 린(부수 입구)

君子持身之符
임금 군(부수 입구), 아들 자(부수 아들자), 가질 지(부수 재방변), 몸 신(부수 몸신), 갈 지(부수 삐침별), 부호 부(부수 대죽)

反爲小人營私之具矣

돌이킬 반(부수 또우), 할 위(부수 손톱조), 작을 소(부수 작을소), 사람 인(부수 사람인), 경영할 영(부수 불화), 사사 사(부수 벼화), 갈 지(부수 삐침별), 갖출 구(부수 여덟팔), 어조사 의(부수 화살시)

惜哉

아낄 석(부수 심방변), 비롯할 재(부수 입구)

(5) 조부훈회(祖父訓誨)

검소를 빙자하여 베푸는 것에 인색해 수전노가 되어서는 안 된다.

(6) 독자 이벤트

『서서번연 채근담』을 가까운 사람에게 권해본다.

전집 제167장
즉흥적인 일은 곧바로 후회를 부른다.

(1) 준비운독(準備運讀)

제167장을 읽는 데는 다음과 같은 어휘를 먼저 익혀야 한다. 빙, 의흥, 작위, 불퇴지륜, 정식. 이 어휘를 홍자성 원문에서 찾아보고 설명된 것을 참고하면 사고의 지평이 넓어지리라 생각된다.

빙: 기대다.
의흥: 일시적인 생각.
작위: 일을 하다.
불퇴지륜: 뒤로 물러날 수 없는 수레.
정식: 감정으로 얻는 일시적인 지식.

(2) 홍자성 원문

憑意興作爲者, 隨作則隨止, 豈是不退之輪.
從情識解悟者, 有悟則有迷, 終非常明之燈.
빙의흥작위자, 수작즉수지, 기시불퇴지륜.
종정식해오자, 유오즉유미, 종비상명지등.

(3) 원문해석

느낀 대로 바로 행동하게 되면 시작하자마자 곧바로 후회가 생겨 멈추고 또 뒤로 물러나지도 못하는 수레바퀴 신세로 진퇴양난에 빠지게 된다. 이치로 깨닫지 않고 정으로 깨달은 것은 깨닫자마자 바로 고치고 싶으니 이런 것들은 항구적인 등대, 등불이 될 수 없다.

(4) 스스로 해석자료

憑意興作爲者

기댈 빙(부수 마음심), 뜻 의(부수 마음심), 일 흥(부수 절구구변), 지을 작(부수 사람인), 할 위(부수 손톱조), 놈 자(부수 늙을로엄)

隨作則隨止

따를 수(부수 좌부변), 지을 작(부수 사람인), 곧 즉(부수 선칼도방), 따를 수(부수 좌부변), 그칠 지(부수 그칠지)

豈是不退之輪

어찌 기(부수 콩두), 이 시(부수 날일), 아닐 불(부수 한일), 물러날 퇴(부수 책받침), 갈 지(부수 삐침별), 바퀴 륜(부수 수레거)

從情識解悟者

좇을 종(부수 두인변), 뜻 정(부수 심방변), 알 식(부수 말씀언), 풀 해(부수 뿔각), 깨달을 오(부수 심방변), 놈 자(부수 늙을로엄)

有悟則有迷

있을 유(부수 선칼도방), 깨달을 오(부수 심방변), 곧 즉(부수 선칼도방), 미혹할 미(부수 책받침)

終非常明之燈

마칠 종(부수 실사변), 아닐 비(부수 아닐비), 떳떳할 상(부수 수건건), 밝을 명(부수 날일), 갈 지(부수 삐침별), 등 등(부수 불화)

(5) 조부훈회(祖父訓誨)

변덕에 의지하고 근거 없이 행동하는 사람이 임의로 프로젝트를 맡으면 포기할 것이다. 어떻게 진전이 있을 수 있겠는가? 깨달음을 얻는 데 감정에 의존하는 사람이 망상을 발견하는 것이다. 감정에 의존하는 것은 항구적인 지침서가 될 수 없다.

(6) 독자 이벤트

전혀 필요하지도 않은 물건을 홈쇼핑이나 백화점에서 충동구매한 적이 있었던가를 되돌아본다.

전집 제168장

남이 아파할 때 함께 아파하자.

(1) 준비운독(準備運讀)

제168장을 읽는 데는 다음과 같은 어휘를 먼저 익혀야 한다. 인지과오, 의서, 기지곤욕, 불가인. 이 어휘를 스스로 익히고 난 후 다음의 설명을 참고하면 사고의 지평이 넓어지리라 생각된다.

인지과오: 남의 잘못.
의서: 마땅히 용서한다.
기지곤욕: 자기 자신의 고달픔.
불가인: 참아서는 안 된다.

(2) 홍자성 원문

人之過誤, 宜恕, 而在己則不可恕.
己之困辱, 當忍, 而在人則不可忍.
인지과오, 의서, 이재기즉불가서.
기지곤욕, 당인, 이재인즉불가인.

(3) 원문해석

타인의 잘못은 너그럽게 용서하되 자기의 허물은 엄격하게 책망해야 한다. 자기의 고달픔은 마땅히 참을 것이지만 남의 불편함에 대해서는 멀리서 쳐다만 보지 말고 함께 나누어야 한다.

(4) 스스로 해석자료

人之過誤

사람 인(부수 사람인), 갈 지(부수 삐침별), 지날 과(부수 책받침), 그르칠 오(부수 말씀언)

宜恕

마땅 의(부수 갓머리), 용서할 서(부수 마음심)

而在己則不可恕

말 이을 이(부수 말이을이), 있을 재(부수 흙토), 몸 기(부수 몸기), 곧 즉(부수 선칼도방), 아닐 불(부수 한일), 옳을 가(부수 입구), 용서할 서(부수 마음심)

己之困辱

몸 기(부수 몸기), 갈 지(부수 삐침별), 곤할 곤(부수 큰입구몸), 욕될 욕(부수 별진)

當忍

마땅 당(부수 밭전), 참을 인(부수 마음심)

而在人則不可忍

말 이을 이(부수 말이을이), 있을 재(부수 흙토), 사람 인(부수 사람인), 곧 즉(부수 선칼도방), 아닐 불(부수 한일), 옳을 가(부수 입구), 참을 인(부수 마음심)

(5) 조부훈회(祖父訓誨)

고생을 많이 하고 성장한 사람은 남이 괴롭고 불편할 때 무뎌질 수 있다. 자기가 참아온 인내력이 남에게도 있다고 생각하는 것은 우정이 지속되는 데 큰 장애물이 된다.

(6) 독자 이벤트

독감이나 중한 병에 걸렸을 때 어떻게 견디어냈는가? 한번 상기해 보자.

전집 제169장
평범한 일에 빈틈없는 사람이 진정한 위인이다.

(1) 준비운독(準備運讀)

제169장을 읽는 데는 다음과 같은 어휘를 먼저 익혀야 한다. 탈속, 작의, 상기자, 불합오, 절속구청자, 격. 이 어휘를 스스로 익히고 난 후 다음의 설명을 참고하면 사고의 지평이 넓어지리라 생각된다.

탈속: 세속을 벗어나다.
작의: 뜻을 지어내다.
상기자: 특별한 일을 좇는 사람.
불합오: 혼탁한 세속에 어울리지 아니하다.
절속구청자: 세속을 끊고 티 없이 맑게 살고자 하는 사람.
격: 과격하다.

(2) 홍자성 원문

能脫俗, 便是奇. 作意尙奇者, 不爲奇而爲異.
不合汚, 便是淸. 絶俗求淸者, 不爲淸而爲激.
능탈속, 편시기. 작의상기자, 불위기이위이.
불합오, 편시청. 절속구청자, 불위청이위격.

(3) 원문해석

볼품없는 속티를 능히 벗어날 수 있으면 이것이 바로 특별한 일이지 일부러 기인인 체하는 것은 기인이 아니고 괴이한 사람이다. 속티에 오염되지 않는 것이 곧 청백한 것이지 티 없이 맑게 산다고 세속을 끊고 깊은 산속에 들어가 사는 것들은 청백이 아니고 과격일 뿐이다.

(4) 스스로 해석자료

能脫俗
능할 능(부수 육달월), 벗을 탈(부수 육달월), 풍속 속(부수 사람인)

便是奇
편할 편(부수 사람인변), 이 시(부수 날일), 기특할 기(부수 큰대)

作意尙奇者
지을 작(부수 사람인), 뜻 의(부수 마음심), 오히려 상(부수 작을소), 기특할 기(부수 큰대), 놈 자(부수 늙을로엄)

不爲奇而爲異
아닐 불(부수 한일), 할 위(부수 손톱조), 기특할 기(부수 큰대), 말 이을 이(부수 말이을이), 할 위(부수 손톱조), 다를 이(부수 밭전)

不合汚
아닐 불(부수 한일), 합할 합(부수 입구), 더러울 오(부수 삼수변)

便是淸
편할 편(부수 사람인변), 이 시(부수 날일), 맑을 청(부수 삼수변)

絶俗求淸者
끊을 절(부수 실사변), 풍속 속(부수 사람인변), 구할 구(부수 아래물수), 맑을 청(부수 삼수변), 놈 자(부수 늙을로엄)

不爲淸而爲激
아닐 불(부수 한일), 할 위(부수 손톱조), 맑을 청(부수 삼수변), 말 이을 이(부수 말이을이), 할 위(부수 손톱조), 격할 격(부수 삼수변)

(5) 조부훈회(祖父訓誨)

세속에 물들지 않겠다고 깊은 산에 들어가 머리도 깎지 않고 살고자 하는 사람은 진정한 청백자가 아니다. 진정한 청백자는 세상사와 더불어 어울려 살면서 물들지 않는 사람이다.

(6) 독자 이벤트

민가에서 멀리 떨어진 사찰이나 펜션에 머무르면서 문명을 떠나 2~3일 살아본다.

전집 제170장
사람을 대할 때는 처음은 어렵게 차차 너그럽게 대한다.

(1) 준비운독(準備運讀)

제170장을 읽는 데는 다음과 같은 사자성어를 먼저 익혀야 한다. 선농후담, 선관후엄. 이 어휘를 스스로 익히고 난 후 다음의 설명을 참고하면 사고의 지평이 넓어지리라 생각된다.

선농후담: 처음에는 후하게 하다가 나중에는 박하게 하다.
선관후엄: 처음에는 허물없게 대하다가 나중에 어렵게 대하다.

(2) 홍자성 원문

恩宜自淡而濃. 先濃後淡者, 人忘其惠.
威宜自嚴而寬. 先寬後嚴者, 人怨其酷.
은의자담이농. 선농후담자, 인망기혜.
위의자엄이관. 선관후엄자, 인원기혹.

(3) 원문해석

남에게 이로움을 베풀 때는 처음에는 가볍게 하다가 차츰 두텁게 해야 하는데 처음에 후하게 하다가 차츰 박하게 하면 그 고마움을 모른다. 위엄은 처음에는 어렵게 하다가 차츰 너그럽게 해야 하는데 처음에 허물없게 하다가 나중에 엄하게 하면 혹독하다고 흉을 잡는다.

(4) 스스로 해석자료

恩宜自淡而濃
은혜 은(부수 마음심), 마땅 의(부수 갓머리), 스스로 자(부수 스스로자), 맑을 담(부수 삼수변),

말 이을 이(부수 말이을이), 짙을 농(부수 삼수변)

先濃後淡者

먼저 선(부수 어진사람인발), 짙을 농(부수 삼수변), 뒤 후(부수 두인변), 맑을 담(부수 삼수변), 놈 자(부수 늙을로엄)

人忘其惠

사람 인(부수 사람인), 잊을 망(부수 마음심), 그 기(부수 여덟팔), 은혜 혜(부수 마음심)

威宜自嚴而寬

위엄 위(부수 여자녀), 마땅 의(부수 갓머리), 스스로 자(부수 스스로자), 엄할 엄(부수 입구), 말 이을 이(부수 말이을이), 너그러울 관(부수 갓머리)

先寬後嚴者

먼저 선(부수 어진사람인발), 너그러울 관(부수 갓머리), 뒤 후(부수 두인변), 엄할 엄(부수 입구), 놈 자(부수 늙을로엄)

人怨其酷

사람 인(부수 사람인), 원망할 원(부수 마음심), 그 기(부수 여덟팔), 심할 혹(부수 닭유)

(5) 조부훈회(祖父訓誨)

선단후농, 선엄후관과 관련된 채근담 제170장은 일상생활과 밀접한 관계가 있기 때문에 다른 해석을 소개해 본다.

When offering charity, start sparingly and then increase your gift. If you start heavy and end up light, people will forget your kindness. When exercising authority, start sternly and then exercise leniency.
If you start leniently and then become stern, people will resent you as someone who is mean.

『Vegetable roots discourse』 79쪽

자선을 베풀 때는 작게 시작한 다음 차츰 늘린다. 두텁게 시작하고 가볍게 끝내면 사람들은 그대의 친절을 잊을 것이다. 권위를 행사할 때는 단호하게 시작한 다음 차차 관대하게 행동한

다. 관대하게 시작했다가 나중에 엄격해지면 사람들은 그대를 혹독한 사람으로 원망할 것이다.

(6) 독자 이벤트

선단후농, 선엄후관. 이 여덟 자의 한자를 익혀본다.

전집 제171장
물속의 달그림자를 보며 자기 마음의 모양을 그려본다.

(1) 준비운독(準備運讀)

제171장을 읽는 데는 다음과 같은 어휘를 먼저 익혀야 한다. 구견성, 발파, 멱월, 요의, 색경. 이 어휘를 스스로 익히고 난 후 다음의 설명을 참고하면 사고의 지평이 넓어지리라 생각된다.

구견성: 마음을 보기를 바라다.
발파: 물결을 헤치다.
멱월: 달을 찾다.
요의: 뜻을 명확하게 하다.
색경: 거울을 찾다.

(2) 홍자성 원문

心虛則性現. 不息心而求見性, 如撥波覓月.
意淨則心淸. 不了意而求明心, 如索鏡增塵.
심허즉성현. 불식심이구견성, 여발파멱월.
의정즉심청. 불료의이구명심, 여색경증진.

(3) 원문해석

자기 마음이 어떠한 것인지 알고 싶으면 삼십 분 정도 고즈넉한 시간을 가지면 된다. 그런데 마음을 쉬지 아니하고 본성만 보기를 구한다는 것은 마치 물결을 파헤치면서 달을 찾는 것과 같다. 뜻을 결백하게 하고 싶으면 마음이 청렴해야 하는데 청렴성이 한 치도 없으면서 뜻이 결백하기를 바라는 것은 마치 거울을 찾으려고 하면서 먼지를 더함과 같다.

(4) 스스로 해석자료

心虛則性現

마음 심(부수 마음심), 빌 허(부수 범호엄), 곧 즉(부수 선칼도방), 성품 성(부수 심방변), 나타날 현(부수 구슬옥변)

不息心而求見性

아닐 불(부수 한일), 쉴 식(부수 마음심), 마음 심(부수 마음심), 말 이을 이(부수 말이을이), 구할 구(부수 아래물수), 볼 견(부수 볼견), 성품 성(부수 심방변)

如撥波覓月

같을 여(부수 여자녀), 다스릴 발(부수 재방변), 물결 파(부수 삼수변), 찾을 멱(부수 볼견), 달 월(부수 육달월)

意淨則心淸

뜻 의(부수 마음심), 깨끗할 정(부수 삼수변), 곧 즉(부수 선칼도방), 마음 심(부수 마음심), 맑을 청(부수 삼수변)

不了意而求明心

아닐 불(부수 한일), 마칠 료(부수 갈고리궐), 뜻 의(부수 마음심), 말 이을 이(부수 말이을이), 구할 구(부수 아래물수), 밝을 명(부수 날일), 마음 심(부수 마음심)

如索鏡增塵

같을 여(부수 여자녀), 찾을 색(부수 실사), 거울 경(부수 쇠금), 더할 증(부수 흙토), 티끌 진(부수 흙토)

(5) 조부훈회(祖父訓誨)

필자의 원문해석이 매끄럽지 않아 다른 번역을 소개해 본다.

마음이 비어있으면 본성이 나타난다. 불만스러운 마음으로 본성을 들여다보려고 하는 것은 달을 보기 위해 파도를 일으키는 것과 같다. 생각이 깨끗해지면 마음이 순수해진다. 마음이 이해되지 않으면 먼지를 더 뒤집어쓰면서 거울에 비친 모습을 보려고 하는 사람과 같다.

『평생에 한 번은 채근담을 읽어라』 293쪽

(6) 독자 이벤트

호숫가를 걸으면서 호수에 잠긴 산 그림자나 나무 그림자를 살펴보며 자기 마음속 그림자도 형상해 본다.

전집 제172장

위치 에너지는 잠깐이고 능력 에너지는 영원하다.

(1) 준비운독(準備運讀)

제172장을 읽는 데는 다음과 같은 어휘를 먼저 익혀야 한다. 인봉지, 아관대대, 인모지, 포의초리. 이 어휘를 스스로 익히고 난 후 다음의 설명을 참고하면 사고의 지평이 넓어지리라 생각된다.

인봉지: 사람들이 받들고 존경하다.
아관대대: 높은 관과 큰 띠. 여기서는 귀한 직업과 높은 지위.
인모지: 사람들이 업신여기다.
포의초리: 베옷과 짚신, 곧 초라한 의복.

(2) 홍자성 원문

我貴而人奉之, 奉此峨冠大帶也.
我賤而人侮之, 侮此布衣草履也.
然則原非奉我, 我胡爲喜, 原非侮我, 我胡爲怒.
아귀이인봉지, 봉차아관대대야.
아천이인모지, 모차포의초리야.
연즉원비봉아, 아호위희, 원비모아, 아호위노.

(3) 원문해석

사람들이 나를 받들고 존경하는 것은 내가 가진 직업이 좋고 또 그 지위가 높기 때문이다. 사람들이 나를 멸시하는 것은 내가 가진 직업이 천하고 옷이 초라하기 때문이다. 나를 업신여기고 나를 존경하는 것이 나의 학식이나 품격이 아니고 위치 에너지가 높고 낮음에 기인한 것인 즉 어찌 기뻐하며 어찌 노하겠는가.

(4) 스스로 해석자료

我貴而人奉之

나 아(부수 창과), 귀할 귀(부수 조개패), 말 이을 이(부수 말이을이), 사람 인(부수 사람인), 받들 봉(부수 큰대), 갈 지(부수 삐침별)

奉此峨冠大帶也

받들 봉(부수 큰대), 이 차(부수 그칠지), 높을 아(부수 뫼산), 갓 관(부수 민갓머리), 큰 대(부수 큰대), 띠 대(부수 수건건), 어조사 야(부수 새을)

我賤而人侮之

나 아(부수 창과), 천할 천(부수 조개패), 말 이을 이(부수 말이을이), 사람 인(부수 사람인), 업신여길 모(부수 사람인변), 갈 지(부수 삐침별)

侮此布衣草履也

업신여길 모(부수 사람인변), 이 차(부수 그칠지), 베 포(부수 수건건), 옷 의(부수 옷의), 풀 초(부수 초두머리), 밟을 리(부수 주검시엄), 어조사 야(부수 새을)

然則原非奉我

그럴 연(부수 연화발), 곧 즉(부수 선칼도방), 언덕 원(부수 민엄호), 아닐 비(부수 아닐비), 받들 봉(부수 큰대), 나 아(부수 창과)

我胡爲喜

나 아(부수 창과), 되 호(부수 육달월), 할 위(부수 손톱조), 기쁠 희(부수 입구)

原非侮我

언덕 원(부수 민엄호), 아닐 비(부수 아닐비), 업신여길 모(부수 사람인변), 나 아(부수 창과)

我胡爲怒

나 아(부수 창과), 되 호(부수 육달월), 할 위(부수 손톱조), 성낼 노(부수 마음심)

(5) 조부훈회(祖父訓誨)

원문해석이 직역이 아니고 의역이므로 다른 해석을 옮겨본다.

내가 지위가 올라가 다른 사람들이 나를 받드는 것은 나의 지위 때문이다. 내가 천하게 되어 다른 사람들이 나를 천하게 여기는 것은 베옷과 짚신을 업신여기는 것이다. 원래의 나를 받드는 것이 아니니 기뻐할 이유가 없으며 원래의 나를 업신여기는 것이 아니니 내가 어떻게 노하겠는가?

김정오의 『처세 365일』 6월 23일

(6) 독자 이벤트

남을 멸시해 본 적이 있는가? 또 남에게 멸시를 받았던 일이 있는가? 잠깐 되돌아본다.

전집 제173장

나방도 촛불을 좋아한다.

(1) 준비운독(準備運讀)

제173장을 읽는 데는 다음과 같은 어휘를 먼저 익혀야 한다. 상류반, 연아, 점등, 생생지계, 편, 토목형해. 이 어휘를 스스로 익히고 난 후 다음의 설명을 참고하면 사고의 지평이 넓어지리라 생각된다.

상류반: 밥을 항상 남겨두다.
연아: 나방을 불쌍히 여기다.
점등: 등불을 켜다.
생생지계: 나고 자라게 하는 작용.
편: 문득.
토목형해: 나무와 흙처럼 무신경한 사람.

(2) 홍자성 원문

爲鼠常留飯, 憐蛾不點燈.
古人此等念頭, 是吾人一點生生之機.
無此, 便所謂土木形骸而已.
위서상류반, 연아부점등.
고인차등념두, 시오인일점생생지계.
무차, 편소위토목형해이이.

(3) 원문해석

옛날 사람들은 쥐를 위하여 장독대 근처에 찬밥 덩어리를 놓아두었으며 나방을 불쌍히 여겨 촛불을 켜지 않았다고 한다. 옛사람의 이런 생각이 현재 사람들의 동물 애호 사상의 근간이 되었으니 만약 이런 동물 사랑의 마음이 없다면 그런 사람들은 흙이나 나무와 같은 형체에 불과할 것이다.

(4) 스스로 해석자료

爲鼠常留飯

할 위(부수 손톱조), 쥐 서(부수 쥐서), 떳떳할 상(부수 수건건), 머무를 류(부수 밭전), 밥 반(부수 밥식)

憐蛾不點燈

불쌍히 여길 연(부수 심방변), 나방 아(부수 벌레훼), 아닐 부(부수 한일), 점 점(부수 검을흑), 등잔 등(부수 불화)

古人此等念頭

옛 고(부수 입구), 사람 인(부수 사람인), 이 차(부수 그칠지), 무리 등(부수 대죽), 생각할 념(부수 마음심), 머리 두(부수 머리혈)

是吾人一點

이 시(부수 날일), 나 오(부수 입구), 사람 인(부수 사람인), 한 일(부수 한 일), 점 점(부수 검을흑)

生生之械

날 생(부수 날생), 날 생(부수 날생), 갈 지(부수 삐침별), 기계 계(부수 나무목)

無此, 便所謂土木

없을 무(부수 연화발), 이 차(부수 그칠지), 편할 편(부수 사람인변), 바 소(부수 지게호), 이를 위(부수 말씀언), 흙 토(부수 흙토), 나무 목(부수 나무목)

形骸而已

모양 형(부수 터럭삼), 뼈 해(부수 뼈골), 말 이을 이(부수 말이을이), 이미 이(부수 몸기)

(5) 조부훈회(祖父訓誨)

우리나라 세시풍속 중 동짓날에는 장독 뒤에 팥죽을 뿌리는 풍습이 있다. 악귀를 쫓는다는 취지로 뿌리지만 그 깊은 뜻은 동물을 사랑하는 마음이 있었기 때문이라고 본다.

(6) 독자 이벤트

고양이 키우기, 물고기 키우기, 식물 키우기 등과 같은 경험을 해보자.

전집 제174장

외로울 때는 하늘의 별을 열하나 정도 세어보라.

(1) 준비운독(準備運讀)

제174장을 읽는 데는 다음과 같은 어휘를 먼저 익혀야 한다. 심체, 경성, 경운, 진뢰, 확연, 태허. 이 어휘를 스스로 익히고 난 후 다음의 설명을 참고하면 사고의 지평이 넓어지리라 생각된다.

심체: 마음의 바탕.
경성: 빛나는 별.
경운: 상서로운 구름.
진뢰: 우레가 진동하다.
확연: 막힘이 없이 트여있다.
태허: 하늘.

(2) 홍자성 원문

心體, 便是天體.
一念之喜, 景星慶雲. 一念之怒, 震雷暴雨.
一念之慈, 和風甘露. 一念之嚴, 烈日秋霜.
何者少得 只要隨起隨滅, 廓然無碍, 便與太虛同體.
심체, 편시천체.
일념지희, 경성경운. 일념지노, 진뢰폭우.
일념지자, 화풍감로. 일념지엄, 열일추상.
하자소득 지요수기수멸, 확연무애, 편여태허동체.

(3) 원문해석

　사람의 마음과 몸의 움직임은 하늘과 땅의 움직임과 흡사하다. 하나의 기쁨은 반짝이는 별과 아름다운 구름과 같고 일념의 분노는 성난 우레와 억수로 쏟아지는 비와 같다. 또 하나의 자비스러운 마음은 따뜻한 바람과 달콤한 이슬과 같고 하나의 엄격한 마음은 여름의 뜨거운 햇볕과 가을의 찬 서리와 같으니 어느 것 하나인들 소홀히 할 수 없다. 다만 생길 자리에 생기고 쓰러질 자리에 쓰러져 시원스럽고 거리낌이 없어야 하는데 이럴 수만 있다면 곧 하늘과 더불어 몸과 마음을 함께할 수 있을 것이다.

(4) 스스로 해석자료

心體
마음 심(부수 마음심), 몸 체(부수 뼈골)

便是天體
편할 편(부수 사람인변), 이 시(부수 날일), 하늘 천(부수 큰대), 몸 체(부수 뼈골)

一念之喜
한 일(부수 한일), 생각 념(부수 마음심), 갈 지(부수 삐침별), 기쁠 희(부수 입구)

景星慶雲
볕 경(부수 날일), 별 성(부수 날일), 경사 경(부수 마음심), 구름 운(부수 비우)

一念之怒
한 일(부수 한일), 생각 념(부수 마음심), 갈 지(부수 삐침별), 성낼 노(부수 마음심)

震雷暴雨
우레 진(부수 비우), 우레 뢰(부수 비우), 사나울 폭(부수 날일), 비 우(부수 비우)

一念之慈
한 일(부수 한일), 생각 념(부수 마음심), 갈 지(부수 삐침별), 사랑 자(부수 마음심)

風甘露
화할 화(부수 입구), 바람 풍(부수 바람풍), 달 감(부수 달감), 이슬 로(부수 비우)

一念之嚴
한 일(부수 한일), 생각 념(부수 마음심), 갈 지(부수 삐침별), 엄할 엄(부수 입구)

烈日秋霜

매울 열(부수 연화발), 날 일(부수 날일), 가을 추(부수 벼화), 서리 상(부수 비우)

何者少得

어찌 하(부수 사람인변), 놈 자(부수 늙을로엄), 작을 소(부수 작을소), 얻을 득(부수 두인변)

只要隨起隨滅

다만 지(부수 입구), 요긴할 요(부수 덮을아), 따를 수(부수 좌부변), 일어날 기(부수 달릴주), 따를 수(부수 좌부변), 꺼질 멸(부수 삼수변)

廓然無碍

클 확(부수 엄호), 그럴 연(부수 연화발), 없을 무(부수 연화발), 거리낄 애(부수 돌석)

便與太虛同體

편할 편(부수 사람인변), 더불 여(부수 절구구변), 클 태(부수 큰대), 빌 허(부수 범호엄), 한가지 동(부수 입구), 몸 체(부수 뼈골)

(5) 조부훈회(祖父訓誨)

따뜻한 봄, 뜨거운 여름의 기온에 따라 초목이 움직이듯이 우리의 마음도 수시로 움직인다. 가을의 찬 서리, 겨울의 한파에 따라 초목의 움직임이 더딘 것처럼 우리의 마음도 그러하다. 그러나 사람은 이성이라는 것이 있어 뜨거운 여름에도 마음이 뜨겁지 않게, 가을의 찬 서리나 겨울의 한파에도 마음이 훈훈하게 따뜻하게 발현될 수 있는 것이다.

(6) 독자 이벤트

여름 폭염에 에어컨이나 선풍기 없이 한번 더위를 견뎌보자.

전집 제175장
일이 여러 개 있을 때는 마음을 저울에 달아보라.

(1) 준비운독(準備運讀)

제175장을 읽는 데는 다음과 같은 어휘를 먼저 익혀야 한다. 혼명, 성성, 분일. 이 어휘를 스스로 익히고 난 후 다음의 설명을 참고하면 사고의 지평이 넓어지리라 생각된다.

혼명: 여러 개가 혼재되어 있어 갈피를 잡지 못하다.
성성: 마음의 밝은 지혜.
분일: 갈피 없이 흩어지다.

(2) 홍자성 원문

無事時, 心易昏冥, 宜寂寂而照以惺惺.
有事時, 心易奔逸, 宜惺惺而主以寂寂.
무사시, 심이혼명, 의적적이조이성성.
유사시, 심이분일, 의성성이주이적적.

(3) 원문해석

할 일이 없을 때는 마음이 어두워지기 쉬우니 고요한 속에서 밝은 지혜로움을 모색해야 한다. 일이 여러 개 있을 때는 생각이 흐트러지기 쉬우니 깨어난 속에서도 줏대를 가지고 침착하게 행동해야 한다.

(4) 스스로 해석자료

無事時

없을 무(부수 연화발), 일 사(부수 갈고리궐), 때 시(부수 날일)

心易昏冥

마음 심(부수 마음심), 쉬울 이(부수 날일), 어두울 혼(부수 날일), 어두울 명(부수 민갓머리)

宜寂寂

마땅 의(부수 갓머리), 고요할 적(부수 갓머리), 고요할 적(부수 갓머리)

而照以惺惺

말 이을 이(부수 말이을이), 비칠 조(부수 연화발), 써 이(부수 사람인), 깨달을 성(부수 심방변), 깨달을 성(부수 심방변)

有事時

있을 유(부수 달월), 일 사(부수 갈고리궐), 때 시(부수 날일)

心易奔逸

마음 심(부수 마음심), 쉬울 이(부수 날일), 달릴 분(부수 큰대), 편안할 일(부수 책받침)

宜惺惺

마땅 의(부수 갓머리), 깨달을 성(부수 심방변), 깨달을 성(부수 심방변)

而主以寂寂

말 이을 이(부수 말이을이), 임금 주(부수 점주), 써 이(부수 사람인), 고요할 적(부수 갓머리), 고요할 적(부수 갓머리)

(5) 조부훈회(祖父訓誨)

일이 없을 때는 방향감각이 작동하지 못하여 일륜의 도에 어긋난 대화나 행동을 하기 쉽다. 일이 많을 때는 마음이 들락날락하지 않도록 줏대를 세워야 한다.

(6) 독자 이벤트

아무 생각도 없이 세 시간 정도 걸어보자.

전집 제176장
겉가량으로
속을 단정하지 말라.

(1) 준비운독(準備運讀)

제176장을 읽는 데는 다음과 같은 어휘를 먼저 익혀야 한다. 의사자, 사외, 이해지정, 임사자. 이 어휘를 스스로 익히고 난 후 다음의 설명을 참고하면 사고의 지평이 넓어지리라 생각된다.

의사자: 일을 의논하는 사람.
사외: 의논하는 사건의 밖.
이해지정: 이로움과 해로움에 관한 생각.
임사자: 일을 맡은 사람.

(2) 홍자성 원문

議事者, 身在事外, 宜悉利害之情.
任事者, 身居事中, 當忘利害之慮.
의사자, 신재사외, 의실리해지정.
임사자, 신거사중, 당망리해지려.

(3) 원문해석

일을 해결하고자 의견을 주고받을 때는 몸을 일 밖에 두어 이로움과 해로움을 모두 살펴야 하고 일을 책임진 사람은 몸을 일 안에 두어 일의 이로움과 해로움의 생각을 잊어야 할 것이다.

(4) 스스로 해석자료

議事者

의논할 의(부수 말씀언), 일 사(부수 갈고리궐), 놈 자(부수 늙을로엄)

身在事外

몸 신(부수 몸신), 있을 재(부수 흙토), 일 사(부수 갈고리궐), 바깥 외(부수 저녁석)

宜悉利

마땅 의(부수 갓머리), 다 실(부수 마음심), 이로울 리(부수 선칼도방)

害之情

해할 해(부수 갓머리), 갈 지(부수 삐침별), 뜻 정(부수 심방변)

任事者

맡길 임(부수 사람인변), 일 사(부수 갈고리궐), 놈 자(부수 늙을로엄)

身居事中

몸 신(부수 몸신), 살 거(부수 주검시엄), 일 사(부수 갈고리궐), 가운데 중(부수 뚫을곤)

當忘利害之慮

마땅 당(부수 밭전), 잊을 망(부수 마음심), 이로울 리(부수 선칼도방), 해할 해(부수 갓머리), 갈 지(부수 삐침별), 생각할 려(부수 마음심)

(5) 조부훈회(祖父訓誨)

제176장의 다른 해석을 소개해 본다.

People who are consulted about an endeavor are outside, and deliberate on facts of profit and loss. People who engage in an endeavor remain inside, and forget about such considerations.

『Vegetable roots discourse』 82쪽

어떤 일에 관하여 상담을 받은 사람들은 밖에 나가 손익의 사실을 숙고한다. 어떤 일에 종사하는 사람들은 안에 남아있고 그러한 일에 대해서는 잊어버린다.

(6) 독자 이벤트

사소한 일이나 혹은 중대한 일을 혼자 맡아서 해본 경험이 있는지 되돌아본다.

전집 제177장
주는 자가 알고 받는 자가 알고 하늘이 알고 땅이 안다.

(1) 준비운독(準備運讀)

제177장을 읽는 데는 다음과 같은 어휘를 먼저 익혀야 한다. 조리, 엄명, 화이, 성전지당, 봉채. 이 어휘를 스스로 익히고 난 후 다음의 설명을 참고하면 사고의 지평이 넓어지리라 생각된다.

조리: 지조와 행실.
엄명: 엄정과 공명.
화이: 마음을 따뜻하고 편하게 갖다.
성전지당: 비린내 나고 누린내 나는 탐관오리.
봉채: 전갈이나 말벌 같은 독충.

(2) 홍자성 원문

士君子 處權門要路, 操履要嚴明, 心氣要和易.
毋少隨而近腥羶之黨, 亦毋過激而犯蜂蠆之毒.
사군자 처권문요로, 조리요엄명, 심기요화이.
무소수이근성전지당, 역무과격이범봉채지독.

(3) 원문해석

학식이 깊고 덕망이 높은 사람이 사양을 못 이기고 국가의 중요한 직책을 맡았을 때는 몸가짐을 엄정하고 공평하게 하며 마음은 온화하고 평이하게 갖되 조금이라도 비린내 나고 누린내 나는 아첨배들과 도덕적 기준을 잃고 방종하게 가까이하지 말 것이며 또한 너무 과격하여 전갈이나 벌 떼의 독을 맞아서도 아니 될 것이다.

(4) 스스로 해석자료

士君子
선비 사(부수 선비사), 임금 군(부수 입구), 아들 자(부수 아들자)

處權門要路
곳 처(부수 범호엄), 권세 권(부수 나무목), 문 문(부수 문문), 요긴할 요(부수 덮을아), 길 로(부수 발족변)

操履要嚴明
잡을 조(부수 재방변), 밟을 리(부수 주검시엄), 요긴할 요(부수 덮을아), 엄할 엄(부수 입구), 밝을 명(부수 날일)

心氣要和易
마음 심(부수 마음심), 기운 기(부수 기운기엄), 요긴할 요(부수 덮을아), 화할 화(부수 입구), 쉬울 이(부수 날일)

毋少隨
말 무(부수 말무), 적을 소(부수 작을소), 따를 수(부수 좌부변)

而近腥羶之黨
말 이을 이(부수 말이을이), 가까울 근(부수 책받침), 비릴 성(부수 육달월), 누린내 전(부수 양양. 갈 지(부수 삐침별), 무리 당(부수 검을흑)

亦毋過激
또 역(부수 돼지해머리), 말 무(부수 말무), 지날 과(부수 책받침), 격할 격(부수 삼수변)

而犯蜂蠆之毒
말 이을 이(부수 말이을이), 범할 범(부수 개사슴록변), 벌 봉(부수 벌레훼), 전갈 채(부수 벌레훼), 갈 지(부수 삐침별), 독 독(부수 말무)

(5) 조부훈회(祖父訓誨)

학우등사: 학문이 넉넉하면 벼슬자리에 오르게 된다.

학식과 덕망이 높은 사람이 관직에 오를 생각이 전혀 없는데도 주위 사람들의 성화에 못 이겨 관직을 갖게 되는 수가 있다. 이때 세상 경험이 일천하여 성정지당 같은 탐관오리의 유혹을 이기지 못하고 전락하는 수가 있다.

(6) 독자 이벤트

현재 하는 일이나 현재 가지고 있는 직업이 자기 소질이나 적성에 맞는지 체크해 보자.

전집 제178장
절개를 표방하지 말고 의리를 내세우지 말라.

(1) 준비운독(準備運讀)

제178장을 읽는 데는 다음과 같은 어휘를 먼저 익혀야 한다. 절의, 방, 도학, 초우, 진. 이 어휘를 스스로 익히고 난 후 다음의 설명을 참고하면 사고의 지평이 넓어지리라 생각된다.

절의: 절개와 의리.
방: 비방하다. 헐뜯다.
도학: 도덕과 학문.
초우: 원망을 불러들이다.
진: 보배.

(2) 홍자성 원문

標節義者, 必以節義受謗. 榜道學者, 常因道學招尤.
故 君子 不近惡事, 亦不立善名.
只渾然和氣, 纔是居身之珍.

표절의자, 필이절의수방. 방도학자, 상인도학초우.
고 군자 불근악사, 역불립선명.
지혼연화기, 재시거신지진.

(3) 원문해석

올바른 일을 실천하는 데 자기 뜻을 조금도 굽히지 않고 펼치는 사람은 절개와 의리 때문에 헐뜯음을 당하고 도덕과 학문만을 내세우는 사람은 도덕과 학문 때문에 원망을 불러들인다. 그러므로 생각이 깊은 사람은 나쁜 일을 멀리하면서 좋은 이름에도 가까이 서지 않는다. 오직 티가 섞이지 않는 순전함을 지키며 몸과 마음을 지키는 데 주력한다.

(4) 스스로 해석자료

標節義者
표할 표(부수 나무목), 마디 절(부수 대죽), 옳을 의(부수 양양), 놈 자(부수 늙을로엄)

必以節義受謗
반드시 필(부수 마음심), 써 이(부수 사람인), 마디 절(부수 대죽), 옳을 의(부수 양양), 받을 수(부수 또우), 헐뜯을 방(부수 말씀언)

榜道學者
방 붙일 방(부수 나무목), 길 도(부수 책받침), 배울 학(부수 아들자), 놈 자(부수 늙을로엄)

常因道學招尤
떳떳할 상(부수 수건건), 인할 인(부수 큰입구몸), 길 도(부수 책받침), 배울 학(부수 아들자), 부를 초(부수 재방변), 더욱 우(부수 절름발이왕)

故 君子
연고 고(부수 등글월문), 임금 군(부수 입구), 아들 자(부수 아들자)

不近惡事
아닐 불(부수 한일), 가까울 근(부수 책받침), 악할 악(부수 마음심), 일 사(부수 갈고리궐)

亦不立善名
또 역(부수 돼지해머리), 아닐 불(부수 한일), 설 립(부수 설립), 착할 선(부수 입구), 이름 명(부수 입구)

只渾然和氣
다만 지(부수 입구), 흐릴 혼(부수 삼수변), 그럴 연(부수 연화발), 화할 화(부수 입구), 기운 기(부수 기운기엄)

纔是居身之珍
겨우 재(부수 실사), 이 시(부수 날일), 살 거(부수 주검시엄), 몸 신(부수 몸신), 갈 지(부수 삐침별), 보배 진(부수 구슬옥변)

(5) 조부훈회(祖父訓誨)

제178장의 영역본을 소개한다.

Those who make a signboard affirming their honor will certainly be slandered for their announcement. Those who make show of their morality will often invite censure on those very grounds. Thus the noble person will avoid wrongdoing, and not seek to establish a name for goodness. Living in complete harmony in this way is the very treasure of life.

『Vegetable roots discourse』 83쪽

자신의 명예를 확인하는 현판을 만드는 사람들은 그 발표 때문에 반드시 비방을 받게 된다. 도덕성을 과시하는 사람들은 그런 이유로 종종 비난을 받게 된다. 따라서 고귀한 사람은 잘못을 피하고 선함의 이름을 세우려고 하지 않는다. 이런 방식으로 완전한 조화를 이루며 사는 것이 인생의 보물이다.

(6) 독자 이벤트

본인이 알고 있는 한자나 영어 단어가 어느 정도인지 한번 생각해 보자.

전집 제179장
사욕으로 마음이 어두워질 때 절개로 일깨우라.

(1) 준비운독(準備運讀)

제179장을 읽는 데는 다음과 같은 어휘를 먼저 익혀야 한다. 기사, 폭려, 훈증, 경사사곡, 명의기절, 격려, 도야. 이 어휘를 홍자성 원문에서 찾아보고 설명된 것을 참고하면 사고의 지평이 넓어지리라 생각된다.

기사: 속임수와 거짓말.
폭려: 포악하고 도리에 어긋나다.
훈증: 따뜻하게 감싸다.
경사사곡: 마음이 사악하고 사리사욕을 탐하다.
명의기절: 명예와 의리와 기개와 절조.
격려: 용기와 의욕이 솟아나게 하다.
도야: 감화시켜 자라게 하다.

(2) 홍자성 원문

遇欺詐的人, 以誠心感動之, 遇暴戾的人, 以和氣薰蒸之,
遇傾邪私曲的人, 以名義氣節激勵之,
天下 無不入我陶冶中矣.
우기사적인, 이성심감동지, 우폭려적인, 이화기훈증지,
우경사사곡적인, 이명의기절격려지,
천하 무불입아도야중의.

(3) 원문해석

나를 거짓으로 속이는 자를 만나거든 진심을 다하여 그를 감동시키고 사납고 방종한 사람을 만나거든 온화한 기운으로 그를 감화시키며 마음이 비뚤어지고 사욕으로 어두워진 사람을 만나거든 명예, 정의, 절개 등의 단어를 해설하며 생기가 나는 말로 격려하라. 이렇게 하면 천하에 많은 사람들이 감화를 받아 바르게 살아갈 것이다.

(4) 스스로 해석자료

遇欺詐的人

만날 우(부수 책받침), 속일 기(부수 하품흠), 속일 사(부수 말씀언), 과녁 적(부수 흰백), 사람 인(부수 사람인)

以誠心感動之

써 이(부수 사람인), 정성 성(부수 말씀언), 마음 심(부수 마음심), 느낄 감(부수 마음심), 움직일 동(부수 힘력), 갈 지(부수 삐침별)

遇暴戾的人

만날 우(부수 책받침), 사나울 폭(부수 날일), 어그러질 려(부수 지게호), 과녁 적(부수 흰백), 사람 인(부수 사람인)

以和氣薰蒸之

써 이(부수 사람인), 화할 화(부수 입구), 기운 기(부수 기운기엄), 향초 훈(부수 초두머리), 찔 증(부수 초두머리), 갈 지(부수 삐침별)

遇傾邪

만날 우(부수 책받침), 기울 경(부수 사람인변), 간사할 사(부수 우부방)

私曲的人

사사 사(부수 벼화), 굽을 곡(부수 가로왈), 과녁 적(부수 흰백), 사람 인(부수 사람인)

以名義氣節激勵之

써 이(부수 사람인), 이름 명(부수 입구), 옳을 의(부수 양양), 기운 기(부수 기운기엄), 마디 절(부수 대죽), 격할 격(부수 삼수변), 힘쓸 려(부수 힘력), 갈 지(부수 삐침별)

天下 無不入

하늘 천(부수 큰대), 아래 하(부수 한일), 없을 무(부수 연화발), 아닐 불(부수 한일), 들 입(부

수 들입)

我陶冶中矣

나 아(부수 창과), 질그릇 도(부수 좌부변), 풀무 야(부수 이수변), 가운데 중(부수 뚫을곤), 어조사 의(부수 화살시)

(5) 조부훈회(祖父訓誨)

사람을 속이는 사람, 포악하고 행동을 함부로 하는 사람, 사욕에 파묻혀 남의 이로움을 전혀 배려하지 않는 사람. 이런 사람들이 따로따로 존재한다고 할 수도 있지만 한 사람이 이 세 가지의 속성을 모두 지니고 있다고 볼 수도 있다. 이런 속성을 없애기 위해서 수양이 필요하다. 수양은 독서나 명상으로도 할 수 있지만 산책이나 여행 등으로도 꾀할 수 있다.

(6) 독자 이벤트

스스로 해석자료에서 알고 있는 한자 부수를 확인해 보자.

전집 제180장

정의보다 위대한 것이 자비이고 자비보다 위대한 것이 포용이다.

(1) 준비운독(準備運讀)

제180장을 읽는 데는 다음과 같은 어휘를 먼저 익혀야 한다. 양간, 소수, 청분. 이 어휘를 스스로 익히고 난 후 다음의 설명을 참고하면 사고의 지평이 넓어지리라 생각된다.

양간: 하늘과 땅 사이
소수: 밝게 드리우다.
청분: 맑은 향기.

(2) 홍자성 원문

一念慈祥, 可以醞釀兩間和氣.
寸心潔白, 可以昭垂百代淸芬.
일념자상, 가이온양량간화기.
촌심결백, 가이소수백대청분.

(3) 원문해석

자비로운 한 사람의 생각이 가히 천지간에 따뜻한 기운을 빚을 것이요, 한 치 깨끗하고 티 없는 마음이 가히 맑고 향기로운 이름을 대대손손 밝게 드리울 것이다.

(4) 스스로 해석자료

一念慈祥
한 일(부수 한일), 생각 념(부수 마음심), 사랑 자(부수 마음심), 복 상(부수 보일시변)

可以醞釀

옳을 가(부수 입구), 써 이(부수 사람인), 빚을 온(부수 닭유), 술 빚을 양(부수 닭유)

兩間和氣

두 량(부수 들입), 사이 간(부수 문문), 화할 화(부수 입구), 기운 기(부수 기운기엄)

寸心潔白

마디 촌(부수 마디촌), 마음 심(부수 마음심), 깨끗할 결(부수 삼수변), 흰 백(부수 흰백)

可以昭垂百代淸芬

옳을 가(부수 입구), 써 이(부수 사람인), 밝을 소(부수 날일), 드리울 수(부수 흙토), 일백 백(부수 흰백), 대신할 대(부수 사람인변), 맑을 청(부수 삼수변), 향기 분(부수 초두머리)

(5) 조부훈회(祖父訓誨)

어떤 소녀가 나폴레옹을 찾아가 아버지의 목숨을 구해달라고 애원하였다. 나폴레옹이 말하기를 너희 아버지는 법을 어겼으니 나도 어찌할 수 없다고 대답하자 소녀가 말하기를 저는 정의를 구하는 것이 아니라 자비를 구합니다 하였다. 소녀의 한마디에 감동을 받은 나폴레옹은 그 딸의 아버지를 석방해 주었다.

(6) 독자 이벤트

용서받은 일이나 용서해 준 일이 있는지 되돌아보자.

전집 제181장
괴습은 재앙의 씨앗이다.

(1) 준비운독(準備運讀)

제181장을 읽는 데는 다음과 같은 어휘를 먼저 익혀야 한다. 괴습, 섭세, 화태, 용덕용행, 혼돈. 이 어휘를 스스로 익히고 난 후 다음의 설명을 참고하면 사고의 지평이 넓어지리라 생각된다.

괴습: 도리에 벗어난 나쁜 버릇.
섭세: 세상을 살아나가다.
화태: 재앙의 씨앗.
용덕용행: 평범한 덕과 평범한 행위.
혼돈: 어둠과 밝음이 질서 없게 섞인 상태. 창세 때의 상태.

(2) 홍자성 원문

陰謀怪習 異行奇能, 俱是涉世的禍胎.
只一個庸德庸行, 便可以完混沌而召和平.
음모괴습 이행기능, 구시섭세적화태.
지일개용덕용행, 편가이완혼돈이소화평.

(3) 원문해석

남몰래 나쁜 계획을 세우는 행동, 도리에 벗어난 버릇, 기괴한 재주는 모두 세상을 살아가는 데 재앙의 뿌리가 된다. 어질고 티 없는 평범한 행실만이 곧 인간 본연의 덕이므로 평화를 부를 수 있다.

(4) 스스로 해석자료

陰謀怪習
그늘 음(부수 좌부변), 꾀 모(부수 말씀언), 괴이할 괴(부수 심방변), 익힐 습(부수 깃우)

異行奇能
다를 이(부수 밭전), 다닐 행(부수 다닐행), 기특할 기(부수 큰대), 능할 능(부수 육달월)

俱是涉世的禍胎
함께 구(부수 사람인변), 이 시(부수 날일), 건널 섭(부수 삼수변), 인간 세(부수 한일), 과녁 적(부수 흰백), 재앙 화(부수 보일시), 아이 밸 태(부수 육달월)

只一個庸德庸行
다만 지(부수 입구), 한 일(부수 한일), 낱 개(부수 사람인변), 떳떳할 용(부수 엄호), 클 덕(부수 두인변), 떳떳할 용(부수 엄호), 다닐 행(부수 다닐행)

便可以完混沌而召和平
편할 편(부수 사람인변), 옳을 가(부수 입구), 써 이(부수 사람인), 완전할 완(부수 갓머리), 섞을 혼(부수 삼수변), 엉길 돈(부수 삼수변), 말 이을 이(부수 말이을이), 부를 소(부수 입구), 화할 화(부수 입구), 평평할 평(부수 방패간)

(5) 조부훈회(祖父訓誨)

맥없이 코털을 뽑거나 손톱을 깨물거나 하는 버릇이 바로 괴습이다. 길을 걸어가면서 맥없이 돌을 차거나 나뭇가지를 꺾는 것도 결국 좋은 버릇이 아니다.

(6) 독자 이벤트

나쁜 버릇이 있는지 체크해 본다.

전집 제182장

노여움은 참아내고
괴로움은 견디어라.

(1) 준비운독(準備運讀)

제182장을 읽는 데는 다음과 같은 어휘를 먼저 익혀야 한다. 측로, 경험, 감가, 탱지, 진망, 갱참. 이 어휘를 홍자성 원문에서 찾아보고 설명된 것을 참고하면 사고의 지평이 넓어지리라 생각된다.

측로: 비탈지고 험한 길.
경험: 마음이 비뚤어지고 음험하다.
감가: 길이 파이기도 하고 튀어나오기도 하여 울퉁불퉁하다.
탱지: 붙잡고 의지하다.
진망: 가시덤불.
갱참: 구렁텅이나 함정.

(2) 홍자성 원문

語 云, "登山耐側路, 踏雪耐危橋", 一耐字 極有意味.
如傾險之人情 坎坷之世道,
若不得一耐字 撑持過去, 幾何不墮入榛莽坑塹哉.
어 운, "등산내측로, 답설내위교", 일내자 극유의미.
여경험지인정 감가지세도,
약부득일내자 탱지과거, 기하불타입진망갱참재.

(3) 원문해석

옛날 사람이 말하기를 산에 오를 때는 험한 비탈길을 견디고 눈 덮인 길을 걸을 때는 위험한 다리를 견디라고 하였는데 이 견딜 '내' 한 글자는 깊은 뜻을 지니고 있다. 만약 비뚤어지고 험한 사람을 만나 고르지 못한 울퉁불퉁한 세상길에서 견딜 '내' 자 하나를 붙잡고 지나가지 않는다면 가시덤불과 구렁텅이에 빠지고 말 것이다.

(4) 스스로 해석자료

語 云
말씀 어(부수 말씀언), 이를 운(부수 두이)

登山耐側路
오를 등(부수 필발머리), 뫼 산(부수 뫼산), 견딜 내(부수 말이을이), 곁 측(부수 사람인변), 길 로(부수 발족변)

踏雪耐危橋
밟을 답(부수 발족변), 눈 설(부수 비우), 견딜 내(부수 말이을이), 위태할 위(부수 병부절), 다리 교(부수 나무목)

一耐字
한 일(부수 한일), 견딜 내(부수 말이을이), 글자 자(부수 아들자)

極有意味
극진할 극(부수 나무목), 있을 유(부수 달월), 뜻 의(부수 마음심), 맛 미(부수 입구)

如傾險之人情
같을 여(부수 여자녀), 기울 경(부수 사람인변), 험할 험(부수 좌부변), 갈 지(부수 삐침별), 사람 인(부수 사람인), 뜻 정(부수 심방변)

坎坷之世道
구덩이 감(부수 흙토), 평탄하지 않을 가(부수 흙토), 갈 지(부수 삐침별), 인간 세(부수 한일), 길 도(부수 책받침)

若不得一耐字
같을 약(부수 초두머리), 아닐 부(부수 한일), 얻을 득(부수 두인변), 한 일(부수 한일), 견딜 내(부수 말이을이), 글자 자(부수 아들자)

撐持過去
버틸 탱(부수 재방변), 가질 지(부수 재방변), 지날 과(부수 책받침), 갈 거(부수 마늘모)

幾何不墮入榛莽坑塹哉
몇 기(부수 작을요), 어찌 하(부수 사람인변), 아닐 불(부수 한일), 떨어질 타(부수 흙토), 들 입(부수 들입), 개암나무 진(부수 나무목), 우거질 망(부수 초두머리), 구덩이 갱(부수 흙토), 구덩이 참(부수 흙토), 비롯할 재(부수 입구)

(5) 조부훈회(祖父訓誨)

인내는 쓰나 그 열매는 달다는 말이 있다. 여기서 인내라는 단어를 새겨보고자 한다. '인'은 참는 것이고, '내'는 견디어내는 것이다. 그러면 참는 것은 무엇이고 견디는 것은 또 무엇인가? 항상 쓰는 말이고 쉬운 말인데도 실천하기는 쉽지가 않다. 비뚤어지고 마음이 사악한 사람의 말을 들었을 때 이때 기분 나쁜 감정은 참는 것인데 참는 것은 반응하지 않고 가만히 한참 동안 있는 것이다. 언덕을 오를 때 거의 정상에 도착했다 싶은데 주저앉고 싶은 생각이 들 때가 있다. 이때 온 힘을 다하여 정상까지 오르는 것이 바로 어려움을 견디는 것이다.

(6) 독자 이벤트

아무 생각 없이 한 시간 쉬어본다.

전집 제183장

이룬 것이 초라해도
정정당당하게 살아야 한다.

(1) 준비운독(準備運讀)

제183장을 읽는 데는 다음과 같은 어휘를 먼저 익혀야 한다. 과령, 현요, 고, 외물, 주인, 형연, 촌공, 척자. 이 어휘를 홍자성 원문에서 찾아보고 설명된 것을 참고하면 사고의 지평이 넓어지리라 생각된다.

과령: 자랑하다.
현요: 빛나다.
고: 의지하다.
외물: 자기 이외의 물건.
주인: 훌륭한 사람이 되다.
형연: 구슬이 아름답게 빛나다.
촌공: 작은 공적.
척자: 한 글자. 여기서는 적은 지식을 의미함.

(2) 홍자성 원문

誇逞功業, 炫耀文章, 皆是靠外物做人.
不知心體瑩然, 本來不失,
卽無寸功隻字, 亦自有堂堂正正做人處.

과령공업, 현요문장, 개시고외물주인.
부지심체형연, 본래불실,
즉무촌공척자, 역자유당당정정주인처.

(3) 원문해석

자기 능력이 아니고 부모님이나 외부의 힘으로 공명을 얻고 문장력이 훌륭해진 사람이 사소한 공적조차 하나도 없고 글자 한 자 스스로는 익히지 못했다 할지라도 그 고마움을 마음에 지니고 있다면 떳떳하게 사는 데 누가 흉을 잡지는 않을 것이다.

(4) 스스로 해석자료

誇逞功業
자랑할 과(부수 말씀언), 쾌할 령(부수 책받침), 공 공(부수 힘력), 업 업(부수 나무목)

炫耀文章
밝을 현(부수 불화), 빛날 요(부수 깃우), 글월 문(부수 글월문), 글 장(부수 설립)

皆是靠外物做人
다 개(부수 흰백), 이 시(부수 날일), 기댈 고(부수 아닐비), 바깥 외(부수 저녁석), 물건 물(부수 소우), 지을 주(부수 사람인변), 사람 인(부수 사람인)

不知心體瑩然
아닐 부(부수 한일), 알 지(부수 화살시), 마음 심(부수 마음심), 몸 체(부수 뼈골), 의혹할 형(부수 구슬옥), 그럴 연(부수 연화발)

本來不失
근본 본(부수 나무목), 올 래(부수 사람인), 아닐 불(부수 한일), 잃을 실(부수 큰대)

卽無寸功隻字
곧 즉(부수 병부절), 없을 무(부수 연화발), 마디 촌(부수 마디촌), 공 공(부수 힘력), 외짝 척(부수 새추), 글자 자(부수 아들자)

亦自有堂堂正正做人處
또 역(부수 돼지해머리), 스스로 자(부수 스스로자), 있을 유(부수 달월), 집 당(부수 흙토), 집 당(부수 흙토), 바를 정(부수 그칠지), 바를 정(부수 그칠지), 지을 주(부수 사람인변), 사람 인(부수 사람인), 곳 처(부수 범호엄)

(5) 조부훈회(祖父訓誨)

원문해석이 필자보다 매끄러운 영역본을 소개해 본다.

Those who boast forcefully of their achievements or make a shining display of their literary compositions seek to justify themselves as human beings by externals. They don't know that the luster of their essential mind shines unerringly. Without even an inch of achievement or a single literary word they are equitable, and are naturally justified as human beings.

「Vegetable roots discourse」 85쪽

　자신의 성취를 힘 있게 자랑하거나 자신의 문학적 구도를 빛나게 과시를 하는 사람들은 외적으로 인간으로서의 자신을 정당화하려고 한다. 그들은 본질적인 마음의 광채가 변변히 빛나는 것을 알지 못한다. 단 한 치의 성취도, 한마디의 문학적 단어도 없이 그들은 평등하고 당연히 인간으로서 정당화된다.

(6) 독자 이벤트

오늘의 내가 존재하게 되는 데 도움을 준 사람 세 분을 찾아보자.

전집 제184장
한가할 때일수록 줏대를 잡고 있어야 한다.

(1) 준비운독(準備運讀)

제184장을 읽는 데는 다음과 같은 어휘를 먼저 익혀야 한다. 망리, 투한, 토, 파병, 인경이천, 미. 이 어휘를 스스로 익히고 난 후 다음의 설명을 참고하면 사고의 지평이 넓어지리라 생각된다.

망리: 매우 바쁘다.
투한: 한가한 틈을 내다.
토: 찾다.
파병: 자루. 곧 줏대.
인경이천: 줏대 없이 경우에 따라 바뀌다.
미: 나부끼다.

(2) 홍자성 원문

忙裡, 要偸閒, 須先向閒時討個把柄.
鬧中, 要取靜, 須先從靜處立個主宰.
不然, 未有不因境而遷 隨事而靡者.
망리, 요투한, 수선향한시토개파병.
요중, 요취정, 수선종정처립개주재.
불연, 미유불인경이천 수사이미자.

(3) 원문해석

바쁜 중에도 한가로움을 챙기려면 모름지기 한가한 때에 그 마음의 자루를 정해놓아야 하고

요란스러울 때 고요함을 맛보려면 마땅히 고요한 때에 그 줏대를 세워두어야 한다. 그렇지 않으면 경우에 따라 지조 없이 변하고 사건에 따라 흔들리지 않을 수 없으리라.

(4) 스스로 해석자료

忙裡
바쁠 망(부수 심방변), 속 리(부수 옷의변)

要偸閒
요긴할 요(부수 덮을아), 훔칠 투(부수 사람인변), 한가할 한(부수 문문)

須先向閒時討個杷柄
모름지기 수(부수 머리혈), 먼저 선(부수 어진사람인발), 향할 향(부수 입구), 한가할 한(부수 문문), 때 시(부수 날일), 칠 토(부수 말씀언), 낱 개(부수 사람인변), 비파나무 파(부수 나무목), 자루 병(부수 나무목)

鬧中
시끄러울 요(부수 싸울투), 가운데 중(부수 뚫을곤)

要取靜
요긴할 요(부수 덮을아), 가질 취(부수 또우), 고요할 정(부수 푸를청)

須先從靜處立個主宰
모름지기 수(부수 머리혈), 먼저 선(부수 어진사람인발), 좇을 종(부수 두인변), 고요할 정(부수 푸를청), 곳 처(부수 범호엄), 설 립(부수 설립), 낱 개(부수 사람인변), 임금 주(부수 점주), 재상 재(부수 갓머리)

不然
아닐 불(부수 한일), 그럴 연(부수 연화발)

未有不因境而遷
아닐 미(부수 나무목), 있을 유(부수 달월), 아닐 불(부수 한일), 인할 인(부수 큰입구몸), 지경 경(부수 흙토), 말 이을 이(부수 말이을이), 옮길 천(부수 책받침)

隨事而靡者
따를 수(부수 좌부변), 일 사(부수 갈고리궐), 말 이을 이(부수 말이을이), 쓰러질 미(부수 아닐비), 놈 자(부수 늙을로엄)

(5) 조부훈회(祖父訓誨)

한가할 때는 방향성이 없이 마구 움직이게 된다. 함부로 움직이지 않으려면 평소에 줏대를 세워놓아야 한다.

(6) 독자 이벤트

아무 일 없이 푹 쉬어본다.

전집 제185장

힘을 쓸 때마다 힘을 충전하라.

(1) 준비운독(準備運讀)

제185장을 읽는 데는 다음과 같은 어휘를 먼저 익혀야 한다. 불매기심, 부진인정, 불갈물력, 위천지립심, 조복. 이 어휘를 스스로 익히고 난 후 다음의 설명을 참고하면 사고의 지평이 넓어지리라 생각된다.

불매기심: 자기 마음을 어둡게 하지 마라.
부진인정: 남에게 차갑게 굴지 않는다.
불갈물력: 물질의 에너지를 다 써버리지 않는다.
위천지립심: 하늘과 땅의 마음으로 내 마음을 세우다.
조복: 복을 이루게 하다.

(2) 홍자성 원문

不昧己心. 不盡人情. 不竭物力.
三者可以爲天地立心, 爲生民立命, 爲子孫造福.
불매기심. 부진인정. 불갈물력.
삼자가이위천지립심, 위생민립명, 위자손조복.

(3) 원문해석

자기 마음을 어둡게 하지 말고 타인의 성의를 무시하지 말고 사물의 에너지를 한꺼번에 소비하지 말라. 이 세 가지는 가히 하늘과 땅을 위하며 자기 몸을 세우고 사람의 삶에 도움이 되고 자손을 위하여 복을 이루는 것이다.

(4) 스스로 해석자료

不昧己心
아닐 불(부수 한일), 어두울 매(부수 날일), 몸 기(부수 몸기), 마음 심(부수 마음심)

不盡人情
아닐 부(부수 한일), 다할 진(부수 그릇명), 사람 인(부수 사람인), 뜻 정(부수 심방변)

不竭物力
아닐 불(부수 한일), 다할 갈(부수 설립), 물건 물(부수 소우), 힘 력(부수 힘력)

三者可以爲天地立心
석 삼(부수 한일), 놈 자(부수 늙을로엄), 옳을 가(부수 입구), 써 이(부수 사람인), 할 위(부수 손톱조), 하늘 천(부수 큰대), 땅 지(부수 흙토), 설 립(부수 설립), 마음 심(부수 마음심)

爲生民立命
할 위(부수 손톱조), 날 생(부수 날생), 백성 민(부수 각시씨), 설 립(부수 설립), 목숨 명(부수 입구)

爲子孫造福
할 위(부수 손톱조), 아들 자(부수 아들자), 손자 손(부수 아들자), 지을 조(부수 책받침), 복 복(부수 보일시)

(5) 조부훈회(祖父訓誨)

과수원 농장을 운영하는 사람이 사과가 흔전만전하여 주체를 못 하고 있는데 농장을 하는 줄 모르는 어떤 사람이 사과를 선물하였다면 그 선물을 거절할 것이다. 이처럼 남의 따뜻한 정이 자기에게 맞지 않을 때 냉정하게 거절하기도 하는데 거절하지 않고 고맙게 받아들이는 여유가 있어야 한다.

(6) 독자 이벤트

불매기심, 부진인정, 불갈물력. 세 단어의 한자를 익혀본다.

전집 제186장
공직에서는 공평이 덕이고 가정에서는 포용이 덕이다.

(1) 준비운독(準備運讀)

제186장을 읽는 데는 다음과 같은 어휘를 먼저 익혀야 한다. 거관, 공, 명, 서, 정평, 용. 이 어휘를 홍자성 원문에서 찾아보고 설명된 것을 참고하면 사고의 지평이 넓어지리라 생각된다.

거관: 관직에 있다.
공: 공평 무사하다.
명: 밝은 지혜.
서: 용서.
정평: 정이 고르다.
용: 비용.

(2) 홍자성 원문

居官, 有二語, 曰 惟公則生明, 惟廉則生威.
居家, 有二語, 曰 惟恕則情平, 惟儉則用足.
거관, 유이어, 왈 유공즉생명, 유염즉생위.
거가, 유이어, 왈 유서즉정평, 유검즉용족.

(3) 원문해석

관직에 있는 사람은 공평과 청렴이라는 두 단어를 머리에 새겨야 하고 가정 구성원들은 용서와 검소라는 두 낱말을 마음에 새겨야 한다. 공평하면 지혜가 밝아지고 청렴하면 위엄이 손상되지 않는다. 용서하면 가정이 화기애애하고 검소하면 살림이 넉넉해진다.

(4) 스스로 해석자료

居官

살 거(부수 주검시엄), 벼슬 관(부수 갓머리)

有二語

있을 유(부수 달월), 두 이(부수 두이), 말씀 어(부수 말씀언)

曰 惟公則生明

가로 왈(부수 가로왈), 생각할 유(부수 심방변), 공평할 공(부수 여덟팔), 곧 즉(부수 선칼도방), 날 생(부수 날생), 밝을 명(부수 날일)

惟廉則生威

생각할 유(부수 심방변), 청렴할 염(부수 엄호), 곧 즉(부수 선칼도방), 날 생(부수 날생), 위엄 위(부수 여자녀)

居家

살 거(부수 주검시엄), 집 가(부수 갓머리)

有二語

있을 유(부수 달월), 두 이(부수 두이), 말씀 어(부수 말씀언)

曰 惟恕則情平

가로 왈(부수 가로왈), 생각할 유(부수 심방변), 용서할 서(부수 마음심), 곧 즉(부수 선칼도방), 뜻 정(부수 심방변), 평평할 평(부수 방패간)

惟儉則用足

생각할 유(부수 심방변), 검소할 검(부수 사람인변), 곧 즉(부수 선칼도방), 쓸 용(부수 쓸용), 발 족(부수 발족)

(5) 조부훈회(祖父訓誨)

공평, 청렴, 용서, 검소. 네 단어의 뜻을 새겨본다.

공평: 공변된 일을 처리할 때 유전무죄 소리가 들리지 않게 사사로운 마음 없이 한쪽으로 치우침이 없이 고르게 행함.

청렴: 성품과 행실이 높고 맑으며 재물에 대한 욕심이 없음.

용서: 지은 죄나 잘못한 일에 대하여 꾸짖거나 벌하지 아니하고 덮어줌.

검소: 겉치레하지 않고 자기 경제 수준에 맞게 소비 활동을 함.

(6) 독자 이벤트

공평, 청렴, 용서, 검소. 네 단어의 한자를 익혀본다.

전집 제187장
젊을 때
노인의 어려움을 알아야 한다.

(1) 준비운독(準備運讀)

제187장을 읽는 데는 다음과 같은 어휘를 먼저 익혀야 한다. 통양, 소장지시, 신산. 이 어휘를 스스로 익히고 난 후 다음의 설명을 참고하면 사고의 지평이 넓어지리라 생각된다.

통양: 아프고 가렵다.
소장지시: 젊고 씩씩할 때.
신산: 서글프고 맵다.

(2) 홍자성 원문

處富貴之地, 要知貧賤的痛癢.
當少壯之時, 須念衰老的辛酸.
처부귀지지, 요지빈천적통양.
당소장지시, 수념쇠로적신산.

(3) 원문해석

부귀한 처지에 있을 때는 마땅히 가난하고 천한 사람들의 불편함을 알아주어야 하고 젊고 튼튼할 때는 늙고 쇠퇴한 사람들의 어려움, 외로움을 돌아보아야 한다.

(4) 스스로 해석자료

處富貴之地
곳 처(부수 범호엄), 부유할 부(부수 갓머리), 귀할 귀(부수 조개패), 갈 지(부수 삐침별), 땅 지

(부수 흙토)

要知貧賤的痛癢

요긴할 요(부수 덮을아), 알 지(부수 화살시), 가난할 빈(부수 조개패), 천할 천(부수 조개패), 과녁 적(부수 흰백), 아플 통(부수 병질엄), 가려울 양(부수 병질엄)

當少壯之時

마땅 당(부수 밭전), 적을 소(부수 작을소), 장할 장(부수 선비사), 갈 지(부수 삐침별), 때 시(부수 날일)

須念衰老的辛酸

모름지기 수(부수 머리혈), 생각 념(부수 마음심), 쇠할 쇠(부수 옷의), 늙을 로(부수 늙을로), 과녁 적(부수 흰백), 매울 신(부수 매울신), 실 산(부수 닭유)

(5) 조부훈회(祖父訓誨)

제187장의 영역본을 소개해 본다.

Those enjoying positions of wealth and honor need to know the tribulation of being poor and lowly. Those in the vigor of youth ought to bear in mind the bitter hardships of the old and debilitated.

『Vegetable roots discourse』 87쪽

부와 명예의 자리를 누리는 사람들은 가난하고 천한 사람들의 고난을 알아야 한다. 젊음이 왕성한 사람들은 늙고 쇠약한 사람들의 쓰라린 고난을 마음속에 새겨야 한다.

(6) 독자 이벤트

요양원이나 노치원을 방문하여 노인들의 괴롭고 불편한 삶을 눈으로 직접 확인해 본다.

전집 제188장
무엇이든지 받아들일 때는 소금기가 있어야 한다.

(1) 준비운독(準備運讀)

제188장을 읽는 데는 다음과 같은 어휘를 먼저 익혀야 한다. 태, 교결, 구예, 여납, 여인. 이 어휘를 홍자성 원문에서 찾아보고 다음의 설명을 참고하면 사고의 지평이 넓어지리라 생각된다.

태: 차고 넘치다. 지나치다.
교결: 천성에 다른 것이 끼어들지 않고 깨끗하다. 곧 결백.
구예: 때와 더러운 것.
여납: 함께 받아들이다.
여인: 남과 사귀다.

(2) 홍자성 원문

持身, 不可太皎潔. 一切汚辱垢穢, 要茹納得.
與人, 不可太分明. 一切善惡賢愚, 要包容得.
지신, 불가태교결. 일절오욕구예, 요여납득.
여인, 불가태분명. 일절선악현우, 요포용득.

(3) 원문해석

몸가짐은 지나치게 고상하게 할 일이 아니니 모든 오욕함과 티와 찌꺼기도 용납할 수 있어야 하고 남과 어울릴 때는 현명함과 어리석음, 착함과 악함에 대하여 너무 분명하게 할 일이 아니며 어리석은 자와 악한 사람을 도외시하는 데만 급급하는 것은 지양해야 한다.

(4) 스스로 해석자료

持身

가질 지(부수 재방변), 몸 신(부수 몸신)

不可太皎潔

아닐 불(부수 한일), 옳을 가(부수 입구), 클 태(부수 큰대), 달 밝을 교(부수 흰백), 깨끗할 결(부수 삼수변)

一切汚辱坵穢

한 일(부수 한일), 끊을 절(부수 칼도), 더러울 오(부수 삼수변), 욕될 욕(부수 별진), 언덕 구(부수 흙토), 더러울 예(부수 벼화)

要茹納得

요긴할 요(부수 덮을아), 먹을 여(부수 초두머리), 들일 납(부수 실사변), 얻을 득(부수 두인변)

與人

더불 여(부수 절구구변), 사람 인(부수 사람인)

不可太分明

아닐 불(부수 한일), 옳을 가(부수 입구), 클 태(부수 큰대), 나눌 분(부수 칼도), 밝을 명(부수 날일)

一切善惡賢愚

한 일(부수 한일), 끊을 절(부수 칼도), 착할 선(부수 입구), 악할 악(부수 마음심), 어질 현(부수 조개패), 어리석을 우(부수 마음심)

要包容得

요긴할 요(부수 덮을아), 쌀 포(부수 쌀포몸), 얼굴 용(부수 갓머리), 얻을 득(부수 두인변)

(5) 조부훈회(祖父訓誨)

빗물, 시냇물, 가정의 오수 등 많은 것들이 바다로 몰려든다. 모든 것을 받아들이기 때문에 바다라는 명칭이 생긴듯싶다. 깨끗하고 더럽고 모든 것들이 모여도 바닷물이 부패하지 않는 것은 바닷물 1,000g당 35g의 소금이 있기 때문이다. 세상을 살아갈 때 이것저것 받아들이지 않을 수 없다. 이때 자기 마음에 3.5%의 소금기가 있다면 바닷물처럼 부패하지 않을 것이다.

(6) 독자 이벤트

컵에 물을 5분의 4쯤 채우고 잉크를 한 방울 떨어뜨려 보자.

전집 제189장
낮은 자와는 다투지 말며 높은 자에게 아첨하지 말라.

(1) 준비운독(準備運讀)

제189장을 읽는 데는 다음과 같은 어휘를 먼저 익혀야 한다. 휴, 대두, 첨미, 사혜. 이 어휘를 스스로 익히고 난 후 다음의 설명을 참고하면 사고의 지평이 넓어지리라 생각된다.

휴: 하지 말라.
대두: 상대.
첨미: 아첨하다.
사혜: 사사로운 정에 이끌리어 베푸는 은혜.

(2) 홍자성 원문

休與小人仇讐, 小人 自有對頭.
休向君子諂媚, 君子 原無私惠.
휴여소인구수, 소인 자유대두.
휴향군자첨미, 군자 원무사혜.

(3) 원문해석

덜된 사람과 다투지 말라. 낮은 자에게는 그 나름대로 상대자가 있기 때문이다. 군자에게 아첨하지 말라. 군자는 원래 사사로운 은혜를 베풀지 않는다.

(4) 스스로 해석자료

休與小人仇讐

쉴 휴(부수 사람인변), 더불 여(부수 절구구변), 작을 소(부수 작을소), 사람 인(부수 사람인), 원수 구(부수 사람인변), 원수 수(부수 말씀언)

小人
작을 소(부수 작을소), 사람 인(부수 사람인)

自有對頭
스스로 자(부수 스스로자), 있을 유(부수 달월), 대할 대(부수 마디촌), 머리 두(부수 머리혈)

休向君子諂媚
쉴 휴(부수 사람인변), 향할 향(부수 입구), 임금 군(부수 입구), 아들 자(부수 아들자), 아첨할 첨(부수 말씀언), 아첨할 미(부수 여자녀)

君子
임금 군(부수 입구), 아들 자(부수 아들자)

原無私惠
언덕 원(부수 민엄호), 없을 무(부수 연화발), 사사 사(부수 벼화), 은혜 혜(부수 마음심)

(5) 조부훈회(祖父訓誨)

일흔 살 된 할아버지하고 세 살 된 손자가 싸워야 되겠는가? 학식이 깊고 덕망이 높은 사람은 어떠한 일이 있더라도 덜된 사람과 분쟁해서는 안 된다.

(6) 독자 이벤트

아무 생각 없이 푹 쉬어본다.

전집 제190장
의리를 중시하되 의리의 노예는 되지 말라.

(1) 준비운독(準備運讀)

제190장을 읽는 데는 다음과 같은 어휘를 먼저 익혀야 한다. 종욕, 의, 집리, 장. 이 어휘를 스스로 익히고 난 후 다음의 설명을 참고하면 사고의 지평이 넓어지리라 생각된다.

종욕: 욕심을 따르다.
의: 고치다, 치료하다.
집리: 이론에 집착하다.
장: 막히다.

(2) 홍자성 원문

縱欲之病 可醫, 而執理之病 難醫.
事物之障 可除, 而義理之障 難除.
종욕지병 가의, 이집리지병 난의.
사물지장 가제, 이의리지장 난제.

(3) 원문해석

물욕에 집착하는 폐단은 고칠 수 있으나 이론을 고집하는 병은 고치기 어려우며 사물의 장애는 없앨 수 있으나 의리에 얽매인 장애는 없애기 어렵다.

(4) 스스로 해석자료

縱欲之病

세로 종(부수 실사변), 하고자 할 욕(부수 하품흠), 갈 지(부수 삐침별), 병 병(부수 병질엄)

可醫

옳을 가(부수 입구), 의원 의(부수 닭유)

而執理之病

말 이을 이(부수 말이을이), 잡을 집(부수 흙토), 다스릴 리(부수 구슬옥변), 갈 지(부수 삐침별), 병 병(부수 병질엄)

難醫

어려울 난(부수 새추), 의원 의(부수 닭유)

事物之障

일 사(부수 갈고리궐), 물건 물(부수 소우), 갈 지(부수 삐침별), 막을 장(부수 좌부변)

可除

옳을 가(부수 입구), 덜 제(부수 좌부변)

而義理之障

말 이을 이(부수 말이을이), 옳을 의(부수 양양), 다스릴 리(부수 구슬옥변), 갈 지(부수 삐침별), 막을 장(부수 좌부변)

難除

어려울 난(부수 새추), 덜 제(부수 좌부변)

(5) 조부훈회(祖父訓誨)

제190장의 영역본을 소개해 본다.

The disorder of bad habits can be cured, but it is hard to cure the disorder of addiction to principles. Circumstantial and material obstacles can be shifted, but it is hard to shift righteous morality.

『Vegetable roots discourse』 88쪽

나쁜 습관의 장애는 고칠 수 있으나 원리 중독의 장애는 고치기 어렵다. 정황적인 물질적 장애는 옮길 수 있으나 의로운 도덕성은 옮기기 어렵다.

(6) 독자 이벤트

스스로 해석자료를 통하여 독자 스스로 제190장을 해석해 본다.

전집 제191장

마음의 수양은 쉽게 길러지지 않는다.

(1) 준비운독(準備運讀)

　제191장을 읽는 데는 다음과 같은 어휘를 먼저 익혀야 한다. 마려, 백련, 수양, 천균, 노, 경발, 굉공. 이 어휘를 스스로 익히고 난 후 다음의 설명을 참고하면 사고의 지평이 넓어지리라 생각된다.

　마려: 갈고닦다.
　백련: 백 번 단련하다.
　수양: 몸과 마음을 닦아 지혜와 학문을 기르다.
　천균: 삼천 근. 여기서는 무거운 것을 의미한다. 1균은 30근.
　노: 여러 개의 화살을 연달아 쏠 수 있게 만든 활, 곧 쇠뇌.
　경발: 경솔하게 시작하다.
　굉공: 큰 공.

(2) 홍자성 원문

磨礪, 當如百煉之金. 急就者, 非邃養.
施爲, 宜似千鈞之弩. 輕發者, 無宏功.
마려, 당여백련지금. 급취자, 비수양.
시위, 의사천균지노. 경발자, 무굉공.

(3) 원문해석

마음을 갈고닦는 데는 마땅히 백 번을 단련하는 금속처럼 할 것이니 급하게 이루고자 하는 것은 깊은 수양이 될 수 없다. 일을 함에는 마땅히 삼천 근의 쇠뇌처럼 할 것이니 빨리하고자 하면 큰 공이 이루어질 수 없다.

(4) 스스로 해석자료

磨礪

갈 마(부수 돌석), 숫돌 려(부수 돌석)

當如百煉之金

마땅 당(부수 밭전), 같을 여(부수 여자녀), 일백 백(부수 흰백), 달굴 련(부수 불화), 갈 지(부수 삐침별), 쇠 금(부수 쇠금)

急就者

급할 급(부수 마음심), 나아갈 취(부수 절름발이왕), 놈 자(부수 늙을로엄)

非邃養

아닐 비(부수 아닐비), 깊을 수(부수 책받침), 기를 양(부수 밥식)

施爲

베풀 시(부수 모방), 할 위(부수 손톱조)

宜似千鈞之弩

마땅 의(부수 갓머리), 닮을 사(부수 사람인변), 일천 천(부수 열십), 서른 근 균(부수 쇠금), 갈 지(부수 삐침별), 쇠뇌 노(부수 활궁)

輕發者

가벼울 경(부수 수레거), 필 발(부수 필발머리), 놈 자(부수 늙을로엄)

無宏功

없을 무(부수 연화발), 클 굉(부수 갓머리), 공 공(부수 힘력)

(5) 조부훈회(祖父訓誨)

성격은 하늘로부터 물려받은 것인데 남과 어울려 살 때에는 성격이 수양되어 성품이 되어야 한다. '성품'의 '품' 자를 보면 '입 구' 자가 세 개 있다. 이것은 사방팔방을 넘어서 십이방을 의미한다고 볼 수 있다. 따라서 십이방의 넓은 성품이 길러지기 위해서는 가랑비에 옷 젖는 식으로 천천히 여러 세월을 거쳐야 한다.

(6) 독자 이벤트

 2,000g 정도의 물이 들어가는 원통의 용기에 물을 다음과 같이 두 가지 방법으로 채워보자. 용기를 수도꼭지 밑에 놓고 2,000g이 될 때까지 기다려 본다. 또 다른 방법은 바가지로 물을 퍼서 일시에 용기에 채워본다.

전집 제192장
소인의 환심을 사려 하지 말며 군자의 포용도 받으려 하지 말라.

(1) 준비운독(準備運讀)

제192장을 읽는 데는 다음과 같은 어휘를 먼저 익혀야 한다. 기훼, 미열, 책수, 포용. 이 어휘를 스스로 익히고 난 후 다음의 설명을 참고하면 사고의 지평이 넓어지리라 생각된다.

기훼: 꺼려하고 헐뜯다.
미열: 아첨하고 좋아하다.
책수: 꾸짖어 바로잡다.
포용: 용서하고 감싸주다.

(2) 홍자성 원문

寧爲小人所忌毀, 毋爲小人所媚悅.
寧爲君子所責修, 毋爲君子所包容.
영위소인소기훼, 무위소인소미열.
영위군자소책수, 무위군자소포용.

(3) 원문해석

차라리 소인이 거리끼고 비방하는 바가 될지언정 기뻐하고 알랑거리는 대상은 되지 말라. 차라리 군자가 꾸짖고 깨우치는 바가 될지언정 감싸고 용서하는 대상은 되지 말라.

(4) 스스로 해석자료

寧爲小人所忌毀

평안할 영(부수 갓머리), 할 위(부수 손톱조), 작을 소(부수 작을소), 사람 인(부수 사람인), 바 소(부수 지게호), 꺼릴 기(부수 마음심), 훨 훼(부수 갖은등글월문)

毋爲小人所媚悅

말 무(부수 말무), 할 위(부수 손톱조), 작을 소(부수 작을소), 사람 인(부수 사람인), 바 소(부수 지게호), 아첨할 미(부수 여자녀), 기쁠 열(부수 심방변)

寧爲君子所責修

평안할 영(부수 갓머리), 할 위(부수 손톱조), 임금 군(부수 입구), 아들 자(부수 아들자), 바 소(부수 지게호), 꾸짖을 책(부수 조개패), 닦을 수(부수 사람인변)

毋爲君子所包容

말 무(부수 말무), 할 위(부수 손톱조), 임금 군(부수 입구), 아들 자(부수 아들자), 바 소(부수 지게호), 쌀 포(부수 쌀포몸), 얼굴 용(부수 갓머리)

(5) 조부훈회(祖父訓誨)

제192장의 영역본을 소개해 본다.

It is better to be disliked and criticized by petty people than to be fawned upon. It is better to be censured and corrected by noble people than to be indulged.

『Vegetable roots discourse』 89쪽

하찮은 사람들에게 미움받고 비난받는 것이 익살을 당하는 것보다 낫다. 면죄부를 받는 것보다 고귀한 사람들에게 비난받고 바로잡히는 것이 낫다.

(6) 독자 이벤트

영역본을 스스로 해석해 본다.

전집 제193장
재물욕에 멍들고 명예욕에 무너진다.

(1) 준비운독(準備運讀)

제193장을 읽는 데는 다음과 같은 어휘를 먼저 익혀야 한다. 호리자, 일출, 현이천, 호명자, 찬입, 은이심. 이 어휘를 스스로 익히고 난 후 다음의 설명을 참고하면 사고의 지평이 넓어지리라 생각된다.

호리자: 재물을 좋아하는 사람.
일출: 벗어나다.
현이천: 겉으로 얕게 나타나다.
호명자: 명성을 추구하는 사람.
찬입: 숨어들다.
은이심: 깊이 숨다.

(2) 홍자성 원문

好利者, 逸出於道義之外, 其害顯而淺.
好名者, 竄入於道義之中, 其害隱而深.
호리자, 일출어도의지외, 기해현이천.
호명자, 찬입어도의지중, 기해은이심.

(3) 원문해석

재물을 좋아하는 자는 그 잘못이 도리의 밖으로 튀어나와 있어서 그 해는 나타나 있는 만큼 얕지만, 명성을 추구하는 사람은 그 잘못이 도의 속에 숨어있어서 그 해는 숨겨져 있는 만큼 깊다.

(4) 스스로 해석자료

好利者
좋을 호(부수 여자녀), 이로울 리(부수 선칼도방), 놈 자(부수 늙을로엄)

逸出於道
편안할 일(부수 책받침), 날 출(부수 위튼입구몸), 어조사 어(부수 모방), 길 도(부수 책받침)

義之外
옳을 의(부수 양양), 갈 지(부수 삐침별), 바깥 외(부수 저녁석)

其害顯而淺
그 기(부수 여덟팔), 해할 해(부수 갓머리), 나타날 현(부수 머리혈), 말 이을 이(부수 말이을이), 얕을 천(부수 삼수변)

好名者
좋을 호(부수 여자녀), 이름 명(부수 입구), 놈 자(부수 늙을로엄)

竄入於道義之中
숨을 찬(부수 구멍혈), 들 입(부수 들입), 어조사 어(부수 모방), 길 도(부수 책받침), 옳을 의(부수 양양), 갈 지(부수 삐침별), 가운데 중(부수 뚫을곤)

其害隱而深
그 기(부수 여덟팔), 해할 해(부수 갓머리), 숨을 은(부수 좌부변), 말 이을 이(부수 말이을이), 깊을 심(부수 삼수변)

(5) 조부훈회(祖父訓誨)

명예욕과 재물욕은 누구나 있겠지만 재물욕이 지나치면 한 사람의 도덕성이 떨어지는 것에 불과하나 명예욕을 좋아하는 사람은 그 해로움이 자기뿐만 아니라 온 가족에 미친다.

(6) 독자 이벤트

'도의' 낱말을 국어사전을 통하여 확실히 알아보자.

전집 제194장
칭찬에 인색하지 말고 나무람을 지나치게 하지 말라.

(1) 준비운독(準備運讀)

제194장을 읽는 데는 다음과 같은 어휘를 먼저 익혀야 한다. 은, 현, 각지극, 박지우. 이 어휘를 스스로 익히고 난 후 다음의 설명을 참고하면 사고의 지평이 넓어지리라 생각된다.

은: 은밀하다.
현: 명백하게 나타나다.
각지극: 극도로 차갑다.
박지우: 헤아리는 마음씨가 인색하기가 매우 심하다.

(2) 홍자성 원문

受人之恩, 雖深 不報, 怨則淺 亦報之.
聞人之惡, 雖隱 不疑, 善則顯 亦疑之.
此 刻之極 薄之尤也. 宜切戒之.
수인지은, 수심 불보, 원즉천 역보지.
문인지악, 수은 불의, 선즉현 역의지.
차 각지극 박지우야. 의절계지.

(3) 원문해석

남의 은혜는 크더라도 갚지를 않으나 원한은 작아도 잊지 않고 갚으려 한다. 남의 잘못을 들었을 때는 뚜렷하지 않더라도 의심하지 않으나 착함은 명백해도 의심을 한다. 이것이야말로 차가움의 극치이고 도량의 부족함의 극점이니 마땅히 경계해야 할 것이다.

(4) 스스로 해석자료

受人之恩
받을 수(부수 또우), 사람 인(부수 사람인), 갈 지(부수 삐침별), 은혜 은(부수 마음심)

雖深
비록 수(부수 새추), 깊을 심(부수 삼수변)

不報
아닐 불(부수 한일), 갚을 보(부수 흙토)

怨則淺
원망할 원(부수 마음심), 곧 즉(부수 선칼도방), 얕을 천(부수 삼수변)

亦報之
또 역(부수 돼지해머리), 갚을 보(부수 흙토), 갈 지(부수 삐침별)

聞人之惡
들을 문(부수 귀이), 사람 인(부수 사람인), 갈 지(부수 삐침별), 악할 악(부수 마음심)

雖隱 不疑
비록 수(부수 새추), 숨을 은(부수 좌부변), 아닐 불(부수 한일), 의심할 의(부수 짝필)

善則顯 亦疑之
착할 선(부수 입구), 곧 즉(부수 선칼도방), 나타날 현(부수 머리혈), 또 역(부수 돼지해머리), 의심할 의(부수 짝필), 갈 지(부수 삐침별)

此 刻之極
이 차(부수 그칠지), 새길 각(부수 선칼도방), 갈 지(부수 삐침별), 극진할 극(부수 나무목)

薄之尤也
엷을 박(부수 초두머리), 갈 지(부수 삐침별), 더욱 우(부수 절름발이왕), 어조사 야(부수 새을)

宜切戒之
마땅 의(부수 갓머리), 끊을 절(부수 칼도), 경계할 계(부수 창과), 갈 지(부수 삐침별)

(5) 조부훈회(祖父訓誨)

제194장의 다른 해석을 소개해 본다.

사람이 받은 은혜는 그 받은 것이 깊어도 갚지 않으며 원한은 지극히 얕아도 갚는다. 사람의 악행은 확실치 않아도 잘 믿지만 사람의 선행은 확실하더라도 이를 의심한다. 이것은 각박한 것이 극심한 것이며 이를 경계하여야 한다.

김정오의 『처세 365일』 7월 15일

(6) 독자 이벤트

고마움을 받은 일이 있는데 아직 갚지 않았다면 그 고마움에 대한 감사 이벤트를 해본다.

전집 제195장
참소에는 강인하다가도 아첨에는 나약해진다.

(1) 준비운독(準備運讀)

제195장을 읽는 데는 다음과 같은 어휘를 먼저 익혀야 한다. 참부, 훼사, 촌운, 폐일, 미자, 아인, 극풍, 침기. 이 어휘를 스스로 익히고 난 후 다음의 설명을 참고하면 사고의 지평이 넓어지리라 생각된다.

참부: 없는 죄를 꾸며내어 이리저리 알리는 사람. 즉 참소하는 사람.
훼사: 헐뜯는 사람.
촌운: 조각구름.
폐일: 해를 가리다.
미자: 아양 떠는 소인.
아인: 아첨하는 사람.
극풍: 틈새로 스며드는 바람.
침기: 살갗을 해치다.

(2) 홍자성 원문

讒夫毁士, 如寸雲蔽日, 不久自明.
媚子阿人, 似隙風侵肌, 不覺其損.
참부훼사, 여촌운폐일, 불구자명.
미자아인, 사극풍침기, 불각기손.

(3) 원문해석

없는 죄를 만들어 헐뜯는 사람은 마치 조각구름이 해를 가리는 것과 같아서 오래지 않아 저절로 밝혀진다. 아양을 떨고 아첨하는 사람은 마치 틈새로 스며드는 바람이 피부에 스며드는 것처럼 그 해로움을 깨닫지 못한다.

(4) 스스로 해석자료

讒夫毁士
참소할 참(부수 말씀언), 지아비 부(부수 큰대), 헐 훼(부수 갖은등글월문), 선비 사(부수 선비사)

如寸雲蔽日
같을 여(부수 여자녀), 마디 촌(부수 마디촌), 구름 운(부수 비우), 덮을 폐(부수 초두머리), 날 일(부수 날일)

不久自明
아닐 불(부수 한일), 오랠 구(부수 삐침별), 스스로 자(부수 스스로자), 밝을 명(부수 날일)

媚子阿人
아첨할 미(부수 여자녀), 아들 자(부수 아들자), 언덕 아(부수 좌부변), 사람 인(부수 사람인)

似隙風侵肌
닮을 사(부수 사람인변), 틈 극(부수 좌부변), 바람 풍(부수 바람풍), 침노할 침(부수 사람인변), 살가죽 기(부수 육달월)

不覺其損
아닐 불(부수 한일), 깨달을 각(부수 볼견), 그 기(부수 여덟팔), 덜 손(부수 재방변)

(5) 조부훈회(祖父訓誨)

아양을 떠는 것도 잘못이고 아첨을 받는 것도 잘못이지만, 아첨하는 자나 아첨을 받는 자나 그 달콤함에 빠져 그 해로움을 모르다가, 상당한 세월이 지난 후에 내가 '아첨하지 말 것을, 아첨받지 말 것을' 하는 생각이 들 때는 이미 그 해로움을 지우기에 늦었다.

(6) 독자 이벤트

립 서비스에 말려들어 자기 지조를 꺾인 일이 있었던가 되돌아보자.

전집 제196장
오미는 항상 촉촉하여 풀이 마르지 않는다.

(1) 준비운독(準備運讀)

제196장을 읽는 데는 다음과 같은 어휘를 먼저 익혀야 한다. 회환, 총생, 단급, 연담, 어별, 취집, 고절, 편급지충. 이 어휘를 스스로 익히고 난 후 다음의 설명을 참고하면 사고의 지평이 넓어지리라 생각된다.

회환: 구비구비 감돌다.
총생: 무성하게 자라나다.
단급: 물살이 세고 급하다.
연담: 연못.
어별: 물고기와 자라.
취집: 모여들다.
고절: 매우 고고하다.
편급지충: 과격한 마음.

(2) 홍자성 원문

山之高峻處 無木, 而谿谷廻環, 則草木 叢生.
水之湍急 無魚, 而淵潭停蓄, 則魚鼈 聚集.
此高絶之行 褊急之衷, 君子 重有戒焉.
산지고준처 무목, 이계곡회환, 즉초목 총생.
수지단급 무어, 이연담정축, 즉어별 취집.
차고절지행 편급지충, 군자 중유계언.

(3) 원문해석

높고 험준한 곳에는 나무가 없으나 골짜기가 굽이굽이 감도는 곳에는 풀과 나무가 무성하다. 물살이 세고 급한 곳에는 물고기가 없으나 물이 고요하고 깊으면 물고기와 자라들이 모여든다. 이처럼 높고 험한 행동과 세고 급한 마음은 군자가 깊이 경계해야 하는 것이다.

(4) 스스로 해석자료

山之高峻處

뫼 산(부수 뫼산), 갈 지(부수 삐침별), 높을 고(부수 높을고), 높을 준(부수 뫼산), 곳 처(부수 범호엄)

無木

없을 무(부수 연화발), 나무 목(부수 나무목)

而谿谷廻環

말 이을 이(부수 말이을이), 시내 계(부수 골곡), 골 곡(부수 골곡), 돌 회(부수 민책받침), 고리 환(부수 구슬옥변)

則草木 叢生

곧 즉(부수 선칼도방), 풀 초(부수 초두머리), 나무 목(부수 나무목), 모일 총(부수 또우), 날 생(부수 날생)

水之湍急

물 수(부수 물수), 갈 지(부수 삐침별), 여울 단(부수 삼수변), 급할 급(부수 마음심)

無魚

없을 무(부수 연화발), 물고기 어(부수 물고기어)

而淵潭停蓄

말 이을 이(부수 말이을이), 못 연(부수 삼수변), 못 담(부수 삼수변), 머무를 정(부수 사람인변), 모을 축(부수 초두머리)

則魚鼈 聚集

곧 즉(부수 선칼도방), 물고기 어(부수 물고기어), 자라 별(부수 맹꽁이맹), 모을 취(부수 귀이), 모을 집(부수 새추)

此高絶之行

이 차(부수 그칠지), 높을 고(부수 높을고), 끊을 절(부수 실사변), 갈 지(부수 삐침별), 다닐 행(부수 다닐행)

褊急之衷

좁을 편(부수 옷의변), 급할 급(부수 마음심), 갈 지(부수 삐침별), 속마음 충(부수 옷의)

君子 重有戒焉

임금 군(부수 입구), 아들 자(부수 아들자), 무거울 중(부수 마을리), 있을 유(부수 달월), 경계할 계(부수 창과), 어찌 언(부수 연화발)

(5) 조부훈회(祖父訓誨)

아타카마 사막은 지구에서 가장 메마른 지역 중 한 곳이다. 이곳의 연평균 강수량은 15mm에 불과하다. 2015년, 이렇게 건조한 땅에 12시간 동안 비가 내리는 기상이변이 일어났다. 7년 동안 내려야 할 비의 양이었다.

비가 그친 후에는 더 놀라운 일이 벌어졌다. 삭막한 땅 위로 분홍색 꽃들이 피어나 광활한 모래사막 위를 뒤덮는 장관이 펼쳐진 것이다. 그 어떤 생명도 살 수 없을 것 같던 사막의 기후 속에서 생명을 지켜왔던 꽃의 씨앗들이 자신이 살아있음을 보여준 경이로운 순간이었다.

손끝으로 읽는 국정 191호

골짜기나 평지보다 조금 얕은 오미는 약간만 비가 와도 촉촉하다. 그래서 풀이나 꽃이나 나무가 잘 자란다. 사람의 마음도 비어있어야 촉촉해져서 용서도 생기고 포용도 자라난다.

(6) 독자 이벤트

평평한 길을 걷는 중 오미가 있는지 여기저기 살펴보자.

전집 제197장

대성하는 데는 겸허와 원만이 필수적이다.

(1) 준비운독(準備運讀)

 제197장을 읽는 데는 다음과 같은 어휘를 먼저 익혀야 한다. 허원, 분사, 집요. 이 어휘를 스스로 익히고 난 후 다음의 설명을 참고하면 사고의 지평이 넓어지리라 생각된다.

 허원: 고정관념을 벗어나다.
 분사: 일에 실패하다.
 집요: 욕심에 매달리고 고집이 세다.

(2) 홍자성 원문

建功立業者, 多虛圓之士.
僨事失機者, 必執拗之人.
건공립업자, 다허원지사.
분사실기자, 필집요지인.

(3) 원문해석

 공적을 세우고 큰 사업을 이루는 사람은 겸허하고 원만한 사람들이 대부분이고 일을 그르치고 기회를 이용하지 못하는 사람은 대체로 완고하기 그지없는 사람들이다.

(4) 스스로 해석자료

建功立業者
 세울 건(부수 민책받침), 공 공(부수 힘력), 설 립(부수 설립), 업 업(부수 나무목), 놈 자(부수

늙을로엄)

多虛圓之士

많을 다(부수 저녁석), 빌 허(부수 범호엄), 둥글 원(부수 큰입구몸), 갈 지(부수 삐침별), 선비 사(부수 선비사)

僨事失機者

넘어질 분(부수 사람인변), 일 사(부수 갈고리궐), 잃을 실(부수 큰대), 틀 기(부수 나무목), 놈 자(부수 늙을로엄)

必執拗之人

반드시 필(부수 마음심), 잡을 집(부수 흙토), 우길 요(부수 재방변), 갈 지(부수 삐침별), 사람 인(부수 사람인)

(5) 조부훈회(祖父訓誨)

제197장의 영역본을 만나본다.

Those who are accomplished and render commendable service are generally completely humble. Those who miss opportunities and make a mess of things are likely to be obstinate and unbending.

『Vegetable roots discourse』 90쪽

업적이 있고 훌륭한 봉사를 하는 사람들은 대체로 완전히 겸손하다. 기회를 놓치고 일을 엉망으로 만드는 사람들은 고집이 세고 굽히지 않기 쉽다.

6) 독자 이벤트

홍자성 원문에 있는 한자를 익혀본다.

전집 제198장
특별하고자
에너지를 지나치게 허비하지 말라.

(1) 준비운독(準備運讀)

제198장을 읽는 데는 다음과 같은 어휘를 먼저 익혀야 한다. 작사, 영인염, 영인희. 이 어휘를 스스로 익히고 난 후 다음의 설명을 참고하면 사고의 지평이 넓어지리라 생각된다.

작사: 일을 하다.
영인염: 남이 싫어하도록 하다.
영인희: 남을 기쁘게 하다.

(2) 홍자성 원문

處世, 不宜與俗同, 亦不宜與俗異.
作事, 不宜令人厭, 亦不宜令人喜.
처세, 불의여속동, 역불의여속이.
작사, 불의령인염, 역불의령인희.

(3) 원문해석

세상을 살아감에 있어 우수한 사람과 같아지려고 지나치게 에너지를 쏟지 말고 저급한 사람과 다르게 살려고 하는 것은 괜찮은 일이지만 그런 사람을 폄하하지는 말라. 일을 할 때는 남이 기뻐하는 일만 하지 말고 남이 싫어한다고 그만두지 말라.

(4) 스스로 해석자료

處世

곳 처(부수 범호엄), 인간 세(부수 한일)

不宜與俗同

아닐 불(부수 한일), 마땅 의(부수 갓머리), 더불 여(부수 절구구변), 풍속 속(부수 사람인변), 한가지 동(부수 입구)

亦不宜與俗異

또 역(부수 돼지해머리), 아닐 불(부수 한일), 마땅 의(부수 갓머리), 더불 여(부수 절구구변), 풍속 속(부수 사람인변), 다를 이(부수 밭전)

作事

지을 작(부수 사람인), 일 사(부수 갈고리궐)

不宜令人厭

아닐 불(부수 한일), 마땅 의(부수 갓머리), 하여금 령(부수 사람인), 사람 인(부수 사람인), 싫어할 염(부수 민엄호)

亦不宜令人喜

또 역(부수 돼지해머리), 아닐 불(부수 한일), 마땅 의(부수 갓머리), 하여금 령(부수 사람인), 사람 인(부수 사람인), 기쁠 희(부수 입구)

(5) 조부훈회(祖父訓誨)

다른 해석본을 옮겨본다.

세상을 살아가는 데 있어서는 꼭 세속과 같게 하지도 말고, 다르게 하지도 말라. 일을 하는 데 있어서는 남을 싫어하게 하지도 말고, 또한 기쁘게 하지도 말라.

『평생에 한 번은 꼭 채근담을 읽어라』 338쪽

(6) 독자 이벤트

가까운 사람을 한 명 선택하여 그 사람과 다른 점은 무엇이며 또 같은 점은 무엇인지 체크해 본다.

전집 제199장
재물도 있고 건강해야 석양 노을을 즐길 수 있다.

(1) 준비운독(準備運讀)

제199장을 읽는 데는 다음과 같은 어휘를 먼저 익혀야 한다. 일기모, 연하, 세장만, 등귤, 방형. 이 어휘를 스스로 익히고 난 후 다음의 설명을 참고하면 사고의 지평이 넓어지리라 생각된다.

일기모: 하루해가 저물어가다.

연하: 노을과 안개.

세장만: 한 해가 저물어가다.

등귤: 등자와 귤.

방형: 꽃다운 향기.

(2) 홍자성 원문

日旣暮而猶烟霞絢爛, 歲將晩而更橙橘芳馨.
故 末路晩年, 君子 更宜精神百倍.
일기모이유연하현란, 세장만이갱등귤방형.
고 말로만년, 군자 갱의정신백배.

(3) 원문해석

해가 저물어가는데 오히려 노을은 현란하고, 한 해가 저물어 갈 즈음 등자와 귤이 새로이 꽃다운 향기를 뿜는다. 이런 것을 거울삼아 군자는 만년에 다시금 정신을 백갑절 떨치는 것이다.

(4) 스스로 해석자료

日旣暮

날 일(부수 날일), 이미 기(부수 이미기방), 저물 모(부수 날일)

而猶烟霞絢爛

말 이을 이(부수 말이을이), 오히려 유(부수 개사슴록변), 연기 연(부수 불화), 노을 하(부수 비우), 무늬 현(부수 실사변), 빛날 란(부수 불화)

歲將晩

해 세(부수 그칠지), 장수 장(부수 마디촌), 늦을 만(부수 날일)

而更橙橘芳馨

말 이을 이(부수 말이을이), 다시 갱(부수 가로왈), 귤 등(부수 나무목), 귤 귤(부수 나무목), 꽃다울 방(부수 초두머리), 꽃다울 형(부수 향기향)

故 末路晩年

연고 고(부수 등글월문), 끝 말(부수 나무목), 길 로(부수 발족변), 늦을 만(부수 날일), 해 년(부수 방패간)

君子 更宜精神百倍

임금 군(부수 입구), 아들 자(부수 아들자), 다시 갱(부수 가로왈), 마땅 의(부수 갓머리), 정할 정(부수 쌀미), 귀신 신(부수 보일시), 일백 백(부수 흰백), 곱 배(부수 사람인변)

(5) 조부훈회(祖父訓誨)

젊어서 돈이 없는 것보다도 늙어서 돈이 없는 것이 더 초라하다. 젊었을 때 병이 든 것보다도 늙어서 병으로 고생하지 않아야 한다. 하루해가 저물 때 노을이 찬란한 것처럼 사람도 황혼기에 찬란하려면 미리 여러모로 준비가 필요하다.

(6) 독자 이벤트

늘그막에 돈이 궁하지 않도록 현재 어느 정도 있는가 체크해 보자.

전집 제200장

강한 자에게 자기 능력을 들키지 말라.

(1) 준비운독(準備運讀)

제200장을 읽는 데는 다음과 같은 어휘를 먼저 익혀야 한다. 응립, 호행, 타, 확, 서, 총명불로, 불령, 견홍임거. 이 어휘를 스스로 익히고 난 후 다음의 설명을 참고하면 사고의 지평이 넓어지리라 생각된다.

응립: 매가 앉아있는 모습.
호행: 호랑이의 걸음걸이.
타: 저것. 여기서는 매와 호랑이를 가리킴.
확: 움키다. 붙잡다.
서: 깨물다.
총명불로: 영리함을 겉으로 나타내지 않음.
불령: 겉으로 나타내지 않다.
견홍임거: 어깨에 큰 힘을 지다.

(2) 홍자성 원문

鷹立如睡, 虎行似病, 正是他攫人噬人手段處.
故 君子 要聰明不露 才華不逞, 纔有肩鴻任鉅的力量.
응립여수, 호행사병, 정시타확인서인수단처.
고 군자 요총명불로 재화불령, 재유견홍임거적력량.

(3) 원문해석

매가 나뭇가지에 앉아있는 모습은 조는 것 같고 호랑이가 어슬렁어슬렁 걸어가는 모습은 병든듯하다. 이것이 바로 이들이 먹이를 움켜잡고 물어뜯는 수단이다. 이런 것을 거울삼아 생각이 깊은 사람은 총명을 나타내지 않고 재능을 뚜렷하게 하지 않는다. 그렇게 함으로써 큰일을 맡을 역량을 비축하는 것이다.

(4) 스스로 해석자료

鷹立如睡
매 응(부수 새조), 설 립(부수 설립), 같을 여(부수 여자녀), 졸음 수(부수 눈목)

虎行似病
범 호(부수 범호엄), 다닐 행(부수 다닐행), 닮을 사(부수 사람인변), 병 병(부수 병질엄)

正是他攫人噬
바를 정(부수 그칠지), 이 시(부수 날일), 다를 타(부수 사람인변), 붙잡을 확(부수 재방변), 사람 인(부수 사람인), 씹을 서(부수 입구)

人手段處
사람 인(부수 사람인), 손 수(부수 손수), 층계 단(부수 갖은등글월문), 곳 처(부수 범호엄)

故 君子
연고 고(부수 등글월문), 임금 군(부수 입구), 아들 자(부수 아들자)

要聰明不露
요긴할 요(부수 덮을아), 귀 밝을 총(부수 귀이), 밝을 명(부수 날일), 아닐 불(부수 한일), 이슬 로(부수 비우)

才華不逞
재주 재(부수 재방변), 빛날 화(부수 초두머리), 아닐 불(부수 한일), 쾌할 령(부수 책받침)

纔有肩鴻
겨우 재(부수 실사변), 있을 유(부수 달월), 어깨 견(부수 육달월), 기러기 홍(부수 새조)

任鉅的力量
맡길 임(부수 사람인변), 클 거(부수 쇠금), 과녁 적(부수 흰백), 힘 력(부수 힘력), 헤아릴 량(부수 마을리)

(5) 조부훈회(祖父訓誨)

제200장을 영어로 만나본다.

Standing, the hawk looks asleep. Walking, the tiger looks ill. Actually, these are ploys for grasping and biting their prey. Like this, noble people do not expose their wisdom or show off their talent. Thus they retain the capacity to shoulder grave responsibilities.

『Vegetable roots discourse』 92쪽

서서 보면 매는 잠들어 있는 것처럼 보인다. 걸어가면 호랑이가 아파 보인다. 사실 이것은 먹이를 잡고 물어뜯기 위한 계략이다. 이처럼 귀족들은 자신의 지혜를 드러내지도, 자신의 재능을 뽐내지도 않는다. 따라서 그들은 중대한 책임을 지는 능력을 보유하고 있다.

(6) 독자 이벤트

후배나 자기보다 낮은 자에게 자기 능력을 뽐낸 적이 있는가? 체크해 본다.

전집 제201장
검소를 빙자하여 수전노가 되지 말라.

(1) 준비운독(準備運讀)

제201장을 읽는 데는 다음과 같은 어휘를 먼저 익혀야 한다. 간린, 비색, 반상아도, 의행, 족공, 곡근, 기심. 이 어휘를 스스로 익히고 난 후 다음의 설명을 참고하면 사고의 지평이 넓어지리라 생각된다.

간린: 집요하게 인색하다.
비색: 인색함이 물 끓듯하여 버릴망정 베풀지 않음.
반상아도: 정도에 흠이 생기다.
의행: 아름다운 행실.
족공: 공손함이 이마에서 발끝까지 이르다.
곡근: 지나치게 따지다.
기심: 꾸미는 마음.

(2) 홍자성 원문

儉 美德也. 過則爲慳吝, 爲鄙嗇, 反傷雅道.
讓 懿行也. 過則爲足恭, 爲曲謹, 多出機心.
검 미덕야. 과즉위간린, 위비색, 반상아도.
양 의행야. 과즉위족공, 위곡근, 다출기심.

(3) 원문해석

돈을 들여 치례하지 아니하고 검약하게 사는 것은 미덕이나 지나치면 인색하고 자디잘아져

도리어 정도를 손상시키고 사양은 고상한 행동이지만 이마부터 발끝까지 사양이 표출되면 비굴하게 되어 마음의 꾸밈이 들키게 된다.

(4) 스스로 해석자료

儉 美德也
검소할 검(부수 사람인), 아름다울 미(부수 양양), 클 덕(부수 두인변), 어조사 야(부수 새을)

過則爲慳吝
지날 과(부수 책받침), 곧 즉(부수 선칼도방), 할 위(부수 손톱조), 아낄 간(부수 심방변), 아낄 린(부수 입구)

爲鄙嗇
할 위(부수 손톱조), 더러울 비(부수 우부방), 아낄 색(부수 입구)

反傷雅道
돌이킬 반(부수 또우), 다칠 상(부수 사람인변), 맑을 아(부수 새추), 길 도(부수 책받침)

讓 懿行也
사양할 양(부수 말씀언), 아름다울 의(부수 마음심), 다닐 행(부수 다닐행), 어조사 야(부수 새을)

過則爲足恭
지날 과(부수 책받침), 곧 즉(부수 선칼도방), 할 위(부수 손톱조), 발 족(부수 발족), 공손할 공(부수 마음심밑)

爲曲謹
할 위(부수 손톱조), 굽을 곡(부수 가로왈), 삼갈 근(부수 말씀언)

多出機心
많을 다(부수 저녁석), 날 출(부수 위튼입구몸), 틀 기(부수 나무목), 마음 심(부수 마음심)

(5) 조부훈회(祖父訓誨)

필자의 번역이 의역이므로 다른 해석을 소개해 본다.

Thrift is a fine virtue, but in excess it is stinginess, which is unbecoming to the elegant Dao. Deference is pleasing conduct, but in excess it is servility, which often rises with a mainipulative intent.

「Vegetable roots discourse」 92쪽

절약은 훌륭한 미덕이지만 지나치게 인색한 것은 우아한 도에 어울리지 않는다. 공경은 행위를 즐겁게 하는 것이지만 지나치게 비굴한 것은 종종 주된 의도를 가지고 일어나는 것이다.

(6) 독자 이벤트

전집 제1장에서 제200장까지 제목만 다시 한번 읽어보자.

전집 제202장
초난에 주눅 들지 말고
초안을 두려워하라.

(1) 준비운독(準備運讀)

제202장을 읽는 데는 다음과 같은 어휘를 먼저 익혀야 한다. 불의, 시, 구안, 무탄, 초난. 이 어휘를 스스로 익히고 난 후 다음의 설명을 참고하면 사고의 지평이 넓어지리라 생각된다.

불의: 뜻대로 되지 않다.
시: 믿음.
구안: 어릴 때의 편안함.
무탄: 꺼리지 말라.
초난: 어릴 때의 고생.

(2) 홍자성 원문

毋憂拂意. 毋喜快心. 毋恃久安. 毋憚初難.
무우불의. 무희쾌심. 무시구안. 무탄초난.

(3) 원문해석

뜻이 이루어지지 않았다고 근심하지 말고 일이 잘되어 마음이 흥겨울 때 지나치게 기뻐하지 말며 오래 편안함을 믿지 말고 처음 당한 어려움을 꺼리지 말라.

(4) 스스로 해석자료

毋憂拂意
말 무(부수 말무), 근심 우(부수 마음심), 떨칠 불(부수 재방변), 뜻 의(부수 마음심)

毋喜快心
말 무(부수 말무), 기쁠 희(부수 입구), 쾌할 쾌(부수 심방변), 마음 심(부수 마음심)

毋恃久安
말 무(부수 말무), 믿을 시(부수 심방변), 오랠 구(부수 삐침별), 편안 안(부수 갓머리)

毋憚初難
말 무(부수 말무), 꺼릴 탄(부수 심방변), 처음 초(부수 칼도), 어려울 난(부수 새추)

(5) 조부훈회(祖父訓誨)

"초년 고생은 금을 주고도 못 산다"라는 말을 많이 듣더라도 실상 고통을 당하면 이겨내지 못하고 좌절하는 수가 있다. 고진감래라는 말을 되새기며 어려운 일이 있을 때는 주저하지 말고 힘차게 일어나야 하리라.

(6) 독자 이벤트

Don't worry when things go against you.
Don't rejoice when your wishes are met.
Don't count on stability to last long.
Don't lose heart at early difficulties.

『Vegetable roots discourse』 92쪽

상황이 자신에게 불리하더라도 걱정하지 말라. 소원이 이루어졌을 때 기뻐하지 말라. 오래 지속되는 안정을 기대하지 말라. 초기의 어려움에 낙심하지 말라.

이 문장을 여러 번 읽어 암송하기를 바란다.

전집 제203장
술은 여러 사람과 함께 마시는 것, 혼자서는 마시지 말라.

(1) 준비운독(準備運讀)

제203장을 읽는 데는 다음과 같은 어휘를 먼저 익혀야 한다. 음연, 성화, 승, 사자, 명위, 신사. 이 어휘를 스스로 익히고 난 후 다음의 설명을 참고하면 사고의 지평이 넓어지리라 생각된다.

음연: 술 잔치.
성화: 명성과 평판.
승: 심하다.
사자: 선비.
명위: 높은 벼슬자리.
신사: 신하.

(2) 홍자성 원문

飮宴之樂多, 不是個好人家.
聲華之習勝, 不是個好士子.
名位之念重, 不是個好臣士.
음연지락다, 불시개호인가.
성화지습승, 불시개호사자.
명위지념중, 불시개호신사.

(3) 원문해석

잔치를 성대하게 그리고 자주 베푸는 집안은 좋은 집안이 아니요, 학문을 하면서 명성 떨치기에 급급하는 사람은 학자가 아니요, 관직에 있으면서 높은 벼슬을 부러워하는 사람은 좋은 관리가 아니다.

(4) 스스로 해석자료

飮宴之樂多
마실 음(부수 밥식), 잔치 연(부수 갓머리), 갈 지(부수 삐침별), 즐길 락(부수 나무목), 많을 다(부수 저녁석)

不是個好人家
아닐 불(부수 한일), 이 시(부수 날일), 낱 개(부수 사람인변), 좋을 호(부수 여자녀), 사람 인(부수 사람인), 집 가(부수 갓머리)

聲華之習勝
소리 성(부수 귀이), 빛날 화(부수 초두머리), 갈 지(부수 삐침별), 익힐 습(부수 깃우), 이길 승(부수 힘력)

不是個好士子
아닐 불(부수 한일), 이 시(부수 날일), 낱 개(부수 사람인변), 좋을 호(부수 여자녀), 선비 사(부수 선비사), 아들 자(부수 아들자)

名位之念重
이름 명(부수 입구), 자리 위(부수 사람인변), 갈 지(부수 삐침별), 생각 념(부수 마음심), 무거울 중(부수 마을리)

不是個好臣士
아닐 불(부수 한일), 이 시(부수 날일), 낱 개(부수 사람인변), 좋을 호(부수 여자녀), 신하 신(부수 신하신), 선비 사(부수 선비사)

(5) 조부훈회(祖父訓誨)

이제부터는 물만 마시지 말고 네 위장과 자주 나는 병을 위하여는 포도주를 조금씩 쓰라

디모데전서 5장 23절

술을 적당히 마시면 건강에 아주 좋다고 한다. 그런데 이 술 때문에 건강을 잃는 사람이 수 없이 많다. 양녕대군은 술을 너무 잘 마시고, 효령대군은 전혀 술을 마시지 못했다. 충령대군은 술을 적당히 마실 줄 알았다. 그래서 아버지 이방원은 임금이 되려면 정사를 논할 때 신하들과 술자리가 필요하다는 것을 생각해서 충령대군을 세자로 봉했고 그분이 바로 세종대왕이다.

재앙이 뉘게 있느뇨 근심이 뉘게 있느뇨 분쟁이 뉘게 있느뇨 원망이 뉘게 있느뇨 까닭 없는 상처가 뉘게 있느뇨 붉은 눈이 뉘게 있느뇨
술에 잠긴 자에게 있고 혼합한 술을 구하러 다니는 자에게 있느니라
포도주는 붉고 잔에서 번쩍이며 순하게 내려가나니 너는 그것을 보지도 말지어다
그것이 마침내 뱀 같이 물 것이요 독사 같이 쏠 것이며
또 네 눈에는 괴이한 것이 보일 것이요 네 마음은 구부러진 말을 할 것이며
너는 바다 가운데에 누운 자 같을 것이요 돛대 위에 누운 자 같을 것이며
네가 스스로 말하기를 사람이 나를 때려도 나는 아프지 아니하고 나를 상하게 하여도 내게 감각이 없도다 내가 언제나 깰까 다시 술을 찾겠다 하리라

잠언 23장 29절~35절

잠언 23장을 보면 술이 또 얼마나 사람에게 해로운가를 적나라하게 보여주고 있다. 결혼식장에서도 술, 장례식장에서도 술, 기쁠 때도 술, 슬플 때도 술, 헤어질 때도 술, 만날 때도 술, 일상생활에서 술이 빠지는 경우가 드물지만 술로 인한 해독이 크므로 절주의 덕을 새기면서 술을 마셔야 하리라.

(6) 독자 이벤트

본인은 술을 적당히 마시는 편인가? 폭주하는가? 전혀 마시지 못하는가? 이를 생각해 보며 술자리에 임할 때 술로 인한 부조리가 생기지 않도록 미리 조심하는 마음을 가져야 한다.

전집 제204장
취미를 즐기되 푹 빠지지 말라.

(1) 준비운독(準備運讀)

제204장을 읽는 데는 다음과 같은 어휘를 먼저 익혀야 한다. 심긍, 각, 낙심, 달사, 심불. 이 어휘를 스스로 익히고 난 후 다음의 설명을 참고하면 사고의 지평이 넓어지리라 생각된다.

심긍: 마음에 만족스럽다.
각: 도리어.
낙심: 즐거운 마음.
달사: 사물의 이치에 밝아 사물에 얽매이지 않는 사람.
심불: 마음에 어긋나다.

(2) 홍자성 원문

世人 以心肯處爲樂, 却被樂心引在苦處.
達士 以心拂處爲樂, 終爲苦心換得樂來.
세인 이심긍처위락, 각피락심인재고처.
달사 이심불처위락, 종위고심환득락래.

(3) 원문해석

보통 사람들은 마음에 맞는 것으로 즐거움을 삼아서 도리어 즐거운 마음에 이끌리어 괴로운 곳에 있게 되고, 이치에 밝아 사물에 얽매이지 않는 달사는 별맛이 없는 것으로 즐거움을 삼아서 마침내 별일 없는 것이 바뀌어 즐거움에 이르게 된다.

(4) 스스로 해석자료

世人

인간 세(부수 한일), 사람 인(부수 사람인)

以心肯處爲樂

써 이(부수 사람인), 마음 심(부수 마음심), 즐길 긍(부수 육달월), 곳 처(부수 범호엄), 할 위(부수 손톱조), 즐길 락(부수 나무목)

却被樂心引在苦處

물리칠 각(부수 병부절), 입을 피(부수 옷의변), 즐길 락(부수 나무목), 마음 심(부수 마음심), 끌 인(부수 활궁), 있을 재(부수 흙토), 쓸 고(부수 초두머리), 곳 처(부수 범호엄)

達士

통달할 달(부수 책받침), 선비 사(부수 선비사)

以心拂處爲樂

써 이(부수 사람인), 마음 심(부수 마음심), 떨칠 불(부수 재방변), 곳 처(부수 범호엄), 할 위(부수 손톱조), 즐길 락(부수 나무목)

終爲苦心換得樂來

마칠 종(부수 실사변), 할 위(부수 손톱조), 쓸 고(부수 초두머리), 마음 심(부수 마음심), 바꿀 환(부수 재방변), 얻을 득(부수 두인변), 즐길 락(부수 나무목), 올 래(부수 사람인)

(5) 조부훈회(祖父訓誨)

사람은 한 가지 일에 매달릴 수 없어 기분 전환이 필요한데 보통 사람들은 장기나 바둑 또는 여행, 등산, 낚시, 심지어 도박 같은 것으로 즐거움을 삼다가 그것이 도리어 고통으로 변하게 되어 헤어 나오지 못하는 수가 있다. 그런데 깨달은 사람은 별맛이 없는 독서나 악기 연주, 화분 가꾸기 등으로 기분 전환을 도모하는데 이것들은 어떻게 보면 노동과 같은 것으로 이것이 계속 진행되어 몸에 인이 박혀 즐거움이 된다.

(6) 독자 이벤트

아무 일 없이 한 시간 동안 쉬어본다.

전집 제205장

가득 차면 반드시 손해가 따른다.

(1) 준비운독(準備運讀)

제205장을 읽는 데는 다음과 같은 어휘를 먼저 익혀야 한다. 영만, 장일미일, 일적, 일닉. 이 어휘를 스스로 익히고 난 후 다음의 설명을 참고하면 사고의 지평이 넓어지리라 생각된다.

영만: 가득 차다.
장일미일: 넘칠락 말락 하다. 장차 넘칠 것이로되 아직은 넘치지 않는다.
일적: 한 방울의 물.
일닉: 조금 누르다.

(2) 홍자성 원문

居盈滿者, 如水之將溢未溢, 切忌再加一滴.
處爲急者, 如木之將折未折, 切忌再加一搦.
거영만자, 여수지장일미일, 절기재가일적.
처위급자, 여목지장절미절, 절기재가일닉.

(3) 원문해석

머리나 마음, 위장 등이 가득 차있는 사람은 마치 가득 차있는 물이 넘치려다가 아직 넘치지 않음과 같아서 한 방울이라도 더해질까 염려하고 위급한 자리에 있는 사람은 마치 나무가 꺾이려다가 아직 꺾이지 않음과 같아서 누가 한 톨이라도 더할까 봐 안절부절못한다.

(4) 스스로 해석자료

居盈滿者

살 거(부수 주검시엄), 찰 영(부수 그릇명), 찰 만(부수 삼수변), 놈 자(부수 늙을로엄)

如水之將溢未溢

같을 여(부수 여자녀), 물 수(부수 물수), 갈 지(부수 삐침별), 장수 장(부수 마디촌), 넘칠 일(부수 삼수변), 아닐 미(부수 나무목), 넘칠 일(부수 삼수변)

切忌再加一滴

끊을 절(부수 칼도), 꺼릴 기(부수 마음심), 두 재(부수 멀경몸), 더할 가(부수 힘력), 한 일(부수 한일), 물방울 적(부수 삼수변)

處爲急者

곳 처(부수 범호엄), 할 위(부수 손톱조), 급할 급(부수 마음심), 놈 자(부수 늙을로엄)

如木之將折未折

같을 여(부수 여자녀), 나무 목(부수 나무목), 갈 지(부수 삐침별), 장수 장(부수 마디촌), 꺾을 절(부수 재방변), 아닐 미(부수 나무목), 꺾을 절(부수 재방변)

切忌再加一搦

끊을 절(부수 칼도), 꺼릴 기(부수 마음심), 두 재(부수 멀경몸), 더할 가(부수 힘력), 한 일(부수 한일), 억누를 닉(부수 재방변)

(5) 조부훈회(祖父訓誨)

술이 목에까지 차있어 더 이상 마시면 안 되는데도 속없이 마시다가 토하는 사람이 더러 있다. 가득 차있어서 더 채우면 안 되는데 한 방울쯤이야 하다가 수렁에 빠지는 사람이 있다.

(6) 독자 이벤트

『토종비결』의 저자 이지함의 조카, 이산해가 지은 「만초손부」를 만나보자.

전집 제206장

영음찰리하고
감모변색하라.

(1) 준비운독(準備運讀)

 제206장을 읽는 데는 다음과 같은 어휘를 먼저 익혀야 한다. 냉안, 당사, 냉심사리. 이 어휘를 스스로 익히고 난 후 다음의 설명을 참고하면 사고의 지평이 넓어지리라 생각된다.

 냉안: 침착한 눈.
 당사: 일에 대응하다.
 냉심사리: 줏대를 가지고 도리를 생각하다.

(2) 홍자성 원문

冷眼觀人. 冷耳聽語. 冷情當事. 冷心思理.
냉안관인. 냉이청어. 냉정당사. 냉심사리.

(3) 원문해석

 흔들리지 않는 눈으로 사람을 보고 냉정한 귀로 말을 들으며 냉정한 의지로 일에 대응하고 냉정한 마음으로 도리를 생각하라.

(4) 스스로 해석자료

冷眼觀人
찰 냉(부수 이수변), 눈 안(부수 눈목), 볼 관(부수 볼견), 사람 인(부수 사람인)
冷耳聽語
찰 냉(부수 이수변), 귀 이(부수 귀이), 들을 청(부수 귀이), 말씀 어(부수 말씀언)

冷情當事
찰 냉(부수 이수변), 뜻 정(부수 심방변), 마땅 당(부수 밭전), 일 사(부수 갈고리궐)

冷心思理
찰 냉(부수 이수변), 마음 심(부수 마음심), 생각 사(부수 마음심), 다스릴 리(부수 구슬옥변)

(5) 조부훈회(祖父訓誨)

한석봉 『천자문』에 "영음찰리 감모변색"이라는 말이 있다. 소리를 잘 듣고 살펴서 마음을 다스리고 상대방의 얼굴을 잘 살피면 그 사람의 마음속을 들여다볼 수 있다고 한다. 사람을 만나서 대화를 할 때 영음찰리 감모변색을 도모하기가 쉬운 일이 아니다. 자기 생각을 말하기 전에 적절하지 않은 단어가 튀어나올 것을 생각하며 말을 빨리하지 말고 천천히 하며 상대방의 말을 들을 때 중간에 끼어들지 말고 경청을 하며 자기 의견을 개진한다.

(6) 독자 이벤트

Regard others with cool eyes; listen to words with cool ears; confront feelings with cool emotions; reflect on principles with a cool mind.

『Vegetable roots discourse』 94쪽

냉철한 눈으로 타인을 배려하고 냉철한 귀로 말을 듣고 냉철한 감정으로 감정에 맞서며 냉철한 마음으로 원칙을 되새긴다. 영어로 된 제206장을 읽고 또 읽어 암송해 본다.

전집 제207장
생각이 커지면 규모도 커진다.

(1) 준비운독(準備運讀)

제207장을 읽는 데는 다음과 같은 어휘를 먼저 익혀야 한다. 관서, 비부, 박촉, 녹, 택, 규모. 이 어휘를 스스로 익히고 난 후 다음의 설명을 참고하면 사고의 지평이 넓어지리라 생각된다.

관서: 너그럽고 느긋하다.
비부: 마음이 좁고 자기 이익만 챙기는 사람.
박촉: 옹졸하고 급하다.
녹: 일을 하여 얻은 보수.
택: 자손이 누리는 복.
규모: 일의 범위와 생김새.

(2) 홍자성 원문

仁人, 心地寬舒. 便福厚而慶長, 事事成個寬舒氣象.
鄙夫, 念頭迫促. 便祿薄而澤短, 事事得個迫促規模.
인인, 심지관서. 편복후이경장, 사사성개관서기상.
비부, 염두박촉. 편록박이택단, 사사득개박촉규모.

(3) 원문해석

어진 사람은 마음이 느긋하고 행동이 너그러워 복이 두텁고 경사가 오래가며 하는 일마다 여러 사람에게 유익하다. 비부는 마음이 옹졸하고 행동이 급하여 녹이 박하고, 은택이 적으며 하는 일마다 자기 유익만 생각하는지라 일의 규모나 내용이 초라하기 그지없다.

(4) 스스로 해석자료

仁人

어질 인(부수 사람인변), 사람 인(부수 사람인)

心地寬舒

마음 심(부수 마음심), 땅 지(부수 흙토), 너그러울 관(부수 갓머리), 펼 서(부수 혀설)

便福厚而慶長

편할 편(부수 사람인변), 복 복(부수 보일시), 두터울 후(부수 민엄호), 말 이을 이(부수 말이을이), 경사 경(부수 마음심), 길 장(부수 길장)

事事成個寬舒氣象

일 사(부수 갈고리궐), 일 사(부수 갈고리궐), 이룰 성(부수 창과), 낱 개(부수 사람인변), 너그러울 관(부수 갓머리), 펼 서(부수 혀설), 기운 기(부수 기운기엄), 코끼리 상(부수 돼지시)

鄙夫), 念頭迫促

더러울 비(부수 우부방), 지아비 부(부수 큰대), 생각 염(부수 마음심), 머리 두(부수 머리혈), 핍박할 박(부수 책받침), 재촉할 촉(부수 사람인변)

便祿薄而澤短

편할 편(부수 사람인변), 녹 록(부수 보일시), 엷을 박(부수 초두머리), 말 이을 이(부수 말이을이), 못 택(부수 삼수변), 짧을 단(부수 화살시)

事事得個迫促規模

일 사(부수 갈고리궐), 일 사(부수 갈고리궐), 얻을 득(부수 두인변), 낱 개(부수 사람인변), 핍박할 박(부수 책받침), 재촉할 촉(부수 사람인변), 법 규(부수 볼견), 본뜰 모(부수 나무목)

(5) 조부훈회(祖父訓誨)

제207장의 주인공은 인인과 비부이다. 인인은 마음이 너그러워 하는 일마다 자기 이익보다 남의 이익을 생각한다. 비부는 약한 불에도 금방 달아올라 생각하는 대로 말하고 마음 내키는 대로 행동하며 남을 배려하는 마음은 조금도 없고 오직 자기 이익만 챙기는 사람이다. 인인과 비부가 따로따로 있다고 할 수 있지만 한 사람이 인인과 비부의 속성을 다 지닐 수도 있다. 편안하지 못하고 바쁠 때 비부의 속성이 드러나기 쉽다.

(6) 독자 이벤트

비부하고 대화할 때 본인이 비부가 되지 않도록 미리 줏대를 세워보자.

전집 제208장
제삼자를 참소하는 말에 추임새를 하지 말라.

(1) 준비운독(準備運讀)

제208장을 읽는 데는 다음과 같은 어휘를 먼저 익혀야 한다. 취오, 참부, 설노. 이 어휘를 스스로 익히고 난 후 다음의 설명을 참고하면 사고의 지평이 넓어지리라 생각된다.

취오: 금방 미워하다.
참부: 없는 죄를 교묘하게 꾸미어 이리저리 소문내는 사람.
설노: 화를 내다.

(2) 홍자성 원문

聞惡, 不可就惡. 恐爲讒夫洩怒.
聞善, 不可急親. 恐引奸人進身.
문악, 불가취오. 공위참부설노.
문선, 불가급친. 공인간인진신.

(3) 원문해석

남의 악한 이야기를 들었을 때 곧바로 동조하지 말지니 중상하는 자의 모략일지도 모르기 때문이다. 남의 착한 사연을 들었을 때 바로 추임새를 하지 말지니 간악한 자가 자신을 천거하기 위한 방편일지도 모르기 때문이다.

(4) 스스로 해석자료

聞惡

들을 문(부수 귀이), 악할 악(부수 마음심)

不可就惡

아닐 불(부수 한일), 옳을 가(부수 입구), 나아갈 취(부수 절름발이왕), 미워할 오(부수 마음심)

恐爲讒夫洩怒

두려울 공(부수 마음심), 할 위(부수 손톱조), 참소할 참(부수 말씀언), 지아비 부(부수 큰대), 셀 설(부수 삼수변), 성낼 노(부수 마음심)

聞善

들을 문(부수 귀이), 착할 선(부수 입구)

不可急親

아닐 불(부수 한일), 옳을 가(부수 입구), 급할 급(부수 마음심), 친할 친(부수 볼견)

恐引奸人進身

두려울 공(부수 마음심), 끌 인(부수 활궁), 간사할 간(부수 여자녀), 사람 인(부수 사람인), 나아갈 진(부수 책받침), 몸 신(부수 몸신)

(5) 조부훈회(祖父訓誨)

앞에 있는 사람과 대화할 때 제삼자에 대한 좋은 점이나 나쁜 점을 들을 경우 대응을 잘해야 한다. 그래야 훗날에 무릎맞춤할 때 당황하지 않게 된다.

(6) 독자 이벤트

무릎맞춤을 해본 경험이 몇 번이나 있었던가 되돌아보자.

전집 제209장
심성이 냄비 물 끓듯 하면 되는 일이 하나도 없다.

(1) 준비운독(準備運讀)

제209장을 읽는 데는 다음과 같은 어휘를 먼저 익혀야 한다. 성조, 심조, 일사무성. 이 어휘를 스스로 익히고 난 후 다음의 설명을 참고하면 사고의 지평이 넓어지리라 생각된다.

성조: 마음 바탕이 말라있어 약한 불에도 금방 끓음.
심조: 마음이 거칠다.
일사무성: 되는 일이 하나도 없다.

(2) 홍자성 원문

性燥心粗者, 一事無成.
心和氣平者, 百福自集.
성조심조자, 일사무성.
심화기평자, 백복자집.

(3) 원문해석

마음이 거친 자는 심성이 말라있어 약한 불에도 금방 달아오르고 한 가지도 이루어지는 일이 없다. 마음이 화평하고 기상이 평탄한 자는 백 가지 복이 절로 모이게 된다.

(4) 스스로 해석자료

性燥心粗者
성품 성(부수 심방변), 마를 조(부수 불화), 마음 심(부수 마음심), 거칠 조(부수 쌀미), 놈 자

(부수 늙을로엄)

一事無成

한 일(부수 한일), 일 사(부수 갈고리궐), 없을 무(부수 연화발), 이룰 성(부수 창과)

心和氣平者

마음 심(부수 마음심), 화할 화(부수 입구), 기운 기(부수 기운기엄), 평평할 평(부수 방패간), 놈 자(부수 늙을로엄)

百福自集

일백 백(부수 흰백), 복 복(부수 보일시), 스스로 자(부수 스스로자), 모을 집(부수 새추)

(5) 조부훈회(祖父訓誨)

성질이 마른 사람은 그것을 회복하기 위해 어려운 이벤트보다는 가곡이나 동요 가사를 여러 번 읽어보아라. 또한 성품이란 결국 신체와 연관된 것이므로, 몸의 칼륨이나 비타민C가 부족한 것일 수 있으니 미네랄이 풍부한 음식을 먹는 것이 좋다.

(6) 독자 이벤트

간단한 혈액검사를 통하여 고지혈증, 당뇨, 고혈압이 있는지 살펴본다.

전집 제210장
새 친구를 사귈 때는
세 가지 이벤트를 해보아라.

(1) 준비운독(準備運讀)

제210장을 읽는 데는 다음과 같은 어휘를 먼저 익혀야 한다. 용인, 불의각, 사효자, 불의람, 공유. 이 어휘를 스스로 익히고 난 후 다음의 설명을 참고하면 사고의 지평이 넓어지리라 생각된다.

용인: 사람을 쓰다.
불의각: 너무 가혹하게 하지 마라.
사효자: 공적을 올리고자 생각하는 사람.
불의람: 넘치게 하지 마라.
공유: 아첨하다.

(2) 홍자성 원문

用人, 不宜刻. 刻則思効者去.
交友, 不宜濫. 濫則貢諛者來.
용인, 불의각. 각즉사효자거.
교우, 불의람. 남즉공유자래.

(3) 원문해석

타인에게 일을 시킬 때는 너무 심하게 하지 말아야 하니 심하게 대하면 성과를 올리려다 떠난다. 새 친구를 사귈 때는 마땅히 함부로 하지 말아야 하니 신중함이 없이 사귀면 아첨하는 자가 모여든다.

(4) 스스로 해석자료

用人
쓸 용(부수 쓸용), 사람 인(부수 사람인)

不宜刻
아닐 불(부수 한일), 마땅 의(부수 갓머리), 새길 각(부수 선칼도방)

刻則思効者去
새길 각(부수 선칼도방), 곧 즉(부수 선칼도방), 생각 사(부수 마음심), 본받을 효(부수 힘력), 놈 자(부수 늙을로엄), 갈 거(부수 마늘모)

交友
사귈 교(부수 돼지해머리), 벗 우(부수 또우)

不宜濫
아닐 불(부수 한일), 마땅 의(부수 갓머리), 넘칠 람(부수 삼수변)

濫則貢諛者來
넘칠 남(부수 삼수변), 곧 즉(부수 선칼도방), 바칠 공(부수 조개패), 아첨할 유(부수 말씀언), 놈 자(부수 늙을로엄), 올 래(부수 사람인)

(5) 조부훈회(祖父訓誨)

새로운 친구를 사귈 때는 세 가지 이벤트를 하는 것이 좋다. 사람마다 자기에게 맞는 이벤트가 있겠지만 일반적으로 하는 이벤트로는 첫째, 음식을 함께 나눈다. 둘째, 세상 돌아가는 일에 대해서 의견 교환을 한다. 셋째, 2박 3일 정도로 여행을 해본다.

(6) 독자 이벤트

지금 현재 사귀고 있는 친구 세 사람을 적어보자.

전집 제211장
험한 길은 피하고
풍파에는 다리에 힘을 주어라.

(1) 준비운독(準備運讀)

제211장을 읽는 데는 다음과 같은 어휘를 먼저 익혀야 한다. 풍사우급, 화농유염, 노위경험. 이 어휘를 스스로 익히고 난 후 다음의 설명을 참고하면 사고의 지평이 넓어지리라 생각된다.

풍사우급: 사나운 바람과 세차게 내리는 비. 여기서는 살아가기 어려운 세상을 의미함.
화농유염: 꽃이 진하게 피어있고 버들이 아름답다. 여기서는 세상의 온갖 유혹을 의미함.
노위경험: 길이 울퉁불퉁하다.

(2) 홍자성 원문

風斜雨急處, 要立得脚定.
花濃柳艶處, 要着得眼高.
路危徑險處, 要回得頭早.
풍사우급처, 요립득각정.
화농유염처, 요착득안고.
노위경험처, 요회득두조.

(3) 원문해석

바람이 세차게 비껴 불고 비가 억수로 쏟아질 때는 두 다리를 바르게 세워 안정을 기하고, 꽃이 무르익고 버들이 요염스러운 곳에서는 눈을 높은 데 두어 경계하여야 하며, 길이 위태롭고 험한 곳에서는 방향을 신속히 바꿔야 한다.

(4) 스스로 해석자료

風斜雨急處

바람 풍(부수 바람풍), 비낄 사(부수 말두), 비 우(부수 비우), 급할 급(부수 마음심), 곳 처(부수 범호엄)

要立得脚定

요긴할 요(부수 덮을아), 설 립(부수 설립), 얻을 득(부수 두인변), 다리 각(부수 육달월), 정할 정(부수 갓머리)

花濃柳艶處

꽃 화(부수 초두머리), 짙을 농(부수 삼수변), 버들 유(부수 나무목), 고울 염(부수 빛색), 곳 처(부수 범호엄)

要着得眼高

요긴할 요(부수 덮을아), 붙을 착(부수 눈목), 얻을 득(부수 두인변), 눈 안(부수 눈목), 높을 고(부수 높을고)

路危徑險處

길 노(부수 발족변), 위태할 위(부수 범부절), 지름길 경(부수 두인변), 험할 험(부수 좌부변), 곳 처(부수 범호엄)

要回得頭早

요긴할 요(부수 덮을아), 돌아올 회(부수 큰입구몸), 얻을 득(부수 두인변), 머리 두(부수 머리혈), 이를 조(부수 날일)

(5) 조부훈회(祖父訓誨)

한 어머니가 아들에게 아름다운 여자는 백 년 묵은 여우가 변한 것이라고 말해준다. 매혹적인 여자에게 홀리지 말 것을 아들에게 당부하는 말이다. 본문에 있는 화염유염처가 바로 여기에 해당된다.

(6) 독자 이벤트

배우를 깊게 좋아해 본 경험이 있었던가 되돌아본다.

전집 제212장
온화함이 없는 절의는 따돌림을 당할 수 있다.

(1) 준비운독(準備運讀)

제212장을 읽는 데는 다음과 같은 어휘를 먼저 익혀야 한다. 제, 화충, 공명지사, 승, 겸덕. 이 어휘를 스스로 익히고 난 후 다음의 설명을 참고하면 사고의 지평이 넓어지리라 생각된다.

제: 단점을 보충한다.
화충: 온화한 마음.
공명지사: 공적을 세워 자기 이름을 높이 널리 알리고 싶은 사람.
승: 직접 경험하여 몸에 익힘.
겸덕: 남을 높이고 자기를 낮추는 아름다운 행실.

(2) 홍자성 원문

節義之人, 濟以和衷, 纔不啓忿爭之路.
功名之士, 承以謙德, 方不開嫉妬之門.
절의지인, 제이화충, 재불계분쟁지로.
공명지사, 승이겸덕, 방불개질투지문.

(3) 원문해석

절의를 앞세우는 사람은 온화한 마음을 길러야 다툼의 길을 걷지 않을 것이요. 이름을 높이 날리고 싶은 사람은 겸양의 덕으로 마음이 닦아져야 질투의 문이 닫힐 것이다.

(4) 스스로 해석자료

節義之人
마디 절(부수 대죽), 옳을 의(부수 양양), 갈 지(부수 삐침별), 사람 인(부수 사람인)

濟以和衷
건널 제(부수 삼수변), 써 이(부수 사람인), 화할 화(부수 입구), 속마음 충(부수 옷의)

纔不啓忿爭之路
겨우 재(부수 실사변), 아닐 불(부수 한일), 열 계(부수 입구), 성낼 분(부수 마음심), 다툴 쟁(부수 손톱조), 갈 지(부수 삐침별), 길 로(부수 발족변)

功名之士
공 공(부수 힘력), 이름 명(부수 입구), 갈 지(부수 삐침별), 선비 사(부수 선비사)

承以謙德
이을 승(부수 손수), 써 이(부수 사람인), 겸손할 겸(부수 말씀언), 클 덕(부수 두인변)

方不開嫉妬之門
모 방(부수 모방), 아닐 불(부수 한일), 열 개(부수 문문), 미워할 질(부수 여자녀), 샘낼 투(부수 여자녀), 갈 지(부수 삐침별), 문 문(부수 문문)

(5) 조부훈회(祖父訓誨)

절의를 앞세우는 사람은 따돌림을 받기가 쉽다. 그러므로 절의를 표방하지 않으면서 자기 뜻을 지켜나가야 한다. 이름을 높이 날리고자 하는 사람은 다른 사람의 단점을 허용할 수 있어야 한다.

(6) 독자 이벤트

『서서변연 채근담』을 두 권 정도 두 사람에게 선물해 본다.

전집 제213장
편지를 쓸 때는 중의적인 어휘를 쓰지 말아야 한다.

(1) 준비운독(準備運讀)

제213장을 읽는 데는 다음과 같은 어휘를 먼저 익혀야 한다. 거관, 간독, 두행단, 거향, 애안, 태. 이 어휘를 스스로 익히고 난 후 다음의 설명을 참고하면 사고의 지평이 넓어지리라 생각된다.

거관: 벼슬자리에 있다.
간독: 편지.
두행당: 요행의 단서를 막아내다.
거향: 시골에 살다가 고향에 돌아오다.
애안: 벼랑.
태: 매우 심하다.

(2) 홍자성 원문

士大夫 居官, 不可竿牘無節. 要使人難見, 以杜倖端.
居鄉, 不可崖岸太高. 要使人易見, 以敦舊好.
사대부 거관, 불가간독무절. 요사인난견, 이두행단.
거향, 불가애안태고. 요사인이견, 이돈구호.

(3) 원문해석

학식이 깊고 덕망이 널리 알려진 사람이 관직을 갖게 되었을 때는 편지 한 장에도 절도가 있어야 한다. 사람들이 글의 뜻을 알기 어렵게 하여 유전무죄자들의 요행을 잡으려는 단서를 막아야 하기 때문이다. 은퇴 후 고향에 돌아와서는 멀리 떨어진 벼랑길을 산책하는 것과 같이 몸가짐을 높게 하는 일을 하지 말아야 한다. 사람들로 하여금 마음을 읽어내기 쉽도록 해줌으로써 옛정을 두터이 해야 하기 때문이다.

(4) 스스로 해석자료

士大夫
선비 사(부수 선비사), 큰 대(부수 큰대), 지아비 부(부수 큰대)

居官
살 거(부수 주검시엄), 벼슬 관(부수 갓머리)

不可竿牘無節
아닐 불(부수 한일), 옳을 가(부수 입구), 낚싯대 간(부수 대죽), 서찰 독(부수 조각편), 없을 무(부수 연화발), 마디 절(부수 대죽)

要使人難見
요긴할 요(부수 덮을아), 하여금 사(부수 사람인변), 사람 인(부수 사람인), 어려울 난(부수 새추), 볼 견(부수 볼견)

以杜倖端
써 이(부수 사람인), 막을 두(부수 나무목), 요행 행(부수 사람인변), 끝 단(부수 설립)

居鄕
살 거(부수 주검시엄), 시골 향(부수 우부방)

不可崖岸太高
아닐 불(부수 한일), 옳을 가(부수 입구), 언덕 애(부수 뫼산), 언덕 안(부수 뫼산), 클 태(부수 큰대), 높을 고(부수 높을고)

要使人易見
요긴할 요(부수 덮을아), 하여금 사(부수 사람인변), 사람 인(부수 사람인), 쉬울 이(부수 날일), 볼 견(부수 볼견)

以敦舊好
써 이(부수 사람인), 도타울 돈(부수 등글월문), 옛 구(부수 절구구), 좋을 호(부수 여자녀)

(5) 조부훈회(祖父訓誨)

직장에 있을 때는 공평무사하게 일을 처리하여야 한다. 은퇴 후 고향에 돌아와서는 옛 친구들과 사이좋게 지내려고 애를 써야 되는데 장기 여행과 같은 일로 옛사람을 도외시해서는 안 된다.

(6) 독자 이벤트

아주 친한 사람에게 손 편지를 써본다.

전집 제214장

윗사람을 경외하고 아랫사람을 함부로 대하지 말라.

(1) 준비운독(準備運讀)

제214장을 읽는 데는 다음과 같은 어휘를 먼저 익혀야 한다. 대인, 방일, 호횡. 이 어휘를 스스로 익히고 난 후 다음의 설명을 참고하면 사고의 지평이 넓어지리라 생각된다.

대인: 학문과 덕망이 높은 사람.
방일: 아무 거리낌 없이 함부로 행동하다.
호횡: 인륜에 어긋난 난폭한 행동.

(2) 홍자성 원문

大人 不可不畏. 畏大人 則無放逸之心.
小民 亦不可不畏. 畏小人 則無豪橫之名.
대인 불가불외. 외대인 즉무방일지심.
소민 역불가불외. 외소인 즉무호횡지명.

(3) 원문해석

학문이 깊고 덕망이 높은 대인을 경외하라. 대인을 경외하면 방종한 마음이 없어진다. 관직이 없는 서민도 어렵게 대하여라. 서민을 어렵게 대하면 횡포하다는 흉을 잡히지 않을 것이다.

(4) 스스로 해석자료

大人 不可不畏
클 대(부수 큰대), 사람 인(부수 사람인), 아닐 불(부수 한일), 옳을 가(부수 입구), 아닐 불(부

수 한일), 두려워할 외(부수 밭전)

畏大人 則無放逸之心

두려워할 외(부수 밭전), 큰 대(부수 큰대), 사람 인(부수 사람인), 곧 즉(부수 선칼도방), 없을 무(부수 연화발), 놓을 방(부수 등글월문), 편안할 일(부수 책받침), 갈 지(부수 삐침별), 마음 심(부수 마음심)

小民 亦不可畏

작을 소(부수 작을소), 백성 민(부수 각시씨), 또 역(부수 돼지해머리), 아닐 불(부수 한일), 옳을 가(부수 입구), 아닐 불(부수 한일), 두려워할 외(부수 밭전)

畏小人 則無豪橫之名

두려워할 외(부수 밭전), 작을 소(부수 작을소), 사람 인(부수 사람인), 곧 즉(부수 선칼도방), 없을 무(부수 연화발), 호걸 호(부수 돼지시), 가로 횡(부수 나무목), 갈 지(부수 삐침별), 이름 명(부수 입구)

(5) 조부훈회(祖父訓誨)

제214장의 영역본을 소개해 본다.

Superior people should be revered. With reverence for superior people, you will not slip into conceit. Ordinary people should also be revered. With reverence for ordinary people, you will not have a name for being arrogant.

『Vegetable roots discourse』 97쪽

뛰어난 사람은 존경받아야 한다. 윗사람을 공경하면 자만심에 빠지지 않을 것이다. 평범한 사람들도 존경받아야 한다. 속인을 공경하면 교만하다는 이름을 갖지 않을 것이다.

(6) 독자 이벤트

학창 시절에 선생님들 중 존경하던 선생님 한 분을 생각하며 그 선생님에게 고마운 이벤트를 해본다.

전집 제215장

괴로울 때는 좌우를 살피고 한가할 때는 위를 쳐다보아라.

(1) 준비운독(準備運讀)

　제215장을 읽는 데는 다음과 같은 어휘를 먼저 익혀야 한다. 사초, 불역, 원우자소, 심초, 태황. 이 어휘를 스스로 익히고 난 후 다음의 설명을 참고하면 사고의 지평이 넓어지리라 생각된다.

　사초: 일의 분량이 5퍼센트 정도밖에 안 된다.
　불역: 뜻대로 안 되다.
　원우자소: 원망이 저절로 사라지다.
　심초: 마음의 질량이 매우 적다.
　태황: 게으르고 행동이 방향성이 없다.

(2) 홍자성 원문

事稍拂逆, 便思不如我的人, 則怨尤自消.
心稍怠荒, 便思勝似我的人, 則精神自奮.
사초불역, 편사불여아적인, 즉원우자소.
심초태황, 편사승사아적인, 즉정신자분.

(3) 원문해석

　일이 5퍼센트 정도라도 뜻한 대로 되지 않거든 자기보다 못한 사람을 생각하라. 그러면 괴로운 마음이 저절로 사라질 것이다. 마음이 조금이라도 게을러지고 방종해지거든 자기보다 나은 사람을 생각하라. 그러면 정신이 바짝 들 것이다.

(4) 스스로 해석자료

事稍拂逆

일 사(부수 갈고리궐), 점점 초(부수 벼화), 떨칠 불(부수 재방변), 거스를 역(부수 책받침)

便思不如我的人

편할 편(부수 사람인변), 생각 사(부수 마음심), 아닐 불(부수 한일), 같을 여(부수 여자녀), 나 아(부수 창과), 과녁 적(부수 흰백), 사람 인(부수 사람인)

則怨尤自消

곧 즉(부수 선칼도방), 원망할 원(부수 마음심), 더욱 우(부수 절름발이왕), 스스로 자(부수 스스로자), 사라질 소(부수 삼수변)

心稍怠荒

마음 심(부수 마음심), 점점 초(부수 벼화), 게으를 태(부수 마음심), 거칠 황(부수 초두머리)

便思勝似我的人

편할 편(부수 사람인변), 생각 사(부수 마음심), 이길 승(부수 힘력), 닮을 사(부수 사람인변), 나 아(부수 창과), 과녁 적(부수 흰백), 사람 인(부수 사람인)

則精神自奮

곧 즉(부수 선칼도방), 정할 정(부수 쌀미), 귀신 신(부수 보일시변), 스스로 자(부수 스스로자), 떨칠 분(부수 큰대)

(5) 조부훈회(祖父訓誨)

일이 잘되다가 갑자기 어그러질 때가 있다. 이때 좌절하지 말고 백절불굴의 정신으로 일어나야 한다. 백절불굴. 흔히 쓰는 말이지만 두세 번 꺾일 때 대부분의 사람들은 주저앉고 만다. 일이 꺾일 때 백절불굴의 정신을 살리는 맛있는 음식을 먹어본다든지 가벼운 여행을 해본다든지 하면서 정신적 에너지보다도 신체적 에너지를 먼저 쌓아야 한다.

(6) 독자 이벤트

아무것도 하지 말고 한 시간 푹 쉬어본다.

전집 제217장

밥을 굶으면 배가 고프고
책을 굶으면 머리가 고프다.

(1) 준비운독(準備運讀)

제217장을 읽는 데는 다음과 같은 어휘를 먼저 익혀야 한다. 수무족도, 전제, 심융신흡, 적상. 이 어휘를 스스로 익히고 난 후 다음의 설명을 참고하면 사고의 지평이 넓어지리라 생각된다.

수무족도: 손이 춤추고 발이 설렌다.
전제: 물고기를 잡는 통발과 토끼 등을 잡는 올가미.
심융신흡: 마음과 몸이 하나가 되다.
적상: 물건의 외형.

(2) 홍자성 원문

善讀書者, 要讀到手舞足蹈處, 方不落筌蹄.
善觀物者, 要觀到心融神洽時, 方不泥迹象.
선독서자, 요독도수무족도처, 방불락전제.
선관물자, 요관도심융신흡시, 방불니적상.

(3) 원문해석

책을 성심껏 읽게 되면 손이 춤추고 발이 설렌다는 경지에까지 이르게 된다. 그래야 책의 소재나 주제에 얽매이지 않게 된다. 사물을 잘 보는 사람은 마음과 정신이 하나가 되어 사물의 겉은 물론 속까지 보게 되는 경지에 이르게 된다. 그래서 외형에 얽매이지 않게 되는 것이다.

(4) 스스로 해석자료

善讀書者
착할 선(부수 입구), 읽을 독(부수 말씀언), 글 서(부수 가로왈), 놈 자(부수 늙을로엄)

要讀到手舞足蹈處
요긴할 요(부수 덮을아), 읽을 독(부수 말씀언), 이를 도(부수 선칼도방), 손 수(부수 손수), 춤출 무(부수 어그러질천), 발 족(부수 발족), 밟을 도(부수 발족변), 곳 처(부수 범호엄)

方不落筌蹄
모 방(부수 모방), 아닐 불(부수 한일), 떨어질 락(부수 초두머리), 통발 전(부수 대죽), 굽 제(부수 발족변)

善觀物者
착할 선(부수 입구), 볼 관(부수 볼견), 물건 물(부수 소우), 놈 자(부수 늙을로엄)

要觀到心融神洽時
요긴할 요(부수 덮을아), 볼 관(부수 볼견), 이를 도(부수 선칼도방), 마음 심(부수 마음심), 녹을 융(부수 벌레훼), 귀신 신(부수 보일시변), 흡족할 흡(부수 삼수변), 때 시(부수 날일)

方不泥迹象
모 방(부수 모방), 아닐 불(부수 한일), 진흙 니(부수 삼수변), 자취 적(부수 책받침), 코끼리 상(부수 돼지시)

(5) 조부훈회(祖父訓誨)

책을 읽을 때 행과 행 사이에 숨어있는 의미까지 파악할 수 있어야 글 내용의 노예가 되지 않는다. 책은 좋은 책도 있고 나쁜 책도 있는데, 좋은 책을 만나면 여러 번 읽어서 저자가 미처 의도하지 않은 데까지 이르러야 선독자라 할 수 있다.

(6) 독자 이벤트

지금까지 읽은 책이 몇 권 정도 되는지 헤아려보고, 감명 깊게 읽었던 책 세 권의 제목을 살펴보고 그 내용도 회상해 보자.

전집 제218장

현인을 경외하고 부자를 미워하지 말라.

(1) 준비운독(準備運讀)

제218장을 읽는 데는 다음과 같은 어휘를 먼저 익혀야 한다. 회, 영소장, 협소유, 릉, 천지육민. 이 어휘를 스스로 익히고 난 후 다음의 설명을 참고하면 사고의 지평이 넓어지리라 생각된다.

회: 깨우치다. 가르치다.
영소장: 장점을 의로 휘두르다.
협소유: 소유에 의지하다.
릉: 업신여기고 깔보다. 능멸하다.
천지육민: 천벌을 받을 사람.

(2) 홍자성 원문

天賢一人, 以誨衆人之愚, 而世反逞所長, 以形人之短.
天富一人, 以濟衆人之困, 而世反挾所有, 以凌人之貧.
眞天之戮民哉.
천현일인, 이회중인지우, 이세반령소장, 이형인지단.
천부일인, 이제중인지곤, 이세반협소유, 이릉인지빈.
진천지육민재.

(3) 원문해석

하늘은 인정이 두터운 현인 한 사람을 내세워 어리석은 사람들을 깨우치려 했건만 많은 사람들은 도리어 제 잘난 것을 뽐내어 남의 모자라는 것을 들추어낸다. 하늘은 재산가 한 사람을 내세워 곤궁한 사람들을 건져주려 했건만 뭇사람들은 오히려 제 가진 것을 내세워 남의 가난함을 더욱 구차하게 하니 참으로 하늘의 벌을 받을 것이로다.

(4) 스스로 해석자료

天賢一人

하늘 천(부수 큰대), 어질 현(부수 조개패), 한 일(부수 한일), 사람 인(부수 사람인)

以誨衆人之愚

써 이(부수 사람인), 가르칠 회(부수 말씀언), 무리 중(부수 피혈), 사람 인(부수 사람인), 갈 지(부수 삐침별), 어리석을 우(부수 마음심)

而世反逞所長

말 이을 이(부수 말이을이), 인간 세(부수 한일), 돌이킬 반(부수 또우), 쾌할 령(부수 책받침), 바 소(부수 지게호), 길 장(부수 길장)

以形人之短

써 이(부수 사람인), 모양 형(부수 터럭삼), 사람 인(부수 사람인), 갈 지(부수 삐침별), 짧을 단(부수 화살시)

天富一人

하늘 천(부수 큰대), 부유할 부(부수 갓머리), 한 일(부수 한일), 사람 인(부수 사람인)

以濟衆人之困

써 이(부수 사람인), 건널 제(부수 삼수변), 무리 중(부수 피혈), 사람 인(부수 사람인), 갈 지(부수 삐침별), 곤할 곤(부수 큰입구몸)

而世反挾所有

말 이을 이(부수 말이을이), 인간 세(부수 한일), 돌이킬 반(부수 또우), 낄 협(부수 재방변), 바 소(부수 지게호), 있을 유(부수 달월)

以凌人之貧

써 이(부수 사람인), 업신여길 릉(부수 이수변), 사람 인(부수 사람인), 갈 지(부수 삐침별), 가난할 빈(부수 조개패)

眞天之戮民哉

참 진(부수 눈목), 하늘 천(부수 큰대), 갈 지(부수 삐침별), 죽일 육(부수 창과), 백성 민(부수

각시 씨), 비롯할 재(부수 입구)

(5) 조부훈회(祖父訓誨)

우리는 성인들의 행적을 통하여 마음을 수양하기도 하고 지식을 넓혀가기도 한다. 그런데 4대 성인이 남긴 경전이나 그 사람들의 행적을 통하여 얻은 지식으로 자기도 성인인 양 뽐내며 남을 비하하거나 단점을 들추어내는 일에 힘을 쏟는 사람도 더러 있다.

(6) 독자 이벤트

세계 4대 성인은 예수그리스도, 공자, 석가모니, 소크라테스라고 하는데 다섯 번째 성인은 누구일까? 독자 나름대로 다섯 번째 성인을 생각해 보자.

전집 제219장

어설픈 지식은
차라리 하나도 모르는 것만 못하다.

(1) 준비운독(準備運讀)

제219장을 읽는 데는 다음과 같은 어휘를 먼저 익혀야 한다. 지인, 하사하려, 우인, 불식부지, 중재적인, 일번, 억도, 하수. 이 어휘를 스스로 익히고 난 후 다음의 설명을 참고하면 사고의 지평이 넓어지리라 생각된다.

지인: 지와 덕을 겸비하고 도에 통달한 사람.

하사하려: 너그러워 이렇게도 생각하고 저렇게도 생각할 수 있음.

우인: 어리석은 사람.

불식부지: 경험도 없고 아는 것도 없음.

중재적인: 지인과 우인의 중간 사람. 여기서는 어설픈 지식자를 의미함.

일번: 자기 생각에는.

억도: 사실에 의거하지 아니하고 제멋대로 해석함. 곧 억측하다.

하수: 손을 대다.

(2) 홍자성 원문

至人, 何思何慮.

愚人, 不識不知, 可與論學. 亦可與建功.

唯中才的人, 多一番思慮知識,

便多一番億度猜疑, 事事 難與下手.

지인, 하사하려.

우인, 불식부지, 가여론학. 역가여건공.

유중재적인, 다일번사려지식,
편다일번억도시의, 사사 난여하수.

(3) 원문해석

학식이 깊고 총명한 지인은 상황에 따라 이렇게도 생각하고 저렇게도 생각하며, 어리석은 사람은 경험도 일천하고 아는 것도 없어 배울 때 매우 공손하고 더불어 공적을 세울 수도 있다. 오직 중간 치 사람들은 제 나름대로 생각과 지식을 내세우며 억측과 시기도 많아서 일마다 함께하기가 어렵다.

(4) 스스로 해석자료

至人 何思何慮
이를 지(부수 이를지), 사람 인(부수 사람인), 어찌 하(부수 사람인변), 생각 사(부수 마음심), 어찌 하(부수 사람인변), 생각할 려(부수 마음심)

愚人 不識不知
어리석을 우(부수 마음심), 사람 인(부수 사람인), 아닐 불(부수 한일), 알 식(부수 말씀언), 아닐 부(부수 한일), 알 지(부수 화살시)

可與論學
옳을 가(부수 입구), 더불 여(부수 절구구변), 논할 론(부수 말씀언), 배울 학(부수 아들자)

亦可與建功
또 역(부수 돼지해머리), 옳을 가(부수 입구), 더불 여(부수 절구구변), 세울 건(부수 민책받침), 공 공(부수 힘력)

唯中才的人
오직 유(부수 입구), 가운데 중(부수 뚫을곤), 재주 재(부수 재방변), 과녁 적(부수 흰백), 사람 인(부수 사람인)

多一番思慮知識
많을 다(부수 저녁석), 한 일(부수 한일), 차례 번(부수 밭전), 생각 사(부수 마음심), 생각할 려(부수 마음심), 알 지(부수 화살시), 알 식(부수 말씀언)

便多一番億度猜疑

편할 편(부수 사람인변), 많을 다(부수 저녁석), 한 일(부수 한일), 차례 번(부수 밭전), 억 억(부수 사람인변), 법도 도(부수 엄호), 시기할 시(부수 개사슴록변), 의심할 의(부수 짝필)

事事 難與下手

일 사(부수 갈고리궐), 일 사(부수 갈고리궐), 어려울 난(부수 새추), 더불 여(부수 절구구변), 아래 하(부수 한일), 손 수(부수 손수)

(5) 조부훈회(祖父訓誨)

모차르트가 음악을 가르칠 때 기초가 하나도 없는 사람은 가르치기가 편한데 약간 아는 사람은 앞질러 가려고만 해서 가르치기가 어렵다고 했다. 엄마들의 성화로 초등학교 저학년 학생들에게 피타고라스 정의나 미적분을 선행학습시킨다. 이들이 막상 중고등학교에 가서 그것을 배울 때 앞질러 가려고만 하니 깊은 공부가 될 수 없는 것은 불을 보듯 뻔한 일이다. 그래서 그런지 몰라도 우리나라는 교육열이 세계 1위임에도 불구하고 노벨상 수상자가 한 명도 나오지 못하고 있다. 선행학습을 시키는 것은 결코 깊은 공부가 될 수 없으니 지양해야 한다.

(6) 독자 이벤트

학교 수업 외에 과외를 받았던 경험을 상기해 보자.

전집 제220장
별일 없는 비밀도
술자리에서는 말하지 말라.

(1) 준비운독(準備運讀)

제220장을 읽는 데는 다음과 같은 어휘를 먼저 익혀야 한다. 수구불밀, 설진, 진기, 방의불엄, 사혜. 이 어휘를 스스로 익히고 난 후 다음의 설명을 참고하면 사고의 지평이 넓어지리라 생각된다.

수구불밀: 비밀을 지킴에 엄밀하지 못함.
설진: 모두 누설되다.
진기: 진정한 기밀.
방의불엄: 자기 뜻을 지키는 데 엄격하지 못함.
사혜: 비뚤어진 길. 엉뚱한 길.

(2) 홍자성 원문

口乃心之門. 守口不密, 洩盡眞機.
意乃心之足. 防意不嚴, 走盡邪蹊.
구내심지문. 수구불밀, 설진진기.
의내심지족. 방의불엄, 주진사혜.

(3) 원문해석

입은 곧 마음의 문이니 입을 엄격히 다물지 못하면 진정한 기밀이 자기도 모르는 사이에 새어 나가고 만다. 뜻은 마음의 발이니 뜻을 막되 엄격히 하지 못하면 자기도 모르는 순간에 샛길로 새어 나가게 된다.

(4) 스스로 해석자료

口乃心之門
입 구(부수 입구), 이에 내(부수 삐침별), 마음 심(부수 마음심), 갈 지(부수 삐침별), 문 문(부수 문문)

守不密
지킬 수(부수 갓머리), 입 구(부수 입구), 아닐 불(부수 한일), 빽빽할 밀(부수 갓머리)

洩盡眞機
샐 설(부수 삼수변), 다할 진(부수 그릇명), 참 진(부수 눈목), 틀 기(부수 나무목)

意乃心之足
뜻 의(부수 마음심), 이에 내(부수 삐침별), 마음 심(부수 마음심), 갈 지(부수 삐침별), 발 족(부수 발족)

防意不嚴
막을 방(부수 좌부변), 뜻 의(부수 마음심), 아닐 불(부수 한일), 엄할 엄(부수 입구)

走盡邪蹊
달릴 주(부수 달릴주), 다할 진(부수 그릇명), 간사할 사(부수 우부방), 좁은 길 혜(부수 발족변)

(5) 조부훈회(祖父訓誨)

정말로 들키지 말아야 할 비밀이 있는데 상대가 그 비밀을 알고 싶어 자기의 비밀을 먼저 털어놓는다. 거기에 동조하여 자기도 모르게 정말로 감춰야 할 비밀을 털어놓고 만다. 테스가 결혼 전 이미 순결을 잃어버렸는데 약혼자가 그것을 알고 싶어 약혼자의 방탕한 생활을 먼저 털어놓았다. 이에 테스도 거기에 넘어가 18세 때에 집 주인의 남자에게 순결을 잃은 것을 털어놓고 말았다. 결국 약혼자는 뒤로 돌아섰다. 꼭 지켜야 할 비밀은 끝까지 어떤 일이 있어도 지켜내야 한다.

(6) 독자 이벤트

토머스 하디의 명작 『테스』를 만나보자.

전집 제221장
잘못을 뉘우치고 반성하는 속에서 덕이 자란다.

(1) 준비운독(準備運讀)

제221장을 읽는 데는 다음과 같은 어휘를 먼저 익혀야 한다. 책인자, 원무과, 정평, 책기자. 이 어휘를 스스로 익히고 난 후 다음의 설명을 참고하면 사고의 지평이 넓어지리라 생각된다.

책인자: 남의 잘못을 꾸짖는 사람.
원무과: 잘못이 없음을 밝히다.
정평: 감정이 평온하다.
책기자: 자기 잘못을 스스로 꾸짖는 사람.

(2) 홍자성 원문

責人者, 原無過於有過之中, 則情平.
責己者, 求有過於無過之內, 則德進.
책인자, 원무과어유과지중, 즉정평.
책기자, 구유과어무과지내, 즉덕진.

(3) 원문해석

남의 잘못을 책망하려는 사람은 허물 있는 가운데서도 허물 없음을 찾아내면 감정이 평온해질 것이며, 스스로 반성하는 책기자는 허물 없는 속에서도 허물 있음을 찾아내면 덕이 번성해질 것이다.

(4) 스스로 해석자료

責人者
꾸짖을 책(부수 조개패), 사람 인(부수 사람인), 놈 자(부수 늙을로엄)

原無過於有過之中
근원 원(부수 민엄호), 없을 무(부수 연화발), 지날 과(부수 책받침), 어조사 어(부수 모방), 있을 유(부수 달월), 지날 과(부수 책받침), 갈 지(부수 삐침별), 가운데 중(부수 뚫을곤)

則情平
곧 즉(부수 선칼도방), 뜻 정(부수 심방변), 평평할 평(부수 방패간)

責己者
꾸짖을 책(부수 조개패), 몸 기(부수 몸기), 놈 자(부수 늙을로엄)

求有過於無過之內
구할 구(부수 아래물수), 있을 유(부수 달월), 지날 과(부수 책받침), 어조사 어(부수 모방), 없을 무(부수 연화발), 지날 과(부수 책받침), 갈 지(부수 삐침별), 안 내(부수 들입)

則德進
곧 즉(부수 선칼도방), 클 덕(부수 두인변), 나아갈 진(부수 책받침)

(5) 조부훈회(祖父訓誨)

대장부와 졸장부를 구별하는 방법은 대장부는 잘못한 일이 있으면 전부 자기 탓이라고 하고 일이 잘되면 모두 다른 사람의 공으로 돌린다. 졸장부는 잘못한 일이 있으면 전부 남의 탓이라고 하고 일이 잘되면 모두 자기 공이라고 우긴다.

(6) 독자 이벤트

나는 대장부인가, 졸장부인가 생각해 보자.

전집 제222장
천재도 노력을 하지 않으면 범재로 끝난다.

(1) 준비운독(準備運讀)

제222장을 읽는 데는 다음과 같은 어휘를 먼저 익혀야 한다. 배태, 수재, 도주, 불순, 영기. 이 어휘를 스스로 익히고 난 후 다음의 설명을 참고하면 사고의 지평이 넓어지리라 생각된다.

배태: 씨앗이 되다.
수재: 머리가 수려한 사람. 여기서는 과거에 급제한 사람.
도주: 단련하다.
불순: 불완전.
영기: 훌륭한 그릇.

(2) 홍자성 원문

子弟者, 大人之胚胎. 秀才者, 士夫之胚胎.
此時, 若火力不到 陶鑄不純,
他日, 涉世立朝, 終難成個令器.
자제자, 대인지배태. 수재자, 사부지배태.
차시, 약화력부도 도주불순,
타일, 섭세립조, 종난성개령기.

(3) 원문해석

어린이는 누구나 대단한 사람이 될 수 있는 인자가 있으며 수재나 급제자는 배우고 있는 사람 곧 학생들의 본보기이다. 만약 이때에 화력이 모자라서 단련이 완전하지 못하면 훗날 세상에 나아가 직업을 가질 때 훌륭한 그릇이 되기 어렵다.

(4) 스스로 해석자료

子弟者
아들 자(부수 아들자), 아우 제(부수 활궁), 놈 자(부수 늙을로엄)

大人之胚胎
큰 대(부수 큰대), 사람 인(부수 사람인), 갈 지(부수 삐침별), 임신할 배(부수 육달월), 아이 밸 태(부수 육달월)

秀才者
빼어날 수(부수 벼화), 재주 재(부수 재방변), 놈 자(부수 늙을로엄)

士夫之胚胎
선비 사(부수 선비사), 지아비 부(부수 큰대), 갈 지(부수 삐침별), 임신할 배(부수 육달월), 아이 밸 태(부수 육달월)

此時
이 차(부수 그칠지), 때 시(부수 날일)

若火力不到
같을 약(부수 초두머리), 불 화(부수 불화), 힘 력(부수 힘력), 아닐 부(부수 한일), 이를 도(부수 선칼도방)

陶鑄不純
질그릇 도(부수 좌부변), 불릴 주(부수 쇠금), 아닐 불(부수 한일), 순수할 순(부수 실사변)

他日
다를 타(부수 사람인변), 날 일(부수 날일)

涉世立朝
건널 섭(부수 삼수변), 인간 세(부수 한일), 설 립(부수 설립), 아침 조(부수 육달월)

終難成個令器
마칠 종(부수 실사변), 어려울 난(부수 새추), 이룰 성(부수 창과), 낱 개(부수 사람인변), 하여금 령(부수 사람인), 그릇 기(부수 입구)

(5) 조부훈회(祖父訓誨)

 많은 사람들이 어렸을 때 신동이니, 천재이니 그런 소리를 듣는데 6~7세쯤 되면 그 말이 쏙 들어간다. 어렸을 때는 저절로 알게 되는 것이 이것저것 많이 있지만 세월이 지나다 보면 노력하지 않으면 도저히 지식이 될 수 없는 것들이 많다. 신동이나 천재라는 소리를 듣는 사람이 범재로 끝나는 것은 요령 있는 노력이 부족하기 때문이다. "천재는 99%의 노력과 1%의 영감이다"라는 에디슨의 말을 새기고 새겨야 하리라.

(6) 독자 이벤트

 하늘이 놀라고 땅이 진동할 만큼 또는 밥 먹는 것도 잊어버릴 만큼 공부에 깊이 빠진 경험이 한 번이라도 있었는지 회상해 보자.

전집 제223장
잔칫집에 있을 때는 흥취되지 않아야 한다.

(1) 준비운독(準備運讀)

제223장을 읽는 데는 다음과 같은 어휘를 먼저 익혀야 한다. 연유, 척려, 경독, 경심. 이 어휘를 스스로 익히고 난 후 다음의 설명을 참고하면 사고의 지평이 넓어지리라 생각된다.

연유: 잔치를 벌이고 놀다.
척려: 두려워하고 염려하다.
경독: 혼자 사는 젊은이와 홀로 사는 노인.
경심: 마음으로 놀라다. 동정하다.

(2) 홍자성 원문

君子 處患難而不憂. 當宴遊而惕慮.
遇權豪而不懼. 對惸獨而警心.
군자 처환난이불우. 당연유이척려.
우권호이불구. 대경독이경심.

(3) 원문해석

군자는 환난을 당했을 때 심드렁하지만 즐거운 잔치 자리에서 놀 때면 온 힘을 다하여 근신하며 높은 지위와 강한 힘을 가진 권세 있는 사람을 만났을 때는 두려워하지 않지만 사고무친인 고아나 홀로 사시는 노인을 만나면 깜짝 놀라며 걱정을 한다.

(4) 스스로 해석자료

君子 處患難而不憂

임금 군(부수 입구), 아들 자(부수 아들자), 곳 처(부수 범호엄), 근심 환(부수 마음심), 어려울 난(부수 새추), 말 이을 이(부수 말이을이), 아닐 불(부수 한일), 근심 우(부수 마음심)

當宴遊而惕慮

마땅 당(부수 밭전), 잔치 연(부수 갓머리), 놀 유(부수 책받침), 말 이을 이(부수 말이을이), 두려워할 척(부수 심방변), 생각할 려(부수 마음심)

遇權豪而不懼

만날 우(부수 책받침), 저울추 권(부수 나무목), 호걸 호(부수 돼지시), 말 이을 이(부수 말이을이), 아닐 불(부수 한일), 두려워할 구(부수 심방변)

對惸獨而警心

대할 대(부수 마디촌), 근심할 경(부수 심방변), 홀로 독(부수 개사슴록변), 말 이을 이(부수 말이을이), 깨우칠 경(부수 말씀언), 마음 심(부수 마음심)

(5) 조부훈회(祖父訓誨)

잔칫집에 초대받았을 때는 너무 많이 마시지 말아야 하며 적당한 기회에 슬그머니 빠져나오는 것이 좋다. 그때 혹 주인이 붙잡더라도 인사치레로 생각하고 단호히 빠져나오는 것이 바람직하다.

(6) 독자 이벤트

잔칫집에 초대받았을 때 술을 지나치게 마셔 실수한 적이 있었던가 되돌아보자.

전집 제224장

싹이 나되 꽃이 피지 못하는 것이 있고
꽃이 피되 열매를 맺지 못하는 것이 있다.

(1) 준비운독(準備運讀)

　제224장을 읽는 데는 다음과 같은 어휘를 먼저 익혀야 한다. 송창백취, 견정, 등황귤록, 형렬, 신호, 농요, 조수. 이 어휘를 스스로 익히고 난 후 다음의 설명을 참고하면 사고의 지평이 넓어지리라 생각된다.

　송창백취: 푸른 소나무와 잣나무.
　견정: 굳은 정조.
　등황귤록: 노랑색 유자와 연두색 귤.
　형렬: 맑은 향기.
　신호: 진실로 알겠도다.
　농요: 아름답지만 일찍 시들다.
　조수: 제 시기보다 빨리 익는다. 곧 조숙하다.

(2) 홍자성 원문

　桃李雖艶, 何如松蒼栢翠之堅貞.
　梨杏雖甘, 何如橙黃橘綠之馨冽.
　信乎! 濃夭不及淡久. 早秀不如晚成也.
　도리수염, 하여송창백취진견정.
　이행수감, 하여등황귤록지형렬.
　신호! 농요불급담구. 조수불여만성야.

(3) 원문해석

　복숭아꽃과 오얏꽃이 비록 곱다 한들 어찌 푸른 소나무와 잣나무의 곧고 꿋꿋한 절개만 할 수 있으며 배와 살구가 비록 달다 한들 어찌 노란 유자와 푸른 귤의 맑은 향기만 할 수 있겠는가. 이와 같이 곱지만 일찍 시드는 것은 담백하여 오래가는 것만 못하며 올되는 것은 늦게 이루어지는 것만 못하다.

(4) 스스로 해석자료

桃李雖艶
　복숭아 도(부수 나무목), 오얏 리(부수 나무목), 비록 수(부수 새추), 고울 염(부수 빛색)

何如松蒼栢翠之堅貞
　어찌 하(부수 사람인변), 같을 여(부수 여자녀), 소나무 송(부수 나무목), 푸를 창(부수 초두머리), 측백 백(부수 나무목), 푸를 취(부수 깃우), 갈 지(부수 삐침별), 굳을 견(부수 흙토), 곧을 정(부수 조개패)

梨杏雖甘
　배나무 이(부수 나무목), 살구 행(부수 나무목), 비록 수(부수 새추), 달 감(부수 달감)

何如橙黃橘綠之馨冽
　어찌 하(부수 사람인변), 같을 여(부수 여자녀), 귤 등(부수 나무목), 누를 황(부수 누를황), 귤 귤(부수 나무목), 푸를 록(부수 실사변), 갈 지(부수 삐침별), 꽃다울 형(부수 향기향), 맑을 렬(부수 이수변)

信乎! 濃夭不及淡久
　믿을 신(부수 사람인변), 어조사 호(부수 삐침별), 짙을 농(부수 삼수변), 일찍 죽을 요(부수 큰대), 아닐 불(부수 한일), 미칠 급(부수 또우), 맑을 담(부수 삼수변), 오랠 구(부수 삐침별)

早秀不如晩成也
　이를 조(부수 날일), 빼어날 수(부수 벼화), 아닐 불(부수 한일), 같을 여(부수 여자녀), 늦을 만(부수 날일), 이룰 성(부수 창과), 어조사 야(부수 새을)

(5) 조부훈회(祖父訓誨)

어렸을 때 선행학습을 시키면 올되는 수가 있다. 이때 올되는 것은 자기 힘이 아니고 외부의 힘인데 그것을 모르고 노력하지 않는다. 『도덕경』 41장에 대기만성이라는 말이 있다. 큰 그릇이 늦게 이뤄진다는 것은 외부의 자극 없이 스스로 천천히 꿈틀꿈틀하면서 앞으로 나아가는 덕분이라고 생각된다.

(6) 독자 이벤트

사군자가 무엇인가 알아보고 왜 사람들이 그것을 사군자라고 하는지 생각해 보자.

전집 제225장

움직임도 없고 소리도 없는 적막에 잠시 머뭇하면 마음의 본모습을 그려낼 수 있다.

(1) 준비운독(準備運讀)

제225장을 읽는 데는 다음과 같은 어휘를 먼저 익혀야 한다. 풍염, 희, 식심체, 본연. 이 어휘를 스스로 익히고 난 후 다음의 설명을 참고하면 사고의 지평이 넓어지리라 생각된다.

풍염: 바람이 잔잔하다.
희: 드물다.
식심체: 마음의 테두리를 알아내다.
본연: 본래의 모습.

(2) 홍자성 원문

風恬浪靜中, 見人生之眞境.
味淡聲希處, 識心體之本然.
풍염랑정중, 견인생지진경.
미담성희처, 식심체지본연.

(3) 원문해석

바람도 움직이지 아니하고 물결도 일어나지 않는 호숫가를 걷노라면 인생의 진미를 맛볼 수 있고 맛이 담담하고 소리가 드문 곳에서 마음의 본래 모습을 그려낼 수 있다.

(4) 스스로 해석자료

風恬浪靜中

바람 풍(부수 바람풍), 편안할 염(부수 심방변), 물결 랑(부수 삼수변), 고요할 정(부수 푸를청), 가운데 중(부수 뚫을곤)

見人生之眞境

볼 견(부수 볼견), 사람 인(부수 사람인), 날 생(부수 날생), 갈 지(부수 삐침별), 참 진(부수 눈목), 지경 경(부수 흙토)

味淡聲希處

맛 미(부수 입구), 맑을 담(부수 삼수변), 소리 성(부수 귀이), 바랄 희(부수 수건건), 곳 처(부수 범호엄)

識心體之本然

알 식(부수 말씀언), 마음 심(부수 마음심), 몸 체(부수 뼈골), 갈 지(부수 삐침별), 근본 본(부수 나무목), 그럴 연(부수 연화발)

(5) 조부훈회(祖父訓誨)

전집 225장의 내용은 직장 생활을 하는 중 은퇴 무렵에 잠시 틈을 내어 자연을 즐기며 과거를 회상하는 장면이라고 볼 수 있다. 약육강식의 터널을 지나고 적자생존의 벽을 넘어서 우승, 열패를 극복하고 직장을 얻어 생활하면서 가끔 은퇴 후에 생활을 설계할 필요가 있다. 이때 미래에 대한 청사진이 떠오르지 않으면 조용한 시냇가를 걷는다든지 산을 오르내리노라면 그 아이디어가 문득 떠오르게 될 것이다.

(6) 독자 이벤트

책을 독파했거나, 어떤 고전을 독파했거나 어떤 과업이 완성됐을 때 바로 다음 단계로 들어가지 말고 3, 4일 동안 여행하면서 자연을 만나본다.

채근담 후집
1장~134장

채근담 후집의 전체 주제는 거향이라고 말할 수 있다. '고향에 머문다'는 거향이라는 말을 현대어로 표현하면 '은퇴 후의 생활'이라고 말할 수 있다. 따라서 후집은 산과 내, 구름과 바위, 새와 꽃 이런 이야기로 점철되어 있다.

후집 제1장
지지자불여 호지자
호지자불려 낙지자

(1) 준비운독(準備運讀)

후집 1장의 개요는 산림의 즐거움과 명예욕 재물욕에 관한 이야기이다.

(2) 홍자성 원문

談山林之樂者, 未必眞得山林之趣.
厭名利之談者, 未必盡忘名利之情.
담산림지락자, 미필진득산림지취.
염명리지담자, 미필진망명리지정.

(3) 원문해석

산의 즐거움을 말하는 사람은 산의 즐거움을 진정으로 아는 사람이 아니다. 돈도 명예도 다 싫다고 말하는 사람은 아직도 돈과 명예의 단맛을 잊지 못하는 사람이다.

(4) 스스로 해석자료

談山林之樂者
말씀 담(부수 말씀언), 뫼 산(부수 뫼산), 수풀 림(부수 나무목), 갈 지(부수 삐침별), 즐길 락(부수 나무목), 놈 자(부수 늙을로엄)

未必眞得山林之趣
아닐 미(부수 나무목), 반드시 필(부수 마음심), 참 진(부수 눈목), 얻을 득(부수 두인변), 뫼 산(부수 뫼산), 수풀 림(부수 나무목), 갈 지(부수 삐침별), 뜻 취(부수 달릴주)

厭名利之談者未必盡忘名利之情

싫어할 염(부수 민엄호), 이름 명(부수 입구), 이로울 리(부수 선칼도방), 갈 지(부수 삐침별), 말씀 담(부수 말씀언), 놈 자(부수 늙을로엄)

未必盡忘名利之情

아닐 미(부수 나무목), 반드시 필(부수 마음심), 다할 진(부수 그릇명), 잊을 망(부수 마음심), 이름 명(부수 입구), 이로울 리(부수 선칼도방), 갈 지(부수 삐침별), 뜻 정(부수 심방변)

(5) 조부훈회(祖父訓誨)

도덕경 38장에 지극히 덕성스러운 사람은 덕 있는 체를 하지 아니하고 약간의 덕이 있는 사람은 덕 있음을 뽐낸다는 "상덕부덕, 하덕부실덕"이라는 말이 있다. 검도에서 공격을 성공했을 때 기뻐 날뛰는 사람은 초단이고, 전혀 내색하지 않는 사람은 삼단을 넘어선 고단자라고 한다. 어머니는 아들딸을 사랑하면서 사랑하는 척을 전혀 하지 않는다. 아들딸들은 어머니를 사랑하면서 사랑하는 티를 꼭 나타낸다. 후집 1장의 주제는 척이나 체를 하지 않는다는 것이다. 검도에서 삼단을 넘어서면 공격을 성공했을 때 전혀 기쁨을 나타내지 않는다. 이런 말을 새기면서 초단일 때 삼단의 경지에 이르는 사람이 바로 그 사람이 고매한 사람이라 할 수 있다.

(6) 독자 이벤트

게임이나 말다툼에서 이겼을 때 상대방을 쩔쩔매게 한 적이 있는가 되돌아보자.

후집 제2장
재미나는 일은 버릇이 되지 않게 하라.

(1) 준비운독(準備運讀)

후집 제2장을 읽는 데는 먼저 다음과 같은 어휘를 익혀야 한다. 조수, 일사, 생살지병, 혁기, 청희, 생사. 이 어휘를 스스로 익히고 난 후 다음의 설명을 참고하면 사고의 지평이 넓어지리라 생각된다.

조수: 낚시질.
일사: 속세를 벗어나다.
생살지병: 살리고 죽이는 권한.
혁기: 바둑과 장기.
청희: 고상한 놀이.
생사: 일을 줄이다.

(2) 홍자성 원문

釣水, 逸事也. 尙持生殺之柄.
奕棋, 淸戱也. 且動戰爭之心.
可見喜事 不如省事之爲適 多能 不若無能之全眞.
조수, 일사야. 상지생살지병.
혁기, 청희야. 차동전쟁지심.
가견희사 불여생사지위적 다능 불약무능지전진.

(3) 원문해석

　낚시는 일과를 벗어나 유유자적할 수 있는 취미이지만 죽이고 살리는 고민이 있고 장기와 바둑은 두뇌 활동에 도움이 되는 고상한 놀이이지만 이겼을 때의 쾌감과 졌을 때의 아쉬움을 번갈아 주고받는 게임이다. 그러므로 기쁜 일이란 일을 덜어 마음에 알맞도록 해야 되고 재능을 다 발휘하는 것보다 다소 아끼며 건너뛰기도 하여 습관이 되지 않게 해야 한다.

(4) 스스로 해석자료

釣水
낚을 조(부수 쇠금), 물 수(부수 물수)

逸事也
편안할 일(부수 책받침), 일 사(부수 갈고리궐), 어조사 야(부수 새을)

尙持生殺之柄
오히려 상(부수 작을소), 가질 지(부수 재방변), 날 생(부수 날생), 죽일 살(부수 갖은등글월문), 갈 지(부수 삐침별), 자루 병(부수 나무목)

奕棋
클 혁(부수 큰대), 바둑 기(부수 나무목)

淸戱也
맑을 청(부수 삼수변), 희롱할 희(부수 창과), 어조사 야(부수 새을)

且動戰爭之心
또 차(부수 한일), 움직일 동(부수 힘력), 싸움 전(부수 창과), 다툴 쟁(부수 손톱조), 갈 지(부수 삐침별), 마음 심(부수 마음심)

可見喜事
옳을 가(부수 입구), 볼 견(부수 볼견), 기쁠 희(부수 입구), 일 사(부수 갈고리궐)

不如省事之爲適
아닐 불(부수 한일), 같을 여(부수 여자녀), 덜 생(부수 눈목), 일 사(부수 갈고리궐), 갈 지(부수 삐침별), 할 위(부수 손톱조), 맞을 적(부수 책받침)

多能
많을 다(부수 저녁석), 능할 능(부수 육달월)

不若無能之全眞

아닐 불(부수 한일), 같을 약(부수 초두머리), 없을 무(부수 연화발), 능할 능(부수 육달월), 갈 지(부수 삐침별), 온전할 전(부수 들입), 참 진(부수 눈목)

(5) 조부훈회(祖父訓誨)

낚시와 바둑 등은 기분 전환을 하는 데 매우 좋은 취미 생활이지만 이것에 도취되어 낚시광이나 바둑광이 된다면 근로 의욕이 떨어지거나 생활 리듬이 깨질 수 있으므로 시간을 정해 절제하며 할 수 있어야 한다.

(6) 독자 이벤트

현재 하고 있는 취미 생활이 무엇인가 체크해 보며 그것으로 인해 일상생활이 흐트러진 일이 있었던가 되돌아보자.

후집 제3장

고요히 떨어지는 오동잎에도 발자취는 있다.

(1) 준비운독(準備運讀)

제3장을 읽는 데는 다음과 같은 어휘를 먼저 익혀야 한다. 앵화무, 환경, 수목락, 석수, 애고, 진오. 이 어휘를 스스로 익히고 난 후 다음의 설명과 참고하면 사고의 지평이 넓어지리라 생각된다.

앵화무: 꾀꼬리가 노래하고 꽃이 흐드러지게 피어있다.
환경: 화장으로 꾸며진 모습.
수목락: 물이 마르고 나무에서 낙엽이 떨어지다.
석수: 돌이 앙상하게 드러나다.
애고: 풀과 나무가 시들어 메마른 언덕.
진오: 본래의 참모습.

(2) 홍자성 원문

鶯花茂而山濃谷艷, 總是乾坤之幻境.
水木落而石瘦崖枯, 纔見天地之眞吾.
앵화무이산농곡염, 총시건곤지환경.
수목락이석수애고, 재견천지지진오.

(3) 원문해석

꾀꼬리 노래하며 꽃이 흐드러지게 피고 나무가 무성하여 산과 골짜기가 아름다운 것은 입술에 립스틱을 바르고 볼에 연지를 발라 얼굴을 화장한 것처럼 자연이 꾸며진 것이요, 나뭇잎이 떨어지고 물이 바짝 말라 바위와 골짜기가 앙상하게 드러난 것은 자연의 참모습이다.

(4) 스스로 해석자료

鶯花茂而山濃谷艷
꾀꼬리 앵(부수 새조), 꽃 화(부수 초두머리), 무성할 무(부수 초두머리), 말 이을 이(부수 말이을이), 뫼 산(부수 뫼산), 짙을 농(부수 삼수변), 골 곡(부수 골곡), 고울 염(부수 빛색)

總是乾坤之幻境
모두 총(부수 실사), 이 시(부수 날일), 하늘 건(부수 새을), 땅 곤(부수 흙토), 갈 지(부수 삐침별), 헛보일 환(부수 작을요), 지경 경(부수 흙토)

水木落而石瘦崖枯
물 수(부수 물수), 나무 목(부수 나무목), 떨어질 락(부수 초두머리), 말 이을 이(부수 말이을이), 돌 석(부수 돌석), 여윌 수(부수 병질엄), 언덕 애(부수 뫼산), 마를 고(부수 나무목)

纔見天地之眞吾
겨우 재(부수 실사변), 볼 견(부수 볼견), 하늘 천(부수 큰대), 땅 지(부수 흙토), 갈 지(부수 삐침별), 참 진(부수 눈목), 나 오(부수 입구)

(5) 조부훈회(祖父訓誨)

잠언 31장 30절에 "고운 것도 거짓되고 아름다운 것도 헛되나 오직 여호와를 경외하는 여자는 칭찬을 받을 것이라"라는 말이 있다. 젊어서 코를 세우고 눈매를 고치는 것과 같은 성형으로 얼굴을 아름답게 꾸미지만 황혼까지 그 아름다움이 유지되지 못하고 본래의 모습이 결국 들키고 만다. 꽃이 피고 나무가 우거지는 것은 결국은 자연도 치장한 것이다.

(6) 독자 이벤트

얼굴에 메이크업을 하기 위해서 현재 사용하는 화장품이 무엇이 있는지 체크해 보자.

후집 제4장

고즈넉한 보름달을 마음껏 보듬어라.

(1) 준비운독(準備運讀)

제4장을 읽는 데는 다음과 같은 어휘를 먼저 익혀야 한다. 자촉, 본관, 비자, 풍화설월, 노양자. 이 어휘를 스스로 익히고 난 후 다음의 설명을 참고하면 사고의 지평이 넓어지리라 생각된다.

자촉: 빨리 하고자 재촉하다.

본관: 여유가 있는 마음.

비자: 약한 불에도 금방 달아오르는 사람.

풍화설월: 계절의 변화에 따라 봄에는 꽃이 피고, 여름에는 바람이 불고, 가을에는 달이 유난히 밝고, 겨울에는 하얀 눈이 내리는 자연의 기상.

노양자: 몸을 생각하지 않고 지나치게 힘쓰는 사람.

(2) 홍자성 원문

歲月 本長, 而忙者自促.

天地 本寬, 而鄙者自隘.

風花雪月 本閒而勞攘者自冗.

세월 본장, 이망자자촉.

천지 본관, 이비자자애.

풍화설월 본한이로양자자용.

(3) 원문해석

세월은 한없이 유구하건만 바쁜 사람은 세월은 쏜살같고 유수와 같다면서 짧다 한다. 하늘과 땅은 광활하지만 약한 불에도 쉽게 달아오르는 비자는 좁다 한다. 풍화설월은 한가한 것이건만 노양자는 악착같이 일만 할 줄 알지 그 여유를 즐기지 못한다.

(4) 스스로 해석자료

歲月 本長
해 세(부수 그칠지), 달 월(부수 육달월), 근본 본(부수 나무목), 길 장(부수 길장)

而忙者自促
말 이을 이(부수 말이을이), 바쁠 망(부수 심방변), 놈 자(부수 늙을로엄), 스스로 자(부수 스스로자), 재촉할 촉(부수 사람인변)

天地 本寬
하늘 천(부수 큰대), 땅 지(부수 흙토), 근본 본(부수 나무목), 너그러울 관(부수 갓머리)

而鄙者自隘
말 이을 이(부수 말이을이), 더러울 비(부수 우부방), 놈 자(부수 늙을로엄), 스스로 자(부수 스스로자), 좁을 애(부수 좌부변)

風花雪月
바람 풍(부수 바람풍), 꽃 화(부수 초두머리), 눈 설(부수 비우), 달 월(부수 육달월)

本閒
근본 본(부수 나무목), 한가할 한(부수 문문)

而勞攘者自冗
말 이을 이(부수 말이을이), 일할 로(부수 힘력), 물리칠 양(부수 재방변), 놈 자(부수 늙을로엄), 스스로 자(부수 스스로자), 쓸데없을 용(부수 민갓머리)

(5) 조부훈회(祖父訓誨)

후집 제4장의 영역본을 소개해 본다.

Months and years are long, only the harried try to hurry them along. Heaven and earth is commodious, only the petty feel cramped. Seasonal scenes are sources of leisure, only the belabored feel put upon.

『Vegetable roots discourse』 104쪽

한 달, 한 해는 길어 오직 바쁜 사람들만이 서두르려고 한다. 하늘과 땅은 넓은데 소소한 것만이 좁다. 계절의 풍경은 여유로움의 원천인데, 오직 고심만이 있을 뿐이다.

(6) 독자 이벤트

기상 시각, 취침 시각을 체크해 보며 하루 수면 시간과 휴식 시간이 얼마인지 따져본다.

후집 제5장

기분 전환을
길게 하지 말라.

(1) 준비운독(準備運讀)

제5장을 읽는 데는 다음과 같은 어휘를 먼저 익혀야 한다. 분지, 권석, 연하, 회경, 봉창, 죽옥. 이 어휘를 스스로 익히고 난 후 다음의 설명을 참고하면 사고의 지평이 넓어지리라 생각된다.

분지: 화분만 한 연못.
권석: 복숭아만 한 돌.
연하: 골짜기에서 피어오른 증기와 이슬비보다 더 가는 수증기. 여기서는 산수의 경치란 의미이다.
회경: 아름다운 경치.
봉창: 들풀이 우거진 창.
죽옥: 대나무로 이어진 것처럼 초라한 집.

(2) 홍자성 원문

得趣不在多. 盆池拳石間, 烟霞具足.
會景不在遠. 蓬窓竹屋下, 風月自賖.
득취부재다. 분지권석간, 연하구족.
회경부재원. 봉창죽옥하, 풍월자사.

(3) 원문해석

볼만한 경치는 광활하지 않아도 된다. 동이만 한 연못과 복숭아만 한 돌 사이에도 얼마든지 있다. 야릇한 경치는 먼 곳에만 있는 것이 아니다. 들풀 대나무로 지어진 초라한 초가집에서도 맑은 바람, 밝은 달은 얼마든지 즐길 수 있다.

(4) 스스로 해석자료

得趣不在多
얻을 득(부수 두인변), 뜻 취(부수 달릴주), 아닐 부(부수 한일), 있을 재(부수 흙토), 많을 다(부수 저녁석)

盆池拳石間
동이 분(부수 그릇명), 못 지(부수 삼수변), 주먹 권(부수 손수), 돌 석(부수 돌석), 사이 간(부수 문문)

烟霞具足
연기 연(부수 불화), 노을 하(부수 비우), 갖출 구(부수 여덟팔), 발 족(부수 발족)

會景不在遠
모일 회(부수 가로왈), 볕 경(부수 날일), 아닐 부(부수 한일), 있을 재(부수 흙토), 멀 원(부수 책받침)

蓬窓竹屋下
쑥 봉(부수 초두머리), 창 창(부수 구멍혈), 대 죽(부수 대죽), 집 옥(부수 주검시엄), 아래 하(부수 한일)

風月自賖
바람 풍(부수 바람풍), 달 월(부수 육달월), 스스로 자(부수 스스로자), 세낼 사(부수 조개패)

(5) 조부훈회(祖父訓誨)

제5장의 다른 번역을 옮겨본다.

풍광을 즐기는 것은 웅장한 데 있는 것이 아니다. 동이만 한 연못과 주먹만 한 돌 사이에도 산수의 경치는 갖추어지는 것이다. 훌륭한 경치는 먼 데 있지 않다. 쑥대로 얽어놓은 창문과 초가집 아래에서도 맑은 바람과 밝은 달은 스스로 한가롭다.
『평생에 한 번은 꼭 채근담을 읽어라』 391쪽

(6) 독자 이벤트

봄에 한 번, 여름에 한 번, 가을에 한 번, 겨울에 한 번, 일 년에 네 차례 정도 산수를 즐기는 여행을 해본다.

후집 제6장
문득 깬 꿈에서 진정한 자아를 찾을 수 있다.

(1) 준비운독(準備運讀)

제6장을 읽는 데는 다음과 같은 어휘를 먼저 익혀야 한다. 환성, 징담, 규견, 신외지신. 이 어휘를 스스로 익히고 난 후 다음의 설명을 참고하면 사고의 지평이 넓어지리라 생각된다.

환성: 불러 깨우치다. 문득 애먼 생각이 떠올라 그 생각에 힘을 주어 질서 있게 생각함.
징담: 맑고 깨끗한 연못.
규견: 엿보다.
신외지신: 몸 밖의 몸. 우주의 본체와 같은 몸이란 의미.

(2) 홍자성 원문

聽靜夜之鐘聲, 喚醒夢中之夢.
觀澄潭之月影, 窺見身外之身.
청정야지종성, 환성몽중지몽.
관징담지월영, 규견신외지신.

(3) 원문해석

깊은 밤에 종소리에 문득 잠이 깨어 꿈속의 꿈을 불러 깨우고 맑은 연못의 달그림자를 보고 몸 밖에 있는 몸을 엿본다.

(4) 스스로 해석자료

聽靜夜之鐘聲

들을 청(부수 귀이), 고요할 정(부수 푸를청), 밤 야(부수 저녁석), 갈 지(부수 삐침별), 쇠북 종(부수 쇠금), 소리 성(부수 귀이)

喚醒夢中之夢
부를 환(부수 입구), 깰 성(부수 닭유), 꿈 몽(부수 저녁석), 가운데 중(부수 뚫을곤), 갈 지(부수 삐침별), 꿈 몽(부수 저녁석)

觀澄潭之月影
볼 관(부수 볼견), 맑을 징(부수 삼수변), 못 담(부수 삼수변), 갈 지(부수 삐침별), 달 월(부수 육달월), 그림자 영(부수 터럭삼)

窺見身外之身
엿볼 규(부수 구멍혈), 볼 견(부수 볼견), 몸 신(부수 몸신), 바깥 외(부수 저녁석), 갈 지(부수 삐침별), 몸 신(부수 몸신)

(5) 조부훈회(祖父訓誨)

제6장에 영역본을 옮겨본다.

Listening to the temple bell in the still of night, I waken to the dream within a dream. Gazing at the reflected moon in the still pond, I glimpse the body beyond the body.

『Vegetable roots discourse』 105쪽

고요한 밤에 절의 종소리를 들으며 꿈속에서 꿈에 잠이 깼다. 고요한 연못에 비친 달을 바라보며 몸 너머로 몸을 언뜻 본다.

(6) 독자 이벤트

간밤에 꾸었던 꿈을 이야기처럼 손 글씨로 써보자.

후집 제7장

꽃잎이 피는 소리는 10데시벨이고 꽃잎이 지는 소리는 20데시벨이다.

(1) 준비운독(準備運讀)

제7장을 읽는 데는 다음과 같은 어휘를 먼저 익혀야 한다. 전심지결, 견도지문, 천기, 청철, 흉차, 회심. 이 어휘를 스스로 익히고 난 후 다음의 설명을 참고하면 사고의 지평이 넓어지리라 생각된다.

전심지결: 자연의 소리에서 자연의 기상을 느낌.
견도지문: 자연의 참모습을 나타내는 글.
천기: 스스로 이루어지는 마음의 작용.
청철: 맑고 깨끗하다.
흉차: 마음속.
회심: 새롭게 깨닫는 마음.

(2) 홍자성 원문

鳥語蟲聲, 總是全心之訣. 花英草色, 無非見道之文.
學者 要天機淸澈 胸次玲瓏, 觸物 皆有會心處.
조어충성, 총시전심지결. 화영초색, 무비견도지문.
학자 요천기청철 흉차영롱, 촉물 개유회심처.

(3) 원문해석

새소리, 풀벌레 소리를 들으면 자연의 기상이 온몸에 스며든다. 꽃잎과 풀잎도 자연의 참모습을 나타내는 것이 아닌 것이 없다. 배우는 학자는 이러한 자연의 소리와 자연의 움직임으로 마음을 맑게 하고 가슴을 영롱하게 하여 마음에 깨닫는 바가 있어야 한다.

(4) 스스로 해석자료

鳥語蟲聲
새 조(부수 새조), 말씀 어(부수 말씀언), 벌레 충(부수 벌레훼), 소리 성(부수 귀이)

總是全心之訣
다 총(부수 실사), 이 시(부수 날일), 온전할 전(부수 들입), 마음 심(부수 마음심), 갈 지(부수 삐침별), 이별할 결(부수 말씀언)

花英草色
꽃 화(부수 초두머리), 꽃부리 영(부수 초두머리), 풀 초(부수 초두머리), 빛 색(부수 빛색)

無非見道之文
없을 무(부수 연화발), 아닐 비(부수 아닐비), 볼 견(부수 볼견), 길 도(부수 책받침), 갈 지(부수 삐침별), 글월 문(부수 글월문)

學者
배울 학(부수 아들자), 놈 자(부수 늙을로엄)

要天機淸澈
요긴할 요(부수 덮을아), 하늘 천(부수 큰대), 틀 기(부수 나무목), 맑을 청(부수 삼수변), 맑을 철(부수 삼수변)

胸次玲瓏
가슴 흉(부수 육달월), 버금 차(부수 하품흠), 옥소리 영(부수 구슬옥변), 옥소리 롱(부수 구슬옥변)

觸物
닿을 촉(부수 뿔각), 물건 물(부수 소우)

皆有會心處
다 개(부수 흰백), 있을 유(부수 달월), 모일 회(부수 가로왈), 마음 심(부수 마음심), 곳 처(부수 범호엄)

(5) 조부훈회(祖父訓誨)

매미 소리나 귀뚜라미 소리, 새 우는 소리를 들으면 마음의 앙금이 문득 사라진다. 서재에 묻혀있거나 글로 생활에 찌든 심신을 달래는 데는 자연과 벗을 하는 것이 최선이다.

(6) 독자 이벤트

매미 소리, 귀뚜라미 소리, 물 내려가는 소리를 들을 때의 느낌을 적어본다.

후집 제8장
행간의 숨은 뜻이 파악될 때까지 여러 번 읽어라.

(1) 준비운독(準備運讀)

제8장을 읽는 데는 다음과 같은 어휘를 먼저 익혀야 한다. 무자서, 무현금, 적용, 신용. 이 네 단어를 스스로 익히고 난 후 다음의 설명을 참고하면 사고의 지평이 넓어지리라 생각된다.

무자서: 글자가 쓰여있지 않은 책.
무현금: 줄이 없는 거문고. 여기서는 천지자연의 모든 소리를 의미한다.
적용: 형체가 있는 것을 쓰다.
신용: 정신을 쓰다. 여기서는 행간과 행간의 숨은 뜻을 체득한다는 말.

(2) 홍자성 원문

人解讀有字書, 不解讀無字書. 知彈有絃琴, 不知彈無絃琴.
以跡用, 不以神用, 何以得琴書之趣.
인해독유자서, 불해독무자서. 지탄유현금, 부지탄무현금.
이적용, 불이신용, 하이득금서지취.

(3) 원문해석

덜된 사람은 문자 있는 책은 읽을 줄 알되 문자 없는 책은 읽지 못하며 줄 있는 거문고는 탈 줄 알되 줄 없는 거문고는 탈 줄 모르는데 이렇게 형체 있는 것만 쓸 줄 알고 정신을 쓸 줄 모른다면 어찌 거문고와 책의 참맛을 깨달을 수 있겠는가.

(4) 스스로 해석자료

人解讀有字書

사람 인(부수 사람인), 풀 해(부수 뿔각), 읽을 독(부수 말씀언), 있을 유(부수 달월), 글자 자(부수 아들자), 글 서(부수 가로왈)

不解讀無字書

아닐 불(부수 한일), 풀 해(부수 뿔각), 읽을 독(부수 말씀언), 없을 무(부수 연화발), 글자 자(부수 아들자), 글 서(부수 가로왈)

知彈有絃琴

알 지(부수 화살시), 탄알 탄(부수 활궁), 있을 유(부수 달월), 줄 현(부수 실사변), 거문고 금(부수 구슬옥변)

不知彈無絃琴

아닐 부(부수 한일), 알 지(부수 화살시), 탄알 탄(부수 활궁), 없을 무(부수 연화발), 줄 현(부수 실사), 거문고 금(부수 구슬옥변)

以跡用 不以神用

써 이(부수 사람인), 발자취 적(부수 발족변), 쓸 용(부수 쓸용), 아닐 불(부수 한일), 써 이(부수 사람인), 귀신 신(부수 보일시), 쓸 용(부수 쓸용)

何以得琴書之趣

어찌 하(부수 사람인변), 써 이(부수 사람인), 얻을 득(부수 두인변), 거문고 금(부수 구슬옥변), 글 서(부수 가로왈), 갈 지(부수 삐침별), 뜻 취(부수 달릴주)

(5) 조부훈회(祖父訓誨)

책을 읽을 때는 행과 행 사이에 숨어있는 의미를 파악할 때까지 여러 번 읽어야 한다. 독서 후 피곤한 머리를 달래기 위해서 악기 연주를 한다든지 악기 연주가 어렵다면 노래를 목청껏 불러본다든지, 노래를 목청껏 부를 수 없다면 가사라도 몇 번 읽어본다.

(6) 독자 이벤트

다룰 줄 아는 악기가 있다면 본인이 좋아하는 가곡이나 가요를 세 곡 정도 연주해 본다.

후집 제9장

학자가 악기를 다룰 줄 알면 금상첨화이다.

(1) 준비운독(準備運讀)

제9장을 읽는 데는 다음과 같은 어휘가 필요하다. 제해, 석실, 단구. 이 어휘를 스스로 익히고 난 후 다음의 설명을 참고하면 사고의 지평이 넓어지리라 생각된다.

제해: 맑게 갠 잔잔한 바다.
석실: 깊은 산속에 지은 별장.
단구: 신선이 산다는 도원경.

(2) 홍자성 원문

心無物欲, 卽是秋空霽海.
坐有琴書, 便成石室丹丘.
심무물욕, 즉시추공제해.
좌유금서, 편성석실단구.

(3) 원문해석

마음에 재물 욕심이 없으면 이 마음이 곧 가을의 파란 하늘이요, 잔잔한 바다이다. 곁에 거문고와 책이 있으면 이곳이 바로 도원경이며 유토피아이다.

(4) 스스로 해석자료

心無物欲
마음 심(부수 마음심), 없을 무(부수 연화발), 물건 물(부수 소우), 하고자 할 욕(부수 하품흠)

卽是秋空霽海

곧 즉(부수 병부절), 이 시(부수 날일), 가을 추(부수 벼화), 빌 공(부수 구멍혈), 비 갤 제(부수 비우), 바다 해(부수 삼수변)

坐有琴書

앉을 좌(부수 흙토), 있을 유(부수 달월), 거문고 금(부수 구슬옥변), 글 서(부수 가로왈)

便成石室丹丘

편할 편(부수 사람인변), 이룰 성(부수 창과), 돌 석(부수 돌석), 집 실(부수 갓머리), 붉을 단(부수 점주), 언덕 구(부수 한일)

(5) 조부훈회(祖父訓誨)

물리학자 아인슈타인은 일과 후 기분 전환으로 바이올린 연주를 하곤 했다. 상대성 원리로 유명한 물리학자가 바이올리니스트이기도 하니 이 얼마나 부러운 일인가! 공부하는 학자가 바이올린이 아닐지라도 하모니카나 기타와 같은 악기를 다룰 수 있다면 이 얼마나 좋은 일인가!

(6) 독자 이벤트

아무것도 하지 않고 한 시간 푹 쉬어보자.

후집 제10장

술자리는 클라이맥스 꼭짓점을 막 벗어날 때 끊고 나와야 한다.

(1) 준비운독(準備運讀)

제10장을 읽는 데는 다음과 같은 어휘를 먼저 익혀야 한다. 빈붕, 극음, 임리, 아이, 누, 명, 구열, 색연, 솔. 이 9개의 단어를 스스로 익힌 후 다음에 설명된 것을 참고하면 사고의 지평이 넓어지리라 생각된다.

빈붕: 손님과 친구.
극음: 도가 지나치게 마음껏 마시다.
임리: 촉촉하게 젖어듦. 여기서는 술을 질탕하게 마시고 술 속에 푹 빠진다는 의미이다.
아이: 이윽고.
누: 물시계.
명: 차.
구열: 목메어 울다.
색연: 깨끗한 외로움.
솔: 모두.

(2) 홍자성 원문

賓朋 雲集, 劇飮淋漓樂矣, 俄而漏盡燭殘, 香銷茗冷.
不覺反成嘔咽, 令人索然無味.
天下事率類此, 人奈何不早回頭也.

빈붕 운집, 극음림리락의, 아이루진촉잔, 향소명랭.
불각반성구열, 영인색연무미.

천하사솔유차, 인내하부조회두야.

(3) 원문해석

손님과 친구들이 구름처럼 모여들어 흥겹게 술을 마시는데 시간이 흘러 촛불이 가물거리고 향불이 사위어가는 줄도 모르고 이어 질탕하게 마시다가 흥취가 흐느낌으로 변하여 사람들이 한없이 처량함에 빠진다. 세상 즐거운 일들이 다 이와 같거늘 사람들은 어찌하여 후딱 그 자리를 떠날 줄 모르는가.

(4) 스스로 해석자료

賓朋 雲集
손 빈(부수 조개패), 벗 붕(부수 육달월), 구름 운(부수 비우), 모을 집(부수 새추)

劇飮淋漓樂矣
심할 극(부수 선칼도방), 마실 음(부수 밥식), 임질 림(부수 삼수변), 스며들 리(부수 삼수변), 즐길 락(부수 나무목), 어조사 의(부수 화살시)

俄而漏盡燭殘
아까 아(부수 사람인변), 말 이을 이(부수 말이을이), 샐 루(부수 삼수변), 다할 진(부수 그릇명), 촛불 촉(부수 불화), 잔인할 잔(부수 죽을사변)

香銷茗冷
향기 향(부수 향기향), 녹일 소(부수 쇠금), 차 싹 명(부수 초두머리), 찰 랭(부수 이수변)

不覺反成嘔咽
아닐 불(부수 한일), 깨달을 각(부수 볼견), 돌이킬 반(부수 또우), 이룰 성(부수 창과), 게울 구(부수 입구), 목멜 열(부수 입구)

令人索然無味
하여금 영(부수 사람인), 사람 인(부수 사람인), 찾을 색(부수 실사), 그럴 연(부수 연화발), 없을 무(부수 연화발), 맛 미(부수 입구)

天下事率類此
하늘 천(부수 큰대), 아래 하(부수 한일), 일 사(부수 갈고리궐), 거느릴 솔(부수 검을현), 무리 유(부수 머리혈), 이 차(부수 그칠지)

人奈何不早回頭也

사람 인(부수 사람인), 어찌 내(부수 큰대), 어찌 하(부수 사람인변), 아닐 부(부수 한일), 이를 조(부수 날일), 돌아올 회(부수 큰입구몸), 머리 두(부수 머리혈), 어조사 야(부수 새을)

(5) 조부훈회(祖父訓誨)

팔순 잔치나 당선 잔치 또는 금혼식 때 초대되어 술을 지나치게 마시는데 끝날 무렵에 다시 술을 찾는 사람이 있다. 그런데 도가 넘치게 질탕하게 마시는 것은 주인집에 폐를 끼칠 뿐만 아니라 자기 몸도 상한다. 술자리는 무르익을 때 아무 말 없이 살짝 빠져나오는 것이 주인을 위하는 길도 되고 자가 유익도 된다.

(6) 독자 이벤트

조부모 팔순 잔치나 부모님의 은혼식, 금혼식 이벤트를 생각해 본다.

후집 제11장
대리석 안에 다비드상도 들어있고
내 마음도 들어있다.

(1) 준비운독(準備運讀)

제11장을 읽는 데는 다음과 같은 어휘를 먼저 익혀야 한다. 회득, 개중, 오호, 연월, 촌리, 안전기, 풍정. 이 어휘를 스스로 익히고 난 후 다음의 설명을 참고하면 사고의 지평이 넓어지리라 생각된다.

회득: 여러 개를 종합하여 그 참맛을 얻음.
개중: 어떤 사물 안에 들어있는 특성.
오호: 중국에서 경치가 아름답기로 유명한 다섯 호수.
연월: 계곡의 수증기로 그윽하게 덮인 아름다운 경치.
촌리: 이성을 갖춘 마음속.
안전기: 눈앞에 펼쳐진 자연의 모습.

(2) 홍자성 원문

會得個中趣, 五湖之烟月, 盡入寸裡.
破得眼前機, 千古之英雄, 盡掌握.
회득개중취, 오호지연월, 진입촌리.
파득안전기, 천고지영웅, 진장악.

(3) 원문해석

사물의 겉과 속을 완전히 알게 되면 오후 호수의 모든 아름다움이 마음속에 잘 들어오고 눈앞에 펼쳐진 세상을 파악하게 되면 영웅의 마음도 손바닥 안으로 들어오게 하여 쥐락펴락할 수 있다.

(4) 스스로 해석자료

會得個中趣

모일 회(부수 가로왈), 얻을 득(부수 두인변), 낱 개(부수 사람인변), 가운데 중(부수 뚫을곤), 뜻 취(부수 달릴주)

五湖之烟月

다섯 오(부수 두이), 호수 호(부수 삼수변), 갈 지(부수 삐침별), 연기 연(부수 불화), 달 월(부수 육달월)

盡入寸裡

다할 진(부수 그릇명), 들 입(부수 들입), 마디 촌(부수 마디촌), 속 리(부수 옷의변)

破得眼前機

깨뜨릴 파(부수 돌석), 얻을 득(부수 두인변), 눈 안(부수 눈목), 앞 전(부수 선칼도방), 틀 기(부수 나무목)

千古之英雄

일천 천(부수 열십), 옛 고(부수 입구), 갈 지(부수 삐침별), 꽃부리 영(부수 초두머리), 수컷 웅(부수 새추)

盡掌握

다할 진(부수 그릇명), 손바닥 장(부수 손수), 쥘 악(부수 재방변)

(5) 조부훈회(祖父訓誨)

제11장의 다른 해석을 소개해 본다.

사물 속에 깃든 참맛을 깨달으면 호수의 아름다운 풍경도 다 네 마음속에 들어올 것이요, 눈앞의 펼쳐진 기밀을 깨닫는다면 천고의 뛰어난 영웅의 마음도 다 손안에 들어온다.

『평생에 한 번은 꼭 채근담을 읽어라』 392쪽

(6) 독자 이벤트

'격물치지' 사자성어를 사전을 통하여 깊게 새겨보자.

후집 제12장
지식이 꿈틀하면 슬기가 되고 슬기가 꿈틀하면 샛별이 된다.

(1) 준비운독(準備運讀)

제12장을 읽는 데는 다음과 같은 어휘가 필요하다. 진중지진, 포영, 영외지영, 상상지, 요요심. 이 다섯 개의 단어를 스스로 익힌 후 다음에 설명된 것을 참고하면 사고의 지평이 넓어지리라 생각된다.

진중지진: 티끌 속의 티끌. 여기서는 사람의 신체.
포영: 거품과 그림자 즉 금방 사라질 허무한 것.
영외지영: 그림자 밖의 그림자. 부귀공명이 문득 사라짐을 비유한 말.
상상지: 지식을 뛰어넘는 최상의 슬기.
요요심: 밝고 뚜렷한 마음.

(2) 홍자성 원문

山河大地, 已屬微塵, 而況塵中之塵.
血肉身軀, 且歸泡影, 而況影外之影.
非上上智 無了了心.
산하대지, 이속미진, 이황진중지진.
혈육신구, 차귀포영, 이황영외지영.
비상상지 무료료심.

(3) 원문해석

산과 강, 광활한 평야도 우주에 비하면 하나의 작은 티끌이거늘 하물며 티끌 속의 티끌이야

말하여 무엇 하겠는가. 피와 살과 팔다리도 물거품이나 그림자에 지나지 않거늘 하물며 그림자 밖의 그림자 같은 부귀공명을 말하여 무엇 하겠는가. 지식을 뛰어넘는 슬기가 아니면 환히 깨닫는 명성을 지닐 수 없다.

(4) 스스로 해석자료

山河大地
뫼 산(부수 뫼산), 물 하(부수 삼수변), 큰 대(부수 큰대), 땅 지(부수 흙토)

已屬微塵
이미 이(부수 몸기), 무리 속(부수 주검시엄), 작을 미(부수 두인변), 티끌 진(부수 흙토)

而況塵中之塵
말 이을 이(부수 말이을이), 상황 황(부수 삼수변), 티끌 진(부수 흙토), 가운데 중(부수 뚫을곤), 갈 지(부수 삐침별), 티끌 진(부수 흙토)

血肉身軀
피 혈(부수 피혈), 고기 육(부수 고기육), 몸 신(부수 몸신), 몸 구(부수 몸신)

且歸泡影
또 차(부수 한일), 돌아갈 귀(부수 그칠지), 거품 포(부수 삼수변), 그림자 영(부수 터럭삼)

而況影外之影
말 이을 이(부수 말이을이), 상황 황(부수 삼수변), 그림자 영(부수 터럭삼), 바깥 외(부수 저녁석), 갈 지(부수 삐침별), 그림자 영(부수 터럭삼)

非上上智
아닐 비(부수 아닐비), 윗 상(부수 한일), 윗 상(부수 한일), 슬기 지(부수 날일)

無了了心
없을 무(부수 연화발), 마칠 료(부수 갈고리궐), 마칠 료(부수 갈고리궐), 마음 심(부수 마음심)

(5) 조부훈회(祖父訓誨)

후집 제12장의 영역본을 옮겨본다.

Mountains and the great earth are but specks of dust, how much smaller are dusts within the dust! The body's flesh and blood are no more than shadows or bubbles, how about the shadow beyond the shadow! Without excellent wisdom, there is no achievement of mind.

『Vegetable roots discourse』 107쪽

산과 땅은 먼지일 뿐이니 먼지 속의 먼지는 얼마나 작을까! 몸의 살과 피는 그림자 거품에 지나지 않으니 그림자 너머의 그림자는 어떠할까! 뛰어난 지혜가 없으면 마음의 성취도 없다.

(6) 독자 이벤트

귀도 쉬고, 눈도 쉬고, 입도 쉬고, 손도 쉬어본다. 모두를 30분 동안 쉬게 한다.

후집 제13장

청산은 만고에 푸르르며
유수는 주야로 그치지 않는다.

(1) 준비운독(準備運讀)

제13장을 읽는 데는 다음과 같은 어휘를 먼저 익혀야 한다. 석화광중, 와우각상. 이 사자성어를 스스로 익히고 난 후 다음의 설명을 참고하면 언어의 지평이 넓어지리라 생각된다.

석화광중: 단단한 돌을 부시로 칠 때 발생하는 찰나의 불빛.
와우각상: 달팽이 뿔처럼 매우 좁은 공간을 비유하는 말.

(2) 홍자성 원문

石火光中, 爭長競短, 幾何光陰.
蝸牛角上, 較雌論雄, 許大世界.
석화광중, 쟁장경단, 기하광음.
와우각상, 교자논웅, 허대세계.

(3) 원문해석

부싯돌에서 번쩍하는 빛처럼 찰나의 순간에 길고 짧음을 다툰들 그 시간이 얼마나 길겠는가. 달팽이 뿔 위에서 다툰들 공간을 얼마나 차지하겠는가.

(4) 스스로 해석자료

石火光中
돌 석(부수 돌석), 불 화(부수 불화), 빛 광(부수 어진사람인발), 가운데 중(부수 뚫을곤)
爭長競短

다툴 쟁(부수 손톱조), 길 장(부수 길장), 다툴 경(부수 설립), 짧을 단(부수 화살시)

幾何光陰

몇 기(부수 작을요), 어찌 하(부수 사람인변), 빛 광(부수 어진사람인발), 그늘 음(부수 좌부변)

蝸牛角上

달팽이 와(부수 벌레훼), 소 우(부수 소우), 뿔 각(부수 뿔각), 윗 상(부수 한일)

較雌論雄

견줄 교(부수 수레거), 암컷 자(부수 새추), 논할 논(부수 말씀언), 수컷 웅(부수 새추)

許大世界

허락할 허(부수 말씀언), 큰 대(부수 큰대), 인간 세(부수 한일), 지경 계(부수 밭전)

(5) 조부훈회(祖父訓誨)

제13장의 다른 해석을 옮겨 적어본다.

부싯돌이 번쩍하는 짧은 불빛 속에서 길고 짧음을 다툰들 그 시간이 얼마나 길겠는가? 달팽이 뿔 위에서 자웅을 겨룬들 그 세계가 얼마나 크고 넓겠는가?

『평생에 한 번은 꼭 채근담을 읽어라』 393쪽

(6) 독자 이벤트

하루는 24시간, 일 년은 365일 지금까지 내가 살아온 날이 며칠인가? 또 몇 시간인가 계산해 보자.

후집 제14장

구두창은 닳아져도 발바닥은 닳지 않는다.

(1) 준비운독(準備運讀)

제14장을 읽는 데는 다음과 같은 어휘를 먼저 익혀야 한다. 한등무염, 폐구무온, 파롱, 사회, 완공. 이 어휘를 스스로 익히고 난 후 다음의 설명을 참고하면 사고의 지평이 넓어지리라 생각된다.

한등무염: 기름이 닳아져 불꽃이 시들어 열기가 없는 등불.
폐구무온: 오래 입어서 닳아진 옷으로 온기가 없음.
파롱: 함부로 농락하다.
사회: 식은 재처럼 몸에 힘이 줄어듦을 비유한 말.
완공: 아무 소득도 찾을 수 없는 허무한 곳.

(2) 홍자성 원문

寒燈無焰, 敝裘無溫, 總是播弄光景.
身如槁木, 心似死灰, 不免墮落頑空.
한등무염, 폐구무온, 총시파롱광경.
신여고목, 심사사회, 불면타락완공.

(3) 원문해석

시들어가는 등불에 열기가 없고 닳아진 옷에 온기가 없는 것은 모든 일의 끝이 처음과 같지 않음을 말하는 것이다. 몸이 고목과 같고 마음이 식은 재와 같을 때 꿈틀하지 않으면 에너지가 사위어 결국은 빈집이 되고 만다.

(4) 스스로 해석자료

寒燈無焰
찰 한(부수 갓머리), 등 등(부수 불화), 없을 무(부수 연화발), 불꽃 염(부수 불화)

敝裘無溫
해질 폐(부수 등글월문), 갓옷 구(부수 옷의), 없을 무(부수 연화발), 따뜻할 온(부수 삼수변)

總是播弄光景
다 총(부수 실사), 이 시(부수 날일), 뿌릴 파(부수 재방변), 희롱할 롱(부수 스물입발), 빛 광(부수 어진사람인발), 볕 경(부수 날일)

身如槁木
몸 신(부수 몸신), 같을 여(부수 여자녀), 마를 고(부수 나무목), 나무 목(부수 나무목)

心似死灰
마음 심(부수 마음심), 닮을 사(부수 사람인변), 죽을 사(부수 죽을사변), 재 회(부수 불화)

不免墮落頑空
아닐 불(부수 한일), 면할 면(부수 어진사람인발), 떨어질 타(부수 흙토), 떨어질 락(부수 초두머리), 완고할 완(부수 머리혈), 빌 공(부수 구멍혈)

(5) 조부훈회(祖父訓誨)

제14장의 영역본을 옮겨본다.

The cold lamp has no flame: threadbare clothing has no warmth. Both are results of our own neglect. When the body is like dried out wood and the mind is like dead ashes, you cannot avoid falling into vacancy.

『Vegetable roots discourse』 108쪽

차가운 등불에는 불꽃이 없고 낡은 옷에는 따뜻함이 없다. 둘 다 우리 자신을 소홀히 한 결과이다. 몸이 말라버린 나무 같고 마음이 죽은 재와 같으면 공허함을 피할 수 없다.

(6) 독자 이벤트

 현재 입고 있는 옷, 현재 신고 있는 신발의 구입 연도가 언제이고 구입 가격은 얼마인가 생각해 보며 닳아진 정도를 체크해 보자.

후집 제15장

날 저물면 꽃잎에 쉬어 가고
꽃잎이 푸대접하면 풀잎에 쉬어 간다.

(1) 준비운독(準備運讀)

제15장을 읽는 데는 다음과 같은 어휘를 먼저 익혀야 한다. 인긍, 당하, 헐처, 혼가, 승도. 이 어휘를 스스로 익히고 난 후 다음의 설명을 참고하면 사고의 지평이 넓어지리라 생각된다.

인긍: 사람이 꼭 해야 할 일.

당하: 당면한 일.

헐처: 쉼터.

혼가: 아들, 딸을 결혼시키다.

승도: 승려와 도를 갈고닦는 사람.

(2) 홍자성 원문

人肯當下休, 便當下了.

若要尋個歇處, 則婚嫁雖完, 事亦不少.

僧道雖好, 心亦不了.

前人 云, "如今休去, 便休去, 若覓了時, 無了時",

見之卓矣.

인긍당하휴, 편당하료.

약요심개헐처, 즉혼가수완, 사역불소.

승도수호, 심역불료.

전인 운, "여금휴거, 편휴거, 약멱료시, 무료시",

견지탁의.

(3) 원문해석

　일을 하는 중 쉬고 싶은 마음이 간절히 일어나면 바로 그때 쉬는 게 좋다. 만약 따로 쉴 때를 찾는다면 그 기회를 좀처럼 찾기가 어려울 것이다. 아들 장가들이고 쉬려고 했더니 바로 딸 시집보낼 일이 생긴다. 또 딸 시집보낸 뒤에도 일은 많은 법이다. 승려와 도사가 되면 여유가 생기어 좋을 것 같아도 마음은 역시 한가로움을 누리지 못한다. 옛사람이 "당장 쉬면 쉴 수 있으나 만일 끝날 때를 찾는다면 끝이 날 때가 없으리라"라고 했는데 이 말이야말로 참으로 맞는 말이로다.

(4) 스스로 해석자료

人肯當下休

　사람 인(부수 사람인), 즐길 긍(부수 육달월), 마땅 당(부수 밭전), 아래 하(부수 한일), 쉴 휴(부수 사람인변)

便當下了

　편할 편(부수 사람인변), 마땅 당(부수 밭전), 아래 하(부수 한일), 마칠 료(부수 갈고리궐)

若要尋個歇處

　같을 약(부수 초두머리), 요긴할 요(부수 덮을아), 찾을 심(부수 마디촌), 낱 개(부수 사람인변), 쉴 헐(부수 하품흠), 곳 처(부수 범호엄)

則婚嫁雖完

　곧 즉(부수 선칼도방), 혼인할 혼(부수 여자녀), 시집갈 가(부수 여자녀), 비록 수(부수 새추), 완전할 완(부수 갓머리)

事亦不少

　일 사(부수 갈고리궐), 또 역(부수 돼지해머리), 아닐 불(부수 한일), 적을 소(부수 작을소)

僧道雖好

　중 승(부수 사람인변), 길 도(부수 책받침), 비록 수(부수 새추), 좋을 호(부수 여자녀)

心亦不了

　마음 심(부수 마음심), 또 역(부수 돼지해머리), 아닐 불(부수 한일), 마칠 료(부수 갈고리궐)

前人 云

　앞 전(부수 선칼도방), 사람 인(부수 사람인), 이를 운(부수 두이)

如今休去
같을 여(부수 여자녀), 이제 금(부수 사람인), 쉴 휴(부수 사람인변), 갈 거(부수 마늘모)
便休去
편할 편(부수 사람인변), 쉴 휴(부수 사람인변), 갈 거(부수 마늘모)
若覓了時
같을 약(부수 초두머리), 찾을 멱(부수 볼견), 마칠 료(부수 갈고리궐), 때 시(부수 날일)
無了時
없을 무(부수 연화발), 마칠 료(부수 갈고리궐), 때 시(부수 날일)
見之卓矣
볼 견(부수 볼견), 갈 지(부수 삐침별), 높을 탁(부수 열십), 어조사 의(부수 화살시)

(5) 조부훈회(祖父訓誨)

쉰다 쉰다 하면서 쉬지 못하고, 그만둔다 그만둔다 하면서 그만두지 못한다. 이 년 만에 받는 건강검진도 놓친다. 소질도 적성도 아닌데 깊이 빠진 일이 있다면 과감히 그만두자.

(6) 독자 이벤트

아무 일도 하지 말고 이삼일 푹 쉬어보자.

후집 제16장

인기가 망월을 막 넘어
기망이 될 때 은퇴하라.

(1) 준비운독(準備運讀)

제16장을 읽는 데는 다음과 같은 어휘를 먼저 익혀야 한다. 종랭시열, 종용입한. 이 어휘를 스스로 익히고 난 후 다음의 설명을 참고하면 사고의 지평이 넓어지리라 생각된다.

종랭시열: 차분한 상태에서 열광했을 때를 미리 생각해 본다.
종용입한: 분주하고 바쁠 때 한가로움을 살핀다.

(2) 홍자성 원문

從冷視熱然後 知熱處之奔走無益.
從冗入閑然後 覺閑中之滋味最長.
종랭시열연후 지열처지분주무익.
종용입한연후 각한중지자미최장.

(3) 원문해석

차분한 상태에서 열광했을 때를 미리 생각해 보면 열광할 때의 바쁘고 수선스러움이 아무 이익이 없음을 알게 되고 번잡함에서 한가함으로 돌아가 본 뒤에라야 한가한 가운데의 재미가 쏠쏠함을 느끼게 된다.

(4) 스스로 해석자료

從冷視熱然後
좇을 종(부수 두인변), 찰 랭(부수 이수변), 볼 시(부수 볼견), 더울 열(부수 연화발), 그럴 연

(부수 연화발), 뒤 후(부수 두인변)

知熱處之奔走無益

알 지(부수 화살시), 더울 열(부수 연화발), 곳 처(부수 범호엄), 갈 지(부수 삐침별), 달릴 분(부수 큰대), 달릴 주(부수 달릴주), 없을 무(부수 연화발), 더할 익(부수 그릇명)

從冗入閑然後

좇을 종(부수 두인변), 쓸데없을 용(부수 민갓머리), 들 입(부수 들입), 한가할 한(부수 문문), 그럴 연(부수 연화발), 뒤 후(부수 두인변)

覺閑中之滋味最長

깨달을 각(부수 볼견), 한가할 한(부수 문문), 가운데 중(부수 뚫을곤), 갈 지(부수 삐침별), 불을 자(부수 삼수변), 맛 미(부수 입구), 가장 최(부수 가로왈), 길 장(부수 길장)

(5) 조부훈회(祖父訓誨)

후집 제16장의 영역본을 옮겨본다.

From a cool point of view, the futility of heated hustle and bustle is obvious. A moment of leisure taken while busy makes you realize how long lasting the taste of leisure can be.

『Vegetable roots discourse』 109쪽

냉철한 관점에서 보면 열띤 흥정의 허무함은 명백하다. 바쁜 와중에 잠시 취하는 여가의 맛이 얼마나 오래 지속될 수 있는지를 깨닫게 한다.

(6) 독자 이벤트

좋아하는 배우, 좋아하는 가수, 좋아하는 스포츠맨을 각각 세 명씩 이름을 적어보자.

후집 제17장

낚시왕이 되더라도
낚시광은 되지 말라.

(1) 준비운독(準備運讀)

제17장을 읽는 데는 다음과 같은 어휘를 먼저 익혀야 한다. 암서혈처, 고황, 천석, 고황천석지벽, 탐시. 이 어휘를 스스로 익히고 난 후 다음의 설명을 참고하면 사고의 지평이 넓어지리라 생각된다.

암서혈처: 속세를 떠나 산속 동굴 등에서 생활하다.
고황: '고'는 심장 아래, '황'은 횡격막 위에 있는 장기로서 고황은 인체의 가장 중요한 장기를 의미함.
천석: 흐르는 물을 품은 바위.
고황천석지벽: 등산이나 낚시 기타 놀음에 푹 빠져 헤어 나오지 못하다.
탐시: 시를 짓거나 시를 즐기는 일.

(2) 홍자성 원문

有浮雲富貴之風, 而不必巖棲穴處.
無膏肓泉石之癖, 而常自醉酒耽詩.
유부운부귀지풍, 이불필암서혈처.
무고황천석지벽, 이상자취주탐시.

(3) 원문해석

재물과 명예를 뜬구름으로 여길지라도 구태여 산골 깊숙한 곳에 들어가 살 필요는 없다. 산수를 좋아하는 고질병에 빠지지 않기 위해서는 가끔 술을 나누고 시를 짓거나 시를 감상하는 것이 바람직하다.

(4) 스스로 해석자료

有浮雲富貴之風

있을 유(부수 달월), 뜰 부(부수 삼수변), 구름 운(부수 비우), 부유할 부(부수 갓머리), 귀할 귀(부수 조개패), 갈 지(부수 삐침별), 바람 풍(부수 바람풍)

而不必巖棲穴處

말 이을 이(부수 말이을이), 아닐 불(부수 한일), 반드시 필(부수 마음심), 바위 암(부수 뫼산), 깃들일 서(부수 나무목), 구멍 혈(부수 구멍혈), 곳 처(부수 범호엄)

無膏肓泉石之癖

없을 무(부수 연화발), 기름 고(부수 육달월), 명치끝 황(부수 육달월), 샘 천(부수 물수), 돌 석(부수 돌석), 갈 지(부수 삐침별), 버릇 벽(부수 병질엄)

而常自醉酒耽詩

말 이을 이(부수 말이을이), 떳떳할 상(부수 수건건), 스스로 자(부수 스스로자), 취할 취(부수 닭유), 술 주(부수 닭유), 즐길 탐(부수 귀이), 시 시(부수 말씀언)

(5) 조부훈회(祖父訓誨)

가끔 낚싯배가 뒤집혀 익사 사고를 전해 들을 때가 종종 있다. 일과를 벗어나 심신을 달랜다고 낚시, 등산, 바둑, 장기 등에 도락하다가 고황에 멍이 들 만큼 헤어 나오지 못하는 수가 있다. 일과에 찌든 심신을 달래고자 기분 전환을 하다가 도락의 늪에 빠지는 수가 있다.

(6) 독자 이벤트

취미 활동에 푹 빠져서 헤어 나오지 못하고 있는 친지가 있는지 체크해 보자.

후집 제18장
내가 깨어있더라도
남의 우둔함을 흉잡지 말라.

(1) 준비운독(準備運讀)

제18장을 읽는 데는 다음과 같은 어휘가 필요하다. 경축, 청인, 염담, 적기. 이 어휘를 스스로 익히고 난 후 다음의 설명을 참고하면 사고의 지평이 넓어지리라 생각된다.

경축: 명예나 부귀를 얻고자 겨루면서 다투는 일.
청인: 남의 소원을 들어주다.
염담: 편안하고 여유가 있다.
적기: 내가 즐기는 일.

(2) 홍자성 원문

競逐, 聽人 而不嫌盡醉. 恬淡, 適己 而不誇獨醒.
此釋氏所謂不爲法纏, 不爲空纏, 身心 兩自在者.
경축, 청인 이불혐진취. 염담, 적기 이불과독성.
차석씨소위불위법전, 불위공전, 신심 량자재자.

(3) 원문해석

명예와 재물의 다툼에 남이 하는 대로 들어주고 그들 모두가 명예와 재물에 푹 빠지더라도 흉잡지 말고, 편안하게 여유 속에서 내가 즐기는 일에 홀로 깨어있음을 자랑하지 말라. 이는 불교에서 이른바 법에도 매이지 않고 마음대로 살아도 흉잡지 않음과 같은 것이다.

(4) 스스로 해석자료

競逐 聽人 而不嫌盡醉

다툴 경(부수 설립), 쫓을 축(부수 책받침), 들을 청(부수 귀이), 사람 인(부수 사람인), 말 이을 이(부수 말이을이), 아닐 불(부수 한일), 싫어할 혐(부수 여자녀), 다할 진(부수 그릇명), 취할 취(부수 닭유)

恬淡 適己 而不誇獨醒

편안할 염(부수 심방변), 맑을 담(부수 삼수변), 맞을 적(부수 책받침), 몸 기(부수 몸기), 말 이을 이(부수 말이을이), 아닐 불(부수 한일), 자랑할 과(부수 말씀언), 홀로 독(부수 개사슴록변), 깰 성(부수 닭유)

此釋氏所謂不爲法纏

이 차(부수 그칠지), 풀 석(부수 분별할변), 각시 씨(부수 각시씨), 바 소(부수 지게호), 이를 위(부수 말씀언), 아닐 불(부수 한일), 할 위(부수 손톱조), 법 법(부수 삼수변), 얽을 전(부수 실사변)

不爲空纏

아닐 불(부수 한일), 할 위(부수 손톱조), 빌 공(부수 구멍혈), 얽을 전(부수 실사변)

身心

몸 신(부수 몸신), 마음 심(부수 마음심)

兩自在者

두 량(부수 들입), 스스로 자(부수 스스로자), 있을 재(부수 흙토), 놈 자(부수 늙을로엄)

(5) 조부훈회(祖父訓誨)

제18장의 영역본을 옮겨본다.

When you let others crave things and don't mind their intoxication with them; when you are calm and composed and don't boast of your loftiness; then you fulfill the Buddhist dictum: "Not being trapped by the Dharma and not being caught by the void leads to liberation of both body and mind."

『Vegetable roots discourse』 109쪽

다른 사람들의 갈망을 허용하고 그들이 그것에 취하는 것을 개의치 않을 때, 침착하고 침착하며 고상함을 자랑하지 않을 때, 너는 불교의 격언을 이행한 것이다. 법에 갇히지 않고 공에 얽매이지 않으면 몸과 마음이 모두 해탈된다.

(6) 독자 이벤트

홍자성 원문에서 알고 있는 한자가 몇 자인지 체크해 보자.

후집 제19장
사랑 속에 있으면 시간이 잘도 간다.

(1) 준비운독(準備運讀)

제19장을 읽는 데는 다음과 같은 어휘를 먼저 익혀야 한다. 연촉, 관착, 기한, 두실, 양간. 이 어휘를 스스로 익히고 난 후 다음의 설명을 참고하면 사고의 지평이 넓어지리라 생각된다.

연촉: 시간의 길고 짧음.
관착: 공간의 넓고 좁음.
기한: 마음이 한가하다.
두실: 쌀 한 말 정도 둘만한 좁은 방.
양간: 하늘과 땅 사이.

(2) 홍자성 원문

延促 由於一念, 寬窄 掛之寸心.
故 機閑者, 一日 遙於千古,
意廣者, 斗室 寬若兩間.
연촉 유어일념, 관착 괘지촌심.
고 기한자, 일일 요어천고,
의광자, 두실 관약양간.

(3) 원문해석

시간의 길고 짧음은 한 생각에 달려있고 공간의 넓고 좁음은 한 마음에 달려있다. 그러므로 마음이 한가한 사람은 하루가 천 년보다 길고 한 평 되는 좁은 방도 하늘과 땅 사이만큼 넓게 이용한다.

(4) 스스로 해석자료

延促 由於一念

늘일 연(부수 민책받침), 재촉할 촉(부수 사람인변), 말미암을 유(부수 밭전), 어조사 어(부수 모방), 한 일(부수 한일), 생각 념(부수 마음심)

寬窄 掛之寸心

너그러울 관(부수 갓머리), 좁을 착(부수 구멍혈), 걸 괘(부수 재방변), 갈 지(부수 삐침별), 마디 촌(부수 마디촌), 마음 심(부수 마음심)

故 機閑者

연고 고(부수 등글월문), 틀 기(부수 나무목), 한가할 한(부수 문문), 놈 자(부수 늙을로엄)

一日 遙於千古

한 일(부수 한일), 날 일(부수 날일), 멀 요(부수 책받침), 어조사 어(부수 모방), 일천 천(부수 열십), 옛 고(부수 입구)

意廣者 斗室 寬若兩間

뜻 의(부수 마음심), 넓을 광(부수 엄호), 놈 자(부수 늙을로엄), 말 두(부수 말두), 집 실(부수 갓머리), 너그러울 관(부수 갓머리), 같을 약(부수 초두머리), 두 양(부수 들입), 사이 간(부수 문문)

(5) 조부훈회(祖父訓誨)

저자 홍자성은 '시간은 생각에 달려있고 공간은 마음에 달려있다'고 했지만 시간과 공간은 따로 떼어 이분법적으로 생각할 수 없다. 이 공간에서 저 공간으로 옮기는 데는 시간이 필요하고 한 장소에서 가만히 앉아있어도 시간은 흘러간다. "Time is gold. 시간은 금이다"라는 명언을 구태여 인용하지 않더라도 시간의 경외성을 잊지 말아야 하며 공간 속에서 흐르는 시간을 진지하게 사용할 수 있어야 한다.

(6) 독자 이벤트

시간에 관한 속담이나 명언 몇 개를 외워보자.

후집 제20장

재물욕 내려놓고
꽃과 나무 기르니 온 세상이 내 것이네.

(1) 준비운독(準備運讀)

제 20장을 읽는 데는 다음과 같은 어휘를 먼저 익혀야 한다. 손지우손, 오유선생, 망무가망, 자명, 백의동자. 이 어휘를 스스로 익히고 난 후 다음의 설명을 참고하면 사고의 지평이 넓어지리라 생각된다.

손지우손: 욕심을 줄이고 또 줄이다.
오유선생: 한나라 때 사마상여의 자허부에 나오는 우화적 인물.
망무가망: 아무것도 잊어버릴 것이 없을 때까지 잊는다. 즉 무아의 상태.
자명: 차를 달이다.
백의동자: 술을 가져다주는 나이 어린 심부름꾼.

(2) 홍자성 원문

損之又損, 栽花種竹, 儘交還烏有先生.
忘無可忘, 焚香煮茗, 總不問白衣童子.
손지우손, 재화종죽, 진교환오유선생.
망무가망, 분향자명, 총불문백의동자.

(3) 원문해석

재물욕 내려놓고 또 명예욕도 비워놓고 꽃 가꾸고 나무 심으니 오유선생 되어가고 세상일 잊고 잊으며 향로에 향을 피우고 차 끓이니 백의동자 부럽지 않네.

(4) 스스로 해석자료

損之又損
덜 손(부수 재방변), 갈 지(부수 삐침별), 또 우(부수 또우), 덜 손(부수 재방변)

栽花種竹
심을 재(부수 나무목), 꽃 화(부수 초두머리), 씨 종(부수 벼화), 대 죽(부수 대죽)

儘交還烏有先生
다할 진(부수 사람인변), 사귈 교(부수 돼지해머리), 돌아올 환(부수 책받침), 까마귀 오(부수 연화발), 있을 유(부수 달월), 먼저 선(부수 어진사람인발), 날 생(부수 날생)

忘無可忘
잊을 망(부수 마음심), 없을 무(부수 연화발), 옳을 가(부수 입구), 잊을 망(부수 마음심)

焚香煮茗
불사를 분(부수 불화), 향기 향(부수 향기향), 삶을 자(부수 연화발), 차 싹 명(부수 초두머리)

總不問白衣童子
다 총(부수 실사), 아닐 불(부수 한일), 물을 문(부수 입구), 흰 백(부수 흰백), 옷 의(부수 옷의), 아이 동(부수 설립), 아들 자(부수 아들자)

(5) 조부훈회(祖父訓誨)

제20장의 영역본을 옮겨본다.

Reduce your desires down to just cultivating flowers and bamboos, and return everything to "Mr. Nothing." Forget everything down to just burning incense and brewing tea, not even needing to send for the "white clad boy."

『Vegetable roots discourse』 110쪽

너의 욕망을 꽃과 대나무를 가꾸는 일로 줄여라. 잊을 것이 없이 그저 향을 피우고 차를 끓일 수 있으니 백의동자를 생각할 필요가 없다.

(6) 독자 이벤트

스스로 해석자료에서 알고 있는 부수가 몇 개 있는지 체크해 보자.

후집 제21장
시시한 일도 매만지면 고귀한 일이 된다.

(1) 준비운독(準備運讀)

제21장의 개요는 만족함을 아는 지족자 그리고 만족함을 모르는 부지족자와 관련된 이야기이다. 제21장을 읽는 데는 다음과 같은 어휘를 먼저 익혀야 한다.

지족자: 웬만한 일에 대해서 만족하는 사람.
부지족자: 만나는 일마다 부족함을 느끼는 사람.
선용자: 일어나는 일마다 최선을 다하는 사람.
불선용자: 부딪히는 일에 대해서 짜증 나는 마음으로 일하는 사람.

(2) 홍자성 원문

都來眼前事, 知足者仙境, 不知足者凡境.
總出世上因, 善用者生機, 不善用者殺機.
도래안전사, 지족자선경, 부지족자범경.
총출세상인, 선용자생기, 불선용자살기.

(3) 원문해석

눈앞에 일어나는 모든 일에 대하여 긍정적으로 바라보면 모두가 아름답게 보이고 부지족자의 마음으로 보면 일마다 하찮은 일로만 여겨진다. 세상에 일어나는 모든 일에 대하여 잘 쓰면 생기가 되고 잘못 쓰면 살기가 된다.

(4) 스스로 해석자료

都來眼前事

도읍 도(부수 우부방), 올 래(부수 사람인), 눈 안(부수 눈목), 앞 전(부수 선칼도방), 일 사(부수 갈고리궐)

知足者仙境

알 지(부수 화살시), 발 족(부수 발족), 놈 자(부수 늙을로엄), 신선 선(부수 사람인변), 지경 경(부수 흙토)

不知足者凡境

아닐 부(부수 한일), 알 지(부수 화살시), 발 족(부수 발족), 놈 자(부수 늙을로엄), 무릇 범(부수 안석궤), 지경 경(부수 흙토)

總出世上因

다 총(부수 실사), 날 출(부수 위튼입구몸), 인간 세(부수 한일), 윗 상(부수 한일), 인할 인(부수 큰입구몸)

善用者生機

착할 선(부수 입구), 쓸 용(부수 쓸용), 놈 자(부수 늙을로엄), 날 생(부수 날생), 틀 기(부수 나무목)

不善用者殺機

아닐 불(부수 한일), 착할 선(부수 입구), 쓸 용(부수 쓸용), 놈 자(부수 늙을로엄), 죽일 살(부수 갖은등글월문), 틀 기(부수 나무목)

(5) 조부훈회(祖父訓誨)

제21장의 영역본을 옮겨본다.

When you find all things before your eyes to be sufficient, you are contented and attain the realm of the immortals, whereas when you are discontented with things you remain in the mundane world. When you know how things come into being, you put them to good use, but if you don't know, you bring destruction upon yourself.

『Vegetable roots discourse』 111쪽

눈앞에 있는 모든 것이 충분함을 발견하면 만족하여 불멸자의 영역에 도달하는 반면 사물에 만족하지 않을 때는 세속적인 세계에 남아있다. 사물이 어떻게 생겨나게 되는지 알 때는 그것을 잘 활용하되 모르면 스스로 파멸을 가져오게 된다.

(6) 독자 이벤트

후집 제21장이 명문장이므로 몇 번 읽고 읽어 암송해 본다.

후집 제22장
관심은 사랑을 키우고 간섭은 짜증을 부른다.

(1) 준비운독(準備運讀)

제22장을 읽는 데는 다음과 같은 어휘를 먼저 익혀야 한다. 추염부세, 서염수일. 이 사자성어를 스스로 익히고 난 후 다음의 설명을 참고하면 사고의 지평이 넓어지리라 생각된다.

추염부세: 지배자에게 가까이하고 힘이 센 사람에게 아첨함.
서염수일: 욕심 없이 편안히 살다.

(2) 홍자성 원문

趨炎附勢之禍, 甚慘亦甚速.
棲恬守逸之味, 最淡亦最長.
추염부세지화, 심참역심속.
서염수일지미, 최담역최장.

(3) 원문해석

지배자에게 달라붙고 힘이 센 사람에게 아부하는 것은 결국은 그 사람들에게 조종만 당하는 신세가 되고 만다. 욕심을 낮추어 편안히 사는 것이 탁 트인 행복은 아니지만 산뜻하여 오래간다.

(4) 스스로 해석자료

趨炎附勢之禍
달아날 추(부수 달릴주), 불꽃 염(부수 불화), 붙을 부(부수 좌부변), 형세 세(부수 힘력), 갈 지(부수 삐침별), 재앙 화(부수 보일시)

甚慘亦甚速

심할 심(부수 달감), 참혹할 참(부수 심방변), 또 역(부수 돼지해머리), 심할 심(부수 달감), 빠를 속(부수 책받침)

捿恬守逸之味

깃들일 서(부수 재방변), 편안할 염(부수 심방변), 지킬 수(부수 갓머리), 편안할 일(부수 책받침), 갈 지(부수 삐침별), 맛 미(부수 입구)

最淡亦最長

가장 최(부수 가로왈), 맑을 담(부수 삼수변), 또 역(부수 돼지해머리), 가장 최(부수 가로왈), 길 장(부수 길장)

(5) 조부훈회(祖父訓誨)

제22장은 다른 사람의 번역을 소개해 본다.

권력에 아첨하여 얻은 부귀영화에는 재앙이 몹시 참혹하고 빠르게 닥치지만 고요함에 살고 편안함을 지키는 맛은 가장 맑고 가장 오래간다.

『평생에 한 번은 꼭 채근담을 읽어라』 396쪽

(6) 독자 이벤트

아첨을 받아본 일이 있는가? 아첨해 본 일이 있는가! 그 사례를 몇 자 손 글씨로 적어본다.

후집 제23장

산천을 조정하며 즐기고 산천에 조종당하지는 말라.

(1) 준비운독(準備運讀)

제23장을 읽는 데는 다음과 같은 어휘가 필요하다. 송간, 파납, 한전. 이 어휘를 스스로 익히고 난 후 다음의 설명을 참고하면 사고의 지평이 넓어지리라 생각된다.

송간: 소나무가 무성한 시냇가.
파납: 오래 입어 닳아진 옷.
한전: 오래 사용하여 따뜻함이 부족한 담요.

(2) 홍자성 원문

松澗邊, 携杖獨行, 立處, 雲生破衲.
竹窓下, 枕書高臥, 覺時, 月侵寒氈.
송간변, 휴장독행, 입처, 운생파납.
죽창하, 침서고와, 각시, 월침한전.

(3) 원문해석

소나무가 무성한 시냇가를 지팡이 짚으며 홀로 걷다가 문득 서니 흰 구름이 해진 옷에서 일어나고 대나무로 만든 창문 아래 책을 베게 삼아 누웠다가 문득 잠을 깨니 밝은 달빛이 낡은 담요에 쏟아지는구나.

(4) 스스로 해석자료

松澗邊

소나무 송(부수 나무목), 산골 물 간(부수 삼수변), 가 변(부수 책받침)

携杖獨行

이끌 휴(부수 재방변), 지팡이 장(부수 나무목), 홀로 독(부수 개사슴록변), 다닐 행(부수 다닐행)

立處 雲生破衲

설 입(부수 설립), 곳 처(부수 범호엄), 구름 운(부수 비우), 날 생(부수 날생), 깨뜨릴 파(부수 돌석), 기울 납(부수 옷의변)

竹窓下 枕書高臥

대 죽(부수 대죽), 창 창(부수 구멍혈), 아래 하(부수 한일), 베개 침(부수 나무목), 글 서(부수 가로왈), 높을 고(부수 높을고), 누울 와(부수 신하신)

覺時), 月侵寒氈

깨달을 각(부수 볼견), 때 시(부수 날일), 달 월(부수 육달월), 침노할 침(부수 사람인변), 찰 한(부수 갓머리), 모전 전(부수 터럭모)

(5) 조부훈회(祖父訓誨)

후집 제23장 영역본을 소개해 본다.

When I saunter alone with a staff among the pines, the mists penetrate my tattered gown. After sleeping with a book for a pillow by the bamboo window, I awaken to see moonlight on my flimsy blanket.

「Vegetable roots discourse」 111쪽

소나무 사이에서 지팡이를 짚고 혼자 서성거리면 너덜너덜해진 옷 사이로 안개가 스며들고, 대나무 창가에서 베개 책과 함께 잠을 자고 나면 얇은 이불에 비친 달빛을 보며 깨게 된다.

(6) 독자 이벤트

홍자성 원문에서 알고 있는 한자가 몇 자인지 체크해 본다.

후집 제24장

색사가 꿈틀할 때는 서랍을 정리하며 누그러뜨린다.

(1) 준비운독(準備運讀)

제24장을 읽는 데는 다음과 같은 어휘를 먼저 익혀야 한다. 색욕화치, 한회, 명리이감, 작랍, 환업, 도심. 이 어휘를 스스로 익히고 난 후 다음의 설명을 참고하면 사고의 지평이 넓어지리라 생각된다.

색욕화치: 성욕이 불길처럼 일어나다.
한회: 온기가 없는 꺼져가는 불.
명리이감: 명예와 재물에 대한 생각이 엿처럼 달콤하게 느껴짐.
작랍: 밀랍을 씹는 것처럼 쓰다.
환업: 헛된 일.
도심: 바른길로 가고자 하는 마음.

(2) 홍자성 원문

色慾火熾, 而一念及病時, 便興似寒灰.
名利飴甘, 而一想到死地, 便味如嚼蠟.
故 人常憂死慮病, 亦可消幻業而長道心.
색욕화치, 이일염급병시, 편흥사한회.
명리이감, 이일상도사지, 편미여작랍.
고 인상우사려병, 역가소환업이장도심.

(3) 원문해석

성욕이 불길처럼 달아오를 때 문득 그것으로 인해 품격이 실추될 것을 생각하면 그 흥이 꺼진 난로와 같고, 명예와 재물이 엿처럼 달지라도 큰 재앙이 이를지도 모른다는 생각이 떠오르면 문득 그 맛이 밀랍을 씹는 것 같아진다. 그러므로 사람은 언제나 죽음을 생각하고 병을 근심한다면 가히 헛된 일을 버리고 바른길로 나아갈 수 있을 것이다.

(4) 스스로 해석자료

色慾 火熾
빛 색(부수 빛색), 욕심 욕(부수 마음심), 불 화(부수 불화), 성할 치(부수 불화)

而一念及病時
말 이을 이(부수 말이을이), 한 일(부수 한일), 생각 염(부수 마음심), 미칠 급(부수 또우), 병 병(부수 병질엄), 때 시(부수 날일)

便興似寒灰
편할 편(부수 사람인변), 일 흥(부수 절구구변), 닮을 사(부수 사람인), 찰 한(부수 갓머리), 재 회(부수 불화)

名利飴甘
이름 명(부수 입구), 이로울 리(부수 선칼도방), 엿 이(부수 밥식), 달 감(부수 달감)

而一想到死地
말 이을 이(부수 말이을이), 한 일(부수 한일), 생각 상(부수 마음심), 이를 도(부수 선칼도방), 죽을 사(부수 죽을사변), 땅 지(부수 흙토)

便味如嚼蠟
편할 편(부수 사람인변), 맛 미(부수 입구), 같을 여(부수 여자녀), 씹을 작(부수 입구), 밀 랍(부수 벌레훼)

故 人常憂死慮病
연고 고(부수 등글월문), 사람 인(부수 사람인), 떳떳할 상(부수 수건건), 근심 우(부수 마음심), 죽을 사(부수 죽을사변), 생각할 려(부수 마음심), 병 병(부수 병질엄)

亦可消幻業長道心
또 역(부수 돼지해머리), 옳을 가(부수 입구), 사라질 소(부수 삼수변), 헛보일 환(부수 작을요),

업 업(부수 나무목), 말 이을 이(부수 말이을이), 길 장(부수 길장), 길 도(부수 책받침), 마음 심(부수 마음심)

(5) 조부훈회(祖父訓誨)

톨스토이가 젊었을 때 친구 집에서 하룻밤을 묵었는데 하녀를 보고 성욕이 불꽃처럼 일어나 그것을 억제하지 못하고 소녀의 순결을 빼앗고 말았다. "나는 생각한다. 고로 나는 존재한다"라는 말로 유명한 철학자 데카르트도 불꽃같은 욕정을 억누르지 못하여 하녀를 임신시키게 되었다. 장자크 루소도 하녀에게서 다섯 명의 아이를 얻어 그때마다 그 아이를 고아원에 보냈다. 이런 것을 보면 성욕을 억누르지 못함으로 인하여 발생하는 재앙이 얼마나 큰 것인가를 새삼 짐작할 수 있다.

식욕, 수면욕, 성욕, 명예욕, 재물욕. 이것이 사람의 다섯 가지 욕심인데 욕심의 화가 가장 큰 것이 성욕이다.

제24장을 읽고 있노라면 성욕으로 인하여 위의 세 사람 같은 일은 일어나지 않을 것이라 생각된다.

(6) 독자 이벤트

사춘기 때 갑자기 신체의 변화가 생겼을 때 어떻게 감당했는지 회상해 본다.

후집 제25장
서투른 선구자보다 능숙한 후속자가 낫다.

(1) 준비운독(準備運讀)

제25장을 읽는 데는 다음과 같은 어휘를 먼저 익혀야 한다. 쟁선, 경로, 관평, 농염, 청담. 이 어휘를 스스로 익히고 난 후 다음의 설명을 참고하면 사고의 지평이 넓어지리라 생각된다.

쟁선: 앞서가려고 서로 다투다.
경로: 지름길, 빨리 가는 길.
관평: 여유롭고 평평하다.
농염: 색이 짙고 곱다.
청담: 이익과 명예가 섞이지 않은 깨끗한 마음.

(2) 홍자성 원문

爭先的徑路 窄, 退後一步, 自寬平一步.
濃艶的滋味 短, 淸淡一分, 自悠長一分.
쟁선적경로 착, 퇴후일보, 자관평일보.
농염적자미 단, 청담일분, 자유장일분.

(3) 원문해석

서로 앞다투어 먼저 가려는 길은 좁은 길이므로 한 걸음 뒤로 물러서면 절로 넓어지고, 짙고 맛있는 음식은 귀하니 약간만 자기 몫을 비우는 청담의 덕을 서로 실행하면 그만큼 여유 있으며 오래가리라.

(4) 스스로 해석자료

爭先的徑路 窄
다툴 쟁(부수 손톱조), 먼저 선(부수 어진사람인발), 과녁 적(부수 흰백), 지름길 경(부수 두인변), 길 로(부수 발족변), 좁을 착(부수 구멍혈)

退後一步
물러날 퇴(부수 책받침), 뒤 후(부수 두인변), 한 일(부수 한일), 걸음 보(부수 그칠지)

自寬平一步
스스로 자(부수 스스로자), 너그러울 관(부수 갓머리), 평평할 평(부수 방패간), 한 일(부수 한일), 걸음 보(부수 그칠지)

濃艶的滋味 短
짙을 농(부수 삼수변), 고울 염(부수 빛색), 과녁 적(부수 흰백), 불을 자(부수 삼수변), 맛 미(부수 입구), 짧을 단(부수 화살시)

淸淡一分
맑을 청(부수 삼수변), 맑을 담(부수 삼수변), 한 일(부수 한일), 나눌 분(부수 칼도)

自悠長一分
스스로 자(부수 스스로자), 멀 유(부수 마음심), 길 장(부수 길장), 한 일(부수 한일), 나눌 분(부수 칼도)

(5) 조부훈회(祖父訓誨)

후집 제25장의 영역본을 소개해 본다.

The road to get ahead is narrow; but in stepping back a pace, one finds that the road is wider by a step. The flavors of rich elaborate food last but a moment; but if it is a bit blander, the taste lingers a litter longer.

『Vegetable roots discourse』 112쪽

앞으로 나아갈 길은 좁지만 한 걸음 물러서는 과정에서 길이 한 걸음 더 넓다는 것을 알게 된다. 풍미가 가득한 음식의 맛은 잠시 지속되지만 조금 더 싱거우면 맛이 한 뼘 더 오래 남는다.

(6) 독자 이벤트

최근 2~3년 동안 뜸했던 고향 친구나 학창 시절의 친구들 중 한 명을 불러 칼국수 정도라도 나눠본다.

후집 제26장

한가할 때 줏대를 세워야 바쁠 때 들뜨지 않는다.

(1) 준비운독(準備運讀)

제26장을 읽는 데는 다음과 같은 어휘가 필요하다. 불란성, 심신, 간득파. 이 어휘를 스스로 익히고 난 후 다음의 설명을 참고하면 사고의 지평이 넓어지리라 생각된다.

불란성: 마음을 어지럽히지 않고 차분하게 하다.
심신: 마음과 정신.
간득파: 사물의 모습을 깊이 파악하다.

(2) 홍자성 원문

忙處 不亂性, 須閑處 心神 兩得淸.
死時 不動心, 須生時 事物 看得破.
망처 불란성, 수한처 심신 양득청.
사시 부동심, 수생시 사물 간득파.

(3) 원문해석

바쁠 때 어리둥절하지 않으려면 한가할 때 신체를 튼튼하게 마음을 맑게 길러야 하고 죽을 무렵에 마음이 들락날락하지 않으려면 건강할 때 사물의 참모습을 터득해 놓아야 한다.

(4) 스스로 해석자료

忙處 不亂性
바쁠 망(부수 심방변), 곳 처(부수 범호엄), 아닐 불(부수 한일), 어지러울 란(부수 새을), 성품 성(부수 심방변)

須閑處
모름지기 수(부수 머리혈), 한가할 한(부수 문문), 곳 처(부수 범호엄)

心神 兩得淸
마음 심(부수 마음심), 귀신 신(부수 보일시), 두 양(부수 들입), 얻을 득(부수 두인변), 맑을 청(부수 삼수변)

死時
죽을 사(부수 죽을사변), 때 시(부수 날일)

不動心
아닐 부(부수 한일), 움직일 동(부수 힘력), 마음 심(부수 마음심)

須生時
모름지기 수(부수 머리혈), 날 생(부수 날생), 때 시(부수 날일)

事物 看得破
일 사(부수 갈고리궐), 물건 물(부수 소우), 볼 간(부수 눈목), 얻을 득(부수 두인변), 깨뜨릴 파(부수 돌석)

(5) 조부훈회(祖父訓誨)

후집 제26장의 영역본을 소개해 본다.

To keep your nature unruffled in times of stress, you must learn to keep your spirit clam and pure in times of leisure. To keep your composure in the face of death, you must learn to see through things while you are alive.

『Vegetable roots discourse』 113쪽

스트레스를 받을 때 본성을 유지하려면 여가 때 정신을 가다듬고 순수하게 유지하는 법을 배워야 하고 죽음 앞에서 평정심을 유지하려면 살아있는 동안 사물을 꿰뚫어 보는 법을 배워야 한다.

(6) 독자 이벤트

후집 제26장의 영어 문장을 스스로 해석해 보자.

후집 제27장
겨울 뒤에 봄이 오고 슬픔 뒤에 기쁨이 온다.

(1) 준비운독(準備運讀)

제27장을 읽는 데는 다음과 같은 어휘를 먼저 익혀야 한다. 은일, 도의로상, 염량. 이 어휘를 스스로 익힌 후 다음에 설명된 것을 참고하면 사고의 지평이 넓어지리라 생각된다.

은일: 속세를 떠나 조용히 살다.
도의로상: 바른 길과 의로운 일을 중요시하는 생활.
염량: 행복하고 불행한 일, 편안하고 불편한 일, 여름의 더위와 겨울의 추위.

(2) 홍자성 원문

隱逸林中, 無榮辱.
道義路上, 無炎凉.
은일림중, 무영욕.
도의로상, 무염량.

(3) 원문해석

혼자 외따로 떨어져 사는 사람은 영예와 오욕에 대해서 전혀 생각하지 않으며 바른길을 걷는 사람은 기상의 변화 즉 더위와 추위, 폭풍과 맑은 하늘, 이런 변화에 전혀 동요하지 않는다.

(4) 스스로 해석자료

隱逸林中
숨을 은(부수 좌부변), 편안할 일(부수 책받침), 수풀 림(부수 나무목), 가운데 중(부수 뚫을곤)

無榮辱
없을 무(부수 연화발), 영화 영(부수 나무목), 욕될 욕(부수 별진)
道義路上
길 도(부수 책받침), 옳을 의(부수 양양), 길 로(부수 발족변), 윗 상(부수 한일)
無炎凉
없을 무(부수 연화발), 불꽃 염(부수 불화), 서늘할 량(부수 이수변)

(5) 조부훈회(祖父訓誨)

후집 제27장의 영역본을 소개해 본다.

There is no honor or disgrace in the forest of seclusion. There is no flaming up or cooling down on the road of moral principle.

『Vegetable roots discourse』 113쪽

은둔의 숲에는 명예나 치욕이 없다. 도덕적 원칙의 길에는 불꽃이 튀거나 식는 일이 없다.

(6) 독자 이벤트

후집 제27장 원문이 14자에 불과하다. 14자의 한자를 완전히 익혀본다.

후집 제28장
가난해도 비굴하지 말며
부유해도 뻐기지 말라.

(1) 준비운독(準備運讀)

제28장을 읽는 데는 다음과 같은 어휘를 먼저 익혀야 한다. 열뇌, 재청량, 궁수. 이 어휘를 익히고 난 후 다음의 설명을 참고하면 사고의 지평이 넓어지리라 생각된다.

열뇌: 더위에 짜증 내는 마음.
재청량: 맑고 시원한 곳에 있음.
궁수: 싫어하는 마음을 없앰.

(2) 홍자성 원문

熱不必除, 而除此熱惱, 身常在淸凉臺上.
窮不可遣, 而遣此窮愁, 心常居安樂窩中.
열불필제, 이제차열뇌, 신상재청량대상.
궁불가견, 이견차궁수, 심상거안락와중.

(3) 원문해석

더위를 신체적으로 견딜 수 없을지라도 더위에 대해 짜증 내는 마음을 없애면 몸은 항시 시원한 곳에 있을 것이요, 가난은 벗어날 수 없을지라도 궁핍한 마음만 없애면 마음은 항상 안락한 집에 사는 것과 같다.

(4) 스스로 해석자료

熱不必除

더울 열(부수 연화발), 아닐 불(부수 한일), 반드시 필(부수 반드시 필), 덜 제(부수 좌부변)

而除此熱惱

말 이을 이(부수 말이을이), 덜 제(부수 좌부변), 이 차(부수 그칠지), 더울 열(부수 연화발), 번뇌할 뇌(부수 심방변)

身常在淸凉臺上

몸 신(부수 몸신), 떳떳할 상(부수 수건건), 있을 재(부수 흙토), 맑을 청(부수 삼수변), 서늘할 량(부수 이수변), 대 대(부수 이를지), 윗 상(부수 한일)

窮不可遣

다할 궁(부수 구멍혈), 아닐 불(부수 한일), 옳을 가(부수 입구), 보낼 견(부수 책받침)

而遣此窮愁

말 이을 이(부수 말이을이), 보낼 견(부수 책받침), 이 차(부수 그칠지), 다할 궁(부수 구멍혈), 근심 수(부수 마음심)

心常居安樂窩中

마음 심(부수 마음심), 떳떳할 상(부수 수건건), 살 거(부수 주검시엄), 편안 안(부수 갓머리), 즐길 락(부수 나무목), 움집 와(부수 구멍혈), 가운데 중(부수 뚫을곤)

(5) 조부훈회(祖父訓誨)

더울 때 선풍기나 에어컨 등 문명의 기기를 먼저 사용하기에 앞서 부채를 이용해 보고 그래도 더위를 이길 수 없다면 발을 찬물에 담가보기도 하면서 물리적으로 이겨내야 겨울 추위를 견딜 수 있는 면역력이 생긴다. 배고플 때 바로 식욕을 채우지 말고 배고픔의 강도를 몇 시간 동안 느껴보는 것도 신체의 유익이 된다고 생각된다.

(6) 독자 이벤트

일부러 세 끼 정도 단식해 본다.

후집 제29장

호랑이가 지칠 때까지
호랑이 등에서 내리지 말라.

(1) 준비운독(準備運讀)

제29장을 읽는 데는 다음과 같은 어휘를 먼저 익혀야 한다. 촉번지화, 선도방수, 기호지위. 이 사자성어를 스스로 익히고 난 후 다음의 설명을 참고하면 사고의 지평이 넓어지리라 생각된다.

촉번지화: 생각 없이 달리다가 장애물에 걸려 빠져나오지 못함.
선도방수: 일을 하다가 궁지에 몰리기 직전에 손을 떼는 일.
기호지위: 호랑이 등에 탄 사람이 진퇴양난에 빠진 상태.

(2) 홍자성 원문

進步處, 便思退步, 庶免觸藩之禍.
著手時, 先圖放手, 纔脫騎虎之危.
진보처, 편사퇴보, 서면촉번지화.
착수시, 선도방수, 재탈기호지위.

(3) 원문해석

앞으로 나아갈 때 한 걸음 뒤로 물러서면 숫양이 울타리에 걸려 오도 가도 못 하는 그런 어려움은 없을 것이다. 일을 시작할 때 손을 뗄 시기를 미리 정해두면 기호지위의 난처함을 예방할 수 있을 것이다.

(4) 스스로 해석자료

進步處

나아갈 진(부수 책받침), 걸음 보(부수 그칠지), 곳 처(부수 범호엄)
便思退步
편할 편(부수 사람인변), 생각 사(부수 마음심), 물러날 퇴(부수 책받침), 걸음 보(부수 그칠지)
庶免觸藩之禍
여러 서(부수 엄호), 면할 면(부수 어진사람인발), 닿을 촉(부수 뿔각), 울타리 번(부수 초두머리), 갈 지(부수 삐침별), 재앙 화(부수 보일시)
著手時
붙을 착(부수 초두머리), 손 수(부수 손수), 때 시(부수 날일)
先圖放手
먼저 선(부수 어진사람인발), 그림 도(부수 큰입구몸), 놓을 방(부수 등글월문), 손 수(부수 손수)
纔脫騎虎之危
겨우 재(부수 실사변), 벗을 탈(부수 육달월), 말 탈 기(부수 말마), 범 호(부수 범호엄), 갈 지(부수 삐침별), 위태할 위(부수 병부절)

(5) 조부훈회(祖父訓誨)

후집 제29장의 영역본을 소개해 본다.

If you think about stepping back when you are advancing, you will avoid getting stuck in a hedge. If you think about desisting when you are planning a venture, you will avoid the danger of riding a tiger.

『Vegetable roots discourse』 114쪽

전진할 때 물러설 생각을 하면 울타리에 갇히지 않을 것이고, 모험을 계획할 때 단념한다면 호랑이를 탈 위험을 피할 것이다.

(6) 독자 이벤트

동물원에 가서 호랑이와 숫양을 실제로 만나보자.

후집 제30장

금은 소중하고 옥은 귀중하다.

(1) 준비운독(準備運讀)

제30장을 읽는 데는 다음과 같은 어휘를 먼저 익혀야 한다. 탐득자, 봉공, 걸개, 여갱, 고량, 포포, 호학. 이 어휘를 스스로 익히고 난 후 다음의 설명을 참고하면 사고의 지평이 넓어지리라 생각된다.

탐득자: 능력 이상의 욕심을 부리는 사람.
봉공: 작위를 받음.
걸개: 빌어먹기를 즐김.
여갱: 명아주로 끓인 국.
고량: 살찐 고기와 기름진 곡식. 고량진미.
포포: 베 두루마기.
호학: 여우와 담비 가죽으로 지은 모피 옷.

(2) 홍자성 원문

貪得者 分金, 恨不得玉. 封公, 怨不受侯, 權豪自甘乞丐.
知足者 黎羹, 旨於膏粱. 布袍, 煖於狐貉, 編民 不讓王公.
탐득자 분금, 한부득옥. 봉공, 원불수후, 권호자감걸개.
지족자 여갱, 지어고량. 포포, 난어호학, 편민 불양왕공.

(3) 원문해석

갖고 싶은 마음이 지나친 사람은 금을 얻게 되어도 진주를 얻지 못함을 한탄하고 공작자리를 얻게 되어도 제후가 되지 못함을 원망하며 부귀하면서도 스스로 거지 노릇도 달게 여긴다. 그러나 만족함을 아는 사람은 명아주국도 고깃국보다 맛있게 여기고 베 두루마기도 여우, 담비 가죽옷보다 따뜻하게 생각하니 이런 사람은 서민이면서도 왕을 부러워하지 않는다.

(4) 스스로 해석자료

貪得者 分金

탐낼 탐(부수 조개패), 얻을 득(부수 두인변), 놈 자(부수 늙을로엄), 나눌 분(부수 칼도), 쇠 금(부수 쇠금)

恨不得玉

한 한(부수 심방변), 아닐 부(부수 한일), 얻을 득(부수 두인변), 구슬 옥(부수 구슬옥)

封公

봉할 봉(부수 마디촌), 공평할 공(부수 여덟팔)

怨不受侯

원망할 원(부수 마음심), 아닐 불(부수 한일), 받을 수(부수 또우), 제후 후(부수 사람인변)

權豪自甘乞丐

권세 권(부수 나무목), 호걸 호(부수 돼지시), 스스로 자(부수 스스로자), 달 감(부수 달감), 빌 걸(부수 새을), 빌 개(부수 한일)

知足者

알 지(부수 화살시), 발 족(부수 발족), 놈 자(부수 늙을로엄)

黎羹 旨於膏粱

검을 여(부수 기장서), 국 갱(부수 양양), 뜻 지(부수 날일), 어조사 어(부수 모방), 기름 고(부수 육달월), 기장 량(부수 쌀미)

布袍

베 포(부수 수건건), 도포 포(부수 옷의변)

煖於狐貉

더울 난(부수 불화), 어조사 어(부수 모방), 여우 호(부수 개사슴록변), 오소리 학(부수 개사슴록변)

編民 不讓王公

엮을 편(부수 실사변), 백성 민(부수 각시씨), 아닐 불(부수 한일), 사양할 양(부수 말씀언), 임금 왕(부수 구슬옥변), 공평할 공(부수 여덟팔)

(5) 조부훈회(祖父訓誨)

사람에게는 소중한 것이 있고 귀중한 것이 있다. 대개 사람들은 소중함과 귀중함의 차이를 분별하지 못하고 있다. 금과 은은 사람에게 소중한 것이지만, 옥은 귀중한 것이다. 귀중이란 무엇인가? 실생활에는 별로 필요하지 않지만 희귀하기 때문에 값이 높은 것이다. 사람들은 이 귀중한 것을 갖지 못해 안절부절못하다가 탐득자의 수렁에 빠지게 된다.

(6) 독자 이벤트

금 1그램, 은 1그램. 현재의 시세를 알아보자.

후집 제31장

20분은 기분 전환이고 40분은 노동이다.

(1) 준비운독(準備運讀)

제31장의 주제는 이름을 날리는 것보다도 한가함 속에서 실속을 챙기는 이야기이다. 어려운 낱말은 긍명, 연사, 생사 등이 있는데 본문을 읽으면서 스스로 터득할 수 있으리라 생각된다. 이 어휘를 익히고 난 후 다음의 설명을 참고하면 사고의 지평이 넓어지리라 생각된다.

긍명: 이름을 자랑하다.
연사: 일에 능숙하다.
생사: 일을 덜어내다.

(2) 홍자성 원문

矜名 不若逃名趣.
練事 何如省事閒.
긍명 불약도명취.
연사 하여생사한.

(3) 원문해석

이름을 자랑하여 얻는 이익이 잘한 일을 숨기므로 얻는 이익보다 크지 않다. 일에 익숙하여 마구 하는 것은 일을 덜어 여유 있음만 못하다.

(4) 스스로 해석자료

矜名

자랑할 긍(부수 창모), 이름 명(부수 입구)

不若逃名趣

아닐 불(부수 한일), 같을 약(부수 초두머리), 도망할 도(부수 책받침), 이름 명(부수 입구), 뜻 취(부수 달릴주)

練事

익힐 연(부수 실사), 일 사(부수 갈고리궐)

何如省事閒

어찌 하(부수 사람인변), 같을 여(부수 여자녀), 덜 생(부수 눈목), 일 사(부수 갈고리궐), 한가할 한(부수 문문)

(5) 조부훈회(祖父訓誨)

제31장의 영역본을 소개해 본다.

It is a lot more interesting to conceal one's fame than to boast about it. How can being vexed over the affairs of the world be compared to the leisure that comes from not being burdened by affairs?

『Vegetable roots discourse』 115쪽

자신의 명성을 자랑하는 것보다 숨기는 것이 훨씬 더 흥미롭다. 세상일로 괴로움을 겪는 것을 일의 짐을 지지 않는 데서 오는 여유와 어떻게 비교할 수 있을까.

(6) 독자 이벤트

성사와 생사의 뜻을 명확히 알아두자.

후집 제32장
일에 묻히면 기적 소리도 들리지 않는다.

(1) 준비운독(準備運讀)

제32장을 읽는 데는 다음과 같은 어휘를 먼저 익혀야 한다. 기적자, 통현, 추영자, 자득지사, 훤적, 자적지천. 이 어휘를 스스로 익히고 난 후 다음의 설명을 참고하면 사고의 지평이 넓어지리라 생각된다.

기적자: 고요함을 즐기는 사람.
통현: 사물의 숨은 이치를 깊이 깨닫다.
추영자: 존귀함만을 추구하는 사람.
자득지사: 식견과 지식을 쌓아가면서 스스로 진리를 깨달은 사람.
훤적: 소란하고 고요함.
자적지천: 자기 마음에 맞는 즐거운 세상.

(2) 홍자성 원문

嗜寂者 觀白雲幽石而通玄 趨榮者 見淸歌妙舞而忘倦.
唯自得之士 無喧寂 無榮枯 無往非自適之天.
기적자 관백운유석이통현 추영자 견청가묘무이망권.
유자득지사 무훤적 무영고 무왕비자적지천.

(3) 원문해석

고요함을 즐기는 사람은 흰 구름과 그윽한 바위 사이에서도 자연의 이치를 깨달으며 영화를 좇는 사람은 맑은 노래와 묘한 춤 등에 깊이 빠져 무료함을 달랜다. 오직 스스로 깨달은 학식

있는 사람만이 시끄러움과 고요함, 번영과 쇠퇴에 상관없이 가는 곳마다 모두 자기 마음에 들도록 적응한다.

(4) 스스로 해석자료

嗜寂者
즐길 기(부수 입구), 고요할 적(부수 갓머리), 놈 자(부수 늙을로엄)

觀白雲幽石
볼 관(부수 볼견), 흰 백(부수 흰백), 구름 운(부수 비우), 그윽할 유(부수 작을요), 돌 석(부수 돌석)

而通玄
말 이을 이(부수 말이을이), 통할 통(부수 책받침), 검을 현(부수 검을현)

趨榮者
달아날 추(부수 달릴주), 영화 영(부수 나무목), 놈 자(부수 늙을로엄)

見淸歌妙舞
볼 견(부수 볼견), 맑을 청(부수 삼수변), 노래 가(부수 하품흠), 묘할 묘(부수 여자녀), 춤출 무(부수 어그러질천)

而忘倦
말 이을 이(부수 말이을이), 잊을 망(부수 마음심), 게으를 권(부수 사람인변)

唯自得之士
오직 유(부수 입구), 스스로 자(부수 스스로자), 얻을 득(부수 두인변), 갈 지(부수 삐침별), 선비 사(부수 선비사)

無喧寂
없을 무(부수 연화발), 지껄일 훤(부수 입구), 고요할 적(부수 갓머리)

無榮枯
없을 무(부수 연화발), 영화 영(부수 나무목), 마를 고(부수 나무목)

無往非自適之天
없을 무(부수 연화발), 갈 왕(부수 두인변), 아닐 비(부수 아닐비), 스스로 자(부수 스스로자), 맞을 적(부수 책받침), 갈 지(부수 삐침별), 하늘 천(부수 큰대)

(5) 조부훈회(祖父訓誨)

자기 마음에 드는 곳이 따로 있는 것이 아니다. 마음의 에너지가 충전이 잘 되어 있으면 어려운 길도 편하게 느껴진다. 그러므로 평소에 마음의 에너지를 충분히 충전해 두어야 한다. 마음을 충전한다는 것은 무엇이며 어떻게 해야 하는가? 배고플 때 밥을 먹고 목마를 때 물을 마시는 것처럼, 마음이 고플 때 책을 읽는다든지 가곡이나 가요의 가사를 음미한다든지, 시 낭송을 통해 마음의 에너지를 충전할 수 있다.

(6) 독자 이벤트

좋아하는 가곡이나 가요, 민요, 동요 등에서 각각 한 곡씩을 선택하여 가사를 암송해 본다.

후집 제33장

구름은 골짜기에 머물고 명월은 골짜기에서 돋아난다.

(1) 준비운독(準備運讀)

제33장을 읽는 데는 다음과 같은 어휘를 먼저 익혀야 한다. 출수, 낭경, 정조, 양불상간. 이 낱말을 홍자성 원문에서 찾아보고 다음의 설명과 참고하면 사고의 지평이 넓어지리라 생각된다.

출수: 골짜기에서 나오다.
낭경: 맑은 하늘에 훤히 비치는 달.
정조: 고요하고 소란하다.
양불상간: 서로 간섭하지 않다.

(2) 홍자성 원문

孤雲 出岫 去留 一無所係.
朗鏡 懸空 靜躁 兩不相干.
고운 출수 거류 일무소계.
낭경 현공 정조 양불상간.

(3) 원문해석

구름 한두 조각이 골짜기에서 나와 떠오르고 사라짐에 거리낌이 없고 밝은 달이 하늘에 걸리매 고요하고 소란함을 서로 간섭하지 않는다.

(4) 스스로 해석자료

孤雲 出岫

외로울 고(부수 아들자), 구름 운(부수 비우), 날 출(부수 위튼입구몸), 산굴 수(부수 뫼산)

去留

갈 거(부수 마늘모), 머무를 류(부수 밭전)

一無所係

한 일(부수 한일), 없을 무(부수 연화발), 바 소(부수 지게호), 맬 계(부수 사람인변)

朗鏡 懸空

밝을 낭(부수 육달월), 거울 경(부수 쇠금), 달 현(부수 마음심), 빌 공(부수 구멍혈)

靜躁

고요할 정(부수 푸를청), 조급할 조(부수 발족변)

兩不相干

두 양(부수 들입), 아닐 불(부수 한일), 서로 상(부수 눈목), 방패 간(부수 방패간)

(5) 조부훈회(祖父訓誨)

제33장의 영역본을 소개해 본다.

A lonely cloud emerges by the mountain, hovering or drifting as it pleases. The bright moon hangs high, concerned neither with peace nor with turbulence.

『Vegetable roots discourse』 115쪽

쓸쓸한 구름이 산 옆을 맴돌거나 제멋대로 떠다니며 나타난다. 밝은 달은 평화도 난기도 염려하지 않고 높이 걸려있다.

(6) 독자 이벤트

영역본을 스스로 해석해 본다.

후집 제34장

박식함은 몸에도 유익하고 마음에도 유익하다.

(1) 준비운독(準備運讀)

제34장을 읽는 데는 다음과 같은 어휘가 필요하다. 농엄, 철숙, 고적, 품죽조사. 이 낱말을 이어지는 홍자성 원문에서 찾아보고 다음의 설명을 참고하면 사고의 지평이 넓어지리라 생각된다.

농엄: 진하고 맛이 좋은 술.
철숙: 다듬지 않은 담백한 콩을 씹다.
고적: 메마르고 쓸쓸하다.
품죽조사: 피리 소리를 맞추고 거문고 줄을 고르다.

(2) 홍자성 원문

悠長之趣 不得於醲釅 而得於啜菽飮水.
惆悵之懷 不生於枯寂 而生於品竹調絲.
固知濃處 味常短 淡中趣獨眞也.
유장지취 부득어농엄 이득어철숙음수.
추창지회 불생어고적 이생어품죽조사.
고지농처 미상단 담중취독진야.

(3) 원문해석

그윽하고 길게 가는 참맛은 진하고 맛 좋은 술에서 얻는 것보다 콩국수를 즐기며 맹물 마시는 맛에서 얻을 수 있고 마음속의 생각이나 정을 그리는 것은 고요함에 묻혀있는 것보다 피리 소리 맞추고 거문고 줄 고르는 일에서 생겨나니 짙은 맛은 오래가지 못하나 덤덤한 맛이 오래감을 느낄 수 있다.

(4) 스스로 해석자료

悠長之趣

멀 유(부수 마음심), 길 장(부수 길장), 갈 지(부수 삐침별), 뜻 취(부수 달릴주)

不得於醲釅

아닐 부(부수 한일), 얻을 득(부수 두인변), 어조사 어(부수 모방), 짙을 농(부수 달 유), 좋을 이 엄(부수 이치)

而得於啜菽飮水

말 이을 이(부수 말이을이), 얻을 득(부수 두인변), 어조사 어(부수 모방), 먹을 철(부수 입구), 콩 숙(부수 초두머리), 마실 음(부수 밥식), 물 수(부수 물수)

惆悵之懷

실심할 추(부수 심방변), 원망할 창(부수 심방변), 갈 지(부수 삐침별), 품을 회(부수 심방변)

不生於枯寂

아닐 불(부수 한일), 날 생(부수 날생), 어조사 어(부수 모방), 마를 고(부수 나무목), 고요할 적(부수 갓머리)

而生於品竹調絲

말 이을 이(부수 말이을이), 날 생(부수 날생), 어조사 어(부수 모방), 물건 품(부수 입구), 대 죽(부수 대죽), 고를 조(부수 말씀언), 실 사(부수 실사변)

固知濃處

굳을 고(부수 큰입구몸), 알 지(부수 화살시), 짙을 농(부수 삼수변), 곳 처(부수 범호엄)

味常短

맛 미(부수 입구), 떳떳할 상(부수 수건건), 짧을 단(부수 화살시)

淡中趣獨眞也

맑을 담(부수 삼수변), 가운데 중(부수 뚫을곤), 뜻 취(부수 달릴주), 홀로 독(부수 개사슴록변), 참 진(부수 눈목), 어조사 야(부수 새을)

(5) 조부훈회(祖父訓誨)

날마다 먹는 끼니는 담백해야지 진하면 건강이 좋지 않다.

(6) 독자 이벤트

홍자성 원문에서 알고 있는 한자가 몇 자인지 체크해 본다.

후집 제35장

배고프면 밥을 먹고 고달프면 잠을 잔다.

(1) 준비운독(準備運讀)

제35장을 읽는 데는 다음과 같은 어휘를 먼저 익혀야 한다. 선종, 시지, 안전구두어, 극고극평. 이 어휘를 홍자성 원문에서 찾아보고 다음의 설명을 참고하면 사고의 지평이 넓어지리라 생각된다.

선종: 문자에 연연하지 않고 마음만으로 깨닫는 불교의 한 종파, 교종의 반대되는 말.
시지: 시의 묘지를 풀이한 말.
안전구두어: 눈앞에 보이는 대로 꾸미지 않고 말로 표현하는 것.
극고극평: 지극히 높은 것도 결국엔 지극히 평평함에 이른다는 말.

(2) 홍자성 원문

禪宗 曰 饑來 喫飯 倦來眠.
詩旨 曰 眼前景致口頭語.
蓋極高 寓於極平 至難 出於至易.
有意者 反遠 無心者 自近也.
선종 왈 기래 끽반 권래면.
시지 왈 안전경치구두어.
개극고 우어극평 지난 출어지이.
유의자 반원 무심자 자근야.

(3) 원문해석

  선종에서 말하기를 "배고프면 밥을 먹고 고달프면 잠을 잔다"라고 했고, 시지에 말하기를 "눈 앞의 경치를 평범한 말로 말하라"라고 했다. 대체로 지극히 높은 것은 지극히 낮은 것에 깃들이고, 지나치게 어려운 문제는 알고 보면 지극히 쉬운 문제에서 찾을 수 있다. 뜻만 따르는 자는 도리어 멀어지고 마음의 뜻을 두지 않는 자는 절로 가까워진다.

(4) 스스로 해석자료

禪宗 曰
선 선(부수 보일시), 마루 종(부수 갓머리), 가로 왈(부수 가로왈)

饑來 喫飯
주릴 기(부수 밥식), 올 래(부수 사람인), 먹을 끽(부수 입구), 밥 반(부수 밥식)

倦來眠
게으를 권(부수 사람인변), 올 래(부수 사람인), 잘 면(부수 눈목)

詩旨 曰
시 시(부수 말씀언), 뜻 지(부수 날일), 가로 왈(부수 가로왈)

眼前景致口頭語
눈 안(부수 눈목), 앞 전(부수 선칼도방), 볕 경(부수 날일), 이를 치(부수 이를지), 입 구(부수 입구), 머리 두(부수 머리혈), 말씀 어(부수 말씀언)

蓋極高
덮을 개(부수 초두머리), 극진할 극(부수 나무목), 높을 고(부수 높을고)

寓於極平
부칠 우(부수 갓머리), 어조사 어(부수 모방), 극진할 극(부수 나무목), 평평할 평(부수 방패간)

至難
이를 지(부수 이를지), 어려울 난(부수 새추)

出於至易
날 출(부수 위튼입구몸), 어조사 어(부수 모방), 이를 지(부수 이를지), 쉬울 이(부수 날일)

有意者
있을 유(부수 달월), 옳을 의(부수 마음심), 놈 자(부수 늙을로엄)

反遠

돌이킬 반(부수 또우), 멀 원(부수 책받침)

無心者 自近也

없을 무(부수 연화발), 마음 심(부수 마음심), 놈 자(부수 늙을로엄), 스스로 자(부수 스스로자), 가까울 근(부수 책받침), 어조사 야(부수 새을)

(5) 조부훈회(祖父訓誨)

제35장의 다른 번역을 옮겨본다.

불교의 선에 이르기를 "고프면 밥을 먹고 고단하면 잠을 잔다"라고 했다. 또한 시지에 이르기를 "눈앞의 경치를 평범하게 쓰던 말로 표현하라"라고 했다. 가장 높은 것은 가장 평범한 것에 깃들어 있고 지극히 어려운 것은 지극히 쉬운 것에서 나오는 법이니 뜻이 있으면 오히려 멀어지고 마음에 두지 않으면 절로 가까워진다.

『평생에 한 번은 꼭 채근담을 읽어라』 399쪽

(6) 독자 이벤트

하루 정도 단식하여 일부러 배고파 보고 비탈길을 오르내리며 일부러 고달파 보자.

후집 제36장

깊은 물은
소리 없이 고요히 흐른다.

(1) 준비운독(準備運讀)

제36장을 읽는 데는 다음과 같은 어휘를 먼저 익혀야 한다. 경무성, 처훤, 출유입무. 이 낱말을 홍자성 원문에서 찾아보고 낱말 뜻을 익힌 후 다음에 설명한 것을 참고하면 언어의 지평이 넓어지리라 생각된다.

경무성: 근방에 소리가 없음.
처훤: 시끄러운 곳에 머무르다.
출유입무: 형체가 있는 곳에서 나와 형체가 없는 곳으로 들어감.

(2) 홍자성 원문

水流而境無聲 得處喧見寂之趣.
山高而雲不碍 悟出有入無之機.
수류이경무성 득처훤견적지취.
산고이운불애 오출유입무지기.

(3) 원문해석

물이 세차게 흐름에도 그 근방은 오히려 고즈넉하니 이것을 본보기로 시끄러운 곳에 처해 있으면서도 고요한 참맛을 맛볼 수 있어야 한다. 산이 아무리 높아도 구름은 아랑곳하지 않으니 있음에서 나와 없음으로 들어가는 이치를 깨달을 수 있어야 한다.

(4) 스스로 해석자료

水流而境無聲

물 수(부수 물수), 흐를 류(부수 삼수변), 말 이을 이(부수 말이을이), 지경 경(부수 흙토), 없을 무(부수 연화발), 소리 성(부수 귀이)

得處喧見寂之趣

얻을 득(부수 두인변), 곳 처(부수 범호엄), 지껄일 훤(부수 입구), 볼 견(부수 볼견), 고요할 적(부수 갓머리), 갈 지(부수 삐침별), 뜻 취(부수 달릴주)

山高而雲不碍

뫼 산(부수 뫼산), 높을 고(부수 높을고), 말 이을 이(부수 말이을이), 구름 운(부수 비우), 아닐 불(부수 한일), 거리낄 애(부수 돌석)

悟出有入無之機

깨달을 오(부수 심방변), 날 출(부수 위튼입구몸), 있을 유(부수 달월), 들 입(부수 들입), 없을 무(부수 연화발), 갈 지(부수 삐침별), 틀 기(부수 나무목)

(5) 조부훈회(祖父訓誨)

제36장의 영역본을 소개해 본다.

The water flows and yet there is no sound on shore. Thus we appreciate tranquility amid clamor. The high mountain does not hinder the clouds. Thus we awaken to the way something is really nothing.

『Vegetable roots discourse』 117쪽

물은 흐르지만 해안에는 소리가 없다. 그리하여 우리는 소란 속에서 평온함을 감사하게 된다. 높은 산은 구름을 방해하지 않는다. 그리하여 우리는 무언가가 정말 아무것도 아닌 것이라는 것에 눈을 뜨게 된다.

(6) 독자 이벤트

골짜기 물에 발을 담그고 십여 분 동안 주위를 살펴보자.

후집 제37장

예술은 길고 인생은 짧다.

(1) 준비운독(準備運讀)

제37장을 읽는 데는 다음과 같은 어휘를 먼저 익혀야 한다. 영련, 시조, 아사, 탐치, 염저, 계련. 이 낱말을 홍자성 원문에서 만나보고 다음에 설명된 것을 참고하면 사고의 지평이 넓어지리라 생각된다.

영련: 인위적으로 시설을 하고 지나치게 집착을 갖다.
시조: 아침에 열리는 시장으로 몹시 시끄러움을 의미함.
아사: 고상한 일.
탐치: 지나친 욕심에 빠져 본성을 잃다.
염저: 물이 들다.
계련: 어떤 사물에 깊이 그리워함으로 빠져나오지 못함.

(2) 홍자성 원문

山林 是勝地 一營戀 便成市朝.
書畵 是雅事 一貪癡 便成商賈.
蓋心無染著 欲界是仙都.
心是係戀 樂境 成苦海矣.
산림 시승지 일영련 편성시조.
서화 시아사 일탐치 편성상가.
개심무염저 욕계시선도.
심시계련 낙경 성고해의.

(3) 원문해석

  수풀이 우거진 산은 분명히 아름다운 곳이지만 한번 깊이 빠지게 되면 이성을 잃어버리게 되고 글과 그림은 고상한 것이지만 이것도 깊이 빠지게 되면 장사꾼으로 실추할 수도 있으니 마음이 오염되지 않으면 욕계도 곧 선경이고 마음에 붙잡히는 데가 있으면 선경도 곧 고해가 된다.

(4) 스스로 해석자료

山林
뫼 산(부수 뫼산), 수풀 림(부수 나무목)

是勝地
이 시(부수 날일), 이길 승(부수 힘력), 땅 지(부수 흙토)

一營戀
한 일(부수 한일), 경영할 영(부수 불화), 그리워할 련(부수 마음심)

便成市朝
편할 편(부수 사람인변), 이룰 성(부수 창과), 저자 시(부수 수건건), 아침 조(부수 육달월)

書畵
글 서(부수 가로왈), 그림 화(부수 밭전)

是雅事
이 시(부수 날일), 맑을 아(부수 새추), 일 사(부수 갈고리궐)

一貪癡
한 일(부수 한일), 탐낼 탐(부수 조개패), 어리석을 치(부수 병질엄)

便成商賈
편할 편(부수 사람인변), 이룰 성(부수 창과), 장사 상(부수 입구), 값 가(부수 조개패)

蓋心無染著
덮을 개(부수 초두머리), 마음 심(부수 마음심), 없을 무(부수 연화발), 물들 염(부수 나무목), 나타날 저(부수 초두머리)

欲界是仙都
하고자 할 욕(부수 하품흠), 지경 계(부수 밭전), 이 시(부수 날일), 신선 선(부수 사람인변), 도읍 도(부수 우부방)

心是係戀
마음 심(부수 마음심), 이 시(부수 날일), 맬 계(부수 사람인변), 그리워할 련(부수 마음심)

樂境
즐길 낙(부수 나무목), 지경 경(부수 흙토)

成苦海矣
이룰 성(부수 창과), 쓸 고(부수 초두머리), 바다 해(부수 삼수변), 어조사 의(부수 화살시)

(5) 조부훈회(祖父訓誨)

  신사임당이 어느 잔칫집에서 일을 도와주고 있을 때 치마에 음식이 묻은 사람이 쩔쩔매며 어쩔 줄을 모르고 있었다. 신사임당은 그 치마에 포도를 그려 시장에 가서 높은 값에 팔게 하여 그 사람의 쩔쩔맴을 해결해 주었다. 그 여자는 남의 치마를 빌려 입고 와서 그 당황함에 어쩔 줄 몰랐는데 신사임당은 탁월한 그림 솜씨를 마음껏 발휘했던 것이다. 신사임당은 그림이나 붓글씨로 얼마든지 돈을 벌 수 있었으나 예술로 돈을 버는 것은 탐치라고 생각하여 즐기기만 하였지 그것으로 돈을 버는 일은 동요하지 않았다.

(6) 독자 이벤트

정물화나 풍경화를 그려본다.

후집 제38장
재인 능력이 없으면 치매 검사를 받아야 한다.

(1) 준비운독(準備運讀)

제38장을 읽는 데는 다음과 같은 어휘를 먼저 익혀야 한다. 훤잡, 만연, 숙석, 황이, 정조, 돈이. 이 어휘를 스스로 익히고 난 후 다음의 설명을 참고하면 사고의 지평이 넓어지리라 생각된다.

훤잡: 시끄럽고 혼잡하다.
만연: 멍하다.
숙석: 옛날. 지난날.
황이: 뚜렷한 모양.
정조: 조용하고 시끄럽다.
돈이: 뚜렷하게 달라지다.

(2) 홍자성 원문

時當喧雜 則平日所記憶者 皆漫然忘去.
境在淸寧 則夙昔所遺忘者 又恍爾現前.
可見靜躁稍分 昏明頓異也.
시당훤잡 즉평일소기억자 개만연망거.
경재청녕 즉숙석소유망자 우황이현전.
가견정조초분 혼명돈이야.

(3) 원문해석

피곤하거나 시끄러울 때는 평소에 기억했던 것도 멍하니 떠오르지 않는다. 고요하고 편안한 곳에 있으면 옛날에 잊었던 것도 뚜렷이 떠오르나니 이것으로써 조용한 곳과 시끄러운 곳에 따라 어둡거나 밝은 것이 판이함을 알 수 있다.

(4) 스스로 해석자료

時當喧雜

때 시(부수 날일), 마땅 당(부수 밭전), 지껄일 훤(부수 입구), 섞일 잡(부수 새추)

則平日所記憶者

곧 즉(부수 선칼도방), 평평할 평(부수 방패간), 날 일(부수 날일), 바 소(부수 지게호), 기록할 기(부수 말씀언), 생각할 억(부수 심방변), 놈 자(부수 늙을로엄)

皆漫然忘去

다 개(부수 흰백), 흩어질 만(부수 삼수변), 그럴 연(부수 연화발), 잊을 망(부수 마음심), 갈 거(부수 마늘모)

境在淸寧

지경 경(부수 흙토), 있을 재(부수 흙토), 맑을 청(부수 삼수변), 편안할 녕(부수 갓머리)

則夙昔所遺忘者

곧 즉(부수 선칼도방), 이를 숙(부수 저녁석), 예 석(부수 날일), 바 소(부수 지게호), 남길 유(부수 책받침), 잊을 망(부수 마음심), 놈 자(부수 늙을로엄)

又恍爾現前

또 우(부수 또우), 황홀할 황(부수 심방변), 너 이(부수 점괘호), 나타날 현(부수 구슬옥변), 앞 전(부수 선칼도방)

可見靜躁稍分

옳을 가(부수 입구), 볼 견(부수 볼견), 고요할 정(부수 푸를청), 조급할 조(부수 발족변), 점점 초(부수 벼화), 나눌 분(부수 칼도)

昏明頓異也

어두울 혼(부수 날일), 밝을 명(부수 날일), 조아릴 돈(부수 머리혈), 다를 이(부수 밭전), 어조사 야(부수 새을)

(5) 조부훈회(祖父訓誨)

여러 번 반복하여 암기한 것이 전혀 떠오르지 않다가 한 시간 후에나 또는 하루쯤 지나서라도 저절로 떠오르는 것을 재생이라고 한다. 그런데 자기가 외웠던 것이 아무리 생각해 봐도 재생되지 않는데 누가 귀띔을 해주면 "그래 맞아" 하며 떠오르는 능력을 재인이라고 한다.

(6) 독자 이벤트

기억에는 재생과 재인이 있다. 재인 능력이 발현되지 않을 때가 한두 번이 있다면 치매 검사를 받아보아야 한다.

후집 제39장

한 잔의 술로
만장홍진을 잊을 수 있다.

(1) 준비운독(準備運讀)

제39장을 읽는 데는 다음과 같은 어휘를 먼저 익혀야 한다. 노화피, 와설면운, 일와, 야기, 죽엽배, 음풍농월, 타리, 만장홍진. 이 어휘를 스스로 익히고 난 후 다음의 설명을 참고하면 사고의 지평이 넓어지리라 생각된다.

노화피: 갈댓잎으로 만든 이불.

와설면운: 눈 위에 눕고 구름 속에서 잠을 자다. 여기서는 산촌에 있는 초가에서 잠을 잔다는 의미.

일와 : 한 개의 방.

야기 : 밤에 생긴 맑은 기운. 여기서는 정신을 휴식시켜 하루의 피로를 푼다는 의미.

죽엽배: 댓잎으로 만든 술잔.

음풍농월: 맑은 바람에 시를 읊조리며 밝은 달을 희롱하다.

타리: 피해서 떠나다.

만장홍진: 구차하고 찌꺼기투성이인 괴로움.

(2) 홍자성 원문

蘆花被下 臥雪眠雲 保全得一窩夜氣.

竹葉杯中 吟風弄月 躱離了萬丈紅塵.

노화피하 와설면운 보전득일와야기.

죽엽배중 음풍농월 타리료만장홍진.

(3) 원문해석

밝고 오염되지 않은 밤기운을 몸에 지닌다면 갈대꽃 이불을 덮고 눈 위에 누워 구름 속에 잠들어도 괜찮으며 술잔 속에 바람을 읊조리고 달과 함께 놀다 보면 만장의 홍진에서 떠날 수 있다.

(4) 스스로 해석자료

蘆花被下
갈대 노(부수 초두머리), 꽃 화(부수 초두머리), 입을 피(부수 옷의변), 아래 하(부수 한일)
臥雪眠雲
누울 와(부수 신하신), 눈 설(부수 비우), 잘 면(부수 눈목), 구름 운(부수 비우)
保全得一窩夜氣
지킬 보(부수 사람인변), 온전할 전(부수 들입), 얻을 득(부수 두인변), 한 일(부수 한일), 움집 와(부수 구멍혈), 밤 야(부수 저녁석), 기운 기(부수 기운기엄)
竹葉杯中
대 죽(부수 대죽), 잎 엽(부수 초두머리), 잔 배(부수 나무목), 가운데 중(부수 뚫을곤)
吟風弄月
읊을 음(부수 입구), 바람 풍(부수 바람풍), 희롱할 농(부수 스물입발), 달 월(부수 육달월)
躱離了萬丈紅塵
감출 타(부수 몸신), 떠날 리(부수 새추), 마칠 료(부수 갈고리궐), 일만 만(부수 초두머리), 어른 장(부수 한일), 붉을 홍(부수 실사변), 띠끌 진(부수 흙토)

(5) 조부훈회(祖父訓誨)

제39장의 영역본을 소개해 본다.

Covered by a reed mat when it is snowy and cloudy, I appreciate the meaning of night. With a bamboo leaf for a cup, sipping wine and chanting poetry in the breeze and moonlight, I am far from the noise of the world.

『Vegetable roots discourse』 118쪽

눈이 오고 흐릴 때 갈대밭에 가리어 밤의 의미를 음미한다. 잔에 댓잎을 들고 미풍과 달빛을 맞으며 술을 홀짝거리고 시를 외치는 나는 세상의 소음과는 거리가 멀다.

(6) 독자 이벤트

잠을 푹 자면 야기가 형성되는데 야기가 부족함을 느낀다면 건강검진을 받아보아야 한다.

후집 제40장
어부나 초동 소년이 돋보일 때가 있다.

(1) 준비운독(準備運讀)

제40장을 읽는 데는 다음과 같은 어휘를 먼저 익혀야 한다. 곤면, 여장, 산인, 어초, 조사, 전. 이 어휘를 스스로 익히고 난 후 다음의 설명을 참고하면 사고의 지평이 넓어지리라 생각된다.

곤면: 고관의 의관.
여장: 명아주 줄기로 만든 지팡이.
산인: 속세를 떠나 초야에 묻혀 사는 사람.
어초: 어부와 나무꾼.
조사: 고관.
전: 문득.

(2) 홍자성 원문

袞冕行中 著一藜杖的山人 便增一段高風.
漁樵路上 著一袞衣的朝士 轉添許多俗氣.
固知濃不勝淡 俗不如雅也.
곤면행중 저일려장적산인 편증일단고풍.
어초로상 저일곤의적조사 전첨허다속기.
고지농불승담 속불여아야.

(3) 원문해석

지위가 높은 사람 가운데 명아주 지팡이를 짚은 어부와 나무꾼이 섞여있으면 문득 한결 고상한 풍취를 더하고, 고기잡이와 나무꾼이 다니는 길 위에 비단옷 입은 고관이 섞여있으면 문득 숱한 속기를 더한다. 이로써 보건대 짙은 것은 담박한 것만 못하고 속된 것은 고상한 것만 못함을 알 수 있다.

(4) 스스로 해석자료

袞冕行中
곤룡포 곤(부수 옷의), 면류관 면(부수 멀경몸), 다닐 행(부수 다닐행), 가운데 중(부수 뚫을곤)

著一藜杖的山人
나타날 저(부수 초두머리), 한 일(부수 한일), 명아주 려(부수 초두머리), 지팡이 장(부수 나무목), 과녁 적(부수 흰백), 뫼 산(부수 뫼산), 사람 인(부수 사람인)

便增一段高風
편할 편(부수 사람인변), 더할 증(부수 흙토), 한 일(부수 한일), 층계 단(부수 갖은등글월문), 높을 고(부수 높을고), 바람 풍(부수 바람풍)

漁樵路上
고기잡을 어(부수 삼수변), 나무할 초(부수 나무목), 길 로(부수 발족변), 윗 상(부수 한일)

著一袞衣的朝士
나타날 저(부수 초두머리), 한 일(부수 한일), 곤룡포 곤(부수 옷의), 옷 의(부수 옷의), 과녁 적(부수 흰백), 아침 조(부수 육달월), 선비 사(부수 선비사)

轉添許多俗氣
구를 전(부수 수레거), 더할 첨(부수 삼수변), 허락할 허(부수 말씀언), 많을 다(부수 저녁석), 풍속 속(부수 사람인변), 기운 기(부수 기운기엄)

固知濃不勝淡
굳을 고(부수 큰입구몸), 알 지(부수 화살시), 짙을 농(부수 삼수변), 아닐 불(부수 한일), 이길 승(부수 힘력), 맑을 담(부수 삼수변)

俗不如雅也
풍속 속(부수 사람인변), 아닐 불(부수 한일), 같을 여(부수 여자녀), 맑을 아(부수 새추), 어조사 야(부수 새을)

(5) 조부훈회(祖父訓誨)

    도시에서 찌든 생활을 하는 사람이 시골을 구경하는 중에 여유롭게 움직이는 어부나 농부를 보고 문득 부러워하는 수가 있다. 시골에 사는 어부나 농부는 시골에서 아무리 오래 살아도 심신이 찌들지 않는다. 도시에 잠깐만 살아도 심신이 찌드는데 시골에서는 아무리 오래 살아도 심신이 찌들지 않는다.

(6) 독자 이벤트

시골 여행을 하면서 농부나 어부를 만나서 시골 생활의 이모저모를 간접 경험해 보자.

후집 제41장
몸은 속세에 있으면서도 생각은 고상할 수 있다.

(1) 준비운독(準備運讀)

제41장을 읽는 데는 다음과 같은 어휘를 먼저 익혀야 한다. 출세, 섭세, 요심, 회심. 이 어휘를 스스로 익히고 난 후 다음의 설명을 참고하면 사고의 지평이 넓어지리라 생각된다.

출세: 속세를 벗어나다.
섭세: 세상을 살다.
요심: 자기 심성을 깨닫다.
회심: 마음을 식은 재처럼 만들다. 의욕을 상실하다.

(2) 홍자성 원문

出世之道, 卽在涉世中. 不必絶人以逃世.
了心之功, 卽在盡心內. 不必絶欲以灰心.
출세지도, 즉재섭세중. 불필절인이도세.
요심지공, 즉재진심내. 불필절욕이회심.

(3) 원문해석

속세를 벗어나는 길은 곧 세상을 건너는 가운데 있으니 반드시 사람들을 끊고 세상에서 도망쳐야 하는 것은 아니다. 마음을 깨닫는 공부는 곧 마음을 다하는 속에 있으니 반드시 욕심을 끊어 마음을 식은 재처럼 해야 하는 것은 아니다.

(4) 스스로 해석자료

出世之道
날 출(부수 위튼입구몸), 인간 세(부수 한일), 갈 지(부수 삐침별), 길 도(부수 책받침)

卽在涉世中
곧 즉(부수 병부절), 있을 재(부수 흙토), 건널 섭(부수 삼수변), 인간 세(부수 한일), 가운데 중(부수 뚫을곤)

不必絶人以逃世
아닐 불(부수 한일), 반드시 필(부수 마음심), 끊을 절(부수 실사변), 사람 인(부수 사람인), 써 이(부수 사람인), 도망할 도(부수 책받침), 인간 세(부수 한일)

了心之功
마칠 요(부수 갈고리궐), 마음 심(부수 마음심), 갈 지(부수 삐침별), 공 공(부수 힘력)

卽在盡心內
곧 즉(부수 병부절), 있을 재(부수 흙토), 다할 진(부수 그릇명), 마음 심(부수 마음심), 안 내(부수 들입)

不必絶欲以灰心
아닐 불(부수 한일), 반드시 필(부수 마음심), 끊을 절(부수 실사변), 하고자 할 욕(부수 하품흠), 써 이(부수 사람인), 재 회(부수 불화), 마음 심(부수 마음심)

(5) 조부훈회(祖父訓誨)

제41장의 영역본을 소개해 본다.

The way of transcending the world is in facing it, there is no need to escape by cutting off human contacts. The way to ease the mind is to exercise it fully; there is no need to shun all desires to extinguish thoughts.

「Vegetable roots discourse」 119쪽

세상을 초월하는 길은 그것을 마주하는 데 있다. 인간의 접촉을 끊어서 벗어날 필요가 없다. 마음을 편안하게 하는 길은 그것을 충분히 발휘하는 것이다. 생각을 소멸시키려는 모든 욕망을

피할 필요가 없다.

(6) 독자 이벤트

스스로 해석자료를 여러 번 읽어보며 한자 부수도 몇 개 익혀본다.

후집 제42장
한가함을 피난처로 조용함을 은신처로 삼지 말라.

(1) 준비운독(準備運讀)

제42장을 읽는 데는 다음과 같은 어휘를 먼저 익혀야 한다. 영욕, 득실, 차견, 시비, 이해, 만매. 이 어휘를 스스로 익히고 난 후 다음의 설명을 참고하면 사고의 지평이 넓어지리라 생각된다.

영욕: 영예와 부끄러움.
득실: 얻기도 하고 잃기도 함.
차견: 사람을 보내다. 여기서는 사람을 부린다는 뜻.
시비: 옳고 그름.
이해: 이로움과 해로움.
만매: 사람의 눈을 속여 넘기다.

(2) 홍자성 원문

此身 常放在閒處, 榮辱得失, 誰能差遣我.
此心 常安在靜中, 是非利害, 誰能瞞昧我.
차신 상방재한처, 영욕득실, 수능차견아.
차심 상안재정중, 시비리해, 수능만매아.

(3) 원문해석

영예와 부끄러움을 잃고 얻음으로 스트레스를 받지 않으려면 일에 얽매이지 않아야 하고 옳고 그름, 이로움과 해로움의 속박에서 벗어나려면 마음을 너그럽게 그리고 고요하게 가져야 한다.

(4) 스스로 해석자료

此身
이 차(부수 그칠지), 몸 신(부수 몸신)

常放在閒處
떳떳할 상(부수 수건건), 놓을 방(부수 등글월문), 있을 재(부수 흙토), 한가할 한(부수 문문), 곳 처(부수 범호엄)

榮辱得失
영화 영(부수 나무목), 욕될 욕(부수 별진), 얻을 득(부수 두인변), 잃을 실(부수 큰대)

誰能差遣我
누구 수(부수 말씀언), 능할 능(부수 육달월), 다를 차(부수 장인공), 보낼 견(부수 책받침), 나 아(부수 창과)

此心
이 차(부수 그칠지), 마음 심(부수 마음심)

常安在靜中
떳떳할 상(부수 수건건), 편안 안(부수 갓머리), 있을 재(부수 흙토), 고요할 정(부수 푸를청), 가운데 중(부수 뚫을곤)

是非利害
이 시(부수 날일), 아닐 비(부수 아닐비), 이로울 리(부수 선칼도방), 해할 해(부수 갓머리)

誰能瞞昧我
누구 수(부수 말씀언), 능할 능(부수 육달월), 속일 만(부수 눈목), 어두울 매(부수 날일), 나 아(부수 창과)

(5) 조부훈회(祖父訓誨)

제42장의 다른 번역을 옮겨본다.

이 몸을 늘 한가한 곳에 둔다면 어느 누가 영욕과 득실로 나를 부릴 것인가? 마음을 항상 고요함 속에 편히 있게 하면 어느 누가 시비나 이해로 나를 속일 수 있겠는가?

『평생에 한 번은 꼭 채근담을 읽어라』 402쪽

(6) 독자 이벤트

준비운독에 제시된 낱말을 몇 번이고 읽어 새겨본다.

후집 제43장
꿩 소리에 꿈틀하고 매미 소리에 번뜩해야 마음이 넉넉해진다.

(1) 준비운독(準備運讀)

제43장을 읽는 데는 다음과 같은 어휘를 먼저 익혀야 한다. 죽리, 황, 운창, 선음, 아조, 정리건곤. 이 어휘를 스스로 익히고 난 후 다음의 설명과 비교하면 사고의 지평이 넓어지리라 생각된다.

죽리: 대나무 울타리.
황: 뚜렷하다.
운창: 서재.
선음: 매미가 울다.
아조: 까마귀가 지저귀다.
정리건곤: 고요 속의 천지.

(2) 홍자성 원문

竹籬下, 忽聞犬吠鷄鳴, 恍似雲中世界.
芸窓中, 雅聽蟬吟鴉噪, 方知靜裡乾坤.
죽리하, 홀문견폐계명, 황사운중세계.
운창중, 아청선음아조, 방지정리건곤.

(3) 원문해석

대나무 울타리 집에서 개 짖고 닭 우는 소리 들으면 마음이 부시고 몸이 구름 속에 있는듯하고 서재 안에서 매미 울고 까마귀 지저귀는 소리 들으면 문득 이 세상이 별천지 같은 생각이 든다.

(4) 스스로 해석자료

竹籬下
대 죽(부수 대죽), 울타리 리(부수 대죽), 아래 하(부수 한일)

忽聞犬吠鷄鳴
갑자기 홀(부수 마음심), 들을 문(부수 귀이), 개 견(부수 개견), 짖을 폐(부수 입구), 닭 계(부수 새조), 울 명(부수 새조)

恍似雲中世界
황홀할 황(부수 심방변), 닮을 사(부수 사람인변), 구름 운(부수 비우), 가운데 중(부수 뚫을곤), 인간 세(부수 한일), 지경 계(부수 밭전)

芸窓中
평지 운(부수 초두머리), 창 창(부수 구멍혈), 가운데 중(부수 뚫을곤)

雅聽蟬吟鴉噪
맑을 아(부수 새추), 들을 청(부수 귀이), 매미 선(부수 벌레훼), 읊을 음(부수 입구), 갈까마귀 아(부수 새조), 떠들썩할 조(부수 입구)

方知靜裡乾坤
모 방(부수 모방), 알 지(부수 화살시), 고요할 정(부수 푸를청), 속 리(부수 옷의변), 하늘 건(부수 새을), 땅 곤(부수 흙토)

(5) 조부훈회(祖父訓誨)

닭 우는 소리, 개 짖는 소리, 매미 우는 소리, 까마귀 우는 소리. 도시에 살면 이런 것을 만나기가 쉽지 않다. 이런 것을 의도적으로 만나게 되면 심신의 찌꺼기가 말끔히 씻기게 된다.

(6) 독자 이벤트

준비운독에 있는 낱말을 익혀본다.

후집 제44장

달콤한 미끼에 본성을 잃지 말라.

(1) 준비운독(準備運讀)

제44장을 읽는 데는 다음과 같은 어휘를 먼저 익혀야 한다. 희영, 향이, 사관지위. 이 어휘를 스스로 익히고 난 후 다음의 설명과 비교하면 사고의 지평이 넓어지리라 생각된다.

희영: 영달을 바라다.
향이: 달콤한 미끼.
사관지위: 벼슬자리의 위태로움.

(2) 홍자성 원문

我不希榮, 何憂乎利祿之香餌.
我不競進, 何畏乎仕官之危機.
아불희영, 하우호이록지향이.
아불경진, 하외호사관지위기.

(3) 원문해석

영화의 수렁에 빠지지 않으려면 달콤한 미끼에 걸려들지 않아야 하며 벼슬자리의 위태로움을 면하려면 소망을 한 단계 낮추어야 한다.

(4) 스스로 해석자료

我不希榮
나 아(부수 창과), 아닐 불(부수 한일), 바랄 희(부수 수건건), 영화 영(부수 나무목)

何憂乎利祿之香餌

어찌 하(부수 사람인변), 근심 우(부수 마음심), 어조사 호(부수 삐침별), 이로울 이(부수 선칼도방), 녹 록(부수 보일시), 갈 지(부수 삐침별), 향기 향(부수 향기향), 미끼 이(부수 밥식)

我不競進

나 아(부수 창과), 아닐 불(부수 한일), 다툴 경(부수 설립), 나아갈 진(부수 책받침)

何畏乎仕官之危機

어찌 하(부수 사람인변), 두려워할 외(부수 밭전), 어조사 호(부수 삐침별), 섬길 사(부수 사람인변), 벼슬 관(부수 갓머리), 갈 지(부수 삐침별), 위태할 위(부수 병부절), 틀 기(부수 나무목)

(5) 조부훈회(祖父訓誨)

원문해석이 의역이므로 직역을 옮겨 적어본다.

내가 부귀영화를 바라지 않으니 어찌 이익과 복의 미끼를 근심하며 내가 남 앞에 나아감을 다투지 않거늘 어찌 벼슬살이의 위태로움을 두려워하겠는가.

『평생에 한 번은 꼭 채근담을 읽어라』 402쪽

(6) 독자 이벤트

홍자성 원문에서 알고 있는 한자가 몇 자나 있는지 체크해 보자.

후집 제45장
숲 사이를 걷고 시냇물 소리를 들으면 문득 앙금이 사라진다.

(1) 준비운독(準備運讀)

제45장을 읽는 데는 다음과 같은 어휘를 먼저 익혀야 한다. 상양, 이유, 완물상지, 차경, 조심. 이 어휘를 스스로 익히고 난 후 다음의 설명과 비교하면 사고의 지평이 넓어지리라 생각된다.

상양: 한가롭게 노닐다.
이유: 마음을 그 속에 머물도록 하다.
완물상지: 진기한 것을 가지고 놀다 본심을 빼앗기다.
차경: 경치를 빌려 오다.
조심: 마음을 고르게 하다, 마음을 바로잡다.

(2) 홍자성 원문

徜徉於山林泉石之間, 而塵心漸息.
夷猶於詩書圖畵之內, 而俗氣潛消.
故 君子雖不玩物喪志, 亦常借境調心.
상양어산림천석지간, 이진심점식.
이유어시서도화지내, 이속기잠소.
고 군자수불완물상지, 역상차경조심.

(3) 원문해석

산과 숲, 샘과 바위 사이를 거닐면 마음의 앙금이 사라지고 시와 수필 그리고 그림 속에 노닐면 속된 기운이 저절로 사라진다. 이런 것을 거울삼아 군자는 아름다운 경치를 통하여 마음을 고르게 바로잡아 경치와 취미에 푹 빠져 몸과 마음을 상하게 하지는 않는다.

(4) 스스로 해석자료

徜徉於

노닐 상(부수 두인변), 노닐 양(부수 두인변), 어조사 어(부수 모방)

山林泉石之間

뫼 산(부수 뫼산), 수풀 림(부수 나무목), 샘 천(부수 물수), 돌 석(부수 돌석), 갈 지(부수 삐침별), 사이 간(부수 문문)

而塵心漸息

말 이을 이(부수 말이을이), 티끌 진(부수 흙토), 마음 심(부수 마음심), 점점 점(부수 삼수변), 쉴 식(부수 마음심)

夷猶於

오랑캐 이(부수 큰대), 오히려 유(부수 개사슴록변), 어조사 어(부수 모방)

詩書圖畫之內

시 시(부수 말씀언), 글 서(부수 가로왈), 그림 도(부수 큰입구몸), 그림 화(부수 밭전), 갈 지(부수 삐침별), 안 내(부수 들입)

而俗氣潛消

말 이을 이(부수 말이을이), 풍속 속(부수 사람인변), 기운 기(부수 기운기엄), 잠길 잠(부수 삼수변), 사라질 소(부수 삼수변)

故 君子雖不

연고 고(부수 등글월문), 임금 군(부수 입구), 아들 자(부수 아들자), 비록 수(부수 새추), 아닐 불(부수 한일)

玩物喪志

희롱할 완(부수 구슬옥변), 물건 물(부수 소우), 잃을 상(부수 입구), 뜻 지(부수 마음심)

亦常借境調心

또 역(부수 돼지해머리), 떳떳할 상(부수 수건건), 빌릴 차(부수 사람인변), 지경 경(부수 흙토), 고를 조(부수 말씀언), 마음 심(부수 마음심)

(5) 조부훈회(祖父訓誨)

어린이는 장난감을 가지고 놀다 해야 할 일을 잊어버리고 어른들은 장기나 바둑 등에 얽매여 있다가 자기 도를 잃어버리는 수가 있다.

(6) 독자 이벤트

준비운독에 있는 낱말을 여러 번 읽어보며 새겨보자.

후집 제46장

종달새는 봄을 좋아하고 귀뚜라미는 가을을 즐긴다.

(1) 준비운독(準備運讀)

제46장을 읽는 데는 다음과 같은 어휘를 먼저 익혀야 한다. 태탕, 수천일색, 상하, 공명, 신골. 이 어휘를 스스로 익히고 난 후 다음의 설명과 비교하면 사고의 지평이 넓어지리라 생각된다.

태탕: 크고 넓다.
수천일색: 물빛과 하늘빛이 한결같다.
상하: 하늘과 땅.
공명: 달이 물속에 있다.
신골: 정신과 육체.

(2) 홍자성 원문

春日 氣象 繁華, 令人心神駘蕩,
不若秋日 雲白風淸 蘭芳桂馥.
水天一色 上下空明, 使人神骨俱淸也.
춘일 기상 번화, 영인심신태탕,
불약추일 운백풍청 난방계복.
수천일색 상하공명, 사인신골구청야.

(3) 원문해석

봄날은 날씨가 따뜻하여 겨우내 움츠렸던 초목들이 꿈틀하고 겨울잠을 자던 사람의 마음이 활발하게 움직이나, 이것이 어찌 가을 구름이 희고, 바람이 맑으며, 난초가 아름답고, 계수나무

향기로우며, 물과 하늘이 한 가지 빛이고, 천지의 달 밝음이 사람으로 하여금 몸과 마음을 모두 맑게 함만 같겠는가?

(4) 스스로 해석자료

春日
봄 춘(부수 날일), 날 일(부수 날일)

氣象 繁華
기운 기(부수 기운기엄), 코끼리 상(부수 돼지시), 번성할 번(부수 실사), 빛날 화(부수 초두머리)

令人心神駘蕩
하여금 영(부수 사람인), 사람 인(부수 사람인), 마음 심(부수 마음심), 귀신 신(부수 보일시), 둔마 태(부수 말마), 방탕할 탕(부수 초두머리)

不若秋日
아닐 불(부수 한일), 같을 약(부수 초두머리), 가을 추(부수 벼화), 날 일(부수 날일)

雲白風淸
구름 운(부수 비우), 흰 백(부수 흰백), 바람 풍(부수 바람풍), 맑을 청(부수 삼수변)

蘭芳桂馥
난초 난(부수 초두머리), 꽃다울 방(부수 초두머리), 계수나무 계(부수 나무목), 향기 복(부수 향기향)

水天一色
물 수(부수 물수), 하늘 천(부수 큰대), 한 일(부수 한일), 빛 색(부수 빛색)

上下空明
윗 상(부수 한일), 아래 하(부수 한일), 빌 공(부수 구멍혈), 밝을 명(부수 날일)

使人神骨俱淸也
하여금 사(부수 사람인변), 사람 인(부수 사람인), 귀신 신(부수 보일시), 뼈 골(부수 뼈골), 함께 구(부수 사람인변), 맑을 청(부수 삼수변), 어조사 야(부수 새을)

(5) 조부훈회(祖父訓誨)

후집 제46장의 영역본을 소개해 본다.

Scenes in spring are ornate and rich, soothing and expanding the human spirit, but they cannot compare with scenes of autumn, when clouds are pure and the breezes clear, orchids and cinnamon cast their faint fragrance, the sky and water share the same color, and the air is open and bright, all purifying the body and the mind.

『Vegetable roots discourse』 121쪽

봄의 풍경은 화려하고 풍성하며 인간의 정신을 달래고 확장해 주지만 구름이 맑고 산들바람이 맑아지고 난초와 계피가 희미한 향기를 풍기고 하늘과 물이 같은 색을 띠며 공기가 탁 트이고 밝아서 몸과 마음이 모두 정화되는 가을의 풍경과는 비교할 수 없다.

(6) 독자 이벤트

봄, 여름, 가을, 겨울 중 특히 좋아하는 계절이 있다면 그 계절을 좋아하는 이유를 20자 정도 서술해 본다.

후집 제47장

배우지 않아도 시를 읊을 수 있고 음정을 몰라도 노래를 즐길 수 있다.

(1) 준비운독(準備運讀)

제47장을 읽는 데는 다음과 같은 어휘를 먼저 익혀야 한다. 시의, 진취, 게, 참, 현기. 이 어휘를 스스로 익히고 난 후 다음의 설명과 비교하면 사고의 지평이 넓어지리라 생각된다.

시의: 시의 뜻.
진취: 참된 취미.
게: 불교를 믿는 사람들이 지켜야 할 규범을 적은 글.
참: 가르침을 받아 연구하다.
현기: 현묘한 작용.

(2) 홍자성 원문

一字不識, 而有詩意者, 得詩家眞趣.
一偈不參, 而有禪味者, 悟禪敎玄機.
일자불식, 이유시의자, 득시가진취.
일게불참, 이유선미자, 오선교현기.

(3) 원문해석

글자 한 자 몰라도 시흥이 있는 사람은 시가의 참맛을 얻을 수 있고, 게 한 구절 연구하지 않아도 탈속의 맛을 아는 사람은 탈속의 현묘함을 깨달을 수 있다.

(4) 스스로 해석자료

一字不識
한 일(부수 한일), 글자 자(부수 아들자), 아닐 불(부수 한일), 알 식(부수 말씀언)

而有詩意者
말 이을 이(부수 말이을이), 있을 유(부수 달월), 시 시(부수 말씀 언), 옳을 의(부수 마음심), 놈 자(부수 늙을로엄)

得詩家眞趣
얻을 득(부수 두인변), 시 시(부수 말씀언), 집 가(부수 갓머리), 참 진(부수 눈목), 뜻 취(부수 달릴주)

一偈不參
한 일(부수 한일), 쉴 게(부수 사람인변), 아닐 불(부수 한일), 참여할 참(부수 마늘모)

而有禪味者
말 이을 이(부수 말이을이), 있을 유(부수 달월), 선 선(부수 보일시), 맛 미(부수 입구), 놈 자(부수 늙을로엄)

悟禪敎玄機
깨달을 오(부수 심방변), 선 선(부수 보일시), 가르칠 교(부수 등글월문), 검을 현(부수 검을현), 틀 기(부수 나무목)

(5) 조부훈회(祖父訓誨)

한글을 전혀 몰랐던 할아버지, 할머니께서 늦게 한글을 터득하여 시를 지었는데, 전혀 꾸밈이 없는 시로써 사람들의 심금을 울렸다고 한다. 시인이 따로 있고 수필가가 따로 있는 것이 아니다. 누구나 마음에 일어나는 생각을 글로 나타내면 그것이 바로 시가 되고 수필이 될 수 있다.

(6) 독자 이벤트

즐겨 읽는 시가 있다면 그 시를 유창할 수 있도록 암송해 본다.

후집 제48장

마음은 눈의 등대이다.

(1) 준비운독(準備運讀)

제48장을 읽는 데는 다음과 같은 어휘를 먼저 익혀야 한다. 기동, 사갈, 살기, 염식, 석호, 고취, 진기. 이 어휘를 스스로 익히고 난 후 다음의 설명과 비교하면 사고의 지평이 넓어지리라 생각된다.

기동: 심기가 동요되다.
사갈: 뱀과 전갈.
살기: 사물을 해치는 기운.
염식: 마음이 차분하게 가라앉다.
석호: 포악한 사람.
고취: 북과 피리. 음악.
진기: 참다운 기틀.

(2) 홍자성 원문

機動的, 弓影 疑爲蛇蝎, 寢石 視爲伏虎,
此中 渾是殺氣.
念息的, 石虎 可作海鷗, 蛙聲 可當鼓吹,
觸處 俱見眞機.

기동적, 궁영 의위사갈, 침석 시위복호,
차중 혼시살기.
염식적, 석호 가작해구, 와성 가당고취,
촉처 구견진기.

(3) 원문해석

마음이 산란해지면 활 그림자도 뱀으로 보이고 누운 바위도 호랑이로 보이는데 모두가 해치는 기운뿐이로다. 마음이 가라앉으면 석호처럼 포악한 사람도 바다 갈매기로 길들일 수 있고, 개구리 울음소리도 고운 멜로디로 들려서 이르는 곳마다 참기틀을 보게 될 것이다.

(4) 스스로 해석자료

機動的
틀 기(부수 나무목), 움직일 동(부수 힘력), 과녁 적(부수 흰백)

弓影 疑爲蛇蝎
활 궁(부수 활궁), 그림자 영(부수 터럭삼), 의심할 의(부수 짝필), 할 위(부수 손톱조), 긴 뱀 사(부수 벌레훼), 전갈 갈(부수 벌레훼)

寢石 視爲伏虎
잘 침(부수 갓머리), 돌 석(부수 돌석), 볼 시(부수 볼견), 할 위(부수 손톱조), 엎드릴 복(부수 사람인변), 범 호(부수 범호엄)

此中 渾是殺氣
이 차(부수 그칠지), 가운데 중(부수 뚫을곤), 흐릴 혼(부수 삼수변), 이 시(부수 날일), 죽일 살(부수 갖은등글월문), 기운 기(부수 기운기엄)

念息的
생각 염(부수 마음심), 쉴 식(부수 마음심), 과녁 적(부수 흰백)

石虎
돌 석(부수 돌석), 범 호(부수 범호엄)

可作海鷗
옳을 가(부수 입구), 지을 작(부수 사람인변), 바다 해(부수 삼수변), 갈매기 구(부수 새조)

蛙聲 可當鼓吹
개구리 와(부수 벌레훼), 소리 성(부수 귀이), 옳을 가(부수 입구), 마땅 당(부수 밭전), 북 고(부수 북고), 불 취(부수 입구)

觸處 俱見眞機
닿을 촉(부수 뿔각), 곳 처(부수 범호엄), 함께 구(부수 사람인변), 볼 견(부수 볼견), 참 진(부

수 눈목), 틀 기(부수 나무목)

(5) 조부훈회(祖父訓誨)

미국 나이아가라 폭포에 POISON이라고 쓰인 푯말이 있다. 한 청년이 나이아가라 폭포 물을 마신 후 그 푯말을 보고 깜짝 놀랐다. 헐레벌떡 병원으로 달려가 독약 물을 마셨으니 곧 죽을지도 모른다며 의사에게 치료를 부탁했다. 의사는 자초지종을 듣고 빙그레 웃었다. 의사는 "아무렇지 않을 테니 걱정하지 마세요"라고 청년에게 말했다. POISON이란 말은 영어로는 독약이지만 프랑스어로는 낚시 금지라는 뜻이다. 프랑스 사람들이 거기서 낚시를 즐기므로 그 푯말을 세웠던 것이다. 이런 의사의 설명을 들은 청년은 그 공포가 씻은 듯이 사라졌다.

(6) 독자 이벤트

활 그림자가 뱀으로 보였다는 고사가 있다. 그 팩트를 확인해 본다.

후집 제49장

나이가 들수록 몸과 마음을 다듬어야 한다.

(1) 준비운독(準備運讀)

　제49장을 읽는 데는 다음과 같은 어휘를 먼저 익혀야 한다. 불계지주, 감지, 기회지목, 하방도할향도. 이 어휘를 스스로 익히고 난 후 다음의 설명과 비교하면 사고의 지평이 넓어지리라 생각된다.

　불계지주: 매어놓지 않은 배.
　감지: 구덩이에 빠지다.
　기회지목: 고목.
　하방도할향도: 누가 칼로 몸을 상하게 해도 몸에 향을 발라주어도 조금도 꿈틀하지 않음.

(2) 홍자성 원문

身如不繫之舟, 一任流行坎止.
心似旣灰之木, 何妨刀割香塗.
신여불계지주, 일임유행감지.
심사기회지목, 하방도할향도.

(3) 원문해석

　몸은 묶어놓지 아니한 배와 같은지라 가거나 소용돌이에 빠지거나 흐르는 물줄기에 맡겨두며, 마음은 앙상한 고목과 같은지라 칼로 상하게 하거나 몸을 향으로 치장하거나 꿈틀하지 않을 것이다. 쪼개건 향을 칠하건 아랑곳하지 말 일이다.

(4) 스스로 해석자료

身如不繫之舟
몸 신(부수 몸신), 같을 여(부수 여자녀), 아닐 불(부수 한일), 맬 계(부수 실사), 갈 지(부수 삐침별), 배 주(부수 배주)

一任流行坎止
한 일(부수 한일), 맡길 임(부수 사람인변), 흐를 유(부수 삼수변), 다닐 행(부수 다닐행), 구덩이 감(부수 흙토), 그칠 지(부수 그칠지)

心似既灰之木
마음 심(부수 마음심), 닮을 사(부수 사람인변), 이미 기(부수 이미기방), 재 회(부수 불화), 갈 지(부수 삐침별), 나무 목(부수 나무목)

何妨刀割香塗
어찌 하(부수 사람인변), 방해할 방(부수 여자녀), 칼 도(부수 칼도), 벨 할(부수 선칼도방), 향기 향(부수 향기향), 칠할 도(부수 흙토)

(5) 조부훈회(祖父訓誨)

제49장의 영역본을 소개해 본다.

When the body is like an unmoored boat, it floats about until it bumps the shore. When the mind is like ashes, what harm is there in being cut up by knives of wiped out by scent?

『Vegetable roots discourse』 122쪽

몸이 묶여있지 않은 배와 같을 때, 그것은 해안에 부딪힐 때까지 떠다닌다. 마음이 꺼진 난로와 같으니 향기로 전멸한 칼에 베이는 것이 무슨 해가 있겠는가?

(6) 독자 이벤트

준비운독에 있는 낱말을 새기며 한자도 익혀본다.

후집 제50장

언뜻 보면 시시한 것도
자세히 보면 사랑스럽다.

(1) 준비운독(準備運讀)

제50장을 읽는 데는 다음과 같은 어휘를 먼저 익혀야 한다. 앵재, 와명, 거지, 용사, 성천, 천기. 이 어휘를 스스로 익히고 난 후 다음의 설명을 참고하면 사고의 지평이 넓어지리라 생각된다.

앵제: 꾀꼬리가 지저귀다.
와명: 개구리 울음소리.
거지: 잡초나 쓸데없는 것을 뽑아내다.
용사: 사물을 구분하다.
성천: 물들지 않은 본래의 마음.
천기: 하늘의 작용.

(2) 홍자성 원문

人情, 聽鶯啼則喜,
聞蛙鳴則厭, 見花則思培之,
遇草則欲去之. 但是以形氣用事.
若以性天視之, 何者非自鳴其天機, 非自暢其生意也.

인정, 청앵제즉희,
문와명즉염, 견화즉사배지,
우초즉욕거지. 단시이형기용사.
약이성천시지, 하자비자명기천기, 비자창기생의야.

(3) 원문해석

인지상정이라고 보통 사람의 마음은 꾀꼬리 소리를 들으면 기뻐하고, 개구리 소리를 들으면 짜증 낸다. 꽃을 보면 화분으로 옮기고 싶고, 잡초를 보면 뽑아버리고 싶다. 이는 사물의 겉모양만 보고 느낀 것이다. 만약 본바탕으로 본다면 무엇이든지 스스로 천기의 울림이 아닌 것이 없고, 저 스스로 그 삶의 뜻을 펴지 않는 것이 없다.

(4) 스스로 해석자료

人情
사람 인(부수 사람인), 뜻 정(부수 심방변)

聽鶯啼則喜
들을 청(부수 귀이), 꾀꼬리 앵(부수 새조), 울 제(부수 입구), 곧 즉(부수 선칼도방), 기쁠 희(부수 입구)

聞蛙鳴則厭
들을 문(부수 귀이), 개구리 와(부수 벌레훼), 울 명(부수 새조), 곧 즉(부수 선칼도방), 싫어할 염(부수 민엄호)

見花則思培之
볼 견(부수 볼견), 꽃 화(부수 초두머리), 곧 즉(부수 선칼도방), 생각 사(부수 마음심), 북돋울 배(부수 흙토), 갈 지(부수 삐침별)

遇草則欲去之
만날 우(부수 책받침), 풀 초(부수 초두머리), 곧 즉(부수 선칼도방), 하고자 할 욕(부수 하품흠), 갈 거(부수 마늘모), 갈 지(부수 삐침별)

但是以形氣用事
다만 단(부수 사람인변), 이 시(부수 날일), 써 이(부수 사람인), 모양 형(부수 터럭삼), 기운 기(부수 기운기엄), 쓸 용(부수 쓸용), 일 사(부수 갈고리궐)

若以性天視之
같을 약(부수 초두머리), 써 이(부수 사람인), 성품 성(부수 심방변), 하늘 천(부수 큰대), 볼 시(부수 볼견), 갈 지(부수 삐침별)

何者非自鳴其天機

어찌 하(부수 사람인변), 놈 자(부수 늙을로엄), 아닐 비(부수 아닐비), 스스로 자(부수 스스로자), 울 명(부수 새조), 그 기(부수 여덟팔), 하늘 천(부수 큰대), 틀 기(부수 나무목)

非自暢其生意也

아닐 비(부수 아닐비), 스스로 자(부수 스스로자), 화창할 창(부수 날일), 그 기(부수 여덟팔), 날 생(부수 날생), 뜻 의(부수 마음심), 어조사 야(부수 새을)

(5) 조부훈회(祖父訓誨)

풍경화가 존 컨스터블이 사물을 보는 안목에 대한 글을 음미해 본다.

I never saw an ugly thing in my life:
나는 살면서 추한 것을 본 적이 없다.
for let the form of an object be what it may,
어느 것이든 그대로 형체를 본다면
light, shade, and perspective will always make it beautiful.
사물의 빛이 드러난 부분과 그늘에 감춰진 부분 즉 겉과 속을 깊은 안목으로 본다면 모두가 아름답게 보인다.

컨스터블의 말을 세 부분으로 나누어서 직독 직해 했는데, 전체를 묶어서 동시에 번역해 본다.

나는 살면서 추한 것을 본 적이 없다. 어느 것이든 제 형체를 그대로 간직하고 있으면 빛, 그림자, 그리고 보는 사람의 시각이 그것을 항상 아름답게 만들어준다.

사람의 기호에 따라 꾀꼬리 소리가 아름답게 들리고 개구리 소리는 짜증이 나고 꽃은 가꾸고 싶고 잡초는 뽑아버리고 싶다. 그러나 깊은 안목으로 본다면 그 속에는 모두가 삶의 아름다움이 깃들어 있다. 숨겨진 아름다움을 발견하는 것이 식견이고 안목이다. 아기가 똥을 싸면 더럽지만 엄마의 눈에는 사랑스럽게 보이고, 방귀를 뀌는 것은 부끄럽고 예절에 어긋나지만 수술 환자에게는 방귀 소리가 그렇게 반가울 수가 없다.

(6) 독자 이벤트

채근담 후집 제50장을 여러 번 읽고 읽어 그 내용을 완전히 파악하여 다른 사람들과의 대화에 활용해 본다.

후집 제51장

머리카락이 빠지고 이가 성기어도 꽃이 피고 새가 노래하는 것은 들을 수 있다.

(1) 준비운독(準備運讀)

제51장을 읽는 데는 다음과 같은 어휘를 먼저 익혀야 한다. 발낙치소, 환형, 조사, 자성, 진여. 이 어휘를 스스로 익히고 난 후 다음의 설명과 비교하면 사고의 지평이 넓어지리라 생각된다.

발낙치소: 머리카락이 빠지고 이가 빠져서 성글어지다.
환형: 거짓 형체.
조사: 시들어 변해가다.
자성: 자연의 본성.
진여: 변함이 없는 참모습.

(2) 홍자성 원문

髮落齒疎, 任幻形之彫謝.
鳥吟花笑, 識自性之眞如.
발낙치소, 임환형지조사.
조음화소, 식자성지진여.

(3) 원문해석

머리카락이 희어지고 이가 성글어지는 것은 그냥 세월에 맡기고 새가 노래하고 꽃이 피는 산과 들 속에 몸과 마음을 소용돌이치며 즐긴다.

(4) 스스로 해석자료

髮落齒疎
터럭 발(부수 터럭발), 떨어질 낙(부수 초두머리), 이 치(부수 이 치), 성길 소(부수 짝필)

任幻形之彫謝
맡길 임(부수 사람인변), 헛보일 환(부수 작을요), 모양 형(부수 터럭삼), 갈 지(부수 삐침별), 새길 조(부수 터럭삼), 사례할 사(부수 말씀언)

鳥吟花笑
새 조(부수 새조), 읊을 음(부수 입구), 꽃 화(부수 초두머리), 웃음 소(부수 대죽)

識自性之眞如
알 식(부수 말씀언), 스스로 자(부수 스스로자), 성품 성(부수 심방변), 갈 지(부수 삐침별), 참 진(부수 눈목), 같을 여(부수 여자녀)

(5) 조부훈회(祖父訓誨)

후집 제51장의 영역본을 소개해 본다.

Hair and teeth falling out are only the decay of the flesh. Birds singing and flowers blooming enable us to recognize the true essence of our nature.
『Vegetable roots discourse』 123쪽

머리털과 이가 빠지는 것은 살이 썩는 것일 뿐이다. 새들이 노래하고 꽃이 피는 것은 우리 본성의 본질을 인식하게 해준다.

(6) 독자 이벤트

치과에 방문하여 치아 상태를 점검해 본다.

후집 제52장

욕심이 잉태한즉 수치를 낳고
수치가 장성한즉 사망을 낳는다.

(1) 준비운독(準備運讀)

제52장을 읽는 데는 다음과 같은 어휘를 먼저 익혀야 한다. 욕기중, 파비, 한담, 조시, 훤. 이 어휘를 스스로 익히고 난 후 다음의 설명과 비교하면 사고의 지평이 넓어지리라 생각된다.

욕기중: 마음속에 욕심이 가득 차다.
파비: 물결이 끓어오르다.
한담: 차가운 연못.
조시: 아침 시장, 여기서는 시끄러운 곳을 뜻함.
훤: 시끄럽다.

(2) 홍자성 원문

欲其中者, 波沸寒潭, 山林 不見其寂.
虛其中者, 凉生酷暑, 朝市 不知其喧.
욕기중자, 파비한담, 산림 불견기적.
허기중자, 양생혹서, 조시 부지기훤.

(3) 원문해석

욕심이 지나치면 마음이 달아올라 차가운 연못도 뜨거워져 산림 속의 고요함을 맛보지 못하고, 욕심을 내려놓으면 무더위 속에서도 서늘함이 일어 저잣거리 가운데 있으면서도 그 시끄러움을 모르게 된다.

(4) 스스로 해석자료

欲其中者
하고자 할 욕(부수 하품흠), 그 기(부수 여덟팔), 가운데 중(부수 뚫을곤), 놈 자(부수 늙을로엄)

波沸寒潭
물결 파(부수 삼수변), 끓을 비(부수 삼수변), 찰 한(부수 갓머리), 못 담(부수 삼수변)

山林 不見其寂
뫼 산(부수 뫼산), 수풀 림(부수 나무목), 아닐 불(부수 한일), 볼 견(부수 볼견), 그 기(부수 여덟팔), 고요할 적(부수 갓머리)

虛其中者
빌 허(부수 범호엄), 그 기(부수 여덟팔), 가운데 중(부수 뚫을곤), 놈 자(부수 늙을로엄)

凉生酷暑
서늘할 양(부수 이수변), 날 생(부수 날생), 심할 혹(부수 닭유), 더울 서(부수 날일)

朝市 不知其喧
아침 조(부수 육달월), 저자 시(부수 수건건), 아닐 부(부수 한일), 알 지(부수 화살시), 그 기(부수 여덟팔), 지껄일 훤(부수 입구)

(5) 조부훈회(祖父訓誨)

욕심이 잉태한즉 죄를 낳고 죄가 장성한즉 사망을 낳느니라

야고보서 1장 15절

　야고보서 1장 15절 말씀처럼 욕심이 악의 뿌리인 것은 사실이다. 그러나 사람이 욕심이 없다면 무력증에 빠지거나 우울증에 사로잡힐 수 있다. 욕심을 가지되 자기 능력 이상으로 탐하지 말아야 한다.

(6) 독자 이벤트

홍자성 원문을 그대로 외워보며 욕심의 균형을 잡아본다.

후집 제53장

무릎을 다치는 것이 이마가 상하는 것보다 낫다.

(1) 준비운독(準備運讀)

제53장을 읽는 데는 다음과 같은 어휘를 먼저 익혀야 한다. 다장자, 후망, 고보자, 질전, 상안. 이 어휘를 스스로 익히고 난 후 다음의 설명과 비교하면 사고의 지평이 넓어지리라 생각된다.

다장자: 재물을 많이 갖고 있는 사람.
후망: 크게 망하다.
고보자: 높이 걷는 사람. 여기서는 신분이 높다 하여 거들먹거리는 사람.
질전: 넘어져 이마가 상하다.
상안: 항상 편안하다.

(2) 홍자성 원문

多藏者 厚亡,
故 知富不如貧之無慮.
高步者 疾顚,
故 知貴不如賤之常安.
다장자 후망,
고 지부불여빈지무려.
고보자 질전,
고 지귀불여천지상안.

(3) 원문해석

많이 가진 자는 망할 때 심각하게 무너진다. 그러므로 부자는 가난한 사람이 근심이 없는 것만 못하다. 지위가 높아 거들먹거리는 사람은 넘어질 때 치명적이다. 그러므로 귀하다는 것이 천한 사람의 편안함만 못하다.

(4) 스스로 해석자료

多藏者 厚亡
많을 다(부수 저녁석), 감출 장(부수 초두머리), 놈 자(부수 늙을로엄), 두터울 후(부수 민엄호), 망할 망(부수 돼지해머리)

故 知富不如貧之無慮
연고 고(부수 등글월문), 알 지(부수 화살시), 부유할 부(부수 갓머리), 아닐 불(부수 한일), 같을 여(부수 여자녀), 가난할 빈(부수 조개패), 갈 지(부수 삐침별), 없을 무(부수 연화발), 생각할 려(부수 마음심)

高步者 疾顚
높을 고(부수 높을고), 걸음 보(부수 그칠지), 놈 자(부수 늙을로엄), 병 질(부수 병질엄), 엎드러질 전(부수 머리혈)

故 知貴不如賤之常安
연고 고(부수 등글월문), 알 지(부수 화살시), 귀할 귀(부수 조개패), 아닐 불(부수 한일), 같을 여(부수 여자녀), 천할 천(부수 조개패), 갈 지(부수 삐침별), 떳떳할 상(부수 수건건), 편안 안(부수 갓머리)

(5) 조부훈회(祖父訓誨)

제53장의 영역본을 소개해 본다.

Those who hoard great riches perish anyway. Being rich is not as carefree as being poor. Those who climb in life fall quickly anyway. Those highly placed do not rest as easy as the lowly and common.

『Vegetable roots discourse』 124쪽

큰 재물을 쌓아두는 자는 어차피 죽는다. 부자가 되는 것은 가난한 자의 근심 없는 것만 못하다. 높이 오른 자는 어차피 빨리 떨어진다. 지위가 높은 자는 천한 사람의 안락함만 못하다.

(6) 독자 이벤트

준비운독의 낱말을 새기고 새겨본다.

후집 제54장
책은 귀로 듣고 눈으로 읽고 손으로 확인한다.

(1) 준비운독(準備運讀)

제54장을 읽는 데는 다음과 같은 어휘를 먼저 익혀야 한다. 역, 효창, 단사, 연, 경, 보경, 선. 이 어휘를 스스로 익히고 난 후 다음의 설명을 참고하면 사고의 지평이 넓어지리라 생각된다.

역: 주역.
효창: 새벽녘의 창문.
단사: 주묵.
연: 갈다.
경: 불경.
보경: 경쇠.
선: 울리다.

(2) 홍자성 원문

讀易曉窓, 丹砂 硏松間之露.
談經午案, 寶磬 宣竹下之風.
독역효창, 단사 연송간지로.
담경오안, 보경 선죽하지풍.

(3) 원문해석

새벽 네 시쯤 일어나 창가에 앉아 주역을 읽으며 맑은 이슬로 먹을 갈아 감동받은 글을 적어두고 낮 열한 시쯤에는 책상에 앉아 친구와 불경을 논하노라면 법열에 푹 빠지는데 그 느낌을

(4) 스스로 해석자료

讀易曉窓
읽을 독(부수 말씀언), 바꿀 역(부수 날일), 새벽 효(부수 날일), 창 창(부수 구멍혈)

丹砂 研松間之露
붉을 단(부수 점주), 모래 사(부수 돌석), 갈 연(부수 돌석), 소나무 송(부수 나무목), 사이 간(부수 문문), 갈 지(부수 삐침별), 이슬 로(부수 비우)

談經午案
말씀 담(부수 말씀언), 지날 경(부수 실사변), 낮 오(부수 열십), 책상 안(부수 나무목)

寶磬 宣竹下之風
보배 보(부수 갓머리), 경쇠 경(부수 돌석), 베풀 선(부수 갓머리), 대 죽(부수 대죽), 아래 하(부수 한일), 갈 지(부수 삐침별), 바람 풍(부수 바람풍)

(5) 조부훈회(祖父訓誨)

제54장의 영역본을 소개해 본다.

As one studies the Book of Changes by the window in the morning, one grinds the ink-stick with the dewdrops from the pine trees. While discoursing on the classics by the table at noon, one hears the jade chimes announce the breeze in the bamboos.

『Vegetable roots discourse』 124쪽

아침에 창가에서 변화의 서를 공부할 때 참나무의 이슬방울로 수묵을 간다. 정오의 식탁에서 고전을 이야기하다가 옥침이 대나무의 산들바람을 알리는 소리를 듣는다.

(6) 독자 이벤트

준비운독에 제시된 낱말을 새기며 한자도 익혀본다.

후집 제55장
간섭하면 시들시들하던 것도 방임하면 싱싱해지는 것이 있다.

(1) 준비운독(準備運讀)

　제55장을 읽는 데는 다음과 같은 어휘를 먼저 익혀야 한다. 분, 생기, 천취, 착집, 성문, 고상, 회심. 이 어휘를 스스로 익히고 난 후 다음의 설명을 참고하면 사고의 지평이 넓어지리라 생각된다.

분: 화분.
생기: 싱싱한 기운.
천취: 자연의 맛.
착집: 뒤섞이어 모이다.
성문: 무늬를 이루다.
고상: 날아올라서 빙빙돌다.
회심: 마음에 맞다.

(2) 홍자성 원문

花居盆內, 終乏生機.
鳥入籠中, 便減天趣.
不若山間花鳥, 錯集成文,
翺翔自若, 自是悠悠會心.
화거분내, 종핍생기.
조입롱중, 편감천취.
불약산간화조, 착집성문.
고상자약, 자시유유회심.

(3) 원문해석

화분 속에 있는 꽃은 그 싱싱함이 지속되지 못하고 결국은 생기가 없어지고 새는 새장 안에 있으면 자연의 맛이 줄어든다. 산속의 꽃이나 새가 한데 어울려 색색의 무늬를 이루며 마음껏 날아서 스스로 한가히 즐거워함만 같겠는가.

(4) 스스로 해석자료

花居盆內
꽃 화(부수 초두머리), 살 거(부수 주검시엄), 동이 분(부수 그릇명), 안 내(부수 들입)
終乏生機
마칠 종(부수 실사변), 모자랄 핍(부수 삐침별), 날 생(부수 날생), 틀 기(부수 나무목)
鳥入籠中
새 조(부수 새조), 들 입(부수 들입), 대바구니 롱(부수 대죽), 가운데 중(부수 뚫을곤)
便減天趣
편할 편(부수 사람인변), 덜 감(부수 삼수변), 하늘 천(부수 큰대), 뜻 취(부수 달릴주)
不若山間花鳥
아닐 불(부수 한일), 같을 약(부수 초두머리), 뫼 산(부수 뫼산), 사이 간(부수 문문), 꽃 화(부수 초두머리), 새 조(부수 새조)
錯集成文
어긋날 착(부수 쇠금), 모을 집(부수 새추), 이룰 성(부수 창과), 글월 문(부수 글월문)
翱翔自若
날 고(부수 깃우), 날 상(부수 깃우), 스스로 자(부수 스스로자), 같을 약(부수 초두머리)
自是悠悠會心
스스로 자(부수 스스로자), 이 시(부수 날일), 멀 유(부수 마음심), 멀 유(부수 마음심), 모일 회(부수 가로왈), 마음 심(부수 마음심)

(5) 조부훈회(祖父訓誨)

공중에 새를 보라 심지도 않고 거두지도 않고 창고에 모아들이지도 아니하되 너희 하늘 아버지께서 기르시나니 너희도 이것들보다 귀하지 아니하냐
너희 중에 누가 염려함으로 그 키를 한 자라도 더할 수 있겠느냐
또 너희가 어찌 의복을 위하여 염려하느냐 들의 백합화가 어떻게 자라는가 생각하여 보라 수고도 아니하고 길쌈도 아니하느니라

마태복음 6장 26절~28절

위 성경 말씀처럼 공중의 새들은 사람이 끼어들지 않아도 절로 잘 자란다. 사람의 탐욕으로 들꽃을 옮겨 화분에 심고 새를 잡아다 새장에 길으면서 오히려 자연의 정취를 손상시킨다.

(6) 독자 이벤트

준비운독에 제시된 낱말을 새기며 한자도 익혀본다.

후집 제56장

일이 늘어나면 번뇌도 늘어난다.

(1) 준비운독(準備運讀)

제56장을 읽는 데는 다음과 같은 어휘를 먼저 익혀야 한다. 연, 아, 태진, 파적. 이 어휘를 스스로 익히고 난 후 다음의 설명과 비교하면 언어의 지평이 넓어지리라 생각된다.

연: 연유.
아: 자아.
태진: 지나치게 옳다고 생각하다.
파적: 과녁을 꿰뚫다. 정곡을 찌르다.

(2) 홍자성 원문

世人 只緣認得我字太眞,
故 多種種嗜好 種種煩惱.
前人 云, "不復知有我, 何知物爲貴".
又云, "知身不是我, 煩惱更何侵".
眞破的之言也.
세인 지연인득아자태진,
고 다종종기호 종종번뇌.
전인 운, "불복지유아, 하지물위귀".
우운, "지신불시아, 번뇌갱하침".
진파적지언야.

(3) 원문해석

자기 생각이 크게 옳다고 자신만만한 사람들은 일을 여러 가지 벌인다. 이에 번뇌도 많이 생기게 된다. 옛사람이 이르되 "나 있음을 또한 알지 못하면 어찌 사물의 귀함을 알까"라고 했고, 또 말하되 "이 몸이 나 아님을 알면 번뇌가 다시 어찌 침범할까"라고 했으니 참으로 정곡을 찌르는 말이다.

(4) 스스로 해석자료

世人
인간 세(부수 한일), 사람 인(부수 사람인)

只緣認得我字太眞
다만 지(부수 입구), 인연 연(부수 실사변), 알 인(부수 말씀언), 얻을 득(부수 두인변), 나 아(부수 창과), 글자 자(부수 아들자), 클 태(부수 큰대), 참 진(부수 눈목)

故 多種種嗜好
연고 고(부수 등글월문), 많을 다(부수 저녁석), 씨 종(부수 벼화), 씨 종(부수 벼화), 즐길 기(부수 입구), 좋을 호(부수 여자녀)

種種煩惱
씨 종(부수 벼화), 씨 종(부수 벼화), 번거로울 번(부수 불화), 번뇌할 뇌(부수 심방변)

前人 云
앞 전(부수 선칼도방), 사람 인(부수 사람인), 이를 운(부수 두이)

不復知有我
아닐 불(부수 한일), 회복할 복(부수 두인변), 알 지(부수 화살시), 있을 유(부수 달월), 나 아(부수 창과)

何知物爲貴
어찌 하(부수 사람인변), 알 지(부수 화살시), 물건 물(부수 소우), 할 위(부수 손톱조), 귀할 귀(부수 조개패)

又云
또 우(부수 또우), 이를 운(부수 두이)

知身不是我

알 지(부수 화살시), 몸 신(부수 몸신), 아닐 불(부수 한일), 이 시(부수 날일), 나 아(부수 창과)

煩惱更何侵

번거로울 번(부수 불화), 번뇌할 뇌(부수 심방변), 다시 갱(부수 가로왈), 어찌 하(부수 사람인변), 침노할 침(부수 사람인변)

眞破的之言也

참 진(부수 눈목), 깨뜨릴 파(부수 돌석), 과녁 적(부수 흰백), 갈 지(부수 삐침별), 말씀 언(부수 말씀언), 어조사 야(부수 새을)

(5) 조부훈회(祖父訓誨)

욕심을 갖는 것은 인지상정이지만 능력에 맞지 않게 여러 가지 일을 벌여놓으면 불편과 괴로움이 따르고 또 그 일을 그만두는 수가 있다. 하고 싶은 일이 여러 가지 있으면 자기 소질이나 적성에 맞는 두세 가지만 한다면 일에 보람도 느끼게 되고 번뇌도 따르지 않게 될 것이다.

(6) 독자 이벤트

지금 하고 있는 일을 체크하며 소질과 적성에 맞는지 생각해 본다.

후집 제57장

영화로울 때 검소하면 쇠퇴할 때 초라하지 않다.

(1) 준비운독(準備運讀)

제57장을 읽는 데는 다음과 같은 어휘를 먼저 익혀야 한다. 분치, 각축, 췌, 분화미려. 이 어휘를 스스로 익히고 난 후 다음의 설명과 비교하면 언어의 지평이 넓어지리라 생각된다.

분치: 바쁘게 돌아다니다.
각축: 서로 다투다.
췌: 쇠퇴하다. 병들다.
분화미려: 사치와 화려.

(2) 홍자성 원문

自老視少, 可以消奔馳角逐之心.
自瘁視榮, 可以絶紛華靡麗之念.
자로시소, 가이소분치각축지심.
자췌시영, 가이절분화미려지념.

(3) 원문해석

젊었을 때 남보다 앞서고자 다투는 일이 없으면 늘그막에 외롭지 않으며 영화로울 때 화려하게 사치하지 않고 검소하게 생활하면 쇠퇴할 때 초라하지 않게 된다.

(4) 스스로 해석자료

自老視少

스스로 자(부수 스스로자), 늙을 로(부수 늙을로엄), 볼 시(부수 볼견), 적을 소(부수 작을소)

可以消奔馳角逐之心

옳을 가(부수 입구), 써 이(부수 사람인), 사라질 소(부수 삼수변), 달릴 분(부수 큰대), 달릴 치(부수 말마), 뿔 각(부수 뿔각), 좇을 축(부수 책받침), 갈 지(부수 삐침별), 마음 심(부수 마음심)

自瘁視榮

스스로 자(부수 스스로자), 병들 췌(부수 병질엄), 볼 시(부수 볼견), 영화 영(부수 나무목)

可以絶紛華靡麗之念

옳을 가(부수 입구), 써 이(부수 사람인), 끊을 절(부수 실사변), 어지러울 분(부수 실사변), 빛날 화(부수 초두머리), 쓰러질 미(부수 아닐비), 고울 려(부수 사슴록), 갈 지(부수 삐침별), 생각 념(부수 마음심)

(5) 조부훈회(祖父訓誨)

제57장의 다른 번역을 옮겨본다.

노인의 눈으로 젊음을 바라보면 바쁘게 달리며 서로 다투는 마음을 없앨 수 있고 쇠락한 처지에서 영화를 누리던 시절을 돌아본다면 사치하고 화려한 생각을 끊어버릴 수 있을 것이다.

『평생에 한 번은 꼭 채근담을 읽어라』 406쪽

(6) 독자 이벤트

하는 일에서 벗어나 두 시간 동안 편안히 쉰다.

후집 제58장

오늘의 내가 내일의 내가 아닐 수도 있다.

(1) 준비운독(準備運讀)

제58장을 읽는 데는 다음과 같은 어휘를 먼저 익혀야 한다. 숙홀, 만단, 요부, 석일, 이, 견. 이 어휘를 스스로 익히고 난 후 다음의 설명과 비교하면 사고의 지평이 넓어지리라 생각된다.

숙홀: 갑자기.
만단: 여러 가지 모양.
요부: 북송의 학자인 소강절의 자.
석일: 옛날. 어제.
이: 그.
견: 얽매이다.

(2) 홍자성 원문

人情世態, 倏忽萬端, 不宣認得太眞. 堯夫云,
"昔日所云我, 而今却是伊, 不知今日我, 又屬後來誰".
人常作是觀, 便可解却胸中罥矣.

인정세태, 숙홀만단, 불선인득태진. 요부운,
"석일소운아, 이금각시이, 부지금일아, 우속후래수".
인상작시관, 편가해각흉중견의.

(3) 원문해석

사람의 마음과 세상 살아가는 방식이 자기도 모르는 사이에 어느 순간 만 가지로 변하니 그때는 본인의 생각이 지극히 옳다 할지라도 고집하지 말지니. 강절소 선생이 말하기를 "어제의 내가 오늘은 문득 남의 것이 될 것을 어찌 알랴, 오늘의 내가 또 내일은 누가 될 줄을?"이라고 하였으니 사람이 항상 이런 것을 안다면 가히 가슴속의 얽매임을 풀 수 있을 것이다.

(4) 스스로 해석자료

人情世態
사람 인(부수 사람인), 뜻 정(부수 심방변), 인간 세(부수 한일), 모습 태(부수 마음심)

倏忽萬端
갑자기 숙(부수 사람인변), 갑자기 홀(부수 마음심), 일만 만(부수 초두머리), 끝 단(부수 설립)

不宜認得太眞
아닐 불(부수 한일), 베풀 선(부수 갓머리), 알 인(부수 말씀언), 얻을 득(부수 두인변), 클 태(부수 큰대), 참 진(부수 눈목)

堯夫云
요임금 요(부수 흙토), 지아비 부(부수 큰대), 이를 운(부수 두이)

昔日所云我
예 석(부수 날일), 날 일(부수 날일), 바 소(부수 지게호), 이를 운(부수 두이), 나 아(부수 창과)

而今却是伊
말 이을 이(부수 말이을이), 이제 금(부수 사람인), 물리칠 각(부수 병부절), 이 시(부수 날일), 저 이(부수 사람인변)

不知今日我
아닐 부(부수 한일), 알 지(부수 화살시), 이제 금(부수 사람인), 날 일(부수 날일), 나 아(부수 창과)

又屬後來誰
또 우(부수 또우), 무리 속(부수 주검시엄), 뒤 후(부수 두인변), 올 래(부수 사람인), 누구 수(부수 말씀언)

人常作是觀
사람 인(부수 사람인), 떳떳할 상(부수 수건건), 지을 작(부수 사람인변), 이 시(부수 날일), 볼 관(부수 볼견)

便可解却胸中胃矣

편할 편(부수 사람인변), 옳을 가(부수 입구), 풀 해(부수 뿔각), 물리칠 각(부수 병부절), 가슴 흉(부수 육달월), 가운데 중(부수 뚫을곤), 얽을 견(부수 그물망머리), 어조사 의(부수 화살시)

(5) 조부훈회(祖父訓誨)

일 년 사시사철이 있듯이 세상을 살아가는 방식도 수시로 변한다. 이에 따라 사람의 마음과 생각도 고정되지 않고 변하는 수가 있다. 그래서 사람들은 계약서를 만들고 서약서를 만들며 결혼식을 할 때도 혼인서약을 한다. 서약서와 계약서 등은 작성함으로써 훗날의 마음의 변화에 대해 두말하지 않도록 예방책이 된다.

(6) 독자 이벤트

계약서나 서약서, 영수증 등을 한번 살펴보자.

후집 제59장

실패했을 때 주춤하지 말고 힘차게 일어서라.

(1) 준비운독(準備運讀)

제59장을 읽는 데는 다음과 같은 어휘를 먼저 익혀야 한다. 열뇨, 냉안, 냉락. 이 어휘를 스스로 익히고 난 후 다음의 설명과 비교하면 사고의 지평이 넓어지리라 생각된다.

열뇨: 번잡하고 시끄럽다.
냉안: 침착한 의지.
냉락: 실추되다.

(2) 홍자성 원문

熱鬧中, 著一冷眼, 便省許多苦心思.
冷落處, 存一熱心, 便得許多眞趣味.
열뇨중, 저일냉안, 편성허다고심사.
냉락처, 존일열심, 편득허다진취미.

(3) 원문해석

번잡하고 시끄러운 때는 마음을 침착하게 가지면 문득 허다한 괴로운 생각을 덜게 되고 실패했을 때는 열정을 쏟게 되면 문득 참취미를 얻게 될 수 있다.

(4) 스스로 해석자료

熱鬧中
더울 열(부수 연화발), 시끄러울 뇨(부수 싸울투), 가운데 중(부수 뚫을곤)

著一冷眼
나타날 저(부수 초두머리), 한 일(부수 한일), 찰 냉(부수 이수변), 눈 안(부수 눈목)

便省許多苦心思
편할 편(부수 사람인변), 살필 성(부수 눈목), 허락할 허(부수 말씀언), 많을 다(부수 저녁석), 쓸 고(부수 초두머리), 마음 심(부수 마음심), 생각 사(부수 마음심)

冷落處
찰 냉(부수 이수변), 떨어질 락(부수 초두머리), 곳 처(부수 범호엄)

存一熱心
있을 존(부수 아들자), 한 일(부수 한일), 더울 열(부수 연화발), 마음 심(부수 마음심)

便得許多眞趣味
편할 편(부수 사람인변), 얻을 득(부수 두인변), 허락할 허(부수 말씀언), 많을 다(부수 저녁석), 참 진(부수 눈목), 뜻 취(부수 달릴주), 맛 미(부수 입구)

(5) 조부훈회(祖父訓誨)

제59장의 영역본을 소개해 본다.

Keep a sober eye on the hustle and bustle of life and you will be spared a lot of worrying thoughts. Maintain a little enthusiasm in times of suffering and you will gain quite a bit of true delight.

『Vegetable roots discourse』 126쪽

삶의 분주함을 잘 살피면 많은 걱정을 덜 수 있을 것이다. 힘들 때 약간의 열정을 유지하면 진정한 기쁨을 얻을 수 있을 것이다.

(6) 독자 이벤트

홍자성 원문에서 알고 있는 한자가 몇 자 정도인지 체크해 본다.

후집 제60장
실개천과 들꽃은 돈 없이도 구경할 수 있다.

(1) 준비운독(準備運讀)

제60장을 읽는 데는 다음과 같은 어휘를 먼저 익혀야 한다. 상대대, 승제, 심상가반, 소위, 와소. 이 어휘를 스스로 익히고 난 후 다음의 설명과 비교하면 사고의 지평이 넓어지리라 생각된다.

상대대: 서로 대립하다.
승제: 곱했다 나눔. 곧 제로게임.
심상가반: 늘 집에서 먹는 끼니.
소위: 수당이 없는 벼슬자리. 여기서는 돈 없이 즐길 수 있는 자연 경치를 의미함.
와소: 주거.

(2) 홍자성 원문

有一樂境界, 就有一不樂的相對待,
有一好光景, 就有一不好的相乘除.
只是尋常家飯 素位風光, 纔是個安樂的窩巢.

유일락경계, 취유일불락적상대대.
유일호광경, 취유일불호적상승제.
지시심상가반 소위풍광, 재시개안락적와소.

(3) 원문해석

즐길만한 경치 뒤에는 즐겁지 않은 경치가 있어 서로 대립되고, 좋은 풍경이 있으면 곧 다른 좋지 못한 풍경이 있으니 즐거움 뒤에 괴로움으로 결국은 제로게임이 된다. 오직 늘 먹는 밥과 돈 들이지 않고 볼 수 있는 자연 경치야말로 항상 편안한 즐거움이 되는 것이다.

(4) 스스로 해석자료

有一樂境界

있을 유(부수 달월), 한 일(부수 한일), 즐길 락(부수 나무목), 지경 경(부수 흙토), 지경 계(부수 밭전)

就有一不樂的相對待

나아갈 취(부수 절름발이왕), 있을 유(부수 달월), 한 일(부수 한일), 아닐 불(부수 한일), 즐길 락(부수 나무목), 과녁 적(부수 흰백), 서로 상(부수 눈목), 대할 대(부수 마디촌), 기다릴 대(부수 두인변)

有一好光景

있을 유(부수 달월), 한 일(부수 한일), 좋을 호(부수 여자녀), 빛 광(부수 어진사람인발), 볕 경(부수 날일)

就有一不好的相乘除

나아갈 취(부수 절름발이왕), 있을 유(부수 달월), 한 일(부수 한일), 아닐 불(부수 한일), 좋을 호(부수 여자녀), 과녁 적(부수 흰백), 서로 상(부수 눈목), 탈 승(부수 삐침별), 덜 제(부수 좌부변)

只是尋常家飯

다만 지(부수 입구), 이 시(부수 날일), 찾을 심(부수 마디촌), 떳떳할 상(부수 수건건), 집 가(부수 갓머리), 밥 반(부수 밥식)

素位風光

본디 소(부수 실사), 자리 위(부수 사람인변), 바람 풍(부수 바람풍), 빛 광(부수 어진사람인발)

纔是個安樂的窩巢

겨우 재(부수 실사변), 이 시(부수 날일), 낱 개(부수 사람인변), 편안 안(부수 갓머리), 즐길 락(부수 나무목), 과녁 적(부수 흰백), 움집 와(부수 구멍혈), 새집 소(부수 개미허리)

(5) 조부훈회(祖父訓誨)

제60장은 다른 번역을 옮겨본다.

한 편의 즐거운 경치가 있으면 다른 한 편에는 즐겁지 않은 경치가 있어 서로 대립되고, 한 편의 좋은 광경이 있으면 다른 한 편에는 좋지 못한 광경이 있어 서로 엇갈리는 법이다. 오직 집에서 먹는 평범한 식사와 벼슬 없는 생활이 가장 안락한 보금자리이다.

『평생에 한 번은 꼭 채근담을 읽어라』 407쪽

(6) 독자 이벤트

제60장의 주제를 몇 번이고 새겨본다.

후집 제61장

창틈으로도 계절의 변화를 얼마든지 엿볼 수 있다.

(1) 준비운독(準備運讀)

제61장을 읽는 데는 다음과 같은 어휘를 먼저 익혀야 한다. 염롱, 고창, 탄토운연, 죽수, 부소, 유연, 시서, 물아. 이 어휘를 스스로 익히고 난 후 다음의 설명과 비교하면 사고의 지평이 넓어지리라 생각된다.

염롱: 발과 창문.
고창: 높이 열다.
탄토운연: 구름과 안개를 토해내고 삼키다.
죽수: 대나무와 나무.
부소: 가지와 잎이 우거지다.
유연: 제비가 새끼를 치다.
시서: 사철의 변화.
물아: 사물과 나.

(2) 홍자성 원문

簾櫳高敞, 看靑山綠水呑吐雲煙, 識乾坤之自在.
竹樹扶疎, 任乳燕鳴鳩送迎時序, 知物我之兩忘.
염롱고창, 간청산록수탄토운연, 식건곤지자재.
죽수부소, 임유연명구송영시서, 지물아지량망.

(3) 원문해석

 드리워진 커튼을 활짝 열고 눈을 밖으로 돌려 청산과 녹수가 구름과 안개를 삼키고 토해냄을 구경하노라면 천지의 자유자재함을 엿볼 수 있고 대나무와 나무 우거진 곳에서 새끼 친 제비와 우는 비둘기가 계절에 몸을 맡김을 보면 사물과 나를 모두 잊고 고즈넉함에 빠진다.

(4) 스스로 해석자료

簾櫳高敞
 발 염(부수 대죽), 난간 롱(부수 나무목), 높을 고(부수 높을고), 시원할 창(부수 등글월문)
看靑山綠水呑吐雲煙
 볼 간(부수 눈목), 푸를 청(부수 푸를청), 뫼 산(부수 뫼산), 푸를 록(부수 실사변), 물 수(부수 물수), 삼킬 탄(부수 입구), 토할 토(부수 입구), 구름 운(부수 비우), 연기 연(부수 불화)
識乾坤之自在
 알 식(부수 말씀언), 하늘 건(부수 새을), 땅 곤(부수 흙토), 갈 지(부수 삐침별), 스스로 자(부수 스스로자), 있을 재(부수 흙토)
竹樹扶疎
 대 죽(부수 대죽), 나무 수(부수 나무목), 도울 부(부수 재방변), 성길 소(부수 짝필)
任乳燕鳴鳩送迎時序
 맡길 임(부수 사람인변), 젖 유(부수 새을), 제비 연(부수 연화발), 울 명(부수 새조), 비둘기 구(부수 새조), 보낼 송(부수 책받침), 맞을 영(부수 책받침), 때 시(부수 날일), 차례 서(부수 엄호)
知物我之兩忘
 알 지(부수 화살시), 물건 물(부수 소우), 나 아(부수 창과), 갈 지(부수 삐침별), 두 량(부수 들입), 잊을 망(부수 마음심)

(5) 조부훈회(祖父訓誨)

 제61장의 영역본을 소개해 본다.

Raise high the window curtain and gaze upon green mountains and clear streams caught up in misty clouds, and you will appreciate the just-so-ness of nature. Part the bamboos and listen to swallows and doves greet changes of seasons, and you will forget the difference between you and nature.

『Vegetable roots discourse』127쪽

  창 막을 높이 쳐들고 안개 낀 구름에 가려진 푸른 산과 맑은 개울을 바라보면 자연의 정의로움을 감상할 수 있을 것이다. 대나무를 쪼개며 제비와 비둘기의 환절기 인사를 들으면 자신과 자연의 차이를 잊게 될 것이다.

(6) 독자 이벤트

방 안에서 창문을 활짝 열고 바깥 세상을 십여 분 동안 구경해 본다.

후집 제62장
뻔한 일에 애태우지 말라.

(1) 준비운독(準備運讀)

제62장을 읽는 데는 다음과 같은 어휘를 먼저 익혀야 한다. 필패, 태견, 과로. 이 어휘를 스스로 익히고 난 후 다음의 설명과 참고하면 사고의 지평이 넓어지리라 생각된다.

필패: 반드시 망한다.
태견: 지나치게 굳다.
과로: 지나치게 애태우다.

(2) 홍자성 원문

知成之必敗, 則求成之心, 不必太堅.
知生之必死, 則保生之道, 不必過勞.
지성지필패, 즉구성지심, 불필태견.
지생지필사, 즉보생지도, 불필과로.

(3) 원문해석

이루어진 것이 머지않아 무너질 것을 알지라도 그 일을 소홀히 해서는 안 되지만 건강을 잃을 정도로 지나쳐서도 안 된다. 생명의 기쁨을 누리는 내가 언젠가는 죽을 것이 명약관화하지만 그렇다고 죽음에 아첨하지 말고 절대자가 주신 생명에 최선을 다하며 타인의 삶을 방해할 만큼 지나치게 행동해서는 안 된다.

(4) 스스로 해석자료

知成之必敗

알 지(부수 화살시), 이룰 성(부수 창과), 갈 지(부수 삐침별), 반드시 필(부수 마음심), 패할 패(부수 등글월문)

則求成之心

곧 즉(부수 선칼도방), 구할 구(부수 아래물수), 이룰 성(부수 창과), 갈 지(부수 삐침별), 마음 심(부수 마음심)

不必太堅

아닐 불(부수 한일), 반드시 필(부수 마음심), 클 태(부수 큰대), 굳을 견(부수 흙토)

知生之必死

알 지(부수 화살시), 날 생(부수 날생), 갈 지(부수 삐침별), 반드시 필(부수 마음심), 죽을 사(부수 죽을사변)

則保生之道

곧 즉(부수 선칼도방), 지킬 보(부수 사람인변), 날 생(부수 날생), 갈 지(부수 삐침별), 길 도(부수 책받침)

不必過勞

아닐 불(부수 한일), 반드시 필(부수 마음심), 지날 과(부수 책받침), 일할 로(부수 힘력)

(5) 조부훈회(祖父訓誨)

스포츠는 내가 기쁘면 상대가 슬퍼하는 제로게임이다. 홈런을 친 타자와 이긴 팀이 기뻐하는 만큼 진 팀의 투수는 슬퍼하기 마련이다. 그 투수나 진 팀은 절규할 것이다. 3:6으로 지고 있을 때 9회 말에 만루 홈런을 터트려 7:6으로 역전승을 하게 되면 홈런을 친 타자가 기뻐하는 만큼 홈런을 맞은 투수는 비애에 빠질 것이다. 이긴 팀의 기쁨이 플러스 7점이라고 하면 진 팀의 슬픔은 마이너스 7점으로 그쳐야 되는데 그렇지 못하고 마이너스 10점, 마이너스 20점이 되는 수가 있다. 투수 교체 시기를 놓쳤다든지 감독이 게임을 읽지 못했다든지 이 탓 저 탓으로 마이너스 10점이 넘어서 분발 능력을 갖지 못하는 수가 있다.

(6) 독자 이벤트

본인이 응원하는 팀이 이겼을 때의 기쁨, 졌을 때의 상실감의 농도를 생각해 본다.

후집 제63장
아무리 좋은 일이라도 생색내지 마라.

(1) 준비운독(準備運讀)

제63장을 읽는 데는 다음과 같은 어휘를 먼저 익혀야 한다. 고덕, 월륜, 천소, 오유, 응사접물. 이 어휘를 홍자성 원문에서 찾아보고 다음의 설명을 참고하면 사고의 지평이 넓어지리라 생각된다.

고덕: 옛날의 덕이 높은 스님. 여기서는 당나라 때의 설봉화상을 가리킨다.
월륜: 둥근 달그림자.
천소: 연못을 뚫다.
오유: 유학자. 여기서는 소강절을 가리킨다.
응사접물: 사물에 접하다.

(2) 홍자성 원문

古德 云, "竹影掃階塵不動, 月輪穿沼水無痕".
吾儒 云, "水流任急境常靜, 花落雖頻意自閑".
人常持此意, 以應事接物, 身心 何等自在.
고덕 운, "죽영소계진부동, 월륜천소수무흔".
오유 운, "수류임급경상정, 화락수빈의자한".
인상지차의, 이응사접물, 신심 하등자재.

(3) 원문해석

옛 스님이 말하기를 "대나무 그림자가 마당을 쓸되 티끌은 건드리지 않고, 달그림자가 연못을 뚫되 물에는 흔적이 없네"라고 하였다. 또 유학자가 말하기를 "물의 흐름이 아무리 급해도 그 둘레는 언제나 고요하고, 꽃이 피고 지는 것은 비록 잦지만 마음은 스스로 한가하네"라고 하였다. 사람이 항상 이런 뜻을 가지고 일에 임하고 물건을 접한다면 몸과 마음이 얼마나 자유자재 하겠는가.

(4) 스스로 해석자료

古德 云

옛 고(부수 입구), 클 덕(부수 두인변), 이를 운(부수 두이)

竹影掃階塵不動

대 죽(부수 대죽), 그림자 영(부수 터럭삼), 쓸 소(부수 재방변), 섬돌 계(부수 좌부변), 티끌 진(부수 흙토), 아닐 부(부수 한일), 움직일 동(부수 힘력)

月輪穿沼水無痕

달 월(부수 육달월), 바퀴 륜(부수 수레거), 뚫을 천(부수 구멍혈), 못 소(부수 삼수변), 물 수(부수 물수), 없을 무(부수 연화발), 흔적 흔(부수 병질엄)

吾儒 云

나 오(부수 입구), 선비 유(부수 사람인변), 이를 운(부수 두이)

水流任急境常靜

물 수(부수 물수), 흐를 류(부수 삼수변), 맡길 임(부수 사람인변), 급할 급(부수 마음심), 지경 경(부수 흙토), 떳떳할 상(부수 수건건), 고요할 정(부수 푸를청)

花落雖頻意自閑

꽃 화(부수 초두머리), 떨어질 락(부수 초두머리), 비록 수(부수 새추), 자주 빈(부수 머리혈), 뜻 의(부수 마음심), 스스로 자(부수 스스로자), 한가할 한(부수 문문)

人常持此意

사람 인(부수 사람인), 떳떳할 상(부수 수건건), 가질 지(부수 재방변), 이 차(부수 그칠지), 뜻 의(부수 마음심)

以應事接物

써 이(부수 사람인), 응할 응(부수 마음심), 일 사(부수 갈고리궐), 이을 접(부수 재방변), 물건 물(부수 소우)

身心
몸 신(부수 몸신), 마음 심(부수 마음심)

何等自在
어찌 하(부수 사람인변), 무리 등(부수 대죽), 스스로 자(부수 스스로자), 있을 재(부수 흙토)

(5) 조부훈회(祖父訓誨)

어떤 일을 하고 공치사를 하게 되면 그 공이 오히려 가라앉는다. 잠언 27장 2절에 "타인이 너를 칭찬하게 하고 네 입으로는 하지 말며 외인이 너를 칭찬하게 하고 네 입술로는 하지 말지니라"라는 말씀이 있다. 이 말씀과 같이 자기 공이 자연적으로 드러날 때까지 기다리는 것도 인내의 덕이다.

(6) 독자 이벤트

준비운독에 있는 낱말을 새겨보며 한자도 익혀본다.

후집 제64장
솔바람 소리를 다듬고 샘물 소리를 매만지면 시가 절로 나온다.

(1) 준비운독(準備運讀)

제64장을 읽는 데는 다음과 같은 어휘를 먼저 익혀야 한다. 송운, 정리, 명패, 연광. 이 어휘를 홍자성 원문에서 찾아보고 다음의 설명을 참고하면 사고의 지평이 넓어지리라 생각된다.

송운: 솔바람 소리.
정리: 조용한 가운데.
명패: 울림의 표찰. 여기서는 자연의 소리.
연광: 안개의 빛.

(2) 홍자성 원문

林間松韻 石上泉聲, 靜裡聽來, 識天地自然鳴佩.
草際烟光 水心雲影, 閒中觀去, 見乾坤最上文章.
임간송운 석상천성, 정리청래, 식천지자연명패.
초제연광 수심운영, 한중관거, 견건곤최상문장.

(3) 원문해석

솔바람 소리를 매만지고 바위에 흐르는 샘물 소리를 가다듬노라면 천지자연의 교향곡이 몸 안에 스며들고 풀숲 사이의 안개의 빛과 물속의 구름 그림자에 몸을 담그노라면 문득 아름다운 시상이 떠오른다.

(4) 스스로 해석자료

林間松韻
수풀 임(부수 나무목), 사이 간(부수 문문), 소나무 송(부수 나무목), 운 운(부수 소리음)
石上泉聲
돌 석(부수 돌석), 윗 상(부수 한일), 샘 천(부수 물수), 소리 성(부수 귀이)
靜裡聽來
고요할 정(부수 푸를청), 속 리(부수 옷의변), 들을 청(부수 귀이), 올 래(부수 사람인)
識天地自然鳴佩
알 식(부수 말씀언), 하늘 천(부수 큰대), 땅 지(부수 흙토), 스스로 자(부수 스스로자), 그럴 연(부수 연화발), 울 명(부수 새조), 찰 패(부수 사람인변)
草際烟光
풀 초(부수 초두머리), 즈음 제(부수 좌부변), 연기 연(부수 불화), 빛 광(부수 어진사람인발)
水心雲影
물 수(부수 물수), 마음 심(부수 마음심), 구름 운(부수 비우), 그림자 영(부수 터럭삼)
閒中觀去
한가할 한(부수 문문), 가운데 중(부수 뚫을곤), 볼 관(부수 볼견), 갈 거(부수 마늘모)
見乾坤最上文章
볼 견(부수 볼견), 하늘 건(부수 새을), 땅 곤(부수 흙토), 가장 최(부수 가로왈), 윗 상(부수 한일), 글월 문(부수 글월문), 글 장(부수 설립)

(5) 조부훈회(祖父訓誨)

후집 64장의 영역본을 소개해 본다.

Rhythms of the pine forest and sounds of streams upon pebbles are nature's murmurings when you listen in quiet. Firelight and smoky scenes at the grass-land's edge, as well as clouds reflected on still water, are nature's superb compositions when viewed at leisure.

『Vegetable roots discourse』 128쪽

소나무 숲의 리듬과 자갈 위의 시냇물 소리는 조용히 들으면 자연스럽게 중얼거린다. 초원 가장자리의 불빛과 연기가 자욱한 풍경, 고요한 물에 비친 구름 등은 한가할 때 감상할 수 있는 자연스러운 구성이다.

(6) 독자 이벤트

솔바람이나 물소리를 소재로 시를 한번 지어본다.

후집 제65장

골짜기는 채우기 쉬워도 사람의 마음은 채우기 어렵다.

(1) 준비운독(準備運讀)

제65장을 읽는 데는 다음과 같은 어휘를 먼저 익혀야 한다. 서진지형진, 북망, 호토, 계학. 이 어휘를 홍자성 원문에서 찾아보고 다음의 설명을 참고하면 사고의 지평이 넓어지리라 생각된다.

서진지형진: 서진이 멸망하여 그 도읍 터가 가시나무와 잡초에 덮여 폐허화되다.
북망: 공동묘지.
호토: 여우와 토끼.
계학: 골짜기.

(2) 홍자성 원문

眼看西晉之荊榛, 猶矜白刃. 身屬北邙之狐兎, 尙惜黃金.
語 云, "猛獸 易伏, 人心 難降. 谿壑 易滿, 人心 難滿" 信哉.
안간서진지형진, 유긍백인. 신속북망지호토, 상석황금.
어 운, "맹수 이복, 인심 난항. 계학 이만, 인심 난만" 신재.

(3) 원문해석

전쟁으로 멸망한 서진의 가시밭을 보면서도 오히려 칼날을 뽐내고, 몸이 죽으면 공동묘지에 묻히어 여우와 토끼에게 맡겨질 것을 알면서도 오히려 황금 모으기에 급급하다. 옛말에 "사나운 짐승은 길들이기 쉬워도 사람의 마음은 항복받기 어렵고, 골짜기는 채우기 쉬워도 사람의 마음은 채우기 어렵다"라고 했는데 이 말은 참으로 맞는 말이다.

(4) 스스로 해석자료

眼看西晉之荊榛

눈 안(부수 눈목), 볼 간(부수 눈목), 서녘 서(부수 덮을아), 나아갈 진(부수 날일), 갈 지(부수 삐침별), 가시나무 형(부수 초두머리), 개암나무 진(부수 나무목)

猶矜白刃

오히려 유(부수 개사슴록변), 자랑할 긍(부수 창모), 흰 백(부수 흰백), 칼날 인(부수 칼도)

身屬北邙之狐兔

몸 신(부수 몸신), 무리 속(부수 주검시엄), 북녘 북(부수 비수비), 북망산 망(부수 우부방), 갈 지(부수 삐침별), 여우 호(부수 개사슴록변), 토끼 토(부수 어진사람인발)

尙惜黃金

오히려 상(부수 작을소), 아낄 석(부수 심방변), 누를 황(부수 누를황), 쇠 금(부수 쇠금)

語云

말씀 어(부수 말씀언), 이를 운(부수 두이)

猛獸 易伏

사나울 맹(부수 개사슴록변), 짐승 수(부수 개견), 쉬울 이(부수 날일), 엎드릴 복(부수 사람인변)

人心 難降

사람 인(부수 사람인), 마음 심(부수 마음심), 어려울 난(부수 새추), 항복할 항(부수 좌부변)

谿壑 易滿

시내 계(부수 골곡), 골 학(부수 흙토), 쉬울 이(부수 날일), 찰 만(부수 삼수변)

人心

사람 인(부수 사람인), 마음 심(부수 마음심)

難滿

어려울 난(부수 새추), 찰 만(부수 삼수변)

信哉

믿을 신(부수 사람인변), 비롯할 재(부수 입구)

(5) 조부훈회(祖父訓誨)

러시아와 우크라이나 전쟁, 이스라엘과 팔레스타인과의 전쟁, 이슬람과 기독교와의 다툼 이런 것들로 죄 없는 많은 사람들이 죽어가고 있다. 한두 명의 지도자들의 자존심 때문에 많은 서민들이 희생을 당하고 있다. 이런 것을 보면서도 몽매한 사람들은 돈 모으기에 급급해하면서 삶의 풍요를 누리지 못하고 있다.

(6) 독자 이벤트

작금에 일어나고 있는 전쟁에 대해서 이모저모 살펴보자.

후집 제66장

하늘이 부여한 것이 성이요, 그 성을 따르는 것이 도이다.

(1) 준비운독(準備運讀)

제66장을 읽는 데는 다음과 같은 어휘를 먼저 익혀야 한다. 수재, 성천, 화육, 촉처, 어약연비. 이 어휘를 홍자성 원문에서 찾아보고 다음의 설명을 참고하면 사고의 지평이 넓어지리라 생각된다.

수재: 가는 곳마다.
성천: 하늘로부터 부여받은 본성.
화육: 따뜻하게 하여 자라게 하다.
촉처: 만나는 곳마다.
어약연비: 물고기가 뛰놀고 솔개가 날다. 본성에 어긋나지 않으면서 자유자재하다는 뜻.

(2) 홍자성 원문

心地上, 無風濤, 隨在 皆靑山綠水.
性天中, 有化育, 觸處 見魚躍鳶飛.
심지상, 무풍도, 수재 개청산록수.
성천중, 유화육, 촉처 견어약연비.

(3) 원문해석

마음 바탕이 차분해지면 이르는 곳마다 모두 청산녹수요, 천성이 잘 길러지면 이르는 곳마다 물고기가 뛰놀고 솔개가 나는 것처럼 유유자적할 수 있다.

(4) 스스로 해석자료

心地上
마음 심(부수 마음심), 땅 지(부수 흙토), 윗 상(부수 한일)

無風濤
없을 무(부수 연화발), 바람 풍(부수 바람풍), 물결 도(부수 삼수변)

隨在
따를 수(부수 좌부변), 있을 재(부수 흙토)

皆靑山綠水
다 개(부수 흰백), 푸를 청(부수 푸를청), 뫼 산(부수 뫼산), 푸를 록(부수 실사변), 물 수(부수 물수)

性天中
성품 성(부수 심방변), 하늘 천(부수 큰대), 가운데 중(부수 뚫을곤)

有化育
있을 유(부수 달월), 될 화(부수 비수비), 기를 육(부수 육달월)

觸處
닿을 촉(부수 뿔각), 곳 처(부수 범호엄)

見魚躍鳶飛
볼 견(부수 볼견), 물고기 어(부수 물고기어), 뛸 약(부수 발족변), 솔개 연(부수 새조), 날 비(부수 날비)

(5) 조부훈회(祖父訓誨)

후집 66장의 영역본을 소개해 본다.

In the depth of your mind there is no storm; everywhere are green mountains and clear streams. In your innate realm there is change and growth; everywhere you see fish leaping and hawks soaring.

『Vegetable roots discourse』 129쪽

그대의 마음 깊은 곳에는 푸른 산과 맑은 개울이 있고, 그대의 타고난 영역에는 변화와 성장이 있다. 그대는 물고기가 뛰고 매가 치솟는 것처럼 유유자적할 수 있다.

(6) 독자 이벤트

부모님의 혈액형과 본인의 혈액형을 체크해 보며 Rh+인지, Rh-인지 알아두자.

후집 제67장
고관대작이 미관말직을 부러워할 때가 있다.

(1) 준비운독(準備運讀)

　제67장을 읽는 데는 다음과 같은 어휘를 먼저 익혀야 한다. 아관대대, 경사소립, 자차, 장연광석, 소렴, 정궤, 권련, 화우, 풍마. 이 어휘를 홍자성 원문에서 찾아보고 다음의 설명을 참고하면 사고의 지평이 넓어지리라 생각된다.

　　아관대대: 높은 관과 큰 띠. 고위고관.
　　경사소립: 가벼운 도롱이와 작은 삿갓.
　　자차: 탄식하다.
　　장연광석: 길고 넓은 자리. 호화로운 자리.
　　소렴: 성기게 엮은 발.
　　정궤: 깨끗한 책상.
　　권련: 부러워하다.
　　화우: 쇠꼬리에 불을 붙이다. 중국 전국시대 때 제나라 장군 전단이 화우지계로 승전한 일이 있다. 여기서는 바쁘게 돌아다닌다는 뜻.
　　풍마: 교미를 하려는 말. 여기서는 흥분하여 바쁘게 돌아다닌다는 뜻.

(2) 홍자성 원문

　峨冠大帶之士, 一旦睹輕蓑小笠, 飄飄然逸也, 未必不動其咨嗟.
　長筵廣席之豪, 一旦遇疏簾淨几, 悠悠焉靜也, 未必不增其綣戀.
　人奈何驅以火牛 誘以風馬 而不思自適其性哉.
　아관대대지사, 일단도경사소립, 표표연일야, 미필부동기자차.

장연광석지호, 일단우소렴정궤, 유유언정야, 미필부증기권련.
인나하구이화우 유이풍마 이불사자적기성재.

(3) 원문해석

높은 벼슬자리로 일하지 아니하고 편안하게 먹고사는 고관대작이 아침 산책길에 바삐 일하는 농부들을 보고 탄식을 한다. 백만장자 부호도 아침 산책길에 성근 발 앞의 책상에서 공부하는 학자를 보고 그 사람을 부러워한다. 그런데 속 차림이 부족한 사람들은 어찌하여 화우로 쫓고 풍마로 유혹할 줄만 알고 그 천성에 자적함을 생각하지 않으니 안타깝기 그지없다.

(4) 스스로 해석자료

峨冠大帶之士
높을 아(부수 뫼산), 갓 관(부수 민갓머리), 큰 대(부수 큰대), 띠 대(부수 수건건), 갈 지(부수 삐침별), 선비 사(부수 선비사)

一旦睹輕蓑小笠
한 일(부수 한일), 아침 단(부수 날일), 볼 도(부수 눈목), 가벼울 경(부수 수레거), 도롱이 사(부수 초두머리), 작을 소(부수 작을소), 삿갓 립(부수 대죽)

飄飄然逸也
나부낄 표(부수 바람풍), 나부낄 표(부수 바람풍), 그럴 연(부수 연화발), 편안할 일(부수 책받침), 어조사 야(부수 새을)

未必不動其咨嗟
아닐 미(부수 나무목), 반드시 필(부수 마음심), 아닐 부(부수 한일), 움직일 동(부수 힘력), 그 기(부수 여덟팔), 물을 자(부수 입구), 탄식할 차(부수 입구)

長筵廣席之豪
길 장(부수 길장), 대자리 연(부수 대죽), 넓을 광(부수 엄호), 자리 석(부수 수건건), 갈 지(부수 삐침별), 호걸 호(부수 돼지시)

一旦遇疏簾淨几
한 일(부수 한일), 아침 단(부수 날일), 만날 우(부수 책받침), 소통할 소(부수 짝필), 발 렴(부수 대죽), 깨끗할 정(부수 삼수변), 안석 궤(부수 안석궤)

悠悠焉靜也

멀 유(부수 마음심), 멀 유(부수 마음심), 어찌 언(부수 연화발), 고요할 정(부수 푸를청), 어조사 아(부수 새을)

未必不增其綣戀

아닐 미(부수 나무목), 반드시 필(부수 마음심), 아닐 부(부수 한일), 더할 증(부수 흙토), 그 기(부수 여덟팔), 정다울 권(부수 실사변), 그리워할 련(부수 마음심)

人奈何驅以火牛

사람 인(부수 사람인), 어찌 나(부수 큰대), 어찌 하(부수 사람인변), 몰 구(부수 말마), 써 이(부수 사람인), 불 화(부수 불화), 소 우(부수 소우)

誘以風馬

꾈 유(부수 말씀언), 써 이(부수 사람인), 바람 풍(부수 바람풍), 말 마(부수 말마)

而不思自適其性哉

말 이을 이(부수 말이을이), 아닐 불(부수 한일), 생각 사(부수 마음심), 스스로 자(부수 스스로자), 맞을 적(부수 책받침), 그 기(부수 여덟팔), 성품 성(부수 심방변), 비롯할 재(부수 입구)

(5) 조부훈회(祖父訓誨)

후집 67장의 다른 해석을 소개해 본다.

고관대작이라도 어느 날 한가하게 도롱이에 작은 삿갓을 쓰고 일하는 농부와 어부를 보면, 문득 부러워서 탄식하지 않을 수 없고, 백만장자도 발을 드리운 채 책상에 앉아 고요히 책을 읽는 선비를 보면 그리워하는 마음이 간절할 것이다. 그런데 사람들은 어찌하여 성난 소처럼 쫓아 들어가서 빼앗기를 좋아하고, 권력 있는 자에게는 암내 난 말처럼 달라붙어 아부하여 명리만 취하려 하는가. 어찌 자기 본성에 맞게 유유자적 살려고 하지 않는가?

『평생에 꼭 한 번은 채근담을 읽어라』 409쪽

(6) 독자 이벤트

준비운독에 제시되어 있는 낱말 9개를 새겨본다.

후집 제68장
비늘 있는 물고기는 물에서 살고 날개 있는 새는 하늘을 난다.

(1) 준비운독(準備運讀)

제68장을 읽는 데는 다음과 같은 어휘를 먼저 익혀야 한다. 어득수서, 물루, 천기. 이 어휘를 홍자성 원문에서 찾아보고 다음의 설명을 참고하면 사고의 지평이 넓어지리라 생각된다.

어득수서: 물고기는 물에서 산다.
물루: 외물에 의해 속박 당하다.
천기: 천지의 오묘한 작용.

(2) 홍자성 원문

魚得水逝, 而相忘乎水. 鳥乘風飛, 而不知有風.
識此, 可以超物累, 可以樂天機.
어득수서, 이상망호수. 조승풍비, 이부지유풍.
식차, 가이초물루, 가이낙천기.

(3) 원문해석

물고기는 물속에서 살면서 물의 고마움을 모르고 새는 바람을 타고 날되 바람이 있음을 알지 못한다. 이 이치를 알면 가히 물질에 얽매여 있는 것을 벗어날 수 있고 하늘의 오묘한 작용을 즐길 수 있을 것이다.

(4) 스스로 해석자료

魚得水逝

물고기 어(부수 물고기어), 얻을 득(부수 두인변), 물 수(부수 물수), 갈 서(부수 책받침)

而相忘乎水

말 이을 이(부수 말이을이), 서로 상(부수 눈목), 잊을 망(부수 마음심), 어조사 호(부수 삐침별), 물 수(부수 물수)

鳥乘風飛

새 조(부수 새조), 탈 승(부수 삐침별), 바람 풍(부수 바람풍), 날 비(부수 날비)

而不知有風

말 이을 이(부수 말이을이), 아닐 부(부수 한일), 알 지(부수 화살시), 있을 유(부수 달월), 바람 풍(부수 바람풍)

識此

알 식(부수 말씀언), 이 차(부수 그칠지)

可以超物累

옳을 가(부수 입구), 써 이(부수 사람인), 뛰어넘을 초(부수 달릴주), 물건 물(부수 소우), 묶을 루(부수 실사)

可以樂天機

옳을 가(부수 입구), 써 이(부수 사람인), 즐길 낙(부수 나무목), 하늘 천(부수 큰대), 틀 기(부수 나무목)

(5) 조부훈회(祖父訓誨)

『천자문』에 '인잠우상'이라는 말이 있다. 비늘 있는 고기는 물에서 살고 날개 있는 새는 하늘에서 산다는 말로, 서로 다른 영역에 대해 간섭하지 말라는 뜻이다. 물고기가 새보고 너는 왜 물에서 못 사느냐 말할 수 없으며 새는 물고기더러 너는 왜 하늘에서 못 사냐고 말할 수 없다. 하늘이 아무리 좋다 한들 물고기는 나오자마자 2~3분도 못 되어 숨을 거두고 말 것이다. 물속이 아무리 좋다 해도 새도 2~3분이 못 되어 허우적대다가 죽고 말 것이다. 이율곡은 이 말의 깊은 뜻을 터득하여 생활의 좌우명으로 삼았다고 한다. 그래서 그는 당파싸움에 말려들지 않고 살았다고 한다.

(6) 독자 이벤트

홍자성 원문에서 알고 있는 한자가 몇 자 정도 되는지 체크해 보자.

후집 제69장

전쟁터에도 국화꽃은 피고 아기 울음소리도 들린다.

(1) 준비운독(準備運讀)

제69장을 읽는 데는 다음과 같은 어휘를 먼저 익혀야 한다. 패체, 황대, 황화, 쇠초, 쟁전지장. 이 어휘를 홍자성 원문에서 찾아보고 다음의 설명을 참고하면 사고의 지평이 넓어지리라 생각된다.

패체: 무너진 섬돌.
황대: 황폐된 전각.
황화: 국화꽃.
쇠초: 마른 풀.
쟁전지장: 전쟁을 했던 곳.

(2) 홍자성 원문

狐眠敗砌 兎走荒臺, 盡是當年歌舞之地.
露冷黃花 烟迷衰草, 悉屬舊時爭戰之場.
盛衰何常 强弱安在 念此, 令人心灰.
호면패체 토주황대, 진시당년가무지지.
노랭황화 연미쇠초, 실속구시쟁전지장.
성쇠하상 강약안재 염차, 영인심회.

(3) 원문해석

여우는 무너진 섬돌에서 잠자고 토끼는 폐허가 된 궁궐 터를 달리나니 이는 당시 노래하고 춤

추던 곳이라. 이슬은 국화를 다듬어주고 안개는 마른풀에 감도나니 이는 다 옛날의 싸움터라. 성함과 쇠함이 어찌 항상 같을 것이며 강함과 약함이 고정되겠는가. 이를 생각하면 마음이 꺼진 난로처럼 싸늘해진다.

(4) 스스로 해석자료

狐眠敗砌
여우 호(부수 개사슴록변), 잘 면(부수 눈목), 패할 패(부수 등글월문), 섬돌 체(부수 돌석)

兎走荒臺
토끼 토(부수 어진사람인발), 달릴 주(부수 달릴주), 거칠 황(부수 초두머리), 대 대(부수 이를지)

盡是當年歌舞之地
다할 진(부수 그릇명), 이 시(부수 날일), 마땅 당(부수 밭전), 해 년(부수 방패간), 노래 가(부수 하품흠), 춤출 무(부수 어그러질천), 갈 지(부수 삐침별), 땅 지(부수 흙토)

露冷黃花
이슬 노(부수 비우), 찰 랭(부수 이수변), 누를 황(부수 누를황), 꽃 화(부수 초두머리)

烟迷衰草
연기 연(부수 불화), 미혹할 미(부수 책받침), 쇠할 쇠(부수 옷의), 풀 초(부수 초두머리)

悉屬舊時爭戰之場
다 실(부수 마음심), 무리 속(부수 주검시엄), 옛 구(부수 절구구), 때 시(부수 날일), 다툴 쟁(부수 손톱조), 싸움 전(부수 창과), 갈 지(부수 삐침별), 마당 장(부수 흙토)

盛衰何常
성할 성(부수 그릇명), 쇠할 쇠(부수 옷의), 어찌 하(부수 사람인변), 떳떳할 상(부수 수건건)

强弱安在
강할 강(부수 활궁), 약할 약(부수 활궁), 편안 안(부수 갓머리), 있을 재(부수 흙토)

念此
생각 염(부수 마음심), 이 차(부수 그칠지)

令人心灰
하여금 영(부수 사람인), 사람 인(부수 사람인), 마음 심(부수 마음심), 재 회(부수 불화)

(5) 조부훈회(祖父訓誨)

후집 제69장의 영역본을 소개해 본다.

The wolf slumbers amid ruins and the rabbit dashes about on abandoned terraces, all once places of song and dance. The dew-chilled yellow flowers and the smoke-shrouded wasteland are scenes of former battlegrounds. What normalcy is there to rise or decline? What security is there to the strong or the weak? Such thoughts turn the heart to ashes!

「Vegetable roots discourse」 131쪽

늑대는 폐허 속에서 잠을 자고, 토끼는 버려진 테라스에서 뛰어다니며, 한때는 그곳이 노래와 춤의 장소였다. 이슬이 차게 식어버린 노란 꽃들과 연기로 뒤덮인 황무지는 옛 전쟁터의 모습이다. 오르거나 내리거나 강자와 약자에게 어떤 안전이 있겠는가? 그런 생각이 마음을 잿더미로 만든다.

(6) 독자 이벤트

여우와 토끼의 임신 기간을 알아본다.

후집 제70장

고운 투정엔 기뻐하고 미운 투정은 웃어넘긴다.

(1) 준비운독(準備運讀)

제70장을 읽는 데는 다음과 같은 어휘를 먼저 익혀야 한다. 총욕, 거류, 운권운서, 고상, 아, 록훼, 음탁, 치효. 이 어휘를 홍자성 원문에서 만나보고 다음에 설명된 것을 참고하면 사고의 지평이 넓어지리라 생각된다.

총욕: 총애를 받는 것과 욕을 당하는 것. 명예와 치욕.
거류: 떠나는 것과 머무르는 것.
운권운서: 구름이 일었다가 사라지다.
고상: 자유롭게 날아다니다.
아: 나방.
록훼: 푸른 풀.
음탁: 마시고 먹다.
치효: 올빼미.

(2) 홍자성 원문

寵辱 不驚, 閒看庭前花開花落.
去留 無意, 漫隨天外雲卷雲舒.
晴空朗月, 何天 不可翶翔 而飛蛾 獨投夜燭.
淸泉綠卉, 何物 不可飮啄 而鴟鴞 偏嗜腐鼠.
噫! 世之不爲飛蛾鴟鴞者 幾何人哉.
총욕 불경, 한간정전화개화락.

거류 무의, 만수천외운권운서.

청공랑월, 하천 불가고상 이비아 독투야촉.

청천록훼, 하물 불가음탁 이치효 편기부서.

희! 세지불위비아치효자 기하인재.

(3) 원문해석

달인은 사랑에도 기뻐하지 않으며 미움에도 짜증을 부리지 아니하며 한가롭게 뜰 앞의 꽃 피고 지는 것을 바라보며, 가고 머무는 것에 뜻을 두지 않고 구름이 일고 쓰러짐에도 무관하다. 하늘은 맑고 별은 반짝이고 달은 구름 속을 오고 가고 있으며 반딧불이는 하늘을 자유롭게 날고 있는데 구태여 부나비는 홀로 밤 촛불에 뛰어들고 샘물은 맑고 풀이 푸르니 어느 것인들 먹지 못할까만 올빼미는 굳이 썩은 쥐를 즐겨 먹는다. 아아, 세상에 부나비와 올빼미 아닌 사람이 그 몇 명이나 되겠는가?

(4) 스스로 해석자료

寵辱 不驚

사랑할 총(부수 갓머리), 욕될 욕(부수 별진), 아닐 불(부수 한일), 깨우칠 경(부수 말씀언)

閑看庭前花開花落

한가할 한(부수 문문), 볼 간(부수 눈목), 뜰 정(부수 엄호), 앞 전(부수 선칼도방), 꽃 화(부수 초두머리), 열 개(부수 문문), 꽃 화(부수 초두머리), 떨어질 락(부수 초두머리)

去留 無意

갈 거(부수 마늘모), 머무를 류(부수 밭전), 없을 무(부수 연화발), 뜻 의(부수 마음심)

漫隨天外雲卷雲舒

흩어질 만(부수 삼수변), 따를 수(부수 좌부변), 하늘 천(부수 큰대), 바깥 외(부수 저녁석), 구름 운(부수 비우), 책 권(부수 병부절), 구름 운(부수 비우), 펼 서(부수 혀설)

晴空朗月

갤 청(부수 날일), 빌 공(부수 구멍혈), 밝을 랑(부수 육달월), 달 월(부수 육달월)

何天 不可翶翔

어찌 하(부수 사람인변), 하늘 천(부수 큰대), 아닐 불(부수 한일), 옳을 가(부수 입구), 날 고

(부수 깃우), 날 상(부수 깃우)

而飛蛾 獨投夜燭

말 이을 이(부수 말이을이), 날 비(부수 날비), 나방 아(부수 벌레훼), 홀로 독(부수 개사슴록변), 던질 투(부수 재방변), 밤 야(부수 저녁석), 촛불 촉(부수 불화)

淸泉綠卉

맑을 청(부수 삼수변), 샘 천(부수 물수), 푸를 록(부수 실사변), 풀 훼(부수 열십)

何物 不可飮啄

어찌 하(부수 사람인변), 물건 물(부수 소우), 아닐 불(부수 한일), 옳을 가(부수 입구), 마실 음(부수 밥식), 쫄 탁(부수 입구)

而鴟鴞 偏嗜腐

말 이을 이(부수 말이을이), 올빼미 치(부수 새조), 부엉이 효(부수 새조), 치우칠 편(부수 사람인변), 즐길 기(부수 입구), 썩을 부(부수 고기육), 쥐 서(부수 쥐서)

噫! 世之不爲飛蛾鴟鴞者

한숨 쉴 희(부수 입구), 인간 세(부수 한일), 갈 지(부수 삐침별), 아닐 불(부수 한일), 할 위(부수 손톱조), 날 비(부수 날비), 나방 아(부수 벌레훼), 올빼미 치(부수 새조), 부엉이 효(부수 새조), 놈 자(부수 늙을로엄)

幾何人哉

몇 기(부수 작을요), 어찌 하(부수 사람인변), 사람 인(부수 사람인), 비롯할 재(부수 입구)

(5) 조부훈회(祖父訓誨)

하늘은 맑고 별이 반짝이며 달은 구름 속을 오고 가고 있으며 반딧불이는 자유롭게 하늘을 날고 있는데 구태여 부나방은 밤 촛불에 뛰어들고 맑은 물, 푸른 풀과 과일이 만연하여 어느 것인들 못 먹을까마는 구태여 부엉이와 올빼미는 죽은 쥐를 먹는구나! 아 세상에 부나방이 아닌 자와 올빼미 아닌 자가 몇 명이나 될까? 작금의 우리나라에서 이런 부나방과 올빼미를 닮지 않은 자가 누가 있으랴! 학자, 교수, 언론인, 정치가, 종교인 그 수가 부지기수인데 딱 한 사람을 꼬집어 안철수에 대해서 말하고자 한다. 컴퓨터 황제 빌 게이츠가 정치에 뛰어들지 않고 자기가 번 돈이나 재능을 사회에 환원했으며 또 미래를 위해서 투자하고 있다. 상대성 원리로 유명해진 아인슈타인도 이스라엘 대통령에 추대받았으나 거절하고 오직 학문에만 전념하였다. 의사이면서 교수 그리고 컴퓨터 백신 등으로 일약 스타의 자리에 오른 안철수는 그 명성을 좇아 정치에 뛰어들어 자기의 재능을 완전히 잊어버리고 말았다. 교수 안철수가 빌 게이츠나 아인슈타인 같은 그런 생각을 지속적으로 수행했다면 아마 노벨 물리학상이나 의학상의 수상자가 되었을지도 모른다. 그러나 결국 안철수는 나방이 촛불에 뛰어드는 것처럼, 올빼미가 죽은 쥐를 먹는 것처럼 정치에 뛰어들어 초라한 신세가 되고 말았다. 부나방과 올빼미 신세가 되지 않겠다 하면서 열심히 소신 있게 사는 사람들도 망월(음력 15일)을 하루 앞둔 기망(음력 14일)에 무너지는 사람들을 보면 안타깝기 그지없다.

(6) 독자 이벤트

나방과 올빼미의 속성을 알아보자.

후집 제71장
누린내 나고 비린내 나는 사람을
가까이하지 말라.

(1) 준비운독(準備運讀)

제71장을 읽는 데는 다음과 같은 어휘를 먼저 익혀야 한다. 권귀, 용양, 의취전, 승경혈, 위흥, 야화금, 탕소설. 이 어휘를 홍자성 원문에서 만나보고 다음에 설명된 것을 참고하면 사고의 지평이 넓어지리라 생각된다.

권귀: 권세와 부귀.
용양: 용처럼 일어나서 다투다.
의취전: 개미가 누린내 비린내 나는 곳에 모여들다.
승경혈: 파리 떼가 피 흘리는 곳에 다투어 모여들다.
위흥: 고슴도치의 바늘이 일어서다.
야화금: 도가니로 쇠붙이를 녹이다.
탕소설: 끓는 물속에서 눈이 녹다.

(2) 홍자성 원문

權貴龍驤 英雄虎戰, 以冷眼視之, 如蟻聚羶, 如蠅競血.
是非蜂起 得失蝟興, 以冷情當之, 如冶化金, 如湯消雪.
권귀룡양 영웅호전, 이냉안시지, 여의취전, 여승경혈.
시비봉기 득실위흥, 이냉정당지, 여야화금, 여탕소설.

(3) 원문해석

지위가 높고 힘이 센 사람들은 용처럼 다투고 영웅과 호걸들은 호랑이처럼 싸우는데 냉정히 생각해 보면 마치 개미 떼가 누린내 나는 고깃덩어리에 모여드는 것과 같고 파리 떼가 다투어 피를 빠는 것과 같다. 옳고 그름의 다툼이 벌 떼처럼 일어나고 이해득실의 싸움이 고슴도치의 바늘처럼 일어서는데 냉정히 관찰해 보면 마치 용광로 속에서 쇠를 녹이고 끓는 물이 눈을 녹이는 것과 같다.

(4) 스스로 해석자료

權貴龍驤
저울추 권(부수 나무목), 귀할 귀(부수 조개패), 용 룡(부수 용룡), 머리 들 양(부수 말마)

英雄虎戰
꽃부리 영(부수 초두머리), 수컷 웅(부수 새추), 범 호(부수 범호엄), 싸움 전(부수 창과)

以冷眼視之
써 이(부수 사람인), 찰 냉(부수 이수변), 눈 안(부수 눈목), 볼 시(부수 볼견), 갈 지(부수 삐침별)

如蟻聚羶
같을 여(부수 여자녀), 개미 의(부수 벌레훼), 모을 취(부수 귀이), 누린내 전(부수 양양)

如蠅競血
같을 여(부수 여자녀), 파리 승(부수 벌레훼), 다툴 경(부수 설립), 피 혈(부수 피혈)

是非蜂起
이 시(부수 날일), 아닐 비(부수 아닐비), 벌 봉(부수 벌레훼), 일어날 기(부수 달릴주)

得失蝟興
얻을 득(부수 두인변), 잃을 실(부수 큰대), 고슴도치 위(부수 벌레훼), 일 흥(부수 절구구변)

以冷情當之
써 이(부수 사람인), 찰 냉(부수 이수변), 뜻 정(부수 심방변), 마땅 당(부수 밭전), 갈 지(부수 삐침별)

如冶化金
같을 여(부수 여자녀), 풀무 야(부수 이수변), 될 화(부수 비수비), 쇠 금(부수 쇠금)

如湯消雪
같을 여(부수 여자녀), 끓일 탕(부수 삼수변), 사라질 소(부수 삼수변), 눈 설(부수 비우)

(5) 조부훈회(祖父訓誨)

제71장의 영역본을 소개해 본다.

When viewed with a cool eye, the rich and powerful parading and the heroes contesting are not unlike ants swarming over odorous meat, or flies sucking blood. ……

「Vegetable roots discourse」 133쪽

냉정한 시선으로 바라볼 때 부유하고 힘찬 퍼레이드가 있는 영웅들의 경쟁은 냄새나는 고기 위에 떼 지어 다니는 개미나 파리가 피를 빨아먹는 것과 다르지 않다. ……

(6) 독자 이벤트

개미나 파리의 생태에 대해 잠깐 살펴본다.

후집 제72장

선인의 뗏목으로 강을 건넜음을 기억하라.

(1) 준비운독(準備運讀)

제72장을 읽는 데는 다음과 같은 어휘를 먼저 익혀야 한다. 취벌, 무사도인, 기려, 불료선사. 이 어휘를 홍자성 원문에서 만나보고 다음에 설명된 것을 참고하면 사고의 지평이 넓어지리라 생각된다.

취벌: 뗏목에 오르다. 여기서는 깨달음이란 목적을 얻는다는 뜻.
무사도인: 진리를 깨달아 번뇌에서 벗어난 도인.
기려: 나귀에 타다.
불료선사: 진리를 깨닫지 못한 사이비 스님.

(2) 홍자성 원문

纔就筏, 便思舍筏, 方是無事道人.
若騎驢, 又復覓驢, 終爲不了禪師.
재취벌, 편사사벌, 방시무사도인.
약기려, 우복멱려, 종위불료선사.

(3) 원문해석

뗏목에 오르자마자 뗏목 버릴 것을 생각하면 이는 이치를 잘 깨달은 도인이라 할 수 있지만 만약 나귀를 타고 또 나귀를 찾는다면 끝내 깨닫지 못하는 선사라 할 수 있다.

(4) 스스로 해석자료

纔就筏
겨우 재(부수 실사변), 나아갈 취(부수 절름발이왕), 뗏목 벌(부수 대죽)

便思舍筏
편할 편(부수 사람인변), 생각 사(부수 마음심), 집 사(부수 혀설), 뗏목 벌(부수 대죽)

方是無事道人
모 방(부수 모방), 이 시(부수 날일), 없을 무(부수 연화발), 일 사(부수 갈고리궐), 길 도(부수 책받침), 사람 인(부수 사람인)

若騎驢
같을 약(부수 초두머리), 말 탈 기(부수 말마), 당나귀 려(부수 말마)

又復覓驢
또 우(부수 또우), 회복할 복(부수 두인변), 찾을 멱(부수 볼견), 당나귀 려(부수 말마)

終爲不了禪師
마칠 종(부수 실사변), 할 위(부수 손톱조), 아닐 불(부수 한일), 마칠 료(부수 갈고리궐), 선 선(부수 보일시), 스승 사(부수 수건건)

(5) 조부훈회(祖父訓誨)

뗏목을 이용하여 강을 건넌 뒤 그 뗏목을 가지고 간다면 그 뒤에 오는 사람은 어떻게 강을 건널 수 있겠는가? 뗏목이 준비되어 있어 자기가 강을 건널 수 있었던 것처럼 후자를 위해 뗏목을 놓아두고 가야지 탐욕으로 짊어지고 가서는 안 된다.

(6) 독자 이벤트

준비운독에 제시된 어휘 4개를 새기며 한자도 익혀본다.

후집 제73장

본성에 자적하려면 물욕을 낮추어야 한다.

(1) 준비운독(準備運讀)

제73장을 읽는 데는 다음과 같은 어휘를 먼저 익혀야 한다. 기쇄, 이유, 진정, 입파, 진. 이 어휘를 홍자성 원문에서 만나보고 다음에 설명된 것을 참고하면 사고의 지평이 넓어지리라 생각된다.

기쇄: 얽매이다.
이유: 유유자적하다.
진정: 속세의 욕심.
입파: 그 자리에서 벗어나다.
진: 이르다.

(2) 홍자성 원문

羈鎖於物欲, 覺吾生之可哀. 夷猶於性眞, 覺吾生之可樂.
知其可哀, 則塵情立破. 知其可樂, 則聖境自臻.
기쇄어물욕, 각오생지가애. 이유어성진, 각오생지가락.
지기가애, 즉진정립파. 지기가락, 즉성경자진.

(3) 원문해석

물욕을 채울 수 있는 능력도 없으면서 물욕에서 벗어나지 못하면 허탈에 빠지고 결국 처량함의 늪에서 헤어 나오지 못한다. 그러므로 본성에 자적하면 삶이 즐거울 것이다. 그 처량함의 속성을 알게 되면 속정에서 벗어날 수 있고 그 즐거움의 속성을 알면 곧 성경에 절로 이르게 된다.

(4) 스스로 해석자료

羈鎖於物欲

굴레 기(부수 그물망머리), 쇠사슬 쇄(부수 쇠금), 어조사 어(부수 모방), 물건 물(부수 소우), 하고자 할 욕(부수 하품흠)

覺吾生之可哀

깨달을 각(부수 볼견), 나 오(부수 입구), 날 생(부수 날생), 갈 지(부수 삐침별), 옳을 가(부수 입구), 슬플 애(부수 입구)

夷猶於性眞

오랑캐 이(부수 큰대), 오히려 유(부수 개사슴록변), 어조사 어(부수 모방), 성품 성(부수 심방변), 참 진(부수 눈목)

覺吾生之可樂

깨달을 각(부수 볼견), 나 오(부수 입구), 날 생(부수 날생), 갈 지(부수 삐침별), 옳을 가(부수 입구), 즐길 락(부수 나무목)

知其可哀

알 지(부수 화살시), 그 기(부수 여덟팔), 옳을 가(부수 입구), 슬플 애(부수 입구)

則塵情立破

곧 즉(부수 선칼도방), 티끌 진(부수 흙토), 뜻 정(부수 심방변), 설 립(부수 설립), 깨뜨릴 파(부수 돌석)

知其可樂

알 지(부수 화살시), 그 기(부수 여덟팔), 옳을 가(부수 입구), 즐길 락(부수 나무목)

則聖境自臻

곧 즉(부수 선칼도방), 성인 성(부수 귀이), 지경 경(부수 흙토), 스스로 자(부수 스스로자), 이를 진(부수 이를지)

(5) 조부훈회(祖9父訓誨)

후집 제73장의 다른 해석을 소개해 본다.

물욕에 얽매여 살다 보면 우리 삶이 애달프다는 것을 깨닫게 되고, 천성에 따라 유유자적하게 선을 행하며 살면 삶이 즐겁다는 것을 깨달을 것이다. 그러므로 그 애달픔을 알면 속세의 욕심이 사라지고 그 즐거움을 알면 저절로 성인의 경지에 이르게 된다.

『평생에 한 번은 꼭 채근담을 읽어라』 411쪽

(6) 독자 이벤트

윤심덕의 「사의 찬미」 가사를 음미해 보며, 노래도 목청껏 불러본다.

후집 제74장
한 줄기의 햇빛이 마음을 넉넉하게 한다.

(1) 준비운독(準備運讀)

제74장을 읽는 데는 다음과 같은 어휘를 먼저 익혀야 한다. 반점, 노염, 일단, 공명. 이 어휘를 홍자성 원문에서 찾아보고 다음의 설명을 참고하면 사고의 지평이 넓어지리라 생각된다.

반점: 약간.
노염: 화롯불.
일단: 한 조각.
공명: 달이 물속에 가득 찬 모양. 여기서는 마음이 밝고 빛난다는 의미.

(2) 홍자성 원문

胸中, 旣無半點物欲, 已如雪消爐焰 氷消日.
眼前, 自有一段空明, 始見月在靑天 影在波.
흉중, 기무반점물욕, 이여설소로염 빙수일
안전, 자유일단공명, 시견월재청천 영재파.

(3) 원문해석

가슴속에 있는 여러 개의 물욕 중 두서너 개라도 포기하면 스트레스가 화롯불에 눈이 녹듯 하고, 햇살에 얼음 녹듯 할 것이요. 눈앞에 한 줄기 밝은 빛을 볼 수 있다면 청천에 있는 달그림자가 물결에 있음도 볼 수 있을 것이다.

(4) 스스로 해석자료

胸中

가슴 흉(부수 육달월), 가운데 중(부수 뚫을곤)

旣無半點物欲

이미 기(부수 이미기방), 없을 무(부수 연화발), 반 반(부수 열십), 점 점(부수 검을흑), 물건 물(부수 소우), 하고자 할 욕(부수 하품흠)

已如雪消爐焰

이미 이(부수 몸기), 같을 여(부수 여자녀), 눈 설(부수 비우), 사라질 소(부수 삼수변), 화로 로(부수 불화), 불꽃 염(부수 불화)

氷消日

얼음 빙(부수 물수), 사라질 소(부수 삼수변), 날 일(부수 날일)

眼前

눈 안(부수 눈목), 앞 전(부수 선칼도방)

自有一段空明

스스로 자(부수 스스로자), 있을 유(부수 달월), 한 일(부수 한일), 층계 단(부수 갖은등글월문), 빌 공(부수 구멍혈), 밝을 명(부수 날일)

始見月在靑天

비로소 시(부수 여자녀), 볼 견(부수 볼견), 달 월(부수 육달월), 있을 재(부수 흙토), 푸를 청(부수 푸를청), 하늘 천(부수 큰대)

影在波

그림자 영(부수 터럭삼), 있을 재(부수 흙토), 물결 파(부수 삼수변)

(5) 조부훈회(祖父訓誨)

후집 제74장의 다른 해석을 소개해 본다.

마음속에 작은 물욕도 없다면 집착은 화롯불에 눈이 녹듯, 햇살에 얼음이 녹듯 스러질 것이다. 눈앞에 한 조각 밝은 마음이 스스로 있으면 항상 달은 푸른 하늘에 있고 그 그림자는 물속에 있는 것을 볼 것이다.

『평생에 한 번은 꼭 채근담을 읽어라』 411쪽

(6) 독자 이벤트

김남조 시인의 「겨울바다」를 만나보고 외워본다.

후집 제75장

쓸데없는 일이 한 개 두 개 모여 쓸모 있는 일이 된다.

(1) 준비운독(準備運讀)

제75장을 읽는 데는 다음과 같은 어휘를 먼저 익혀야 한다. 패릉교, 미음취, 임수, 야흥, 경호, 독왕, 영발. 이 어휘를 홍자성 원문에서 찾아보고 다음의 설명을 참고하면 사고의 지평이 넓어지리라 생각된다.

패릉교: 장안 동쪽에 있는 다리.
미음취: 나직하게 읊조리다.
임수: 숲과 골짜기.
야흥: 속세를 떠난 맑은 흥취.
경호: 절강성에 있는 호수.
독왕: 홀로 산책하다.
영발: 눈이 부시도록 빛나다.

(2) 홍자성 원문

詩思 在灞陵橋上, 微吟就, 林岫 便已浩然.
野興 在鏡湖曲邊, 獨往時, 山川 自相映發.
시사 재패릉교상, 미음취, 임수 편이호연.
야흥 재경호곡변, 독왕시, 산천 자상영발.

(3) 원문해석

다리 위를 걷다가 흐르는 물에 눈을 두면 문득 시상이 떠오르고 나직이 읊조리면 숲과 골짜기가 문득 드넓게 보이고 호수의 맑은 물을 뒤로하고 혼자서 거닐면 산과 냇물이 서로 비친다.

(4) 스스로 해석자료

詩思在灞陵橋上

시 시(부수 말씀언), 생각 사(부수 마음심), 있을 재(부수 흙토), 물이름 패(부수 삼수변), 언덕 릉(부수 좌부변), 다리 교(부수 나무목), 윗 상(부수 한일)

微吟就

작을 미(부수 두인변), 읊을 음(부수 입구), 나아갈 취(부수 절름발이왕)

林岫便已浩然

수풀 임(부수 나무목), 산굴 수(부수 뫼산), 편할 편(부수 사람인변), 이미 이(부수 몸기), 넓을 호(부수 삼수변), 그럴 연(부수 연화발)

野興在鏡湖曲邊

들 야(부수 마을리), 일 흥(부수 절구구변), 있을 재(부수 흙토), 거울 경(부수 쇠금), 호수 호(부수 삼수변), 굽을 곡(부수 가로왈), 가 변(부수 책받침)

獨往時

홀로 독(부수 개사슴록변), 갈 왕(부수 두인변), 때 시(부수 날일)

山川自相映發

뫼 산(부수 뫼산), 내 천(부수 개미허리), 스스로 자(부수 스스로자), 서로 상(부수 눈목), 비칠 영(부수 날일), 필 발(부수 필발머리)

(5) 조부훈회(祖父訓誨)

후집 제75장의 다른 번역을 옮겨본다.

시상은 패릉교 다리 위에 있으니 나직이 읊조리어 숲과 골짜기가 문득 호연해지고 맑은 흥취는 경호 호숫가에 있으니 혼자서 거닐면 산과 냇물이 스스로 서로 비추인다.

『한 권으로 읽는 채근담』 331쪽

(6) 독자 이벤트

김소월의 시 중 좋아하는 시 두 편 정도를 암송해 본다.

후집 제76장

닭은 부화 기간이 21일이고 독수리는 부화 기간이 55일이다.

(1) 준비운독(準備運讀)

제76장을 읽는 데는 다음과 같은 어휘를 먼저 익혀야 한다. 복구자, 사, 층등, 조급. 이 어휘를 스스로 익히고 난 후 다음의 설명을 참고하면 사고의 지평이 넓어지리라 생각된다.

복구자: 오래 엎드리고 있는 새.
사: 떨어지다. 여기서는 꽃이 떨어진다는 뜻.
층등: 발을 헛디디다. 실패하다.
조급: 참을성이 없이 급하게 굴다.

(2) 홍자성 원문

伏久者, 飛必高. 開先者, 謝獨早.
知此, 可以免蹭蹬之憂, 可以消躁急之念.
복구자, 비필고. 개선자, 사독조.
지차, 가이면층등지우, 가이소조급지념.

(3) 원문해석

높이 날려고 하는 새는 오래도록 엎드려서 그 힘을 비축한다. 먼저 핀 꽃은 홀로 일찍 시든다. 이런 이치를 아는 사람은 가히 발을 헛디딜 근심을 면할 수 있고 초조한 생각을 없앨 수 있을 것이다.

(4) 스스로 해석자료

伏久者
엎드릴 복(부수 사람인변), 오랠 구(부수 삐침별), 놈 자(부수 늙을로엄)

飛必高
날 비(부수 날비), 반드시 필(부수 마음심), 높을 고(부수 높을고)

開先者
열 개(부수 문문), 먼저 선(부수 어진사람인발), 놈 자(부수 늙을로엄)

謝獨早
사례할 사(부수 말씀언), 홀로 독(부수 개사슴록변), 이를 조(부수 날일)

知此
알 지(부수 화살시), 이 차(부수 그칠지)

可以免蹭蹬之憂
옳을 가(부수 입구), 써 이(부수 사람인), 면할 면(부수 어진사람인발), 비틀거릴 층(부수 발족변), 비틀거릴 등(부수 발족변), 갈 지(부수 삐침별), 근심 우(부수 마음심)

可以消躁急之念
옳을 가(부수 입구), 써 이(부수 사람인), 사라질 소(부수 삼수변), 조급할 조(부수 발족변), 급할 급(부수 마음심), 갈 지(부수 삐침별), 생각 념(부수 마음심)

(5) 조부훈회(祖父訓誨)

큰 그릇은 늦게 이루어진다는 대기만성이라는 말이 있다. 이 대기만성이라는 말을 모르는 사람은 거의 없지만 실제 무슨 일을 만날 때마다 빨리 이루지 못해서 안절부절못한다. 닭의 부화 기간이 21일이고 독수리의 부화 기간이 55일인 것처럼 높이 날려면 그만큼 에너지 비축 기간도 길어야 한다. 무슨 일이든지 조급증이 일을 그르치게 한다.

(6) 독자 이벤트

새의 부화 기간, 포유류의 임신 기간 등을 알아본다.

후집 제77장

꽃과 잎으로 아름답던 장미도
겨울에는 앙상한 가지만 남는다.

(1) 준비운독(準備運讀)

제77장을 읽는 데는 다음과 같은 어휘를 먼저 익혀야 한다. 귀근, 화악, 도영, 개관, 옥백. 이 어휘를 스스로 익히고 난 후 다음의 설명을 참고하면 언어의 지평이 넓어지리라 생각된다.

귀근: 뿌리로 돌아가다. 여기서는 잎이 다 떨어져 줄기만 앙상하다는 뜻.
화악: 꽃과 꽃받침.
도영: 헛된 영화.
개관: 뚜껑을 덮다.
옥백: 주옥과 비단. 여기서는 재물이란 의미.

(2) 홍자성 원문

樹木至歸根, 而後知花萼枝葉之徒榮.
人事至蓋棺, 而後知子女玉帛之無益.
수목지귀근, 이후지화악지엽지도영.
인사지개관, 이후지자녀옥백지무익.

(3) 원문해석

나무는 가지와 뿌리만 남았을 때 꽃과 가지와 잎의 헛된 영화를 알게 되고, 사람은 죽을 무렵에서야 자손과 재물이 쓸데없다는 것을 알게 된다.

(4) 스스로 해석자료

樹木至歸根

나무 수(부수 나무목), 나무 목(부수 나무목), 이를 지(부수 이를지), 돌아갈 귀(부수 그칠지), 뿌리 근(부수 나무목)

而後知花萼枝葉

말 이을 이(부수 말이을이), 뒤 후(부수 두인변), 알 지(부수 화살시), 꽃 화(부수 초두머리), 꽃받침 악(부수 입구), 가지 지(부수 나무목), 잎 엽(부수 초두머리)

之徒榮

갈 지(부수 삐침별), 무리 도(부수 두인변), 영화 영(부수 나무목)

人事至蓋棺

사람 인(부수 사람인), 일 사(부수 갈고리궐), 이를 지(부수 이를지), 덮을 개(부수 초두머리), 널 관(부수 나무목)

而後知子女玉帛之無益

말 이을 이(부수 말이을이), 뒤 후(부수 두인변), 알 지(부수 화살시), 아들 자(부수 아들자), 여자 녀(부수 여자녀), 구슬 옥(부수 구슬옥), 비단 백(부수 수건건), 갈 지(부수 삐침별), 없을 무(부수 연화발), 더할 익(부수 그릇명)

(5) 조부훈회(祖父訓誨)

현재 일로 미래에 일어날 일을 예측할 수 있어야 그것이 선견지명이다. 그런데 미래를 훤히 알고 있으면서도 그것에 대한 대비를 전혀 하지 못하는 것은 몽매한 짓이다.

(6) 독자 이벤트

홍자성 원문에서 알고 있는 한자가 몇 자 정도 되는지 체크해 본다.

후집 제78장
고상한 것만 찾지 말고
자기 것을 찾아라.

(1) 준비운독(準備運讀)

제78장을 읽는 데는 다음과 같은 어휘를 먼저 익혀야 한다. 진공, 집상, 파상, 세존, 재세출세, 순, 오제, 수지. 이 어휘를 스스로 익히고 난 후 다음의 설명을 참고하면 사고의 지평이 넓어지리라 생각된다.

진공: 참으로 비어있다.
집상: 현상에 집착하다.
파상: 현상을 허무한 것으로 보다.
세존 : 석가모니의 존댓말.
재세출세: 세속에 묻혀 살면서 세속을 초월하다.
순: 따르다.
오제: 우리들.
수지: 심신의 수양.

(2) 홍자성 원문

眞空, 不空. 執相非眞, 破相亦非眞.
問世尊, 如何發付.
"在世, 出世. 徇欲是苦, 絶欲亦是苦". 聽吾儕善自修持.

진공, 불공. 집상비진, 파상역비진.
문세존, 여하발부.
"재세, 출세. 순욕시고, 절욕역시고". 청오제선자수지.

(3) 원문해석

참으로 비어있는 것도 비어있는 것이 아니며 겉모습에 집착하는 것은 바른 일이 아니며 형상을 피하는 것 또한 진리가 아니다. 세존이 말하기를 "몸은 세상에 있으면서 마음은 세상을 벗어나라" 하였다. 욕망을 따르는 것도 괴로움이요, 욕망을 끊는 것도 괴로움이니 스스로 닦는 길을 따라야 할 것이다.

(4) 스스로 해석자료

眞空 不空
참 진(부수 눈목), 빌 공(부수 구멍혈), 아닐 불(부수 한일), 빌 공(부수 구멍혈)

執相非眞
잡을 집(부수 흙토), 서로 상(부수 눈목), 아닐 비(부수 아닐비), 참 진(부수 눈목)

破相亦非眞
깨뜨릴 파(부수 돌석), 서로 상(부수 눈목), 또 역(부수 돼지해머리), 아닐 비(부수 아닐비), 참 진(부수 눈목)

問世尊
물을 문(부수 입구), 인간 세(부수 한일), 높을 존(부수 마디촌)

如何發付
같을 여(부수 여자녀), 어찌 하(부수 사람인변), 필 발(부수 필발머리), 줄 부(부수 사람인변)

在世 出世
있을 재(부수 흙토), 인간 세(부수 한일), 날 출(부수 위튼입구몸), 인간 세(부수 한일)

徇欲是苦
돌 순(부수 두인변), 하고자 할 욕(부수 하품흠), 이 시(부수 날일), 쓸 고(부수 초두머리)

絶欲亦是苦
끊을 절(부수 실사변), 하고자 할 욕(부수 하품흠), 또 역(부수 돼지해머리), 이 시(부수 날일), 쓸 고(부수 초두머리)

聽吾儕善自修持
들을 청(부수 귀이), 나 오(부수 입구), 무리 제(부수 사람인변), 착할 선(부수 입구), 스스로 자(부수 스스로자), 닦을 수(부수 사람인변), 가질 지(부수 재방변)

(5) 조부훈회(祖父訓誨)

후집 제78장의 영역본을 소개해 본다.

The true void is not void; the world of illusions is not real, and seeing through illusions also is not real. What did the buddhist ancestors say about all this? "Whether one remains in the world or transcends it, following desires is a source of suffering and getting rid of desires is also a source of suffering. Listen to us and practice self-cultivation."

『Vegetable roots discourse』 135쪽

진정한 공허는 공허하지 않고 환상의 세계는 실재하지 않으며 환상을 꿰뚫어 보는 것 또한 실재하지 않는다. 이 모든 것에 대해 불교 조상들은 뭐라고 했을까? 세상에 남든, 초월하든 욕망을 따르는 것이 고통의 근원이고 욕망을 없애는 것도 고통의 근원이다. 우리의 말을 듣고 자기 수양을 하라.

(6) 독자 이벤트

조부훈회에 있는 영역본을 스스로 해석해 보자.

후집 제79장
달인은 하는 일마다 고개만 끄덕일 뿐 끼어들지 않는다.

(1) 준비운독(準備運讀)

제79장을 읽는 데는 다음과 같은 어휘를 먼저 익혀야 한다. 포암, 세미, 복우번운, 호우환마, 점두. 이 어휘를 스스로 익히고 난 후 다음의 설명을 참고하면 사고의 지평이 넓어지리라 생각된다.

포암: 속속들이 모두 알다.
세미: 세상살이의 단맛과 쓴맛.
복우번운: 손바닥을 엎어 비를 만들고 뒤집어서 구름을 만들다. 여기서는 세상 인정이 조변석개함을 뜻함.
호우환마: 소라고 하든 말이라고 하든 상관치 않는다는 뜻.
점두: 머리를 끄덕이다. 시인하다.

(2) 홍자성 원문

飽諳世味, 一任覆雨翻雲, 總慵開眼.
會盡人情, 隨敎呼牛喚馬, 只是點頭.
포암세미, 일임복우번운, 총용개안.
회진인정, 수교호우환마, 지시점두.

(3) 원문해석

수많은 세월을 통하여 세상의 이런 일 저런 일을 맛보게 되면 비를 만들거나 구름을 만들거나 간섭하지 않는다. 눈을 뜨기조차 귀찮아하고 마음을 다 깨달으면 소라 부르거나 말이라 부르거나 그대로 두어 다만 머리를 끄덕일 뿐이다.

(4) 스스로 해석자료

飽諳世味
배부를 포(부수 밥식), 외울 암(부수 말씀언), 인간 세(부수 한일), 맛 미(부수 입구)

一任覆雨翻雲
한 일(부수 한일), 맡길 임(부수 사람인변), 다시 복(부수 덮을아), 비 우(부수 비우), 번역할 번(부수 날비), 구름 운(부수 비우)

總慵開眼
다 총(부수 실사), 게으를 용(부수 심방변), 열 개(부수 문문), 눈 안(부수 눈목)

會盡人情
모일 회(부수 가로왈), 더할 진(부수 그릇명), 사람 인(부수 사람인), 뜻 정(부수 심방변)

隨敎呼牛喚馬
따를 수(부수 좌부변), 가르칠 교(부수 등글월문), 부를 호(부수 입구), 소 우(부수 소우), 부를 환(부수 입구), 말 마(부수 말마)

只是點頭
다만 지(부수 입구), 이 시(부수 날일), 점 점(부수 검을흑), 머리 두(부수 머리혈)

(5) 조부훈회(祖父訓誨)

후집 제79장의 다른 번역을 소개해 본다.

세상의 여러 맛을 다 알게 되면 손바닥을 뒤집듯 하는 세태가 눈 뜨고 보기도 귀찮아지고, 사람이 마음을 온전히 깨달으면 사람들이 나를 소라고 부르건 말이라 부르건 상관없이 다만 머리를 끄덕일 뿐이다.

『평생에 한 번은 꼭 채근담을 읽어라』 413쪽

(6) 독자 이벤트

준비운독에 제시된 낱말을 새기며 한자도 익혀본다.

후집 제80장
미래를 끌어들여 현재를 상하게 하지 말라.

(1) 준비운독(準備運讀)

제80장을 읽는 데는 다음과 같은 어휘를 먼저 익혀야 한다. 무념, 불체, 수연, 타발. 이 어휘를 스스로 익히고 난 후 다음의 설명을 참고하면 언어의 지평이 넓어지리라 생각된다.

무념: 생각을 없애다.
불체: 머물러있게 하지 않다.
수연: 인연에 따르다. 외계 사물에 따르다.
타발: 처리하다.

(2) 홍자성 원문

今人專求無念, 而終不可無.
只是前念不滯, 後念不迎,
但將現在的隨緣, 打發得去, 自然漸漸入無.
금인전구무념, 이종불가무.
지시전념불체, 후념불영,
단장현재적수연, 타발득거, 자연점점입무.

(3) 원문해석

한가한 사람들은 생각을 없애려고 애를 쓰되 끝내는 없애지 못하는데, 다만 앞의 생각을 마음에 두지 말고 미래에 있을 일을 앞당기지 말고 단지 현재의 인연에 따라 일을 처리해 나가면 자연히 차츰 무념의 경지로 들어가게 될 것이다.

(4) 스스로 해석자료

今人專求無念

이제 금(부수 사람인), 사람 인(부수 사람인), 오로지 전(부수 마디촌), 구할 구(부수 아래물수), 없을 무(부수 연화발), 생각 념(부수 마음심)

而終不可無

말 이을 이(부수 말이을이), 마칠 종(부수 실사변), 아닐 불(부수 한일), 옳을 가(부수 입구), 없을 무(부수 연화발)

只是前念不滯

다만 지(부수 입구), 이 시(부수 날일), 앞 전(부수 선칼도방), 생각 념(부수 마음심), 아닐 불(부수 한일), 막힐 체(부수 삼수변)

後念不迎

뒤 후(부수 두인변), 생각 념(부수 마음심), 아닐 불(부수 한일), 맞을 영(부수 책받침)

但將現在的隨緣

다만 단(부수 사람인변), 장수 장(부수 마디촌), 나타날 현(부수 구슬옥변), 있을 재(부수 흙토), 과녁 적(부수 흰백), 따를 수(부수 좌부변), 인연 연(부수 실사변)

打發得去

칠 타(부수 재방변), 필 발(부수 필발머리), 얻을 득(부수 두인변), 갈 거(부수 마늘모)

自然漸漸入無

스스로 자(부수 스스로자), 그럴 연(부수 연화발), 점점 점(부수 삼수변), 점점 점(부수 삼수변), 들 입(부수 들입), 없을 무(부수 연화발)

(5) 조부훈회(祖父訓誨)

제80장의 영역본을 소개해 본다.

If you are set upon achieving no-mind, in the end you do not achieve it. The only thing to do is not to allow a previous thought to linger and not to welcome a succeeding thought. When you have once dispatched current desires, you enter gradually into Mu.

『Vegetable roots discourse』 137쪽

무념을 성취하기로 마음먹었다면 결국 그것을 성취하지 못한다. 유일하게 해야 할 일은 이전의 생각이 여운을 남기지 않고 뒤에 오는 생각을 환영하지 않는 것이다. 현재의 욕망을 한번 발산시켰을 때 당신은 점차 무속으로 들어간다.

(6) 독자 이벤트

휴대폰과 텔레비전을 꺼놓고 한 시간 동안 편안히 쉬어본다.

후집 제81장

미운 것도 매만지면 아름다워진다.

(1) 준비운독(準備運讀)

제81장을 읽는 데는 다음과 같은 어휘를 먼저 익혀야 한다. 우회, 진기, 조정, 포치, 백씨, 적. 이 어휘를 스스로 익히고 난 후 다음의 설명을 참고하면 사고의 지평이 넓어지리라 생각된다.

우회: 우연히 자기 뜻에 맞다.
진기: 참다운 묘미.
조정: 고치다.
포치: 위치를 정하다.
백씨: 중당의 시인 백낙천.
적: 한가하다. 유유자적하다.

(2) 홍자성 원문

意所偶會, 便成佳境. 物出天然, 纔見眞機.
若加一分調停布置, 趣味便減矣.
白氏云, "意隨無事適, 風逐自然淸", 有味哉! 其言之也!
의소우회, 편성가경. 물출천연, 재견진기.
약가일분조정포치, 취미편감의.
백씨운, "의수무사적, 풍축자연청", 유미재! 기언지야!

(3) 원문해석

뜻이 생각지도 않게 우연히 맞아떨어지면 그렇게 기쁠 수가 없다. 세상의 많은 일들이 천연

그대로의 것이라야 참맛을 느끼게 된다. 만약 조금이라도 고쳐서 늘어놓으면 그 맛이 문득 줄어든다. 백낙천의 이 말이 참으로 맞는 말이로다.

(4) 스스로 해석자료

意所偶會
뜻 의(부수 마음심), 바 소(부수 지게호), 짝 우(부수 사람인변), 모일 회(부수 가로왈)

便成佳境
편할 편(부수 사람인변), 이룰 성(부수 창과), 아름다울 가(부수 사람인변), 지경 경(부수 흙토)

物出天然
물건 물(부수 소우), 날 출(부수 위튼입구몸), 하늘 천(부수 큰대), 그럴 연(부수 연화발)

纔見眞機
겨우 재(부수 실사변), 볼 견(부수 볼견), 참 진(부수 눈목), 틀 기(부수 나무목)

若加一分調停布置
같을 약(부수 초두머리), 더할 가(부수 힘력), 한 일(부수 한일), 나눌 분(부수 칼도), 고를 조(부수 말씀언), 머무를 정(부수 사람인변), 베 포(부수 수건건), 둘 치(부수 그물망머리)

趣味便減矣
뜻 취(부수 달릴주), 맛 미(부수 입구), 편할 편(부수 사람인변), 덜 감(부수 삼수변), 어조사 의(부수 화살시)

白氏云
흰 백(부수 흰백), 성씨 씨(부수 각시씨), 이를 운(부수 두이)

意隨無事適
뜻 의(부수 마음심), 따를 수(부수 좌부변), 없을 무(부수 연화발), 일 사(부수 갈고리궐), 맞을 적(부수 책받침)

風逐自然淸
바람 풍(부수 바람풍), 쫓을 축(부수 책받침), 스스로 자(부수 스스로자), 그럴 연(부수 연화발), 맑을 청(부수 삼수변)

有味哉!
있을 유(부수 달월), 맛 미(부수 입구), 비롯할 재(부수 입구)

其言之也!
그 기(부수 여덟팔), 말씀 언(부수 말씀언), 갈 지(부수 삐침별), 어조사 야(부수 새을)

(5) 조부훈회(祖父訓誨)

제81장의 영역본을 소개해 본다.

What the mind grasps intuitively becomes the desired end. Things borne of nature reveal nature's true mystery. Add a little intervention and arrangement and the flavor is reduced. Bo said "A thought is suitable when not encroached upon; the breeze blows fresh in nature unimpeded." How interesting! How true!

「Vegetable roots discourse」 137쪽

마음을 직관적으로 파악하는 것이 원하는 목적이 된다. 자연에서 얻어지는 것들은 자연의 진정한 신비를 드러낸다. 약간의 개입과 정리를 더하면 그 맛이 줄어든다. 생각은 잠식당하지 않을 때 적합하다.

(6) 독자 이벤트

조부훈회에 있는 영역본 영어 문장을 스스로 해석해 본다.

후집 제82장

사양하는 마음이
다투는 마음을 가라앉힌다.

(1) 준비운독(準備運讀)

 제82장을 읽는 데는 다음과 같은 어휘를 먼저 익혀야 한다. 열사, 천승, 성연, 불수, 옹손, 위분, 소양. 이 어휘를 홍자성 원문에서 찾아보고 다음의 설명을 참고하면 사고의 지평이 넓어지리라 생각된다.

열사: 명예를 존중하고 절의를 지키는 사람.
천승: 병거 1천 대를 동원할 수 있는 대국.
성연: 하늘의 별과 땅의 연못.
불수: 다를 바가 없다.
옹손: 아침밥과 저녁밥.
위분: 지위와 신분.
소양: 하늘과 땅.

(2) 홍자성 원문

烈士讓千乘, 貧夫爭一文. 人品星淵也, 而好名不殊好利.
天子營國家, 乞人號饔飱. 位分霄壤也, 而焦思何異焦聲?
열사양천승, 빈부쟁일문. 인품성연야, 이호명불수호리.
천자영국가, 걸인호옹손. 위분소양야, 이초사하이초성?

(3) 원문해석

 명예를 중시하고 절의를 지키는 열사는 천승의 나라도 사양하고 탐욕스러운 사람은 한 푼의 돈에도 목숨 걸고 다투나니 그 인품은 하늘과 땅 차이로되 명예를 구하는 데 쏟는 에너지나 재물을 구하는 데 쏟는 에너지나 그 에너지의 강도는 다를 바가 없다. 천자는 나라를 다스리고 거지는 아침저녁 끼니를 구걸하나니 그 신분은 하늘과 땅 차이로되 천자의 애타는 생각과 걸인의 초조한 소리는 다를 바가 없다.

(4) 스스로 해석자료

烈士讓千乘
  매울 열(부수 연화발), 선비 사(부수 선비사), 사양할 양(부수 말씀언), 일천 천(부수 열십), 탈 승(부수 삐침별)

貧夫爭一文
  가난할 빈(부수 조개패), 지아비 부(부수 큰대), 다툴 쟁(부수 손톱조), 한 일(부수 한일), 글월 문(부수 글월문)

人品星淵也
  사람 인(부수 사람인), 물건 품(부수 입구), 별 성(부수 날일), 못 연(부수 삼수변), 어조사 야(부수 새을)

而好名不殊好利
  말 이을 이(부수 말이을이), 좋을 호(부수 여자녀), 이름 명(부수 입구), 아닐 불(부수 한일), 다를 수(부수 죽을사변), 좋을 호(부수 여자녀), 이로울 리(부수 선칼도방)

天子營國家
  하늘 천(부수 큰대), 아들 자(부수 아들자), 경영할 영(부수 불화), 나라 국(부수 큰입구몸), 집 가(부수 갓머리)

乞人號饔飧
  빌 걸(부수 새을), 사람 인(부수 사람인), 이름 호(부수 범호엄), 아침밥 옹(부수 밥식), 저녁밥 손(부수 밥식)

位分霄壤也
  자리 위(부수 사람인변), 나눌 분(부수 칼도), 하늘 소(부수 비우), 흙덩이 양(부수 흙토), 어조사 야(부수 새을)

而焦思何異焦聲

말 이을 이(부수 말이을이), 탈 초(부수 연화발), 생각 사(부수 마음심), 어찌 하(부수 사람인 변), 다를 이(부수 밭전), 탈 초(부수 연화발), 소리 성(부수 귀이)

(5) 조부훈회(祖父訓誨)

제82장의 다른 해석을 소개해 본다.

의로운 선비는 천만금도 사양하고 탐욕스러운 사람은 한 푼의 돈을 놓고도 다투니 그 인품은 하늘과 땅 차이지만 명예와 이익을 좋아하는 데는 다를 바가 없다. 천자는 나라를 잘 다스리고 마음을 졸이고 거지는 조석의 끼니를 구걸하려고 애타게 호소하니 그 신분은 하늘과 땅 차이지만 애태우는 마음과 목소리는 다를 바가 없다.

『평생에 한 번은 꼭 채근담을 읽어라』 413쪽

(6) 독자 이벤트

준비운독에 제시된 낱말을 새기며 한자도 익혀본다.

후집 제83장
덜 먹고 덜 마시면 심신이 담백해진다.

(1) 준비운독(準備運讀)

제83장을 읽는 데는 다음과 같은 어휘를 먼저 익혀야 한다. 성천, 징철, 기식갈음, 강제, 침미, 담선, 연게, 정혼. 이 어휘를 홍자성 원문에서 찾아보고 다음의 설명을 참고하면 사고의 지평이 넓어지리라 생각된다.

성천: 천성, 본성.
징철: 맑게 개어 흐리지 않다.
기식갈음: 배고프면 밥을 먹고 목마르면 물을 마시다. 여기서는 겨우 기갈을 면하는 생활이란 뜻이다.
강제: 편안하게 지내다.
침미: 물욕에 사로잡히어 미혹되다.
담선: 선에 대해서 말하다.
연게: 게송을 풀다.
정혼: 정신과 영혼.

(2) 홍자성 원문

性天澄徹, 卽饑喰渴飮, 無非康濟身心.
心地沈迷, 縱談禪演偈, 總是播弄精魂.
성천징철, 즉기식갈음, 무비강제신심.
심지침미, 종담선연게, 총시파롱정혼.

(3) 원문해석

천성이 티가 없이 깨끗하면 배고픔을 면할 정도로도 심신을 건강하게 할 수 있지만 마음 바탕이 밝지 못하면 비록 선을 말하고 게송을 풀이할지라도 이는 모두 정신을 가지고 노는 것에 불과할 뿐이다.

(4) 스스로 해석자료

性天澄徹
성품 성(부수 심방변), 하늘 천(부수 큰대), 맑을 징(부수 삼수변), 통할 철(부수 두인변)

卽饑喰渴飮
곧 즉(부수 병부절), 주릴 기(부수 밥식), 먹을 식(부수 입구), 목마를 갈(부수 삼수변), 마실 음(부수 밥식)

無非康濟身心
없을 무(부수 연화발), 아닐 비(부수 아닐비), 편안 강(부수 엄호), 건널 제(부수 삼수변), 몸 신(부수 몸신), 마음 심(부수 마음심)

心地沈
마음 심(부수 마음심), 땅 지(부수 흙토), 잠길 침(부수 삼수변), 미혹할 미(부수 책받침)

縱談禪演偈
세로 종(부수 실사변), 말씀 담(부수 말씀언), 선 선(부수 보일시), 펼 연(부수 삼수변), 쉴 게(부수 사람인변)

總是播弄精魂
바쁠 총(부수 실사변), 이 시(부수 날일), 뿌릴 파(부수 재방변), 희롱할 롱(부수 스물입발), 정할 정(부수 쌀미), 넋 혼(부수 귀신귀)

(5) 조부훈회(祖父訓誨)

제83장의 영역본을 소개해 본다.

If the spirit is clear, eating when hungry and drinking when thirsty will be enough to nurture body and mind. But if the heart is bewitched, all talk about Chan and chanting of sutras will only be games with the mind.

「Vegetable roots discourse」 138쪽

정신이 맑으면 배고플 때 먹고 목마를 때 마시는 것이 몸과 마음을 기르기에 충분할 것이다. 그러나 마음이 흘린다면 선(chan)을 다 말하고 경전을 외는 것이 모두 마음과 놀이일 뿐이다.

(6) 독자 이벤트

준비운독에 제시된 낱말과 한자를 익혀본다.

후집 제84장

옥은 다듬지 않으면 그릇이 될 수 없고
사람은 배우지 않으면 도리를 알 수 없다.

(1) 준비운독(準備運讀)

제84장을 읽는 데는 다음과 같은 어휘를 먼저 익혀야 한다. 광, 환, 진, 도득주중, 선우화리, 아. 이 어휘를 홍자성 원문에서 찾아보고 다음의 설명을 참고하면 사고의 지평이 넓어지리라 생각된다.

광: 쇳돌.
환: 환상, 실체는 없는데 있는 것처럼 보이는 것.
진: 참다운 실상.
도득주중: 취중에 도를 터득하다.
선우화리: 꽃 속에서 신선을 만나다.
아: 풍아.

(2) 홍자성 원문

金自鑛出, 玉從石生. 非幻, 無以求眞.
道得酒中, 仙遇花裡. 雖雅, 不能離俗.
금자광출, 옥종석생. 비환, 무이구진.
도득주중, 선우화리. 수아, 불능이속.

(3) 원문해석

금은 쇳돌을 매만져서 얻어내고 옥은 박옥을 갈고 닦아서 만들어낸다. 환상을 지니고 어떤 물체든 매만지면 그 물체의 참모습인 실상을 얻어낼 수 있다. 그러나 술 가운데서 도를 얻고 꽃

속에서 신선을 만났다고 함은 비록 풍아한 듯하지만 환상이 지나친 속된 생각이라 아니할 수 없다.

(4) 스스로 해석자료

金自鑛出
쇠 금(부수 쇠금), 스스로 자(부수 스스로자), 쇳돌 광(부수 쇠금), 날 출(부수 위튼입구몸)

玉從石生
구슬 옥(부수 구슬옥), 좇을 종(부수 두인변), 돌 석(부수 돌석), 날 생(부수 날생)

非幻
아닐 비(부수 아닐비), 헛보일 환(부수 작을요)

無以求眞
없을 무(부수 연화발), 써 이(부수 사람인변), 구할 구(부수 아래물수), 참 진(부수 눈목)

道得酒中
길 도(부수 책받침), 얻을 득(부수 두인변), 술 주(부수 닭유), 가운데 중(부수 뚫을곤)

仙遇花裡
신선 선(부수 사람인변), 만날 우(부수 책받침), 꽃 화(부수 초두머리), 속 리(부수 옷의변)

雖雅 不能離俗
비록 수(부수 새추), 맑을 아(부수 새추), 아닐 불(부수 한일), 능할 능(부수 육달월), 떠날 이(부수 새추), 풍속 속(부수 사람인변)

(5) 조부훈회(祖父訓誨)

어떤 대륙붕에 석유나 천연가스가 매장되어 있을지도 모른다는 환상을 가진 기업가가 그곳을 개발하여 석유나 천연가스로 대부호가 된 사람도 있지만 그렇지 못한 사람도 있다. 환상을 통하여 실상을 얻어낼 수 있지만 때로는 환상을 좇다가 패가망신한 사람도 있다. 광산을 개발하거나 대륙붕을 탐사하여 대부호가 되겠다는 환상을 좇을 때는 보다 신중해야 한다. 환상을 좇다가 실상을 얻지 못한다 할지라도 그 과정에서 여러 가지를 얻어낼 수 있다. 그 대표적인 것이 연금술이다. 납이나 주석 같은 값싼 금속으로 비싼 금을 만들어낼 수 있다는 환상으로 많은 과학자들이 연금술에 뛰어들었다. 심지어 만유인력을 발견한 뉴턴까지도 연금술에 뛰어들어 많은 시간을 허비했다. 결국은 값싼 금속으로 금을 얻어낼 수 있다는 환상을 이루어내지 못했지만 연금술을 통하여 화학이 크게 발전하였다.

(6) 독자 이벤트

수소, 헬륨 등 천연원소가 92종 있는데 30개 정도만 손꼽아 본다.

후집 제85장
차 마시면서 음악을 만나면 마음이 윤택해진다.

(1) 준비운독(準備運讀)

제85장을 읽는 데는 다음과 같은 어휘를 먼저 익혀야 한다. 진경, 사죽, 염유, 연명, 청분, 염정, 경공, 여망형석, 유연. 이 어휘를 홍자성 원문에서 찾아보고 다음의 설명을 참고하면 사고의 지평이 넓어지리라 생각된다.

진경: 참다운 깨달음의 경지.
사죽: 거문고와 피리.
염유: 편안하고 즐겁다.
연명: 향을 피우는 연기와 향내 나는 차.
청분: 맑고 향기롭다.
염정: 깨끗한 생각.
경공: 듣고 보는 것에 얽매이지 않다.
여망형석: 사려를 잊고 형해를 풀어내다.
유연: 소요하다. 거닐다.

(2) 홍자성 원문

人心有個眞景, 非絲非竹而自恬愉, 不烟不茗而自淸芬.
須念淨境空, 慮忘形釋, 纔得以游衍其中.
인심유개진경, 비사비죽이자염유, 불연불명이자청분.
수염정경공, 여망형석, 재득이유연기중.

(3) 원문해석

　마음이 티 없이 맑으면 거문고와 피리가 아니더라도 절로 편안하고 즐거워지며, 향 사르고 차 마시지 않더라도 절로 맑고 향기로워지나니 마땅히 생각을 맑게 하며 보고 듣는 것에 얽매이지 말고 잡념을 잊고 형체를 바로 풀어야 비로소 그 가운데 유유자적할 수 있을 것이다.

(4) 스스로 해석자료

人心有個眞境

사람 인(부수 사람인), 마음 심(부수 마음심), 있을 유(부수 달월), 낱 개(부수 사람인변), 참 진(부수 눈목), 지경 경(부수 흙토)

非絲非竹

아닐 비(부수 아닐비), 실 사(부수 실사변), 아닐 비(부수 아닐비), 대 죽(부수 대죽)

而自恬愉

말 이을 이(부수 말이을이), 스스로 자(부수 스스로자), 편안할 염(부수 심방변), 즐거울 유(부수 심방변)

不烟不茗

아닐 불(부수 한일), 연기 연(부수 불화), 아닐 불(부수 한일), 차 싹 명(부수 초두머리)

而自淸芬

말 이을 이(부수 말이을이), 스스로 자(부수 스스로자), 맑을 청(부수 삼수변), 향기 분(부수 초두머리)

須念淨境空

모름지기 수(부수 머리혈), 생각 염(부수 마음심), 깨끗할 정(부수 삼수변), 지경 경(부수 흙토), 빌 공(부수 구멍혈)

慮忘形釋

생각할 여(부수 마음심), 잊을 망(부수 마음심), 모양 형(부수 터럭삼), 풀 석(부수 분별할변)

纔得以游衍其中

겨우 재(부수 실사변), 얻을 득(부수 두인변), 써 이(부수 사람인), 헤엄칠 유(부수 삼수변), 넓을 연(부수 다닐행), 그 기(부수 여덟팔), 가운데 중(부수 뚫을곤)

(5) 조부훈회(祖父訓誨)

후집 제85장의 영역본을 소개해 본다.

The human mind has its true realm, its happy mood not modulated by music and its fragrance not created by incense or fine tea. Wandering in the true realm comes when desires take complete leave, and cares for worldly things are tossed away.

『Vegetable roots discourse』 138쪽

인간의 마음에는 참된 영역이 있고 음악에 의해 조절되지 않는 행복한 기분과 향이나 고운 차에 의해 만들어지지 않는 향기가 있다. 참된 영역에서 방황하는 것은 욕망이 완전히 떠날 때 그리고 세속적인 것들을 돌보는 일을 내던질 때 찾아온다.

(6) 독자 이벤트

준비운독에 제시된 어휘를 새기며 한자도 익혀본다.

후집 제86장

언뜻 보면 다르게 보이는 것도 여러 번 보면 같게 보인다.

(1) 준비운독(準備運讀)

제86장을 읽는 데는 다음과 같은 어휘를 먼저 익혀야 한다. 만정, 속안, 분분, 종종, 상, 번, 하용취사. 이 어휘를 홍자성 원문에서 찾아보고 다음의 설명을 참고하면 사고의 지평이 넓어지리라 생각된다.

만정: 모든 심정.
속안: 속된 안목.
분분: 각양각색의 모양.
종종: 갖가지 모두.
상: 한결같다.
번: 번잡하다.
하용취사: 취사선택할 필요가 없다.

(2) 홍자성 원문

天地中萬物, 人倫中萬情, 世界中萬事,
以俗眼觀, 紛紛各異. 以道眼觀, 種種是常.
何煩分別, 何用取捨?
천지중만물, 인륜중만정, 세계중만사,
이속안관, 분분각이. 이도안관, 종종시상.
하번분별, 하용취사?

(3) 원문해석

하늘과 땅 사이에 있는 여러 가지 물건, 인류 가운데의 다양한 뜻, 세계 속의 만사를 속된 안목으로 본다면 분분하여 각각 다르지만 깨우친 안목으로 본다면 그 여러 가지가 모두 같으니 어찌 번거롭게 분별할 것이며 어찌 취사선택할 필요가 있겠는가.

(4) 스스로 해석자료

天地中萬物

하늘 천(부수 큰대), 땅 지(부수 흙토), 가운데 중(부수 뚫을곤), 일만 만(부수 초두머리), 물건 물(부수 소우)

人倫中萬情

사람 인(부수 사람인), 안륜 륜(부수 사람인변), 가운데 중(부수 뚫을곤), 일만 만(부수 초두머리), 뜻 정(부수 심방변)

世界中萬事

인간 세(부수 한일), 지경 계(부수 밭전), 가운데 중(부수 뚫을곤), 일만 만(부수 초두머리), 일 사(부수 갈고리궐)

以俗眼觀

써 이(부수 사람인), 풍속 속(부수 사람인변), 눈 안(부수 눈목), 볼 관(부수 볼견)

紛紛各異

어지러울 분(부수 실사변), 어지러울 분(부수 실사변), 각각 각(부수 입구), 다를 이(부수 밭전)

以道眼觀

써 이(부수 사람인), 길 도(부수 책받침), 눈 안(부수 눈목), 볼 관(부수 볼견)

種種是常

씨 종(부수 벼화), 씨 종(부수 벼화), 이 시(부수 날일), 떳떳할 상(부수 수건건)

何煩分別

어찌 하(부수 사람인변), 번거로울 번(부수 불화), 나눌 분(부수 칼도), 나눌 별(부수 선칼도방)

何用取捨

어찌 하(부수 사람인변), 쓸 용(부수 쓸용), 가질 취(부수 또우), 버릴 사(부수 재방변)

(5) 조부훈회(祖父訓誨)

사물을 볼 때 겉모양만 보면 모두가 다 다르게 보이는 것도 그 속을 살펴보면 같게 보일 때가 있다. 겉은 다르지만 속에서 동일한 속성이 있다는 안목을 가지고 사물을 대하면 겉도 동일하게 보이게 된다.

(6) 독자 이벤트

홍자성 원문에서 알고 있는 한자가 몇 자인지 체크해 보자.

후집 제87장
신체가 건강해야
정신도 건강하다.

(1) 준비운독(準備運讀)

제87장을 읽는 데는 다음과 같은 어휘를 먼저 익혀야 한다. 신감, 포피, 와중, 충화, 미족, 여갱. 이 어휘를 스스로 익히고 난 후 다음의 설명과 비교하면 언어의 지평이 넓어지리라 생각된다.

신감: 왕성한 정신.
포피: 베 이불.
와중: 작은 방안.
충화: 화평한 기운.
미족: 입맛이 좋다.
여갱: 명아주로 끓인 국.

(2) 홍자성 원문

神酣, 布被窩中, 得天地沖和之氣.
味足, 藜羹飯後, 識人生澹泊之眞.
신감, 포피와중, 득천지충화지기.
미족, 여갱반후, 식인생담박지진.

(3) 원문해석

정신이 튼튼하면 베 이불을 덮고 초라한 방에서 잠을 자도 천지의 화평한 기운을 누릴 수 있고, 입맛이 좋으면 명아주 국에 밥을 먹어도 삶의 부족함을 모른다.

(4) 스스로 해석자료

神酣

귀신 신(부수 보일시), 흥겨울 감(부수 닭유)

布被窩中

베 포(부수 수건건), 입을 피(부수 옷의변), 움집 와(부수 구멍혈), 가운데 중(부수 뚫을곤)

得天地沖和之氣

얻을 득(부수 두인변), 하늘 천(부수 큰대), 땅 지(부수 흙토), 화할 충(부수 삼수변), 화할 화(부수 입구), 갈 지(부수 삐침별), 기운 기(부수 기운기엄)

味足

맛 미(부수 입구), 발 족(부수 발족)

藜羹飯後

명아주 여(부수 초두머리), 국 갱(부수 양양), 밥 반(부수 밥식), 뒤 후(부수 두인변)

識人生澹泊之眞

알 식(부수 말씀언), 사람 인(부수 사람인), 날 생(부수 날생), 맑을 담(부수 삼수변), 머무를 박(부수 삼수변), 갈 지(부수 삐침별), 참 진(부수 눈목)

(5) 조부훈회(祖父訓誨)

제87장의 영역본을 옮겨본다.

Sleeping soundly and comfortably in coarse bedding, one knows the primal harmony of the universe. Finding lingering flavor in bramble soup, one becomes aware of the true joy of life.

『Vegetable roots discourse』 139쪽

거친 침구에서 편안하게 잠을 자면서 우주의 원초적 조화를 알게 된다. 딸기 수프에서 여운을 찾으면서 진정한 삶의 즐거움을 알게 된다.

(6) 독자 이벤트

준비운독에 제시된 낱말을 새기며 한자도 익혀본다.

후집 제88장

마음이 신체를 속박하기도 하고 신체가 마음을 속박하기도 한다.

(1) 준비운독(準備運讀)

제88장을 읽는 데는 다음과 같은 어휘를 먼저 익혀야 한다. 전탈, 심료, 도사, 조점, 거연, 정토, 종, 훼, 마장, 휴, 진경, 속가. 이 어휘를 홍자성 원문에서 찾아보고 다음의 설명을 참고하면 사고의 지평이 넓어지리라 생각된다.

전탈: 고뇌에 얽매이는 것과 벗어나는 것.
심료: 마음으로 깨닫다.
도사: 정육점.
조점: 술집.
거연: 그렇게 되면.
정토: 극락정토, 극락세계.
종: 비록.
훼: 풀.
마장: 악마의 장애.
휴: 버리다.
진경: 속세.
속가: 속세.

(2) 홍자성 원문

纏脫只在自心. 心了則屠肆糟店, 居然淨土.
不然, 縱一琴一鶴 一花一卉, 嗜好雖淸, 魔障終在.

語云, "能休, 塵境爲眞境. 未了, 僧家是俗家". 信夫!

전탈지재자심. 심료즉도사조점, 거연정토.

불연, 종일금일학, 일화일훼, 기호수청, 마장종재.

어운, "능휴, 진경위진경. 미료, 승가시속가". 신부!

(3) 원문해석

속박당하고 해방되는 것은 오직 자기 마음에 달려있으니 마음에 깨달음이 있으면 도살장과 술집도 평화롭고 깨끗한 땅 곧 극락정토요, 그렇지 못하면 비록 거문고와 학을 벗 삼고, 꽃과 풀을 심어 가꾸며 즐거워함이 청아할지라도 남을 호리는 마성을 버리지 못할 것이다. 옛말에 "버릴 줄 알면 티끌 세상도 선경이 되고 깨달음을 얻지 못하면 절에 있어도 곧 속세로다"라고 하였는데, 참말로 맞는 말이로다.

(4) 스스로 해석자료

纏脫只在自心

얽을 전(부수 실사변), 벗을 탈(부수 육달월), 다만 지(부수 입구), 있을 재(부수 흙토), 스스로 자(부수 스스로자), 마음 심(부수 마음심)

心了則屠肆糟店

마음 심(부수 마음심), 마칠 료(부수 갈고리궐), 곧 즉(부수 선칼도방), 죽일 도(부수 주검시엄), 방자할 사(부수 붓율), 지게미 조(부수 쌀미), 가게 점(부수 엄호)

居然淨土

살 거(부수 주검시엄), 그럴 연(부수 연화발), 깨끗할 정(부수 삼수변), 흙 토(부수 흙토)

不然 縱一琴一鶴 一花一卉

아닐 불(부수 한일), 그럴 연(부수 연화발), 세로 종(부수 실사변), 한 일(부수 한일), 거문고 금(부수 구슬옥변), 한 일(부수 한일), 학 학(부수 새조), 한 일(부수 한일), 꽃 화(부수 초두머리), 한 일(부수 한일), 풀 훼(부수 열십)

嗜好雖淸

즐길 기(부수 입구), 좋을 호(부수 여자녀), 비록 수(부수 새추), 맑을 청(부수 삼수변)

魔障終在

마귀 마(부수 귀신신), 막을 장(부수 좌부변), 마칠 종(부수 실사변), 있을 재(부수 흙토)

語云 能休

말씀 어(부수 말씀언), 이를 운(부수 두이), 능할 능(부수 육달월), 쉴 휴(부수 사람인변)

塵境爲眞境

티끌 진(부수 흙토), 지경 경(부수 흙토), 할 위(부수 손톱조), 참 진(부수 눈목), 지경 경(부수 흙토)

未了 僧家是俗家 信夫

아닐 미(부수 나무목), 마칠 료(부수 갈고리궐), 중 승(부수 사람인변), 집 가(부수 갓머리), 이 시(부수 날일), 풍속 속(부수 사람인변), 집 가(부수 갓머리), 믿을 신(부수 사람인변), 지아비 부(부수 큰대)

(5) 조부훈회(祖父訓誨)

건전한 정신은 건전한 신체에 깃든다는 말이 있듯이 신체가 건강해야 마음도 건강하고 마음도 건강해야 신체도 건강하다. 마음이 울적할 때는 맛있는 음식으로 신체를 보하게 된다면 의외로 우울이 치료될 수 있다.

(6) 독자 이벤트

준비운독에 제시된 낱말을 새기며 한자도 익혀본다.

후집 제89장

아무리 술을 좋아해도 석 잔을 넘기지 마라.

(1) 준비운독(準備運讀)

제89장을 읽는 데는 다음과 같은 어휘를 먼저 익혀야 한다. 두실, 만려, 도손, 화동, 삼배, 소금. 이 어휘를 홍자성 원문에서 찾아보고 다음의 설명을 참고하면 언어의 지평이 넓어지리라 생각된다.

두실: 좁은 방.
만려: 모든 고뇌.
도손: 모두 떨쳐버리다.
화동: 단청으로 채색한 화려한 기둥.
삼배: 석 잔의 술.
소금: 장식을 하지 않은 거문고.

(2) 홍자성 원문

斗室中, 萬慮都捐, 說甚畵棟飛雲 珠簾捲雨.
三杯後, 一眞自得, 唯知素琴橫月 短笛吟風.
두실중, 만려도연, 설심화동비운 주렴권우.
삼배후, 일진자득, 유지소금횡월 단적음풍.

(3) 원문해석

곡식 한 말 정도 저장할 좁은 방의 초라한 집에서 살지라도 모든 시름 다 버리고 유유자적하면 채색한 들보에 구름이 날고 구슬발 걷어 올려 비가 내리는 것을 즐기는 부자도 부러울 것이 없으리라. 석 잔 술을 마신 후에 모든 진리를 깨닫는다면 거문고를 달 아래서 뜯고 피리를 불어 청풍에 실어 보내는 것으로도 족하다.

(4) 스스로 해석자료

斗室中
말 두(부수 말두), 집 실(부수 갓머리), 가운데 중(부수 뚫을곤)

萬慮都捐
일만 만(부수 초두머리), 생각할 려(부수 마음심), 도읍 도(부수 우부방), 버릴 연(부수 재방변)

說甚畵棟飛雲
말씀 설(부수 말씀언), 심할 심(부수 달감), 그림 화(부수 밭전), 마룻대 동(부수 나무목), 날 비(부수 날비), 구름 운(부수 비우)

珠簾捲雨
구슬 주(부수 구슬옥변), 발 렴(부수 대죽), 거둘 권(부수 재방변), 비 우(부수 비우)

三杯後
석 삼(부수 한일), 잔 배(부수 나무목), 뒤 후(부수 두인변)

一眞自得
한 일(부수 한일), 참 진(부수 눈목), 스스로 자(부수 스스로자), 얻을 득(부수 두인변)

唯知素琴橫月
오직 유(부수 입구), 알 지(부수 화살시), 본디 소(부수 실사), 거문고 금(부수 구슬옥변), 가로 횡(부수 나무목), 달 월(부수 육달월)

短笛吟風
짧을 단(부수 화살시), 피리 적(부수 대죽), 읊을 음(부수 입구), 바람 풍(부수 바람풍)

(5) 조부훈회(祖父訓誨)

제89장의 영역본을 소개해 본다.

In a small chamber, all my cares are gone; there is no need to speak of carved pillars and flying eaves, or of beaded curtains keeping out the rain. After three cups of wine I am one with nature, knowing only to pluck the zither under the moon or to play the flute in the breeze.

「Vegetable roots discourse」140쪽

작은 방 안에서 모든 근심이 사라져 새긴 기둥과 흩날리는 처마, 비를 막아주는 구슬로 만든 커튼에 대해 말할 필요가 없다. 세 잔의 술을 마신 후에 나는 자연과 하나가 되어 달 아래에서 피리를 연주하는 것만 알고 있다.

(6) 독자 이벤트

후집 제89장의 요점이 무엇인가 적어본다.

후집 제90장

가뭄에는 기우제를 지내고 장마에는 기청제를 지낸다.

(1) 준비운독(準備運讀)

제90장을 읽는 데는 다음과 같은 어휘를 먼저 익혀야 한다. 만뢰, 농성, 유취, 만훼, 최박, 탁수, 촉동, 성천, 고고, 기신, 촉발. 이 어휘를 홍자성 원문에서 찾아보고 다음의 설명을 참고하면 사고의 지평이 넓어지리라 생각된다.

만뢰: 삼라만상의 소리.
농성: 우짖는 소리.
유취: 그윽한 멋.
만훼: 모든 초목.
최박: 시들어서 지다.
탁수: 꽃이 피어오르다.
촉동: 사물에 부딪치어 움직이다.
성천: 사람의 본성.
고고: 마르고 시들다.
기신: 활동하는 정신.
촉발: 사물에 부딪치어 발동하다.

(2) 홍자성 원문

萬籟寂廖中, 忽聞一鳥弄聲, 便喚起許多幽趣.
萬卉摧剝後, 忽見一枝擢秀, 便觸動無限生機.
可見性天 未常枯槁 機神 最宜觸發.

만뢰적요중, 홀문일조농성, 편환기허다유취.
만훼최박후, 홀견일지탁수, 편촉동무한생기.
가견성천 미상고고 기신 최의촉발.

(3) 원문해석

삼라만상이 움직임도 없고 소리도 없는데 홀연히 한 마리의 새소리를 들으면 문득 그윽한 취미가 일어나고, 모든 초목이 시들어졌는데 한 가지 빼어난 꽃을 보면 무한한 삶의 욕구가 꿈틀한다. 이로써 사람의 본성은 석 달 가뭄 후에 내린 몇 방울의 비에 생기가 일어나고, 두 달 장마 끝에 한 줄기의 햇살에 활기를 되찾는다. 이러므로 사람의 마음은 시듦 속에서도 생기가 번뜩 일어나고, 침울함 속에서도 문득 욕구가 솟아난다.

(4) 스스로 해석자료

萬籟寂廖中
일만 만(부수 초두머리), 세 구멍 퉁소 뢰(부수 대죽), 고요할 적(부수 갓머리), 텅 빌 요(부수 엄호), 가운데 중(부수 뚫을곤)

忽聞一鳥弄聲
갑자기 홀(부수 마음심), 들을 문(부수 귀이), 한 일(부수 한일), 새 조(부수 새조), 희롱할 농(부수 스물입발), 소리 성(부수 귀이)

便喚起許多幽趣
편할 편(부수 사람인변), 부를 환(부수 입구), 일어날 기(부수 달릴주), 허락할 허(부수 말씀언), 많을 다(부수 저녁석), 그윽할 유(부수 작을요), 뜻 취(부수 달릴주)

萬卉摧剝後
일만 만(부수 초두머리), 풀 훼(부수 열십), 꺾을 최(부수 재방변), 벗길 박(부수 선칼도방), 뒤 후(부수 두인변)

忽見一枝擢秀
갑자기 홀(부수 마음심), 볼 견(부수 볼견), 한 일(부수 한일), 가지 지(부수 나무목), 뽑을 탁(부수 재방변), 빼어날 수(부수 벼화)

便觸動無限生機

편할 편(부수 사람인변), 닿을 촉(부수 뿔각), 움직일 동(부수 힘력), 없을 무(부수 연화발), 한할 한(부수 좌부변), 날 생(부수 날생), 틀 기(부수 나무목)

可見性天未常枯槁

옳을 가(부수 입구), 볼 견(부수 볼견), 성품 성(부수 심방변), 하늘 천(부수 큰대), 아닐 미(부수 나무목), 떳떳할 상(부수 수건건), 마를 고(부수 나무목), 마를 고(부수 나무목)

機神最宜觸發

틀 기(부수 나무목), 귀신 신(부수 보일시), 가장 최(부수 가로왈), 마땅 의(부수 갓머리), 닿을 촉(부수 뿔각), 필 발(부수 필발머리)

(5) 조부훈회(祖父訓誨)

하지가 지나도록 비가 오지 않아 모든 초목이 말라비틀어지는데 우리 사람만은 생기를 잃지 않고 기우제를 지내며 생기를 솟아나게 한다. 입추 후까지도 장마가 계속되어 모든 사물이 의기소침하고 있을 때 사람만은 기청제를 지내며 생기를 잃지 않는다.

(6) 독자 이벤트

준비운독에 제시된 낱말을 새기며 한자를 익혀본다.

후집 제91장

마음은 간섭하면 괴로워하고 내버려두면 외로워한다.

(1) 준비운독(準備運讀)

제91장을 읽는 데는 다음과 같은 어휘를 먼저 익혀야 한다. 백씨, 명연, 천조, 조씨, 응연, 적정, 창광, 고적, 파병, 자여. 이 어휘를 홍자성 원문에서 찾아보고 다음의 설명을 참고하면 사고의 지평이 넓어지리라 생각된다.

백씨: 당나라 중기의 시인인 백거이고 호는 낙천이다.
명연: 눈을 감다.
천조: 자연의 운행. 하늘의 뜻.
조씨: 송나라 시인 조보지. 호는 귀래자.
응연: 단정하고 점잖다. 함부로 움직이지 않다.
적정: 잡념을 떨쳐버리고 선정에 들어가는 것.
창광: 미치광이.
고적: 고목처럼 생기가 없다.
파병: 자루 곧 줏대.
자여: 자유자재.

(2) 홍자성 원문

白氏云, "不如放身心, 冥然任天造",
晁氏云, "不如收身心, 凝然歸寂定".
放者, 流爲猖狂. 收者, 入於枯寂.
唯善操身心的, 杷柄在手, 收放自如.

백씨운, "불여방신심, 명연임천조",
조씨운, "불여수신심, 응연귀적정".
방자, 유위창광. 수자, 입어고적.
유선조신심적, 파병재수, 수방자여.

(3) 원문해석

백거이가 말하기를 "몸과 마음을 내버려두고 눈을 감고, 자연이 되어가는 대로 맡김이 상책이다"라고 하였고, 조보지는 이르기를 "몸과 마음을 건드려 단정하고 점잖게 그리고 함부로 움직이지 않게 하는 것이 상책이다"라고 하였으니 내버려두면 마구 흘러 미치광이가 되고, 간섭하면 메마른 적막에 들어가 생기가 없어진다. 그러므로 오직 몸과 마음을 다루는 데도 그 줏대를 손에 잡아 건드리고 내버려둠을 자유자재로 해야 한다.

(4) 스스로 해석자료

白氏云
흰 백(부수 흰백), 성씨 씨(부수 각시씨), 이를 운(부수 두이)

不如放身心
아닐 불(부수 한일), 같을 여(부수 여자녀), 놓을 방(부수 등글월문), 몸 신(부수 몸신), 마음 심(부수 마음심)

冥然任天造
어두울 명(부수 민갓머리), 그럴 연(부수 연화발), 맡길 임(부수 사람인변), 하늘 천(부수 큰대), 지을 조(부수 책받침)

晁氏云
아침 조(부수 날일), 성씨 씨(부수 각시씨), 이를 운(부수 두이)

不如收身心
아닐 불(부수 한일), 같을 여(부수 여자녀), 거둘 수(부수 등글월문), 몸 신(부수 몸신), 마음 심(부수 마음심)

凝然歸寂定
엉길 응(부수 이수변), 그럴 연(부수 연화발), 돌아갈 귀(부수 그칠지), 고요할 적(부수 갓머리),

정할 정(부수 갓머리)

放者

놓을 방(부수 등글월문), 놈 자(부수 늙을로엄)

流爲猖狂 收者

흐를 유(부수 삼수변), 할 위(부수 손톱조), 미쳐 날뛸 창(부수 개사슴록변), 미칠 광(부수 개사슴록변), 거둘 수(부수 등글월문), 놈 자(부수 늙을로엄)

入於枯寂

들 입(부수 들입), 어조사 어(부수 모방), 마를 고(부수 나무목), 고요할 적(부수 갓머리)

唯善操身心的

오직 유(부수 입구), 착할 선(부수 입구), 잡을 조(부수 재방변), 몸 신(부수 몸신), 마음 심(부수 마음심), 과녁 적(부수 흰백)

杷柄在手

비파나무 파(부수 나무목), 자루 병(부수 나무목), 있을 재(부수 흙토), 손 수(부수 손수)

收放自如

거둘 수(부수 등글월문), 놓을 방(부수 등글월문), 스스로 자(부수 스스로자), 같을 여(부수 여자녀)

(5) 조부훈회(祖父訓誨)

"녹이 철을 먹듯이 걱정은 마음을 녹슬게 한다"라는 말이 있다. 소위 스트레스가 없어야 마음이 평안하다고 하는데, 스트레스가 하나도 없다면 오히려 마음은 우울증에 빠진다. 따라서 사람은 마음을 너무 자유자재해서도 안 되지만 그렇다고 너무 속박해서도 안 된다. 속박과 자유자재를 적절히 할 수 있다면 참으로 좋은 일인데 이것이 쉽지가 않다.

(6) 독자 이벤트

준비운독에 제시된 낱말들을 다시 새겨보자. 특히 명연, 응연의 단어를 한자로 확인해 보며 낱말의 깊은 뜻을 파악해 본다.

후집 제92장
눈사람을 만드노라면 추위가 오히려 기쁨이 된다.

(1) 준비운독(準備運讀)

제92장을 읽는 데는 다음과 같은 어휘를 먼저 익혀야 한다. 편이, 징철, 의계, 충융, 조화. 이 어휘를 홍자성 원문에서 찾아보고 다음의 설명을 참고하면 사고의 지평이 넓어지리라 생각된다.

편이: 문득.
징철: 맑고 막힘이 없다.
의계: 심경.
충융: 녹아서 부드러워진다.
조화: 자연.

(2) 홍자성 원문

當雪夜月天, 心境便爾澄徹.
遇春風和氣, 意界亦自冲融. 造化人心, 混合無間.
당설야월천, 심경편이징철.
우춘풍화기, 의계역자충융. 조화인심, 혼합무간.

(3) 원문해석

함박눈이 소복소복 내린 데다가 달이 휘영청 솟아오른 밤하늘을 매만지노라면 심경이 문득 밝아지고, 봄바람의 화창한 기운을 만나면 마음도 또한 절로 부드러워지나니 자연과 사람은 혼연히 융합되어 틈이 없다.

(4) 스스로 해석자료

當雪夜月天

마땅 당(부수 밭전), 눈 설(부수 비우), 밤 야(부수 저녁석), 달 월(부수 육달월), 하늘 천(부수 큰대)

心境便邇澄徹

마음 심(부수 마음심), 지경 경(부수 흙토), 편할 편(부수 사람인변), 가까울 이(부수 책받침), 맑을 징(부수 삼수변), 통할 철(부수 두인변)

遇春風和氣

만날 우(부수 책받침), 봄 춘(부수 날일), 바람 풍(부수 바람풍), 화할 화(부수 입구), 기운 기(부수 기운기엄)

意界亦自冲融

뜻 의(부수 마음심), 지경 계(부수 밭전), 또 역(부수 돼지해머리), 스스로 자(부수 스스로자), 화할 충(부수 이수변), 녹을 융(부수 벌레훼)

造化人心

지을 조(부수 책받침), 될 화(부수 비수비), 사람 인(부수 사람인), 마음 심(부수 마음심)

混合無間

섞을 혼(부수 삼수변), 합할 합(부수 입구), 없을 무(부수 연화발), 사이 간(부수 문문)

(5) 조부훈회(祖父訓誨)

후집 제92장의 영역본을 소개해 본다.

On snowy moonlit nights, one's mind becomes clear and transparent. Encountering the breezes of spring, one's thoughts become agreeable. The human mind transforms itself and seamlessly mixes with nature.

　　　　　　　　　　　　　　　『Vegetable roots discourse』 142쪽

눈이 내리는 달빛이 비치는 밤이면 사람의 마음은 맑고 투명해진다. 봄의 산들바람을 만나면서 생각이 싹트게 된다. 인간의 마음은 스스로를 변화시키고 자연과 원활하게 섞인다.

(6) 독자 이벤트

 창가에 앉아 시인 노천명의 「이름 없는 여인이 되어」 시를 읽으며 창밖의 세상을 마음 안으로 끌어들여 본다.

후집 제93장
서투름이 꿈틀하여 능란이 된다.

(1) 준비운독(準備運讀)

제93장을 읽는 데는 다음과 같은 어휘를 먼저 익혀야 한다. 문, 졸, 도원견폐, 하등, 순방, 한담지월, 고목지아, 쇠삽. 이 어휘를 홍자성 원문에서 찾아보고 다음의 설명을 참고하면 사고의 지평이 넓어지리라 생각된다.

문: 문장 글.
졸: 서투르다.
도원견폐: 복숭아밭에서 개가 짖는다.
하등: 어느만큼.
순방: 순박하고 꾸밈이 없다.
한담지월: 차가운 연못에 비친 달.
고목지아: 고목에 앉은 까마귀.
쇠삽: 쓸쓸하고 처량하다.

(2) 홍자성 원문

文以拙進, 道以拙成. 一拙字, 有無限意味.
如桃源犬吠 桑間鷄鳴, 何等淳龐.
至於寒潭之月 古木之鴉, 工巧中, 便覺有衰颯氣象矣.
문이졸진, 도이졸성. 일졸자, 유무한의미.
여도원견폐 상간계명, 하등순방.
지어한담지월 고목지아, 공교중, 편각유쇠삽기상의.

채근담 후집 **817**

(3) 원문해석

탁월한 문장은 서투름이 꿈틀하여 이루어지고 바른길은 어리석음을 매만져서 이루어진다. 하나의 졸자에 한없는 뜻이 있나니 복숭아밭에서 개가 짖고 뽕나무밭에서 닭이 운다는 표현은 참으로 순박하다. 그러나 차가운 못에 달이 비치고, 고목에 까마귀 운다는 표현은 능란함을 억지로 보이는 것 같아 오히려 모자람만 못한 느낌이 든다.

(4) 스스로 해석자료

文以拙進
글월 문(부수 글월문), 써 이(부수 사람인), 옹졸할 졸(부수 재방변), 나아갈 진(부수 책받침)

道以拙成
길 도(부수 책받침), 써 이(부수 사람인), 옹졸할 졸(부수 재방변), 이룰 성(부수 창과)

一拙字
한 일(부수 한일), 옹졸할 졸(부수 재방변), 글자 자(부수 아들자)

有無限意味
있을 유(부수 달월), 없을 무(부수 연화발), 한할 한(부수 좌부변), 뜻 의(부수 마음심), 맛 미(부수 입구)

如桃源犬吠
같을 여(부수 여자녀), 복숭아 도(부수 나무목), 근원 원(부수 삼수변), 개 견(부수 개견), 짖을 폐(부수 입구)

桑間鷄鳴
뽕나무 상(부수 나무목), 사이 간(부수 문문), 닭 계(부수 새조), 울 명(부수 새조)

何等淳龐
어찌 하(부수 사람인변), 무리 등(부수 대죽), 순박할 순(부수 삼수변), 어지러울 방(부수 용룡)

至於寒潭之月
이를 지(부수 이를지), 어조사 어(부수 모방), 찰 한(부수 갓머리), 못 담(부수 삼수변), 갈 지(부수 삐침별), 달 월(부수 육달월)

古木之鴉
옛 고(부수 입구), 나무 목(부수 나무목), 갈 지(부수 삐침별), 갈 까마귀 아(부수 새조)

工巧中

장인 공(부수 장인공), 공교할 교(부수 장인공), 가운데 중(부수 뚫을곤)

便覺有衰颯氣象矣

편할 편(부수 사람인변), 깨달을 각(부수 볼견), 있을 유(부수 달월), 쇠할 쇠(부수 옷의), 바람소리 삽(부수 바람풍), 기운 기(부수 기운기엄), 코끼리 상(부수 돼지시), 어조사 의(부수 화살시)

(5) 조부훈회(祖父訓誨)

시나 수필, 편지들을 쓸 때 첫 문장이 떠오르지 않아 펜을 들었다 놓았다 하는 수가 있다. 그 이유는 적절한 단어, 아름다운 단어에 얽매이기 때문에 좀처럼 글이 나오지 않는 것이다. 맨 처음에 떠오르는 글자를 먼저 써보고 꾸미려고 하지 말고 그냥 보이는 대로, 느끼는 대로 적어간다. 써놓고 보니 매우 서투르고 모자라는 것 같은 느낌이 들 때 지워버리는데, 지우지 말고 그냥 놓아두었다가 한참 뒤에 읽으면 표현이 잘됐다고 생각되는 수가 있다. 일단 글을 지을 때는 꾸미려고만 하지 말고 있는 그대로 표현하는 중에 완숙에 이르게 된다.

(6) 독자 이벤트

집 주위에서 일어난 일을 근거로 하여 시나 수필을 써본다.

후집 제94장
얻었다 해서 너무 기뻐하지 말고
잃었다 해서 너무 근심하지 말라.

(1) 준비운독(準備運讀)

제94장을 읽는 데는 다음과 같은 어휘를 먼저 익혀야 한다. 이아전물, 대지진속소요, 이물투아, 전박. 이 어휘를 홍자성 원문에서 찾아보고 다음의 설명을 참고하면 사고의 지평이 넓어지리라 생각된다.

이아전물: 자기가 사물을 지배한다.
대지진속소요: 대지를 온통 소요 자적 하는 동산으로 삼다.
이물투아: 외물의 노예가 되어 자신이 사역당하다.
전박: 얽매이다.

(2) 홍자성 원문

以我轉物者, 得固不喜, 失亦不憂, 大地盡屬逍遙.
以物役我者, 逆固生憎, 順亦生愛, 一毛便生纏縛
이아전물자, 득고불희, 실역불우, 대지진속소요.
이물역아자, 역고생증, 순역생애, 일모편생전박.

(3) 원문해석

자신이 외물을 지배하게 되면 얻었다 하더라도 기뻐하지 않고 잃었다 하더라도 또한 근심하지 않으니, 이는 대지가 모두 자기가 노는 동산이 되는 것과 같기 때문이다. 외물에 지배당하면 역경을 미워하고 순경 또한 아끼나니 털끝만 한 일도 문득 자신을 얽매이게 하기 때문이다.

(4) 스스로 해석자료

以我轉物者

써 이(부수 사람인), 나 아(부수 창과), 구를 전(부수 수레거), 물건 물(부수 소우), 놈 자(부수 늙을로엄)

得固不喜

얻을 득(부수 두인변), 굳을 고(부수 큰입구몸), 아닐 불(부수 한일), 기쁠 희(부수 입구)

失亦不憂

잃을 실(부수 큰대), 또 역(부수 돼지해머리), 아닐 불(부수 한일), 근심 우(부수 마음심)

大地盡屬逍遙

큰 대(부수 큰대), 땅 지(부수 흙토), 다할 진(부수 그릇명), 무리 속(부수 주검시엄), 노닐 소(부수 책받침), 멀 요(부수 책받침)

以物役我者

써 이(부수 사람인), 물건 물(부수 소우), 부릴 역(부수 두인변), 나 아(부수 창과), 놈 자(부수 늙을로엄)

逆固生憎

거스를 역(부수 책받침), 굳을 고(부수 큰입구몸), 날 생(부수 날생), 미울 증(부수 심방변)

順亦生愛

순할 순(부수 머리혈), 또 역(부수 돼지해머리), 날 생(부수 날생), 사랑 애(부수 마음심)

一毛便生纏縛

한 일(부수 한일), 터럭 모(부수 터럭모), 편할 편(부수 사람인변), 날 생(부수 날생), 얽을 전(부수 실사변), 얽을 박(부수 실사변)

(5) 조부훈회(祖父訓誨)

후집 제94장의 영역본을 소개해 본다.

When it is I who change things in the world, I do not take delight in successes or worry about failures. Everything is light and easy. When outside things become my masters, I get resentful if they are against me but take delight when they are with me. On this path, even a single hair can be nettlesome.

「Vegetable roots discourse」 143쪽

세상을 바꾸는 사람이 바로 나일 때 성공을 기뻐하거나 실패를 걱정하지 않는다. 모든 것이 가볍고 쉬워 밖에 있는 것이 주인이 될 때 반대하면 원망하지만 함께 있으면 기뻐한다. 이 길에서는 머리카락 하나도 엉터리가 될 수 있다.

(6) 독자 이벤트

준비운독에 제시된 낱말들을 새기며 한자도 익혀본다.

후집 제95장

도리에 어긋난 일은 이루어졌다 해도 결국은 헛것이 되고 만다.

(1) 준비운독(準備運讀)

제95장을 읽는 데는 다음과 같은 어휘를 먼저 익혀야 한다. 이, 사, 유사집리, 전, 예. 이 어휘를 홍자성 원문에서 찾아보고 다음의 설명을 참고하면 사고의 지평이 넓어지리라 생각된다.

이: 만물의 도리.
사: 우주 사이의 사물 현상.
유사집리: 사물을 버리고 도리에만 집착하다.
전: 누린내 나는 고깃덩어리.
예: 모기와 쇠파리.

(2) 홍자성 원문

理寂則事寂. 遺事執理者, 似去影留形.
心空則境空. 去境存心者, 如聚羶却蚋.
이적즉사적. 유사집리자, 사거영류형.
심공즉경공. 거경존심자, 여취전각예.

(3) 원문해석

도리가 움직이지도 아니하고 소리도 없으면 사물도 반응하지 않게 된다. 일을 버리고 도리만 잡으려는 것은 마치 그림자는 버리고 형체만 머물게 하려 함과 같다. 마음이 비면 환경도 비는 법인데 환경은 버리고 마음만 지니려는 것은 마치 누린내 나는 고깃덩어리를 모아놓고 쇠파리를 쫓으려는 것과 같다.

(4) 스스로 해석자료

理寂則事寂
다스릴 이(부수 구슬옥변), 고요할 적(부수 갓머리), 곧 즉(부수 선칼도방), 일 사(부수 갈고리궐), 고요할 적(부수 갓머리)

遺事執理者
남길 유(부수 책받침), 일 사(부수 갈고리궐), 잡을 집(부수 흙토), 다스릴 리(부수 구슬옥변), 놈 자(부수 늙을로엄)

似去影留形
닮을 사(부수 사람인변), 갈 거(부수 마늘모), 그림자 영(부수 터럭삼), 머무를 류(부수 밭전), 모양 형(부수 터럭삼)

心空則境空
마음 심(부수 마음심), 빌 공(부수 구멍혈), 곧 즉(부수 선칼도방), 지경 경(부수 흙토), 빌 공(부수 구멍혈)

去境存心者
갈 거(부수 마늘모), 지경 경(부수 흙토), 있을 존(부수 아들자), 마음 심(부수 마음심), 놈 자(부수 늙을로엄)

如聚羶却蚋
같을 여(부수 여자녀), 모을 취(부수 귀이), 누린내 전(부수 양양), 물리칠 각(부수 병부절), 파리매 예(부수 벌레훼)

(5) 조부훈회(祖父訓誨)

무슨 일을 할 때 도의나 이치에 어긋나지 않는가를 먼저 살펴보아야 한다. 이런 것을 생각하지 않고 무턱대고 일을 하게 되면 중간쯤에 이르러 일을 놓고 싶은 생각이 드는데 그때는 이미 때가 늦은 것이다. 시작이 반이라는 말이 있는데 시작이 충실하면 일의 진행이 잘된다는 의미이다. 욕심이 앞서면 도의나 이치를 생각하지 않고 일을 진행하다가 그르치게 되는 경우가 허다하다.

(6) 독자 이벤트

후집 제95장의 주제가 무엇인가 알아본다.

후집 제96장

격식과 예의만 따지면
서투름이 들어갈 자리가 없다.

(1) 준비운독(準備運讀)

제96장을 읽는 데는 다음과 같은 어휘를 먼저 익혀야 한다. 유인, 청사, 기, 회, 진솔, 탄이, 견문, 이적. 이 어휘를 홍자성 원문에서 찾아보고 다음의 설명을 참고하면 사고의 지평이 넓어지리라 생각된다.

유인: 속된 세상을 벗어나 은둔하는 사람.
청사: 맑은 흥취.
기: 바둑.
회: 만나다.
진솔: 꾸밈이 없는 솔직함.
탄이: 마음 편하다.
견문: 치레에 이끌리다.
이적: 형식에 얽매이다.

(2) 홍자성 원문

幽人淸事, 總在自適. 故酒以不勸爲歡, 棋以不爭爲勝,
笛以無腔爲適, 琴以無絃爲高,
會以不期約爲眞率, 客以不迎送爲坦夷.
若一牽文泥跡, 便落塵世苦海矣.
유인청사, 총재자적. 고주이불권위환, 기이부쟁위승,
적이무강위적, 금이무현위고,

회이불기약위진솔, 객이불영송위탄이.

약일견문이적, 편락진세고해의.

(3) 원문해석

속된 세상을 멀리하고 사는 유인의 취미는 꾸밈과 격식을 따지지 않는 유유자적하는 데 있다. 그러므로 술을 권하지 않는 것으로 즐거움을 삼고, 바둑은 승패를 다투지 않는 것으로 참승부를 삼고, 피리는 구멍이 없는 것으로 적당하다 하고, 거문고는 줄이 없는 것으로 고상하다 하며, 만나는 것은 기약하지 않는 것으로 참되다 하고, 친구는 마중과 배웅이 없는 것으로 스스럼이 없다 하나니 만약 한번 예절에 끌리고 형식에 잡히면 곧 속세의 고해에 빠질 것이다.

(4) 스스로 해석자료

幽人淸事

그윽할 유(부수 작을요), 사람 인(부수 사람인), 맑을 청(부수 삼수변), 일 사(부수 갈고리궐)

總在自適

다 총(부수 실사), 있을 재(부수 흙토), 스스로 자(부수 스스로자), 맞을 적(부수 책받침)

故酒以不勸爲歡

연고 고(부수 등글월문), 술 주(부수 닭유), 써 이(부수 사람인), 아닐 불(부수 한일), 권할 권(부수 힘력), 할 위(부수 손톱조), 기쁠 환(부수 하품흠)

棋以不爭爲勝

바둑 기(부수 나무목), 써 이(부수 사람인), 아닐 부(부수 한일), 다툴 쟁(부수 손톱조), 할 위(부수 손톱조), 이길 승(부수 힘력)

笛以無腔爲適

피리 적(부수 대죽), 써 이(부수 사람인), 없을 무(부수 연화발), 속 빌 강(부수 육달월), 할 위(부수 손톱조), 맞을 적(부수 책받침)

琴以無絃爲高

거문고 금(부수 구슬옥변), 써 이(부수 사람인), 없을 무(부수 연화발), 줄 현(부수 실사변), 할 위(부수 손톱조), 높을 고(부수 높을고)

會以不期約爲眞率

모일 회(부수 가로왈), 써 이(부수 사람인), 아닐 불(부수 한일), 기약할 기(부수 육달월), 맺을 약(부수 실사변), 할 위(부수 손톱조), 참 진(부수 눈목), 거느릴 솔(부수 검을현)

客以不迎送爲坦夷

손 객(부수 갓머리), 써 이(부수 사람인), 아닐 불(부수 한일), 맞을 영(부수 책받침), 보낼 송(부수 책받침), 할 위(부수 손톱조), 평탄할 탄(부수 흙토), 오랑캐 이(부수 큰대)

若一牽文泥跡

같을 약(부수 초두머리), 한 일(부수 한일), 이끌 견(부수 소우), 글월 문(부수 글월문), 진흙 이(부수 삼수변), 발자취 적(부수 발족변)

便落塵世苦海矣

편할 편(부수 사람인변), 떨어질 락(부수 초두머리), 띠끌 진(부수 흙토), 인간 세(부수 한일), 쓸 고(부수 초두머리), 바다 해(부수 삼수변), 어조사 의(부수 화살시)

(5) 조부훈회(祖父訓誨)

후집 제96장을 언뜻 읽으면 대인관계에서 격식과 예의가 별로 중요하지 않은 구태습으로 치부할 수 있는 함정에 빠질 수 있다. 손님이 오고 갈 때 마중이나 배웅을 챙기는 것은 소홀히 할 수 없는 덕목이다. 손님을 배웅할 때 첫날은 동구 밖까지, 둘째 날은 대문 밖까지, 셋째 날은 방문에서 그리고 매일 드나든다면 "잘 가" 정도로 해도 섭섭하지 않을 것이다. 이 정도로 사연이 깊어진다면 격식이나 예의의 굴레에서 벗어날 수 있으리라.

(6) 독자 이벤트

유안진의 명수필 『지란지교를 꿈꾸며』를 몇 번이고 읽어본다.

후집 제97장
태어나기 전의 나, 현재의 나, 죽은 후의 나, 모두가 나이다.

(1) 준비운독(準備運讀)

제97장을 읽는 데는 다음과 같은 어휘를 먼저 익혀야 한다. 상모, 경색, 회랭, 일성, 적연, 물외, 상선. 이 어휘를 홍자성 원문에서 찾아보고 다음의 설명을 참고하면 사고의 지평이 넓어지리라 생각된다.

상모: 형상과 모습.
경색: 경치, 여기서는 모습이란 뜻이다.
회랭: 불이 꺼져서 싸늘하게 식은 재.
일성: 본성.
적연: 고요한 모습.
물외: 만물 밖의 사물.
상선: 천지만물이 생겨나기 이전의 상태.

(2) 홍자성 원문

試思未生之前, 有何象貌, 又思旣死之後, 作何景色,
則萬念灰冷, 一性寂然, 自可超物外遊象先.
시사미생지전, 유하상모, 우사기사지후, 작하경색,
즉만념회랭, 일성적연, 자가초물외유상선.

(3) 원문해석

내가 태어나기 전에 어떤 모습이었을지를 생각해 보고 또 죽은 후에 무엇이 될 것인지를 생각

한다면 곧 일만 가지 생각이 다 사라져서 꺼진 난로와 같아지고 본성만이 적연히 남아 스스로 만물 밖에 초월하여 상선에서 놀게 될 것이다.

(4) 스스로 해석자료

試思未生之前

시험 시(부수 말씀언), 생각 사(부수 마음심), 아닐 미(부수 나무목), 날 생(부수 날생), 갈 지(부수 삐침별), 앞 전(부수 선칼도방)

有何象貌

있을 유(부수 달월), 어찌 하(부수 사람인변), 코끼리 상(부수 돼지시), 모양 모(부수 갖은돼지시)

又思旣死之後

또 우(부수 또우), 생각 사(부수 마음심), 이미 기(부수 이미기방), 죽을 사(부수 죽을사변), 갈 지(부수 삐침별), 뒤 후(부수 두인변)

作何景色

지을 작(부수 사람인변), 어찌 하(부수 사람인변), 볕 경(부수 날일), 빛 색(부수 빛색)

則萬念灰冷

곧 즉(부수 선칼도방), 일만 만(부수 초두머리), 생각 념(부수 마음심), 재 회(부수 불화), 찰 랭(부수 이수변)

一性寂然

한 일(부수 한일), 성품 성(부수 심방변), 고요할 적(부수 갓머리), 그럴 연(부수 연화발)

自可超物外遊象先

스스로 자(부수 스스로자), 옳을 가(부수 입구), 뛰어넘을 초(부수 달릴주), 물건 물(부수 소우), 바깥 외(부수 저녁석), 놀 유(부수 책받침), 코끼리 상(부수 돼지시), 먼저 선(부수 어진사람인발)

(5) 조부훈회(祖父訓誨)

내가 태어나기 전에 어디 있었던가? 현재는 지구에 있지만 백 년 전, 천 년 전에는 별나라에 있었던가! 내가 죽은 후에 어디로 갈 것인가! 이런 것을 생각하면 때로는 삶에 허무함이 느껴지기도 한다. 태어나기 전의 모습, 죽은 후의 모습, 이런 것에 너무 깊이 빠지지 말고 부모님이 주신 생명을 존귀하게 생각하며 살아가는 것이 삶의 본분이 아니겠는가!

(6) 독자 이벤트

홍자성 원문과 스스로 해석자료를 이용하여 제97장을 해석해 본다.

후집 제98장

혈압, 안압 등을 매월 체크하며 미래 건강을 살피자.

(1) 준비운독(準備運讀)

제98장을 읽는 데는 다음과 같은 어휘를 먼저 익혀야 한다. 강, 란, 평, 조지, 행, 인. 이 어휘를 홍자성 원문에서 찾아보고 다음의 설명을 참고하면 사고의 지평이 넓어지리라 생각된다.

강: 건강.
란: 난세.
평: 평화.
조지: 선견지명.
행: 바라다.
인: 원인.

(2) 홍자성 원문

遇病而後思强之爲寶, 處亂而後思平之爲福, 非蚤智也.
倖福而先知其爲禍之本, 貪生而先知其爲死之因, 其卓見乎!
우병이후사강지위보, 처란이후사평지위복, 비조지야.
행복이선지기위화지본, 탐생이선지기위사지인, 기탁견호!

(3) 원문해석

병으로 고생하고서야 건강이 보배인 줄 알고, 환난을 당하여 고생을 하고서야 평화가 복된 줄을 아는 것은 일찍 아는 것이 아니다. 복을 바라는 것이 재앙의 씨앗이 됨을 알고 살기를 탐내는 것이 죽음의 원인임을 아는 것이 바로 선견지명이다.

(4) 스스로 해석자료

遇病而後思强之爲寶

만날 우(부수 책받침), 병 병(부수 병질엄), 말 이을 이(부수 말이을이), 뒤 후(부수 두인변), 생각 사(부수 마음심), 강할 강(부수 활궁), 갈 지(부수 삐침별), 할 위(부수 손톱조), 보배 보(부수 갓머리)

處亂而後思平之爲福

곳 처(부수 범호엄), 어지러울 란(부수 새을), 말 이을 이(부수 말이을이), 뒤 후(부수 두인변), 생각 사(부수 마음심), 평평할 평(부수 방패간), 갈 지(부수 삐침별), 할 위(부수 손톱조), 복 복(부수 보일시)

非蚤智也

아닐 비(부수 아닐비), 벼룩 조(부수 벌레훼), 슬기 지(부수 날일), 어조사 야(부수 새을)

倖福而先知其爲禍之本

요행 행(부수 사람인변), 복 복(부수 보일시), 말 이을 이(부수 말이을이), 먼저 선(부수 어진사람인발), 알 지(부수 화살시), 그 기(부수 여덟팔), 할 위(부수 손톱조), 재앙 화(부수 보일시), 갈 지(부수 삐침별), 근본 본(부수 나무목)

貪生而先知其爲死之因

탐낼 탐(부수 조개패), 날 생(부수 날생), 말 이을 이(부수 말이을이), 먼저 선(부수 어진사람인발), 알 지(부수 화살시), 그 기(부수 여덟팔), 할 위(부수 손톱조), 죽을 사(부수 죽을사변), 갈 지(부수 삐침별), 인할 인(부수 큰입구몸)

其卓見乎

그 기(부수 여덟팔), 높을 탁(부수 열십), 볼 견(부수 볼견), 어조사 호(부수 삐침별)

(5) 조부훈회(祖父訓誨)

제98장의 영역본을 소개해 본다.

It is not foresight to value health when you become ill or to appreciate the blessings of peace when you encounter turmoil. To be fortunate and perceive that fortune is the root of calamity, and to enjoy life and perceive that life is the cause of death—is this not an excellent way of viewing things!

『Vegetable roots discourse』 145쪽

병이 들었을 때 건강을 중시하여 혼란을 만났을 때 평화의 축복을 감사하는 것은 선견지명이 아니다. 운이 좋아서 복이 재앙의 근원임을 인식하고 삶을 즐기고 삶이 죽음의 원인임을 인식하는 것은 사물을 보는 훌륭한 방법이 아니다.

(6) 독자 이벤트

가까운 병원에 찾아가 혈액검사, 소변검사, 대변검사를 받아본다.

후집 제99장
고운 것도 거짓되고 아름다운 것도 헛되나 정직한 마음은 영원하다.

(1) 준비운독(準備運讀)

제99장을 읽는 데는 다음과 같은 어휘를 먼저 익혀야 한다. 우인, 조주, 연추, 호단, 아, 가잔, 장파, 혁자, 착자, 자수, 안. 이 어휘를 홍자성 원문에서 찾아보고 다음의 설명을 참고하면 사고의 지평이 넓어지리라 생각된다.

우인: 배우나 가수.
조주: 연지를 찍다.
연추: 아름다움과 추함.
호단: 붓 끝.
아: 이윽고.
가잔: 노래가 끝나다.
장파: 막이 내리다.
혁자: 바둑기사.
착자: 바둑돌.
자수: 바둑돌을 거두다.
안: 어찌.

(2) 홍자성 원문

優人傳粉調, 效姸醜於豪端, 俄而歌殘場罷, 姸醜何存.
奕者爭先競後, 較雌雄於著子, 俄而局盡子收, 雌雄安在.
우인전분조, 효연추어호단, 아이가잔장파, 연추하존.

혁자쟁선경후, 교자웅어착자, 아이국진자수, 자웅안재.

(3) 원문해석

배우는 관중에게 자기를 돋보이게 하기 위해 입술에 립스틱을 바르고 볼에 연지를 찍어 곱게 꾸미지만, 이윽고 연극이 끝나고 막이 내리면 곱고 미움이 어디 있겠는가. 바둑 두는 기사는 앞뒤를 다투며 바둑돌로 승패를 겨루지만 판이 끝나고 돌을 거두면 이기고 지는 것이 어디 있는가.

(4) 스스로 해석자료

優人傳粉調
넉넉할 우(부수 사람인변), 사람 인(부수 사람인), 전할 전(부수 사람인변), 가루 분(부수 쌀미), 고를 조(부수 말씀언)

效姸醜於豪端
본받을 효(부수 등글월문), 고울 연(부수 여자녀), 추할 추(부수 닭유), 어조사 어(부수 모방), 호걸 호(부수 돼지시), 끝 단(부수 설립)

俄而歌殘場罷
아까 아(부수 사람인변), 말 이을 이(부수 말이을이), 노래 가(부수 하품흠), 잔인할 잔(부수 죽을사변), 마당 장(부수 흙토), 마칠 파(부수 그물망머리)

姸醜何存
고울 연(부수 여자녀), 추할 추(부수 닭유), 어찌 하(부수 사람인변), 있을 존(부수 아들자)

奕者爭先競後
클 혁(부수 큰대), 놈 자(부수 늙을로엄), 다툴 쟁(부수 손톱조), 먼저 선(부수 어진사람인발), 다툴 경(부수 설립), 뒤 후(부수 두인변)

較雌雄於著子
견줄 교(부수 수레거), 암컷 자(부수 새추), 수컷 웅(부수 새추), 어조사 어(부수 모방), 붙을 착(부수 초두머리), 아들 자(부수 아들자)

俄而局盡子收
아까 아(부수 사람인변), 말 이을 이(부수 말이을이), 판 국(부수 주검시엄), 다할 진(부수 그릇명), 아들 자(부수 아들자), 거둘 수(부수 등글월문)

雌雄安在
암컷 자(부수 새추), 수컷 웅(부수 새추), 편안 안(부수 갓머리), 있을 재(부수 흙토)

(5) 조부훈회(祖父訓誨)

30대에 성형수술을 하면 60대까지는 별 불편 없이 살 수 있다고 한다. 그런데 70대쯤 되면 성형수술 흔적을 들켜 얼굴이 추하게 되어 70대에 또 성형수술을 한다고 한다. 얼굴을 기계로 심하게 만지면 이런 부작용이 발생한다. 또한 비만을 막기 위해서 위 절제 수술을 한다고 하는데 식욕을 억제하기 위해서 물리적 힘을 빌린다니 참으로 안타까운 일이다.

(6) 독자 이벤트

현재 사용하는 화장품이 몇 가지 정도인지 체크해 보자.

후집 제100장
바쁜 중에도 틈을 내어 꽃과 나무를 즐길 수 있어야 한다.

(1) 준비운독(準備運讀)

제100장을 읽는 데는 다음과 같은 어휘를 먼저 익혀야 한다. 풍화, 소쇄, 공청, 정자, 소장, 조기권. 이 어휘를 홍자성 원문에서 찾아보고 다음의 설명을 참고하면 사고의 지평이 넓어지리라 생각된다.

풍화: 바람과 꽃.
소쇄: 맑고 깨끗하다.
공청: 깨끗하고 맑다.
정자: 고요함을 즐기는 사람.
소장: 성하고 쇠함.
조기권: 소유권을 갖다. 마음대로 누리다.

(2) 홍자성 원문

風花之瀟灑 雪月之空淸, 唯靜者爲之主.
水木之榮枯 竹石之消長, 獨閑者操其權.
풍화지소쇄 설월지공청, 유정자위지주.
수목지영고 죽석지소장, 독한자조기권.

(3) 원문해석

움직임도 없고 소리도 들리지 않는 그윽함 속에서 자연을 즐기고 시를 생각하는 사람은 바람과 꽃의 산뜻함과 하얀 눈과 티 없는 맑은 달을 온통 자기 것으로 만든다. 물과 나무의 무성함과 앙상함, 대나무와 돌의 자라나고 사라짐은 홀로 한가한 사람만이 그 주인이 될 수 있다.

(4) 스스로 해석자료

風花之瀟灑

바람 풍(부수 바람풍), 꽃 화(부수 초두머리), 갈 지(부수 삐침별), 맑고 깊을 소(부수 삼수변), 뿌릴 쇄(부수 삼수변)

雪月之空淸

눈 설(부수 비우), 달 월(부수 육달월), 갈 지(부수 삐침별), 빌 공(부수 구멍혈), 맑을 청(부수 삼수변)

唯靜者爲之主

오직 유(부수 입구), 고요할 정(부수 푸를청), 놈 자(부수 늙을로엄), 할 위(부수 손톱조), 갈 지(부수 삐침별), 임금 주(부수 점주)

水木之榮枯

물 수(부수 물수), 나무 목(부수 나무목), 갈 지(부수 삐침별), 영화 영(부수 나무목), 마를 고(부수 나무목)

竹石之消長

대 죽(부수 대죽), 돌 석(부수 돌석), 갈 지(부수 삐침별), 사라질 소(부수 물수), 길 장(부수 길장)

獨閑者操其權

홀로 독(부수 개사슴록변), 한가할 한(부수 문문), 놈 자(부수 늙을로엄), 잡을 조(부수 재방변), 그 기(부수 여덟팔), 저울추 권(부수 나무목)

(5) 조부훈회(祖父訓誨)

아침에 출근하고 저녁에 퇴근하면서 자동차만 이용하지 말고 가끔 걸으면서 산천초목을 만나면 마음의 응어리를 제거하는 데 큰 도움이 된다.

(6) 독자 이벤트

준비운독에 제시된 낱말을 새기며 한자를 익혀본다.

후집 제101장
옷매무새나 먹는 음식으로
그 사람을 판단하지 말라.

(1) 준비운독(準備運讀)

　제101장을 읽는 데는 다음과 같은 어휘를 먼저 익혀야 한다. 전부, 야수, 백주, 정식, 온포, 단갈, 유연, 곤복, 천전, 제일개. 이 어휘를 홍자성 원문에서 찾아보고 다음의 설명을 참고하면 사고의 지평이 넓어지리라 생각된다.

　전부: 시골 사람.
　야수: 시골 노인.
　백주: 막걸리.
　정식: 고급 요리.
　온포: 무명 두루마기.
　단갈: 베잠방이.
　유연: 마음이 흐뭇하다.
　곤복: 고관의 예복.
　천전: 천성이 완전하다.
　제일개: 제일가는 것.

(2) 홍자성 원문

田夫野叟, 語以黃鷄白酒, 則欣然喜. 問以鼎食, 則不知.
語以縕袍短褐, 則油然樂. 問以袞服, 則不識.
其天全, 故其欲淡. 此是人生第一個境界.
전부야수, 어이황계백주, 즉흔연희. 문이정식, 즉부지.

어이온포단갈, 즉유연락. 문이곤복, 즉불식.

기천전, 고기욕담. 차시인생제일개경계.

(3) 원문해석

시골에서 태어나고 시골에서 살아온 노인은 닭이나 막걸리를 이야기하면 온몸이 달아오른 듯 기뻐하나 고급 요리를 말하면 아무 반응이 없이 심드렁한다. 무명 두루마기와 베잠방이 이야기를 하면 슬며시 반가워하나 고급 예복을 이야기하면 말하는 사람의 옷매무새만 쳐다볼 뿐 도무지 반응이 없다. 이는 그 천성이 물들지 않음이라. 그러므로 그 욕망이 담백함이니 이것이 인생의 제일가는 경계이다.

(4) 스스로 해석자료

田夫野叟

밭 전(부수 밭전), 지아비 부(부수 큰대), 들 야(부수 마을리), 늙은이 수(부수 또우)

語以黃鷄白酒

말씀 어(부수 말씀언), 써 이(부수 사람인), 누를 황(부수 누를황), 닭 계(부수 새조), 흰 백(부수 흰백), 술 주(부수 닭유)

則欣然

곧 즉(부수 선칼도방), 기쁠 흔(부수 하품흠), 그럴 연(부수 연화발), 기쁠 희(부수 입구)

問以鼎食

물을 문(부수 입구), 써 이(부수 사람인), 솥 정(부수 솥정), 밥 식(부수 밥식)

則不知喜

곧 즉(부수 선칼도방), 아닐 부(부수 한일), 알 지(부수 화살시)

語以縕袍短褐

말씀 어(부수 말씀언), 써 이(부수 사람인), 헌솜 온(부수 실사변), 도포 포(부수 옷의변), 짧을 단(부수 화살시), 갈색 갈(부수 옷의변)

則油然樂

곧 즉(부수 선칼도방), 기름 유(부수 삼수변), 그럴 연(부수 연화발), 즐길 락(부수 나무목)

問以袞服

물을 문(부수 입구), 써 이(부수 사람인), 곤룡포 곤(부수 옷의), 옷 복(부수 육달월)

則不識

곧 즉(부수 선칼도방), 아닐 불(부수 한일), 알 식(부수 말씀언)

其天全

그 기(부수 여덟팔), 하늘 천(부수 큰대), 온전할 전(부수 들입)

故其欲淡

연고 고(부수 등글월문), 그 기(부수 여덟팔), 하고자 할 욕(부수 하품흠), 맑을 담(부수 삼수변)

此是人生第一個境界

이 차(부수 그칠지), 이 시(부수 날일), 사람 인(부수 사람인), 날 생(부수 날생), 차례 제(부수 대죽), 한 일(부수 한일), 낱 개(부수 사람인변), 지경 경(부수 흙토), 지경 계(부수 밭전)

(5) 조부훈회(祖父訓誨)

제101장의 영역본을 소개해 본다.

Offer rustic elders fat chicken and plain wine, and they beam with happiness. Tell them about sumptuous feasts, and they show no comprehension. Offer such people short jackets and hand-me-downs, and they grin with pleasure. Ask them whether they want embroidered robes, and they seem befuddled. Their nature is full; therefore their desires are minimal. This is how life ought to be.

『Vegetable roots discourse』 146쪽

촌스러운 어른들에게 기름진 닭고기와 포도주를 대접하면 그들은 행복해 보인다. 그들에게 호화로운 잔치에 대해 이야기하면 그들은 이해력을 보이지 않는다. 그런 사람들에게 짧은 재킷과 하의를 건네주면 그들은 기뻐서 미소를 짓는다. 그들에게 수놓은 예복을 원하는지 물어보면 그들은 어리둥절할 것이다. 그들의 본성은 충만하므로 그들의 욕망은 작다. 인생은 이런 것이어야 한다.

(6) 독자 이벤트

준비운독에 제시된 낱말과 한자를 익혀본다.

후집 제102장

마음이 꿈틀하지 아니하면 보이는 것이 하나도 없다.

(1) 준비운독(準備運讀)

제102장을 읽는 데는 다음과 같은 어휘를 먼저 익혀야 한다. 기심, 석씨, 관심, 물본일물, 장생, 제물. 이 어휘를 스스로 익히고 난 후 다음의 설명을 참고하면 사고의 지평이 넓어지리라 생각된다.

기심: 마음이 꿈틀하다.
석씨: 석가.
관심: 마음을 들여다보다.
물본일물: 만물은 일체이다.
장생: 장자.
제물: 만물을 고르게 하다.

(2) 홍자성 원문

心無其心, 何有於觀 釋氏曰 "觀心"者, 重增其障.
物本一物, 何待於齊 莊生曰 "齊物"者, 自剖其同.
심무기심, 하유어관 석씨왈 "관심"자, 중증기장.
물본일물, 하대어제 장생왈 "제물"자, 자부기동.

(3) 원문해석

마음이 꿈틀하지 아니하여 상상력이 발현되지 않으면 어찌 그 마음을 볼 수 있겠는가. 석가가 말하기를 "마음을 본다"라 함은 거듭하여 그 장애를 더할 뿐이다. 만물은 본래 하나이니 어찌 고르게 할 필요가 있겠는가. 장자가 말하는 "만물을 고르게 한다"라 함은 스스로 같은 것을 갈라놓을 뿐이다.

(4) 스스로 해석자료

心無其心
마음 심(부수 마음심), 없을 무(부수 연화발), 그 기(부수 여덟팔), 마음 심(부수 마음심)

何有於觀
어찌 하(부수 사람인변), 있을 유(부수 달월), 어조사 어(부수 모방), 볼 관(부수 볼견)

釋氏曰 觀心者
풀 석(부수 분별할변), 성씨 씨(부수 각시씨), 가로 왈(부수 가로왈), 볼 관(부수 볼견), 마음 심(부수 마음심), 놈 자(부수 늙을로엄)

重增其障
무거울 중(부수 마을리), 더할 증(부수 흙토), 그 기(부수 여덟팔), 막을 장(부수 좌부변)

物本一物
물건 물(부수 소우), 근본 본(부수 나무목), 한 일(부수 한일), 물건 물(부수 소우)

何待於齊
어찌 하(부수 사람인변), 기다릴 대(부수 두인변), 어조사 어(부수 모방), 가지런할 제(부수 가지런할제)

莊生曰 齊物者
엄할 장(부수 초두머리), 날 생(부수 날생), 가로 왈(부수 가로왈), 가지런할 제(부수 가지런할제), 물건 물(부수 소우), 놈 자(부수 늙을로엄)

自剖其同
스스로 자(부수 스스로자), 쪼갤 부(부수 선칼도방), 그 기(부수 여덟팔), 한가지 동(부수 입구)

(5) 조부훈회(祖父訓誨)

생각이 꿈틀하지 않으면 사물의 좋고 나쁨을 전혀 인지할 수 없다. 생각이 꿈틀하게 하고 싶으면 맛있는 음식을 먹어보기도 하고 노래를 불러보기도 하고 이곳저곳 전화 통화를 함으로써 의기소침한 마음을 움직이게 하면 좋을 것이다.

(6) 독자 이벤트

준비운독에 제시된 낱말과 한자를 익혀본다.

후집 제103장

준마는 화살처럼 달리면서도 문득 멈출 줄 안다.

(1) 준비운독(準備運讀)

제103장을 읽는 데는 다음과 같은 어휘를 먼저 익혀야 한다. 생가, 불의장왕, 선, 철수현애, 경루이잔시, 유연, 야행불휴, 속사. 이 어휘를 홍자성 원문에서 찾아보고 다음의 설명을 참고하면 사고의 지평이 넓어지리라 생각된다.

생가: 피리와 노래.

불의장왕: 옷을 털고 일어나 가다.

선: 부러워하다.

철수현애: 벼랑에서 손을 잡지 않고 걷다.

경루이잔시: 물시계의 물이 떨어진 시각. 즉 밤늦은 때.

유연: 빈둥거리다.

야행불휴: 밤중에 자지 아니하고 쏘다니다.

속사: 덜된 사람.

(2) 홍자성 원문

笙歌正濃處, 便自拂衣長往, 羨達人撒手懸崖.
更漏已殘時, 猶然夜行不休, 咲俗士沈身苦海.
생가정농처, 편자불의장왕, 선달인철수현애.
경루이잔시, 유연야행불휴, 소속사침신고해.

(3) 원문해석

술잔치가 한창 벌어져 피리 소리, 노랫소리가 무르익었을 때, 문득 옷자락 떨치고 일어나서 나감은 마치 통달한 사람이 벼랑길에서 손을 젓고 걸어가는 것 같아서 부럽다. 시간이 흘러 밤이 이슥할 때 오히려 쉬지 않고 밤길을 쏘다니는 것을 보면 마치 덜된 사람이 그 몸이 수렁의 늪에 빠지는 것 같아 안타깝기 그지없다.

(4) 스스로 해석자료

笙歌正濃處

생황 생(부수 대죽), 노래 가(부수 하품흠), 바를 정(부수 그칠지), 짙을 농(부수 삼수변), 곳 처(부수 범호엄)

便自拂衣長往

편할 편(부수 사람인변), 스스로 자(부수 스스로자), 떨칠 불(부수 재방변), 옷 의(부수 옷의), 길 장(부수 길장), 갈 왕(부수 두인변)

羨達人撤手懸崖

부러워할 선(부수 양양), 통달할 달(부수 책받침), 사람 인(부수 사람인), 거둘 철(부수 재방변), 손 수(부수 손수), 달 현(부수 마음심), 언덕 애(부수 뫼산)

更漏已殘時

고칠 경(부수 가로왈), 샐 루(부수 삼수변), 이미 이(부수 몸기), 잔인할 잔(부수 죽을사변), 때 시(부수 날일)

猶然夜行不休

오히려 유(부수 개사슴록변), 그럴 연(부수 연화발), 밤 야(부수 저녁석), 다닐 행(부수 다닐행), 아닐 불(부수 한일), 쉴 휴(부수 사람인변)

咲俗士沈身苦海

웃음 소(부수 입구), 풍속 속(부수 사람인변), 선비 사(부수 선비사), 잠길 침(부수 삼수변), 몸 신(부수 몸신), 쓸 고(부수 초두머리), 바다 해(부수 삼수변)

(5) 조부훈회(祖父訓誨)

 잔칫집에서 술자리가 무르익어 갈 즈음 아무 말 없이 슬그머니 빠져나오는 것이 상책이다. 혹시 주인이 붙잡더라도 인사치레로 생각하고 과감히 빠져나오는 사람이 진짜 영웅이다. 덜된 사람은 술이 거의 떨어져 가는데 술 가져오라고 재촉하며 술자리가 길어지게 하면 맥없는 사람도 취하게 한다.

(6) 독자 이벤트

 준비운독에 제시된 낱말을 만나보며 진짜 영웅이 무엇인가 새겨본다.

후집 제104장

마음이 갈피를 잡지 못할 때는 일단 시끄러운 곳을 떠나라.

(1) 준비운독(準備運讀)

제104장을 읽는 데는 다음과 같은 어휘를 먼저 익혀야 한다. 파악, 진효, 차심, 가욕, 정체, 조지, 풍진, 원기. 이 어휘를 홍자성 원문에서 찾아보고 다음의 설명을 참고하면 사고의 지평이 넓어지리라 생각된다.

파악: 잡아 쥐다.
진효: 시끄러운 속세.
차심: 자기 마음.
가욕: 욕심이 날만한 것.
정체: 고요한 마음의 바탕.
조지: 굳게 잡다.
풍진: 속세.
원기: 원활한 활동.

(2) 홍자성 원문

把握未定, 宜絶迹塵囂,
使此心不見可欲而不亂, 以澄吾靜體.
操持旣堅, 又當混跡風塵,
使此心見可欲而亦不亂, 以養吾圓氣.
파악미정, 의절적진효,
사차심불견가욕이불란, 이징오정체.

조지기견, 우당혼적풍진,

사차심견가욕이역불란, 이양오원기.

(3) 원문해석

마음이 갈피가 잡히지 않으면 일단 시끄러운 속세를 떠나 하고 싶은 것을 보지 못하게 함으로써 마음을 어지럽히지 않도록 하여 내 고요한 불성을 맑게 할지라. 마음이 굳게 잡히거든 그 시끄러운 곳으로 되돌아가 하고 싶은 것을 보아도 마음이 흔들리지 않는지 시험해 보고 그 상황에 따라 원활한 기운을 길러야 하리라.

(4) 스스로 해석자료

把握未定

잡을 파(부수 재방변), 쥘 악(부수 재방변), 아닐 미(부수 나무목), 정할 정(부수 갓머리)

宜絕迹塵囂

마땅 의(부수 갓머리), 끊을 절(부수 실사변), 자취 적(부수 책받침), 티끌 진(부수 흙토), 들렐 효(부수 입구)

使此心不見可欲而不亂

하여금 사(부수 사람인변), 이 차(부수 그칠지), 마음 심(부수 마음심), 아닐 불(부수 한일), 볼 견(부수 볼견), 옳을 가(부수 입구), 하고자 할 욕(부수 하품흠), 말 이을 이(부수 말이을이), 아닐 불(부수 한일), 어지러울 란(부수 새을)

以澄吾靜體

써 이(부수 사람인), 맑을 징(부수 삼수변), 나 오(부수 입구), 고요할 정(부수 푸를청), 몸 체(부수 뼈골)

操持既堅

잡을 조(부수 재방변), 가질 지(부수 재방변), 이미 기(부수 이미기방), 굳을 견(부수 흙토)

又當混跡風塵

또 우(부수 또우), 마땅 당(부수 밭전), 섞을 혼(부수 삼수변), 발자취 적(부수 발족변), 바람 풍(부수 바람풍), 티끌 진(부수 흙토)

使此心見可欲而亦不亂

하여금 사(부수 사람인변), 이 차(부수 그칠지), 마음 심(부수 마음심), 볼 견(부수 볼견), 옳을 가(부수 입구), 하고자 할 욕(부수 하품흠), 말 이을 이(부수 말이을이), 또 역(부수 돼지해머리), 아닐 불(부수 한일), 어지러울 란(부수 새을)

以養吾圓氣
써 이(부수 사람인), 기를 양(부수 밥식), 나 오(부수 입구), 둥글 원(부수 큰입구몸), 기운 기(부수 기운기엄)

(5) 조부훈회(祖父訓誨)

제104장의 영역본을 소개해 본다.

If you are not yet in firm control of yourself, you should shun the hurly-burly world so that your mind will not be tempted by desires. Avoid being disturbed and become aware of your quiet nature. If you are in full control, you can mix with the world, and your mind, though encountering temptations and desires, will not be flustered. Thus you nurture your tranquil nature.

『Vegetable roots discourse』 148쪽

만약 아직 자신을 확고하게 통제하지 않았다면 허겁지겁하는 것을 피해야 한다. 마음이 욕망의 유혹에 넘어가지 않도록 건장한 세상을 불안해하지 말고 조용한 본성을 자각하라. 완전히 통제한다면 세상과 섞일 수 있고 유혹과 욕망을 만나더라도 마음은 당황하지 않을 것이다. 그리하여 평온한 본성을 키우게 된다.

(6) 독자 이벤트

조부훈회의 영역본을 스스로 해석해 본다.

후집 제105장

어머니는 폭풍의 노호 속에서도 아기 울음소리를 들을 수 있다.

(1) 준비운독(準備運讀)

제105장을 읽는 데는 다음과 같은 어휘를 먼저 익혀야 한다. 희적, 염훤, 아상, 착, 동근, 인아일시. 이 어휘를 스스로 익히고 난 후 다음의 설명을 참고하면 사고의 지평이 넓어지리라 생각된다.

희적: 고요한 것을 좋아하다.
염훤: 시끄러운 것을 싫어하다.
아상: 자아에 얽매이다.
착: 집착하다.
동근: 동요되는 근본.
인아일시: 남과 나를 한 가지로 보다.

(2) 홍자성 원문

喜寂厭喧者, 往往避人以求靜.
不知意在無人, 便成我相, 心着於靜, 便是動根,
如何到得人我一視 動靜兩忘的境界.
희적염훤자, 왕왕피인이구정.
부지의재무인, 편성아상, 심착어정, 편시동근,
여하도득인아일시 동정양망적경계.

(3) 원문해석

조용하기만을 바라고 시끄러움을 싫어하는 사람은 흔히 사람을 피하여 고요함을 찾지만 사람이 없는 곳을 찾는 것에 뜻을 두는 것이 곧 자아에 사로잡히는 꼴이 된다는 것을 모르며 마음이 고요함에만 집착한다면 이것이 어지러움의 뿌리가 되는 것임을 모름이니 어찌 남과 나를 하나로 보고 활동과 머무름을 모두 잊는 경지에 이르겠는가.

(4) 스스로 해석자료

喜寂厭喧者

기쁠 희(부수 입구), 고요할 적(부수 갓머리), 싫어할 염(부수 민엄호), 지껄일 훤(부수 입구), 놈 자(부수 늙을로엄)

往往避人以求靜

갈 왕(부수 두인변), 갈 왕(부수 두인변), 피할 피(부수 책받침), 사람 인(부수 사람인), 써 이(부수 사람인), 구할 구(부수 아래물수), 고요할 정(부수 푸를청)

不知意在無人

아닐 부(부수 한일), 알 지(부수 화살시), 뜻 의(부수 마음심), 있을 재(부수 흙토), 없을 무(부수 연화발), 사람 인(부수 사람인)

便成我相

편할 편(부수 사람인변), 이룰 성(부수 창과), 나 아(부수 창과), 서로 상(부수 눈목)

心着於靜

마음 심(부수 마음심), 붙을 착(부수 눈목), 어조사 어(부수 모방), 고요할 정(부수 푸를청)

便是動根

편할 편(부수 사람인변), 이 시(부수 날일), 움직일 동(부수 힘력), 뿌리 근(부수 나무목)

如何到得人我一視

같을 여(부수 여자녀), 어찌 하(부수 사람인변), 이를 도(부수 선칼도방), 얻을 득(부수 두인변), 사람 인(부수 사람인), 나 아(부수 창과), 한 일(부수 한일), 볼 시(부수 볼견)

動靜兩忘的境界

움직일 동(부수 힘력), 고요할 정(부수 푸를청), 두 양(부수 들입), 잊을 망(부수 마음심), 밝을 적(부수 흰백), 지경 경(부수 흙토), 지경 계(부수 밭전)

(5) 조부훈회(祖父訓誨)

제105장의 영역본을 소개해 본다.

Those who prefer quiet to noise tend to avoid people and seek solitude. They don't know that just thinking of avoiding people simply engenders the self, that thinking to be quiet is itself the spark to become active. How can they realize that others and they are actually one, and reach the point where is no distinction between activity and repose?

『Vegetable roots discourse』 148쪽

소음보다 조용한 것을 선호하는 사람들은 사람을 피하고 고독을 추구하는 경향이 있다. 그들은 사람들을 피하려는 생각이 그저 조용해지려는 생각 자체를 키우는 자아를 낳는다는 사실을 모른다. 그들은 어떻게 다른 사람들과 자신이 실제로 하나라는 것을 깨닫고 활동과 휴식 사이에 구분이 없는 지점에 이를 수 있을까?

(6) 독자 이벤트

준비운독에 제시된 낱말을 새기며 한자도 익혀본다.

후집 제106장

흐르는 물에 발을 담그면 마음의 때도 사라진다.

(1) 준비운독(準備運讀)

제106장을 읽는 데는 다음과 같은 어휘를 먼저 익혀야 한다. 흉차, 청쇄, 초절지사, 석간, 조설, 회, 경절, 정립, 려, 미록, 기심, 돈망, 진환, 췌류. 이 어휘를 홍자성 원문에서 찾아보고 다음의 설명을 참고하면 사고의 지평이 넓어지리라 생각된다.

흉차: 가슴속. 마음속.
청쇄: 맑고 시원하다.
초절지사: 세속을 초월하는 생각.
석간: 바위틈.
조설: 씻어내다.
회: 전나무.
경절: 굳은 절개.
정립: 우뚝 세우다.
려: 벗하다.
미록: 큰 사슴과 작은 사슴.
기심: 책략을 꾸미는 마음.
돈망: 갑자기 잊다.
진환: 티끌. 세상.
췌류: 쓸데없는 물건.

(2) 홍자성 원문

山居, 胸次淸灑, 觸物皆有佳思.
見孤雲野鶴, 而起超絶之思, 遇石澗流泉, 而動澡雪之思,
撫老檜寒梅, 而勁節挺立, 侶沙鷗麋鹿, 而機心頓忘.
若一走入塵寰, 無論物不相關, 卽此身亦屬贅旒矣.
산거, 흉차청쇄, 촉물개유가사.
견고운야학, 이기초절지사, 우석간류천, 이동조설지사,
무로회한매, 이경절정립, 여사구미록, 이기심돈망.
약일주입진환, 무론물불상관, 즉차신역속췌류의.

(3) 원문해석

숲속에 머무노라면 마음이 맑아지고 넉넉해져 만나는 것마다 모두 아름다운 생각이 든다. 한 조각 구름과 들의 학을 보면 속세에서 초월한 생각이 들고 돌부리를 울리고 가늘게 흐르는 시냇물을 만나면 때 묻은 마음이 씻겨 내려간다. 늙은 전나무와 추위 속의 매화를 매만지면 절개가 우뚝 서고 모래밭 갈매기와 사슴들과 노닐면 번거로운 마음을 다 잊게 된다. 만약 한번 속세로 되돌아가면 외물과 상관하지 않을지라도 곧 이 몸 또한 엉긴 존재가 될 것이다.

(4) 스스로 해석자료

山居 胸次淸灑
뫼 산(부수 뫼산), 살 거(부수 주검시엄), 가슴 흉(부수 육달월), 버금 차(부수 하품흠), 맑을 청(부수 삼수변), 뿌릴 쇄(부수 삼수변)

觸物皆有佳思
닿을 촉(부수 뿔각), 물건 물(부수 소우), 다 개(부수 흰백), 있을 유(부수 달월), 아름다울 가(부수 사람인변), 생각 사(부수 마음심)

見孤雲野鶴
볼 견(부수 볼견), 외로울 고(부수 아들자), 구름 운(부수 비우), 들 야(부수 마을리), 학 학(부수 새조)

而起超絶之思

말 이을 이(부수 말이을이), 일어날 기(부수 달릴주), 뛰어넘을 초(부수 달릴주), 끊을 절(부수 실사변), 갈 지(부수 삐침별), 생각 사(부수 마음심)

遇石澗流泉

만날 우(부수 책받침), 돌 석(부수 돌석), 산골 물 간(부수 삼수변), 흐를 류(부수 삼수변), 샘 천(부수 물수)

而動澡雪之思

말 이을 이(부수 말이을이), 움직일 동(부수 힘력), 씻을 조(부수 삼수변), 눈 설(부수 비우), 갈 지(부수 삐침별), 생각 사(부수 마음심)

撫老檜寒梅

어루만질 무(부수 재방변), 늙을 로(부수 늙을로), 전나무 회(부수 나무목), 찰 한(부수 갓머리), 매화 매(부수 나무목)

而勁節挺立

말 이을 이(부수 말이을이), 굳셀 경(부수 힘력), 마디 절(부수 대죽), 빼어날 정(부수 재방변), 설 립(부수 설립)

侶沙鷗麋鹿

짝 여(부수 사람인변), 모래 사(부수 삼수변), 갈매기 구(부수 새조), 큰사슴 미(부수 사슴록), 사슴 록(부수 사슴록)

而機心頓忘

말 이을 이(부수 말이을이), 틀 기(부수 나무목), 마음 심(부수 마음심), 조아릴 돈(부수 머리혈), 잊을 망(부수 마음심)

若一走入塵寰

같을 약(부수 초두머리), 한 일(부수 한일), 달릴 주(부수 달릴주), 들 입(부수 들입), 티끌 진(부수 흙토), 경기 고을 환(부수 갓머리)

無論物不相關

없을 무(부수 연화발), 논할 론(부수 말씀언), 물건 물(부수 소우), 아닐 불(부수 한일), 서로 상(부수 눈목), 관계할 관(부수 문문)

卽此身亦屬贅旒矣

곧 즉(부수 병부절), 이 차(부수 그칠지), 몸 신(부수 몸신), 또 역(부수 돼지해머리), 무리 속(부수 주검시엄), 혹 췌(부수 조개패), 깃발 류(부수 모방), 어조사 의(부수 화살시)

(5) 조부훈회(祖父訓誨)

걱정, 근심 등으로 심신이 지쳐있을 때 숲속을 거닐기도 하고 때로는 시냇물에 발을 담그는 사소한 이벤트로 앙금이 깨끗이 씻어질 수 있다. 그런데 앙금이 씻어졌다고 해서 몸을 탁 풀어놓으면 다시 스트레스가 쌓이게 된다. 따라서 자연을 만나는 이벤트는 주기적으로 할 필요가 있다.

(6) 독자 이벤트

창틈으로 보이는 초승달만 한 자연을 만나본다.

후집 제107장
기쁨으로 들뜰 때는
맨발로 모래 위를 걷는 것이 좋다.

(1) 준비운독(準備運讀)

제107장을 읽는 데는 다음과 같은 어휘를 먼저 익혀야 한다. 축시, 철리, 간행, 망기, 작반, 여심회, 피금, 올좌, 만, 상류. 이 어휘를 홍자성 원문에서 찾아보고 다음의 설명을 참고하면 사고의 지평이 넓어지리라 생각된다.

축시: 때에 따라서.
철리: 신발을 벗다. 맨발로.
간행: 느린 걸음.
망기: 마음을 놓다.
작반: 벗이 되다.
여심회: 마음에 맞다.
피금: 옷깃을 헤치다.
올좌: 우두커니 앉다.
만: 제멋대로.
상류: 곁에 머물다.

(2) 홍자성 원문

興逐時來, 芳草中, 撤履間行, 野鳥, 忘機時作伴.
景與心會, 落花下, 披襟兀坐, 白雲, 無語漫相留.
흥축시래, 방초중, 철리간행, 야조, 망기시작반.
경여심회, 낙화하, 피금올좌, 백운, 무어만상류.

(3) 원문해석

맥없이 흥취가 절로 일어나 맨발로 꽃 냄새 그윽한 풀밭을 거니노라면 새도 두려워하지 않고 가까이 다가와서 짝꿍이 되어주고 경치가 마음에 드는 곳에 이르러 옷깃을 헤치고 낙화 속에 우두커니 앉아있으면 구름도 살그머니 다가와 말없이 곁에 머문다.

(4) 스스로 해석자료

興逐時來
일 흥(부수 절구구변), 쫓을 축(부수 책받침), 때 시(부수 날일), 올 래(부수 사람인)

芳草中
꽃다울 방(부수 초두머리), 풀 초(부수 초두머리), 가운데 중(부수 뚫을곤)

撤履間行
거둘 철(부수 재방변), 밟을 리(부수 주검시엄), 등 간(부수 문문), 다닐 행(부수 다닐행)

野鳥 忘機時作伴
들 야(부수 마을리), 새 조(부수 새조), 잊을 망(부수 마음심), 틀 기(부수 나무목), 때 시(부수 날일), 지을 작(부수 사람인변), 짝 반(부수 사람인변)

景與心會 落花下
볕 경(부수 날일), 더불 여(부수 절구구변), 마음 심(부수 마음심), 모일 회(부수 가로왈), 떨어질 낙(부수 초두머리), 꽃 화(부수 초두머리), 아래 하(부수 한일)

披襟兀坐 白雲
헤칠 피(부수 재방변), 옷깃 금(부수 옷의변), 우뚝할 올(부수 어진사람인발), 앉을 좌(부수 흙토), 흰 백(부수 흰백), 구름 운(부수 비우)

無語漫相留
없을 무(부수 연화발), 말씀 어(부수 말씀언), 흩어질 만(부수 삼수변), 서로 상(부수 눈목), 머무를 류(부수 밭전)

(5) 조부훈회(祖父訓誨)

제107장의 영역본을 소개해 본다.

When the occasion arises, walk barefoot in the fragrant grass and keep company with birds freely flying about. When the mind becomes one with the scene, put on a cape and sit amid fallen petals. The silent clouds will tarry and keep you company.

『Vegetable roots discourse』 149쪽

때가 되면 향기로운 풀밭을 맨발로 걸으며 새들이 자유롭게 날아다니는 것과 동행하라. 마음이 장면과 하나가 되면 망토를 걸치고 꽃잎이 떨어지는 가운데 앉아라. 고요한 구름이 머물면서 동행할 것이다.

(6) 독자 이벤트

준비운독에 제시된 낱말을 새기며 한자도 익혀본다.

후집 제108장

선이 모이면 복이 되고 악이 모이면 재앙이 된다.

(1) 준비운독(準備運讀)

제108장을 읽는 데는 다음과 같은 어휘를 먼저 익혀야 한다. 복경화구, 염상, 치연, 화갱, 탐애, 열염, 경각, 피안, 초이, 돈수. 이 어휘를 홍자성 원문에서 찾아보고 다음의 설명을 참고하면 사고의 지평이 넓어지리라 생각된다.

복경화구: 행복과 불행의 경지.

염상: 생각.

치연: 활활 타오르다.

화갱: 불구덩이.

탐애: 탐내고 아끼다.

열염: 거센 불길.

경각: 돌연히 각성하다.

피안: 진리를 깨달은 경지.

초이: 조금 달리하다.

돈수: 문득 크게 달라지다.

(2) 홍자성 원문

人生福境禍區, 皆念想造成.

故釋氏云, "利欲熾然, 卽是火坑. 貪愛沈溺, 便爲苦海.

一念淸淨, 熱焰成池. 一念警覺, 船登彼岸".

念頭稍異, 境界頓殊, 可不愼哉.

인생복경화구, 개념상조성.

고석씨운, "이욕치연, 즉시화갱. 탐애침익, 편위고해.

일념청정, 열염성지. 일념경각, 선등피안".

염두초이, 경계돈수, 가불신재.

(3) 원문해석

사람의 복과 재앙은 모두 마음에서 기인한다. 석가모니가 말하기를 "재물욕이 불같이 타오르면 그것이 곧 불구덩이요, 사물에 너무 집착하면 그것이 곧 고해가 되며, 마음이 맑으면 불꽃도 차가운 못이 되고, 마음이 각성하면 배는 피안에 오른다"라고 하였으니 생각이 달라지면 경기는 갑자기 변하는 것이다. 가히 삼가지 않을 수 있겠는가.

(4) 스스로 해석자료

人生福境禍區

사람 인(부수 사람인), 날 생(부수 날생), 복 복(부수 보일시), 지경 경(부수 흙토), 재앙 화(부수 보일시), 구분할 구(부수 감출혜몸)

皆念想造成

다 개(부수 흰백), 생각 념(부수 마음심), 생각 상(부수 마음심), 지을 조(부수 책받침), 이룰 성(부수 창과)

故釋氏云

연고 고(부수 등글월문), 풀 석(부수 분변할 변), 성씨 씨(부수 각시씨), 이를 운(부수 두이)

利欲熾然

이로울 이(부수 선칼도방), 하고자 할 욕(부수 하품흠), 성할 치(부수 불화), 그럴 연(부수 연화발)

即是火坑

곧 즉(부수 병부절), 이 시(부수 날일), 불 화(부수 불화), 구덩이 갱(부수 흙토)

貪愛沈溺

탐낼 탐(부수 조개패), 사랑 애(부수 마음심), 잠길 침(부수 삼수변), 빠질 익(부수 삼수변)

便爲苦海

편할 편(부수 사람인변), 할 위(부수 손톱조), 쓸 고(부수 초두머리), 바다 해(부수 삼수변)

一念淸淨

한 일(부수 한일), 생각 념(부수 마음심), 맑을 청(부수 삼수변), 깨끗할 정(부수 삼수변)

熱焰成池

더울 열(부수 연화발), 불꽃 염(부수 불화), 이룰 성(부수 창과), 못 지(부수 삼수변)

一念警覺

한 일(부수 한일), 생각 념(부수 마음심), 깨우칠 경(부수 말씀언), 깨달을 각(부수 볼견)

船登彼岸

배 선(부수 배주), 오를 등(부수 필발머리), 저 피(부수 두인변), 언덕 안(부수 뫼산)

念頭稍異

생각 염(부수 마음심), 머리 두(부수 머리혈), 점점 초(부수 벼화), 다를 이(부수 밭전)

境界頓殊

지경 경(부수 흙토), 지경 계(부수 밭전), 조아릴 돈(부수 머리혈), 다를 수(부수 죽을사변)

可不愼哉

옳을 가(부수 입구), 아닐 불(부수 한일), 삼갈 신(부수 심방변), 비롯할 재(부수 입구)

(5) 조부훈회(祖父訓誨)

선한 사람은 그 쌓은 선에서 선한 것을 내고 악한 사람은 그 쌓은 악에서 악한 것을 내느니라.

마태복음 12장 35절

이 성경 말씀처럼 복과 화는 외부로부터 오는 것이 아니라 자기 내부에서 기인한다고 볼 수 있다. 식욕, 성욕, 재물욕, 명예욕 등에서 자기 능력 이상으로 탐해서는 안 된다.

(6) 독자 이벤트

준비운독에 제시된 낱말을 새기며 한자도 익혀본다.

후집 제109장
노끈으로도 톱을 삼아 나무를 자를 수 있다.

(1) 준비운독(準備運讀)

제109장을 읽는 데는 다음과 같은 어휘를 먼저 익혀야 한다. 승거목단, 수적, 역색, 수도거성, 체, 천기. 이 어휘를 홍자성 원문에서 찾아보고 다음의 설명을 참고하면 사고의 지평이 넓어지리라 생각된다.

승거목단: 새끼줄로 톱 삼아 나무를 자른다.
수적: 물방울.
역색: 힘써 구하다.
수도거성: 물이 모이면 도랑이 된다.
체: 과실의 꼭지.
천기: 자연히 이루어지는 일.

(2) 홍자성 원문

繩鋸木斷, 水滴石穿. 學道者, 須加力索.
水到渠成, 瓜熟蔕落. 得道者, 一任天機.
승거목단, 수적석천. 학도자, 수가력색.
수도거성, 과숙체락. 득도자, 일임천기.

(3) 원문해석

노끈으로도 톱 삼아서 수없이 들락날락하면 나무도 잘리게 된다. 물방울도 오래 떨어지면 돌을 뚫는다. 도를 배우는 사람은 모름지기 새로운 방법을 찾아서 힘을 다하여야 한다. 물이 모이면 도랑이 되고 오이는 익으면 꼭지가 저절로 떨어지나니 도를 얻으려는 사람은 자연적으로 해결될 때까지 기다릴 줄도 알아야 한다.

(4) 스스로 해석자료

繩鋸木斷
노끈 승(부수 실사변), 톱 거(부수 쇠금), 나무 목(부수 나무목), 끊을 단(부수 날근)
水滴石穿
물 수(부수 물수), 물방울 적(부수 삼수변), 돌 석(부수 돌석), 뚫을 천(부수 구멍혈)
學道者
배울 학(부수 아들자), 길 도(부수 책받침), 놈 자(부수 늙을로엄)
須加力索
모름지기 수(부수 머리혈), 더할 가(부수 힘력), 힘 력(부수 힘력), 찾을 색(부수 실사)
水到渠成
물 수(부수 물수), 이를 도(부수 선칼도방), 개천 거(부수 삼수변), 이룰 성(부수 창과)
瓜熟蒂落
오이 과(부수 오이과), 익을 숙(부수 연화발), 꼭지 체(부수 초두머리), 떨어질 락(부수 초두머리)
得道者
얻을 득(부수 두인변), 길 도(부수 책받침), 놈 자(부수 늙을로엄)
一任天機
한 일(부수 한일), 맡길 임(부수 사람인변), 하늘 천(부수 큰대), 틀 기(부수 나무목)

(5) 조부훈회(祖父訓誨)

노끈으로 톱 삼아 나무를 자를 수 있고 물방울이 바위를 뚫을 수 있다. 호사가들은 이런 말을 하면서 노력하면 안 되는 것이 없다고 주장한다. 그러나 노력을 해도 안 되는 것이 수없이 많다. 이럴 때는 자포자기하기보다 때를 기다릴 줄 아는 인내가 필요하다. 감꽃이 홍시가 되는 데는 기나긴 세월이 필요하다.

(6) 독자 이벤트

수적석천, 승거목단. 이 두 단어를 외워 여덟 자의 한자도 탐색하며 잊지 않도록 여러 번 새겨본다.

후집 제110장

꾸며서 얻은 것은 결과가 초라하다.

(1) 준비운독(準備運讀)

제110장을 읽는 데는 다음과 같은 어휘를 먼저 익혀야 한다. 기식, 월도풍래, 심원, 차진마적, 고질구산. 이 어휘를 홍자성 원문에서 찾아보고 다음의 설명을 참고하면 사고의 지평이 넓어지리라 생각된다.

기식: 꾸미는 마음이 없어진다.
월도풍래: 달이 떠오르고 바람이 불어오다.
심원: 속세에서 마음이 멀어지다.
차진마적: 수레바퀴에서 먼지 일고 말발굽 소리 들려온다.
고질구산: 산수를 좋아하는 고집스러운 병.

(2) 홍자성 원문

機息時, 便有月到風來, 不必苦海人世.
心遠處, 自無車塵馬迹, 何須痼疾丘山.
기식시, 편유월도풍래, 불필고해인세.
심원처, 자무차진마적, 하수고질구산.

(3) 원문해석

꾸미는 마음을 말끔히 씻어내면 곧 마음속에 달이 뜨고 맑은 바람 부나니 이 세상이 반드시 고해만은 아니다. 세상 욕심을 버리면 수레 소리와 말굽 소리 절로 없나니 산수만을 찾는 고질병은 생기지 않을 것이다.

(4) 스스로 해석자료

機息時

틀 기(부수 나무목), 쉴 식(부수 마음심), 때 시(부수 날일)

便有月到風來

편할 편(부수 사람인변), 있을 유(부수 달월), 달 월(부수 육달월), 이를 도(부수 선칼도방), 바람 풍(부수 바람풍), 올 래(부수 사람인)

不必苦海人世

아닐 불(부수 한일), 반드시 필(부수 마음심), 쓸 고(부수 초두머리), 바다 해(부수 삼수변), 사람 인(부수 사람인), 인간 세(부수 한일)

心遠處

마음 심(부수 마음심), 멀 원(부수 책받침), 곳 처(부수 범호엄)

自無車塵馬迹

스스로 자(부수 스스로자), 없을 무(부수 연화발), 수레 차(부수 수레거), 티끌 진(부수 흙토), 말 마(부수 말마), 자취 적(부수 책받침)

何須痼疾丘山

어찌 하(부수 사람인변), 모름지기 수(부수 머리혈), 고질 고(부수 병질엄), 병 질(부수 병질엄), 언덕 구(부수 한일), 뫼 산(부수 뫼산)

(5) 조부훈회(祖父訓誨)

제110장의 영역본을 소개해 본다.

When desire and want are quiet, the moon comes up and the wind arises, there is no need to languish in a sea of bitterness. With the mind detached, dust and hustle disappear, and there is no need to be a hermit in the hills.

『Vegetable roots discourse』 151쪽

욕망과 궁핍이 고요해져 달이 뜨고, 바람이 일면 괴로움의 바다에서 괴로워할 필요가 없다. 마음을 초월하면 먼지와 번잡함이 사라져 초야에 묻혀 사는 은자가 아니어도 자연을 즐길 수 있다.

(6) 독자 이벤트

홍자성 원문에 있는 한자를 한 자도 빼지 않고 전부 익혀본다.

후집 제111장

꽃과 잎은 시들어 떨어져도 뿌리는 항상 싱싱하다.

(1) 준비운독(準備運讀)

제111장을 읽는 데는 다음과 같은 어휘를 먼저 익혀야 한다. 재, 영락, 맹영, 시서, 응한, 비회, 숙살, 생생지의. 이 어휘를 홍자성 원문에서 찾아보고 다음의 설명을 참고하면 사고의 지평이 넓어지리라 생각된다.

재: 겨우. 비로소.
영락: 시들어 떨어지다.
맹영: 새싹.
시서: 계절.
응한: 꽁꽁 얼어붙는 추위.
비회: 갈대 재를 넣은 대롱.
숙살: 가을철의 쌀쌀한 기운.
생생지의: 발육시키는 기운.

(2) 홍자성 원문

草木纔零落, 便露萌穎於根底.
時序雖凝寒, 終回陽氣於飛灰.
肅殺之中, 生生之意常爲之主, 卽是可以見天地之心.
초목재영락, 편로맹영어근저.
시서수응한, 종회양기어비회.
숙살지중, 생생지의상위지주, 즉시가이견천지지심.

(3) 원문해석

꽃과 잎은 시들어 사라져도 뿌리는 항상 싱싱하여 새싹이 돋게 하고, 얼어붙는 추위가 닥쳐와도 마침내 따뜻한 기운이 대롱 속의 가루를 날리어 봄을 알린다. 만물을 죽이는 가운데서도 자라나게 하는 뜻은 항구적이니 이것이 바로 천지의 뜻인 것이다.

(4) 스스로 해석자료

草木纔零落
풀 초(부수 초두머리), 나무 목(부수 나무목), 겨우 재(부수 실사변), 떨어질 영(부수 비우), 떨어질 락(부수 초두머리)

便露萌穎於根底
편할 편(부수 사람인변), 이슬 로(부수 비우), 움 맹(부수 초두머리), 이삭 영(부수 벼화), 어조사 어(부수 모방), 뿌리 근(부수 나무목), 밑 저(부수 엄호)

時序雖凝寒
때 시(부수 날일), 차례 서(부수 엄호), 비록 수(부수 새추), 엉길 응(부수 이수변), 찰 한(부수 갓머리)

終回陽氣於飛灰
마칠 종(부수 실사변), 돌아올 회(부수 큰입구몸), 볕 양(부수 좌부변), 기운 기(부수 기운기엄), 어조사 어(부수 모방), 날 비(부수 날비), 재 회(부수 불화)

肅殺之中
엄숙할 숙(부수 붓율), 죽일 살(부수 갖은등글월문), 갈 지(부수 삐침별), 가운데 중(부수 뚫을곤)

生生之意常爲之主
날 생(부수 날생), 날 생(부수 날생), 갈 지(부수 삐침별), 뜻 의(부수 마음심), 떳떳할 상(부수 수건건), 할 위(부수 손톱조), 갈 지(부수 삐침별), 임금 주(부수 점주)

卽是可以見天地之心
곧 즉(부수 병부절), 이 시(부수 날일), 옳을 가(부수 입구), 써 이(부수 사람인), 볼 견(부수 볼견), 하늘 천(부수 큰대), 땅 지(부수 흙토), 갈 지(부수 삐침별), 마음 심(부수 마음심)

(5) 조부훈회(祖父訓誨)

꽃과 잎이 떨어져도 다음에 새싹이 틀 수 있는 것은 뿌리가 그만큼 튼튼하기 때문이다. 그런데 너무 춥든지 너무 덥든지 하면 그 뿌리마저 생명을 잃어버려 봄에 이런저런 나무들이 새싹을 틀 때 그 나무만은 싹이 트지 못한다. 꽃과 잎이 떨어지는 것은 자연에 맡긴다고 하지만 뿌리가 항구적으로 싱싱하게 할 수 있는 것은 자연에게만 맡길 수 없다.

(6) 독자 이벤트

홍자성 원문에 있는 한자를 한 자도 빠짐없이 익혀본다.

후집 제112장

주룩주룩 내리는 비는
초목을 싱그럽게 산과 들을 산뜻하게 한다.

(1) 준비운독(準備運讀)

제112장을 읽는 데는 다음과 같은 어휘를 먼저 익혀야 한다. 우여, 경상, 신연, 야정, 청월. 이 어휘를 홍자성 원문에서 찾아보고 다음의 설명을 참고하면 사고의 지평이 넓어지리라 생각된다.

우여: 비 온 후.
경상: 경치.
신연: 새롭게 아름답다.
야정: 적막한 밤. 깊은 밤.
청월: 맑고 드넓다.

(2) 홍자성 원문

雨餘, 觀山色, 景象便覺新姸.
夜靜, 聽鐘聲, 音響尤爲淸越.
우여, 관산색, 경상편각신연.
야정, 청종성, 음향우위청월.

(3) 원문해석

비가 주룩주룩 내린 후 산색을 보면 경치가 문득 새로워짐을 느끼고 고요한 밤에 종소리를 들으면 그 울림이 더욱 맑고 높아 마음이 꿈틀해진다.

(4) 스스로 해석자료

雨餘
비 우(부수 비우), 남을 여(부수 밥식)

觀山色
볼 관(부수 볼견), 뫼 산(부수 뫼산), 빛 색(부수 빛색)

景象便覺新姸
별 경(부수 날일), 코끼리 상(부수 돼지시), 편할 편(부수 사람인변), 깨달을 각(부수 볼견), 새 신(부수 날근), 고울 연(부수 여자녀)

夜靜
밤 야(부수 저녁석), 고요할 정(부수 푸를청)

聽鐘聲
들을 청(부수 귀이), 쇠북 종(부수 쇠금), 소리 성(부수 귀이)

音響尤爲淸越
소리 음(부수 소리음), 울릴 향(부수 소리음), 더욱 우(부수 절름발이왕), 할 위(부수 손톱조), 맑을 청(부수 삼수변), 넘을 월(부수 달릴주)

(5) 조부훈회(祖父訓誨)

비가 주룩주룩 내리면 미세먼지가 말끔히 씻어져 하늘은 맑고 초록은 싱싱하고 산뜻하여 새로운 아름다움을 자아낸다. 우리 신체도 따뜻한 물로 샤워를 하게 되면 몸이 상쾌해지고 마음의 응어리도 씻은 듯이 사라진다. 우울증이나 여러 근심 등이 있다면 한 30분 정도 따뜻한 욕조에 들어가 보아라. 의외로 씻은 듯이 없어진다.

(6) 독자 이벤트

준비운독에 제시된 낱말을 새기며 한자도 익혀본다.

후집 제113장
모자라도 인색하지 말고
풍족해도 낭비하지 말라.

(1) 준비운독(準備運讀)

제113장을 읽는 데는 다음과 같은 어휘를 먼저 익혀야 한다. 심광, 만종, 와부, 심애. 이 어휘를 홍자성 원문에서 찾아보고 다음의 설명을 참고하면 사고의 지평이 넓어지리라 생각된다.

심광: 마음이 밝다.
만종: 많은 녹봉, 1종은 곡식 64두이다.
와부: 질항아리.
심애: 마음이 옹졸하다.

(2) 홍자성 원문

心曠, 則萬鍾如瓦缶.
心隘, 則一髮似車輪.
심광, 즉만종여와부.
심애, 즉일발사차륜.

(3) 원문해석

마음이 밝으면 백만섬의 곡식도 질항아리처럼 하찮게 보이고 마음이 옹졸하면 터럭 하나라도 수레바퀴와 같게 보인다.

(4) 스스로 해석자료

心曠

마음 심(부수 마음심), 빌 광(부수 날일)

則萬鍾如瓦缶

곧 즉(부수 선칼도방), 일만 만(부수 초두머리), 쇠북 종(부수 쇠금), 같을 여(부수 여자녀), 기와 와(부수 기와와), 장군 부(부수 장군부)

心隘

마음 심(부수 마음심), 좁을 애(부수 좌부변)

則一髮似車輪

곧 즉(부수 선칼도방), 한 일(부수 한일), 터럭 발(부수 터럭발), 닮을 사(부수 사람인변), 수레 차(부수 수레거), 바퀴 륜(부수 수레거)

(5) 조부훈회(祖父訓誨)

덜된 사람과 더 된 사람의 차이는 욕심의 해결 방법에 있다. 예를 들면 식욕을 해결함에 있어서 다 된 사람은 끼니때나 배고플 때 음식을 찾는다. 그 외에는 먹을 것이 있어도 식탐을 부리지 않는다. 덜된 사람은 배가 고프지 않아도 먹을 것을 찾고 먹는 것이 보일 때마다 참지 못하고 식탐을 보인다. 색사에 있어서도 덜된 사람은 성욕이 전혀 일어나지 않는데도 성욕을 스스로 불러일으켜 음란에 빠진다. 더 된 사람은 성욕이 불타오를 때도 그것을 잠재워 성욕으로 인해 실추되는 일이 전혀 없다.

(6) 독자 이벤트

홍자성 원문에 있는 한자도 빠짐없이 전부 익혀본다.

후집 제114장
언덕에 올라 휘파람을 불면 호연지기가 길러진다.

(1) 준비운독(準備運讀)

제114장을 읽는 데는 다음과 같은 어휘를 먼저 익혀야 한다. 광, 신청, 서소, 령, 매. 이 어휘를 홍자성 원문에서 찾아보고 다음의 설명을 참고하면 사고의 지평이 넓어지리라 생각된다.

광: 넓고 상쾌하다.
신청: 정신이 맑다.
서소: 휘파람을 불다.
령: 마루터기.
매: 고매.

(2) 홍자성 원문

登高, 使人心曠. 臨流, 使人意遠.
讀書於雨雪之夜, 使人神淸. 舒嘯於丘阜之嶺, 使人興邁.
등고, 사인심광. 임류, 사인의원.
독서어우설지야, 사인신청. 서소어구부지령, 사인흥매.

(3) 원문해석

평지를 걷다가 문득 높은 산에 오르니 마음이 탁 트이고 물이 콸콸 흐르는 시냇가를 걸으니 뜻이 멀리까지 이른다. 비나 눈이 오는 밤에 글을 읽으면 정신이 맑아지고 언덕마루에서 휘파람을 불면 흥이 절로 나온다.

(4) 스스로 해석자료

登高
오를 등(부수 필발머리), 높을 고(부수 높을고)

使人心曠
하여금 사(부수 사람인변), 사람 인(부수 사람인), 마음 심(부수 사람인), 빌 광(부수 날일)

臨流
임할 임(부수 신하신), 흐를 류(부수 삼수변)

使人意遠
하여금 사(부수 사람인변), 사람 인(부수 사람인), 뜻 의(부수 마음심), 멀 원(부수 책받침)

讀書於雨雪之夜
읽을 독(부수 말씀언), 글 서(부수 가로왈), 어조사 어(부수 모방), 비 우(부수 비우), 눈 설(부수 비우), 갈 지(부수 삐침별), 밤 야(부수 저녁석)

使人神淸
하여금 사(부수 사람인변), 사람 인(부수 사람인), 귀신 신(부수 보일시변), 맑을 청(부수 삼수변)

舒嘯於丘阜之嶺
펼 서(부수 혀설), 휘파람 불 소(부수 입구), 어조사 어(부수 모방), 언덕 구(부수 한일), 언덕 부(부수 언덕부), 갈 지(부수 삐침별), 고개 령(부수 뫼산)

使人興邁
하여금 사(부수 사람인변), 사람 인(부수 사람인), 일 흥(부수 절구구변), 멀리 갈 매(부수 책받침)

(5) 조부훈회(祖父訓誨)

 호연지기를 기르는 방법을 몇 가지 소개해 본다. 산에 올라 멀리 바라보고 친한 사람의 이름을 목청껏 불러본다. 비가 올 때는 책을 읽으면 역시 호연지기가 길러진다. 추울 때 방 안에만 웅크리고 앉아 있으면 옹졸해지는데 일어나 추운 바람을 잠깐 쐬면 새로운 에너지가 생긴다. 신체적 호연지기가 있고 정신적 호연지기가 있는데 정신적 호연지기는 독서만 한 것이 없다. 책 읽기로 가장 좋을 때가 있는데 비 올 때, 낮이 아니고 밤, 겨울이다. 이것을 '독서 삼려'라고 하는데 독서 삼려를 통해서 호연지기가 길러지게 된다.

(6) 독자 이벤트

산에 올라 골짜기를 향하여 좋아하는 사람 이름을 목청껏 외쳐보며 그 메아리도 들어본다.

후집 제115장
하고 싶은 마음이 없으면 아무것도 이룰 수 없다.

(1) 준비운독(準備運讀)

제115장을 읽는 데는 다음과 같은 어휘를 먼저 익혀야 한다. 불성조화, 불성심체, 이아전물, 이물역아, 기욕, 진정, 이경. 이 어휘를 스스로 익히고 난 후 다음의 설명과 비교하면 언어의 지평이 넓어지리라 생각된다.

불성조화: 조물주의 기교도 완전히 나타나지 못한다.
불성심체: 마음의 주체를 이루지 못하다.
이아전물: 내가 주체가 되어 외물을 부린다.
이물역아: 외물이 나를 지배하는 것.
기욕: 좋아하는 것과 하고 싶은 것.
진정: 세속적인 마음.
이경: 우주 진리의 경지.

(2) 홍자성 원문

無風月花柳, 不成造化. 無情欲嗜好, 不成心體.
只以我轉物, 不以物役我, 則嗜欲莫非天機, 塵情 卽是理境矣.
무풍월화류, 불성조화. 무정욕기호, 불성심체.
지이아전물, 불이물역아, 즉기욕막비천기, 진정 즉시이경의.

(3) 원문해석

바람과 달, 꽃과 버들이 없으면 천지의 조화가 이루어지지 않고 하고 싶은 것과 좋아하는 것이 없으면 마음의 바탕도 이루어지지 않는다. 내가 사물을 부리고 사물로써 나를 부리지 못하게 한다면 기호와 정욕도 하늘의 작용 아님이 없고 속세의 마음도 곧 진리의 경지가 될 수 있다.

(4) 스스로 해석자료

無風月花柳
　없을 무(부수 연화발), 바람 풍(부수 바람풍), 달 월(부수 육달월), 꽃 화(부수 초두머리), 버들 류(부수 나무목)

不成造化
　아닐 불(부수 한일), 이룰 성(부수 창과), 지을 조(부수 책받침), 될 화(부수 비수비)

無情欲嗜好
　없을 무(부수 연화발), 뜻 정(부수 심방변), 하고자 할 욕(부수 하품흠), 즐길 기(부수 입구), 좋을 호(부수 여자녀)

不成心體
　아닐 불(부수 한일), 이룰 성(부수 창과), 마음 심(부수 마음심), 몸 체(부수 뼈골)

只以我轉物
　다만 지(부수 입구), 써 이(부수 사람인), 나 아(부수 창과), 구를 전(부수 수레거), 물건 물(부수 소우)

不以物役我
　아닐 불(부수 한일), 써 이(부수 사람인), 물건 물(부수 소우), 부릴 역(부수 두인변), 나 아(부수 창과)

則嗜欲莫非天機
　곧 즉(부수 선칼도방), 즐길 기(부수 입구), 하고자 할 욕(부수 하품흠), 없을 막(부수 초두머리), 아닐 비(부수 아닐비), 하늘 천(부수 큰대), 틀 기(부수 나무목)

塵情
　티끌 진(부수 흙토), 뜻 정(부수 심방변)

卽是理境矣
　곧 즉(부수 병부절), 이 시(부수 날일), 다스릴 이(부수 구슬옥변), 지경 경(부수 흙토), 어조사 의(부수 화살시)

(5) 조부훈회(祖父訓誨)

후집 제115장의 영역본을 소개해 본다.

Without wind, moon, flowers, and willows, there is no nature; without feelings and desires, there is no mind-body. But only when I am in control of material things, and material things do not control me, can the mundane world become the realm of principle.

「Vegetable roots discourse」 152쪽

바람, 달, 꽃과 버드나무가 없으면 자연이 없고, 감정과 욕망이 없으면 심신이 없다. 그러나 내가 물질을 주관하고 물질이 나를 주관하지 않을 때에만 세속적인 세상이 원리의 영역이 될 수 있다.

(6) 독자 이벤트

준비운독에 제시된 낱말을 새기며 한자도 익혀본다.

후집 제116장
사물을 부리려면 먼저 자기 자신을 부릴 수 있어야 한다.

(1) 준비운독(準備運讀)

제116장을 읽는 데는 다음과 같은 어휘를 먼저 익혀야 한다. 취, 료, 부, 환, 출세간. 이 어휘를 스스로 익히고 난 후 다음의 설명과 비교하면 사고의 지평이 넓어지리라 생각된다.

취: 대하여.
료: 깨닫다. 알다.
부: 하도록 한다.
환: 돌려보내다.
출세간: 속세를 벗어나다.

(2) 홍자성 원문

就一身了一身者, 方能以萬物付萬物.
還天下於天下者, 方能出世間於世間.
취일신요일신자, 방능이만물부만물.
환천하어천하자, 방능출세간어세간.

(3) 원문해석

자기가 자신인 것을 다 깨달은 사람은 능히 만물로써 만물을 부릴 수 있고 천하를 이용하여 얻은 것을 천하에 돌리는 사람은 능히 속세에 있으면서도 속세를 벗어날 수 있다.

(4) 스스로 해석자료

就一身了一身者

나아갈 취(부수 절름발이왕), 한 일(부수 한일), 몸 신(부수 몸신), 마칠 요(부수 갈고리궐), 몸 신(부수 몸신), 놈 자(부수 늙을로엄)

方能以萬物付萬物

모 방(부수 모방), 능할 능(부수 육달월), 써 이(부수 사람인), 일만 만(부수 초두머리), 물건 물(부수 소우), 줄 부(부수 사람인변), 일만 만(부수 초두머리), 물건 물(부수 소우)

還天下於天下者

돌아올 환(부수 책받침), 하늘 천(부수 큰대), 아래 하(부수 한일), 어조사 어(부수 모방), 하늘 천(부수 큰대), 아래 하(부수 한일), 놈 자(부수 늙을로엄)

方能出世間於世間

모 방(부수 모방), 능할 능(부수 육달월), 날 출(부수 위튼입구몸), 인간 세(부수 한일), 사이 간(부수 문문), 어조사 어(부수 모방), 인간 세(부수 한일), 사이 간(부수 문문)

(5) 조부훈회(祖父訓誨)

자기 마음 자기가 모른다는 말이 있다. 이런 상황에서는 다른 사물을 부릴 수가 없다. "생각을 살펴라. 그것이 말이 된다. 말을 살펴라. 그것이 행동이 된다"라는 말이 있다. 사물이나 남을 부리려 할 때는 머릿속에 든 생각을 A4용지 등에 손 글씨로 써보며 자기 자신을 확인해 봐야 한다. 자기 마음 자기가 모를 때는 넣어둔 마음을 알아내는 방법은 종이에 손 글씨로 정리해 보는 것이 상책이다.

(6) 독자 이벤트

자기 마음 자기가 모른다는데 나의 마음은 무엇인지 A4용지에 적어본다.

후집 제117장
너무 한가하면 애먼 생각이 나고
너무 바쁘면 본성을 잃게 된다.

(1) 준비운독(準備運讀)

　제117장을 읽는 데는 다음과 같은 어휘를 먼저 익혀야 한다. 태한, 별념, 절생, 탐, 풍월. 이 어휘를 스스로 익히고 난 후 다음의 설명과 비교하면 언어의 지평이 넓어지리라 생각된다.

　태한: 지나치게 한가하다.
　별념: 애먼 생각.
　절생: 슬며시 다른 생각이 생겨나다.
　탐: 즐기다. 빠지다.
　풍월: 아름다운 자연.

(2) 홍자성 원문

人生太閑, 則別念竊生. 太忙, 則眞性不現.
故士君子不可不抱身心之憂, 亦不可不耽風月之趣.
인생태한, 즉별념절생. 태망, 즉진성불현.
고사군자불가불포신심지우, 역불가불탐풍월지취.

(3) 원문해석

　사람이 지나치게 한가하면 애먼 생각이 슬그머니 일어나고 너무 바쁘면 참다운 본성이 나타나지 않게 된다. 그러므로 된사람은 일부러 한가할 때는 일을 만들고 바쁠 때는 일을 덜어낸다.

(4) 스스로 해석자료

人生太閑

사람 인(부수 사람인), 날 생(부수 날생), 클 태(부수 큰대), 한가할 한(부수 문문)

則別念竊生

곧 즉(부수 선칼도방), 나눌 별(부수 선칼도방), 생각 념(부수 마음심), 훔칠 절(부수 구멍혈), 날 생(부수 날생)

太忙 則眞性不現

클 태(부수 큰대), 바쁠 망(부수 심방변), 곧 즉(부수 선칼도방), 참 진(부수 눈목), 성품 성(부수 심방변), 아닐 불(부수 한일), 나타날 현(부수 구슬옥변)

故士君子不可不抱身心之憂

연고 고(부수 등글월문), 선비 사(부수 선비사), 임금 군(부수 입구), 아들 자(부수 아들자), 아닐 불(부수 한일), 옳을 가(부수 입구), 아닐 불(부수 한일), 안을 포(부수 재방변), 몸 신(부수 몸신), 마음 심(부수 마음심), 갈 지(부수 삐침별), 근심 우(부수 마음심)

亦不可不耽風月之趣

또 역(부수 돼지해머리), 아닐 불(부수 한일), 옳을 가(부수 입구), 즐길 탐(부수 귀이), 바람 풍(부수 바람풍), 달 월(부수 육달월), 갈 지(부수 삐침별), 뜻 취(부수 달릴주)

(5) 조부훈회(祖父訓誨)

은퇴 후 우울증으로 고생한 사람들이 더러 있다. 일이 없게 되면 마음속에 있는 에너지가 그 짝을 찾지 못하여 외로운 상태에 빠지게 된다. 이것이 바로 우울증이다. 그러므로 일이 없을 때는 정원의 꽃을 가꾼다든지 과거에 일어난 일들에 대해서 글을 써본다든지 자기 상황에 맞는 일을 찾아야 한다. 일을 찾을 때 외부의 유혹에 말려 엉뚱한 일에 빠질 수도 있으니 심사숙고할 필요가 있다.

(6) 독자 이벤트

출근길과 퇴근길을 오고 가면서 은퇴 후 어떤 일을 할 수 있는가를 사색해 본다.

후집 제118장

마음은 만나는 것에 따라 기뻐하기도 하고 슬퍼하기도 한다.

(1) 준비운독(準備運讀)

　제118장을 읽는 데는 다음과 같은 어휘를 먼저 익혀야 한다. 종, 동처, 일념불생, 징연, 유연, 서, 우적, 흔연, 소연, 진기. 이 어휘를 홍자성 원문에서 찾아보고 다음의 설명을 참고하면 사고의 지평이 넓어지리라 생각된다.

　종: 말미암아. 따라.
　동처: 움직이는 곳.
　일념불생: 한 가지 생각도 일어나지 않다.
　징연: 심히 맑다.
　유연: 오래도록 자유롭다.
　서: 가다.
　우적: 비가 내리다.
　흔연: 매우 기쁘다.
　소연: 깔끔하다. 깨끗하다.
　진기: 천지자연의 참다운 활동.

(2) 홍자성 원문

　人心多從動處失眞. 若一念不生 澄然靜坐, 雲興而悠然共逝, 雨滴而冷然俱淸,
　鳥啼而欣然有會, 花落而瀟然自得. 何地非眞境 何物無眞機.
　인심다종동처실진. 약일념불생 징연정좌, 운흥이유연공서, 우적이냉연구청,
　조제이흔연유회, 화락이소연자득. 하지비진경 하물무진기.

(3) 원문해석

마음은 만나는 것에 따라 각양각색으로 나타난다. 어떠한 생각도 일어나지 않도록 맑게 하고 조용히 앉아있으면 구름이 일어남에 우연히 함께 가고 빗방울 떨어진 것을 보면 시원스럽게 맑아지며 새가 지저귐에 흔연히 느낌이 있고 꽃이 짐에 맑은 외로움이 온몸에 잔잔히 깃드니 어느 곳인들 진경이 아니며 어느 것인들 진기가 아니겠는가.

(4) 스스로 해석자료

人心多從動處失眞

사람 인(부수 사람인), 마음 심(부수 마음심), 많을 다(부수 저녁석), 좇을 종(부수 두인변), 움직일 동(부수 힘력), 곳 처(부수 범호엄), 잃을 실(부수 큰대), 참 진(부수 눈목)

若一念不生

같을 약(부수 초두머리), 한 일(부수 한일), 생각 념(부수 마음심), 아닐 불(부수 한일), 날 생(부수 날생)

澄然靜坐

맑을 징(부수 삼수변), 그럴 연(부수 연화발), 고요할 정(부수 푸를청), 앉을 좌(부수 흙토)

雲興而悠然共逝

구름 운(부수 비우), 일 흥(부수 절구구변), 말 이을 이(부수 말이을이), 멀 유(부수 마음심), 그럴 연(부수 연화발), 한가지 공(부수 여덟팔), 갈 서(부수 책받침)

雨滴而冷然俱清

비 우(부수 비우), 물방울 적(부수 삼수변), 말 이을 이(부수 말이을이), 찰 냉(부수 이수변), 그럴 연(부수 연화발), 함께 구(부수 사람인변), 맑을 청(부수 삼수변)

鳥啼而欣然有會

새 조(부수 새조), 울 제(부수 입구), 말 이을 이(부수 말이을이), 기쁠 흔(부수 하품흠), 그럴 연(부수 연화발), 있을 유(부수 달월), 모일 회(부수 가로왈)

花落而瀟然自得

꽃 화(부수 초두머리), 떨어질 락(부수 초두머리), 말 이을 이(부수 말이을이), 맑고 깊을 소(부수 삼수변), 그럴 연(부수 연화발), 스스로 자(부수 스스로자), 얻을 득(부수 두인변)

何地非眞境

어찌 하(부수 사람인변), 땅 지(부수 흙토), 아닐 비(부수 아닐비), 참 진(부수 눈목), 지경 경(부수 흙토)

何物無眞機

어찌 하(부수 사람인변), 물건 물(부수 소우), 없을 무(부수 연화발), 참 진(부수 눈목), 틀 기(부수 나무목)

(5) 조부훈회(祖父訓誨)

제118장의 영역본을 소개해 본다.

Many times, when your mind is agitated, you will lose awareness of your true nature. If you don't allow the birth of a single thought, you can sit in complete peace, watching and traveling with the clouds, feeling purified by the passing rain, finding pleasant awareness yourself with falling petals. Where will you not find truth? Where will it not function?

『Vegetable roots discourse』 154쪽

여러 번 마음이 동요하면 본성에 대한 자각을 잃게 된다. 단 하나의 생각의 탄생도 허용하지 않으면 완전한 평화 속에 앉아 구름을 바라보며 여행할 수 있고, 지나가는 비에 정화되는 느낌을 받고, 떨어지는 꽃잎과 함께 즐거운 자각을 스스로 찾을 수 있다. 어디에서 진리를 찾지 못하겠는가? 어디에서 제 기능을 하지 못하겠는가?

(6) 독자 이벤트

준비운독에 제시된 낱말 중 징연, 소연, 유연, 흔연. 네 낱말을 새기고 새겨본다.

후집 제119장
초조와 진통이 없는 탄생은 없다.

(1) 준비운독(準備運讀)

제119장을 읽는 데는 다음과 같은 어휘를 먼저 익혀야 한다. 강, 절용, 보신, 순역, 흔척. 이 어휘를 스스로 익히고 난 후 다음의 설명을 참고하면 언어의 지평이 넓어지리라 생각된다.

강: 돈꿰미.
절용: 절약해서 쓰다.
보신: 몸을 보전하다.
순역: 순경과 역경.
흔척: 기쁨과 근심.

(2) 홍자성 원문

子生而母危, 鏹積而盜窺, 何喜非憂也.
貧可以節用, 病可以保身, 何憂非喜也.
故 達人 當順逆一視, 而欣戚兩忘.
자생이모위, 강적이도규, 하희비우야.
빈가이절용, 병가이보신, 하우비희야.
고 달인 당순역일시, 이흔척량망.

(3) 원문해석

아기가 태어날 때 어머니가 위태롭고, 돈이 쌓이면 도둑이 엿보나니 어떤 기쁨이 근심이 아니리오. 가난하면 돈을 아껴 쓰고 병이 들면 몸을 보전하는 데 힘쓰나니 어떤 근심이 기쁨이 아니리오. 그러므로 통달한 사람은 순경과 역경을 똑같은 것으로 보고 기쁨과 근심을 모두 잊는다.

(4) 스스로 해석자료

子生而母危

아들 자(부수 아들자), 날 생(부수 날생), 말 이을 이(부수 말이을이), 어머니 모(부수 말무), 위태할 위(부수 병부절)

鏹積而盜窺

돈 강(부수 쇠금), 쌓을 적(부수 벼화), 말 이을 이(부수 말이을이), 도둑 도(부수 그릇명), 엿볼 규(부수 구멍혈)

何喜非憂也

어찌 하(부수 사람인변), 기쁠 희(부수 입구), 아닐 비(부수 아닐비), 근심 우(부수 마음심), 어조사 야(부수 새을)

貧可以節用

가난할 빈(부수 조개패), 옳을 가(부수 입구), 써 이(부수 사람인), 마디 절(부수 대죽), 쓸 용(부수 쓸용)

病可以保身

병 병(부수 병질엄), 옳을 가(부수 입구), 써 이(부수 사람인), 지킬 보(부수 사람인변), 몸 신(부수 몸신)

何憂非喜也

어찌 하(부수 사람인변), 근심 우(부수 마음심), 아닐 비(부수 아닐비), 기쁠 희(부수 입구), 어조사 야(부수 새을)

故達人當順逆一視

연고 고(부수 등글월문), 통달할 달(부수 책받침), 사람 인(부수 사람인), 마땅 당(부수 밭전), 순할 순(부수 머리혈), 거스를 역(부수 책받침), 한 일(부수 한일), 볼 시(부수 볼견)

而欣戚兩忘

말 이을 이(부수 말이을이), 기쁠 흔(부수 하품흠), 친척 척(부수 창과), 두 량(부수 들입), 잊을 망(부수 마음심)

(5) 조부훈회(祖父訓誨)

　호사다마, 고진비래, 흥진비래라는 말이 있듯이 좋은 일 뒤에 나쁜 일, 나쁜 일 뒤에 좋은 일이 있다. 세상의 모든 일들은 좋은 일 뒤에 좋은 일, 나쁜 일 뒤에 나쁜 일, 슬픈 일 뒤에 슬픈 일… 이렇게 같은 일이 지속되는 것이 아니라 좋은 일 뒤에 나쁜 일, 나쁜 일 뒤에 좋은 일, 슬픈 일 뒤에 기쁜 일, 기쁜 일 뒤에 슬픈 일 이렇게 반복되니 좋은 일 만났다고 너무 기뻐할 것도 아니며 나쁜 일 당했다고 너무 슬퍼할 것도 아니다. 그때그때 반응을 잘 하며 역경도 순경으로 받아들일 수 있는 넉넉한 마음을 가져야 한다.

(6) 독자 이벤트

홍자성 원문의 한자를 모두 익혀본다.

> 후집 제120장
> # 귀가 영리하면
> # 무릎맞춤은 일어나지 않는다.

(1) 준비운독(準備運讀)

제120장을 읽는 데는 다음과 같은 어휘를 먼저 익혀야 한다. 이근, 표, 구사, 착, 물아. 이 어휘를 스스로 익히고 난 후 다음의 설명을 참고하면 사고의 지평이 넓어지리라 생각된다.

이근: 귀.
표: 회오리바람.
구사: 함께 가버리다.
착: 붙잡다. 집착하다.
물아: 사물과 나.

(2) 홍자성 원문

耳根似飇谷投響. 過而不留, 則是非俱謝.
心境如月池浸色. 空而不著, 則物我兩忘.
이근사표곡투향. 과이불류, 즉시비구사.
심경여월지침색. 공이불착, 즉물아양망.

(3) 원문해석

귀가 듣는 소리는 마치 회오리바람이 골짜기에서 소리를 울림과 같은지라. 듣는 둥 마는 둥 하면 옳고 그름을 따지는 데 휘말리지 않게 된다. 마음은 마치 연못에 달빛이 비친 그림자와 같은지라. 집착하지 않으면 밖의 사물에 네가 얽매이는 것으로부터 자유로울 수 있다.

(4) 스스로 해석자료

耳根
귀 이(부수 귀이), 뿌리 근(부수 나무목)

似飇谷投響
닮을 사(부수 사람인변), 폭풍 표(부수 바람풍), 골 곡(부수 골곡), 던질 투(부수 재방변), 울릴 향(부수 소리음)

過而不留
지날 과(부수 책받침), 말 이을 이(부수 말이을이), 아닐 불(부수 한일), 머무를 류(부수 밭전)

則是非俱謝
곧 즉(부수 선칼도방), 이 시(부수 날일), 아닐 비(부수 아닐비), 함께 구(부수 사람인변), 사례할 사(부수 말씀언)

心境
마음 심(부수 마음심), 지경 경(부수 흙토)

如月池浸色
같을 여(부수 여자녀), 달 월(부수 육달월), 못 지(부수 삼수변), 잠길 침(부수 삼수변), 빛 색(부수 빛색)

空而不著
빌 공(부수 구멍혈), 말 이을 이(부수 말이을이), 아닐 불(부수 한일), 붙을 착(부수 초두머리)

則物我兩忘
곧 즉(부수 선칼도방), 물건 물(부수 소우), 나 아(부수 창과), 두 양(부수 들입), 잊을 망(부수 마음심)

(5) 조부훈회(祖父訓誨)

후집 제119장의 다른 번역을 소개해 본다.

귀는 마치 회오리바람이 골짜기를 울리게 하는 것과 같으니 그저 지나가게 하고 담아두지 않으면 시비도 함께 없어진다. 마음은 마치 연못에 달빛이 비치는 것과 같으니 텅 비게 하고 잡아 두지 않으면 사물과 나를 모두 잊어버리게 된다.

『평생에 한 번은 꼭 채근담을 읽어라』 427쪽

(6) 독자 이벤트

지금까지 무릎맞춤의 일이 몇 번이나 있었던가 체크해 보자.

후집 제121장
명예와 재물에 얽혀있으면 결코 마음이 편안해질 수 없다.

(1) 준비운독(準備運讀)

제121장을 읽는 데는 다음과 같은 어휘를 먼저 읽혀야 한다. 영리, 전박, 동왈, 곡답초구, 진고. 이 어휘를 스스로 익히고 난 후 다음의 설명을 참고하면 사고의 지평이 넓어지리라 생각된다.

영리: 영화와 명리.
전박: 얽매이다.
동왈: 걸핏하면 말하다.
곡답초구: 골짜기가 나무꾼의 노래에 화답하다.
진고: 티끌세상과 괴로운 바다.

(2) 홍자성 원문

世人爲榮利纏縛, 動曰 "塵世苦海",
不知雲白山靑 川行石立 花迎鳥笑 谷答樵謳. 世亦不塵,
海亦不苦. 彼自塵苦其心爾.
세인위영리전박, 동왈 "진세고해",
부지운백산청 천행석립 화영조소 곡답초구. 세역부진,
해역불고. 피자진고기심이.

(3) 원문해석

명예와 재물에 속박당한 사람들은 걸핏하면 이 세상을 티끌세상이고 고생의 바다라 하는데 구름이 희고, 푸른 냇물이 흐르고, 돌이 서있으며, 꽃이 피어 새를 반기고, 골짜기가 나무꾼의 노랫소리에 화답하는 이런 자연의 즐거움을 모르기 때문이다. 세상은 진세도 아니려니와 또한 고해도 아니거늘 제 스스로 그 마음을 진세와 고해로 생각할 뿐이다.

(4) 스스로 해석자료

世人爲榮利纏縛

인간 세(부수 한일), 사람 인(부수 사람인), 할 위(부수 손톱조), 영화 영(부수 나무목), 이로울 리(부수 선칼도방), 얽을 전(부수 실사변), 얽을 박(부수 실사변)

動曰 "塵世苦海"

움직일 동(부수 힘력), 가로 왈(부수 가로왈), 티끌 진(부수 흙토), 인간 세(부수 한일), 쓸 고(부수 초두머리), 바다 해(부수 삼수변)

不知雲白山靑

아닐 부(부수 한일), 알 지(부수 화살시), 구름 운(부수 비우), 흰 백(부수 흰백), 뫼 산(부수 뫼산), 푸를 청(부수 푸를청)

川行石立

내 천(부수 개미허리), 다닐 행(부수 다닐행), 돌 석(부수 돌석), 설 립(부수 설립)

花迎鳥笑

꽃 화(부수 초두머리), 맞을 영(부수 책받침), 새 조(부수 새조), 웃음 소(부수 대죽)

谷答樵謳

골 곡(부수 골곡), 대답 답(부수 대죽), 나무할 초(부수 나무목), 노래 구(부수 말씀언)

世亦不塵

인간 세(부수 한일), 또 역(부수 돼지해머리), 아닐 부(부수 한일), 티끌 진(부수 흙토)

海亦不苦

바다 해(부수 삼수변), 또 역(부수 돼지해머리), 아닐 불(부수 한일), 쓸 고(부수 초두머리)

彼自塵苦其心爾

저 피(부수 두인변), 스스로 자(부수 스스로자), 티끌 진(부수 흙토), 쓸 고(부수 초두머리), 그 기(부수 여덟팔), 마음 심(부수 마음심), 너 이(부수 점괘효)

(5) 조부훈회(祖父訓誨)

제121장의 영역본을 소개해 본다.

When people are tethered to fame and fortune, they speak of the world as dust and the sea as bitter. They do not know of white clouds and clear wind, flowing rivers and majestic rocks, beckoning flowers and chirping birds, and the valley. The world does not have to be one of dust and the sea one of bitterness, it is you who mire yourself in the mud and belabor your mind.

「Vegetable roots discourse」 155쪽

사람들이 명예와 부에 얽매이면 세상은 티끌이고 바다는 쓰라리다고 한다. 그리고 하얀 구름과 맑은 바람, 흐르는 강과 장엄한 바위, 손짓하는 꽃과 지저귀는 새, 골짜기를 알지 못한다. 세상은 먼지로, 바다는 괴로움으로 가득 차있을 필요가 없다. 진흙탕에 빠진 마음을 다잡는 것은 바로 자신이다.

(6) 독자 이벤트

홍자성 원문에 있는 한자 중 알고 있는 글자가 몇 자나 되는지 체크해 본다.

후집 제122장
활짝 핀 꽃보다 꽃봉오리가 더 아름답다.

(1) 준비운독(準備運讀)

제122장을 읽는 데는 다음과 같은 어휘를 먼저 익혀야 한다. 미훈, 난만, 모도, 악경. 이 어휘를 스스로 익히고 난 후 다음의 설명을 참고하면 사고의 지평이 넓어지리라 생각된다.

미훈: 약간 취하다.
난만: 무르익게 피다.
모도 : 만취.
악경: 화가 최악의 경우에 이르다.

(2) 홍자성 원문

花看半開, 酒飮微醺, 此中大有佳趣.
若至爛漫酕醄, 便成惡境矣. 履盈滿者, 宜思之.
화간반개, 주음미훈, 차중대유가취.
약지난만모도, 편성악경의. 이영만자, 의사지.

(3) 원문해석

꽃은 활짝 핀 꽃보다 반쯤 핀 꽃봉오리가 매력적이고 술은 적당히 취하도록 마시면 그런 가운데 아름다운 취미가 있나니 만약 꽃이 활짝 피고 술에 흠뻑 취하면 재앙의 경지에 이르게 되리라. 가득 찬 곳에 있는 사람은 마땅히 이를 생각하라.

(4) 스스로 해석자료

花看半開
꽃 화(부수 초두머리), 볼 간(부수 눈목), 반 반(부수 열십), 열 개(부수 문문)

酒飲微醺
술 주(부수 닭유), 마실 음(부수 밥식), 작을 미(부수 두인변), 술 취할 훈(부수 닭유)

此中大有佳趣
이 차(부수 그칠지), 가운데 중(부수 뚫을곤), 큰 대(부수 큰대), 있을 유(부수 달월), 아름다울 가(부수 사람인변), 뜻 취(부수 달릴주)

若至爛漫酕醄
같을 약(부수 초두머리), 이를 지(부수 이를지), 빛날 난(부수 불화), 흩어질 만(부수 삼수변), 매우 취할 모(부수 닭유), 술 취할 도(부수 닭유)

便成惡境矣
편할 편(부수 사람인변), 이룰 성(부수 창과), 악할 악(부수 마음심), 지경 경(부수 흙토), 어조사 의(부수 화살시)

履盈滿者
밟을 이(부수 주검시엄), 찰 영(부수 그릇명), 찰 만(부수 삼수변), 놈 자(부수 늙을로엄)

宜思之
마땅 의(부수 갓머리), 생각 사(부수 마음심), 갈 지(부수 삐침별)

(5) 조부훈회(祖父訓誨)

술처럼 좋은 음식이 없다. 적당히 마시면 건강에도 좋고 친구 사귐에도 유익하다. 그래서 헤어질 때도 술, 만날 때도 술, 결혼식장에서도 술, 장례식장에서도 술, 슬플 때도 술, 기쁠 때도 술…. 어느 행사 때마다 술이 빠질 때가 없다. 그런데 술을 적당히 마시기가 어렵다고 한다. 양령대군은 술을 엄청 잘 마시고, 효령대군은 술을 전혀 못 마시고, 충령대군은 술을 적당히 마실 줄 알았다. 이것이 태조 이방원의 마음에 들어 양령대군, 효령대군을 제치고 충령대군이 임금이 되었는데 그분이 세종대왕이다. 충령대군이 임금이 되는 이유는 여러 가지가 있었지만 임금은 정사를 논할 때 신하들과 술을 적당히 마실 줄 아는 술에 대한 도가 필요한데 그것이 태종 이방원의 마음에 쏙 들었던 것이다.

(6) 독자 이벤트

술을 맨 처음 마신 때가 언제인가 더듬어 생각해 본다.

후집 제123장
들꽃에 맥없이 비료를 주어 시들게 하지 말라.

(1) 준비운독(準備運讀)

제123장을 읽는 데는 다음과 같은 어휘를 먼저 익혀야 한다. 산효, 관개, 환양, 열, 세법, 취미, 형연. 이 어휘를 스스로 익히고 난 후 다음의 설명을 참고하면 사고의 지평이 넓어지리라 생각된다.

산효: 산나물.
관개: 물을 주다.
환양: 기르다.
열: 맛이 강하다.
세법: 세상의 법도, 속세의 명리.
취미: 냄새와 맛.
형연: 아득하게 멀다.

(2) 홍자성 원문

山肴不受世間灌漑,
野禽不受世間豢養, 其味皆香而且冽.
吾人能不爲世法所點染, 其臭味不逈然別乎.
산효불수세간관개,
야금불수세간환양, 기미개향이차열.
오인능불위세법소점염, 기취미불형연별호.

(3) 원문해석

산나물은 사람이 일부러 물을 주지 아니해도 절로 자라나고 들새는 사람이 돌보지 아니해도 절로 자라건만 그 맛은 모두 향기롭고 또 맑도다. 사람들도 능히 세상 법도에 물들지 않는다면 그 품위가 뛰어날 것이다.

(4) 스스로 해석자료

山肴不受世間灌漑

뫼 산(부수 뫼산), 안주 효(부수 육달월), 아닐 불(부수 한일), 받을 수(부수 또우), 인간 세(부수 한일), 사이 간(부수 문문), 물 댈 관(부수 삼수변), 물 댈 개(부수 삼수변)

野禽不受世間豢養

들 야(부수 마을리), 새 금(부수 짐승발자국유), 아닐 불(부수 한일), 받을 수(부수 또우), 인간 세(부수 한일), 사이 간(부수 문문), 기를 환(부수 돼지시), 기를 양(부수 밥식)

其味皆香而且冽

그 기(부수 여덟팔), 맛 미(부수 입구), 다 개(부수 흰백), 향기 향(부수 향기향), 말 이을 이(부수 말이을이), 또 차(부수 한일), 맑을 열(부수 이수변)

吾人能不爲世法所點染

나 오(부수 입구), 사람 인(부수 사람인), 능할 능(부수 육달월), 아닐 불(부수 한일), 할 위(부수 손톱조), 인간 세(부수 한일), 법 법(부수 삼수변), 바 소(부수 지게호), 점 점(부수 검을흑), 물들 염(부수 나무목)

其臭味不逈然別乎

그 기(부수 여덟팔), 냄새 취(부수 스스로자), 맛 미(부수 입구), 아닐 불(부수 한일), 멀 형(부수 책받침), 그럴 연(부수 연화발), 나눌 별(부수 선칼도방), 어조사 호(부수 삐침별)

(5) 조부훈회(祖父訓誨)

미역, 전복, 김, 다시마를 먹을 때 이것이 자연산인지 양식인지 종종 묻는 때가 있다. 해조류뿐만 아니라 모든 식물은 저절로 자란 것이 담백하고 맛도 특이하고 영양가도 높다고 한다. 사람이 하는 일도 간섭하지 않고 저절로 하도록 여유를 주는 것이 그 결과가 바람직하게 나타난다고 한다.

(6) 독자 이벤트

준비운독에 제시된 낱말과 한자도 익혀본다.

후집 제124장
만나는 일마다 건성으로 본다면 얻는 것이 하나도 없다.

(1) 준비운독(準備運讀)

제124장을 읽는 데는 다음과 같은 어휘를 먼저 익혀야 한다. 재화종죽, 완학, 유련, 완롱, 물화, 구이, 완공. 이 어휘를 스스로 익히고 난 후 다음의 설명을 참고하면 사고의 지평이 넓어지리라 생각된다.

재화종죽: 꽃을 기르고 대나무를 심다.
완학: 학을 기르다.
유련: 산수를 즐기기에 빠져서 돌아오지 않다.
완롱: 가지고 놀면서 즐기다.
물화: 겉모습의 아름다움.
구이: 구이지학. 귀로 들은 바를 입으로 나불거리기만 하는 학문. 즉 실천이 없는 학문.
완공: 텅 비어 아무것도 없음.

(2) 홍자성 원문

栽花種竹 玩鶴觀魚, 亦要有段自得處.
若徒留連光景 玩弄物華,
亦吾儒之口耳 釋氏之頑空而已, 有何佳趣.
재화종죽 완학관어, 역요유단자득처.
약도류연광경 완롱물화,
역오유지구이 석씨지완공이이, 유하가취.

(3) 원문해석

　속된 생활을 멀리한다고 꽃을 가꾸고 대나무를 심으며 학을 즐기고 물속에 뛰노는 물고기를 바라보며 살지라도 그 가운데 하나의 깨달음이 없다면 도시 생활을 떠나 전원생활을 하는 것이 무슨 의미가 있겠는가. 만약 한갓 그 광경에 빠져 겉모습만 즐긴다면 이는 남의 말을 듣고 조금도 새기지 않고 그대로 전하는 구이지학이요, 불교에서 말하는 완공일 뿐인즉 아기자기한 취미가 되겠는가.

(4) 스스로 해석자료

栽花種竹
　심을 재(부수 나무목), 꽃 화(부수 초두머리), 씨 종(부수 벼화), 대 죽(부수 대죽)

玩鶴觀魚
　희롱할 완(부수 구슬옥변), 학 학(부수 새조), 볼 관(부수 볼견), 물고기 어(부수 물고기어)

亦要有段自得處
　또 역(부수 돼지해머리), 요긴할 요(부수 덮을아), 있을 유(부수 달월), 층계 단(부수 갖은등글월문), 스스로 자(부수 스스로자), 얻을 득(부수 두인변), 곳 처(부수 범호엄)

若徒留連光景
　같을 약(부수 초두머리), 무리 도(부수 두인변), 머무를 류(부수 밭전), 잇닿을 연(부수 책받침), 빛 광(부수 어진사람인발), 볕 경(부수 날일)

玩弄物華
　희롱할 완(부수 구슬옥변), 희롱할 롱(부수 스물입발), 물건 물(부수 소우), 빛날 화(부수 초두머리)

亦吾儒之口耳
　또 역(부수 돼지해머리), 나 오(부수 입구), 선비 유(부수 사람인변), 갈 지(부수 삐침별), 입 구(부수 입구), 귀 이(부수 귀이)

釋氏之頑空而已
　풀 석(부수 분별할변), 각시 씨(부수 각시씨), 갈 지(부수 삐침별), 완고할 완(부수 머리혈), 빌 공(부수 구멍혈), 말 이을 이(부수 말이을이), 이미 이(부수 몸기)

有何佳趣

있을 유(부수 달월), 어찌 하(부수 사람인변), 아름다울 가(부수 사람인변), 뜻 취(부수 달릴주)

(5) 조부훈회(祖父訓誨)

제124장의 영역본을 소개해 본다.

Cultivating flowers and trimming bamboos, or taking delight in cranes and goldfish, all must be done as self-cultivation. If you are just amusing yourself, poking at things, that is no more than what Confucians call "into the ear and out through the mouth," or what Buddhists call "grasping at emptiness." Where is the refinement?

『Vegetable roots discourse』 157쪽

꽃을 기르고 대나무를 다듬는 일 혹은 학과 금붕어를 즐겨 기르는 일, 이 모든 것은 자기 계발로서 행해져야 한다. 만약 그저 즐거워하고 지니고만 있다면 그것은 유교가 말하는 귀로 들어가고 입으로 나오는 일 혹은 불교도들이 말하는 공허함을 움켜쥐는 일에 지나지 않는다. 세련됨이 어디에 있는가?

(6) 독자 이벤트

애완 화초 두 종류, 애완 나무 두 그루쯤 재배해 본다.

후집 제125장
순진한 사람이 속된 맛을 보면 헤어 나올 수 없는 수렁에 빠지고 만다.

(1) 준비운독(準備運讀)

제125장을 읽는 데는 다음과 같은 어휘를 먼저 익혀야 한다. 청고, 일취, 요, 비략, 혼구, 시정, 장쾌, 구학, 신골. 이 어휘를 스스로 익히고 난 후 다음의 설명을 참고하면 사고의 지평이 넓어지리라 생각된다.

청고: 가난하게 살지만 마음만은 깨끗하다.
일취: 세속을 초월한 취미.
요: 넉넉하다.
비략: 다듬지 않고 꾸밈이 없다.
혼구: 모두 구비하다.
시정: 시중의 사람.
장쾌: 중개인.
구학: 도랑과 골짜기.
신골: 정신과 육체.

(2) 홍자성 원문

山林之士, 淸苦而逸趣自饒. 農野之夫, 鄙略而天眞渾具.
若一失身市井駔儈, 不若轉死溝壑 神骨猶淸.

산림지사, 청고이일취자요. 농야지부, 비략이천진혼구.
약일실신시정장쾌, 불약전사구학 신골유청.

(3) 원문해석

산림에 묻히어 사는 선비는 가난을 매만지고 여러 가지 구차함을 견디어 살면서 찌들지 아니하고 물들지 아니하며 청고하게 살므로 자연히 고상한 취미가 많다. 들의 농부는 꾸밈이 없이 천진난만함을 그대로 지녔나니 만약 이런 사람들이 시장 거간의 말에 이끌리면 속된 수렁의 늪에 빠져 헤어 나오지 못할 것이다.

(4) 스스로 해석자료

山林之士

뫼 산(부수 뫼산), 수풀 림(부수 나무목), 갈 지(부수 삐침별), 선비 사(부수 선비사)

淸苦而逸趣自饒

맑을 청(부수 삼수변), 쓸 고(부수 초두머리), 말 이을 이(부수 말이을이), 편안할 일(부수 책받침), 뜻 취(부수 달릴주), 스스로 자(부수 스스로자), 넉넉할 요(부수 밥식)

農野之夫

농사 농(부수 별진), 들 야(부수 마을리), 갈 지(부수 삐침별), 지아비 부(부수 큰대)

鄙略而天眞渾具

더러울 비(부수 우부방), 간략할 략(부수 밭전), 말 이을 이(부수 말이을이), 하늘 천(부수 큰대), 참 진(부수 눈목), 흐릴 혼(부수 삼수변), 갖출 구(부수 여덟팔)

若一失身市井駔儈

같을 약(부수 초두머리), 한 일(부수 한일), 잃을 실(부수 큰대), 몸 신(부수 몸신), 저자 시(부수 수건건), 우물 정(부수 두이), 준마 장(부수 말마), 거간 쾌(부수 사람인변)

不若轉死溝壑

아닐 불(부수 한일), 같을 약(부수 초두머리), 구를 전(부수 수레거), 죽을 사(부수 죽을사변), 도랑 구(부수 삼수변), 골 학(부수 흙토)

神骨猶淸

귀신 신(부수 보일시변), 뼈 골(부수 뼈골), 오히려 유(부수 개사슴록변), 맑을 청(부수 삼수변)

(5) 조부훈회(祖父訓誨)

순진무구한 사람이 세상 즐거움에 빠지게 되면 헤어 나오지 못하고 수렁에 빠지는 수가 있다. 어떤 이가 초등학교, 중학교, 고등학교, 대학교 때 오직 열심히 공부만 하여 좋은 직장을 얻게 되고 어느 날 동료들과 주점에 가게 되었다. 그리고 거기에 매혹되어 즐거움을 느껴 절제하지 못하고 수렁에 빠지고 만다. 세상에 오염되면 안 된다고 온실 속 화초처럼 자라다가 직장 생활을 할 때 세상 풍파나 도락에 적응하지 못하고 추락하는 일이 없도록 미리 간간이 기분 전환을 해줄 필요가 있다.

(6) 독자 이벤트

준비운독에 제시된 낱말을 새기며 한자도 익혀본다.

후집 제126장
까닭 없이 생긴 큰돈은 큰 복이 아니라 결국 재앙이 된다.

(1) 준비운독(準備運讀)

제126장을 읽는 데는 다음과 같은 어휘를 먼저 익혀야 한다. 비분지복, 무고지획, 조물, 조이, 기정, 착안, 선, 술중. 이 어휘를 스스로 익히고 난 후 다음의 설명을 참고하면 사고의 지평이 넓어지리라 생각된다.

비분지복: 분수에 안 맞는 복.
무고지획: 아무 이유도 없이 생기는 이득.
조물: 조물주.
조이: 낚시 미끼.
기정: 함정.
착안: 눈길을 주다.
선: 드물다.
술중: 계략.

(2) 홍자성 원문

非分之福 無故之獲, 非造物之釣餌, 卽人世之機阱.
此處, 著眼不高, 鮮不墮彼術中矣.
비분지복 무고지획, 비조물지조이, 즉인세지기정.
차처, 착안불고, 선불타피술중의.

(3) 원문해석

   자기 능력으로 감당하기 어려운 행운과 까닭 없는 큰돈은 조물주의 낚시 미끼가 아니라면 곧 세상 사람들의 함정일 것이다. 이런 경우에는 눈을 높이 떠 보지 않으면 그 속임수에 빠지지 않을 것이리라.

(4) 스스로 해석자료

非分之福
아닐 비(부수 아닐비), 나눌 분(부수 칼도), 갈 지(부수 삐친 별), 복 복(부수 보일시)

無故之獲
없을 무(부수 연화발), 연고 고(부수 등글월문), 갈 지(부수 삐침별), 얻을 획(부수 개사슴록변)

非造物之釣餌
아닐 비(부수 아닐비), 지을 조(부수 책받침), 물건 물(부수 소우), 갈 지(부수 삐침별), 낚을 조(부수 쇠금), 미끼 이(부수 밥식)

卽人世之機阱
곧 즉(부수 병부절), 사람 인(부수 사람인), 인간 세(부수 한일), 갈 지(부수 삐침별), 틀 기(부수 나무목), 함정 정(부수 좌부변)

此處 著眼不高
이 차(부수 그칠지), 곳 처(부수 범호엄), 붙을 착(부수 초두머리), 눈 안(부수 눈목), 아닐 불(부수 한일), 높을 고(부수 높을고)

鮮不墮彼術中矣
고울 선(부수 물고기어), 아닐 불(부수 한일), 떨어질 타(부수 흙토), 저 피(부수 두인변), 재주 술(부수 다닐행), 가운데 중(부수 뚫을곤), 어조사 의(부수 화살시)

(5) 조부훈회(祖父訓誨)

   벼락부자가 되거나 벼락출세하는 사람은 결코 축복이 아니다. 복권 당첨으로 갑자기 벼락부자가 된 사람, 군수에 출마하여 상대편 후보자가 불의의 사고로 사망하여 엉겁결에 당선되어 벼락출세하는 사람, 이런 사람들은 기쁨에 들떠 갈피를 못 잡는 수가 있다. 이런 사람을 보호하기 위해서는 가까이 있는 사람들이 여러모로 모니터링을 할 필요가 있다.

(6) 독자 이벤트

제126장의 원문을 몇 번이고 읽어 마음에 깊이 새겨본다.

후집 제127장
꼭두각시도 되지 말고 망석중이도 만들지 말라.

(1) 준비운독(準備運讀)

제127장을 읽는 데는 다음과 같은 어휘를 먼저 익혀야 한다. 괴뢰, 근체, 재수, 권서, 행지, 제철, 초출, 장중. 이 어휘를 스스로 익히고 난 후 다음의 설명을 참고 하면 사고의 지평이 넓어지리라 생각된다.

괴뢰: 꼭두각시.

근체: 근본이 되는 것.

재수: 손안에 있다. 장악하다.

권서: 감고 풀다.

행지: 가고 멈추다.

제철: 간섭하다.

초출: 초월.

장중: 무대.

(2) 홍자성 원문

人生原是一傀儡, 只要根蒂在手.

一絲不亂, 卷舒自由 行止在我.

一毫不受他人提掇, 便超出此場中矣.

인생원시일괴뢰, 지요근체재수.

일사불란, 권서자유 행지재아.

일호불수타인제철, 편초출차장중의.

(3) 원문해석

세상살이는 원래 하나의 꼭두각시놀음이니 꼭두각시놀음을 당하면서도 앞질러 속마음까지 내주어서는 안 되리라. 생각이 감긴 실패를 굳게 잡고 있어야 하며 한 가닥의 실도 혼란이 없어서 감고 푸는 것이 자유롭게 나아가고 멈춤이 털끝만큼도 남의 간섭을 받지 말아야 이 놀이마당에서 벗어날 수 있을 것이다.

(4) 스스로 해석자료

人生原是一傀儡

사람 인(부수 사람인), 날 생(부수 날생), 언덕 원(부수 민엄호), 이 시(부수 날일), 한 일(부수 한일), 허수아비 괴(부수 사람인변), 꼭두각시 뢰(부수 사람인변)

只要根蒂在手

다만 지(부수 여덟팔), 요긴할 요(부수 덮을아), 뿌리 근(부수 나무목), 꼭지 체(부수 초두머리), 있을 재(부수 흙토), 손 수(부수 손수)

一絲不亂

한 일(부수 한일), 실 사(부수 실사변), 아닐 불(부수 한일), 어지러울 란(부수 새을)

卷舒自由 行止在我

책 권(부수 병부절), 펼 서(부수 혀설), 스스로 자(부수 스스로자), 말미암을 유(부수 밭전), 다닐 행(부수 다닐행), 그칠 지(부수 그칠지), 있을 재(부수 흙토), 나 아(부수 창과)

一毫不受他人提掇

한 일(부수 한일), 터럭 호(부수 터럭모), 아닐 불(부수 한일), 받을 수(부수 또우), 다를 타(부수 사람인변), 사람 인(부수 사람인), 끌 제(부수 재방변), 근심할 철(부수 심방변)

便超出此場中矣

편할 편(부수 사람인변), 뛰어넘을 초(부수 달릴주), 날 출(부수 위튼입구몸), 이 차(부수 그칠지), 마당 장(부수 흙토), 가운데 중(부수 뚫을곤), 어조사 의(부수 화살시)

(5) 조부훈회(祖父訓誨)

오래전의 비행기 땅콩 사건을 생각해 보자. 회장 2세가 직원들을 자기 마음대로 부릴 수 있다는 생각이 팽배했던 일이었다. 회사원들은 목구멍이 포도청이라고 자기주장을 조금도 피력하지 못하고 망석중이가 되어있다. 직장의 장은 꼭두각시를 만들지 말며 평사원은 망석중이가 되어서는 안 된다. 직장 생활뿐 아니라 세상을 살아나갈 때 자기 주관은 조금도 피력하지 못하고 망석중이가 되어서야 되겠는가!

(6) 독자 이벤트

명화 「사운드 오브 뮤직」을 다시 한번 감상하며 꼭두각시 움직임을 살펴본다.

후집 제128장
고래 싸움에 새우 등 터진다.

(1) 준비운독(準備運讀)

제128장을 읽는 데는 다음과 같은 어휘를 먼저 익혀야 한다. 일사기, 봉후, 만골고, 웅심맹기, 빙산. 이 어휘를 스스로 익히고 난 후 다음의 설명을 참고하면 사고의 지평이 넓어지리라 생각된다.

일사기: 한 가지 일이 일어나다.
봉후: 제후로 봉해지다.
만골고: 1만 명의 뼈가 묻히다.
웅심맹기: 영웅다운 용맹.
빙산: 얼음과 싸락눈. 여기서는 얼음이 녹는다는 뜻이다.

(2) 홍자성 원문

一事起, 則一害生. 故天下常以無事爲福.
讀前人詩云, "勸君莫話封侯事, 一將功成萬骨枯".
又云, "天下常令萬事平, 匣中不惜千年死".
雖有雄心猛氣, 不覺化爲氷霰矣.

일사기, 즉일해생. 고천하상이무사위복.
독전인시운, "권군막화봉후사, 일장공성만골고".
우운, "천하상령만사평, 갑중불석천년사".
수유웅심맹기, 불각화위빙산의.

(3) 원문해석

대개의 일들은 끝난다고 끝난 것이 아니라 꼬리에 꼬리를 물고 일어난다. 이로움이 있으면 이어 해로움도 생기니 그러므로 천하는 항상 일이 없는 것을 복으로 삼는다. 시에 이르기를 "그대에게 권하노니 제후에 봉함은 말하지도 말라. 한 명의 장수가 공을 이룸에는 1만 명의 병사들이 백골로 마른다" 하였고 또 이르되 "천하로 하여금 항상 일이 없을 것이라면 칼집 속에서 칼이 천 년을 묵어도 아깝지 않으리"라고 하였으니 비록 영웅의 용맹스러움이 있을지라도 모르는 사이에 녹아버릴 것이다.

(4) 스스로 해석자료

一事起
한 일(부수 한일), 일 사(부수 갈고리궐), 일어날 기(부수 달릴주)

則一害生
곧 즉(부수 선칼도방), 한 일(부수 한일), 해할 해(부수 갓머리), 날 생(부수 날생)

故天下常以無事爲福讀前人詩云
연고 고(부수 등글월문), 하늘 천(부수 큰대), 아래 하(부수 한일), 떳떳할 상(부수 수건건), 써 이(부수 사람인), 없을 무(부수 연화발), 일 사(부수 갈고리궐), 할 위(부수 손톱조), 복 복(부수 보일시), 읽을 독(부수 말씀언), 앞 전(부수 선칼도방), 사람 인(부수 사람인), 시 시(부수 말씀언), 이를 운(부수 두이)

勸君莫話封侯事
권할 권(부수 힘력), 임금 군(부수 입구), 없을 막(부수 초두머리), 말씀 화(부수 말씀언), 봉할 봉(부수 마디촌), 제후 후(부수 사람인변), 일 사(부수 갈고리궐)

一將功成萬骨枯
한 일(부수 한일), 장수 장(부수 마디촌), 공 공(부수 힘력), 이룰 성(부수 창과), 일만 만(부수 초두머리), 뼈 골(부수 뼈골), 마를 고(부수 나무목)

又云 天下常令萬事平
또 우(부수 또우), 이를 운(부수 두이), 하늘 천(부수 큰대), 아래 하(부수 한일), 떳떳할 상(부수 수건건), 하여금 령(부수 사람인), 일만 만(부수 초두머리), 일 사(부수 갈고리궐), 평평할 평(부수 방패간)

匣中不惜千年死

갑 갑(부수 튼입구몸), 가운데 중(부수 뚫을곤), 아닐 불(부수 한일), 아낄 석(부수 심방변), 일천 천(부수 열십), 해 년(부수 방패간), 죽을 사(부수 죽을사변)

雖有雄心猛氣

비록 수(부수 새추), 있을 유(부수 달월), 수컷 웅(부수 새추), 마음 심(부수 마음심), 사나울 맹(부수 개사슴록변), 기운 기(부수 기운기엄)

不覺化爲氷霰矣

아닐 불(부수 한일), 깨달을 각(부수 볼견), 될 화(부수 비수비), 할 위(부수 손톱조), 얼음 빙(부수 물수), 싸라기눈 산(부수 비우), 어조사 의(부수 화살시)

(5) 조부훈회(祖父訓誨)

고래 싸움에 새우 등 터진다는 말처럼 작금의 세계는 지도자들의 하찮은 자존심으로 무고한 사람들이 파리 목숨처럼 죽어가고 있다. 러시아와 우크라이나의 싸움, 이스라엘과 팔레스타인의 싸움으로 무고한 사람들이 수없이 죽어가고 있다. 어찌 보면 우크라이나 지도자, 러시아 지도자, 이스라엘 지도자, 팔레스타인 지도자들의 자존심 싸움이라고 볼 수 있다. 자기 자리를 잃지 않기 위해 무고한 사람들의 생명을 볼모로 잡고 있는 것이다. 작금의 우리나라 상황도 이것으로부터 조금도 자유롭지 못하다. 말로는 국민을 위한다고 하지만 여당 지도자, 야당 지도자들의 자존심 싸움이라고 볼 수 있다. 정치뿐 아니라 자그마한 일터에서도 윗사람의 자존심 싸움으로 하부조직이 엉망이 되는 수가 있다. 한 사람의 영웅을 만들고자 수많은 사람들의 인격이 무너져서야 되겠는가!

(6) 독자 이벤트

알렉산더, 칭기즈 칸, 나폴레옹, 히틀러에 대해서 역사적 사실을 알아본다.

후집 제129장
대속을 빙자하여 몽매한 사람들의 돈을 갈취하는 종교인이 더러 있다.

(1) 준비운독(準備運讀)

제129장을 읽는 데는 다음과 같은 어휘를 먼저 익혀야 한다. 음분지부, 교, 격, 입도, 음사, 연수. 이 어휘를 스스로 익히고 난 후 다음의 설명을 참고하면 사고의 지평이 넓어지리라 생각된다.

음분지부: 음란한 여인.
교: 거스르다. 여기서는 극단으로 달린다는 뜻.
격: 온 힘을 다함.
입도: 종교인이 되다.
음사: 음란과 사악한 일.
연수: 연못과 덤불. 여기서는 소굴이란 뜻이다.

(2) 홍자성 원문

淫奔之婦, 矯而爲尼. 熱中之人, 激而入道. 淸淨之門, 常爲婬邪淵藪也如此.
음분지부, 교이위니. 열중지인, 격이입도. 청정지문, 상위음사연수야여차.

(3) 원문해석

음란하던 여인이 종교인의 설득으로 마음을 바로잡아 비구니가 되기도 하고 명예욕, 재물욕, 권세욕을 좇아 분주하게 살던 사람이 어느 날 문득 세속적인 고뇌에서 벗어나 고매하고 싶어 종교인으로 승화되기도 한다. 이것은 맑고 깨끗해야 할 사찰이 음사의 피난처나 소굴이 되는 셈이다.

(4) 스스로 해석자료

淫奔之婦
음란할 음(부수 삼수변), 달릴 분(부수 큰대), 갈 지(부수 삐침별), 며느리 부(부수 여자녀)

矯而爲尼
바로잡을 교(부수 화살시), 말 이을 이(부수 말이을이), 할 위(부수 손톱조), 여승 니(부수 주검시엄)

熱中之人
더울 열(부수 연화발), 가운데 중(부수 뚫을곤), 갈 지(부수 삐침별), 사람 인(부수 사람인)

激而入道 淸淨之門
격할 격(부수 삼수변), 말 이을 이(부수 말이을이), 들 입(부수 들입), 길 도(부수 책받침), 맑을 청(부수 삼수변), 깨끗할 정(부수 삼수변), 갈 지(부수 삐침별), 문 문(부수 문문)

常爲婬邪淵藪也如此
떳떳할 상(부수 수건건), 할 위(부수 손톱조), 음탕할 음(부수 여자녀), 간사할 사(부수 우부방), 못 연(부수 삼수변), 늪 수(부수 초두머리), 어조사 야(부수 새을), 같을 여(부수 여자녀), 이 차(부수 그칠지)

(5) 조부훈회(祖父訓誨)

절대자를 신봉하며 종교 생활을 하는 데는 무엇보다도 그 종교에 대한 지식을 가지고 절대자와 이성적으로 합일하며 끼니를 찾는 것처럼 주기적이고 또 습관화되어야 한다. 모태신앙이나 어렸을 때부터 종교를 가진 사람은 기복신앙에 빠지지 않고 신앙생활을 다반사처럼 여기는데 중간에 종교를 갖게 되면 맹목적인 신앙에 빠져 오직 기복신앙만 추구하게 된다. 그래서 못된 종교 지도자들은 이것을 교묘히 이용한다.

너희의 죄가 주홍 같을지라도 눈과 같이 희어질 것이요 진홍 같이 붉을지라도 양털 같이 희게 되리라.

이사야 1장 18절

이 말씀에 현혹되어 목회자에게 거금의 돈을 갖다 바치는 사람들이 더러 있다. 엉겁결에 많은 돈을 쥐게 된 목회자는 자기 환락에 그것을 이용한다.

(6) 독자 이벤트

우리나라 종교 실태에 대해서 알아본다.

후집 제130장

풍랑의 마루는 뾰족하고 너울의 마루는 둥그스름하다.

(1) 준비운독(準備運讀)

제130장을 읽는 데는 다음과 같은 어휘를 먼저 익혀야 한다. 파랑겸천, 한심, 창광, 매좌, 색설. 이 어휘를 스스로 익히고 난 후 다음의 설명을 참고하면 사고의 지평이 넓어지리라 생각된다.

파랑겸천: 파도가 하늘에까지 닿다.
한심: 걱정하는 마음.
창광: 미쳐서 날뛰다.
매좌: 좌석에서 꾸짖어 욕하다.
색설: 혀를 차다.

(2) 홍자성 원문

波浪兼天, 舟中不知懼, 而舟外者寒心. 猖狂罵坐, 席上不知警, 而席外者咋舌.
故君子, 身雖在事中, 心要超事外也.
파랑겸천, 주중부지구, 이주외자한심. 창광매좌, 석상부지경, 이석외자색설.
고군자, 신수재사중, 심요초사외야.

(3) 원문해석

파도가 세차게 일어나 물결이 하늘에까지 이르렀는데도 배 안에 있는 사람들은 두려움을 모르나 배 밖의 사람들은 마음을 졸인다. 여러 사람들이 앉아있는 곳에 미치광이가 뛰어들어 좌중에서 외쳐댈 때 그 자리에 있는 사람은 경계하지 않지만 밖에 있는 사람이 혀를 찬다. 그러므로 생각이 깊은 사람은 몸이 일 안에 있을지라도 마음은 반드시 일 밖에 있어야 한다.

(4) 스스로 해석자료

波浪兼天

물결 파(부수 삼수변), 물결 랑(부수 삼수변), 겸할 겸(부수 여덟팔), 하늘 천(부수 큰대)

舟中不知懼

배 주(부수 배주), 가운데 중(부수 뚫을곤), 아닐 부(부수 한일), 알 지(부수 화살시), 두려워할 구(부수 심방변)

而舟外者寒心猖狂罵坐

말 이을 이(부수 말이을이), 배 주(부수 배주), 바깥 외(부수 저녁석), 놈 자(부수 늙을로엄), 찰 한(부수 갓머리), 마음 심(부수 마음심), 미쳐 날뛸 창(부수 개사슴록변), 미칠 광(부수 개사슴록변), 꾸짖을 매(부수 그물망머리), 앉을 좌(부수 흙토)

席上不知警

자리 석(부수 수건건), 위 상(부수 한일), 아닐 부(부수 한일), 알 지(부수 화살시), 깨우칠 경(부수 말씀언)

而席外者咋舌 故君子

말 이을 이(부수 말이을이), 자리 석(부수 수건건), 바깥 외(부수 저녁석), 놈 자(부수 늙을로엄), 씹을 색(부수 입구), 혀 설(부수 혀설), 연고 고(부수 등글월문), 임금 군(부수 입구), 아들 자(부수 아들자)

身雖在事中

몸 신(부수 몸신), 비록 수(부수 새추), 있을 재(부수 흙토), 일 사(부수 갈고리궐), 가운데 중(부수 뚫을곤)

心要超事外也

마음 심(부수 마음심), 요긴할 요(부수 덮을아), 뛰어넘을 초(부수 달릴주), 일 사(부수 갈고리궐), 바깥 외(부수 저녁석), 어조사 야(부수 새을)

(5) 조부훈회(祖父訓誨)

장기나 바둑을 둘 때 그 당사자보다 옆에서 구경하는 사람이 그 수가 더 잘 보인다고 한다. 숲속에 있는 사람은 나무는 보되 숲은 보지 못한다. 풍랑의 마루는 뾰족하고 너울의 마루는 둥그스름하다. 바다 밖에 있는 사람은 풍랑이 뾰족한지 둥그스름한지 눈에 환히 보이지만 배 안에 있는 사람은 이것을 전혀 알지 못한다. 그러므로 무슨 일을 할 때 눈에 보이는 것만 생각하지 말고 보이지 않는 영역까지도 생각할 수 있는 지혜가 필요하다.

(6) 독자 이벤트

가수 허림의 「인어 이야기」를 감상하며 바다의 파도도 연상해 본다.

후집 제131장

즐기는 일은 날로 덜어내야 하는데 날로 더한다면 도락의 늪에 빠지게 된다.

(1) 준비운독(準備運讀)

제131장을 읽는 데는 다음과 같은 어휘를 먼저 익혀야 한다. 감생, 일분, 초탈, 분요, 건우, 모, 혼돈, 질곡. 이 어휘를 스스로 익히고 난 후 다음의 설명을 참고하면 사고의 지평이 넓어지리라 생각된다.

감생: 덜어내어 줄이다.

일분: 한 푼.

초탈: 벗어나다.

분요: 시끄럽다.

건우: 과실. 허물.

모: 소모하다.

혼돈: 천지창조 이전의 상태. 여기서는 본성이란 의미.

질곡: 착고와 수갑.

(2) 홍자성 원문

人生減省一分, 便超脫一分.

如交遊減, 便免紛擾. 言語減, 便寡愆尤. 思慮減, 則精神不耗.

聰明減, 則混沌可完. 彼不求日減而求日增者, 眞桎梏此生哉!

인생감생일분, 편초탈일분.

여교유감, 편면분요. 언어감, 편과건우. 사려감, 즉정신불모.

총명감, 즉혼돈가완. 피불구일감이구일증자, 진질곡차생재!

(3) 원문해석

　세상을 살아가면서 무슨 일이든지 한 푼을 덜어 적게 하면 그만큼 번거로움을 덜어낼 수 있다. 사귐을 줄이면 오락가락이 줄어들 것이요. 말을 줄이면 무릎맞춤 같은 것이 생기지 않을 것이고, 생각을 줄이면 정신 소모가 되지 않고, 총명을 줄이면 본성을 완전케 하리라. 날로 덜함을 구하지 않고 날로 더함을 구하는 자는 참으로 그 생명을 재촉하는 것이다.

(4) 스스로 해석자료

人生減省一分

　사람 인(부수 사람인), 날 생(부수 날생), 덜 감(부수 삼수변), 덜 생(부수 눈목), 한 일(부수 한일), 나눌 분(부수 칼도)

便超脫一分 如交遊減

　편할 편(부수 사람인변), 뛰어넘을 초(부수 달릴주), 벗을 탈(부수 육달월), 한 일(부수 한일), 나눌 분(부수 칼도), 같을 여(부수 여자녀), 사귈 교(부수 돼지해머리), 놀 유(부수 책받침), 덜 감(부수 삼수변)

便免紛擾 言語減

　편할 편(부수 사람인변), 면할 면(부수 어진사람인발), 어지러울 분(부수 실사변), 시끄러울 요(부수 재방변), 말씀 언(부수 말씀언), 말씀 어(부수 말씀언), 덜 감(부수 삼수변)

便寡愆尤 思慮減

　편할 편(부수 사람인변), 적을 과(부수 갓머리), 허물 건(부수 마음심), 더욱 우(부수 절름발이왕), 생각 사(부수 마음심), 생각할 려(부수 마음심), 덜 감(부수 삼수변)

則精神不耗

　곧 즉(부수 선칼도방), 정할 정(부수 쌀미), 귀신 신(부수 보일시), 아닐 불(부수 한일), 소모할 모(부수 가래뢰)

聰明減

　귀 밝을 총(부수 귀이), 밝을 명(부수 날일), 덜 감(부수 삼수변)

則混沌可完

　곧 즉(부수 선칼도방), 섞을 혼(부수 삼수변), 엉길 돈(부수 삼수변), 옳을 가(부수 입구), 완전할 완(부수 갓머리)

彼不求日減而求日增者

저 피(부수 두인변), 아닐 불(부수 한일), 구할 구(부수 아래물수), 날 일(부수 날일), 덜 감(부수 삼수변), 말 이을 이(부수 말이을이), 구할 구(부수 아래물수), 날 일(부수 날일), 더할 증(부수 흙토), 놈 자(부수 늙을로엄)

眞桎梏此生哉

참 진(부수 눈목), 차꼬 질(부수 나무목), 수갑 곡(부수 나무목), 이 차(부수 그칠지), 날 생(부수 날생), 비롯할 재(부수 입구)

(5) 조부훈회(祖父訓誨)

날로 즐기기를 덜어내야 하는데 날로 즐기기를 더한다면 도락의 늪에 빠지게 된다. 기망(음력 14일)을 지나 망월 봉우리를 넘어 기망(음력 16일)에 이를 때는 새로운 일을 벌이지 말고 특히 도락은 과감히 덜어내야 한다. 막상 도락을 덜어내야 할 때에 오히려 도락에 취하는 사람들이 더러 있다. 특히 성욕은 완전히 사라졌는데도 합환주나 합환알 등을 먹으며 오히려 성욕을 만들어내어 건강을 상하게 하고 폐가망신하는 수도 있다.

밀 거둘 때 르우벤이 나가서 들에서 합환채를 얻어 그의 어머니 레아에게 드렸더니 라헬이 레아에게 이르되 언니의 아들의 합환채를 청구하노라
레아가 그에게 이르되 네가 내 남편을 빼앗은 것이 작은 일이냐 그런데 네가 내 아들의 합환채도 빼앗고자 하느냐 라헬이 이르되 그러면 언니의 아들의 합환채 대신에 오늘 밤에 내 남편이 언니와 동침하리라 하니라

창세기 30장 14절~15절

이 성경 말씀처럼 사람들은 억지로 성욕을 만들어내어 건강이 상하기도 하고 명성도 실추하게 된다.

(6) 독자 이벤트

창세기 30장과 아가 7장을 읽어본다.

후집 제132장
폭염과 폭설은 견디기 쉬워도 무관심과 멸시는 견디기 어렵다.

(1) 준비운독(準備運讀)

제132장을 읽는 데는 다음과 같은 어휘를 먼저 익혀야 한다. 천운, 염량, 빙탄, 만강, 수지 이 어휘를 스스로 익히고 난 후 다음의 설명을 참고하면 사고의 지평이 넓어지리라 생각된다.

천운: 천지기후의 운행.
염량: 더위와 추위.
빙탄: 얼음과 숯.
만강: 가슴속 가득히.
수지: 이르는 곳마다.

(2) 홍자성 원문

天運之寒暑易避, 人世之炎凉難除.
人世之炎凉易除, 吾心之氷炭難去.
去得此中之氷炭, 則萬腔皆和氣, 自隨地有春風矣.
천운지한서이피, 인세지염량난제.
인세지염량이제, 오심지빙탄난거.
거득차중지빙탄, 즉만강개화기, 자수지유춘풍의.

(3) 원문해석

여름의 더위와 겨울의 추위는 피하기 쉽지만 인정의 무관심과 멸시는 견디기 어렵고 인정의 따뜻함과 쌀쌀함은 그런대로 제어하기 쉽다 해도 내 마음의 변덕은 버리기 어렵나니 마음속 변덕을 버릴 수만 있다면 가슴에 가득한 화기로서 가는 곳마다 절로 봄바람이 있으리라.

(4) 스스로 해석자료

天運之寒暑易避
하늘 천(부수 큰대), 옮길 운(부수 책받침), 갈 지(부수 삐침별), 찰 한(부수 갓머리), 더울 서(부수 날일), 쉬울 이(부수 날일), 피할 피(부수 책받침)

人世之炎凉難除
사람 인(부수 사람인), 인간 세(부수 한일), 갈 지(부수 삐침별), 불꽃 염(부수 불화), 서늘할 량(부수 이수변), 어려울 난(부수 새추), 덜 제(부수 좌부변)

人世之炎凉易除
사람 인(부수 사람인), 인간 세(부수 한일), 갈 지(부수 삐침별), 불꽃 염(부수 불화), 서늘할 량(부수 이수변), 쉬울 이(부수 날일), 덜 제(부수 좌부변)

吾心之氷炭難去
나 오(부수 입구), 마음 심(부수 마음심), 갈 지(부수 삐침별), 얼음 빙(부수 물수), 숯 탄(부수 불화), 어려울 난(부수 새추), 갈 거(부수 마늘모)

去得此中之氷炭
갈 거(부수 마늘모), 얻을 득(부수 두인변), 이 차(부수 그칠지), 가운데 중(부수 뚫을곤), 갈 지(부수 삐침별), 얼음 빙(부수 물수), 숯 탄(부수 불화)

則萬腔皆和氣
곧 즉(부수 선칼도방), 일만 만(부수 초두머리), 속 빌 강(부수 육달월), 다 개(부수 흰백), 화할 화(부수 입구), 기운 기(부수 기운기엄)

自隨地有春風矣
스스로 자(부수 스스로자), 따를 수(부수 좌부변), 땅 지(부수 흙토), 있을 유(부수 달월), 봄 춘(부수 날일), 바람 풍(부수 바람풍), 어조사 의(부수 화살시)

(5) 조부훈회(祖父訓誨)

여름의 폭염과 폭우는 잘 견뎌내는데 가을의 펼쳐진 관능의 세계는 견뎌내지 못하고 무릎 꿇는 수가 있다. 겨울의 추위는 잘 견뎌내는데 따뜻한 봄에 마음이 들락날락하는 것은 제어하지 못하는 수가 있다.

(6) 독자 이벤트

후집 제132장의 홍자성 원문을 한 자도 빠짐없이 새겨보자.

후집 제133장

차선도 매만지면 최선이 될 수 있다.

(1) 준비운독(準備運讀)

제133장을 읽는 데는 다음과 같은 어휘를 먼저 익혀야 한다. 정, 조, 렬, 준, 소금, 무강, 종, 희황, 필주. 이 어휘를 홍자성 원문에서 찾아보고 다음의 설명을 참고하면 언어의 지평이 넓어지리라 생각된다.

정: 최고품.
조: 마르다.
렬: 최상품.
준: 술통.
소금: 꾸밈이 없는 거문고.
무강: 구멍이 없다.
종: 비록.
희황: 고대 중국의 성군으로 전해오는 태황 복희씨.
필주: 짝이 될만하다.

(2) 홍자성 원문

茶不求精, 而壺亦不燥. 酒不求冽, 而樽亦不空.
素琴無絃, 而常調. 短笛無腔, 而自適.
終難超越羲皇, 亦可匹儔嵆阮.
다불구정, 이호역부조. 주불구렬, 이준역불공.
소금무현, 이상조. 단적무강, 이자적.

종난초월희황, 역가필주혜완.

(3) 원문해석

차와 술을 대접함에 있어서 귀중한 사람에게는 고급 차를 대접해야 한다면 찻주전자는 쉽게 열리지 않을 것이며 소중한 사람에게는 비싼 술을 대접하려 한다면 술자리는 좀처럼 마련되지 못할 것이다. 따라서 귀중한 사람과 소중한 사람을 분별하지 않는다면 찻주전자는 항상 마를 날이 없을 것이며 술독도 빌 날이 없는 것처럼 마음도 항상 넉넉하고 풍요로울 것이다. 꾸밈없는 거문고는 줄이 없어도 분위기에 맞게 움직이고 피리도 구멍이 없어도 소리를 낼 수 있어야 한다. 이렇게 한다면 비록 복희씨는 뛰어넘을 수 없다 할지라도 죽림칠현의 혜강과 완적에는 짝할 수 있을 것이다.

(4) 스스로 해석자료

茶不求精

차 다(부수 초두머리), 아닐 불(부수 한일), 구할 구(부수 아래물수), 정할 정(부수 쌀미)

而壺亦不燥

말 이을 이(부수 말이을이), 병 호(부수 선비사), 또 역(부수 돼지해머리), 아닐 부(부수 한일), 마를 조(부수 불화)

酒不求冽

술 주(부수 닭유), 아닐 불(부수 한일), 구할 구(부수 아래물수), 맑을 렬(부수 이수변)

而樽亦不空

말 이을 이(부수 말이을이), 술통 준(부수 나무목), 또 역(부수 돼지해머리), 아닐 불(부수 한일), 빌 공(부수 구멍혈)

素琴無絃

본디 소(부수 실사), 거문고 금(부수 구슬옥변), 없을 무(부수 연화발), 줄 현(부수 실사변)

而常調

말 이을 이(부수 말이을이), 떳떳할 상(부수 수건건), 고를 조(부수 말씀언)

短笛無腔 而自適

짧을 단(부수 화살시), 피리 적(부수 대죽), 없을 무(부수 연화발), 속 빌 강(부수 육달월), 말

이을 이(부수 말이을이), 스스로 자(부수 스스로자), 맞을 적(부수 책받침)

終難超越羲皇

마칠 종(부수 실사변), 어려울 난(부수 새추), 뛰어넘을 초(부수 달릴주), 넘을 월(부수 달릴주), 복희씨 희(부수 양양), 임금 황(부수 흰백)

亦可匹儔嵆阮

또 역(부수 돼지해머리), 옳을 가(부수 입구), 짝 필(부수 감출혜몸), 무리 주(부수 사람인변), 산 이름 혜(부수 뫼산), 나라 이름 완(부수 좌부변)

(5) 조부훈회(祖父訓誨)

큰 집에는 금 대접, 금수저가 있는데 한 번도 사용해 보지 못하고 사장되는 수가 있다. 귀한 손님이 오면 그것을 사용하려 마음먹고 있는데, 한 번도 사용하지 못했다는 것은 오는 손님에 대해서 저울질만 했기 때문이다. 50년산 귀한 술도 그 술병이 열리지 않고 내내 묵어있는 수가 있다.

큰 집에는 금 그릇과 은 그릇뿐 아니라 나무 그릇과 질그릇도 있어 귀하게 쓰는 것도 있고 천하게 쓰는 것도 있나니.

디모데후서 2장 20절

이 성경 말씀처럼 오는 손님에 대해서 귀하고 천한 것만 분별하다 보면 금 대접, 금수저를 한 번도 사용하지 못하고 창고에 저장된 채로 끝나는 수가 있다. 금 그릇, 질그릇 상관하지 말고 고급 술, 값싼 술 상관하지 말고 오시는 손님마다 그냥 대접할 수 있는 넓은 아량을 가져야 하리라 생각된다.

(6) 독자 이벤트

디모데후서 2장의 말씀을 읽어본다.

후집 제134장
인연을 따르되 본분을 다하여라.

(1) 준비운독(準備運讀)

134장을 읽는 데는 다음과 같은 어휘가 필요하다. 수연, 소위, 부낭, 세로, 만서, 분기, 무입부득. 이 어휘를 스스로 익히고 난 후 다음의 설명을 참고하면 사고의 지평이 넓어지리라 생각된다.

수연: 인연을 따라 움직이다.
소위: 본분을 따라 움직이다.
부낭: 배를 타고 갈 때 익사를 막고자 몸이 뜨는 데 도움을 주는 기구.
세로: 인생길.
만서: 만 갈래 생각의 실마리.
분기: 어지럽게 일어나다.
무입부득: 가는 곳마다 마음이 편안하고 움직이는 데 거침이 없다.

(2) 홍자성 원문

釋氏隨緣 吾儒素位四字, 是渡海的浮囊.
蓋世路茫茫, 一念求全, 則萬緒紛起.
隨寓而安, 則無入不得矣.
석씨수연 오유소위사자, 시도해적부낭.
개세로망망, 일념구전, 즉만서분기.
수우이안, 즉무입부득의.

(3) 원문해석

수연과 소위 이 두 단어는 사람들이 세상을 살아가는 데 나침반이 되고 지침서가 되는 대표적인 말이다. 석가모니가 말한 인연을 따라 움직이라는 것과 유교에서 말하는 소위를 따라 움직이라는 것은 모두 세상의 바다를 건너가는 구명대와 같은 말이다. 세상살이란 아득하게 먼지라 오로지 한 생각이 완전하다면 만 갈래 마음의 실마리가 어지럽게 일어나지 않을 것이요, 경우에 따라 편안히 하면 이르는 곳마다 얻지 못함이 없을 것이다.

(4) 스스로 해석자료

釋氏隨緣
풀 석(부수 분변할변), 성씨 씨(부수 각시씨), 따를 수(부수 좌부변), 인연 연(부수 실사변)

吾儒素位四字
나 오(부수 입구), 선비 유(부수 사람인변), 본디 소(부수 실사), 자리 위(부수 사람인변), 넉 사(부수 큰입구몸), 글자 자(부수 아들자)

是渡海的浮囊
이 시(부수 날일), 건널 도(부수 삼수변), 바다 해(부수 삼수변), 과녁 적(부수 흰백), 뜰 부(부수 삼수변), 주머니 낭(부수 입구)

蓋世路茫茫
덮을 개(부수 초두머리), 인간 세(부수 한일), 길 로(부수 발족변), 아득할 망(부수 초두머리), 아득할 망(부수 초두머리)

一念求全
한 일(부수 한일), 생각 념(부수 마음심), 구할 구(부수 아래물수), 온전할 전(부수 들입)

則萬緖紛起
곧 즉(부수 선칼도방), 일만 만(부수 초두머리), 실마리 서(부수 실사변), 어지러울 분(부수 실사변), 일어날 기(부수 달릴주)

隨寓而安
따를 수(부수 좌부변), 부칠 우(부수 갓머리), 말 이을 이(부수 말이을이), 편안 안(부수 갓머리)

則無入不得矣
곧 즉(부수 선칼도방), 없을 무(부수 연화발), 들 입(부수 들입), 아닐 부(부수 한일), 얻을 득

(부수 두인변), 어조사 의(부수 화살시)

(5) 조부훈회(祖父訓誨)

사람은 태어나면서 부모님과는 천생인연인 혈연, 살아가면서 고향 사람과 맺어지는 지연, 학교에서 맺어지는 학연으로 사람의 삶은 인연의 연속이라 볼 수 있다. 인은 씨앗이고 연은 씨앗을 키우는 에너지라 할 수 있다. 예를 들면 농사를 지을 때 쌀, 보리, 옥수수, 콩은 인이고 햇빛, 거름, 수분, 노력 등은 연이다. 벼농사를 지을 때 벼 종자가 인이고 모판을 만들고 논에 물을 대고 거름을 주며 해충을 막기 위해 약을 하는 것 등이 연에 해당한다. 부부가 금실이 좋을 때 천생연분 운운하는데 그러한 말이 나올 수 있음에는 인에 대한 연의 작용이 그만큼 충실히 이루어져야 한다고 본다.

(6) 독자 이벤트

채근담 후집 제1장부터 제134장까지 제목을 보고 마음에 와닿는 것 10가지만 선택해 본다.

마치는 글

하늘로부터 부여받은 것이 성이고 그 성을 따르는 것이 도이며 그 도를 닦는 것이 교육이다 (『중용』 1장). 이 교육에 적합한 책이 바로 채근담이다. 성상근야(性相近也), 습상원야(習相遠也). 태어날 때 능력은 서로 비슷하나 성장하면서 만나고 익히는 것에 따라 덜되기도 하고 다 되기도 하며 더 되기도 한다.(『논어』 17편) 다 되고 더 되게 하는 책이 『서서번연 채근담』이다.

나물 채, 뿌리 근의 '채근'을 영어로 새겨보면 'leaf and root'인데 먹을 것이 궁할 때 배추 뿌리 같은 하찮은 것도 버리지 아니하고 꼭꼭 씹어먹는 안빈낙도(安貧樂道)로 채근을 말하기도 하지만 『서서번연 채근담』을 만나게 되면 채근 두 글자가 'find out of the root'이라는 의미인 캘 채, 뿌리 근으로 도약되어 사물의 줄기에 대한 바탕이 되는 뿌리를 알고 싶은 생각이 간절해진다.

검도 경기에서 공격을 성공했을 때 기뻐 날뛰는 선수는 검도 1단 수준이고 검도 3단 정도가 되면 공격을 성공해도 그 기쁨을 내색하지 않는다고 한다. 프로야구에서 3 대 6으로 지고 있는데 9회 말에 만루 홈런을 날려 7 대 6으로 역전타를 치고 너무 기뻐 날뛰다가 한 바퀴 도는 것을 잊어버리는 실수가 있어서야 되겠는가! 기쁨에 들뜨지 아니하고 비난에 주눅 들지 아니하는데 『서서번연 채근담』이 큰 몫을 하게 될 것이다.

필자가 『서서번연 채근담』을 엮어내는 데는 장장 4년이란 세월이 필요했다. 이렇게 긴 세월이 걸리게 된 데에는 나이가 칠십칠 세라는 노쇠함과 밝음과 어둠을 분별할 수 없는 전맹인 점도 간과할 수 없지만 필자의 손녀 손자뻘 되는 독자들이 좀 더 쉽게 읽을 수 있도록 심혈을 쏟았기 때문이다. 이어지는 필자의 손녀 손자에게 부탁하는 글로 독자들에게 드리는 글을 갈음해 본다.

하준이와 하음이에게

　할아버지가 『서서번연 채근담』이라는 책을 쓸 때 하음이는 네 살이고 하준이는 여덟 살이고 할아버지는 일흔여덟 살이었다. 인격의 수양서나 인생의 지침서로 채근담만 한 책이 없는데 이 책은 적어도 열다섯 살은 넘어야 읽을 수 있다고 생각된다. 하준이가 열다섯 살일 때는 할아버지는 여든다섯 살이고 하음이가 열다섯 살이 될 때는 할아버지는 여든아홉 살이 된다. 그때에 채근담에 관한 이모저모를 얘기해 주고 싶지만 할아버지가 그때까지 너희들 곁에 있을지도 모르겠고 혹 곁에 있다 할지라도 기가 쇠하고 정신이 혼미하여 제대로 얘기해 줄 수 없을 것 같구나. 그래서 그때 하고 싶은 이야기를 『서서번연 채근담』에 담아놓았으니 조부훈회를 읽을 때는 할아버지의 목소리로 생각해 주기 바란다. 특히 '스스로 해석자료'는 한자 훈과 한자 부수를 익히도록 할아버지가 심혈을 기울여 최선을 다하였으니 스스로 해석을 통하여 한자도 심도 있게 익히기 바란다. 할아버지의 번역이 미흡한 점도 있겠기에 가끔 다른 사람들의 번역도 소개했으니 그 번역도 대조하며 원문해석을 만나볼 수 있을 것이다.

참고문헌

채근담(김성중/홍익출판사/2015년)

평생에 한번은 꼭 채근담을 읽어라(김이리/주변인의길(새론북스)/2015년)

처세 365일(국)(김정오/팅클라기산/2014년)

한 권으로 읽는 채근담(장강/글로북스/2011년)

마음을 다스리는 예스 채근담(김종웅/미네르바/2009년)

탈무드 채근담(마빈 토케이어/휘닉스/2010년)

채근담(홍신문화사/이기석/2009년)

평생에 한 번은 꼭 채근담을 읽어라(주변인의길/김이리/2015년)

유교로 보는 채근담(들녘/장연/2003년)

도교로 보는 채근담(들녘/장연/2003년)

불교로 보는 채근담(들녘/장연/2003년)

명심보감 365일(조수익/일신서적출판사/1993년)

개역개정 한영해설성경(아가페출판사/2012년)

Vegetable roots discourse(2007년)

365 매일 읽는 긍정의 한 줄(린다 피콘, 키와 블란츠/책이있는풍경/2018년)

영어속담과 함께 읽는 천자문(이동진/해누리/2014년)

한용운의 채근담(성각스님/부글북스/2006년)

내 인생에 힘이 되는 논어(권경자/소울메이트/2015년)

대학 중용(김미영/홍익출판사/2015년)

노자도덕경(남만승려/1970년)

한용운의 채근담 강의(이성원/필맥/2005)

『서서번연 채근담』에 조력하신 분

아무리 능력이 강하고 의지가 뚜렷해도『서서번연 채근담』을 엮는 데는 한계가 있었다. 워딩(wording)이 서툴러 오타가 빈번하고 문장부호나 받침 등 오타가 자주 발생하여 다른 사람들의 도움이 절실하였다. 워딩, 어휘 검색, 원고 작성 등 여러모로 도와주신 분들을 잊을 수가 없어 그분들을 기리는 마음으로 그 이름을 명기해 본다.

정보검색사 조한겸 선생님, 사회복지사 박보람 선생님, 사회복지사 석미영 선생님, 요양보호사 곽미옥 선생님, 요양보호사 이윤자 선생님, 요양보호사 조미애 선생님, 장녀 조윤정, 장남 조승현, 차남 조무현, 아내 고부월.

특히 조한겸 선생님, 이윤자 선생님, 조미애 선생님 세 분은 스스로 해석자료를 엮는 데 온 힘을 기울임에 대한 찬사를 아끼고 싶지 않다. 열 분의 조력자 중 누구도 도외시할 수 없지만 장녀 조윤정의 화룡점정이 없었다면『서서번연 채근담』은 결코 출간되지 못했을 것이다. 용을 그리고 눈동자를 그리지 아니하면 그림이 어찌 볼품이 있겠는가! 제목부터 시작하여 원문해석, 조부훈회, 독자 이벤트 등을 두루 짚어가며 어휘와 문장부호에 이르기까지 한 부분도 놓치지 아니하고 살피어 60여 일 동안 새로 편집하는 열정을 쏟으며 출판사를 물색하며 섭외한 것은 화룡점정의 마지막 눈동자라 아니할 수 없으니 장녀 조윤정의 화룡점정으로『서서번연 채근담』이 세상에 훨훨 날 것 같은 기대감에 마음이 설렌다.